COLLECTION

DE

DOCUMENTS INÉDITS

SUR L'HISTOIRE DE FRANCE

PUBLIÉS PAR LES SOINS

DU MINISTRE DE L'INSTRUCTION PUBLIQUE.

———⊶❦⊷———

PREMIÈRE SÉRIE.

HISTOIRE POLITIQUE.

MÉMOIRES

DE

CLAUDE HATON

CONTENANT

LE RÉCIT DES ÉVÉNEMENTS ACCOMPLIS DE 1553 A 1582,

PRINCIPALEMENT DANS LA CHAMPAGNE ET LA BRIE,

PUBLIÉS

PAR M. FÉLIX BOURQUELOT,

PROFESSEUR ADJOINT À L'ÉCOLE DES CHARTES,
MEMBRE DE LA SOCIÉTÉ DES ANTIQUAIRES DE FRANCE.

TOME II.

PARIS.

IMPRIMERIE IMPÉRIALE.

M DCCC LVII.

1568.

RENCONTRE DES ARMÉES CATHOLIQUE ET PROTESTANTE. — VENUE DE CATHERINE DE MÉ-
DICIS AU CAMP DU DUC D'ANJOU, QUI LAISSE ÉCHAPPER L'ENNEMI. — JONCTION DES
PROTESTANTS AVEC LES REÎTRES. — SIÉGE DE CHARTRES. — CONVERSION DE M. DE
PATRAS AU CATHOLICISME. — ARRESTATION DE LA PRINCESSE DE CONDÉ. — PASSAGE
DE L'ARMÉE PAR LA BRIE. — MALADIE CONTAGIEUSE À PROVINS. — NÉGOCIATIONS ENTRE
LA COUR ET LES PROTESTANTS. — OPPOSITION DES PRÉDICATEURS CATHOLIQUES À LA
PAIX. — REMONTRANCES DE JEAN D'IVOLLÉ AU ROI. — CONCLUSION DE LA PAIX. —
RENTRÉE DES PROTESTANTS DANS LEURS MAISONS. — QUERELLE DE MM. D'ESTERNAY
ET DE FOISSY. — PRISE DE SAINT-VALERY. — FUITE DU PRINCE DE CONDÉ. — TROI-
SIÈME GUERRE CIVILE. — PRISE DE TRAINEL ET DU CHÂTEAU DE LA MOTTE, PAR M. DE
FOISSY. — EXÉCUTION DE D. CARLOS PAR L'ORDRE DE SON PÈRE PHILIPPE II.

Charles IX, pour affaiblir ses ennemis, réitère et fait publier de nouveau,
en janvier 1568, l'édit portant pardon aux huguenots rebelles qui quitteraient
les armes et se retireraient dans leurs maisons pour y vivre en paix. Quelques
personnes profitent du bénéfice de cette ordonnance, entre autres M. de Patras,
demeurant à Gymbrois, comme on le verra plus loin.

Entrons maintenant à parler de la guerre, et reprenons les deux
camps qui sont à N. D. de-l'Espine[1]. Le camp huguenot fut esbay
oultre mesure quand il veit le camp catholicque sur ses talons, contre
son espérance, s'estant fié aux intelligences qu'il avoit avec les premiers du conseil de M. le duc d'Anjou, qui avoient promis au prince
de Condé de retenir ledit sieur duc, et de le faire séjourner plusieurs
journées en divers logis, pour et à cette fin qu'ilz gangnassent tousjours
chemin pour s'enfuir devant luy; ce qu'ilz de son conseil taschèrent
bien à faire, mais n'en voulut rien faire pour eux. Lesditz huguenotz
furent contrainctz de se serrer tous en ung tas pour tenir camp, de

[1] Sur l'affaire de Notre-Dame-de-l'Épine, voyez *Additions aux Mémoires de Castelnau*,
t. II, l. VI, p. 578.

1568.   peur d'estre desfaictz aux escartz, chascun en leur logis. Ilz monstrèrent semblant de vouloir tenir bon et de recevoir la bataille, et
furent en cest estat quelques cinq ou six jourz, ce pendant qu'ilz
advisoient le moyen de prendre la fuitte.

Cependant, M. le duc faisoit ung peu reposer ses gens, qui estoient
harassez et fort travaillez d'avoir poursuyvi lesditz huguenotz, pour
la difficulté du temps d'hiver et du maulvais chemin. Durant lequel
temps, envoya une poste au roy son frère qui estoit à Paris, pour
l'advertir de la reprinse de l'ennemy et pour sçavoir si S. M. vouloit
qu'on luy livrast la bataille, d'aultant que les députez de part et
d'aultre estoient par champs, les aucuns et les aultres assemblez pour
traicter de la paix. Le roy, ayant receu telles nouvelles de son frère,
en communicqua avec la royne sa mère et son conseil, lesquelz, c'est
assavoir le roy et son conseil, furent d'avis que l'on donnast la bataille
à l'ennemy; à quoy ne voulut s'accorder la royne mère, laquelle, couvrant son empeschement sur la jeunesse de M. le duc son filz, et sur
le hazard de la guerre, qui est doubteux, avec aultres assez petites
raisons non apparentes, ne vouloit s'accorder à laditte bataille. Toutesfois, le roy et le conseil résolurent que ledit seigneur duc livreroit
laditte bataille à l'ennemy et s'efforceroit de le deffaire en ceste campagne, veu la commodité du lieu tel que ledit seigneur duc l'escrivoit,
ensemble le bon vouloir et courage généreux qu'avoient les capitaines,
chevalliers et soldatz de son camp.

La royne, voyant la résolution du roy son filz et du conseil, monstra
semblant de s'accorder avec eux, et demanda licence au roy de faire
ung voyage au camp vers son filz mondit seigneur duc, pour le conseiller de ne hasarder sa personne, et le recommander aux princes
et seigneurs anciens, qui sçavoient mieux que luy les tours et ruses de
la guerre et des batailles. Ce que le roy luy accorda voluntiers. Et
tout sur l'heure, laditte dame monta en coche et courut la poste,
depuis Paris jusques au camp, où elle arriva au lendemain, au proffit
des huguenotz; car, sans son arrivée, M. le duc son filz s'estoit résolu,
avec le conseil des princes et capitaines de la suitte de son camp, de

donner au lendemain la bataille à l'ennemy, lequel s'y attendoit aussi 1568.
bien que de mourir, et à haulte voix crioit à Dieu miséricorde.

Ledit ennemy fut aussi tost adverty de l'arrivée de la royne au camp
que fut M. le duc son filz, pour estre si proches l'ung de l'aultre que
les escoutes et sentinelles des deux camps entendoient tout ce qui se
faisoit et disoit en chascun d'eux. Icelle dame, pour empescher laditte
bataille, voulut divertir son filz de la donner, ce qu'elle ne pouvoit
faire, tant il estoit courageux de ce faire, par l'exortation et conseil
des princes et capitaines de sa suitte, lesquelz eux-mesmes persua-
doient à laditte dame la prinse et deffaicte de l'ennemy de Dieu et
du roy, chose qui tourneroit à louange immortelle de M. le duc son
filz. Ce qu'entendu par ladite dame, recommanda ausdits sieurs et
capitaines la personne de son filz, duquel elle s'assuroit qu'il n'en
seroit en la peine, et, pour retarder l'affaire, demanda à veoir le camp
du roy et se fit mener par tous les quartiers, faisant semblant de vouloir encourager ung chascun de bien combattre contre l'ennemy, lequel
cependant elle feit advertir de prendre la fuitte la nuict et de n'atendre
le choc de laditte bataille.

Il fut nouvelle que le sieur de Carnavalet, seigneur de Noyen-sur-
Seine, despescha le messager par le commandement de ladite dame,
pour porter la nouvelle au prince de Condé qu'il eust et son camp à
prendre la fuitte la nuict, comme jà de soy-mesme luy avoit mandé
en telz termes, « Laschez vos lièvres et lapins, car nous ne sçaurons
plus retenir nos chiens, » et adressoit ces nouvelles au sieur d'Esternay
son cousin, pour les faire entendre au prince de Condé.

Lequel sieur prince de Condé, après ces nouvelles receues, ordonna
tel ordre en tout son camp, que, sur les dix heures du soir, chascun
d'iceluy fut prest pour s'enfuir, et partirent avec ung si grand silence,
que les escoutes et sentinelles qu'ilz avoient posez principallement
du costé du camp du roy n'en sceurent rien, et ne s'en apperceurent
que les derniers ne fussent montez pour s'en aller. Lesquelz tous firent
une si grande diligence de fuir par le pays des Ardennes, que, le lendemain au matin, se trouvèrent à dix grandes lieues loing du lieu d'où

1568. ilz estoient partis et du camp royal. Ilz s'enfuirent en si grande vitesse et désordre, qu'ilz perdirent par les chemins plus de la moytié de leur bagage, que trouvèrent les paysans. Les escoutes et sentinelles de l'avant-garde du camp du roy s'apperceurent aucunement de la fuitte desditz ennemys, et en donnèrent advertissement à leurs chefz et capitaines; ceux-cy, sur la diane, environ les quatre heures du matin, montèrent à cheval et y firent monter les mieux en armes de leurs compagnies descouvrir l'affaire, et bailler une allarme audit ennemy pour en estre mieux acertainez. Ilz trouvèrent le nyd vuyde, et les poursuyvans à la course rencontrèrent quelques traînards et mal montez, les ungs de pied, les aultres de cheval, qui payèrent pour tous les aultres. Ceux qui furent à la poursuitte n'osèrent entrer trop avant dedans les boys après l'ennemy, de peur d'estre prins à l'embuscade, mais se retirèrent au camp si chargez du butin qu'ilz avoient faict, qu'ilz ne pouvoient s'en retourner à leur ayse, pour la difficulté des chemins qu'avoient prins lesditz huguenotz en s'en-fuyant. Le camp du roy ne les peult poursuivre, joinct aussi que la pluspart dudit chemin estoient tous boys. Les huguenotz n'arestèrent longtemps ès pays des Ardennes, où ilz se saulvèrent et attendirent les ungs les aultres, auquel toutesfois ilz feirent grand domage par volz, saccagemens, bruslemens et aultres hostilitez de guerre non chrestiennes, mais barbares.

Les protestants de France joignent à Pont-à-Mousson (11 janvier 1568) les reîtres que l'électeur palatin leur envoyait. Mais ceux-ci, avant de prendre du service, exigent le payement de la somme qui leur avait été promise.

Ilz huguenotz ne pouvoient trouver sur eux aultant d'argent qu'il en falloit; et pour ce foullièrent ès bources des gougeatz et porte-besaces qui les suyvoient, pour y prendre ce qu'ilz trouvèrent[1].....

Les deux armées, après leur jonction, rentrent en France et traversent la Lor-

---

[1] Sur la contribution que s'imposa l'armée protestante pour satisfaire aux exigences des reîtres, voyez les Mémoires de Lanoue, c. xv; d'Aubigné, *Hist. univ.* l. IV, c. xiv, p. 227; et de Thou, l. XLII.

raine, dont le duc n'ose les combattre. Le duc d'Anjou s'irrite d'avoir laissé 1568.
échapper le prince de Condé et l'occasion de le vaincre; l'armée royale murmure
à ce sujet contre la reine mère, qu'elle accuse de la fuite des ennemis. Une partie des troupes catholiques se débande; quelques soldats et capitaines passent
aux huguenots; d'autres rentrent dans leurs maisons.

Et dès lors fut le pillage mis sus par les gens de guerre des deux
partis; et firent tous à qui mieux pilleroit et rançonneroit son hoste,
jugeant bien en eux que qui plus en pilleroit plus en auroit. Les gens
de guerre du camp catholicque, excepté le pillage des églises et saccagemens des prebstres, estoient au reste aussi meschans et quasi plus
que les huguenotz, et furent ausditz gens de guerre catholicques
toutes bonnes mœurs corrompues, tant en religion qu'en conversation, et commencèrent à se dépraver quasi du tout, sans plus servir
Dieu, tant ès dimanches que jours ouvrables, sans plus aller ouyr la
messe ni le divin service, à manger chair en karesme, jours de jeusne,
vendredis et aultres jours inditz par l'église romaine catholicque.

Les protestants, rentrant en France par la Lorraine, passent, sans y toucher,
près de Joinville, appartenant à la duchesse douairière de Guise, qui y faisait
sa demeure; de là ils gagnent Châtillon-sur-Seine, pour traverser cette ville. Le
prince d'Orange se joint à eux avec trois ou quatre mille soldats; de sorte que
leur armée, au passage de la Seine, s'élève à vingt-cinq ou trente mille hommes.
Le duc d'Aumale, gouverneur de Bourgogne, avec quelques gens de guerre qui
se trouvaient dans cette province, essaye d'empêcher les huguenots de passer la
Seine; ne pouvant y parvenir, à cause du petit nombre de ses soldats, il se retire
à Dijon.

Le camp huguenot, ayant passé la rivière de Seine audit Chastillon, tira à Tonnerre, de là à Saint-Florentin, et, passant par auprès
d'Auxerre, alla gangner par auprès de Sanxerre le passage de la rivière
de Loyre, à la Charité, ville assize sur laditte rivière, qu'ilz huguenotz tenoient, comme celles d'Auxerre, de Sanxerre et de Vézelay,
en deçà de laditte rivière de Loyre. De la Charité, ilz gangnèrent le
gouvernement d'Orléans, où ilz se refreschirent quelque peu de temps,
et, en tirant au pays de Beausse, allèrent, à la fin du moys de febvrier,

1568. assiéger la ville de Chartres, principalle et cathédrale du pays, où nous les laisserons faire leurs approches et assiégement, ce pendant que nous parlerons du camp royal et catholicque et des aultres cas advenus en ce pays.

Nous avons faict mention, au commencement de ceste année, de l'édict du roy, qu'il fit réitérer au moys de janvier, portant grâce et pardon à tous ceux qui, en quittant le party huguenot et mettant les armes bas, se retireroient à S. M. ou à l'excellence de son frère M. le duc d'Anjou, et demanderoient miséricorde. En vertu duquel édict, aucuns gentilshommes et aultres se retirèrent du camp et suitte huguenote; entre aultres, le seigneur de Patras, sieur de Gymbroys-lez-Provins, se présenta à M. le duc et de luy obtint lettres de pardon, ayant quitté le party huguenot et promis de ne jamais porter les armes pour lesditz huguenotz, ni leur ayder en quelque manière que ce feust.

Lesdittes lettres de pardon par luy obtenues, se retira à Provins pour les faire enthériner par les gens de justice, pour oster l'occasion de luy courre sus et empescher le saccagement de ses biens et de sa personne, et y entra sur la fin du moys de janvier, clandestinement, le visage bouché de son manteau, parmy le train de M. le prince daulphin, qui entroit ce jour-là en laditte ville; et fit ce de peur d'estre recognu à l'entrée de la porte, où sans difficulté eust esté massacré par les gardes de laditte porte, s'ilz l'eussent veu; car, audit Provins, pour ce temps, huguenotz n'y estoient les bienvenus. Estant ledit Patras passé la porte et assez avant dedans les rues de la ville, se desboucha le visage, qui fut cause de le faire recognoistre par les habitans de laditte ville, qui commencèrent à crier le harau après luy, pour assembler le peuple pour le saccager; et en ung moment furent assemblez contre luy ung cent de personnes par les rues, et en peu d'heures plus de cinq cens, qui l'allèrent cercher jusques au logis de M. de Lours, naguères capitaine général de la ville, qui ne s'estoit encores retiré d'icelle, où ledit Patras s'alla saulver, et n'eust esté la prudence de M. le prince daulphin, eust esté saccagé, nonobstant toutes remonstrances que ledit sieur de Lours, et le bally de Provins, qui fut mandé au logis dudit sieur de Lours pour veoir ses lettres de pardon, y pussent faire. Le peuple pruvinois entra en telle collère que, sans ledit sieur prince daulphin, le seigneur de Lours et le bally eussent esté eux-mesmes saccagez, s'ilz n'eussent livré entre les mains populaires ledit Patras, et jà commençoit-on de toutes partz à forcer la maison dudit sieur de Lours pour les avoir.

Pour appaiser la populace et éviter la sédition, lesditz sieurs de Lours et bally envoyèrent ung homme audit sieur prince daulphin, qui estoit à la disnée à l'Escu de France, pour le prier de se transporter au logis dudit de Lours, pour leur saulver la vie, et empescher la sédition populaire qui se faisoit. Ce que bien voulut faire ce bon jeune prince ; lequel se transporta au logis dudit de Lours, devant lequel veit plus de cinq cens personnes de toutes qualitez, sexes et âges, qui ne demandoient qu'à exterminer ledit Patras. Pour lequel peuple contenter, dist en entrant audit logis : « Messieurs, je vous sçai bon gré de ce que vous haïssez tant les huguenots, et que n'en voulez endurer en vostre ville ; j'en ferai récit au roy, sitost que je seray à sa court, où je vays, et crois qu'il vous en estimera davantage. Mais je vous prie de vous contenir ung peu, jusques à ce que j'aye parlé à messieurs de Lours et le bally de ceste ville, pour sçavoir de eux qu'ilz veullent faire de ce paillard qui est entre leurs mains ; duquel, s'ilz n'en veulent faire la justice, je vous assure que je la ferai moy-mesme. » Et après avoir dict ce, entra au logis dessus dict, et ayant prins advis avec les sieurs susdictz, fut arresté qu'il enméneroit avec soy ledit Patras, pour empescher la sédition populaire, soubz le nom de le mener au roy, affin de le tirer hors de Provins sain et saulve, pour luy bailler congé quand il seroit hors de la ville. Ce sage prince, au sortir dudit logis, tenoit par le poing ledit Patras, qui n'estoit trop assuré de sa vie, et pour lequel saulver, dist au peuple telz motz : « Hé dea, messieurs, est-ce pas là le paillard huguenot que vous demandez, qu'on appelle le seigneur Patras? N'ayez peur qu'il eschappe de mes mains. Il eust esté mieux pour luy de n'avoir

1568. oncques esté huguenot, et de n'estre revenu en vostre ville. Sachez que je le mènerai au roy, qui ne le gardera longtemps sans le faire exécuter. Je vous conseille de le laisser entre mes mains, et de ne poinct commencer de sédition sur luy, veu que, comme j'ai entendu, n'en avez encores faict sur personne, et vous en attendez à moy, que je vous en destrapperai à vostre prouffit et honneur. » Ausquelles parolles furent desmuz les plus fervens et eschauffez à faire laditte sédition, et se tindrent contens de ce sage discours. Le jeune prince sur l'heure monta à cheval avec tout son train et ledit Patras, et sortirent de Provins pour prendre le chemin de Paris; où estans hors de la ville, à quelque demye lieue, bailla liberté audit Patras, et ne luy conseilla de retourner de longtemps audit Provins. Et par ceste manière fut la ville de Provins exempte de sédition, qui depuis luy a tourné à prouffit. Ceste émeutte ne se passa sans dire injure au bally et l'appeller huguenot, qui, pour se saulver d'estre saccagé, filla doux et monstra signe de ne tirer à soy le dire populaire, et de ne se courroucer de ce que la turbe mutinée disoit contre luy, et oncques n'osa sortir du logis dudit sieur de Lours que le peuple esmeu ne se feust retiré hors et retourné chascun en sa maison.

Au mois de janvier, la femme du prince de Condé et deux de ses enfants sont arrêtés au château de Blandy-lès-Melun par une compagnie de gens de guerre catholiques, et conduits à Paris. Le peuple, réjoui de cette arrestation, qui servit seulement à disposer à la paix le prince de Condé, pense qu'on doit faire exécution des prisonniers comme de criminels ayant offensé la majesté royale.

Le duc d'Anjou, voyant que l'armée protestante, considérablement augmentée, avait effectué le passage de la Seine et qu'elle gagnait les passages de l'Yonne et de la Loire, renvoie ses troupes à Paris. Une partie de l'armée royale côtoie la Champagne et suit les bords de la Seine; l'autre prend son chemin par Troyes, Nogent, Provins, Nangis, Guignes et Brie-Comte-Robert.

L'artillerie et l'infanterie de pied, avec une partie de la cavallerie, passèrent à Nogent-sur-Seine et prindrent le chemin de la Brie; et fut campée l'artillerie au village de Sordun-lez-Provins, au partir dudit Nogent, où elle et le camp séjournèrent quelques trois ou

quatre jours. Toute la gendarmerie, qui avoit repassé l'eaue, logea ès 1568.
villages de deux lieues à l'entour. Tous les Suisses furent logez audit
Sordun, où ilz firent monstre et receurent argent, mais en pauvre
santé de leurs corps pour la pluspart, à cause de la maladie qui les
tourmentoit, de laquelle en mourut, tant audit Sordun et à Provins que à Paris, un grand nombre qui monta à plus de trois mille.
Il en mourut plus d'un cent à Prouvins, qui y furent menez en charrettes dudit Sordun. Lesditz Suisses, tant malades que sains, passèrent par Provins et furent logez par toute la ville une nuict seulement, excepté les malades, qui furent logez en la rue de Troyes,
en toutes les maisons d'icelle selon la commodité, où ilz demeurèrent jusques à ce qu'ilz fussent mortz ou guaris. Les Suisses qui
gangnèrent la ville de Paris, tant sains que malades, furent avec l'artillerie logez ès fauxbourgs St-Marceau, où ilz demeurèrent plus de
six sepmaines et jusques après la paix faicte.

Au partir de Sordun, l'artillerie ne passa par Provins, ains alla
passer par les moulins des Forges et de Hésonart, où les chartiers et
castadours eurent de la peine assez. On fit difficulté de la passer par
dedans Provins, partie de peur que les pontz des portes de Changi
et St-Jehan ne fussent suffisans pour la soustenir, l'aultre partie pour
la difficulté des montagnes qui sont à monter au chasteau dudit
Provins.

Les habitants de Provins, croyant que la maladie des Suisses était contagieuse,
cessent de fréquenter les gens de la rue de Troyes, qui étaient, pour la plupart,
des vignerons, manouvriers et pauvres gens, et les traitent comme des pesti-
férés.

Ores, en peu de temps advint-il, et en moings de 15 jours après,
que Dieu permist que la maladie des Suisses print cours par le reste
de la ville, excepté toutesfois en ladite rue de Troyes, dans laquelle
n'y en eut aucun mort ni malade aultre que lesditz Suisses qui y
estoient. De laquelle maladie moururent par le reste de laditte ville
de Provins et des plus riches le nombre de 300 et plus, et si n'estoit

1568. la maladie contagieuse, car il n'en mouroit que un en une maison,
et en bien peu deux. Peu reschappèrent de ceux qui furent attainctz
de ceste maladie; de douze, n'en reschappoit que quatre pour le
plus. Ladite maladie commença à avoir cours sur les habitans dudit
Provins dès le commencement du moys de mars, et y dura jusques
vers la Toussainctz avant que de cesser; et durant ce temps en mourut le nombre de 3 à 400, tant petis que grands, la pluspart des plus
riches de la ville.

Me Jehan Saulsoy, médecin de Provins fort estimé, qui était protestant et avait
quitté sa femme et la ville le jour de la Saint-Michel de l'année précédente, est
mandé dans la maison de M. de Saint-Symon, chez lequel il s'était retiré, par
Guill. Lecourt, capitaine de la porte de Culoison, pour soigner sa femme atteinte
de la maladie. Celle-ci meurt; cependant J. Saulsoy reste dans la ville. On l'allait
chercher et on le ramenait en bonne compagnie, de crainte qu'il ne fût maltraité
par la populace.

Pour contenter ung chascun de la ville, il fit si bon marché de sa
peine, qu'il ne demanda oncques à personne que ce que voluntairement on lui offroit, soignant les pauvres pour néant, et les riches
pour ce qu'ilz voulurent; et par ce moyen regangna l'amitié des habitans de la ville, et y vescut en sûreté, demourant tousjours huguenot,
jusques au temps que nous dirons ci-après en son lieu.

Un peu auparavant le retour du camp catholicque en ce pays de
Brie, le roy, qui se doubtoit bien que l'ennemi huguenot le reviendroit assaillir, après avoir joinct ses forces, voulut pourvoir de vivres
en suffisance et évitailler la ville de Paris et aultres proches d'i-
celle, et, pour y parvenir, fit ung magasin de vivres et munitions de
grains dedans la ville de Montereau. Il commanda par commission
estre levez en la ville de Provins cent muyds de blé froment, qui
furent prins ès greniers des habitans, sur l'ung plus, sur l'aultre moins,
chascun selon le crédit et faveur qu'il avoit avec les procureur et eschevins qui avoient charge de les lever. Et falloit que ceux qui four-
nissoient le grain fournissent quant et quant argent pour le faire

mener audit Montereau, car ledit blé ne fut payé conptant, ni à plus
de trois ans après; et n'a-on sceu que ledit blé est devenu depuis
qu'il fut audit Montereau, et fallut depuis faire taille sur l'élection
pour le payer à ceux qui l'avoient fourny, et, pour ce faire, bailla le
roy une commission pour en retirer les deniers. Pour lors que ledit
blé fut levé audit Provins, il se vendoit 50 liv. le muyd, qui estoit
10 s. et 5 den. le bichet, mesure du lieu, et pensoit-on qu'il seroit
beaucoup plus cher au moys de mai et de juin, ce qu'il fut jusques
audit moys de may. Car par tous les moys de mars et d'apvril, il
valut 60 et 70 liv. le muyd, qui estoit 12 et 15 s. le bichet. Mais,
depuis le commencement du moys de may jusques en la moisson de
ceste présente année, le froment ramenda de 15 s. t. le bichet à 7 s.
et 6 den. t., au grand regret des meschans usuriers qui n'avoient
voulu vendre le leur à hault prix, estimans qu'il seroit encores plus
cher de la moytié.

L'avène ne revint à meilleur marché, ains enchérit de plus en plus,
et fust ceste année vendue 10 et 12 s. le bichet ou boisseau, mesure
dudit Provins, car il en resta si peu partout, après la passée des
camps, que l'on n'en put trouver assez pour rensemencer toutes les
terres, et en demeura quasi la moitié sans rensemencer, et fut l'a-
vène entièrement fallie en ce pays avant que les moissons fussent
venues.

Si tost que les camps huguenot et catholicque furent passez au moys
de décembre de l'an dernier, dedans et hors de ce pays, les gens des
parroisses de Goix, Ermès, Meel-sur-Seine, Mériot, Sordun et l'Eschelles, chascune en particulier, dressèrent requestes qu'ilz présentèrent au roy, qui estoit à Paris, par hommes par eux envoyez à cest
effect, affin qu'il plust à S. M., en considération de la passée des deux
camps qui avoient logé en leurs maisons, leur oster ou bien diminuer
les tailles qu'ilz avoient en ceste présente année et qu'il falloit imposer
sur eux, suyvant les commissions des départemens que leur en avoient
faict les esleuz dudit Provins. Le roy escouta et respondit lesdittes
requestes, et les diminua de quelque tiers ou quart de ce que pour-

66.

1568. toient lesdittes commissions, où ilz ne gangnèrent guères, car les hommes qu'ilz envoyèrent et employèrent pour ce faire despendirent aultant que la diminution de leur taille que leur bailla le roy. Ilz allèrent au roy trop tost, et se plaignirent avant qu'il fust temps; car ladite diminution ne fut plus tost accordée et leurs gens revenus, que le camp royal et catholicque rapassa par leurs maisons, qui acheva de manger ce qui leur estoit resté, tant en meubles qu'en menu bestial, qui leur fut plus grand dommage que toutes les premières pertes; car ilz pensoient se remettre sur ce qui leur restoit, qui fut entièrement perdu par le retour dudit camp. Il demeura bien peu de bestial blanc en tout ce pays, qui fut cause d'enchérir la chair et la laine de plus de la moytié, voire des trois parts, et dès lors commença le pays pruvinois et circonvoisin à apauvrir de plus en plus, qui auparavant estoit si riche et opulent que rien plus.

Le camp royal et catholicque s'alla rendre, après son retour de Lorraine, dedans la ville de Paris, où il fut posé pour se rafreschir et mis aux fauxbourgs St-Marceau et tirant au Bourg-la-Royne, et fut là logée toute la gendarmerie de pied et de cheval, ensemble l'artillerie et les Suisses, qui estoient le tout bien mal en ordre, pour le grand travail qu'ilz avoient eu par tout l'hiver à pourchasser le huguenot, sans luy rien faire depuis la journée de St-Denis, et estoit le camp royal en meschant ordre, bien petit, et sans aucun ou peu de courage. Les compaignies de cheval furent envoyées se rafreschir par les villages, pour se refaire et leurs chevaux; les compagnies de pied ne vouloient marcher, d'aultant, comme ils disoient, qu'on ne leur donnoit argent de leurs gages; ils s'amusoient à piller et à rançonner le pays, pour se remonter d'armes et habitz, et ce pendant l'ennemy forçoit le pays et assiégeoit les meilleures villes, places et chasteaux qui fussent en France, et se portoient les affaires du roy et des catholicques aultant mal qu'elles s'estoient bien portées depuis le commencement de ceste guerre jusques au campement de N. D. de-l'Espine, où ilz laissèrent eschapper leur ennemy, qui ne leur demandoit que miséricorde.

L'armée protestante assiége la ville de Chartres[1]. M. de Lignères est envoyé 1568.
avec quelques troupes pour défendre cette place, qui résiste vigoureusement,
malgré plusieurs brèches faites par le canon. M. de la Rivière-Puistaillé était
parvenu à faire entrer sa compagnie dans Chartres et avait ainsi renforcé utile-
ment la garnison. Le roi réorganise son armée; trois cents pionniers et castadours
sont levés dans l'élection de Provins, et envoyés à Paris pour marcher contre les
protestants. — Ceux-ci se rendent maîtres d'un grand nombre de villes dans les
diverses provinces de la France, profitant de leurs intelligences avec les chefs
et gouverneurs, saisissant les recettes du domaine et les revenus des tailles. Le
roi se trouve dans un grand embarras; il s'occupe de remplacer le duc d'Anjou,
incapable de soutenir le poids de la guerre.

Le roy, à l'occasion desdittes guerres, foulla fort le peuple qui luy
obéissoit, par tailles, gabelles, nouveaux impostz et subsides, comme
aussi les ecclésiasticques bénéficiers, sur lesquelz il leva de grandz
deniers, oultre les décimes ordinaires; et leva S. M. ou aultres pour
luy par ses commissions une somme infinie de deniers, qu'il disoit
estre pour faire la guerre ausditz huguenotz. Lesquelz deniers ne
furent plus tost levez, que l'on proposa articles pour faire la paix.
Qui du roy ou des huguenotz demanda le premier laditte paix,
je n'en sçus rien, et croy que l'ung ni l'aultre ne la demandèrent;
ains seullement les temporiseurs et entremetteurs, qui estoient avec
S. M. et qui avoient intelligence avec le huguenot mons. le prince
de Condé, en firent tout ainsi qu'ilz voulurent. Et est chose certaine
qu'en France, pour ce temps, y avoit des personnes qui nourrissoient
et gardoient la guerre et la paix en leurs voluntez, pour les faire
quand bon leur sembloit, et disoit-on telz estre la royne mère du
roy, MM. le chancelier de France et le mareschal de Monmorency,
qui seulz gouvernoient le royaume à leur volunté, comme aussi la
personne de M. le prince de Condé, qui obéissoit à partie de ce qu'ilz
vouloient. Pour le regard du chancelier, qui estoit l'Hospitail, il estoit
héréticque calvinien et huguenot, combien qu'il demeurast avec le

[1] Sur le siége de Chartres, voyez d'Aubigné, *Histoire universelle*, l. IV, c. XVI, p. 229;
et de Thou, l. XLII.

1568. roy[1]; pour le regard de la royne et du mareschal de Monmorency, combien qu'ilz allassent à la messe et qu'ilz montrassent d'estre catholicques, si est-ce que le peuple de France les avoit en réputation d'estre huguenotz héréticques; pour le moins, est chose certaine qu'ilz estoient le soubstien et appuy des rebelles huguenotz, et que leur simulation a porté moult de dommage à la France et républicque d'icelle, partout et en tous lieux. Les huguenotz rebelles avoient praticques, ligues et intelligences dans le royaume, jusques dedans la maison du roy. Après que les temporiseurs et nourriciers des guerres civiles eurent faict ouverture de faire la paix, à l'instant furent députez des hommes de part et d'aultre pour traicter d'icelle. Les huguenotz envoyèrent les leurs avec ceux du roy au lieu désigné, avec leurs articles que jà par tant de fois avoient présentés, remplis d'aditions avantageuses pour leur party et religion, lesquelz furent ouys et à la fin accordés.

Les Parisiens, après avoir sceu que le roy s'inclinoit à conclure laditte paix, se retirèrent à S. M., pour luy faire remonstrances qu'il ne debvoit accorder laditte paix ès termes portés par les articles huguenotz. Lequel, en s'excusant, dist qu'il ne povoit faire aultrement, ou du moings que son royaume s'en alloit perdre faulte d'argent pour entretenir la guerre, à laquelle quasi personne ne vouloit plus s'em-

---

[1] Voyez des vers contre le chancelier de l'Hospital, dans la collection Béthune (Bibl. imp. 8785, anc. fonds fr. fol. 118 v°), et dans les manuscrits Saint-Victor (n° 359, fol. 24 r°). En voici quelques-uns :

Il vit encores ce viellard,
Ce meschant asne montagnard ;
Et veoit avec impunité
De son païs l'embrasement,
Dont malheureus il a esté
La cause et le commencement.
. . . .

. . . . . Son édit des deus églises,
Les daces, puis les paillardises
Des siens, du seau les pilleries;

Ses biens, ses rudes poésies
Tesmoingnent qu'oncques il n'a eu
De Dieu, de sçavoir, de vertu.
Sa vertu c'est d'estre un Prothée,
Sa neutralité d'estre athée,
Sa pais deus lignes maintenir ;
Changer les loix c'est sa praticque,
Sa cour, les pédants soustenir,
Et son sçavoir, d'estre hérétique.
. . . .

. . . . . Qu'il meure où il pourra,
Tousjours son nom l'on dannera;
Et son umbre à jamais sera
Le phantosme et l'espouvental
Du chrestien qui se croisera
Tousjours à ce mot d'Hospital.

ployer pour son service. Pour laquelle excuse rembarrer, lesditz Pari- 1568.
siens, par leur prévost des marchans qui portoit la parolle, offrirent
d'ayder à S. M. de grande somme de deniers, pour payer les gens de
guerre, pourveu qu'ilz Parisiens en fissent eux-mesmes le payement
ausditz gens de guerre. Ce que ne voulut accorder saditte majesté,
ou du moings ses gouverneurs qui estoient les dessus nommez, et leur
fut par iceux respondu qu'ilz Parisiens n'estoient que des séditieux,
et que laditte paix seroit conclue, vueuillissent ne dignassent.

La cour de parlement et l'Université envoient de leur côté faire des remontrances au roi contre la conclusion de la paix, sans rien obtenir.

Les prédicateurs et docteurs qui preschoient le karesme dedans la
ville de Paris s'escrièrent en leurs sermons contre le roy et son conseil[1], et disoient à haulte voix que Dieu feroit vengeance de S. M. et
dudit conseil, et que saditte majesté dès ce monde endureroit punition et adversité en son esprit et en sa vie, qui ne seroit longue, et
que sa mort seroit accélérée et hastée devant son temps par lesditz huguenotz, lesquelz ne cesseroient jamais qu'ilz ne l'eussent exterminé,
quelque paix qu'il fist avec eux, et taxèrent le roy, sa mère et son
conseil estre cause par laditte paix de l'entière ruyne du royaume et
de la vraye religion catholicque. De quoy furent advertiz leurs majestez, qui furent fort indignez contre lesditz docteurs et prédicateurs, contre lesquelz usèrent de grandes menaces et leur firent dire
qu'ilz preschassent l'Évangille, sans détracter de leurs majestez et induire le peuple à sédition contre eux, sous peine d'estre punis corporellement et encourir leur indignation.

Desquelles menaces ne se espouventèrent lesditz prédicateurs et
docteurs catholicques, lesquelz de plus en plus continuèrent par le discours d'escriptures, tant sainctes que prophanes, du Viel et du Nouveau Testament, [à blasmer] le mal que faisoient le roy et son conseil
d'accorder, contre tout droict divin et humain, canonic et civil, laditte

---

[1] Sur les violences des prédicateurs ca-   *De la Démocratie chez les prédicateurs de*
tholiques dans leurs sermons, voy. Labitte,   *la Ligue.* (Paris, Joubert, 1841, in-8°.)

1568. paix si pernicieuse à l'honneur de Dieu, de son église, de sa majesté, et contre le repos public de la France; faisant comparaison des majestez de luy et de la royne sa mère au roy Achab et à la royne Hyésabel de l'Ancien Testament, lesquelz avoient de leurs temps baillé libertés aux faulx prophètes de Baal, qu'ilz avoient mis en toute sûreté, honneur et crédit, avec leur faulse et dampnable religion, et deschassé, bany et persécuté jusques à la mort les vrayz prophètes et prédicateurs de la vérité et parolle de Dieu et de sa vraye religion; dont à la fin grand mal leur en advint; concluant qu'ainsi en adviendroit au royaume de France et à leurs majestez, par la conclusion de ladite paix, qui seroit une guerre à sadite majesté, qui se relèveroit en peu de temps par lesditz huguenotz, qui ne cesseroient jamais qu'ilz n'eussent désolé la France, si on ne les exterminoit à force d'armes. Les docteurs qui preschoient audit Paris en ce temps, et qui estoient de la plus grande renommée et les plus zélateurs de l'honneur de Dieu, estoient nos maistres Vigor, Benedicti, de Sainctes, Hugonis[1], d'Ivollé et aultant d'aultres, desquelz je n'ai sceu les noms. Ces docteurs deffendoient tousjours au peuple qu'il feist sédition aucune contre l'estat du roy et le repos public de la patrie; ains les exortoient à toute patience, et à se prosterner devant Dieu en toutes prières et oraisons, pour avoir sa grâce et appaiser son courroux qu'il avoit contre le royaume de France, pour le péché des habitans d'iceluy, qu'ilz priassent pour le roy, ad ce que par sa bonté infinie il gardast S. M. d'estre maculée de la faulse prétendue religion desditz huguenotz, quelque permission qu'il leur donnast par sa paix, de laquelle, ès termes qu'il la vouloit accorder ausditz huguenotz, s'en trouveroit le premier trompé.

Advint que lesditz prédicateurs comparurent devant le roy en son hostel du Louvre audit Paris. S'ilz y furent par S. M. mandez, ou s'ilz y allèrent sans mander, je ne m'en suis fort enquis; et, estant là arrivez, eurent audience de parler à S. M.; à laquelle porta la parolle

---

[1] Hugonis (Jacques), cordelier, prédicateur, agent secret de la cour de Rome, né en 1509, mourut le 19 novembre 1574.

nostre maistre d'Ivollé, qui preschoit le karesme en l'église de M. St-Estienne-du-Mont, comme le plus ancien de la compagnie. Que S. M. et lesditz docteurs dirent les ungs aux aultres, n'en ai sceu que par ouyr dire. S. M. les écouta, mais impaciemment, estant contre eux marri de ce qu'ilz l'avoient taxé d'hérésie couvertement en leurs sermons, à cause de l'accord faict avec les huguenotz par la paix qu'il avoit faite ou vouloit conclure. Auquel fit response ledit d'Ivollé qu'ilz n'avoient taxé saditte majesté ouvertement ni couvertement que d'aultant qu'il en bailloit l'occasion par la paix si pernicieuse qu'il accordoit aux ennemis de Dieu, de la vraye religion et de S. M. mesme, et que pour certain mal luy en adviendroit, tout ainsi qu'il estoit advenu aux roys Baltazar, Manassès, Achab et aultres de l'ancien Testament; d'aultant que Dieu, qui est juste, ne laisse sans punition tout homme, quelque puissant qu'il soit, qui confond sa religion, et qui exalte ceux qui blasphesment son sainct nom, et que ce seroit toute adventure si S. M. voyoit et parvenoit à la moytié de ses ans; que ung roy chrestien ne doict jamais fermer la bouche aux vrays prophètes et prédicateurs de Dieu et de son sainct évangille, pour la faire ouvrir en toute sûreté et liberté aux faulx prophètes et prédicateurs de l'antéchrist, s'il ne veult donner occasion qu'on doubte de sa foy, de sa piété et religion. Pour lesquelles causes, ilz serviteurs de J. C. et prédicateurs de son sainct évangille prient S. M. de n'accorder la paix aux huguenotz en la forme qu'ilz la demandent par leurs articles, qui sont du tout directement contre l'honneur de Dieu, le salut de son église, les bonnes mœurs et le repos public du royaume; et au cas qu'elle fust jà accordée, de la rompre, et les contraindre, comme il en avoit le moyen, à se désarmer et quitter leur faulse religion de bon gré ou de force, ou bien, en les laissant en la liberté de leurs consciences, de leur oster tout exercice public de leur religion, tant pour l'administration de la parolle que des sacremens qu'ilz font à leurs presches, ausquelz ilz n'enseignent à leurs auditeurs que les massacres, les sacriléges, assassins, meurtres, rébellions et séditions contre S. M. et le peuple catholicque, comme la

1568. preuve en estoit plus que occulaire à toutes personnes mesme les plus
ignares de la France.

Toutes ces remonstrances doctoralles ne proufitèrent, non plus que
les parisiennes, judicialles, présidialles et rectoralles ci-devant faictes
à saditte majesté; laquelle, en parolle résolue, dist ausditz docteurs
que laditte paix estoit conclue, et qu'elle ne seroit rompue, affin que
personne ne luy en parlast plus s'il ne s'en vouloit mal trouver. Ores
estoit le roy accompagné de plusieurs huguenotz moyenneurs d'icelle
paix, l'ung desquelz, prenant la parolle après S. M., dist : « Sire, c'est
trop disputer avec ces caffars; il les fault lier en la cuysinne et leur
faire bailler les estrivières par les tourne-broches d'icelle. » A ce fol
dire ne respondit le roy, ains leur bailla congé pour s'en retourner.
Et au partir de sa présence, ledit d'Ivollé réplicqua tout hault que,
quand on auroit tué ou faict mourir sept ou huict pauvres moynes et
prebstres par le fouet ou aultrement, que la vraye religion ne seroit
pour cela ruynée, et qu'il y en avoit d'aultres qui avoient la parolle en
bouche pour la deffendre avec le Sainct-Esprit; et avec tristesse s'en
retournèrent en leurs maisons et églises. Ledit d'Ivollé eut si grande
tristesse au cœur d'avoir veu le roy obstiné et accompagné de huguenotz, qu'il, estant en sa chambre, après avoir prié Dieu qu'il eust pitié
de son église et de sa religion catholicque et romaine, comme aussi
du royaume de France, se jetta sur son lit et mourut avant qu'il fust
vingt-quatre heures après, au grand regret du roy, quand il le sceut, et
de toute la ville de Paris[1]. Le roy eut grand dueil de la response qu'il
avoit faict ausditz docteurs, quand il sceut la mort dudit d'Ivollé, et
prenant garde aux remonstrances qu'ilz luy avoient faict, comme aussi
les aultres estatz de Paris, en la conclusion de laditte paix, brida les
huguenotz, comme il sera veu par les articles d'icelle; et ne tendoit
S. M. qu'à les faire désarmer et se retirer en leurs maisons, comme
aussi de renvoyer leurs forces estrangères hors du royaume, pour par
après se prévaloir contre eux et les tenir en subjection, gardant son
secret en soy sans le vouloir déclarer à personne jusques au temps

_____
[1] Voy. plus haut, p. 136, note.

de l'exécution; et quoy qu'on aye pensé de sa personne, il estoit fort 1568.
catholicque et n'avoit chose en plus grande abomination que hérésie
et faulse religion; mais, pour la jeunesse où il estoit, et pour les
traysons qu'il voioit estre ès plus grands et apparens de sa court,
mons. le duc d'Anjou excepté, falloit qu'il dissimulast jusques au
temps opportun, pour en avoir sa raison.

Non seullement les prédicateurs qui preschoient à Paris crioyent
contre le roy et ses temporiseurs, comme aussi contre son maulvais
conseil, ains tous aultres catholicques qui estoient espars par toutes
les villes de son royaume où la liberté catholicque avoit cours. Frère
Jehan Barrier, cordelier de Provins, docteur en théologie et curé de
Ste-Croix, grand prédicateur, n'eut la bouche fermée, quelque menaces que luy fissent les bailly et procureur du roy, stimulez par les
huguenotz dudit Provins.

Articles de la paix conclue avec les huguenots, le 23 mars 1568[1]. — Mort de
M. de Linières, gouverneur de Chartres[2].

Les soldats catholicques le regrettèrent fort, et en son honneur
firent une chanson fort bien faicte et dictée, en laquelle louanges
immortelles extolloient son nom, pour le rendre mémorable à jamais.

Ceste paix estant publiée au camp huguenot devant ladite ville de
Chartres, mons. le prince de Condé renvoya ses reistres en leur pays,
après les avoir payez de l'argent que le roy mesmes leur envoya.
Lesquelz reprindrent leur chemin entre Orléans et Estampes, pour
gangner St-Mathurin-de-l'Archant, et de là, en tirant par Auxerre, reprindrent le chemin qu'ilz avoient tenu par la Bourgongne, en pillant
tout ce qu'ilz trouvoient de bon ès maisons des villages et bourgs où
ilz logeoient; et renmenèrent tant de butin de la France, que leurs
chevaux et harnois ne purent enmener le tout en leur pays.

Les huguenotz françoys, après avoir ouy publier laditte paix, furent
les aucuns bien ayses, afin qu'ilz retournassent en leurs maisons, des-

---

[1] *Déclaration pour la pacification des troubles du royaume.* (Fontanon, IV, 289.)

[2] Il fut tué à la bataille de Jarnac. (De Thou, *Hist. univ.* l. XLV.)

1568. quelles ilz estoient absens il y avoit six moys. Les aultres, qui n'a-
voient où se retirer, et qui estoient comme vacabons, n'estoient bien
ayses, et aymoient mieux la guerre que la paix, pour le pillage qui
leur estoit permis et de quoy ilz s'entretenoient fort bravement, ce
qu'ilz n'eussent sceu faire si ladite paix eust tenu longtemps.

Les villes prises par les huguenots sont rendues au roi, qui y place des garnisons. — L'armée protestante met bas les armes et est licenciée. — Charles IX
fait garder les passages de la Marne, de la Seine, de l'Yonne, de la Loire et des
autres rivières.

Le huguenot vouloit et entendoit que le roy fist poser les armes
bas par toutes les villes de France, et que l'entrée et sortie de chascune fust libre à ung chascun, tant huguenot que catholicque; sans
que les gardes desdittes villes s'informassent du faict de personne, et
présenta requeste à S. M. à ces fins, qui ne fut enthérinée pour le
regard de la garde des villes; mais bien accorda S. M. que l'entrée
et sortie d'icelles fussent libres à tous passans, de quelque religion
qu'ilz fussent, sans qu'il leur feust mal faict ne dict, moyennant qu'ilz
se comportassent modestement, sans irriter personne ni rien attenter
contre l'estat de sadite majesté ni le repos public.

La garde qu'on faisoit nuict et jour ès villes, signamment ès catholicques qui n'avoient esté rebelles ni huguenottes, faschoit plus les
huguenotz d'icelles, qui, estans absens, n'osoient y retourner si pri-
vément qu'ilz eussent faict si l'entrée leur eust été libre et sans garde;
car ilz craignoient d'estre saccagez aux portes, ce qu'ilz furent en aucunes villes. Et pour ce, ceux de Provins, Nogent et Bray ne furent
des premiers qui retournèrent en leurs maisons, ains furent vacabons
depuis la publication de ladite paix plus de trois moys par les champs
avant que de se présenter pour rentrer en icelles, et encores chascun
d'eux attendoit qu'il y eust de leurs amys catholicques à la garde les
jours qu'ilz se présentoient, pour empescher les aultres gardes de
leur faire mal.

Qui donnoit craincte aux huguenotz des villes de ne rentrer libre-

ment en icelles fut la mort d'un capitaine parisien huguenot, qui 1568.
avoit servy le prince et la cause, qui fut tué en ung coche des filles
de chambre de la royne mère d'ung coup de harquebuse, en passant
par la porte St-Anthoine de Paris pour s'en aller au boys de Vincenne, et si n'en fut aultre chose.

Les protestants de Provins, qui étaient en tout de vingt-cinq à quarante, rentrent furtivement les uns après les autres par différentes portes dans la ville,
sans recevoir autre mal que quelques injures.

Les quatre capitaines de la ville, voyans lesditz huguenotz rentrez
en leurs maisons, allèrent au bailly, qui avec eux avoit prins par
commandement du roy la ville en garde pour S. M., pour éviter une
garnison de gens de guerre que saditte majesté y vouloit mettre pour
la garde, et veoir ensemblement quelle pollice ilz mettroient ausditz
huguenotz, pour les tenir en craincte et à l'estroict, et éviter à une
surprinse et trayson qu'ilz huguenotz eussent peu faire à laditte ville,
en introduisant de leurs frères huguenotz en icelle, pour la trahir,
la piller, la saccager, et la tenir par force. Et après qu'il bailly, qui
luy-mesme estoit tenu suspect, et lesditz capitaines eurent devisé ensemblement, furent d'avis de faire assembler le corps de la ville à
l'hostel d'icelle, pour y prendre l'oppinion de chascun, du moins des
plus sages et apparens; ce qui fut faict, et ceste cause mise en conseil, fût par commun advis résolu que lesditz capitaines, chascun en
son quartier, se transporteroient ès maisons d'iceux huguenotz, pour
les visiter, veoir quelles gens ilz retiroient en leursdittes maisons,
quelles armes il y avoit en icelles, les mettre par inventaire, les transporter hors desdittes maisons, et éviter ainsi à l'inconvénient que l'on
doubtoit qui eust peu advenir par eux. Lesditz capitaines, faisans laditte visitation, transportèrent hors des maisons les armes et bastons
qu'ilz y trouvèrent, et en baillèrent récépissé ausditz huguenotz, pour
leur rendre en temps et lieu. Et quant et quant leur firent deffense
qu'ilz ne retirassent en leursdittes maisons aucunes personnes quelles
qu'elles fussent, et qu'ilz ne s'assemblassent les ungs avec les aultres

1568. en quelque manière que ce fust, et encores qu'ilz ne eussent à sortir hors leursdittes maisons depuis les sept heures du soir en esté et cinq heures en yver, ensemble qu'ilz n'allassent se pourmener nuict ne jour sur les murailles de la ville et tournelles d'icelle, et qu'ilz ne les approchassent de plus près que de la portée de deux coups de harquebuses, le tout sous peine de leur vie. Leur fut pareillement deffendu, sous peine d'estre expulsez et bannis de la ville, de n'en sortir jour ne nuict pour aller aux champs, s'ilz n'avoient passeport du bailly et capitaine de la porte par laquelle ilz vouldroient sortir, afin que l'on sceust où ilz alloient et pour quelles affaires. Deffenses furent faictes à tous les habitans de ladicte ville, quand ilz seroient à la garde d'icelle, de ne laisser sortir personne hors d'icelle sans ledit passeport, sous peine de payer l'amende d'un escu. Desquelles deffenses furent moult irritez lesditz huguenotz, qui, contrainctz d'y obéir, eussent voulu pour la pluspart n'estre rentrez en leurs maisons.

Me Jehan de Ville, procureur du roi, qui avait été forcé de quitter Provins, se fait donner par ses amis, avant la publication de la paix, une attestation de catholicité devant deux notaires; il obtient en conséquence des lettres du roi et de Mme de Nemours pour rentrer dans la ville et exercer son office, et ces lettres sont entérinées par le bailli et le présidial. — Deux huguenots de Provins, Thibault Trumeau et Claude Gannay, menuisier, renoncent publiquement à l'hérésie, après la conclusion de la paix. Les autres, quoique ébranlés, persistent dans leur religion. N'ayant ni prêche ni ministre dans la ville, ils se rendent secrètement et s'assemblent de temps en temps à Bauchery, chez M. de Saint-Simon, où résident des prédicants. — Les gentilshommes protestants, Saint-Simon, Besancourt et Primsault, retirés chez eux, et trouvant leurs maisons dévastées et ruinées, s'approprient les meubles et immeubles des églises et les revenus des curés, et persécutent les paysans. — Le sieur d'Esternay s'empare des bestiaux du sieur de Foissy, alors absent, et cherche à se venger des gens de Nogent-sur-Seine qui avaient pris part au ravage de ses biens. M. de Foissy, avec les soldats de son régiment, fait des courses sur les terres de son adversaire[1].

---

[1] Voyez sur cette affaire, dans l'Appendice, une lettre de M. de Foissy au roi, en date du 20 août 1568. Voyez aussi *Lettre du roy au sieur de Barbésieux*, portant que la dame d'Esternay se plaint que Foissy et ses gens font de grands désordres en ses maisons, contre l'édit de pacification, ce qu'il faut qu'on empêche. 10 avril 1568.

Le jour de la Saint-Barthélemy, une rencontre a lieu auprès d'Ablenay, paroisse
de Meel-sur-Seine, entre des gens de Foissy et des gens d'Esternay. Deux hommes
et deux chevaux restent sur la place; un troisième combattant meurt de ses bles-
sures. — Des luttes du même genre se reproduisent sur tous les points de la
France, entre les protestants et les catholiques. — Frère Pierre Pisseret, prieur de
la Fontaine-aux-Bois, réclame les objets sacrés ou profanes qui lui avaient été
enlevés par M. de Foissy; celui-ci refuse de rien restituer. Les gens de Nogent rendent seulement les images et les livres du prieuré. — Un jeune laquais de M. de
Saint-Simon, qui venait souvent à Provins par l'ordre de son maître, est interrogé par les gardes de la porte de Culoison, qui, ne pouvant tirer de lui de
réponses satisfaisantes, lui coupent une oreille. Une instruction, commencée à
ce sujet, reste sans résultat.

Incontinent après que la paix susditte fut publiée, l'admiral de
France, Gaspard de Coligni, ne se pouvant tenir à repos en son
esprit, suscita plusieurs capitaines et soldatz huguenotz de s'aller
esbatre avec leurs armes au pays de Flandre, pour secourir les huguenotz dudit pays, qui faisoient la guerre au duc d'Albe, lieutenant
général pour le roi d'Espagne, sous la conduitte du prince d'Auvergne et du comte de Nassau, son frère, en vengeance de ce que ledit
duc d'Albe, au nom de son roy, avoit envoyé secours au roi de France
contre eux huguenotz françoys. Et pour ce faire, despeschea quatre
capitaines, qui estoient Cocqueville, St-Amand et deux aultres desquelz je n'ai retenu les noms; lesquelz enlevèrent bien le nombre de
deux mille huguenotz françoys, la pluspart vacabons qui n'avoient
où se retirer en sûreté, et les passèrent en Picardie, gouvernement de M. le prince de Condé, qui estoit audit pays, et tacitement
advouoit ceste entreprinse. Le prince les fit séjourner audit pays,
en attendant qu'il eust response du roy sur certaines plaintes qu'il
envoya à S. M. du tort qu'il disoit estre faict aux huguenotz de France
par les catholicques, lesquelz, n'obéissans aux édictz de la paix, faisoient moleste ausditz huguenotz, qu'il appelloit ceux de la religion;

(Bibl. imp. collect. Saint-Germain-Harlay,
320, fol. 151 r°); *Lettre du roy au sieur de
Foissy*, par laquelle il lui mande qu'il veut
que la dame d'Esternay jouisse de l'édit
de pacification, avec ses sujets. 10 avril
1568. (*Id. ibid.*)

1568.   davantage, sollicitoit S. M. qu'elle commandast aux habitans des villes
de son royaume qu'ilz posassent les armes bas; davantage, que saditte
majesté levast et ostast toutes garnisons desdittes villes, pontz, portz
et passages qui sont sur les rivières, affin qu'il fust libre à ceux de
laditte religion de passer et rapasser, sans estre recerchez, visitez ni
fouillez. Ausquelles plainctes ne hasta le roy de respondre, du moins
au gré dudit sieur prince; ce que voyant, ledit admiral escrivit audit
Cocqueville qu'il ne se hastast de passer en Flandre, ains qu'il advi-
sast à se retirer en quelques villes du pays de Piccardie, en attendant la response du roy. Ce qu'il fit trop follement, et se saisit de
la ville de St-Valery par surprinse, et encores de quelques aultres
petites villes proches d'icelle, dans lesquelles il minst ses gens d'armes
en garnison. Lesquelz, selon la coustume des loyaux huguenotz, saccagèrent et pillèrent les églises et les ecclésiasticques, sans laisser
les catholicques en repos. De quoy fut tout à l'instant adverty le roy,
qui somma M. le prince de Condé de déclarer si c'estoit de son adveu
et de ceux de sa prétendue religion qu'avoit eu lieu la prinse desdittes
villes par ledit Cocqueville. Le prince déclara que non. A laquelle
response, S. M. despeschea mons. de Gonnor, mareschal de France,
et lui bailla commission de lever gens de pied et de cheval avec artillerie, pour aller assiéger et reprendre laditte ville de St-Valery et les
aultres saisies par les huguenotz cocquevillois; ce qu'il fit assez diligemment [1]. Contre lequel mareschal de France et gens du roy tint
bon ledit Cocqueville dans laditte ville de St-Valery, qu'il laissa battre
et prendre par assault sans se vouloir rendre, ne sçachant le désaveu
que M. le prince de Condé avoit faict de luy et de son entreprinse,
et espérant qu'il seroit secouru par l'admiral et aultres chefz de leurditte prétendue religion. A l'entrée de laditte ville de St-Valery que
firent les catholicques royaux, furent saccagez et mis au tranchant
des armes la plus grande partie des soldatz cocquevillois; les aultres
prins à ranson et desvalisez, et lesditz Cocqueville et St-Amand et

---

[1] Sur l'affaire de Saint-Valery, voyez de Thou, l. XLIII.

deux aultres capitaines mis prisonniers, lesquelz déclarèrent avoir
faict ceste entreprinse par le conseil et mandement de l'admiral, soubz
le nom du prince de Condé, ce que nya ledit admiral, comme avoit
faict le prince; par quoy eurent tous quatre capitaines les testes
couppées, qui furent portées au roy, qui estoit à Paris, et qui, après
les avoir veues, commanda qu'elles fussent mises sur des potences
en la place de Grève dudit Paris, et leurs noms, surnoms et qualitez
mis en escript au dessoubz desdittes testes.

Durant le temps que l'entreprinse de Saint-Valery se gouvernoit
par les huguenotz et la reprinse par le roy et les catholicques, furent
surprins en mainctz endroitz du royaume messagers huguenotz aux
portz et passages par les garnisons et gardes catholicques d'iceux, et
leurs lettres ostées, qui furent envoyées au roy; elles estoient pleines
de nouvelles entreprinses que lesditz huguenotz brassoient en divers
endroictz du royaume pour rompre la paix faicte avec le roy et pour
remettre les armes et la guerre sus, mieux que auparavant. Dont fut
esbaye S. M., qui à peine vouloit croire ce qu'il voyoit par escript,
veu le désaveu qu'avoient faict le prince de Condé et l'admiral de
l'entreprinse dudit St-Valery. Laquelle majesté toutesfois, en respon-
dant aux plainctes et requestes importunes dudit sieur prince[1], luy
fit entendre le mal-contentement qu'il avoit des nouvelles factions et

---

[1] Les collections manuscrites de la Bibliothèque impériale renferment de nombreuses pièces relatives aux violences commises envers les protestants, après la
conclusion de la paix de 1568. Coligny
se plaint d'attaques auxquelles les gens de
la religion, ses gentilshommes, ceux de
son frère d'Andelot, et lui-même, ont été
en butte en divers endroits de la part des
catholiques. (Lettres de Coligny, de la
Guesle, premier président de Dijon, de
Charles IX, de la reine mère, etc. mai-
août 1568. — Collect. Harlay, n°ˢ 320
et 320.) Un procès est intenté à Dijon
contre un individu que le prince de Condé
accuse d'avoir mesuré les murs de Noyers.
(Lettre de la Guesle, 10 juillet 1568. —
Ibid. n° 320, fol. 34.) — D'autre part, les
maire, gouverneurs et échevins d'Auxerre
informent le roi des armements et pilleries des protestants du côté de Noyers.
1568, 24 août. (Ibid. n° 320, fol. 328.)
— Voyez aussi des pièces concernant la
disposition des habitants de Sens en faveur de la cause catholique, le nombre
des défenseurs de la ville et la quantité
des munitions. Juillet 1568. (Ibid. n° 320,
fol. 172.)

1568. entreprinses secrettes qu'ilz de la prétendue religion faisoient et mo-
nopoloient pour rompre la paix.

Duquel mal-contentement royal fut aucunement esmu ledit sieur
prince de Condé; lequel, comme depuis confessa, quitta le pays de
Piccardie pour se saulver en Bourgongne et s'absenter du roy, se
retirant en sa maison de Noyers, patrimoigne de sa femme, affin de
n'estre mis en arrest par le commandement de S. M. et, pour passer
de Piccardie en Bourgongne, passa la rivière de Marne secrettement
à Condé, où il séjourna quelque temps, et de là tira à Esternay,
pour savoir du seigneur dudit lieu par où il et son train pourroient passer la rivière de Seine à gué ou bateaux, sans passer par
les villes, portz et passages d'icelle, que le roy faisoit garder. Dudit
Esternay, fut par le seigneur du lieu et les principaux de la cause
conduit à Meel-sur-Seine, pour aller gangner le passage de laditte
rivière au droict de son chasteau de la Motte, où il avoit faict préparer bateaux et nasselles pour passer ledit sieur prince et tout son
train sûrement et sans danger. Et oncques n'en passa ung seul de
son train à gué, quoi que veuille dire ung historien huguenot, qui a
mis en son livre second de son histoire, qui a esté imprimée à Strasbourg, que ledit seigneur prince avoit en se saulvant passé laditte
rivière de Seine à l'endroict d'une des maisons du sieur d'Esternay,
avec grand danger de sa personne, en passant à gué où jamais homme
n'avoit passé, chose entièrement faulse quant audit passage à gué,
parce que j'estois présent à veoir passer ledit sieur prince et son train,
qui estoit de cent chevaux pour le moings, avec lesquelz estoient sa
femme et ses enfans, lesquels tous passèrent par les bateaux et nasselles que ledit d'Esternay leur avoit préparez; et oncques n'y eut
coche, harnois, homme de pied ni de cheval qui mouilliast le pied
à laditte rivière à l'endroict de la Motte. Mais bien avoient tous passé
à gué au passage de la vielle Seine, au lieu dit au gué Boudart, qui
est entre les villages de Meel et la Motte, où n'y avoit danger du
monde pour le plus meschant cheval qui fust en la trouppe, qui
n'estoit en l'eaue audit gué que jusques au ventre.

1568.

Ledit sieur prince disna au chasteau de la Motte, comme aussi firent les gens de sa suitte, qui estoient logez pour la disnée ès maisons du village de la Motte, et s'estima fort honoré le sieur d'Esternay d'avoir, en la présence de ses subjectz tant d'Esternay que dudit lieu de la Motte, receu en ses maisons ledit sieur prince de Condé, qu'il estimoit et aymoit mieux que le roy.

Après disner, ledit sieur prince se partit de la Motte, pour prendre son chemin à Noyers, où il alla sans aucun empeschement de ville, ni de rivière qu'il ne passast bien à gué avec toute sûreté; et qui en partie le faisoit là retirer, oultre la sûreté de sa personne, estoit pour estre plus proche des gens de son conseil, qui estoient l'admiral de France, retiré à Chastillon-sur-Loing, et d'Andelot à Tanlay. Il y demeura le reste de l'esté et jusques au mois de septembre, durant lequel luy croissoit toujours le soubçon de tomber ès mains du roy.

Le prince de Condé adresse des plaintes au roi et à la reine mère, sur l'inexécution de l'édit de paix, sur l'oppression où sont tenus les protestants, sur les meurtres commis à leur égard, sur les tentatives de surprise faites contre son château et sa personne[1]. Charles IX répond en niant toute participation aux entreprises tentées contre le prince, et en se plaignant de sa retraite et de son manquement à la foi jurée. — Pendant ce temps, les huguenots, mécontents de la paix, préparent une nouvelle levée de boucliers et se fortifient dans les villes de la Rochelle[2], Saintes, Châtellerault, Saint-Jean-d'Angely, etc. Ils envoient à la cour des gens chargés de tuer le roi et le duc d'Anjou, afin de mettre la couronne sur la tête du prince de Condé. — Charles IX organise son armée.

Il fit rassembler ung bon et gros camp, qui ne fut prest si tost qu'il en eust bien esté besoin, parce que les capitaines et gens de guerre s'amusoient à piller et rançonner le pays et leurs hostes fort rudement et plus que paravant; il ne fut plus question de parler d'ung teston pour logis, mais fallut monter d'un escu au meilleur marché;

[1] La lettre du prince de Condé à Charles IX, avec une requête dans laquelle il expose les griefs des protestants et les violations de l'édit de paix, est du 23 août. On en trouve l'analyse dans l'Histoire universelle de de Thou, l. XLIV.

[2] Voy. *Additions aux Mémoires de Castelnau*, t. II, l. VII, p. 593.

1568. et recommença ceste ditte guerre pour la troisiesme fois au mois de septembre. Tout le pays de Champagne et Brie, comme aussi tout le reste de la France, fut à l'instant plain et peuplé de gens de guerre, qui firent moult de mal aux laboureurs et gens des villages, qui estoient assez pauvres pour les camps des huguenotz et du roy qui avoient passé par leurs maisons, j'entends par une partie des pays de Champagne et Brie en six sepmaines de l'an dernier passé, ainsi que je l'ai dict en laditte année. Les gens de guerre roboient les chevaux des laboureurs pour se monter à cheval, et ne les pouvoit-on retirer de leurs mains qu'à grande somme de rançon; et où le cheval estoit au gré du soldat voleur, ne falloit parler de le ravoir ni de le poursuyvre.

La conduite de l'armée royale est confiée au duc d'Anjou, frère de S. M.

Le roy, voyant la contraincte en laquelle il estoit de relever les armes contre les huguenotz, bien sçachant que la victoire des armes despendoit de la dextre de Dieu, voulut implorer son ayde par sainctes et dévostes prières, tant solennelles que particulières. Pour laquelle ayde avoir, commanda que procession généralle feust faicte en la ville de Paris de tout le corps de la ville ensemble, pour prier Dieu pour la conservation de sa sainte Église et du royaume de France. Laquelle fut faicte aultant solennelle que faire se peult, comme l'ai ouy réciter à ceux qui y estoient présens. S. M. y assista teste nue, ung cierge de cyre en sa main, en grande dévotion qui moult édifia le peuple parisien. A laditte procession furent portés, entre aultres, les corps sainctz et sainctes relicques de messieurs saint Denis, sainct Rustic et Eleuthère, apostres, qui ont planté la foy catholicque au-dit Paris; lesquelz de long temps n'avoient esté portez hors de leurs églises et temples où ilz reposent, et fut laditte procession faicte au moys de septembre de ceste présente année.

Édit par lequel Charles IX interdit dans son royaume l'exercice de la religion réformée [1]. — Déclaration du roi en faveur des protestants qui n'iraient point à la guerre et ne fourniraient point de secours pour la faire. — Cette ordonnance retient dans leurs maisons quelques protestants. — Les sieurs de Saint-Simon, de Besancourt et d'Esternay vont rejoindre à la Rochelle l'armée condéienne.

La révocation de l'édit de liberté cause une grande joie parmi les catholiques. On publie la nouvelle ordonnance dans les villes restées fidèles au roi, et à cette occasion une procession solennelle a lieu à Provins, à la fin de septembre. Plus de deux mille personnes y assistent; on y remarque la présence des magistrats soupçonnés d'hérésie. Frère Jean Barrier, prié de faire le sermon, prend pour texte le cantique de Moïse commençant par ces mots : *Cantemus Domino! Gloriose enim honorificatus est; equum et ascensorem projecit in mare.*

Et n'en interpréta que ce premier vers-là, qu'il appropria fort proprement à la cause et occasion pour laquelle l'assemblée estoit là congrégée, appelant monsieur le prince de Condé le cheval sur lequel estoient montez les prédicans et ministres huguenotz, qu'il appella les picqueurs pour le faire courir çà et là par leur doctrine satanicque, à laquelle il tournoit visage de toutes parts, ainsi que faict ung cheval qui est conduict par ung bon picqueur et conducteur; faisant comparaison de luy et sa cohorte huguenoticque à Pharao et à son armée, qui, poursuivant les enfans d'Israël jusques en la mer Rouge, furent nayez, pourquoy en action de grâces Moyse, se voyant délivré et les siens de la tyrannie de ce cheval Pharao et son picqueur, chanta à Dieu ce canticque. Et combien que ledit prince de Condé, qui estoit ung second Pharao, ni sa cohorte ne fussent encores exterminez et mortz à la poursuite de persécution qu'ilz poursuivoient contre les fidelles et peuple de Dieu, si est-ce que la France avoit occasion de chanter ce canticque, pour la révocation que le roy avoit faict des précédens édictz de janvier et aultres, faictz durant sa minorité et depuis, qui estoient du tout contraires au salut du peuple françoys, que

---

[1] Edit qui défend de professer publiquement d'autre religion que la catholique. Septembre 1568. (Fontanon, t. IV, p. 292.) — Lettres patentes qui défendent de faire servir les églises, cloches et autres meubles religieux aux prêches des religionnaires. 1568, 7 septembre. (*Ibid.* p. 598.) — Édit qui exclut de l'Université et des offices de judicature les sectateurs de la religion réformée. 1568, 25 septembre. (*Ibid.* p. 294.)

1568. Dieu luy avoit donné en charge, et du tout à l'avantage de la liberté desditz huguenotz. Et en faisant la conclusion dudit sermon, ce bon personnage de cordelier dist qu'il estoit content de mourir quand il plairoit à Dieu, puisqu'il avoit vescu jusques à ce jour que lesditz édictz de liberté huguenoticque estoient rompus et les prédicans enchassez hors de France.

Après le sermon, fut chantée la messe fort solemnellement en toute dévotion, en laquelle furent faictes prières pour la paix de l'église, pour le roy, pour M. le duc d'Anjou, son frère, et pour toute l'armée catholicque, à ce qu'il pleust à sa miséricorde de poser son bras dextre au milieu d'icelle.

Incontinent après que la guerre fut ouverte et publiée contre le huguenot prince de Condé, le capitaine Foissy rassembla son régiment, et, par commandement du roy, s'en alla en Bourgongne pour chastier les huguenotz du pays, qui s'estoient retirez et assemblez au chasteau et ville de Noyers[1], desquelz estoient partys le prince, sa femme et leurs enfans, qu'il print sans grande difficulté, et laissa léans garnison pour le roy, après avoir taillé en pièces quelques huguenotz, emprisonné et rançonné les aultres. Il s'y en trouva une bonne partie de la ville de Troye en Champagne. Ceux qui eschappèrent dudit Noyers s'allèrent rendre dans la ville et forteresse de Vézelay, non loing d'Auxerre, que leurs frères de religion huguenoctique tenoient par force et surprinse.

Après l'exploict de Noyers, ledit de Foissy se retira en Champaigne, où fut adverty que plusieurs huguenotz de Troye, de Sens, de Nogent-sur-Seine et aultres lieux s'estoient retirez à Trinel, soubz la faveur de M. de la Chapelle des Ursins, seigneur dudit Trinel, lesquelz tenoient bon et sé vouloient là fortifier; les alla à la diane d'ung matin prendre au chault du lit dedans le chasteau, qu'il eschella par dehors la ville, d'autant qu'il ne pouvoit entrer par aultre lieu, car l'entrée d'iceluy chasteau est du costé et par le dedans de laditte

[1] De Thou, liv. XLIV, dit que Noyers fut pris par Charles de la Rochefoucault, comte de Barbezieux, gouverneur de Champagne.

ville, et au desjuc les desnicha, en telle sorte que la pluspart se saulva 1568.
en chemise, les aulcuns par dedans la ville, les aultres en se jettant
par les fenestres dudit chasteau hors d'iceluy. Il s'en tua plusieurs de
ceux qui se précipitèrent par les fenestres; aultres se rompirent les
jambes et demeurèrent sur le champ, qui furent bien aysez à arrester.
Ceux qui ne purent se saulver et ne furent tuez furent mis prisonniers
ès prisons dudit lieu. Leurs biens, qu'ilz avoient là resserrez, furent
par lesditz de Foissy pillez, et ceux qui appartenoient audit sieur de
la Chapelle ou à son fermier mis par inventaire et donnez en garde
aux soldatz qui furent là posez en garnison, tant dedans le chasteau
que dans la ville. De quoy fut adverty ledit sieur de la Chapelle des
Ursins, qui s'en tint fort injurié, et qui, pour en déchasser laditte garnison, fit approcher de soy, au village et chasteau de Doux lez Coulu-
miers en Brie, sa compagnie de hommes d'armes qui estoit de 50 lances
des ordonnances du roy, et les envoya audit Trinel avec commandement qu'il leur fit de tuer et massacrer ledit de Foissy et toute fes-
saille; mais n'approchèrent ledit Trinel plus près que les village et
parroisse de Meel-sur-Seine, distantz dudit Trinel de troys lieues, où
ils s'arrestèrent quatre jours entiers, pendant lequel temps mandèrent
audit de Foissy et sa garnison qu'ilz rendissent et habandonnassent
ledit chasteau, avec restablir les meubles d'iceluy, ou qu'en faulte de
ce faire passeroient sur le lieu, pour essayer de luy faire faire par
force. Au mandement desquelz obéyt ledit de Foissy, qui en retira
laditte garnison, et leur fit quitter la place, ne voulant desplaire audit sieur de la Chapelle, qui estoit de plus grand lieu que luy et fort
bien venu de la royne mère et du roy, combien qu'il fût tenu huguenot
héréticque, mais non du nombre des rebelles. Il hantoit quelque peu
l'église catholicque, mais non souvent. Lesditz chasteau et ville de
Trinel, délivrées de laditte garnison, s'en retournèrent les gens de
guerre de laditte compagnie à Doux, en dire les nouvelles audit seigneur, qui estoit prest d'y envoyer ung régiment de gens de pied,
affin que la force luy en demeurast, lesquelz ne hobèrent, après qu'il
sceut qu'il n'en estoit besoin.

1568.   Combien que l'assemblée huguenoticque fût amassée au pays de
Poitou et de la Rochelle, distans de Provins de cent lieues ou environ, et que le roy eust faict assembler son camp entre Paris et
Estampes, si est-ce que ce pays de Champagne et Brie n'estoit exempt
de gens de guerre, qui s'y assemblèrent pour faire ung petit camp et
pour aller desnicher les huguenotz qui estoient à Vézelay et Sanxerre,
mais en vain, comme nous monstrerons ci-après en l'an prochain qui
vient. Et d'aultant que plusieurs compagnies des ordonnances de S. M.
l'avoient habandonné et s'estoient rendues au huguenot de Condé,
saditte majesté donna des commissions à des gentilshommes de crédit, pour rassembler des compagnies de cheval en la place de ceux
qui l'avoient délaissé. Et entre autres pour ce faire eut commission
M. d'Estoge, lequel, par le mandement de saditte majesté, forma ung
régiment ou cornette de gens de guerre, qu'il fit lever, conduire et gouverner par capitaines et chefz à ce requis pour compagnies de cheval,
et entre aultres donna commission à M. du Plaissis-Barbe, seigneur
de Monceaux en Brie, de lever et mener une compagnie, qu'il assembla ès environs de Provins, et y receut gens de toutes qualitez.

La compagnie de M. du Plaissis-Barbe atteint, dans le village de Meel-sur-
Seine, Mme d'Esternay, qui allait de Chalautre-la-Grande à la Motte, montée dans
une litière et accompagnée de dames et de cavaliers; les gens de cette dame
sont dispersés, un d'eux est blessé mortellement; on l'emmène elle-même prisonnière, puis on la délivre dans la forêt de Sourdun. — Elle rentre au château
de la Motte, et l'abandonne bientôt de peur d'être surprise de nouveau.

Ce qu'à la vérité elle eust esté, si elle y eust séjourné quelque
temps, par le sieur de Foissy, qui n'arresta guères d'y retourner et se
fit maistre dudit chasteau, qu'il acheva de piller avant que d'en partir, et au partir y minst le feu, qui ne fit grand domage, pour le
secours que les gens du village y donnèrent. Quelques jours après,
ledit sieur de Foissy, feust par commission du roy ou aultrement, y
retourna et y minst garnison, qui cousta beaucoup aux habitans dudit
lieu, pour le ravage qu'ilz firent en leurs maisons. Et fut ledit village

de la Motte fort oppressé de gens de guerre, depuis l'an dernier 1568.
passé jusques ès années 71 et 72, plus qu'il n'avoit esté il y avoit
cent ans.

Le prieuré de la Fontaine-aux-Bois ayant été abandonné par frère Pierre Pisseret, l'abbé d'Essonne fait occuper cette maison par des gens de guerre, et y met
un prieur de son choix. Pisseret porte plainte au parlement, et se fait remettre
par justice en possession de son prieuré. Chassé de nouveau par l'abbé d'Essonne,
qui le traduit devant l'official de Sens comme hérétique, il fait pourvoir un de
ses neveux, et, après la mort de celui-ci, deux religieux d'Essonne. — Mort
d'Élisabeth de Valois, fille de Henri II, femme de Philippe II, roi d'Espagne. —
D. Carlos, fils unique de ce prince, excité par les huguenots et gueux de Flandre,
tente d'assassiner son père. Il est livré à la justice et exécuté. — Continuation
de la guerre des Pays-Bas. Plusieurs protestants français se joignent aux gueux.
M. de la Noue, fait prisonnier par les gens du duc d'Albe, est relâché moyennant rançon, à la prière du duc d'Anjou. M. de Genlis a la tête tranchée[1]. —
Vol et meurtre commis à Provins, la veille de la Toussaint, dans la maison de
Vauhardy, grènetier de la gabelle du sel.

[1] Plus loin, p. 556, l'auteur fait mourir Genlis d'une manière différente, qui
se trouve d'accord avec les autres témoignages historiques.

1569.

RIGUEURS DE L'HIVER. — RENTRÉE DES REÎTRES EN FRANCE. — JONCTION DES ÉTRANGERS AVEC L'ARMÉE PROTESTANTE. — BATAILLE DE JARNAC. — MORT DU PRINCE DE CONDÉ. — RÉJOUISSANCES DES CATHOLIQUES À CE SUJET. — CONVERSIONS PARMI LES PRO- TESTANTS. — MASSACRE À BOURGES. — MORT DU CARDINAL DE CHÂTILLON. — Mme DE MOUY, ÔTAGE EN ANGLETERRE POUR LES PROTESTANTS DE FRANCE. — SIÉGE DE VÉZELAY PAR LES CATHOLIQUES. — PRISE DE CHÂTILLON-SUR-LOING. — SENTENCE RENDUE CONTRE COLIGNY. — MEURTRE DE M. DE MOUY PAR MAUREVERT. — EXÉ- CUTION DU BARON DE COURTENAY, DE GUILLAUME DE LA CHESNAIS, DE L'ÉCOSSAIS STUART, DE CROQUET ET DE GASTINES. — SIÉGE DE POITIERS PAR L'AMIRAL. — BATAILLE DE MONCONTOUR. — MORT DE ROBERT DE MONBERON. — RECHERCHE DES USURIERS. — PROCÈS, MEURTRES, MIRACLES.

L'an 1569, au moys de janvier, les gelées qui avoient commencé et les grandes neiges qui estoient sur la terre dès le moys de décem- bre dernier passé se continuèrent jusques à la moytié dudit moys de janvier, en grandes froidures, avec lesquelles par certains jours ad- -venoient des geuvres blanches, qui fondoient par la lueur du soleil en plein jour, qui fut cause que les vignes et noyers furent gelez par la forte gelée qu'il faisoit les nuictz d'après lesdittes geuvres. Les vignes furent fort recullées; plusieurs vignerons, expérimentez des aultres gelées de l'an 1565, les coupèrent par le pied en la saison de tailler; aultres ne les coupèrent, qui ne recueillirent guères plus de vin en la vendange que ceux qui les avoient coupées. On ne recueillit point de noys en la saison, et moururent les gros et vielz noyers de laditte gelée. Les grains n'eurent poinct de mal, et fit-on assez bonne mois- son; toutesfois le grain se recueilloit et estoit à hault prix, comme de 10 à 12 s. t. le boisseau, mesure de Provins, qui estoit plus hault prix que de coustume. Qui en estoit la cause estoient les terres qui demeuroient à pleus sans labourer, à raison des gens de guerre qui,

ès années passées comme en ceste présente, avoient desrobbé et enmené les chevaux et les jumens des laboureurs, sans qu'il en feust
faict aucune punition par justice. Les personnes riches qui avoient
des terres à bailler à moyson ou à ferme ne trouvoient à qui les
bailler, à quelque petit prix que ce fust, et en demeura sans labourer
ès villages du bailliage de Provins plus de trois partz, qui ne portèrent
rien plus de trois ans, dont advint le cher temps que nous dirons
cy-après en son lieu.

Les protestants français, pour résister aux troupes royales, appellent les Allemands à leur secours. Dix ou douze mille reîtres et lansquenets se réunissent
sous les ordres du duc de Deux-Ponts et se disposent à pénétrer en France, munis de chariots pour charger le butin, de vans, de fléaux, de faucilles, de fours.
Le duc d'Aumale, envoyé à leur rencontre, lève des gens de guerre en Champagne et en Brie, provinces déjà remplies et ruinées par les régiments de Foissy
et autres, et par des troupes de cavalerie. Les deux armées s'approchent l'une de
l'autre, sans se combattre. M. d'Aumale demande des renforts. Le grand prieur
de France va le joindre avec six ou sept cents cavaliers auvergnats et cinq cents
cavaliers envoyés par le roi d'Espagne. Cette troupe quitte l'armée de Poitou, com-
mandée par le duc d'Anjou, et passe vers le mois de janvier aux environs de
Provins. Un soldat d'une compagnie espagnole logée au village de Sains, près
Donnemarie, ayant violé une fille, est condamné à mort et pendu à Provins. —
Malgré la venue du duc d'Aumale, les Allemands entrent en France, près de
Langres. La reine mère et le chancelier sont accusés de trahir la cause catholique.
— La cour surcharge le pays de tailles ; la noblesse est soumise aux obligations
de l'arrière-ban. — Les reîtres passent la Seine un peu plus haut que Bar, gagnent
la Loire, et joignent en Berry les protestants français.

Le roy pareillement fit en Allemagne une levée de reistres allemands et lansquenetz, ensemble une de Suisses qui excédoit la levée
huguenotte, qu'il envoya en son camp audit pays de Poitou ; lesquelz
n'estoient si sanguinaires ni saccageurs d'églises et de prebstres que
ceux des huguenots, toutesfois estoient aussi larrons les ungs que
les aultres pour serrer sur leurs harnois ce qu'ilz trouvoient à leur
commodité ; et par ainsi fut la France pleine d'estrangers pour la
désoler et quasi rendre déserte.

1569. Le duc d'Anjou livre bataille au prince de Condé près de Jarnac, et défait les protestants (13 mars)[1]; Condé est tué. Un courrier est dépêché au roi pour lui annoncer ces événements. Il se trouvait alors à Metz, où il était venu pour rétablir l'ordre troublé par les tentatives des huguenots de l'intérieur.

Le roy, comme l'ay sçu de ceux qui estoient audit Metz avec luy, receut ces nouvelles à 11 heures du soir, jà couché en son lict, qui se releva et commanda qu'on allast advertir l'évesque de Metz et les chanoines de ceste victoire, et que, au son de toutes les cloches dudit Metz, chascun catholicque se relevast pour aller à la grande église M. St-Estienne rendre grâce à Dieu et chanter *Te Deum laudamus*, où luy-mesme se trouva des premiers. Et y fut ledit *Te Deum* chanté par ses chantres et ceux de laditte église, comme aussi par les orgues d'icelle fort mélodieusement, à la grande joye de tous catholicques et grand regret des huguenotz de laditte ville.

Après que le *Te Deum* royal fut chanté, S. M. demeura bien l'espace d'une petite heure à deux genoux en prière fort dévotement, chose qui ennuyoit à plusieurs, qui eussent bien voulu estre en leur repos. M. le card. de Bourbon, frère germain dudit feu prince de Condé, estoit présent avec le roy audit Metz, qui ne chantoit le *Te Deum* de bon courage, encores qu'il fust à l'église avec sadite majesté; lequel, voyant le roy se lever pour s'en aller, mint ung genou en terre et pria sadite majesté de avoir pitié des petis enfans dudit

---

[1] Relation de la bataille de Jarnac (*Rec. de docum. historiques*, publié par M. Champollion-Figeac, 1848, t. IV, p. 483). — Le vrai discours de la bataille donnée, le 13 mars 1569, entre Châteauneuf et Jarnac (*Archiv. curieuses de l'hist. de France*, t. VI, p. 365). — Rôle des morts, des prisonniers et des blessés à la bataille de Jarnac (Biblioth. imp. collect. Béthune, vol. 8722, p. 39, et 8748, p. 48). — Voy. aussi de Thou, l. XLV; d'Aubigné, t. I, l. V, p. 278; Brantôme, *Vie du prince de Condé*; Brezin, *Chron. de Flandre et d'Artois* (Bibl.

imp. fonds Gaignières, n° 684, fol. 873 v°); Castelnau, l. VII, c. IV, et *Additions*, t. II, p. 661; La Noue, c. XXIII; Guill. de Tavannes, etc. — Nous citerons enfin : *Complainte faulsement mise en public au nom de madame la princesse de Condé, aprez l'assassinat de monseigneur :*

Dames d'honneur, je vous pry à mains joinctes,
Avecques moy déplorer mes complainctes ;
Car les regrets que j'ay dedans mon cœur
Me causeront toute ma vie douleur.
Las ! j'ay perdu la grand fleur de noblesse.....

(Bibl. imp. St-Victor, n° 359, fol. 3 r°.)

feu prince, en les laissant jouyr de leurs biens, et de leur conférer 1569.
les estatz que leur feu père avoit de la couronne de France, comme
du gouvernement de Picardie et aultres. Auquel respondit S. M. qu'on
en adviseroit, et qu'on ne sçavoit encores s'il estoit mort; et, ce dict,
se retira en son logis, où il ne se recoucha, ains le reste de la nuict
escrivit à son frère et despeschea toutes affaires nécessaires pour le
faict de la guerre.

Les nouvelles de la mort dudit prince de Condé, portées de toutes
partz, resjouyrent les catholicques de France extresmement, lesquelz
pensoient, mais en vain, estre à la fin des guerres civiles et de tous
maux; et de ceste resjouissance furent faictz par toutes les villes catholicques feux de joye, processions, prières publicques et le *Te Deum*
chanté. Mais le peuple croit la victoire avant que l'ennemy fust vaincu,
et a-on veu le proverbe véritable qui dict que trop grande joye amène
le dueil. La ville de Paris commença la première, qui fut suyvie de
toutes les aultres, et signamment de celle de Provins, laquelle s'en
resjouyt en la manière qui s'ensuit.

Une procession générale, ordonnée par le clergé et les gens de justice, eut
lieu un jour ouvrable, les boutiques et ouvroirs étant clos. Tous les habitants,
et les ecclésiastiques, portant les châsses et reliques des saints, se rendirent au
couvent des cordeliers et de là à celui des jacobins, où le sermon fut prononcé
par un jacobin d'Auxerre, nommé Mammerot, élève de P. d'Ivolé, que l'on avait
fait venir pour prêcher le carême [1].

Lequel fort proprement discourut la juste punition de Dieu advenir sur les meschans, et principallement sur ceux qui sont adversaires
de vraye religion, et comment de tout temps telz ont tombé et tomberont soubz le couteau et passeront et ont passé par le tranchant des
armes, comme il en fit une preuve fort bien ditte et à propos par le
discours des Escritures sainctes et profanes, tant du viel que du nouveau Testament; et monstra comment Dieu, voulant punir les péchez

[1] Voyez à la bibliothèque de Provins les manuscrits de M. Rivot, t. IV, p. 327.

1569. du peuple, laisse durant ung temps prospérer les meschans pour estre
bourreaux et affliction des bons et gens de bien, avant que le mal leur
advienne; comme, sans en plus rechercher tesmoignage, apparoissoit en la victoire catholicque et royalle que Dieu avoit donné à M. le
duc en la bataille pour laquelle le peuple pruvinois estoit là assemblé
pour le remercier, en laquelle estoit tombé mort le prince des voleurs, des massacres, des sacriléges, des larrons, des rebelles, des
huguenotz et hérétiques de France, prince dégénéré de la vertu et
religion de ses ancestres, violleur de sa foy, crimineux de lèze-majesté divine et humaine, prophaneur de temples, briseur d'images,
fracteur d'autelz, contempteur des sacremens, infracteur de paix,
proditeur de patrie et Françoys renié, et maints aultres tiltres non
dignes d'honneur donna et proféra ledit jacobin dudit feu prince.
Lequel jacobin n'avoit commencé à ce sermon de détracter et monstrer l'abus et meschanceté dudit feu prince, mais y avoit commencé
dès le premier sermon qu'il fit le jour des Cendres, en continuant
par chascun jour qu'il preschoit, quand il descouvroit les ruses et
ypocrisies qui estoient et sont ès hérétiques. Et advint audit prince
ce qu'avoit prédit de luy ledit jacobin en ses sermons précédens, lequel avoit dict iceluy prince devoir tomber soubz les armes en brief
temps, et son nom devoir ruyner honteusement, au mespris de sa
grandeur et domage de ceux qui le suyvoient.

Après le sermon, le *Te Deum* et la messe furent chantés; puis la milice bourgeoise s'assembla au son du tambour, sous la conduite de ses quatre capitaines,
et fut passée en revue dans les rues; enfin, un feu de joie fut allumé devant
l'hôtel de ville, on tira les canons et l'on fit jouer l'artillerie de la ville. Les
protestants qui n'étaient pas retournés à la guerre s'abstinrent de paraître à la
procession, aux revues et aux feux de joie, de peur d'être maltraités. Ils n'é-
prouvèrent aucune offense. Le bailli et le procureur du roi firent bonne mine, et
depuis se montrèrent meilleurs catholiques.

Il ne fault passer soubz silence ce qui advint et fut faict aux huguenotz de Provins qui estoient en leurs maisons au temps et depuis

la mort dudit prince de Condé, et comment ilz furent gangnez pour 1569.
les faire aller à confesse et à la table Dieu à Pasques, comme les
catholicques de la ville.

Fault notter que, comme nous avons dict ci-dessus, le prédicateur
jacobin qui preschoit le karesme, lequel dès le commencement de
ses sermons n'avoit cessé par chascun jour de descouvrir les abus
des prédicans huguenotz, ensemble l'ypocrisie qui estoit en eux et
en ceux qu'ilz avoient séduictz, ne eut la bouche fermée le reste
dudit karesme depuis la mort dudit prince de Condé, non que sa
mort le rendist plus hardy à parler que devant, car depuis sa ditte
mort ne parla plus de sa personne ni de sa meschante conversation,
en l'appellant prince des voleurs, des massacres, chef de rébellion,
nutriteur de faulse vermine, comme il faisoit durant sa vie; mais
forgea en soy une invention, en blasmant l'hérésie et faulse doctrine
huguenotte en ses sermons, comment et par quel moyen il pourroit
regangner de bon gré ou par faintise les huguenotz dudit Provins qui
estoient en leurs maisons, qui avoient tous faict le serment en leurs
synodes et conventicules, entre les mains de leurs prédicans et
ministres, de ne jamais retourner à l'église catholicque et romaine,
à confesse, à la messe, et moings à la table Dieu, ayans promis
ausditz prédicans et leur assemblée qu'ilz plus tost se laisseroient
brusler tous vifz que de leur vie y adhérer de leur bon gré ou de
force. Pour les attirer à soy et à l'église catholique, ledit prédicateur dist à ung de ses sermons que l'intention du roy estoit telle, que
tout homme de son royaume eust, de soy mesme, sans commendement de S. M., à vivre doresnavant d'une mesme religion, qui
estoit la catholicque romaine, à ce que ceux qui estoient huguenotz
par son royaume eussent à s'y retirer, ce qu'il espéroit qu'ilz feroient,
veu les précédens édictz de cassation de celuy de janvier, et que
ceux qui d'eux mesmes, sans aultre contraincte, se retireroient à l'église
catholicque, yroient à confesse et à la table Dieu à Pasques, seroient
tenus pour ses loyaux subjectz, et ne vouloit qu'ilz fussent recherchez
pour le passé, et deffendoit saditte majesté à toutes personnes de leur

1569. rien reprocher ni aucunement les molester; mais que ceux qui demeu-
reroient obstinez et ne se seroient réduitz à laditte feste de Pasques
avec les catholicques seroient, si tost que la solemnité seroit passée,
recerchez et punis corporellement en leurs corps, et leurs biens' confisquez; et pour ces causes, prioit ceux dudit Prouvins qui n'estoient
en grand nombre de se réduire, pour éviter les dangers où ilz pourroient tomber, et sçavoit bien qu'ilz tomberoient, et que, si tous ensemble ou les ungs après les aultres se vouloient retirer vers luy au
couvent des jacobins avec leurs livres huguenotz, se pourtoit fort,
avec la grace de Dieu, de leur monstrer par leurs livres mesmes les
abus de leur faulse religion, et de les réduyre, s'ilz vouloient croire
aux sainctes Escriptures, à la vérité de l'Évangille et cognoissance
de la vraye religion. Ceste remonstrance fut ung vent qui souffla
jusques aux aureilles desditz huguenotz, par la bouche de leurs parens et amys qui estoient audit sermon.

Quelques jours après, ledit prédicateur, continuant en sa volunté,
dist à son sermon qu'il avoit receu lettres du roy pour admonester
les huguenotz dudit Provins, qu'ilz eussent à se convertir et reprendre
l'église catholicque, sous peine à eux de s'en trouver mal; et dist ce
si proprement, que les meilleurs espritz qui l'escoutoient pensoient
qu'il fust vray; de quoy furent encores advertis lesditz huguenotz, qui
estoient en grande anxiété de leur esprit, ne sçachant qu'ils debvoient faire. Toutefois, le plus orgueilleux de tous résolut en soy,
par la persuasion de sa mère et aultres parens, de se présenter audit
jacobin pour disputer contre luy des pointz de la religion, et, pour ce
faire, pourta une bible bien et richement reliée qui estoit de la tra-
dition de Jehan Calvin, avec quelques aultres livres de la forge dudit
Calvin. Ce huguenot estoit Nicolas de Ville, licencié ès loix et advocat
audit Provins, qui avoit bien estudié ès lettres humaines; lequel,
avant que partir de la présence dudit jacobin, jetta luy mesme sa
bible et livres huguenotz dedans le feu, et confessant son erreur et la
religion de Calvin estre faulse religion et dampnable, fit le serment
en la présence dudit jacobin, sur le sainct Évangille, que jamais ne

retourneroit à laditte religion huguenoticque, ains le reste de sa vie 1569.
continueroit et garderoit l'église catholicque et romaine, ce qu'il a
faict.

Le prédicateur, après avoir gangné cestuy-là, s'exclama davantage
contre les aultres qui différoient de se convertir, et contre eux usoit
de menaces de les accuser au roy, si tost que la feste de Pasques
seroit passée. Et pour mieux les induire à ce faire, dist à ung sermon qu'il falloit qu'ilz allassent à confesse à luy ou au curé de
St-Ayoul, Me Denis Camus, et que eux deux seulz avoient la puissance de les absouldre de leur hérésie et péchez provenans d'icelle,
puissance qu'ilz avoient receu par les lettres que mons. l'archevesque de Sens leur en avoit envoyées, et ce afin que nul huguenot ne
prétendist cause d'ignorance ni d'excuse. Ce dit, plusieurs allèrent
vers luy pour renoncer à laditte faulse religion, et n'en demeura que
trois à la grande sepmaine qui n'y eussent esté, qui estoient :
N. Garnon, N. Richard et N. Macé, contre lesquelz il s'escria en ung
sermon fort asprement, promettant de les accuser, comme aussi les
recéleurs qui les recéloient et les empeschoient de se convertir. Et
tant sceut bien dire, que, avant qu'il fust la feste de Pasques, ilz
allèrent tous à luy à confesse, et firent le serment de ne jamais retourner à la huguenotterie, aux presches des prédicans et à la suitte
de leur doctrine, et leur fit à tous faire leurs pasques, chascun de
eux en leur paroisse, par les curez ou vicaires d'icelles. Les noms des
huguenots qui furent audit prédicateur et qui par luy furent prins à
la pipée, furent : lesdictz Nic. De Ville, Garnon, Richard, Macé,
M. Boyer, procureur et notaire, D. Saulsoy, apoticaire, Est. Maistrat,
apoticaire; Nic. Doury, et N. Boyer, barbiers, J. Leblanc, fils d'Adrian,
N. et N. les Blancs, sergens royaux, et Me Rich. Privé, advocat. Il y
en peut bien avoir encores d'aultres, desquelz je n'ai sceu les noms.
Brief, nul de ceux qui estoient pour lors demourant audit Provins ne
demeura en arrière, qu'il ne fist ses pasques à la catholicque romaine.
L'esleu Barengeon, le médecin Me Jeh. Saulsoy et sa mère estoient
absens de laditte ville, dès la reprinse des armes de ces présens troi-

1569. sièmes troubles, et pour ce demeurèrent en leur perfidie huguenoticque; M⁰ Cl. Barengeon, enquesteur, fut de ceux que ledit prédicateur retira, car il estoit à Provins pour lors. Une partie desditz
huguenotz convertis à la-pipée-jacobine demeurèrent en l'église
catholicque romaine, et oncques depuis ne suivirent la calvinienne;
mais, comme il advint par après qu'il fallut encores permettre la
liberté de conscience, par une paix qui fut faicte avec les rebelles
huguenotz, Garnon, Nic. Doury, Marc Boyer et M⁰ Richard Privé se
parjurèrent du serment qu'ilz avoient faict, et sans aucune honte
retournèrent à leurs erreurs comme devant.

Après la mort du prince de Condé, l'armée protestante se rallie sous les
ordres de l'amiral Coligny, prend pour chefs nominaux Henri, roi de Navarre,
et Henri, prince de Condé, fils du défunt, et continue vivement la guerre dans
le Poitou[1].

Il ne fault mettre en obly la ruse catholicque qui fut faicte, à
Bourges en Berry, par ung soldat de la ville qui contrefaisoit le huguenot. Lequel, se trouvant avec eux, print charge de leur livrer la
ville et de les mettre dedans à certain jour à l'improviste des catholicques, comme il se vantoit d'en avoir bien le moyen, et pour ce
faire receut argent, et donnèrent les ungs à l'aultre le mot de guet,
pour attendre le temps et l'opportunité de ce faire. Ce soldat huguenot contrefaict advertit le capitaine général qui estoit pour le
roy audit Bourges, et luy déclara le faict dont il estoit requis et qu'il
avoit promis de faire, affin qu'il capitaine, avec son conseil et les
gens de la ville, advisassent à mener l'affaire, pour donner une bonne
charge ausditz huguenotz. Or estoit d'accord le soldat catholicque
de la composition d'argent qu'il devoit avoir pour ce faire, moytié de
laquelle composition se fit bailler comptant, et par ce qu'il estoit dif-
ficille de conduire une telle affaire sans estre descouvert, advisèrent
ces gens et luy ung lieu assez destourné pour se représenter là de
six en six jours pour parler ensemble du moyen qui se présenteroit,

---

[1] Voyez d'Aubigné, *Hist. univ.* l. V, p. 282, t. I.

et l'occasion se présentant avant les six jours, celuy qui auroit 1569. meilleure commodité se représenteroit audit lieu et y laisseroit par escript l'affaire de la cause. Ainsi fut dict, ainsi fut faict. Le lieu estoit en une vielle masure de maisons ruynée où personne ne habitoit, qui estoit à une demye lieue et plus dudit Bourges. Le capitaine dudit Bourges, bien instruict de ce faict, entretint son soldat et luy ayda à faire fort dextrement l'entreprinse, qui estoit de mettre l'ennemy huguenot dedans la ville par un gris ou grille de fer qui estoit en ung conduict percé en la muraille de la ville, par où l'eaue entroit en icelle, assez près d'un moulin, que le capitaine munit d'hommes bien armez au jour préfix, pour y attendre l'ennemy. avec traisnée de pouldre à canon pour y mettre le feu quand il seroit temps. Il fit mettre gens de pied et de cheval en embuscade dehors la ville, pour se jetter sur l'ennemy au signal donné, et fut le tout si proprement ordonné, que l'afaire se pourta au mieux. Le tout prest et en bon ordre, le soldat manda ses marchans pour aller recevoir la marchandise livrée, et leur bailla heure entre unze et minuyt. Les compagnons huguenotz s'approchèrent de la muraille et conduict, qui estoit ouvert, et où ilz trouvèrent le soldat marchant quant et quant, qui leur bailloit entrée par ledit conduict, duquel on avoit faict destourner l'eaue, affin qu'ilz entrassent plus à leur ayse. Le capitaine, qui estoit là en embuscade avec ses gens, voyant qu'il y en avoit jà d'entrez jusques au nombre de cinquante, laissa tomber ledit gris ou grille, fit remettre l'eau en son cours et mettre le feu ès traisnées des pouldres, et quant et quant, en donnant le mot du guet, se ruèrent à grans coups sur les marchans, tant sur ceux qui estoient dedans que dehors la ville, d'une telle dextérité que cent et soixante huguenotz y demeurèrent morts et prisonniers, qui tous eurent la mort honteuse pour récompense. Le soldat qui avoit joué ceste tragédie fut récompensé du roy fort volontiers, et luy fut donné par S. M. charge d'une compagnie de gens de pied, de laquelle il fut capitaine et chef, et si ne demeurèrent ingratz envers luy les habitans dudit Bourges, d'aultant qu'il leur avoit esté fidelle. Car lesditz de

70.

1569. Bourges avoient en horreur les huguenotz, pour le maulvais traitement qu'ilz leur avoient faict aux premierz troubles de l'an 1561 et 2[1].

Depuis la mort du prince de Condé, les affaires de la cause huguenoticque allèrent tousjours de mal en pis et eussent esté extinctes du tout en peu de temps, si les traîtres qui gouvernoient le roy, M. le duc d'Anjou son frère, et les affaires du royaume, eussent volu. La royne mère s'y gouverna fort mal, s'il est vray ce que l'on disoit d'elle. Car peu de temps après, morurent le sieur cardinal de Chastillon[2], qui estoit ambassadeur pour les huguenotz vers la royne d'Angleterre, et le sieur d'Andelot[3], frères germains et de l'admiral, les deux principaux gouverneurs de la rébellion. Ledit d'Andelot morut de despit par une fiebvre chaulde qui le print pour ce que les trouppes bretonnes qu'il amenoit au camp des princes huguenotz luy furent desfaictz par M. de Martigues, qui les rompit au passage d'une rivière; de quoy les huguenotz firent grandes plainctes et les catholicques grandes joyes. Car ledit d'Andelot étoit heureux à exécuter les entreprinses du conseil de l'admiral son frère. Morut aussi en ce temps le sieur de Genlis, enragé de la maladie dont M. sainct Hubert est requis, et le fallut tuer à la harquebuse ou aultrement[4]. On disoit ce mal lui estre justement advenu par permission divine, en vengeance du feu et saccagement qu'il avoit et ses gens mis et faict à l'église de M. sainct Hubert des Ardennes, où est gardée la saincte estolle. Mourut aussi en ceste saison le sieur d'Esternay, seigneur de la Motte, lez Nogent-sur-Seine, d'une fiebvre chaulde qui le pressa,

[1] Voy. de Thou, *Histoire universelle,* liv. XLVI, et *Discours de l'entreprinse et conspiration faicte par ceux de la nouvelle opinion... sur la ville de Bourges, et du succez de ladicte entreprinse.* (Paris, N. Chesneau, 1570, in-18.) Il existe aux archives de l'hôtel de ville de Bourges une requête de l'échevinage à M. de Bellot, conseiller du roi, commis à cet effet, demandant une justice exemplaire de ceux qui ont conspiré une trahison « en laquelle

debvoient mourir tous les bons et fidelles subjectz du roy catholicque de ceste ville et mesme de leurs proches parens. »

[2] Mort en Angleterre le 14 février 1571, empoisonné par son valet de chambre.

[3] Il mourut à Saintes, d'une fièvre pestilentielle, le 27 mai 1569.

[4] François d'Hangest de Genlis mourut à Strasbourg. (Voy. de Thou, *Hist. univ.* l. XLV.)

avec le regret qu'il avoit d'avoir habandonné ses maisons, qui estoient demeurez à la miséricorde du sieur de Foissi. Ledit d'Esternay prophétisa sa mort au partir de sesdittes maisons pour retourner en ceste guerre, où il ne retournoit qu'avec grand regret, et dist à sa femme et à ses enfans adieu en plorant, et qu'il n'en reviendroit jamais. Morut aussi par maladie le duc des Deux Pontz, colonel des reistres et lansquenetz huguenotz[1].

La mort de tant de seigneurs protestants et la perte de la bataille de Jarnac firent renoncer plusieurs gentilshommes et roturiers à la rébellion. Ils se retirèrent, avec cette excuse qu'engagés envers le prince de Condé ils considéraient la mort de ce seigneur comme les dégageant de leur serment. La cause protestante était perdue, sans les secours d'argent que fournit la reine d'Angleterre. Les réformés ne purent tirer d'elle, comme ils le demandaient, des secours d'hommes, et la mort de Condé la refroidit encore à leur égard. Au nombre des otages qu'on lui laissa était la femme de M. de Mouy, fille du sieur de Luzé, seigneur du Plessis-aux-Tournelles, qui resta trois ans en Angleterre, et y vécut une partie de ce temps dans la misère, « ne mangeant pas toujours du pain tout son saoul. » — Parmi les bénéfices du cardinal de Châtillon, l'abbaye de Vauluisant est donnée à M. de Pellevé, archevêque de Sens, qui en jouit seulement jusqu'à la pacification. — Le duc d'Anjou congédie une partie de son armée et emploie l'autre au siége de Cognac et d'Angoulême. Timoléon de Cossé-Brissac est tué devant la place de Mucidan, d'un coup de mousquet[2]. — Le duc d'Anjou vient trouver le roi à Paris, laissant ses troupes aux maréchaux de Cossé et d'Anville. L'amiral profite de son absence et de la diminution de son armée pour s'emparer du haut et du bas Poitou, des îles de Marans, d'Oléron, etc. — Un petit camp volant, sous la conduite de M. de Sansac et de M. de Barbézieux, lieutenant du duc de Guise, poursuit les hostilités contre les protestants en Champagne et en Bourgogne.

Lesditz sieurs de Sansac et Barbésieux, après avoir reprins la petite ville et chasteau de Noyers en Bourgongne, et y avoir laissé garnison pour le roy, ainsi que nous avons dict en l'an dernier passé, allèrent assiéger la ville de Vézelay[3], qui est entre Auxerre et Sanserre, que les huguenotz tenoient, place bien forte, assize sur une haulte montaigne,

---

[1] Volfgang de Bavière, duc de Deux-Ponts, mourut, le 11 juin 1569, à Nesson, près Limoges.

[2] En mai 1569, à l'âge de vingt-six ans.

[3] Sur le siége et la prise de Vézelay par les protestants, au mois de février 1569, et

1569. dedans laquelle s'estoient tousjours retirez les rebelles ès années précédentes des troubles, comme encores à présent. Le siége mis et les
approches faictes avec grande difficulté, fut le canon tiré contre les
murailles, qui estoient bonnes, fortes et de grande haulteur, jusques
à y faire bresche fort ample et spacieuse en suffisance de y donner
l'assault, ce que l'on fit, mais non furieux pour la première fois, dans
l'espoir que les huguenotz, voyant les gens de guerre catholicques
sur les murailles, se rendroient. Et estoit de ceste oppinion le sieur
de Barbésieux. Ce qu'ilz ne volurent faire, ains avec injures et orgueil
incroiable en repoulsèrent les catholicques d'une assez bonne façon,
encores que de part et d'aultre n'y eust grand échec. Ilz furent requis
de se rendre à composition depuis ledit assault; mais n'y volurent entendre, ains, redoublant courage, tiroient à coups de canon et harquebuse sur le camp catholicque et blessèrent beaucoup de soldatz; entre
aultres y fut blessé au talon Pierre Farouet, boulanger de Provins.

Les catholicques assaillans, voyant l'obstination de ces ruzez huguenotz, retournèrent à l'assault quelques jours après fort furieusement,
en espérance d'emporter ladicte ville, ce qu'ilz eussent faict, si on n'eust
poinct faict de traïson; car le sieur de Foissy, avec les capitaines de
son régiment, travaillèrent si bien à ceste affaire qu'ilz gangnèrent la
bresche et s'en firent maistres quelque peu de temps; et est chose
certaine que, s'ilz eussent esté secourus, comme on avoit bien le moyen
de ce faire, ladicte ville eust esté mise en l'obéissance du roy et les
huguenotz de dedans mis à la mercy des armes. Mais, au lieu de leur
bailler, le sieur de Barbésieux s'alla amuser d'aultre costé de la ville
à faire sonner et donner une faulse alarme, après laquelle, tout sur-
le-champ fit sonner la retraicte de ses gens, qui estoit le signal de la
trayson qu'il avoit conspiré et promis de faire pour le salut des huguenotz de dedans, des principaux desquelz estoit ung sien gendre.
Ilz huguenotz, ayantz entendu ladicte retraicte, redoublèrent courage,

sur les tentatives des catholiques sous la
conduite de Sansac pour la reprendre, voy.
un article de M. Flandin, intitulé *Vézelay*,
dans l'Annuaire de l'Yonne, 1842, 3ᵉ partie, p. 87.

et avec renfort d'hommes repoulsèrent les catholicques qui estoient sur la bresche si vivement que ledit sieur de Foissy, qui ne se volut retirer, y fut tué tout mort, avec troys de ses capitaines et plusieurs de leurs soldatz. Sans difficulté, laditte ville eust esté prinse de cest assault, sans la trayson que fit ledit Barbésieux, ainsi que l'ai ouy dire à plusieurs soldatz qui estoient audit siége, lesquels estimoient moult le courage dudit de Foissy et de ceux qui montèrent avec luy audit assault, et blasmoient fort la traïson dudit de Barbésieux. Cest assault repoulsé par les huguenotz de dedans, fut quittée la bresche par les catholicques, qui oncques n'y retournèrent, d'aultant que les chefz ne le volurent permettre, ains résolurent lesditz chefz que le camp catholicque demeureroit campé ès environs de laditte ville, pour l'affamer, en intention que les tenans se rendroient d'eux mesmes, après qu'ilz auroient faulte de vivres. Les assaillans estimoient que lesditz tenans n'arresteroient longtemps à manger leurs vivres, et que, entre aultres provisions nécessaires, l'eaue leur deffauldroit incontinent, d'aultant que audit Vézelay n'y a puys ni fontayne où ilz pussent prendre eaue bonne à boyre, et n'ont que des cisternes, où s'arreste l'eaue de la pluye quand il pleut. Au bas de la montaigne, hors laditte ville, y a une belle fontaine, qui rend de bonne eaue en habondance, de laquelle ilz s'abreuvent et la vont querre à somme et barilz sur leurs asnes et chevaux, pour la porter en leur ville. De laquelle fontaine ilz furent privez par le camp catholique, mais pour ce ne se rendirent à luy, ains trouvèrent moyen de le faire lever, partie par les intelligences qu'ilz avoient avec lesdictz de Sansac et Barbésieux, partie aussi par le secours qui leur alla des huguenotz de Sanxerre et de la Charité, qui, à jour préfix, se jettèrent sur ledit camp catholicque si vivement qu'ilz catholicques ne prindrent loysir que de s'enfuyr et de quitter la place, à la grande honte de leurs chefz, qui furent par leurs soldatz mesmes appelez traictres et desloyaux au roy et à la religion catholicque.

Les hommes huguenotz qui estoient dedans ledit Vézelay estoient les chevaliers du Boulet, de Lescagne, de Besancourt et le gendre

1569. dudit Barbésieux, duquel je n'ai sceu le nom, tous quatre grands et insignes voleurs de gens sur les chemins et passages, avec leurs gens, lesquelz tenoient les chemins à douze et quinze lieues dudit Vézelay, pour prendre les passans quelz qu'ilz fussent, les mener prisonniers audit Vézelay et les mettre à rançon, après qu'ilz avoient prins et vollé ce qui estoit sur eux. Ilz firent des courses jusques à Bréviande-lez-Troye, où ilz prindrent et enmenèrent aucuns marchans dudit Troye fort riches, qu'ilz taxèrent à grande rançon. Ilz allèrent courir jusques à Villeneufve-l'Archevesque-lez-Sens, la surprindrent à l'improviste, la pillèrent et enmenèrent prisonniers avec eux les plus riches marchans qui y fussent, qu'ilz mirent à grosse rançon. Entre aultres enmenèrent . . . . père de la femme de Claude Jubart, potier d'estain de Provins[1], lequel fut par eux taxé à 4 ou 5 mille escuz, qu'il paya, après l'avoir bien tormenté en son corps. Le grénetier du sel de Nogent-sur-Seine, allant à ses affaires, fut par eux prins prisonnier, mené audit Vézelay, et taxé à 500 liv. t. de rançon et aultant qu'ilz luy ravirent sur luy. Brief, ledit Vézelay estoit le retraict et caverne de tous voleurs, larrons et brigans, moyennant qu'ilz fussent huguenotz; pour desquelz se sauver, tous passans de pied et cheval, comme aussi tous roulliers et voituriers, qui avoient à faire de Paris à Lyon et de Lyon à Paris, quittèrent le grand chemin de Montargis, de Gyen et de la Charité, et prindrent tous le chemin de Provins, Troye, Dijon et Beaulne.

Le sieur de Foissy, que nous venons de dire avoir esté tué à l'assault vézeléan, fut mort à jour de joye pour les gens des villages de vingt lieues à la ronde dudit Vézelay, comme aussi pour les villes de Pons, Nogent et Bray-sur-Seine, à cause des oppressions que luy et ses gens avoient faict esditz lieux par rançon et aultres oultrages, et avoient désiré les habitans d'iceux lieux tel mal ou aultre luy estre advenu plus tost. Et est une chose toute certaine que, s'il ne eust esté tué, quelque temps après la paix faicte ou devant, eust esté exécuté par

[1] Ce Cl. Joubert a laissé des mémoires sur l'histoire de son temps, dont on trouve des extraits dans les ms. de MM. Rivot et Ythier, à la biblioth. de la ville de Provins.

justice, pour les grands reproches qu'on avoit faict au roy de sa personne et des gens de sa suitte. De quoy fut mal contente sadite majesté, ce que bien sçut ledit de Foissy, qui fut la cause du hasard où il se mit audit Vézelay, de se faire tuer à l'assault, comme il fut, ou de la hardiesse qu'il print de faire une vaillance au prouffit du roy, pour recouvrer grâce envers sadite majesté. La dame et les enfans du feu seigneur d'Esternay, avec leurs subjectz de la Motte et aultre part, eurent occasion de se plus resjouyr de sa mort que nulles aultres personnes, en espérance d'avoir trouvé la fin de leurs maux que leur avoit faict ce tiran; lequel, à l'appétit de la hayne qu'il avoit audit feu d'Esternay, leur faisoit manger et ruyner tous leurs biens par les soldatz de sa suitte, qu'il mettoit en garnison ès chasteaux et maisons dudit d'Esternay et qui se faisoient nourrir à tour par les habitans de ses subjects. Les villages des environs les chasteaux dudit d'Esternay furent fort soulagez par la mort d'iceluy de Foissy; car les gens de la garnison qu'il mettoit esditz chasteaux ne se contentoient d'oppresser les villages subjectz à luy, ains alloient ravir par force et violence le vin, le lard et aultres biens desditz villages voisins, qu'ilz payoient en coups de baston, si ceux à qui ilz prenoient ce bien y pensoient résister.

Depuis sa mort, les soldatz qui tenoient garnison esditz chasteaux et maisons dudit d'Esternay ne vuydèrent pourtant, ains demeurèrent jusques après la paix de ces présens troubles faicte et publiée; mais furent réglez par justice au mandement du roy, et furent nourrys aux despens du revenu dudit d'Esternay, par la taxe qui leur fut faicte de certaine somme d'argent à despendre par jour, avec deffense de ne plus aller pigorer ne rien prendre sur homme du monde, tant sur les subjectz dudit Esternay que aultres, sous peine de la vie.

Es environs du temps que Vézelay fut assiégé, ou quelque peu après, le capitaine Martinanque [1], Italien, homme de renom, par com-

---

[1] Le comte Sarra Martinengo fut fait chevalier de l'ordre du roi après la bataille de Saint-Denis. Il y a un quatrain sur lui à ce propos dans une pièce satirique conservée à la Bibliothèque impériale, S. Victor, n° 359, fol. 28. Il était gouverneur

1569. mandement du roy, attenta de s'approcher de la petite ville de Sanxerre, qui estoit forte place, située sur une plus haulte montagne que la ville de Vézelay, de laquelle nous venons de parler, laquelle ville de Sanxerre n'est qu'à trois lieues de la Charité-sur-Loyre, que tenoient pareillement les rebelles huguenotz. Lequel, après avoir faict courses ès environs dudit Sanxerre avec ses trouppes, se résolut qu'il ne pourroit rien faire de bon au proufict du roy et des catholicques devant ladite ville[1], et ayant tourné visage, fit marcher ses troupes le chemin de Chastillon-sur-Loin, petite ville assez forte, appartenant à l'admiral, au-dessus de laquelle, du costé devers la ville de Sens, y a ung fort chasteau, dedans lequel faisoit sa demeure ledit admiral en temps de paix, et où il avoit laissé ung capitaine huguenot avec quelques soldatz pour le garder.

Il Martinenque avec ses trouppes se présenta aux portes dudit Chastillon-sur-Loin, qu'il trouva fermées, desquelles il demanda l'ouverture de par le roy, qui luy fut refusé par les habitans. Au refus desquelz, passa la rivière et alla sommer le chasteau dudit amiral pour luy faire rendre et y mettre garnison pour le roy, qui pareillement luy fut refusé par le capitaine huguenot qui estoit dedans. Au refus duquel, fut ledit chasteau assailly de toutes partz, par devant et derrière, avec telle diligence qu'en moins d'ung jour entier ledit Martinenque en fust le maistre, et s'y logea sans avoir canon pour le battre aultre que les harquebuses de ses soldatz, qui fut une grande poltronnerie au capitaine huguenot qui estoit dedans de l'avoir laissé prendre

de Gien en 1568, et, le 16 juillet, le roi manda au sieur d'Entragues, gouverneur d'Orléans, de le reconnaître pour son lieutenant dans cette ville. (Bibl. imp. collect. Saint-Germain Harlay, n° 320, fol. 38.) Voyez aussi une lettre du même d'Entragues, du 11 juillet 1568. (*Ibid.* fol. 58.) La collection Saint-Germain Harlay renferme plusieurs lettres du capitaine Martinengo, ainsi que la collection Béthune,

ancien fonds franç. n° 8708. (Voy. Lebeuf, *Hist. de la prise d'Auxerre par les huguenots* (1723), p. 175.)

[1] « Discours de l'extrême famine, cherté de vivres, chairs et autres choses acoustumées pour la nourriture de l'homme, dont les assiégés en la ville de Sancerre ont esté affligez et ont usé environ trois mois, » 1573, par Jean de Léry. (*Archives curieuses de l'hist. de France,* t. VIII, p. 19.)

à si bon marché, veu la forteresse de la place. Toutesfois, aucuns 1569.
l'ont voulu excuser et ont dict qu'il fut espoventé de veoir tant de gens
de guerre ès environs dudit chasteau, d'aultant qu'il n'avoit assez de
gens dedans avec soy pour leur résister. Aultres ont voulu dire qu'il
s'entendoit avec ledit Martinanque, ce que je ne puis croyre. Mais il
est plus aysé à croyre qu'il se espoventa de veoir tant de gens l'environner, et ne s'estimant assez fort, et désespéré de secours, se laissa
prendre plus facilement. A la vérité, il y avoit bien peu de gens avec
luy audit chasteau, pour le garder d'estre prins par eschelles que les
soldatz appellent *escalades* ou aultrement. L'admiral, quand il s'en partit, estimoit que le roy ne l'envoyeroit ravauder aucunement audit
lieu ni aultres à luy appartenant, non plus qu'il avoit faict ès troubles
des années passées, qui fut la cause qu'il ne laissa forte garnison audit
chasteau. Estant prins par ledit Martinanque, il fut rempli de tous ses
gens, qui trouvèrent de quoy faire bonne chère, et qui, en haine dudit admiral et du refus que les habitans de la ville de Chastillon leur
avoient faict de ouvrir leurs portes, comme aussi par le commandement de leurs capitaines, avec la bouche de leurs harquebuses, mirent, en les tirant et deslachant, le feu en toute la ville, qui la brusla
entièrement. Les biens des maisons furent perdus, une seulle maison
exceptée, et ne saulvèrent les habitans que les habitz qu'ilz avoient
vestus, et quelques-ungs leur argent, qui leur fut osté par les soldatz,
après qu'ilz eurent ouvert les portes de leur ville pour s'enfuyr. Il ne
fut pardonné aux églises de laditte ville, non plus que aux maisons ;
toutesfois, comme l'ai sceu des habitans, lesditz soldatz [ne] avoient
tiré feu avec leurs harquebuses sur lesdittes églises, comme ilz avoient
faict sur les maisons ; mais icelles églises furent allumées et bruslées
du feu qui estoit sur les maisons et logis proches d'icelles.

Tous les meubles dudit chasteau furent mis au pilliage, j'entens
ce qui se trouva maniable et aysé à serrer ès poches et bissacs, et s'y
refirent bien lesditz soldatz, lesquelz n'espargnèrent à boyre des meilleurs vins qui y fussent et tout leur saoul. Les principaux meubles de
valeur qui restèrent furent mis par inventaire par des commissaires

71.

1569. que le roy y envoya en poste de Paris, quand il en sçut la prinse, lesquelz furent menez audit Paris, et confisquez au prouffit de S. M. ou de ceux à qui elle les donna. Il fut trouvé, tant audit chasteau que dedans le parc, des meubles, des draps de fil d'or et d'argent, toilles de mesme, orfévrerie, velours de toutes couleurs, comme aussi draps de soye, de taffetas, draps de laine de toutes façons, pour ung pris inestimable, ensemble des chappes et ornemens d'églises en grand nombre, que ce voleur d'admiral avoit prins et pillé dedans les villes et églises d'icelles qu'il et les siens avoient surprins et saccagées. Il y fut pareillement trouvé pour grande valeur d'or et d'argent en masse, des calices et croix des églises qu'il avoit faict billonner et fondre, comme aussi des calices et croix encores tout entiers. Il s'y trouva de la vaisselle d'or et d'argent plus que le roy n'en avoit; il s'y trouva pareillement de la vaisselle de toutes espèces, qui n'estoit d'or, d'argent, d'estain, de plon, d'acier, ni de fer, qui estoit fort belle, ressemblant à vaisselle de terre émaillée, qui sonnoit comme argent, et n'ai sceu comment on appelloit la matière de quoy elle estoit faicte, qui fut estimée moult chère et guères moings que l'argent. Le butin qui fut trouvé léans montoit à la valeur de cinquante millions d'or ou d'argent pour le moins, et si en demeura bien la valeur d'aultant caché audit lieu, qui ne fut trouvé, comme l'ai sceu à la vérité par ung homme dudit lieu, qui estoit fort familier dudit admiral et de sa maison. M. de la Barge, seigneur de Molin d'Ocle, en la paroisse des Ormes, en sçauroit mieux parler que moy, car il fut mandé audit Chastillon et fut de ceux qui conduyrent ledit butin à Paris qui fut trouvé audit Chastillon. Ce fut ung grand domage qu'on ne trouva le tout; mais il eust esté trop difficile, si ceux qui l'avoient enfoncé ès tonnes et tonneaux et enterré ès jardins, vignes, court, parc et estables ne l'eussent révélé.

Messieurs de la court du parlement de Paris voyant que ledit admiral avoit, depuis la mort du prince de Condé, prins la conduitte et protection des rebelles huguenotz, soubz le nom des princes de Navarre et de Condé, encores jeunes enfans, le firent adjourner par-

devant eux, à la requeste du procureur général du roy de Paris, à trois
briefs jours pour comparoir en personne, pour respondre sur les
conclusions dudit procureur général du roy; et furent les adjournemens faictz en sa maison dudit Chastillon, son principal domicille;
et, parce qu'à nulle des fois ne fut trouvé audit Chastillon ni aultre
lieu, furent faictz trois aultres adjournemens au son de la trompette
par ung hérault de Paris, devant la principalle porte de sondit chasteau, comme aussi par les carrefours des villes dudit Chastillon-sur-
Loin et de Paris, ad ce que par quelc'un il en pust estre adverty, et
encores depuis luy furent lesditz adjournemens signifiez en son camp
par ung trompette, ad ce qu'il n'en pust prétendre cause d'ignorance.
Pour toutes lesquelles semonces, ne voulut se présenter à laditte
court, ni aultre pour luy; par quoy fut convincu par deffaux des cas
contre luy proposez et des conclusions dudit procureur du roy, et
fut sa sentence rendue en telz termes :

« Veu par la court de parlement de Paris le procès de Gaspart
de Coligni, soydisant admiral de France et seigneur de Chastillon-
sur-Loing, les cas contre luy proposez, les conclusions du procureur
général du roy, les deffaux à ban par luy faictz, laditte court le
déclare convaincu de crime de leze-majesté divine et humaine contre
Dieu et le roy, le dégrade du tiltre de noblesce, et le déclare villain, roturier et ses enfans à jamais, ordonne que ses armoiries et
escusson seront traînés par les rues de Paris à la queue d'un cheval,
que son corps sera traîné sur une claye par le meillieu des rues de
Paris, depuis les prisons du parlement jusques en la place de Grève,
et là sera pendu et estranglé à une potence jusques ad ce que la
mort s'ensuyve, ses estatz, biens, chasteaux et maisons, ensemble
tout son revenu confisqués au roy nostre sire[1]. »

Ce qui fut faict, non en sa personne, mais en effigie. On fit ung
homme de paille, vestu de toille tincte de pareille couleur qu'estoient les habitz que pourtoit ledit admiral, tant sur son corps que

---

[1] La condamnation de Coligny, imprimée à Paris en 1569, a été reproduite dans
le tome VI, 1re série, p. 875, des Archives
curieuses de l'histoire de France.

1569. sur ses jambes, le visage faict suyvant sa portraicture; on le tira des prisons de la Conciergerie et on le mit sur une claye, à laquelle fut estelé ung cheval pour le traîner, avec ung aultre cheval à la queue duquel furent attachées ses armoiries; l'effigie et les armoiries furent traînées par la ville de Paris en la place de la Grève, devant l'hostel de la ville dudit Paris, où elles furent attachées par le bourreau et laissées là jusques après la conclusion de la paix qui se fit sur les présens, où je les vis plusieurs fois, estant audit Paris. Et d'aultant que l'effigie de paille en forme d'homme se feust gastée à la pluye, ledit admiral fut tiré en peincture en ung tableau de boys, dedans lequel estoient escripts son nom, surnom, qualitez, et la cause pourquoy il estoit condempné, et fut attaché avec une chesne de fer à ladite potence, et l'effigie de paille portée au gibbet de Mont-Faucon, hors les murailles de Paris. Du depuis ladite exécution, tout son revenu temporel fut saisy et gouverné soubz la main du roy, qui en print les prouffitz, et furent appliquez à son domaine.

Voyant que, pour ceste exécution effigiaire et arrest rendu comme dessus contre ce rebelle admiral, il ne désistoit de sa rébellion, ains s'efforçoit de tout renverser l'estat de la France, le roy et la court de parlement firent ung édict contre luy qui fut tel : Qu'à toutes personnes de quelque qualité qu'elles fussent, qui pourroient prendre et appréhender au corps ledit admiral vif et le livrer à justice, S. M. donneroit dix milles escuz d'or au soleil, et si ceux qui le prendroient et le livreroient à justice estoient les plus criminels du monde, S. M. leur bailloit grâce de tous forfaictz, quelques griefz ou énormes qu'ilz fussent; et à qui ne le pourroit prendre vif, mais le pourroit tuer tout mort, saditte majesté promettoit donner deux mille escuz d'or au soleil, avec grâce de tous forfaictz, comme dessus. Et fut cest édict ou arrest publié par les carrefours de la ville de Paris et au camp de S. M.

Ce que bien sceut incontinent ledit admiral; lequel, pour se garder d'estre prins de ceste façon, print ung nombre d'hommes pour le garder jour et nuict, qui furent nommez archers de sa garde, aus-

quelz il fit faire le serment de fidélité, comme s'il eust esté roy, et 1569.
ausquelz, pour ne le tromper, donna de grands gaiges. Ilz luy furent
si fidelles, que oncques hommes ayant volonté de le prendre ou tuer
n'y purent advenir, encores qu'il y en eust plus d'un cent qui se travaillassent pour ce faire, affin d'avoir grâce du roy de leurs forfaictz,
plus que pour l'argent qu'il avoit promis de donner.

Entre aultres qui attentèrent d'exécuter ledit arrest et ban, fut le
sieur de Maurevart, gentilhomme huguenot qui estoit au camp et
suitte dudit admiral, des plus meschans qui y fussent, homme d'entreprise, qui, sçachant le ban du roy et la promesse d'iceluy, cerchea
tous moyens de surprendre à l'improviste ledit admiral pour le tuer,
partie pour avoir l'argent, puis partie aussi pour recouvrer grâce
avec S. M., à laquelle il se fust volontiers retiré, mais n'eust osé sans
occasion. Ung jour, entre aultres, il se trouva en la présence dudit
admiral et du seigneur de Mouy, qui estoient assez mal accompagnez, parlant en conseil des affaires de leur guerre. Lequel, voyant
si belle [occasion], pensant tirer audit admiral, tua tout mort ledit
sieur de Mouy, son lieutenant, et se saulva au camp de M. d'Anjou,
frère du roy, auquel il exposa son faict, et en demanda grâce; qui
luy pardonna et l'envoya au roy son frère, pour luy confirmer sa
grâce et luy faire donner les deux milles escuz promis, encores que
l'on sceust bien que l'admiral n'avoit poinct de mal. Ledit Maurevart fut bien receu et payé par le roy de ladite somme[1]. Il fit le
serment ès mains du roy de le servir fidellement en toutes affaires, et
de ne jamais faire ni entreprendre chose contre sa volunté. Le roy,
oultre la somme de 2,000 escuz, le fit capitaine d'une compagnie
de gens de cheval et l'appoincta fort bien, et si luy accorda quelques
hommes pour sa garde que S. M. paya à ses dépens, en attendant

---

[1] Lettre de Charles IX à son frère le duc d'Alençon, pour le prier de donner de sa part le collier de l'ordre à Charles de Louvier, sieur de Moureveil, *estant celuy qui a tué Mouy*. 1569, 10 octobre. La Con-vention, par décret du 14 ventôse an II, fit déposer cette pièce entre les manuscrits de la Bibliothèque nationale. Elle a été maintes fois publiée. (Voy. M. H. Martin, *Hist. de France*, t. X, p. 300.)

1569. que ce faict se feust oublié avec le temps. Ledit sieur de Mouy estoit le mary de la fille de feu M. de Luzé, seigneur des villages du Plaissie-aux-Tornelles, Cucharmoy, la Chapelle-Saint-Sulpice, Meel-sur-Seine, Goix et Monmitel en partie. L'admiral du depuis se donna mieux garde que devant, et tant fit qu'il ne fut prins de ceste façon, par la loyauté des archers de sa garde.

En ceste année, au moys de julliet, fut prins prisonnier, mais je ne sçais où, le baron de Cortenay-lez-Montargis[1], voleur insigne et huguenot des plus meschans qui fussent en la rébellion; lequel fut mené ès prisons de Paris, et là, son procès faict et parfaict, eut la teste couppée en la place de la Grève dudit Paris, et fut sadite teste laissée au hault d'une potence en ladite place, et son corps mené au gibbet de Mont-Faulcon, où il fut pendu par-dessoubz les bras. Ce fut une belle cure de la mort de ce voleur pour le pays sénonois et hurepois, pour les volz, rançons et murtres qu'il et ses gens huguenotz y commettoient. Sa retraicte estoit au temps des troubles en la ville de Sanxerre et en temps de paix en son chasteau de Cortenay. Il estoit des voysins de l'admiral et de ses bien chéris, car il estoit fort bel homme et bien adroict à faire meschanceté.

Trois jours après la mort dudit Cortenay, qui fut pareillement au

[1] Gabriel de Boulainvilliers, cinquième fils de Philippe de Boulainvilliers, seigneur de Boulainvilliers, de Verneuil et de Saint-Martin-sur-l'Arvon, baron de Préaux et de Rouvray, vicomte de Dreux, comte de Dammartin et de Fauquembergues, seigneur de Courtenay, et de Françoise d'Anjou, morte en 1555. De Thou, après avoir parlé de la discipline sévère que les huguenots observaient au commencement des troubles, dit (*Hist. universelle*, liv. XXX) : « Nulle faute ne demeuroit impunie. Gabriel de Boulainvilliers de Courtenay, qui viola la fille d'un villageois, fut le seul qui se déroba au chastiment qu'il avoit si justement mérité. La plupart marquèrent leur indignation; mais Dieu, qui ne laisse pas impuni ce que les hommes pardonnent ou dissimulent, permit qu'il fût pris quelque temps après à Paris pour d'autres crimes, et qu'il fût puni de mort. » Les Mémoires de Lanoue mentionnent aussi un *acte très-vilain* commis par Courtenay en 1562. — Bruslart, dans sa Chronique (*Mém. de Condé*, t. I, p. 205), place l'exécution de ce personnage au 20 juillet 1569. C'est la date que donne François Grin en ses Mémoires manuscrits (Biblioth. imp. fonds Saint-Victor, n° 1019, fol. 42 r°). — Voy. les Mémoires de Castelnau, l. II, c. xi, p. 438, et ce qui a été dit plus haut de Courtenay, p. 416.

moys de julliet, Guillaume de la Chesnez[1], jadis abbé de Saint- 1569.
Jacques de Provins et de l'abbaye d'Armières-lez-Paris, enfant d'un
conseiller ou président de Paris, et luy mesme conseiller au palais
de la ville dudit Paris, eust la teste tranchée en laditte place de la
Grève, qui y demeura sur la potence où estoit celle de Cortenay, et son
corps gros et gras fut mené au gibbet pendre par-dessous les bras, au-
dessus dudit Cortenay. La cause de sa mort, oultre la huguenotterie,
furent les lettres du roy et de la court de parlement qu'il contrefit d'escriture, de signature et de sceaux, pour envoyer à certains huguenotz
et aultres non huguenotz habitans de plusieurs villes, pour les incliner
et donner moyen de livrer leurs villes aux rebelles ennemys, affin de
les tirer à meilleur party, ce leur disoit, et parvenir à une plus prochaine paix, pour le prouffit du royaume. Lesquelles lettres à luy
représentées estant prisonnier, nya les avoir faictes, dictées ni envoyées; parquoy fut extrêmement gehanné et torturé ès tormens de
prison, pour luy faire recognoistre la vérité, qu'il confessa à grand
regret. Il n'estoit homme de guerre, mais de grand conseil et ayde
aux rebelles huguenotz, ausquelz il aydoit de tous ses moyens pour
l'entretènement de leur guerre contre le roy et les catholicques. Il
n'espéroit mourir depuis sa sentence rendue par MM. de la court
dudit parlement ses compaignons, et pensoit que quelqu'un luy
apporteroit sa grâce du roy, comme il y en avoit qui la poursuyvoient.
Toutesfois, quand il veit que le bourreau lui vouloit bouscher et
bander les yeux, perdit toute espérance de reschapper, et lors appella
à soy le premier président de Paris, qui estoit le présent[2], auquel il
parla longtemps et deschargea sa conscience de plusieurs faictz par

---

[1] Voici ce que dit Bruslart de la mort
de Guill. de la Chesnaye (*Mém. de Condé*,
t. I, p. 205): « Le 13e de juillet, La Chesnaye,
l'un des plus factieux des huguenotz, eust
la teste tranchée devant l'hostel de ville, et
saditte teste fischée sur un poteau en la
place de Grève; lequel avoit esté autrefois
conseiller d'esglise et de la grand' chambre;

puis avoit vendu ses bénéfices, qui estoient
trois abbayes qu'il tenoit, et s'estoit marié
à Mlle de St-Pré au bailliage de Chartres,
combien qu'il fust soubsdiacre, sans lequel ordre il n'eust pu tenir sa conseille-
rie. »—La même date de mort est indiquée
dans les mém. ms. de Fr. Grin, fol. 41 v°.

[2] Christophe de Thou.

72

1569. luy et aultres huguenotz commis contre le repos public de la France
et ville de Paris, comme aussi contre le roy. Il avoit ung docteur
catholicque pour l'admonester de son salut, auquel il entendit assez
petitement. Il avoit esté pourveu de bénéfices de l'église assez illici-
tement, par le moyen de sa mère, qui avoit servy au feu roy Henry de
concubine, comme l'on disoit, tout son temps; en laquelle église ne
se porta jamais bien, et ne fut jamais aultre que héréticque, comme
il apparoissoit en ses faictz, telz que nous les avons déclarez en
nostre premier livre et en ce présent[1]. Les bonnes gens disent en
leur commung vulgaire que : quelle est la vie telle est la fin; d'abbé
faict par paillardie, à la fin est devenu cardinal par borrellerie. Il de
la Chasnez est celuy qui a faict bastir les logis neufs qui sont en
l'abbaye dudit Saint-Jacques de Provins sur les murailles de la ville,
telz qu'on les veoit encore de présent.

Cinq jours après, fut pendu et estranglé à une potence en laditte
place de Grève audit Paris ung maistre et puissant homme huguenot escossois, qui avoit esté archer de la garde de trois roys de
France, et à la fin s'estoit rendu avec les rebelles huguenotz, pour
avec eux ruyner le roy, le royaume et l'Église catholicque. Je le vis
exécuter, et si ne pus sçavoir de quoy il estoit convincu d'aultre cas
que d'estre huguenot rebelle, combien que je ouys quelc'un qui dist
que c'avoit esté luy qui avoit tué le connestable à la bataille de Saint-
Denis, en l'an 1567, et croy qu'on le nommoit Stuard. Avant qu'estre
jetté à bas de l'eschelle, le bourreau luy couppa la main droicte et
luy meint le bras dedans ung sachet plein de gruys. Il mourut héréticque et oncques ne se voulut convertir à la vraye religion, pour
remonstrances que luy fist ung docteur de Paris fort savant, auquel
docteur, pour le récompenser, ce misérable luy crachoit au visage[2].

Ung peu auparavant l'exécution des personnages ci-dessus nommez,
furent prins prisonniers audit Paris, dedans leurs maisons en la rue
Saint-Denis, non loing du Petit-Pont et Porte de Paris, deux riches

---

[1] Voyez plus haut, p. 53 et *passim*.
[2] Voyez, p. 459, les témoignages d'a-   près lesquels Stuard aurait été tué à la
suite de la bataille de Jarnac.

marchans huguenotz, nommez Crocquet l'ung, et l'aultre Gastines[1], 1569. gendre dudit Crocquet, lesquelz, environ la feste mons. St Jean-Baptiste, avoient esté surprins en leurs dittes maisons de Paris faisant presche et exercice secrétement et de nuict de la prétendue religion huguenoticque, ce qui estoit fort estroictement deffendu par les édictz du roy. A la prinse desquelz, qui fut de nuict, y eut une sédition des catholicques sur les huguenotz qui estoient reserrez esdittes maisons, où y en eut bien de tué près de cinquante sur le champ, et quelque vingtaine de prisonniers avec iceux Crocquet et Gastines. Desquelz fut faict le procès par MM. de la court de parlement, qui les

---

[1] De Thou, sous l'an 1571 (liv. L), parle de l'exécution, le 30 juin 1569, de Philippe Gastines, de Richard Gastines, qui, selon lui, était son frère, et de Nicolas Croquet, beau-frère de Philippe Gastines. — Franç. Grin, dans les mémoires cités plus haut, fol. 41 v°, dit : « Le dernier jour de juing 1569, furent penduz et estranglez en la place de Grève, devant l'hostel de ville, Gastine, marchant bourgeois de Paris, demeurant en la rue St-Denis, près Ste-Opportune, et Nic. Croquet, aussy marchant, demeurant en laditte rue, avec Gastine, filz dudit Gastine, pour leurs hérésies, saccagemens et argent par eulx baillez aux rebelles et ennemys de Dieu et du roy. » Voici maintenant les termes de Bruslart, dans son Journal (Mém. de Condé, t. I, p. 205) : « En ce mois (juin), furent exécutés trois huguenots à Paris, marchands de la ville, pour avoir contrevenu aux édits du roy et avoir faict exercice de leur prétendue religion. Lesdits huguenots estoient Croquet et les deux Gastines, sçavoir : le père et le fils, lesquels furent tous trois pendus et estranglés par arrest de la court, et ordonné que la maison dudit Gastines, sise

en la rue St-Denis, seroit abatue et démolie au proffit des quatre mandians, ce qui fut faict, et en la place de ladicte maison y seroit construite une croix, avec un tableau d'airain, où la cause de sa mort seroit insérée, le tout principalement parce que l'on avoit faict la Cène en ladite maison; et seroit par le mesme arrest fondée une messe du St-Sacrement, aux despens dudit Gastines, qui se dira tous les ans à certain jour en l'église Ste-Opportune. Cela estonna les frères. » — On trouve dans les registres du parlement (Archives impér. 1569, X, 18959), plusieurs interrogatoires des accusés Croquet et Gastines, et l'arrêt suivant : « 18 juin 1569. Arresté au procès des Gastines et de Crocquet. Condamne de Crocquet, Philippe et Richard de Gastines à la mort et la maison razée; et quant à Jacques de Gastines, le condamne aux gallères perpétuelles; et quant à François de Gastines, banni à perpétuité de la prévosté et vicomté de Paris et à 11 m. liv. par. d'amende, le tout envers le roy, et qu'il sera dicte une messe à Ste-Opportune, et en la place mis une croix en mémoire perpétuelle.   « Signé POILLE. »

1569. condempnèrent à faire amende honorable la torche au poin, à crier mercy à Dieu, au roy et à justice, et à estre pendus et estranglez à des potences au millieu de la rue devant leurs maisons, ce qu'ilz furent, leursdittes maisons abattues rez pied rez terre, jusques aux fondements d'icelles arrachez, et la place demeurer commune à jamais pour la ville de Paris, au millieu de laquelle seroit faicte une croix de pierre de taille et maçonnerie de la haulteur de vingt piedz et plus, de la valleur de trois à quatre milles livres parisis, prins sur les biens d'iceux, et le reste confisqué au roy, qui se trouvèrent monter à plus de cinquante milles livres parisis. Dès au lendemain qu'ilz furent pendus et estranglez, les ouvriers commencèrent à abattre lesdittes maisons et les ruyner jusques au fond, suyvant la sentence de justice. Lesquelles abbatues et la place aplanie, on commença des pierres desdittes maisons à bastir le pied de laditte croix, qui finablement fut faicte et parfaicte de maçonnerie, de taillure d'ymages, de paincture d'or et d'azur, la plus magnificque qui fust en France[1].

Depuis la surprinse d'iceux huguenotz, le reste de la ville ne eurent bon temps, car si tost qu'on les voyoit se rager les ungs avec les aultres, les catholicques se jettoient dessus eux pour les saccager; et y eut audit Paris, durant ces présens troubles, trois séditions contre eux huguenotz, les maisons desquelz furent signées et marcquées des armoiries du roy, par l'ordonnance de S. M. et de justice, affin que chascun cognust lesdittes maisons. Aulcuns desditz huguenotz parisiens trouvèrent moyen d'évader de la ville pour eux saulver; les biens desquelz furent par après prins et vendus par l'ordonnance de justice, au prouffit du roy. Aultant de prédicans qu'on pouvoit cognoistre par laditte ville, aultant d'hommes mortz, et estoient lesditz huguenotz en si grande haine au peuple parisien que, si le roy et la justice le eussent laissé faire, n'en fust demeuré ung seul en laditte ville qui n'eust esté saccagé. Aultant qu'on en trouvoit qui s'as-

---

[1] Lestoille dit que Jodelle composa et présenta au roi les dessins de la croix de Gastines, mais qu'ils restèrent inexécutés, à cause de la paix conclue en 1570. (*Mémoires*, collection Michaud, 2ᵉ série, t. I, p. 23.)

sembloient nuict ou jour pour faire l'exercice de leur prétendue religion et qu'on pouvoit les livrer à la justice, estoient aultant d'hommes
au gibbet, quelques riches et grands seigneurs qu'ilz fussent, fussent-ilz gentilshommes, justiciers, présidens, conseillers, marchans,
artisans ou aultres. Acte qui conserva bien la ville de Paris en son entier de républicque et de religion; car lesditz huguenotz ne prétendoient que se faire maistres de laditte ville pour la saccager, piller,
la tenir par force, et en faire une Genesve françoyse, ce que Dieu
ne permist pas. Et peult-on dire pour certain que, si n'eust esté le
peuple parisien et les princes de la maison de Lorraine, qu'on appelloit les sieurs de Guise, que les huguenotz eussent obtenu et gangné toute la France, eussent aboly l'Église catholicque et romaine,
et si eussent osté au roy et à ses frères la couronne de France.

L'amiral Coligny, dont l'irritation s'était accrue par le saccagement de sa
maison et l'arrêt rendu contre sa personne, met, au mois de juillet, le siége devant Poitiers[1]. Il espérait, par la prise de cette ville, se rendre maître de tout le
Poitou et délivrer la Rochelle, et il avait juré de ne se retirer qu'après y être
entré. Grâce à Dieu et à M. de Guise, qui s'y enferma avec plusieurs grands seigneurs et vaillants soldats, il ne put réussir.

Le siége et deffense de ceste ville de Poitiers a esté mis par escript
tout au long, ensemble les assaultz, deffenses, sorties, escarmouches,
retraictes, inventions, ruses de guerre, qui se firent et praticquèrent de
part et d'aultre, ensemble les noms des tuez et blessez, la faulte de
tous vivres qui y défaillirent quasi entièrement, tant pour les hommes
que pour les chevaux, par ung hystorien qui y estoit présent enserré
dedans la ville; lequel a nommé les lieux, les places qui furent les
plus assaillies et mieux deffendues de part et d'aultre, la retenue et

[1] *Ample discours de ce qui s'est fait au
siége de Poitiers, escrit durant iceluy par
l'auteur (Marin Liberge) qui estoit dedans.*
1569, in-8°; réimprimé plusieurs fois,
et récemment, en 1845, avec des notes,
par M. Beauchet-Filleau. — *Discours des*
*affaires passées au siége de Poitiers, le
10 juin 1569, jusqu'au 21 septembre.*
1569, in-8°. — Voy. aussi *Mémoires de
Lanoue* (coll. Michaud, 1ʳᵉ série, t. IX,
p. 633); de Thou, *Hist. univ.* liv. LV, et
mss. Fontanieu, à la Bibl. imp. vol. 320-21.

1569. escoullement des eaues qui entrèrent dedans la ville, le combat qui fut dedans laditte, au Pré-l'Abbesse, par les assaillans et deffendans, et comment les deffendans et tenans en ladite ville repoulsèrent par la bresche lesditz assaillans dudit Pré-l'Abbesse, la réparation des bresches par les tenans, la rupture d'icelles par le canon des assaillans et tout ce qui y fut faict : qui est cause que je n'en diray icy davantage, d'aultant que je n'y estois présent. La chose qui plus est remarcable fut la faulte de vivres, qui desfailloit à ung si gros peuple qui estoit en ladite ville; de laquelle les gouverneurs pensèrent chasser les pauvres gens, femmes, enfans, hommes, qui n'avoient de quoy vivre, et qui n'eussent sceu de rien servir que de diminuer lesdittes vivres, au dommage de tous ceux qui y estoient pour y faire service. Lesquelz furent tous renvoyez à coups de baston jusques aux portes de ladite ville par le cruel tiran d'admiral et ses admiralistes, affin qu'estans rentrez en icelle ville ilz aydassent à manger les vivres et munitions qui y estoient, pour la plus tost affamer et la faire rendre. Desquelz prindrent pitié MM. de Guyse et de Lude, qui les firent rentrer en icelle ville, pour les saulver de la mort cruelle que leur promettoit le tiran huguenot, espérans en la miséricorde de Dieu et en sa providence. Le pain y fut si rare, que dix hommes n'en mangèrent en ung jour que aultant que ung seul en eust bien mangé. Il fallut tuer les chevaux et asnes de la ville, pour en partie vivre les soldatz et pauvres gens qui y estoient, l'aultre partie pour nourrir les chevaux des princes, gentilshommes et gens de cheval. Le foin et avesne ensemble le feure y défailloient, comme aussi l'herbe des rues et ruelles et lieux destournez et peu habitez qui sont en ladite ville, et furent nourris quelque temps des feurres qui estoient dedans les lictz des maisons, lequel failly, les fallut nourrir des nattes de feurre qui estoient ès riches maisons.

M. de Guyse, qui en ladite ville fut lieutenant général pour le roy, et M. de Lude[1], gouverneur d'icelle et du Poitou, dont il estoit assisté, envoyèrent plusieurs fois messagers au roy et à M. le duc

---

[1] Gui de Daillon, comte de Lude. (Voy. *Addit. aux Mém. de Castelnau*, t. II, p. 756.)

d'Anjou, pour leur demander des secours d'hommes et de vivres, et 1569.
leur faire entendre l'estat misérable auquel eux et laditte ville estoient
réduitz; mais pour cela si tost n'en furent secouruz, d'aultant que
le camp de S. M. estoit respandu par la France à se rafreschir une
partie, l'aultre partie occupée à la reprinse de plusieurs villes qu'ilz
tenoient assiégées sur l'ennemy huguenot. Et ne fut possible d'y
envoyer vivres ni gens pour les rafreschir et évitailler, et eust fallu
pour ce faire ung camp de soixante mille hommes, pour faire lever
l'ennemy huguenot, avant qu'on y eust sceu mettre gens ne vivres.

Le camp catholicque ne se vouloit rassembler si tost que le roy et
M. son frère eussent bien voulu et en faisoient les commandemens;
joinct aussi que ceux à qui on avoit donné congé de se aller rafreschir
pour ung moys allèrent si loing se rengresser et remplir leurs bourses
qu'ilz n'eussent sceu retourner au camp en six sepmaines après le
moys passé. Le roy, pour haster ce secours, fit publier ban et arrière-
ban, sur les peines contenues en son mandement; mais ledit arrière-
ban fut aussi lent à marcher que la gendarmerie.

Édit du roi portant que toutes personnes qui auraient été à la guerre depuis
vingt ans reprissent immédiatement du service et rejoignissent l'armée, à peine
d'être pendues. Jehan Froment, se disant M. de la Mothe, lève à Provins et aux
environs une compagnie, qui se monte bientôt à plus de 500 hommes; la
troupe, arrivée à Melun pour passer la Seine, s'arrête, sur une nouvelle déclaration du roi interprétative de l'édit précédent, et portant que les gens compris
dans cet édit sont seulement ceux auxquels on avait donné congé de se rafraîchir pour un mois, et ceux des compagnies levées en vertu de commissions
royales; quant aux autres, il leur est enjoint de se retirer en leurs maisons
dans les vingt-quatre heures. En conséquence, Froment congédie sa troupe, et
ramène à Provins les soldats de cette ville, tambour battant et enseigne déployée.

L'armée royale ne se trouva réunie qu'après la mi-août, et ne put arriver en
Poitou qu'au commencement de septembre. A Poitiers, pendant ce temps, on
délibérait de se rendre; le jeune duc de Guise s'y opposa et rendit la confiance
aux siens.

Il habandonna aux seigneurs, capitaines, soldatz et habitans dudit

1569. Poitiers les vivres de son logis bien portionnez, si d'avanture il y
avoit quelqu'un qui n'en eust plus, et commanda qu'on envoyast ès
temples et églises toutes les femmes, petis enfans et vielles gens prier
Dieu continuellement pour le salut et la délivrance de laditte ville
à sa gloire et honneur et pour le salut d'icelle. Le renié françoys huguenot s'efforçoit de plus en plus de jetter sa rage contre laditte
ville, bien sçachant que les vivres y défailloient, et estoit aultant enragé d'ung si long siége et d'une si vertueuse deffense. D'aultre part,
ledit sieur de Guise, d'un courage invincible, bailloit tant d'algarade
audict ennemy en son camp, qu'il ne pouvoit où se saulver, par
canonades qu'il faisoit pleuvoir sur eux. A cause de quoy, la fureur
admiralle résolut de donner ung assault si furieux qu'il luy seroit
possible en espérance de tout gangner ou tout perdre. Et estant parmy
son camp à faire apprester ses capitaines et soldatz pour ce faire, au
lendemain entendit, comme firent M. de Guise et ceux de Poitiers,
le son de six gros canons qui estoient au camp catholicque devant la
ville de Chastelleraux, que M. le duc fit deslascher, pour resjouyr
la ville de Poitiers, les encourager à tenir bon et les rendre certains
du secours qu'il leur menoit pour leur délivrance. Et fut ce aux premiers jours du moys de septembre. Il fit encores d'heure à aultre
redoubler lesditz canons, qu'il fit tirer contre les murailles dudit
Chastelleraux, pour y faire bresche, affin de la reprendre des mains
huguenottes et pour tousjours donner courage aux Poitevins.

Le conjuré huguenot, oyant tant de canons deslaschez sur Chas-
tellerault, pensa que ses affaires n'alloient comme il pensoit, et que,
s'il ne deslogeoit, qu'en peu d'heures il auroit à faire en ses besongnes. Changeant de voloir, descampa la nuict de devant Poitiers,
le 7ᵉ jour du moys de septembre. Aucuns blasmèrent M. le duc d'a-
voir tiré lesditz canons, pour advertir les tenans de Poitiers et pour
leur donner courage, veu qu'il ne pouvoit faire cela que l'ennemy
n'en fust adverty, disant que, sans sonner mot, il debvoit s'aller
camper attenant dudit ennemy pour le combattre. Mais ceux qui ce
disoient n'entendoient les ruses et estat de la guerre et la douteuse

fin des batailles, car l'ennemy s'estoit placé à l'advantage, avoit mangé 1569. les vivres et tenoit la principale ville du pays en subjection, qui eust esté en danger d'estre perdue, si la bataille ne eust esté favorable aux catholicques. Par quoy fut sagement faict audit sieur duc de délivrer laditte ville et faire fuyr l'ennemy de ceste manière, pour tascher à le reprendre en aultre lieu plus advantageux[1].

L'ennemy ne fut plus tost descampé de devant Poitiers, que les vivres que M. le duc avoit faict apprester y entrèrent de toutes partz pour le ravitaillement d'icelle ville, qui en avoit grand besoin, tant pour les personnes que pour les chevaux.

Au lendemain de la levée du siége huguenot et des vivres rentrez en la ville, les princes et habitans d'icelle ne volurent demeurer ingratz envers Dieu et ses sainctz, qui les avoient délivrés de la tirannie admiralle, et pour luy en rendre grâces immortelles, se prosternèrent en toute humilité et dévostes prières et oraisons publicques et particulières, par une procession généralle qu'ilz firent avec grande dévotion, à laquelle fut porté le Saint-Sacrement de l'autel, qui est le corps de Nostre Seigneur, par les rues, comme au jour de la feste Dieu. Au dessus du corps de Nostre Seigneur, fut ung ciel porté par M. de Guyse et aultres princes, tous teste nue et de bon cœur, et avec ce corps furent portés les corps sainctz de monsieur saint Hylaire, patron dudit Poitiers, et aultres sainctes relicques des sainctz qui sont en icelle ville. Et fut laditte procession en la grande église, dedans laquelle fut faicte la prédication par un docteur fort sçavant, qui ne fit faulte en son debvoir d'exorter le peuple qui y estoit présent à bien louer Dieu par ses sainctz, la vierge Marie N. D., les benoistz apostres et M. saint Hylaire, grand ennemy des héréticques Ariens de son temps; et après ce, remercia pour les habitans de laditte ville M. de Guyse, auquel seul il donna l'honneur, après Dieu et ses sainctz, du salut de laditte ville, et moult l'extolla par les vertus mesmes de feu son père, qui fut tué devant Orléans

---

[1] *Discours du succès des affaires passées au siége de Poitiers, envoyé à M. Mandelot, gouverneur de Lyon.* Paris, 1569.

1569. pour la deffense de l'honneur de Dieu, de sa saincte religion catholicque et de la couronne de France, par le conseil et marchandise du tyran admiral, qui les avoit assiégez; les faictz et vertus duquel feu seigneur de Guise avoient commencé à reluyre en son fils ledit jeune de Guise, en la deffense de laditte ville.

Toutes ces louanges guysiennes dictes par ledit prédicateur ne plurent audit seigneur de Guise, pour le regard de celles qui touchoient sa personne pour la deffense de laditte ville et délivrance d'icelle; de laquelle il ne s'en vouloit attribuer la louange, ains au Dieu éternel, et avoit faict dire audit prédicateur qu'en sondit sermon il ne parlast aucunement de sa personne. Mais ledit prédicateur, comme il a confessé depuis, ne s'en pult oncques garder, et a dict que, lors que plus s'en pensoit abstenir, d'aultant plus luy croissoit la volunté d'en parler. Il dist aussi grand mercy aux aultres princes et seigneurs, gouverneurs, capitaines et soldatz, qui avoient travaillé avec ledit sieur de Guise à la deffense d'icelle ville, et entre aultres à M. de Lude, gouverneur pour le roy en laditte ville et pays de Poitou, au contentement de tous. La prédication finie, qui moult confirma les seigneurs et soldatz en la foy catholicque, fut le *Te Deum laudamus* chanté à voix humaines et par les orgues, par ung chascun petit et grand, et, comme j'ay ouy dire, par les femmes qui le sçavoient. Lequel fini, fut la messe chantée, à laquelle assistèrent lesdits sieurs de Guise, princes, capitaines, soldatz et habitans, en singulière dévotion, tous teste nue, à deux genoux, les mains joinctes et en continuelles prières tant qu'elle dura, sans parler nullement les ungs aux aultres.

Après la messe, chascun se retira en son logis pour manger et se reposer des longs travaux qu'ilz avoient endurez l'espace de sept sepmaines et plus qu'avoit duré ledit siége, et pensoit-on que mondit seigneur de Guise se deust reposer et refaire audit Poitiers, lequel ne sembloit plus estre que demy, à cause du travail et de la disette qu'il avoit eue. Mais on se trouva esbay qu'il envoya appeller M. de Lude et les gouverneurs et capitaines de laditte ville, desquelz il print congé et leur rendit laditte ville sous leur charge, leur baillant

commandement de la bien garder au roy et aussi de vueiller et se 1569.
donner garde des huguenotz qui estoient habitans de laditte ville,
qu'ilz n'y missent le feu ou praticquassent encores quelque trayson
avec le camp admiral; et toutesfois dist ausdits gouverneurs que, où
lesditz huguenots habitans se comporteroient modestement, sans rien
entreprendre sur la ville, qu'on les tolérast sans leur mal faire. Et ce
dit, print congé de eux, et avec tout son train se retira au camp
catholicque et royal, pour veoir et saluer l'altesse de M. le duc
d'Anjou, frère du roy, où il fut le bien receu.

L'armée protestante fait lever aux catholiques le siége de Châtellerault. Les
deux armées se rencontrent à Moncontour-lès-Mirebeau[1]. Le duc d'Anjou avait
dans la sienne un grand nombre de protestants, qui n'avaient point voulu prendre
part à la rébellion contre le roi, mais dont la fidélité lui laissait des doutes.

Ce néantmoings, ledit seigneur et son conseil, voyant que le reste
de son armée se pourtoit bien et monstroit le semblant de vouloir
combattre l'ennemy, print courage, après avoir ouy parler M. de
Tavannes, lieutenant pour le roy au gouvernement de Bourgogne
soubz M. d'Aumalle, capitaine fort expérimenté, qui luy dist que
oncques n'avoit veu lieu ne place plus propre ni advantageuse pour
donner une bataille qu'estoit celle où eulx et les ennemys estoient
campez; et en avoit le plus grand et meilleur advantage le camp
de son altesse; et que, combien que lesditz ennemys fussent en plus
grand nombre et d'ung plus hault courage, ce sembloit, que le camp
de son altesse, si est-ce qu'il estoit de cest advis qu'on ne debvoit
perdre ceste occasion, ni plus laisser eschapper ledit ennemy, qui
oncques, depuis le camp de N.-D. de l'Espine, n'avoit esté trouvé

---

[1] *Discours de la bataille donnée le 3 octobre 1569, proche de Moncontour.* Paris,
1569, in-8°; Orléans, 1569. — Le même
discours, avec le siége de Saint-Jean-d'Angély, par de Neufville, in-12. — Autres
relations de la victoire de Moncontour,
imprim. à Paris et à Tours, 1569. — Voy.
aussi sur cette bataille, *Mémoires de Lanoue*
(collect. Michaud, 1re série, t. IX, p. 635);
Addit. aux Mém. de Castelnau, t. II, p. 783;
d'Aubigné, t. I, liv. V, p. 304; de Thou,
liv. XLVI; et mss. de Fontanieu à la Bibl.
imp. vol. 320-321.

1569. mieux à propos et à l'advantage que maintenant; assurant ledit sieur
duc que, s'il ne le combattoit là, que oncques de sa vie ne recou-
vreroit une occasion si advantageuse, et que combien que le succès
d'une bataille soit doubteux, ce néantmoings que la cause pour laquelle il avoit les armes au poin, qui estoit juste, inciteroit Dieu
d'estre de son costé s'il luy plaisoit, et que, si Dieu et la cause le
favorisoient tant que de gangner ceste journée, son nom à jamais
seroit immortel, et si seroit admirable aux nations estrangères et re-
doutable à ses ennemys, veu le jeune âge où il estoit.

Mondit seigneur, après avoir ouy ledit sieur de Tavannes, se résolut de donner la bataille et assaillir son ennemy. Et pour ce faire,
fit assembler tous les princes, seigneurs et capitaines de son armée, et
tenta d'un chascun d'iceux le courage, qu'il trouva estre prompt au
combat, si S. A. le commandoit, chose qui luy haulsa le courage et
volunté de combatre. Pour quoy faire, exorta ung chascun d'iceux en
général de se monstrer fidelles à Dieu et à la religion catholicque,
pour l'honneur et maintenue desquelz ilz avoient les armes au poin et
avoient jà enduré de si longs travaux; d'estre pareillement fidelles
au roy et à S. A., soubz le nom et auctorité desquelz ils avoient
prins les armes et jouissoient du tiltre de noblesse; d'estre fidelles à
la France, et protecteurs et deffenseurs de leur patrie, et plusieurs
aultres belles remonstrances qu'il leur fit; ausquelles ilz admirèrent
la sapience de ce jeune prince, qui les honora fort haultement, les
priant d'exorter chascun d'entre eux, les gentilzhommes et soldatz, de
prendre courage en gens magnanimes et non couars, pour, avec l'ayde
de Dieu, combattre son ennemy mortel et capital, ce que firent lesditz sieurs princes, seigneurs et capitaines, au partir de devant S. A.

Ledit seigneur ne se contenta d'avoir parlé aux chefs susdictz et
de leur avoir faict les remonstrances ci-dessus, mais alla en personne
visiter son camp, et luy mesme, de quartier en quartier, exorta les
gentilzhommes et soldatz à se monstrer vaillans et fidelles au combat
qu'il prétendoit de livrer au huguenot, et que nul n'apréhendast de
mourir, estimant que soy mesme seroit bien heureux s'il estoit mort

à ce combat, qui n'estoit pour acquérir terres ni possessions, hon- 1569.
neurs ni finances, mais pour acquérir paradis. Lesquelles visitation
et remonstrances haulsèrent le cœur des plus faillis et lâches de courage qui fussent en tout son camp, de telle sorte qu'il leur tardoit
qu'ilz fussent jà au combat et que le lendemain fust venu pour y aller.

Le duc d'Anjou, après souper, va à confesse; le lendemain, à trois heures du
matin, il se fait dire la messe par son aumônier, Mᵉ Claude de Saintes, et reçoit
la communion; puis il monte à cheval pour le combat.—De leur côté, les protestants chantent leurs psaumes et entendent la prédication de leurs ministres,
qui leur promettent la victoire.

Dès le commencement du jour, l'attacque commença à se faire les
ungs sur les aultres, pour attirer les deux armées au combat, lesquelles ne faillirent à s'y trouver. Le huguenot s'y portoit de grande
force telle qu'il sembloit au commencement qu'il emporteroit laditte
bataille, et avant qu'estre bien eschauffez, cryoient jà à haulte voix :
« Victoire ! victoire ! l'Évangille a gangné la victoire et a vaincu la messe
des papaux ! Canaille, canaille ! vermine du pape, papaux ! » et aultres
mille injures, qui commençoient, avec leur fureur, à intimider plusieurs soldatz et gens de guerre des catholicques. Lesquelz, encoura-
gez par leurs chefz et par après par mondit seigneur, se jettèrent au
combat au nom de Nostre-Seigneur J.-C. en telle hardiesse et courage
qu'en peu d'heures ilz firent chanter le huguenot ung aultre chant :
« Miséricorde, miséricorde ! » Et fut la meslée si rude des catholicques
sur les huguenotz, que en moings de trois heures lesditz huguenotz
furent mis en vauderoutte et prirent la fuitte à bride avallée pour se
saulver. Ilz furent poursuivis plus de dix lieues par les catholicques,
qui, faisant carnage de tout ce qu'ilz trouvoient à leur rencontre,
escartèrent si bien l'orgueilleux huguenot, que le plus hardy d'entre
eux n'osa plus tenir bon. Ceux qui prindrent la fuitte les premiers
retournèrent leurs cazaques grises et blanches qu'ilz avoient dou-
blées d'aultre couleur, sur la doubleure desquelles avoient faict
mettre, ou eux mesmes mis et cousu des croix blanches, qui estoit la

1569. marque des gens de guerre catholicques, pour eux saulver. La marque
qu'avoient lesditz pour s'entrerecognoistre estoient lesdites cazaques
blanches ou des cordons blancs à leurs chappeaux ou des escharpes
blanches à leur col. Lesquelz en fuyant faisoient grande littière desdittes cazaques, cordons et escharpes par les chemins, affin qu'on
ne les cognust huguenotz. Les paysans des villages, les voyant ainsi
fuyr en désordre et là pluspart teste nue et aultres sans armes, se
jettèrent sur eux et en deffirent aultant qu'ilz purent; et fut le carnage
si grand sur lesditz huguenotz que de compte faict, tant sur la place
que par les champs à la suitte, furent trouvez de quinze à seize mille
hommes mortz, tous desditz huguenots. Le plus de leurs mortz
furent leurs estrangers reistres, lansquenetz et Allemans, qui furent
trouvez monster au nombre de neuf à dix milles; lesquelz furent
chargez et tuez par les hommes de leur nation qui estoient au service
du roy et au camp catholicque. Car audit camp catholicque y avoit
grand nombre desditz reistres, lansquenetz, Allemans et Suysses. On
doubtoit qu'ilz estrangers catholicques ne vouldroient combattre ceux
du huguenot, pour estre tous d'une mesme nation, et pour ce avoit-on
dressé de gros escadrons de soldatz françoys, pour se donner garde
desditz estrangers, et pour les enfoncer, s'ilz ne faisoient le debvoir. Ce
qu'ilz ne faillirent de faire, et ne se trouva oncques gens plus fidelles
au camp catholicque que lesditz estrangers, et singulièrement les
Suisses, lesquelz ne pardonnèrent à ung seul de leur nation germa-
nique de ceux qui tombèrent en leurs mains. L'admiral fut blessé au
visage, et pensoit-on qu'il en mourroit, mais ne fut rien. Plusieurs
chefz de son armée y furent les ungs mortz en la place, les aultres fort
blessés, qui en moururent par après.

Du camp catholicque ne s'en trouva douze cens de mortz à laditte
bataille, qui fut une chose miraculeuse, veu les charges furieuses que
firent les rebelles sur eux. L'escadron où estoit M. le duc fut moult
de fois assailly et rudement combatu, d'aultant que l'ennemy huguenot avoit sceu par ses espies que Monsieur y estoit en personne;
lequel fut par deux fois jetté à bas de dessus son cheval à coups de

lances, et eut ung cheval tué dessoubz luy, et toutesfois sa personne 1569.
n'eut aucun mal. Nul chef de guerre, nul prince ni nul capitaine de
renommée du camp catholicque fut tué; aucuns furent blessés qui
en guarirent.

La nuict venue, fut sonnée la retraicte pour se rassembler au
camp catholicque, où tous bons guerriers, tant gentilshommes que
soldatz, ne se retirèrent, pour la nuict qui les surprint à la poursuitte
de l'ennemy, où aulcuns furent le loing de dix lieues; mais au lendemain se retrouvèrent avec grandes despouilles et butin qu'ilz
avoient faict sur les fuyarts.

Quand mondit seigneur duc fit sonner la retraicte et qu'il se retira
du champ de bataille, il n'avoit mangé ne beu aucunement que le
corps de N. S. J.-C. au sacrement de l'autel, qu'il avoit receu le
matin; lequel, avant que boire ni manger, estant descendu de dessus
son cheval en la place mesme, se prosterna devant Dieu à deux
genoux, les mains joinctes et les yeux eslevez au ciel, et à haulte
voix cria, en la présence des princes et seigneurs de son camp, qui le
raconduyrent, ce verset, qui est contenu au psaulme qui se commence, *In exitu Israel de Egipto*, c'est assavoir : *Non nobis, Domine,
non nobis, sed nomini tao da gloriam*. De laquelle prière, si haultement
et humblement faicte par ce jeune prince, furent esmuz lesditz princes
et seigneurs qui l'accompagnoient, qui en firent tous aultant. Son oraison finie, entra en sa tente, et, après avoir beu et mangé, se reposa la
nuict en plus grande sûreté qu'il n'avoit faict les nuictz précédentes.

De cette victoire fut joyeux le roy aultant qu'on pourroit penser,
qui ne fit faulte d'en faire chanter le *Te Deum laudamus*. Leur mère,
si le bruict commung estoit vray, n'en fut si joyeuse que le roy, quand
elle sçut et entendit tant d'hommes des ennemis avoir esté tuez à
ladite bataille; d'aultant qu'elle les supportoit au possible et les entretenoit en rébellion, pour faire durer les guerres civilles, esquelles elle
se plaisoit, pour le maniment des affaires qu'elle entreprenoit et manioit. Elle voulut courir au camp pour veoir son filz, ce disoit-elle, et
pour mieux sçavoir comment il se pourtoit, et y alla devant que le roy

1569. voulût partir pour y aller, tant elle faisoit l'empeschée. Et après qu'elle fut arrivée audit camp, et qu'elle eut veu et ouy ce que c'en estoit, elle volut sçavoir par le conseil de qui ceste bataille avoit esté donnée, et, après avoir entendu que c'avoit esté du conseil et persuasion du sieur de Tavannes, luy dist, comme en courroux, qu'elle ne luy savoit poinct de gré d'avoir faict exposer son filz en ung si grand danger, et qu'il s'en repentiroit. Et sur l'heure, le fit retirer du camp et de la suitte de son filz, M. le duc, et l'envoya en Bourgogne pour garder son gouvernement.

A laquelle fit response ledit sieur de Tavannes, qu'il ne se repentoit ni ne se repentiroit jamais d'avoir esté cause de ceste bataille, encores qu'elle eust bien le moyen de s'en venger sur luy, d'aultant que, par la grâce de Dieu, son filz l'avoit gangnée à la plus grande louange qui sçauroit jamais advenir à homme de l'âge qu'il estoit; laquelle bataille seroit cause de éterniser son nom à jamais, et de le faire craindre et redoubter par son ennemy, et de donner hault bruict à son altesse par toute la terre universelle et ès nations estrangères, qui l'admireront. Ce dict, ledit seigneur se partit du camp, après avoir prins congé de mondit seigneur duc, qui luy fit ung grand honneur en l'embrassant de ses deux bras, et en luy baillant congé pour s'aller reposer en sa maison de Bourgogne, luy promettant, et devant sa mère, qu'à jamais il auroit souvenance de luy. Ledit sieur de Tavannes, en s'en retournant en Bourgongne, print le chemin de Paris, et, passant par Orléans, trouva le roy qui alloit au camp. Auquel S. M. fit ung grand recueil et meilleure courtoysie que n'avoit faict la reyne sa mère, le louant haultement du service qu'il avoit faict, et promectant de le récompenser. Et S. M. luy ayant baillé congé de se retirer en repos en sa maison, passa oultre pour aller au camp, et ledit seigneur de Tavannes print le chemin de Paris. De Paris il passa par Provins, et y fut bien receu par les gouverneurs de la ville, qui luy firent présens de roses et conserves, comme ilz ont coustume de faire aux princes; lequel s'en tint moult content et se présenta au service de la ville à jamais.

Charles IX, arrivé au camp, s'occupe de réduire le Poitou sous son obéissance. Châtellerault et plusieurs autres places se rendent; on met le siége devant
Saint-Jean-d'Angély, qui oppose à l'armée royale une longue et vigoureuse résistance; les assaillants perdent le vicomte de Martigues, qui, l'année précédente,
avait défait les Bretons de d'Andelot. Au bout de plus de six semaines, Saint-
Jean-d'Angély succombe; mais la Rochelle et quelques villes protestantes tiennent bon, et la guerre ne se trouve point terminée. L'amiral, après la bataille
de Moncontour, s'était jeté sur l'Auvergne avec ce qui lui restait de troupes; il
reçoit pour son armée des secours d'hommes et d'argent, et les protestants obtiennent des avantages importants en Guyenne et en Languedoc[1]. — Les Parisiens,
en apprenant la victoire de Moncontour, font des processions et feux de joie. On
apporte à Paris et on dépose à Notre-Dame les enseignes et drapeaux pris sur
l'ennemi. — Une procession générale a lieu aussi à Provins; deux protestants
convertis de cette ville meurent dans des sentiments catholiques. — Mort de
Robert de Montbron, capitaine des Suisses de la garde du roi, qui demeurait à
Tourvoye, paroisse de Sourdun[2]. Il était orgueilleux, cruel, et se faisait obéir à
coups de bâton; mais il se servait de son crédit pour empêcher les gens de guerre
de loger chez les paysans. — Michel Alexandre, de Villenauxe, chargé de la recherche des usuriers, vient une seconde fois à Provins. Il informe contre un vieux
prêtre demeurant dans cette ville, nommé Jehan Angenost; le bailli poursuit
l'affaire, saisit les biens de l'accusé et le fait mettre en prison. Angenost meurt
pendant l'instance. Il est néanmoins condamné comme usurier. Le parlement de
Paris casse la sentence. — Un prêtre de Soisy en Brie, convaincu d'usure, est
emprisonné à Provins; ses parents, auxquels il avait donné son bien pour le sauver, le laissent mourir misérablement en prison. — N. Chapelain, de Nogent,
dit le Teinturier, est condamné pour crime d'usure, à Provins et au parlement.
— Une semblable condamnation est prononcée contre un gentilhomme des environs de Montereau. — Mort, au mois de mai, de frère Jacques Naselle, abbé de
Saint-Jacques de Provins, homme bienfaisant et digne de sa charge; il possédait
son abbaye par permutation avec Guillaume de la Chesnais, auquel il avait cédé
le prieuré de Saint-Loup-de-Naud et d'autres bénéfices. Les religieux voulaient
élire l'un d'entre eux pour abbé; mais M. de la Vallée, seigneur du Plessis-aux-
Tournelles, parent du défunt, les en détourne; en leur promettant de leur faire
donner par le roi un abbé qui les traitera doucement. Lui-même obtient l'abbaye, et y place pour la gouverner Denis Poupart, prêtre séculier, natif de

---

[1] L'auteur donne ici une liste de chefs protestants, que j'ai jugé inutile de repro-
duire.

[2] Il a été déjà question, page 4, d'un Robert de Montberon, mort en 1561.

1569. Cucharmoy, que le pape refuse d'admettre, et qui est obligé de prendre l'habit monacal à Saint-Jacques, pour se faire pourvoir. Le nouvel abbé se rend odieux aux moines par ses duretés; ils nomment malgré lui un prieur à la place de frère Phalle Boucher, qui venait de mourir, et, à la suite d'un procès, ils sont maintenus dans leur droit d'élection par sentence de l'official de Sens. — Au milieu d'une querelle survenue dans un cabaret de Meel, le jour de saint Phalle, Nicolas Chevrier, dit Mignon, tue trois hommes de la Motte. Les victimes étaient des protestants et serviteurs du sieur d'Esternay; aussi le parlement de Paris réduit à une amende de 20 livres la peine de mort prononcée à Provins contre le meurtrier. — Denis-le-Prêtre, vannier d'Esternay, qui avait pris part aux troubles de l'année 1567, est emprisonné à Provins et condamné à mort comme hérétique et pillard. Il parvient à s'échapper.

Un saint prêtre du village de Belloy, près de Lisieux, fait des miracles et guérit les malades par l'attouchement et par des prières. C'était un homme de peu de savoir, âgé de trente à quarante ans. Le duc de Nemours, qui souffrait beaucoup de la goutte, se fait toucher par lui et éprouve du soulagement. Plusieurs perclus et podagres de Provins, sur le récit d'André de Grammont, prieur de Saint-Ayoul, se font transporter auprès de lui. Deux d'entre eux sont guéris; l'état du troisième s'améliore, mais il ne peut être guéri entièrement, à cause de la faiblesse de sa foi : c'était en effet un ancien huguenot, Jehan Couvent, apothicaire, qui s'était converti à la sollicitation de ses parents.

Par le récit desditz de Provins, y avoit, le jour qu'ilz furent de luy touchez, le nombre de plus de cinq cens personnes, gens de toutes qualitez, sexes et âges, de toutes les provinces ou plusieurs de France, qui y estoient allez pour estre touchez. Il chanta la messe et fit son sermon en une grande place, dessoubz des arbres, parce que le peuple n'eust sceu tenir à la quatriesme partie dedans l'église dudit village. Tous qui vouloient estre de luy touchez et guaris alloient à confesse à des prebstres qui s'estoient là retirez en grand nombre pour ouyr les pénitens qui se présenteroient à eux avant que d'estre touchez. La prédication qu'il fit, ce jour qu'ilz de Provins y estoient, fut de la pénitence et comment il la fault faire pour estre guary spirituellement et corporellement des maladies de l'âme, qui sont les péchez, et du corps, où sont les douleurs. Les huguenotz du pays de Normandie et aultres lieux allèrent sur le lieu pour veoir ce qu'il faisoit et disoit,

à aulcuns desquelz fut agréable et se convertirent, aux aultres non, 1569.
qui le calumnièrent, tout ainsy que firent les Juifz de Jésus-Christ.
Après que les facultez de théologie de Caen et de Paris sceurent
des nouvelles de ce nouveau prophète, elles pensèrent qu'il y pouvoit avoir de l'abus en son faict; et, pour en sçavoir la vérité, elles
déléguèrent de chascune faculté nombre de docteurs à diverses fois,
pour se transporter à luy, l'ouyr prescher et le veoir faire ce qu'il
faisoit. Aucuns desquelz, pour n'estre cognuz de luy et pour ne l'intimider, se trouvèrent à ses sermons en habitz commungs, comme
visiteurs et pélerins, sans se faire à cognoistre à luy qu'il n'eust faict
ses sermons et le touchement des malades. Par la confession des
dessusditz de Provins, s'y en trouva quatre de Paris le jour qu'ilz
y estoient; ce que bien sceut ledit prebstre par révélation divine ou
humaine, d'aultant qu'il dist en sondit sermon lesditz docteurs estre
présens, sans les nommer ni monstrer, encores qu'ilz se célassent,
ausquelz il se rapportoit de la doctrine qu'il preschoit. Lesditz docteurs ne se esmurent pour cela et eurent patience de l'escouter tout
au long et de luy laisser faire son affaire, auquel ilz parlèrent à la fin
et l'interrogèrent de sa mission, de sa doctrine et de l'imposition des
mains qu'il faisoit sur les malades, et de tout ce qui s'en ensuyvoit,
non publicquement devant le peuple, mais en la maison de son père,
où il se retiroit; il leur rendit response à leur contentement, et ne
purent dire de luy aultre chose que c'estoit ung bon simple prebstre
de ce qu'ilz en cognoissoient, et que les faictz de Dieu sont incompré-
hensibles, lequel quelquefois cache ses secretz aux sages et sçavans,
pour les révéler aux simples gens et idiotz. Que devint à la fin ledit
prebstre, je n'en ay rien sceu; et ne dura le bruict de luy qu'environ
deux ou trois ans pour le plus. Quoy que c'en aye esté, il ne fut reprins de justice ne trouvé séducteur de peuple, ains bon prebstre
sainct et dévost.

En la ville de Montbelliart-lez-Basle en Suisse, morut en ceste
année Mᶜ Nicolle Barenjon, dict l'esleu Bote, héréticque des plus sérieux qui fussent en France, où il s'estoit retiré durant ces troubles,

1569. pour vivre en la seureté de sa personne. Ledit esleu n'estoit homme de guerre ni d'armes, ains fort simple et débonnaire; avant qu'estre héréticque huguenot, il estoit grand aulmosnier aux pauvres, pitoiable d'un chascun, secourable à toutes personnes qui le requéroient, riche en tous biens et honneurs, lesquelz il a quasi tous despendu à l'entreténement de sa prétendue religion, depuis qu'il y fut séduict. Il entretenoit trois garçons qu'il avoit à l'escolle de Calvin et de Bèze en la ville de Genefve. Il contribuoit de deniers à l'entreténement de la guerre huguenotte et rebelle contre le roÿ, et estoit cest homme si deffaillant de bon jugement qu'il pensoit bien faire et gangner paradis en ce faisant. Tout huguenot qu'il estoit, il n'estoit malfaisant à personne, patient en injures et en pertes, mais nullement aulmosnier, singulièrement aux catholicques. Sa femme se tint audit Provins, en leur maison, et n'absenta la ville à ceste fois; ou que ce fust de bon cœur ou par faintise, elle alloit par chascun jour à la messe et au divin service avec une fille qu'elle avoit. Laquelle femme ne vescut longtemps après sondit mary. Ledit Barenjon vendit sa terre et métairie de Corbetain, et plusieurs héritages et rentes, pour fournir à l'entreténement de sadite prétendue religion et à la cotte à laquelle il estoit cotté. Il avoit moult travaillé et donné de son bien pour planter sadite prétendue religion à Provins; et n'y avoit espargné chose qu'il eust. Il est mort obstiné en ladite religion, comme aussi son frère, Me Claude Barenjon, conseiller et enquesteur du siége présidial dudit Provins, qui morut en sa maison et fut enterré en son jardin.

Nicolas de Pellevé, archevêque de Sens, est fait cardinal au titre des saints Jehan et Paul. — L'office de lieutenant de courte-robe et ceux d'archers, qui avaient été supprimés par les états d'Orléans, sont rétablis par le roi. — N. Leblanc achète la lieutenance de courte-robe à Provins, et la revend à Pierre Legras.

Le roy a très-mal faict de remettre sus lesditz estatz et offices; car il n'est que le dommage de son peuple, pour les gages qu'il leur fault donner et la pillerie qu'ilz font sur le peuple. Ilz sont les grans

larrons qu'on appelle Messieurs, qui, pour s'entretenir esditz estatz et 1569.
offices, estre braves, et faire bonne chère, rendent à eux tributaires par
moys et année les voleurs et larrons qui pillent ès maisons et forestz,
ausquelz est donnée toute liberté à mal faire, moyennant qu'ilz s'ac-
quittent bien et à heure du tribut qu'ils doivent rendre. Et n'y a que
les plus simples gens qui soient punis par eux, si par cas fortuit ilz
font ou disent chose à aultruy qui se puisse plaindre de eux. Dieu y
pourvoye.

Sédition, en Angleterre, des catholiques contre la reine et les hérétiques,
pour obtenir la liberté de religion.

1570.

L'an mil cinq cens soixante et dix, au moys de janvier, il sembloit
au pays provinois que la guerre fust assoupie, d'aultant que les villages avoient quelque peu de repos meilleur qu'ès années dernières
passées, comme aussi avoient les aultres provinces de France, excepté
celles où s'en estoient fuys les huguenotz admiralistes, lesquelz allèrent ravager le pays si loing, que si les Espagnolz ne leur eussent
fermé les passages, ilz eussent entré en leur pays ; mais ayant trouvé
empeschement, se retirèrent en Daulphiné, par auprès et non loing
de la ville d'Avignon, où ilz trouvèrent encores qui les hasta de rentrer en Daulphiné. Du pays de Daulphiné, rentrèrent en Bourgongne,
par auprès de Lyon, et tirèrent ès villes de Mascon, Chaslon et
Beaulne, pillant et saccageant églises, ecclésiasticques et aultres personnes. Et estoit celuy bien heureux qui ne se trouvoit à leur rencontre. — Ilz admiralistes huguenotz estoient bien renforcez et avoient
remis sus une armée, par le moyen de je ne sçai quelz seigneurs des
pays de Guyenne, Languedoc et Navarrois, qu'on appelloit les *vicontes*,
et les disoit-on estre aussi fortz que oncques avoient esté d'artillerie,
de gens et de toute autre sorte et manière de guerre. Ilz avoient force
argent des volz et pillages qu'ilz avoient faict sur les églises, prebstres
et toutes aultres personnes, jusques sur les deniers des receptes des

tailles et domaine du roy,' qu'ilz avoient prins ès villes qui s'estoient 1570.
rendues à eux par force ou intelligences.

Le roi et le duc d'Anjou son frère, cédant à de mauvais conseils, congédient
une partie de leurs troupes et laissent ainsi aux protestants le moyen de se
relever. Les étrangers, reîtres, lansquenets, Suisses, Espagnols et Italiens sont
renvoyés dans leurs pays.

Les reistres, estans partis de Poytou, prinrent leur chemin par Orléans et de là par Pluviers, pour se retirer en leur pays d'Allemagne
par le plus droict chemin qu'ilz purent et le moings dangereux. Lesquelz, estans ès environs dudit Pluviers, furent par une ou deux fois
chargez et atacquez par les huguenotz voleurs des villes de Sanxerre
et Vézelay, qui tenoient les champs par les pays de Gastinois, Hurepoix et Beauce, et les serrèrent quelquefois de si près qu'ilz n'eussent
osé s'escarter, et leur estoit besoing de marcher en trouppe et en
forme de bataille pour eulx saulver de la rencontre desditz voleurs.
Ores advint que lesditz voleurs huguenotz, le jour de la feste
M. St Vincent, 22e jour du moys de janvier de ceste présente année,
entrèrent dedans la ville de Myllis en Gastinois, lez la Ferté-Alez,
qui estoit le jour de la foire de laditte ville. Dedans laquelle estoient
plusieurs bons marchans, tant de laditte ville que des estrangers, qui
là estoient alez pour le traffic ; lesquels furent prins, volez et emprisonnez par iceux voleurs, qui estoient les chevalliers du Boullet, l'Es-
cagne, Besancourt et leur suitte, montant au nombre de cent à six
vingtz hommes bien montez et armez, lesquelz demeurèrent en laditte
ville de Myllis l'espace de six jours entiers pour le moins, pour la
piller et saccager, où ils firent grand butin, et y eussent demeuré davantage, si ladite ville eust esté de defferse, ou bien qu'elle eust esté
plus à main de celles de Sanxerre et Vézelay qu'elle n'estoit. Dedans
lesquelles villes de Sanxerre et Vézelay se pensèrent aller saulver lesditz voleurs avec leurs prisonniers et butin, mais ne les purent gangner à heure, pour la contrainte que leur firent les reistres susditz,
qui les trouvèrent par les chemins à leur advantage au partir dudit

1570. Myllis. Auxquels voleurs ilz reistres baillèrent la chasse si vivement, qu'ilz voleurs n'eurent loysir que de s'enserrer dans le chasteau de Ville-Mareschal[1], qu'ilz trouvèrent ouvert et à leur dévotion, non loin dudit Myllis, où ils s'enfermèrent.

Lesditz reistres, après avoir veu le chasteau dudit lieu de Ville-Mareschal estre prenable, l'assiégèrent de toutes partz et y enserrèrent le huguenot leur ennemy, pour lequel guarder de sortir, se campèrent là, en attendant le secours de quelques compagnies françoyses qui estoient logez ès environs par les villages du pays de Gastinois, qu'ilz mandèrent. Lesquelz assemblez ensemble ne furent assez fortz sans canon de prendre et forcer ledit chasteau, mais gardèrent l'ennemi d'en sortir, en attendant le canon qui y fut mené de la ville de Paris pour le battre, jusques à y faire bresche suffisante pour y donner l'assault. Laquelle faicte, demandèrent à parlementer lesditz voleurs, lesquelz se volurent rendre et la place leur vie et bagues saulves; ce qui leur fut refusé, et leur dist-on qu'on les prendroit à miséricorde. A quoi respondirent lesditz voleurs que, s'il falloit aller à l'assault et se deffendre, que tous les marchans qu'ilz tenoient avec eux prisonniers y seroient les premiers tuez, d'aultant qu'ilz les exposeroient les premiers devant eux pour recevoir les premières charges auxditz assaultz; ce qu'ayans entendu, les assaillans résolurent de ne point donner d'assault, affin de saulver la vie de eux-mesmes qui y eussent peu estre tuez, comme aussi desditz marchans, qui estoient là enserrez, et que le plus expédient estoit de les tenir là prisonniers, et de les affamer, affin que eux-mêmes, sans coups frapper, demandassent à se rendre, la faim à ce les contraignant, ce que l'on fit.

[1] Sur l'affaire de Milly et de Villemaréchal, château appartenant à Jean Olivier, évêque de Lombez, voyez de Thou, *Hist. univ.* l. XLVI. — Voy. aussi une lettre par laquelle le prévôt des marchands de Melun mande au duc d'Alençon que le capitaine Bourri, Bricquemault, La Grange-Sautour, des Essarts, le chevalier du Boullay, Lescagne et Huguerville, sont entrés dans Milly avec cinq ou six cents chevaux huguenots, ont tué et pillé plusieurs marchands qui étaient à la foire, en ont emmené d'autres prisonniers, etc. 1570, 24 janvier. (Bibl. imp. collect. Saint-Germain-Harlay, n° 323.)

Les assiégés, voyant que les assaillans ne leur livroient point d'assault, après la bresche faicte, pensèrent à la résolution qu'ilz assaillans povoient avoir faict, qui estoit de les affamer, regardèrent aux provisions qui povoient estre audit chasteau, pour veoir combien de temps ilz pourroient tenir bon là dedans, et si ilz pourroient bien tirer secours des villes huguenottes pour les délivrer de ce siége, et estans résolus y avoir assez de vivres et qu'ilz auroient secours, advisèrent le moyen comment et par qui ilz le pourroient avoir. Après avoir sur ce tenu conseil, les chefs, qui estoient les dessus nommez Du Boulet, Lescagne et Besancourt, encouragèrent leurs soldatz à tenir bon léans et à ne poinct quitter la place, en attendant le secours que eux-mesmes alloient querre, et pour ce faire trouvèrent moyen d'eschapper par le parc de derrière dudit chasteau, avec les intelligences qu'ilz eurent avec quelques gentilzommes françoys du pays, qui estoient du nombre des assaillans, et qui leur firent passage pour ayder à les saulver, partie par amytié et cognoissance qu'ils avoient avec eux, l'aultre partie pour la bourse qu'ils leur rendroient pleine d'or et d'argent. Et par ce moyen, eschappèrent du danger où demeurèrent les aultres leurs compagnons, ausquelz ilz ne menèrent aucun secours et ne taschèrent à y mener, se contentans d'avoir leur vie saulve.

Les compagnons assiégez prirent courage, quelque peu de temps que durèrent leurs vivres, en attendant leurs chefz et le secours qui tardoit trop à venir, desquelz ils se trouvèrent trompez. Ilz furent contraincts de se rendre et de livrer la place aux assaillans, après avoir attendu leur secours dix jours. A l'entrée, plusieurs desditz voleurs furent tuez et massacrez par les reistres. Les capitaines et principaux d'entre eux qui furent trouvez audit chasteau furent liez et menez prisonniers à Paris, qui incontinent y furent pendus et estranglez. Les marchans furent délivrez en liberté; mais leur or, argent et marchandises ne leur furent rendus, parcequ'ilz furent trouvés ès bourses et habitz des voleurs, et servirent pour le payement et contentement des gens de guerre, tant françoys que estrangers, qui s'y trouvèrent jusqu'au nombre de quelque huict à neuf cens personnes ou mille pour le

1570. plus. Les seigneurs et gentilzhommes de Lours, de la Barge et de
Vimpelle-lez-Bray-sur-Seine y furent, qui eurent leur part du butin,
qui estoit bon et gros. Cest exploict faict, les reistres reprirent leur
chemin pour s'en aller près de Nemours, et de là par auprès de Sens
et gangnèrent la Bourgogne, chemin à eux le plus propre et seur pour
passer en leur pays et retourner ès Allemagnes.

M. le duc alors estoit à la court avec le roy son frère, à Paris, où
il se rafreschissoit de ses longs travaux, ce pendant que M. le mareschal de Cossé, qu'on appelloit le sieur de Gonnor, s'employoit petitement à la reprinse de aucunes villes de Poytou, suyvant la charge
qui luy en estoit donnée du roy et de mondit sieur duc.

Dès le commencement du moys d'apvril, fut nouvelle du retour du
rebelle et huguenot admiral et des forces qu'il amenoit avec soy, aussi
puissantes et plus que celles qui luy avoient esté desfaictes à la bataille
de Moncontour, de l'an dernier passé, à cause de l'adjonction des vicontes qui s'estoient mis et joinctz avec luy. Le roy, de ce adverty, ne
voulut que M. le duc son frère retournast mener le camp royal et catholicque contre ledit admiral, de peur qu'il n'y demourast mort ou
prisonnier, et creignoit S. M. plus sa mort que la prison, d'aultant que
les nouvelles couroient par la France que ledit traître et proditeur d'admiral avoit aposté et marchandé à plusieurs chrestiens nouveaux réformez de sa sequelle de tuer mondit sieur le duc; qui fut la cause
pourquoy ledit seigneur ne retourna à laditte guerre. Mais S. M. y
envoya ledit sieur mareschal de Cossé, qu'il ordonna pour son lieutenant en ceste guerre, pour aller faire teste audit admiral en Daulphiné, et le garder de retourner en France et en ce pays icy.

Ledit mareschal, ayant esté chargé du roy, rassembla le camp catholicque, mais fort lentement, et n'y avoit quasi nul desditz catholicques qui voulust retourner franchement. Toutesfois, à force de
semonces et commandemens royaux, ceux qui furent mandez retournèrent; mais, pour la variété des nouvelles courantes ou pour ayder
aux traîtres temporiseurs qui tenoient plus le party huguenot et admi-
raliste que le catholicque, le camp catholicque et royal ne fut renforcy

qu'à la moytié d'aultant de gens de guerre qu'il falloit, pour ce qu'on 1570.
disoit ledit admiral n'avoir avec soy plus de dix milles hommes, et il
en avoit plus de quinze. Si le roy eust envoyé en son camp ou faict
lever cinquante mille hommes, comme il en avoit bien le moyen, il
eust esté plus fort que son ennemy; mais ledit mareschal, selon le
dire commung du vulge françoys, estoit de ceux qui supportoient
ledit admiral et ses admiralistes. S'acheminant du pays de Poytou, il
tira par Orléans, et de là, par entre les villes de Sens et Auxerre traversant le pays de la vallée d'Aillant, il alla trouver ledit admiral entre
Semur et Chaslon sur la Saone, au pays de Bourgogne; et fut l'espace de deux moys et demy à faire ce chemin. Qui le faisoit cheminer
si lentement au devant dudit admiral, oultre la cause que venons de
dire, estoit le pourparler de faire la paix, que l'on mettoit en avant
entre le roy et ledit admiral, soubz le nom des princes, pour laquelle
paix advancer, furent députez gens de la part desditz admiral et princes
et aultres de la part du roy, lesquelz ne pouvoient ou ne vouloient
trouver le moyen de la conclure en peu de temps.

Les deux armées catholicque et huguenotte, estans proches l'une
de l'aultre audit pays de Bourgongne, furent assez long temps à se
regarder l'une l'aultre, sans se rien faire; les chefz desquelz, comme
aussi plusieurs soldatz, bevoient et mangeoient les ungs avec les aultres
souvent, soubz le nom et la protection de la trève qui fut accordée
entre lesditz de Cossé et admiral[1], en attendant ce que pourroient
faire les députez de part et d'aultre, qui estoient assemblez pour le
traitement de laditte paix. Ce néantmoings que l'admiral eust accordé
la trève avec ledit sieur mareschal de Cossé, si est-ce que sa cohorte
tirannicque ne cessoit de tuer, saccager, massacrer, piller, voller et
rober temples, églises, prebstres, moynes et catholicques, et n'estoient
icelles trèves qu'entre les gens de guerre des deux partys.

Au camp catholicque y avoit plusieurs bons seigneurs, gentilshommes et capitaines, qui ne demandoient qu'à exploicter besongne,
comme aussi plusieurs soldatz; lesquelz, s'ilz eussent esté employez

---

[1] Trève de dix jours, à partir du 14 juillet.

1570. par ledit mareschal à donner une bataille à l'ennemy, s'y fussent employez de grand courage, et se promettoient qu'avec la grâce de Dieu qu'ilz eussent vaincu encores une fois le Attila d'admiral et ses huguenotz admiralistes, encores que lesditz admiralistes semblassent estre davantage que lesditz catholicques; et quelque trève qu'il y eust entre les deux armées, si est-ce qu'environ le jour de la feste mons. St Pierre et St Paul, au moys de juin[1], les catholicques ne se purent guarder de donner une charge à leur ennemy huguenot, sans congé et permission dudit mareschal de Cossé, estans ennuyez de voir de si grandes traïsons qui se faisoient. A laquelle charge furent tuez de part et d'aultre le nombre de plus de 500 hommes; et eust-on là eu la fin de l'admiral et de son camp, si ledit mareschal eust faict le debvoir d'un bon chef de guerre, lequel oncques ne se voulut rager pour secourir ses gens ni se lever de son disner, qu'il prenoit avec ledit admiral.

A ceste charge fut meurtry et tué ung jeune gentilhomme des environs de Paris, qui estoit allé au camp catholicque avec vingt chevaux nourris et payez à ses despens et non aux despens du roy ni du bon homme de village. Lequel, si tost qu'il fut arrivé audit camp en Bourgongne, se trouva à laditte charge, luy et ses chevaux lassez du long travail qu'ilz faisoient par chascun jour, qui estoit de huict à dix lieues; qui, avant qu'estre accablé, terrassa et rua par terre mainctz huguenotz tous mortz ou bien blessez, tant il estoit de bon cœur. Il fut grandement plainct et regretté des gentilzhommes, capitaines et soldatz qui le virent en ses vaillances. Ses gens le chargèrent en une litière dès le lendemain de l'escarmouche et le ramenèrent en sa maison tout mort, pour le faire enterrer. Ilz rapassèrent par la ville de Provins, de laquelle il avoit party n'y avoit que huict jours, quand il alloit au camp, et audit Provins le vuydèrent et enterrèrent ses trippes et entrailles, le sallèrent et saupouldrèrent pour empescher

---

[1] S'il n'y a pas d'erreur dans la date, ce combat, que le vague du récit de Cl. Haton empêche de reconnaître dans les autres historiens, a eu lieu en dehors de la trève. C'est probablement la bataille d'Arnay-le-Duc, qui fut donnée le 25 juin.

qu'il ne s'empuentist. Ses entrailles furent enterrées aux Jacobins, et 1570.
son corps remené en sa maison. Ilz rapassèrent environ le 4ᵉ jour du
moys de julliet. Ledit mareschal fut fort blasmé d'ung chascun, et
avoit-on oppinion qu'il s'entendoit avec ledit admiral.

Depuis ceste escarmouche et charge catholicque sur le huguenot,
se ragèrent les deux armées pour s'esloingner l'une de l'aultre : la
huguenotte print son chemin par auprès de Sanxerre et se tira à
Montargis; la catholicque reprint son chemin par Avallon et de là
Sᵗ-Edme-de-Pontigny, Saint-Florentin et les environs de la ville de
Sens. Les huguenotz n'avoient oublié à voller, piller, murtrir, tuer et
saccager les églises et ecclésiasticques par où ilz passoient. Les catholicques estoient aussi larrons et volleurs des biens d'aultruy que les
huguenotz, excepté qu'ilz ne pilloient et ne saccageoient les églises et
ne tuoient les ecclésiasticques, mais au demeurant aussi meschans
que les huguenotz. Ilz rançonnoient, pilloient, volloient, enmenoient
les chevaux et jumens des laboureurs qu'ilz battoient à crédit, s'ilz
ne leur bailloient de l'argent, et estoit heureux celuy qui ne se trouvoit devant les ungs ni les aultres.

Le camp huguenot tira de Montargis à Nemours, à Saint-Mathurin-
de-Larchant et jusques à Pluviers, où il se désarma au commencement du moys d'aoust de ceste présente année, après que la paix fut
faicte et publiée, telle que nous la transcrirons ci-après; les huguenotz renvoyèrent leurs estrangers, ensemble leurs vicontes, lesquelz
prinrent leur chemin, les ungs par où ilz estoient venus par la Bourgogne, comme ce peu de reistres qui leur estoient restez de la bataille de Moncontour, les aultres par le Berry et Auvergne, chascun
d'iceux à son adroict.

Le camp catholicque chemina jusques à Moret et les environs;
mais, avant que d'y aller, menèrent à tire tous les villages et bourgs
fermez qu'ilz trouvèrent sur leur chemin, où ilz logèrent de bon
gré ou de force, comme en portera tesmoignage à jamais la petite
ville et bourg fermé de Dimon, à quatre petites lieues de la ville de
Sens, dedans laquelle logea par force le camp catholicque. Au refus

1570. d'ouvrir leurs portes aux commissaires pour y prendre les logis et
quartiers pour s'y loger, le canon y fut mené par le commandement
dudit mareschal, et fut tiré contre les murailles; celles-ci par luy
rompues et bresche faicte, par là entrèrent les gens de guerre dudit
camp, lesquelz tuèrent, murtrirent et saccagèrent aultant d'hommes
qu'ilz rencontrèrent par les rues. Ledit mareschal y entra, qui fit
cesser la tuerie et le murtre; mais fit prendre et emprisonner les
gouverneurs et justiciers d'icelle, qu'il incontinent fit pendre et estrangler, comme séditieux et rebelles au roy. Les filles et femmes
furent viollées et forcées par les paillards de la guerre, et je croy le
feu mis en aulcunes·maisons, acte cruel, barbare et inhumain. Il
n'estoit besoin d'exercer telle cruaulté sur ces pauvres gens, pour une
si petite rébellion, de laquelle on les eust bien punis sur leurs biens
sans leur faire perdre la vie et soullier leur pudicité. Il n'est possible
de faire pis sur un ennemy estranger, voire barbare, que l'on prendroit par force d'assault, ne qui fut faict à ces pauvres rustiques, qui
sentoient encores mieux le paysant de village que le civil bourgeois
d'une ville. Ledit mareschal fut aultant déshonoré d'avoir sur eux
commis et faict commettre ceste cruaulté, qu'ilz de Dimon furent folz
et mal conseillez de vouloir résister.

Estant le camp royal et catholicque ès environs de Moret, n'y fut
la paix publiée, mais fut dict audit mareschal qu'il ne passast oultre,
et qu'il renvoyast son camp, en baillant congé à chascun de se retirer, tant aux estrangers qu'à ceux du royaume. Il estoit demeuré
audit camp royal encores bon nombre de reistres, qui ne s'estoient
voulus retirer avec leurs compagnons que nous avons dict avoir assiégé
Villemareschal au moys de janvier dernier, comme aussi y avoit bon
nombre de Suisses, qui ne s'estoient retirez après la bataille de Moncontour.

Je ne sçai pour quelles occasions ledit mareschal ne rompit son
camp audit Moret et ne le congédia pour se retirer chascun à son
adroict, qui eust esté ung grand prouffit pour les pays des bailliages
de Montereau, de Sens, de Bray, de Trinel, de Nogent, Pons-sur-

Seine, Prouvins, Villenauxe et Sézanne; car sans cause, du moins 1570. apparente, ledit mareschal fit tourner visage à toute la gendarmerie dudit camp et à l'artillerie, et les fit remonster amont. Ilz repassèrent la rivière d'Yonne et de Seine : une partie de ceux qui passèrent la rivière de Seine à Montereau tirèrent à Bray et les environs; les aultres tirèrent à Donnemarie-en-Montois, et fut la gendarmerie respandue par les villages, depuis la ville de Sens jusques à Nangis; lesquelz à petites journées montèrent à tenir dix lieues de large jusques à Vertu et les environs, séjournant deux, trois et quatre jours en aulcuns logis.

La gendarmerie, qui estoit entre la ville de Sens et la rivière de Seine, passa laditte rivière ès villes de Bray, Nogent et Pons-sur-Seine et par les portz et passages qui sont entre lesdittes villes sur laditte rivière, pour tirer en la Brie, les 6, 7, 8 et 9e jours du moys d'aoust de cette présente année. L'artillerie passa à Bray et traversa la prairie et fut logée dedans le village et cymetière d'Ermez, comme aussi les Suisses qui la suyvoient. Les gens de pied françoys estoient logez ès paroisses des Ormes, de Paroy, de Lours, de Chalemaison, de Goix, de Sainte-Columbe, de Meel-sur-Seine, de Mériot et de la Chapelle-Saint-Nicolas. Les reistres estoient logez à Sordun, Chalaustre-la-Petite et Leschelles. La gendarmerie de cheval tenoit les villages de la Brie, jusques à deux lieues au dessus en montant à Villegruys, Bauchery et Chalaustre-la-Grand. Le mareschal fut en délibération d'en faire loger dedans la ville de Provins, ce qu'il ne fit, après que les gouverneurs d'icelle luy eurent faict présent honeste de roses et conserves, aultant qu'ilz en offrent à ung prince. Il logea sa personne audit Provins, en l'hostellerie de l'Escu, et une partie de son train. La ville le desfraya, et si y fut trois ou quatre jours entiers. Chalaustre-la-Grand et Villenauxe, pour ne retenir beaucoup de gens de guerre en leurs villes, s'accordèrent avec ledit sieur mareschal et se rançonnèrent à luy, comme aussi firent plusieurs aultres villes et bourgs par où il passa, et croy qu'il ne fit remonster ledit camp jusques à Vertu avant que luy bailler congé, à aultre intention que de

1570. remplir sa bourse, qui n'estoit assez pleine à son gré, quand il estoit à Moret.

Il demanda et fit amener des munitions de pain, vin et chair des bailliages de Coulomiers, de la Ferté-Gaucher, d'Augère et aultres lieux proches de son camp où les gens de guerre ne s'escartoient, où il fit assez gros butin, et si fut laditte munition assez mal délivrée. Il en envoya une partie au camp des Suisses à Ermez, et une aultre partie en la paroisse de Meel, où estoient logez les Gascons, comme aussi à Goix, Charlemaison et les Ormes.

Entre Bray-sur-Seine et les guez de Goix, qui sont entre Pugni et le Mez-l'Abbé, à aller par la prarie, furent tuez huit Suisses, maistres hommes et gens d'apparence, eux en allant après le camp et artillerie qui estoit logée à Ermez, et furent en laditte prarie saccagez, desmontez et desvalisez de leurs bourses et meilleures hardes, par gens incognus, et demeurèrent en la place pour rengresser le terroir.....

Six hommes des villages de Poigny et Neuvry, emprisonnés comme coupables de ce crime, sont condamnés à mort par le bailli de Bray et acquittés en parlement.

Le camp fut trois jours ès villages des environs de Provins à se reposer, et au 4e deslogea pour monter amont; l'artillerie, au partir d'Ermez, fut une partie menée à Nogent-sur-Seine, et l'aultre avec le camp, qui alla loger au village des Vignaux au dessoubz de Villenauxe-la-Grand, et toute la gendarmerie logée ès environs dudit Villenauxe et dedans. Les habitans dudit Villenauxe, s'estans accommodez avec ledit mareschal, ne furent fort molestez des gens de guerre qui y arrestèrent, et n'y en demeura grand nombre. On fut l'espace de dix jours entiers avant que le pays fust nettoyé des voleurs et larrons qui alloient devant et suyvoient ledit camp, ausquelz n'y avoit ordre ni poursuitte pour les empescher; et n'eussent osé les gens des villages et leur bestial retourner en leurs maisons ledit temps durant. Lesquelz, tant personnes que bestial, enduroient grand faim dedans les villes et fortz chasteaux, desquelz n'eussent osé sortir ni jour ni

nuict, de peur d'estre saisis desditz de guerre, lesquelz les poursuyvoient jusques aux portes. Dedans les villes de Provins et Nogent, y avoit si grand nombre de gens des villages, de leurs harnois et bestial, et les rues et ruelles en estoient si remplies qu'on
n'y pouvoit passer à son ayse. Les habitans desdittes villes se monstrèrent si humains envers lesditz de villages et leur bestial qu'ilz
leur abandonnèrent à la fin leurs maisons, prez et jardins, affin de
leur donner moyen de vivre et d'eschapper ceste misère, qui saulva
la vie à moult de bestial, qui estoit jà en grande disette faulte de
fourrage.

Au partir de Villenauxe et les environs, ledit mareschal, avec son
camp, alla loger à Sézanne et les environs, où il séjourna quelque
six jours, et de Sézanne à Vertu, où il bailla congé à chascun de se
retirer en sa maison. Les Allemans, reistres et Suisses prindrent le
chemin de Chaslons, et les Françoys chascun à leur adroict. Les compagnies entretenues furent envoyées en garnison ès villes frontières
de Piccardie et de Lorraine, pour rafreschir ceux qui y estoient. Le
reste de l'artillerie fut ramené audit Nogent-sur-Seine, mis, avec
l'aultre qu'on y avoit laissée, sur la rivière dedans des bateaux et conduict à Paris.

Ès villages de ce pays de Brie et Champaigne, où lesditz camp et
gens de guerre logèrent, tant d'ung costé que d'aultre de la rivière
de Seine, les habitans furent quasi tous malades de meschante maladie contagieuse, qui n'estoit à la mort toutesfois, car peu en morurent. Je l'apelle contagieuse, pour ce que la pluspart des sains et
en santé devenoient malades en visitant ceux qui l'estoient, et ne
povoit-on trouver le moyen d'achever les moissons, qui n'estoient
à moytié faictes, signamment entre la rivière de Seine et la ville
de Sens, auquel pays, après la my septembre, y avoit plus de deux
mille arpens de blé et métail à soyer faulte d'ouvriers et de gens en
santé. Et provint ceste maladie ausditz gens des villages des eaues de
leurs pays qu'ilz buvoient, qui estoient gastées et coroumpues des
bouteilles et barilz que lesditz gens de guerre y avoient descendus,

76

1570. les ungs pour y puiser eaue pour eux boire, aultres pour y faire ra-
fresclair leur vin.

Édit de pacification donné par Charles IX à Saint-Germain-en-Laye, au mois
d'août 1570 [1].

Laditte paix faicte avec le huguenot admiral et ses admiralistes sembla fort estre advantageuse pour la liberté huguenoticque, ce qui à la
vérité est, et s'esmerveillèrent fort les catholicques de telle liberté
accordée par le roy, et estoit le commung bruict par la France que
telle liberté avoit esté concédée contre la volunté de M. le duc d'Anjou, frère de S. M., lequel, suyvant le commung bruict, avoit en
hayne lesditz huguenotz. Ce néantmoings, estant persuadé par sa
mère et le roy son frère, s'y estoit accordé et à luy-mesme signer
laditte liberté concédée par laditte paix.

La principalle cause qui fit faire au roy laditte paix fut le mariage
de sa sœur, dame Marguerite de France, avec le prince de Navarre,
qui fut mis en avant par le mareschal de Mommorancy, à la sollicitation de l'admiral rebelle [2], lequel se travailloit d'iceluy, pour tascher,
avec ses frères d'armes, de surmonter le roy et ses frères. Le roy fut
longtemps sans y vouloir entendre, en despit dudit admiral et de ses
frères rebelles, mais à la fin, importuné par la royne sa mère, s'y
accorda. Ce mariage fut cause de saulver la vie et les biens dudit
admiral et ses admiralistes, lesquelz dès lors eussent esté exterminez
par la rigueur des armes royalles et catholicques, si les temporiseurs

---

[1] Registré au parlement le 11. (Fontanon, t. IV, p. 300.) — Voy. aussi *Mém. de
l'estat de France*, t. I, p. 5; *Addit. aux
Mém. de Castelnau*, t. II, p. 832 ; collect.
Béthune, à la Bibl. imp. vol. 238, fol. 25.
On trouve dans la collection Dupuy (vol.
86, fᵒ 146 vᵒ) : « Serment fait par la royne,
MM. les ducs d'Anjou et d'Alençon, et
autres princes, seigneurs et mareschaux
de France, d'observer et faire observer

les articles de la paix. » 1570, 5 août. —
Citons encore : « Harangue faite au roy par
les ambassadeurs d'aucuns princes et électeurs..... tant pour se réjouir avec S. M.
de l'alliance qu'elle a faite avec l'empereur, que pour l'exciter à l'observation de
l'édict de paix ; et response du roi. » 1570,
23 décembre. (Paris, P. Leroux, 1571.)

[2] Voy. les Mémoires de Marguerite de
Valois (édit. Guessard, p. 23 et 24).

qui entretenoient les troubles de France ne l'eussent empesché. On 1570. coulpa fort le mareschal de Cossé de n'avoir faict son debvoir de combatre ledit admiral; mais il ne luy en fault du tout rejecter la faulte, ains à la royne mère, au chancelier[1] et au mareschal de Mommorancy, qui estoient les temporiseurs et gouverneurs du conseil et personne du roy.

Le mariage, quoique arrêté, avant la conclusion de la paix, est différé à l'année 1572.

Incontinent après que laditte paix fut publiée à Paris et par les aultres villes du royaume, les huguenotz rentrèrent en leurs maisons dedans les villes et villages d'où ilz estoient, et pareillement en la jouyssance de leurs biens, desquelz par commission du roy ilz avoient esté despossédez. Maistres Claude Barenjon, conseiller du roy au siége présidial de Provins, naguères enquesteur audit siége et bailliage, Jehan Saulsoy, médecin, Nic. Gangnot, foullon, et la vefve Me..... Saulsoy, mère dudit Saulsoy, médecin, rentrèrent à Provins en la jouyssance de leurs biens. Lesquelz à leur retour se monstrèrent plus orgueilleux et haultains que devant, pour la constance qu'ilz disoient avoir esté en eux par le faict de leur prétendue religion réformée, durant lesditz troubles et depuis la mort de leur chef le feu prince de Condé. Et avec grand courage se mocquèrent de leurs compagnons huguenotz qui avoient, à la persuasion et menaces d'ung jacobin qu'ilz appeloient *caffart,* renoncé à laditte prétendue religion et retourné à l'Église catholicque, qu'ilz appelloient *la Babillonne, l'ydolâtrie* et *la papauté.*

A cause de la mocquerie d'iceux, et quant et quant par leur persuasion, Nic. Doury, barbier, Me Richard Privé, advocat, Marc Boyer, procureur et notaire, N. Garnon, praticien, Macé, sergent, beaufrère dudit Garnon, et Est. Maistrat, apoticaire, sans avoir esgard au

[1] L'Hôpital n'était plus alors chancelier; disgracié et renvoyé dans ses terres, sous prétexte de maladie, il avait été remplacé par Morvilliers, nommé le 24 mai garde des sceaux, sans commission.

1570. serment qu'ilz avoient faict sur les saints évangilles, devant ledit jacobin, qui les avoit prins à la pipée, de ne jamais retourner à l'hérésie et huguenotterie, ne laissèrent à y retourner, en délaissant l'Église catholicque, qu'ilz avoient reprinse et juré de garder, chose qui leur tourna à plus grand blasme que si oncques n'y eussent rentré. Me Nic. de Ville, advocat, qui sembloit le plus orgueilleux de tous et qui auparavant la mort du prince de Condé estoit des plus obstinez, ne retourna à l'hérésie, ains demeura en l'église catholicque, comme aussi Léon Godart, procureur, qui mourut en ceste année confès et repentant de ses péchez, après avoir receu les sacremens de l'église catholicque. Denis Saulsoy, apoticaire, Jehan le Blanc, filz d'Adrian, Thibault Trumeau, Claude Gannay et les aultres demeurèrent en l'Église catholicque et ne retournèrent à la huguenoticque, de quoy furent louez grandement par les catholicques, et tousjours les bien venus avec eux.

Les huguenotz de Meaux, de Troye en Champaigne et de Sens ne rentrèrent si facilement dedans lesdittes villes ni leurs maisons que firent ceux de Provins, d'aultant qu'ilz estoient en plus grand nombre que lesditz de Provins, comme aussi les huguenotz de plusieurs aultres villes, à l'entrée desquelles furent plusieurs desditz huguenotz saccagez et les plainctes d'iceux pourtées à leur admiral, qu'ilz avoient en honneur plus que le roy, lequel admiral entreprint d'en escrire au roy assez haultement et quasi comme par menaces, tant il estoit audatieux. Des lettres duquel ne fit grand conte S. M. pour la première foys, parquoy eut recours à la royne mère, laquelle fit response au solliciteur de la cause huguenoticque qu'il n'estoit besoin d'en rompre la teste au roy son filz ni la sienne, et qu'il falloit que les huguenotz refusez par les villes se retirassent ès villes de Sanxerre, la Charité ou la Rochelle, villes de réserve pour les retirer, suyvant le contenu du 39e article de l'édit faict avec eulz, et n'en purent avoir aultre raison pour ceste foys.

Qui empeschoit lesditz huguenotz de rentrer à leur ayse dedans les villes, estoit la garde des portes que les catholicques gardoient en

ce pays de Brie et Champaigne chascun en leur ville, pour la craincte 1570.
qu'ilz avoient que ces traictres et desloyaux huguenotz ne s'en saisissent, estans rentrez soubz le nom de la paix, comme ilz avoient
faict en plusieurs aultres villes, au préjudice desditz catholicques, du
roy et du royaume; et tinrent toujours les catholicques des villes les
armes au poin, nuict et jour, pour se garder, depuis ladite paix faitte
et publiée jusques au moys de janvier de l'an prochainement venant,
que le roy, par une déclaration qu'il fit, commanda aux habitans de
toutes les villes de son royaume qu'ilz eussent à mettre les armes
bas, sans plus faire garde ne nuict ne jour, ni empescher les huguenotz de rentrer esdittes villes et en leurs maisons, dedans lesquelles
il vouloit qu'ilz demourassent en paix et en toute sûreté, en se com-
portant paisiblement selon le reiglement de ses édictz. Ceste déclaration publiée, les catholicques posèrent bas les armes aussi volontiers
que le roy le commandoit, tant ilz estoient aharassez et plus que recreus de les porter nuict et jour; lesquelles mises bas, rentrèrent
lesditz huguenotz mieux à leur ayse en leurs maisons.

Assez tost après que l'édict de paix ci-dessus dict fut publié, les
huguenotz, tant gentilzhommes que aultres des bailliages de Provins,
Meaux, Troye, Nogent, Pons-sus-Seine, Sézane et aultres du pays de
Champaigne et Brie qui estoient trop loing de Vézelay, attentèrent de
ériger et faire installer ung presche public et ung prédicant ès fauxbourgs de Villenauxe-la-Grand, ainsi que par l'article 8ᵉ d'iceluy édict
leur estoit permis, et à ces fins obtindrent novelles lettres du roy, portant commission adressante au bally de Villenauxe, pour leur donner
lieu et les installer en lieu commode à eux permis suivant ledit édict.
Pour lesquelles enthériner, aucuns gentuehommes huguenotz (ah! je
m'abuse, je pensois dire gentishommes), desquelz estoient les seigneurs de Sᵗ-Symon, sieur de Chantaloue et Bauchery, de Besancourt,
demourant à la Saulsotte, et aultres des environs dudit Villenauxe,
garnis de leur ministre prédicant, se transportèrent audit lieu et là
présentèrent leursdittes lettres et harangue audit bally, tendant aux
fins d'estre ouys et placez suyvant ledit mandement. Lequel bally,

1570. après les avoir patiemment ouys, pour les contenter, leur dist qu'il
vouloit obéyr au roy et à ses mandemens et que, pour enthériner
iceux falloit qu'ilz eussent pacience jusques au lendemain, qui seroit
jour de plaiz, esquelz seroient plusieurs personnes, tant praticiens que
aultres habitans du lieu, devant lesquelz seroit faicte lecture desdittes
lettres et mandement, affin que nulz n'en prétendissent cause d'ignorance, et ne fissent aucune sédition, ce que toutesfois pensoit bien
pouvoir advenir, d'aultant que le peuple villenauxien, rusticque et
agreste, estoit fort enclin et subject à toutes séditions et monopoles
en toutes choses qui se faisoient contraires à leur volonté, mais que,
de sa part, tascheroit par tous moyens à les empescher.

Ilz huguenotz, estans remis à ce lendemain, se retirèrent en leurs
logis, et, en attendant ledit lendemain, fut le bruict semé par la ville
de leur venue et de leur intention. Qui fut cause d'esmouvoir le vulge
villenauxien, lequel au lendemain ne volut faire faulte de se trouver
à l'assemblée des plaictz, pour veoir les huguenotz et leur prédicant
et pour ouyr la lecture desdittes lettres et mandement royal; à l'en-
thérinement desquelz s'oposèrent lesditz Villenauxiens, disans, pour
leur cause d'oposition, qu'esdittes lettres et mandement royal, comme
aussi au 8ᵉ article de l'édict, n'y avoit ces motz, *de Villenauxe-la-
Grand,* et que, au gouvernement de Champaigne et Brie, plusieurs
villages et bourgs se nommoient de ce nom de Villenauxe, comme il
estoit vray, parceque, à une petite lieue de la ville de Bray, y a un village
ou bourg fermé qui se nomme Villenauxe, comme aussi il y en a de
pareil nom assez près de Sᵗ-Florentin, qui est encores audit gouvernement de Champaigne et Brie, et que c'estoit l'ung ou l'aultre que le
roy entendoit par son édict, et non Villenauxe-la-Grand où ilz estoient.

Ausquelz firent response lesditz huguenotz que ce n'estoit ni l'ung
ni l'aultre desditz Villenauxe, ains ledit Villenauxe-la-Grand, où ilz
estoient, et que le roy et les députez pour eux huguenotz avoient
entendu, comme encores entendoient, que c'estoit ledit Villenauxe-
la-Grand et non aultre, et que, en despit qu'en eussent lesditz de
Villenauxe, que leur presche y seroit mis et installé. Auquel despite-

ment s'esmut en plain parquet et assemblée ledit peuple villenauxien
à injurier et menacer lesditz huguenotz, les assurant de n'y jamais
faire trois fois leur presche qu'ilz et leur prédicant ne fussent lapidez
à coups de pierre, tuez et massacrez, à quelque péril qu'il en pust
advenir, sans y respecter aucune personne, mesme celle du roy, si
elle y estoit. Et en disant ce, ung des moindres de la compaignie, qui
estoit proche du prédicant, l'empongna au collet et à la barbe et le
rua par terre, en disant telz motz : « Est-ce pas toy, villain apostat et
chrestien renié huguenot que tu es, qui veux venir faire ton presche
en ceste ville? A quoi tient-il que je ne te couppe la gorge tout pré-
sentement? » Et en disant ce, tira sa serpette à vigne, qui estoit
derrière son dos à sa cincture, et se mint en debvoir de luy coupper,
ce qu'il eust faict, sans ung homme qui l'empeschea. Les genspil-
hommes, qui estoient là avec leurs harquebuses et pistolles, se trouvèrent bien honteux de veoir ce peuple mutiné; avec la sagesse dudit
bailly, ilz eschappèrent de l'assemblée sans avoir mal. Pour laquelle
séparer, sans y advenir plus grand cas, ledit bailly rendit jugement sur
la requeste et opposition faictes de part et d'aultre, et ordonna que
lesditz huguenotz feroient interpréter par le roy lequel Villenauxe
seroit où il entendoit que se debvoit faire leur presche par son édict;
et par ce moyen les renvoya tout confus. Lesquelz, attonnez de la
fureur du peuple et du renvoy de justice, n'osèrent plus s'arrester
audit Villenauxe, et, sans y plus séjourner, se partirent à s'en aller, et
oncques depuis ne s'y représenta prédicant ni ministre huguenot qui
eust volonté ne qui demandast à prescher.

Un prêtre, vicaire à Villenauxe, prêche de fausses doctrines au sujet du baptême des enfants morts-nés. Une partie de la ville adopte ses idées. Accusé devant l'official de Troyes, il est soutenu par plusieurs gens notables de Villenauxe,
qui se portent ses cautions et le font sortir de prison. Des prédicateurs de Provins viennent réfuter en chaire ses propositions. Une nuit, il prend la fuite et
va rejoindre les protestants.

Au moys d'apvril de ceste présente année, le 20ᵉ jour, mourut au

1570. presbitaire de la paroisse de Ste-Croix de Provins frère Jehan Barrier, cordelier, docteur en théologie des plus fameux de son temps, et curé de l'église de Ste-Croix, âgé de quelque soixante-dix ou soixante-douze ans pour le plus, homme de grande éloquence, ayant en grâce de bien dire et rapporter l'Escripture saincte en ses sermons, comme aussi les aultres escriptures prophanes. Il faisoit peu de sermons qu'il ne cittast quelques loix humaines escriptes au droict, feust au Code, au Digeste ou aux Institutes, Clémentines et aultres livres, sciences requises aux advocatz et nécessaires à leur plaidoirie. Le droict canon ecclésiastique, qu'on appelle le droict divin, luy estoit aussi commung qu'il est aux légistes qui font de ce leçon ès escolles du décret, de quelque université que ce soit. Il fut le premier chanoine théologal des églises de Provins, c'est assavoir de N. D. du Val et de St-Quiriace, suyvant les ordonnances des trois estatz d'Orléans. Il fut enterré au couvent des Cordeliers dudit Provins, devant le grand autel de leur église. Toute la ville luy fit honneur à son convoy d'enterrement, tant les processions de toutes les églises que les parroissiens d'icelles. Il avoit fort travaillé depuis quinze ans, pour résister aux huguenotz et à leur faulse doctrine; et fault confesser de luy qu'il, avec Dieu, fut le conservateur de la foy catholicque en la ville de Provins, et que, sans luy, il y eust eu des huguenotz audit Provins douze fois plus qu'il n'y en a eu. Il escrivoit tous ses sermons avant que de les prescher, et les retiroit en ung ou plusieurs livres; toutesfois ne furent mis en lumière, qui a esté ung grand domage. Les cordeliers furent ses héritiers[1].

Jean Carré, jacobin, natif de Provins, est élu chanoine théologal à la place de Barrier. — Au mois de mai, le dimanche après l'Ascension, le général des cordeliers s'arrête à Provins. Les gouverneurs de la ville lui font un présent de pain et de vin. Il prêche à Sainte-Croix. [Ce passage sur le général des cordeliers est biffé dans l'original. Une note à la marge porte : « L'auteur de ce livre s'abuse en cest endroit, en disant le général des cordeliers avoir passé à Provins en ceste année; car ce fut en l'an 1572. »]

---

[1] Voy. plus haut, p. 123, 136, 375, etc.

Le grand turc Sélim II, ayant rompu l'alliance qui l'unissait aux Vénitiens, se 1570.
dispose à la conquête de l'île de Chypre, à l'instigation du Portugais Jean Michez, seigneur de sa cour[1]. — Harangue de Michez pour déterminer Sélim à la
guerre. Un ambassadeur turc vient à Venise demander la cession volontaire de
l'île de Chypre. Refus des Vénitiens. Ils envoient en Chypre, sous le commandement de Geronimo Ziani, une armée qui met à la mer le 23 mai, et à laquelle se
joignent des galères équipées par le roi d'Espagne. Le 1er juillet, l'armée de Sélim arrive à Paphos, s'en empare et met le siége devant Nicosie; cette ville, déci-
mée par la peste, laissée sans secours, est prise le 9 septembre, après une vigoureuse résistance qui fait perdre aux Turcs beaucoup de monde. Les vainqueurs
pillent et massacrent la population. Les chrétiens restés dans la ville sont réduits
en servitude et menés au sultan le 6 décembre.

Entre les captifz et prisonniers chrestiens qu'on menoit audit Sélim,
y estoit une gentille femme damoiselle et fort chrestienne, laquelle,
dolente de la perte advenue sur les chrestiens du pays cypriot et de
Nicosie, pensant en elle le déshonneur qu'elle pourroit recevoir en sa
pudicité, jugea la mort lui estre plus honorable et aux aultres chrestiens qu'on menoit prisonniers avec elle que de souffrir qu'elle et
aultres fussent forcés et viollés par ces tyrans ennemys de la religion
de Jésus-Christ et de ceux qui en font profession. Elle advisa donc de
mettre le feu ès pouldres à canon qui estoient dedans la galère assez
proches d'elle, ce qu'elle fit, et fut laditte gallère bruslée, ensemble
tous les biens, butins et corps humains qui estoient dedans; lesquelz
avec le feu furent submergez en la mer, et n'en reschappa pour tout
que le pilote ou nocher, le secrétaire de la galère et quelque bien peu
d'aultres, lesquelz se saulvèrent à nage et qui ont raconté le faict[2].

Siége de Famagouste par les Turcs. — Divisions dans l'armée chrétienne,
composée de Vénitiens, d'Espagnols sous la conduite d'André Doria, de troupes

[1] Voyez La vraye et très fidelle narration
des succès, des assaults, défenses et prinse
du royaume de Cypre, faicte par F. Ange
Calepien, dans la Description de l'île de
Cypre par F. Ange de Lusignan (Paris,
G. Chaudière, 1580, in-4°). — Commen-

tari della guerra di Cipro e della lega dei
principi cristiani contro il Turco, di Barto-
lomeo Sereno (1845, in-8°).

[2] D'Aubigné, Hist. univ. l. V, c. xxvii,
p. 345, et de Thou, l. XLIX.

1570. du pape et du duc de Florence, sous le commandement de Marc-Antoine Co-
lonna, et de seigneurs tels que Alvare Batian, Jean de Cardonne, Ascagne de
Corne, etc. Atteints de la peste, les chrétiens se retirent pour hiverner, sans avoir
fait d'autre mal à l'ennemi que de lui prendre quatre galères avec un vaisseau
portant cinq cents janissaires, soixante mille pièces d'or et deux caques pleines
de monnaie. Cet exploit fut accompli par le courage de deux seigneurs, Astor
Baglione et Marc-Antoine Quirini, à la tête de deux mille soldats d'élite.

De parler davantage de ceste guerre je ne puis, et ce que j'en ai
pu dire ci-dessus a esté par le recueil que j'en ai faict de plusieurs
personnes qui se vantoient d'y avoir esté présentes, tant de la nation
françoyse que espagnolle et italienne, avec lesquelles je me suis trouvé
à diverses fois[1].

Dedans la ville de Provins en ceste présente année, le 2ᵉ jour du
moys de juin, jour de vendredy, lendemain de l'octave de la Feste-
Dieu, entre les dix et unze heures de nuict, advint ung grand déluge
d'eaue[2], qui rompit les murailles de la ville en trois lieux fort largement, depuis l'endroict du bout du Pré aux Clercs, qui est du costé
de la chaussée Sainte-Croix, en tirant à la Porte-Neufve et la fontaine
de Boulançoys, et qui remplit d'eaue toutes les rues et maisons de la
valée dudit Provins, depuis la rue aux Juifz et la rivière du Pont-au-
Poisson, jusques aux murailles des portes Neufve, Culoison, de Troye,
Changy, des Bourdes et du Buat. Les hommes sages dudit Provins
pensèrent ce déluge d'eaue estre advenu en punition de Dieu sur
laditte ville, pour les insolences que quasi toutes personnes y faisoient en danses et chansons par les rues, dès le jeudy au soir, jour
de la petite Feste-Dieu, et la nuict mesme d'entre le vendredy et
samedy que fut et advint ledit déluge.

[1] Voyez, pour les relations de la France
avec la Turquie : *Lettre du sultan Sélim II,
empereur des Tarcs, à Charles IX, roy de
France, son très cordial ami.* 6 nov. 1570
(Bibl. imp. mss. de Brienne, vol. 78,
p. 131); —*Lettre du grand visir à Charles IX,*
16 novembre 1570. (*Ibid.* p. 133.)

[2] Procès-verbal de l'inondation arrivée
à Provins le 2 juin 1570, rédigé par le
bailli Alleaume. (Bibl. de la ville, collect.
Rivot, t. II, p. 183. — Cette pièce a été
publiée dans la Feuille de Provins, nᵒˢ des
21, 28 juin et 5 juillet 1851, avec un récit
de l'événement, par M. Billate.)

La coustume des habitans et cytoyens de Provins est de faire et so-   1570.
lemniser l'octave de la Feste-Dieu, auquel jour font en chascune parroisse une confrairie du sainct Sacrement de l'autel, auquel ilz,
jusques à aujourd'huy, ont porté une grande dévotion, foy et honneur, de quoy sont grandement à louer. Ilz tapissent et parent le
devant de leurs maisons de linge et tapis par toutes les rues par lesquelles on faict la procession avec le St Sacrement, comme au jour
du sacre et Feste-Dieu, qui est huict jours devant. A laquelle procession assistent lesditz habitans, chascun en sa parroisse, comme
aussi à la grande messe, qui se chante après laditte procession.
Laquelle chantée et le disné faict, chascun en sa maison ou aultre
lieu, s'assemblent les voysins de chascune rue et canton les ungs avec
les aultres, par une amytié qu'ilz portent les ungs aux aultres, jusques
au nombre de 12, 15 ou 20, plus ou moins, selon le nombre des
habitans qui sont à chascun canton de rue, à jouer et se récréer ensemblement, les hommes d'un costé, les femmes d'un aultre, chascun
avec son semblable. Les hommes jouent aulcuns à la boulle, aultres
à la paulme, aultres aux dames, chascun selon l'esbatement qui mieux
plaist à son esprit; les femmes jouent aux quilles ou aultres jeux
convenables à leur sexe et qualité.

Ce pendant que les aulcuns jouent, les aultres pourvoyent de
viande pour le soupper, qu'on appareille en une maison d'entre eux,
en laquelle hommes et femmes se trouvent à soupper, chascun pour
son escot, comme en une taverne. Si esdittes rue et canton de chascune compagnie y a quelque habitant nouveau marié ou qui depuis
l'an courant soit allé demeurer en laditte rue ou canton, il est par les
anciens d'icelle semont et requis de payer quelque somme d'argent à
la compagnie pour sa bienvenue, et le taxe-on selon le moyen et
richesse qu'on pense qu'il a, aulcuns à un escu, aultres à demy escu,
aultres à 20 soulz, aultres à 15, 10 et 5 soulz, selon la qualité des
personnes, et ordinairement à tel jour, audit souppé, si le temps est
beau et serain, dressent les tables par les rues de chascun canton, à
la vue de tous les passans qui les veullent regarder, et par ce moyen

1570. entretiennent paix, concorde et amytié les ungs avec les aultres, chose de vray moult à loüer, car ausdittes assemblées y sont receus aussi bien les pauvres que les riches, si leur plaist de s'y trouver.

Or ordinairement, après soupper, lesditz habitans consument le reste de la journée en danses et esbatemens, qu'ilz continuent quelques foys jusques à unze heures et mynuict, menant leurs danses, de rue en rue et de canton en canton, qu'on peult appeller quarrefour, chose qui n'est aulcunement à louer, et sont les rues de ladite ville toutes plaines de danses, esquelles y a plus d'insolences que de honnesteté.

En ceste présente année, lesditz de Provins ne se contentèrent de s'estre resjouys ensemblement ledit jour de petite Feste-Dieu, ains continuèrent au lendemain leur lyesse pour une plus grande partie, qui fut le vendredy au soir, qu'ilz recommencèrent à se resjouyr et soupper ensemblement les voysins, et continuèrent leurs danses après leur soupper, qui durèrent jusques à unze heures du soir, en aussi grande insolence comme le jour précédent; chose qui desplaisoit aux anciens et gens expérimentez, gens dévostz et sages, à cause du jour du vendredy, auquel les chrestiens ne doibvent danser, saulter ni s'esbattre publicquement, pour l'honneur de J.-C., qui à tel jour souffrit mort et passion pour rachepter l'homme de l'enfer, où il s'estoit donné, et pour luy ouvrir paradis.

Durant que lesditz de Provins (j'entens parler des mondains) démenoient à ce jour telle vie peu chrestienne, Dieu volut, comme je croy, en prendre vengeance et en faire punition tout sur l'heure, par le déluge d'eaue tel qu'avons dict dessus, sans toutesfois faire aulcunement pleuvoir ni tomber eaue du ciel sur ladite ville ni demye lieue à l'entour; mais, à une et deux lieues dudit Provins, ès villages et parroisses de Vullaines, Chenoise et Mortery et ès champs d'iceulx, environ les neuf à dix heures du soir, par ung nuage de pluye, tomba tant d'eaue sur la terre que rien plus. Laquelle, prenant ses pentes pour s'escouller par les ravines ordinaires, descendit par auprès de la chapelle de Notre-Dame de Grisi, qui est entre le chas-

teau de laditte ville de Provins et ledit Môrtery en très grande habondance, et découlla par les fontaines qui sont au-dessoubz du village
de Roully, pour gangner la prairie de Provins et le cours de l'eaue,
qui passe à l'Arche-Dortain et qui entre en laditte ville de Provins pour
faire meudre les molins de la Ruelle et à pouldre ; ne trouvant à laditte Arche-Dortain passage assez large pour s'engoulfer au travers
de la ville, elle renfla au-dessus et se respandit le travers de la
prairie qui est entre laditte ville et le monastère des dames Cordelières en telle habondance, que à l'instant laditte prairie en fut toute
couverte, de la hauteur de plus de 7 à 8 piedz, et n'ayant moyen
de s'escouler à la porte de Culoison, pour l'arrest qui y estoit par
ung bastard d'eaue que lesditz de Provins y avoient faict durant
les guerres et troubles qui avoient encores cours au royaume, elle
renfla contre les murailles de laditte ville d'une telle impétuosité,
qu'elles rompirent en trois endroictz si largement que laditte eaue
print son cours par dedans la vallée dudit Provins. Elle remplit les
caves, boticques et chambres basses des maisons, en certains endroitz, la hauteur de 8, 10, 12 et 15 piedz, et signamment en la
rue de la Chaulsée Sainte-Croix, en laquelle elle fut jusques à la
thuille des basses maisons qui y estoient ; plusieurs desquelles maisons furent démollies, et les bois et pierres enmenées de leurs places,
et environ vingt-cinq personnes furent nayez, qui moururent en leurs
maisons dedans l'eaue, leurs maisons accablées sur eux. Il y eut dedans l'hostellerie de la Couppe, qui est jouxte la boucherie dudit
Provins, 18 ou 20 chevaux nayez dedans les estables, qui estoient à
divers passans qui estoient logez léans. Par la ville, y eut bien aultant
et plus d'aultres chevaux nayez, grand nombre de pourceaux, vaches,
moutons, brebis et aultres bestes qui estoient dedans les estables ;
et furent heureux les habitans dudit Provins qui purent gangner à
bonne heure les haultes chambres et greniers de leurs maisons pour
eulx saulver.

Plusieurs rues, et notamment les rues aux Aulx, aux Bouchers, du Minage, des Bordes, furent dépavées; les eaux, qui étaient troubles et épaisses comme purée ou brouet de poix passés, entraînèrent ou endommagèrent les marchandises des boutiques, les habits, linges, draps et meubles des maisons, les chappes, livres, nappes d'autels et autres ornements des églises de Sainte-Croix, où les eaux s'élevèrent à la hauteur des verrières des chapelles, des Cordeliers, de Notre-Dame-du-Val et de Saint-Ayoul. Le pavé de ces églises fut rompu et renversé; les corps morts qui y étaient fraîchement enterrés ainsi qu'aux cimetières, soulevés et remis sur le sol; les vins, lards, huiles et graisses perdus.

L'eaue couloit la terre des champs par où elle passoit, qui la rendoit espaisse et trouble, et apporta tant de lymon dedans la ville de Provins que sus le pavé y en avoit demy-pied d'épaisseur, comme aussi dedans les coffres, salouers et pavement des maisons. Qui fut en partie cause de faire rompre les murailles à laditte eaue ès lieux que dessus, furent les boys d'ung moulin appellé le moulin Rouge et de quelques maisons qui estoient sur la petite rivière de Dortain et des Fontaines, qui furent rompus et enmenés par laditte eaue avec le molin. Icelle eaue fut quasi vingt-quatre heures ès rues et maisons de Provins avant qu'estre entièrement escoullée et qu'on pust aller à pied sec esdittes rues, lesquelles il fallut curer et nestoier du tout entièrement et enmener la boue et lymon, ensemble le feurre et paille des lictz à charetée, chériée et tombelezée; et à ce faire contreignit-on les gens des villages qui estoient allez audit Provins à charroy pour leurs affaires particulières. Lesdittes boues et lymon puoient et sentoient maulvais à merveilles, et signamment dedans les églises, esquelles on fut plus de quatre jours sans y savoir dire messe ni aultre service divin, et le faisoit-on dessoubz les portailz d'icelles.

Qui furent bien esbays dudit déluge furent messieurs les mondains, qui avoient dansé et riblé toute la nuict et la précédente, et faict insolence par les rues jusques à l'arrivée de laditte eaue, qui entra aussi tost en leurs maisons qu'ils furent deshabillez et avant qu'ilz entrassent en leurz lictz, pour les rafraischir; pour desquelles eaues se saulver, n'eurent moyen que de gangner le hault et crier par les fenestres de leurs maisons, A l'eaue, à l'eaue! pour resveiller

leurs voysins qui dormoient en leurs lictz. Et fut ce déluge si soudain que lesdictz voysins n'eussent sceu secourir les ungs les aultres
ni osé sortir de leurs maisons. Une jeune femme vefve, de l'âge de
vingt-huit à trente ans, avec une jeune fille, sa servante, demourant
en la rue de la Cordonnerie, espouventées de veoir lesdittes eaues en
leur maison et par les rues, sortirent de leurditte maison pour s'en
aller saulver, si leur sembloit, en la maison de M. Claude Babée,
demourant en la rue de Hue-le-Grand, près la Queue de Regnard,
dans laquelle estoit la mère de laditte vefve; mais ne purent oncques
gangner laditte maison, pour la grandeur et impétuosité desdittes
eaues, qui les enmenèrent, et furent toutes deux nayez, au grand
regret de la pauvre mère.

Outre les personnes et bestes qui furent nayez audit Provins, la
perte du reste fut inestimable; pour desquelles estre récompensez,
lesditz de Provins, par M. Jehan Alleaume, bally de leur ville, présentèrent requeste au roy pour estre exemps de tailles ou bien diminuez de ce qu'ilz en avoient; ce que le roy leur octroya pour le
terme de troys ans, après que le grand général des finances, nommé
Lefebvre, eut faict son rapport à sa majesté du domage qu'avoient
receu lesditz de Provins par lesdittes eaues.

Les deniers des tailles ne laissèrent d'estre levez sur les habitans
dudit Provins, ainsi qu'ilz estoient cottisez; mais furent employez à
la réparation des murailles de la ville que lesdittes eaues avoient
rompues, excepté les deniers de la parroisse de St-Quiriace du chasteau, lesquelz furent donnés au roy, d'aultant qu'ilz du chasteau n'a-
voient receu aulcun domage par lesdittes eaues. Ilz de Provins firent
à l'instant refaire les bresches de leurs murailles, pour deux occasions : la première, pour se saulver d'aultres eaues qui eussent pu
venir et entrer dedans leur ville, s'il fust venu des pluyes habondamment; l'aultre, de peur d'estre surprins et pillez par les rebelles admiralistes, qui facilement de jour et de nuict eussent pu entrer en leur
ville. Les murailles qu'ilz firent esdittes bresches furent plus espaisses
que les aultres, et pour les rendre plus fortes à l'impétuosité des

1570. eaues, firent par dedans leur ville des pilliers de pierre de taille
contre icelles, de toyse en toyse, pour y servir d'arcs boutans.

Les gouverneurs de Provins décident que les fossés de la ville seront curés; ils
asseoient, pour les frais de ce travail, une taille sur tous les habitants, et la font
ratifier par le roi. La commission royale porte la taille à 2,000 livres annuelles
pendant six ans. Les ecclésiastiques de Provins, qui avaient contribué en 1565
et 1566 aux impôts destinés au curage des fossés, se prétendent exempts de la
taille de 1570. Ils se fondent sur les édits rendus en leur faveur par le roi, à
raison de l'aide que lui paye le clergé de France, et sur les articles d'une tran-
saction conclue par les chanoines avec la ville, au sujet du logement des gens de
guerre de la compagnie de M. de Risse, qu'au mois de mai précédent on avait
voulu indûment leur imposer. Cependant les chapitres consentent : celui de
Notre-Dame-du-Val à payer 80 livres par an pendant la durée de la taille, et
celui de Saint-Quiriace 100 livres.

Sur la fin du moys de juin, il survint un nuage d'eaue ès environs
et sur laditte ville de Provins, qui fut cause de donner encores une
fois cours aux eaues par dedans et à l'entour; il en entra en icelle ville
par les bresches des murailles que les précédentes avoient rompu,
qui n'estoient entièrement refaictes, et elles coulèrent par les rues de
la ville, mais n'entrèrent qu'en peu de maisons, pour le remède qu'on
y fit chascun à la sienne devant son huis, ce qui fut facille à faire,
d'aultant qu'elles entrèrent de jour, et non si grandes trois fois que
les aultres. Elles portèrent peu de domage au public, mais fort grand
à une maison particulière, qui fut à celle de Me Pontus Bezela, notaire royal et procureur au bailliage et prévôté de Provins, homme
bien expérimenté et fort estimé en ses charges. Lequel, en son retour
des champs audit Provins, fut par lesdittes eaues nayé au lieu dit
les Fontaines, au-dessoubz de Roully, en passant à cheval par le chemin ordinaire qui conduit de Provins à Mortery, St-Yllier et aultres
lieux, icelles eaues l'ayant par leur impétuosité mis hors de la selle
de son cheval, qui se saulva à nage et porta les nouvelles de la mort
de son maistre en sa maison, où il s'alla rendre tout mouillié jusques
aux oreilles. Il Bezela fut trouvé auprès des murailles de Provins, où

l'eaue l'avoit quitté, après quelle fut rapetisée. Il fut ensevely hono- 1570.
rablement et enterré en sa parroisse de Ste-Croix. Dieu luy face mercy
et aux trespassez!

Ces secondes eaues, si soudainement revenues audit Provins, firent
diligenter les habitans de faire et lever leur taille, et quant et quant
de curer leurs fossez pour donner cours ausdittes eaues; et. commencèrent le curement de leursditz fossez à la porte de Culoyson, en montant
à la Porte-Neufve de la chaussée Ste-Croix, ès premiers jours du moys
de septembre de ceste présente année. Tout le reste de ceste année,
depuis le moys de juin jusques à Noël, il ne pleuvoit si peu habondamment que les eaues n'entrassent dedans la ville de Provins par divers
endroictz plus que de coustume, et sembloit quasi que Dieu fust courroucé à ladite ville et qu'il volust la faire périr par ung déluge d'eaue.
Toutesfois il pardonna à ladite ville pour cette foys, pour l'amour
de soy mesme et de quelques gens de bien qui estoient encores vivans en icelle, à la prière desquelz il changea sa rigeur en miséricorde.

Inondation considérable à Lyon, par le débordement du Rhône[1]. — Les
eaux de la mer inondent Anvers et les campagnes environnantes et y causent les
plus graves dommages. — Ces inondations et d'autres survenues en Allemagne,
en Franche-Comté et en Bourgogne, paraissent à beaucoup de gens de bien des
signes précurseurs de la fin du monde. D'autres maux en même temps assaillent
l'humanité : persécution des catholiques par les hérétiques; peste en Italie et surtout à Venise; tremblements de terre, spécialement à Ferrare, où périssent plusieurs personnes, et où le palais du duc est en partie ruiné; naissance à Paris
de deux jumeaux mâles, réunis par les parties honteuses; guerre des Turcs
contre les chrétiens, auxquels sont enlevées les villes de Nicosie et de Famagouste. — Pour apaiser la colère divine, un grand jubilé est célébré à Rome et
dans toute la chrétienté, par l'ordre du pape Pie V. Ce jubilé a lieu dans le
diocèse de Sens aux Quatre-Temps de septembre.

En ceste présente année (1570), fut érigé le collége de la ville de

[1] *Discours sur l'espouvantable et merveil-* *calamités qui y sont advenues.* (Archives
leux desbordement du Rosne, dans et à l'en- curieuses de l'histoire de France, t. VI,
tour la ville de Lyon, et sur les misères et p. 395.)

1570. Provins par les habitans de laditte ville, aux frais commungs d'icelle; et pour ce faire, demandèrent permission au roy, qui, par importunité et grande diligence faicte à sa majesté, l'octroya. Qui plus empeschea l'érection dudit collége fut l'archevesque de Sens, Nicolas de Pellevé, lequel, pour ses raisons, disoit la ville de Provins estre trop proche de celle de Paris, à l'université de laquelle ledit collége de Provins pourroit porter domage. Toutesfois, après avoir entendu les raisons desdicts de Provins et l'utilité que ledit collége apporteroit à plusieurs pauvres enfans de la ville et villages des environs dudit Provins; qui n'ont et n'auront jamais la puissance d'aller estudier à Paris, s'y inclina, et luy mesme pria le roy de le concéder. Le congé donné du roy, lesditz de Provins entretinrent ledit collége en la maison de tout temps commune aux grandes escolles, qui est joingnant la porte première à monter de l'église de St-Pierre au cloistre de St-Quiriace et les prisons de la salle du roy, jusques ad ce qu'ilz eussent trouvé au millieu de la ville ung aultre logis à achepter plus commode que laditte maison. Pour l'entreténement du maistre et principal dudit collége, avoit, dès les années 1563 et 4, esté affecté le revenu de deux prébendes de Provins, l'une de St-Quiriace et l'autre de Notre-Dame-du-Val, suyvant l'ordonnance des estats généraux de France qui avoient esté tenus à Orléans en 1561, lesquelles deux prébendes furent dès lors amorties pour cest effect. Les premiers maistres et principal qui furent audict collége depuis son érection furent Me N. Maugis, homme marié, et après sa mort, qui intervint peu de temps après, Me N. Noël, qui estoit de Villiers-St-Georges, maistre deuxième, qui print avec soy Me Nicolle Soubzmarmont, eux deux prebstres, lesquelz demorèrent ensemble audict collége jusques à la mort dudit Me Jacques Noël; après la mort duquel, fut en son lieu subrogé N. Jannon de Monstereau, qui ne put vivre en paix avec ledit Soubsmarmont; parquoy, après plusieurs invectives faictes l'ung contre l'auttre au scandalle des habitans de Provins, furent par eux déposez et y fut pourveu d'ung aultre. Les hommes de Provins qui firent les diligences envers le roy et monseigneur l'archevesque de Sens de Pel-

levé, furent honnorable et sage homme Me Jehan Truffé, advocat
au bailliage de Provins et l'ung des quatre eschevins de la ville, et
Guillaume Bardin, marchand et procureur d'icelle ville, où je les vis
fort empeschez à ceste affaire, estant pour lors à la court du roy, qui
estoit à Paris.

Rétablissement, à Provins, de la prévôté, qui avait été supprimée par les états
d'Orléans et annexée au bailliage. En même temps sont rétablis le greffe et l'office de lieutenant de la prévôté. Le bailli Jean Alleaume s'oppose en vain au rétablissement de la prévôté et à la réception du titulaire François de Biencourt,
contre lequel il soutient de grands procès au parlement. Les habitants de Provins, qui n'aimaient pas le bailli, se réjouissent de la réduction de son pouvoir;
mais l'administration de la justice souffre de sa mésintelligence avec le prévôt.
— Le bailli perd aussi en parlement un procès contre Nicolas Privé, qu'il refu-
sait de recevoir comme enquêteur au présidial; il était alors le premier de cette
cour, qui n'avait pas de président depuis la mort de Philippe Durand.

En ceste année morut dame Anne de Brinon, dame des villas du
Plaissie-aux-Brébans, vulgairement appellé le Plaissie-aux-Tornelles,
Cucharmoy, Coutevroux en partie, de la Maison-Rouge, de Mitoy, de
Landoy en partie, de la chapelle St-Sulpice, de Vullaines, de Goix,
de Monmitel en partie et de Meel-sur-Seine, âgée de plus de 66 ans,
en premières nopces femme de feu messire René de Luzé, chevalier
de l'ordre du roy, et à son trespas femme en secondes nopces de
messire Gabriel de la Vallée, aussi chevalier de l'ordre de S. M. Laquelle fut peu ou point plaincte ni regrettée de personne, tant elle
avoit esté cruelle et malicieuse à ung chascun toute sa vie, plène de
vengeance et de peu de miséricorde. Elle se fust volontiers meslée de
la religion huguenoticque, n'eust esté le peu de respect qu'elle portoit à son mary, ledit de la Vallée, car elle n'estoit des plus religieuses
et scrupuleuses, touchant la vraye religion catholicque. Elle print la
mort à la lecture d'une lettre missive que sa fille unicque, vefve du
feu sieur de Mouy, qui fut tué par le seigneur de Maurevart, luy envoya d'Angleterre, où elle estoit hostagère des huguenots de France,
envers la royne, pour les deniers qu'icelle royne avoit prestez auxditz

78.

1570. huguenotz, desquelz laditte dame vefve de Mouy estoit et des plus
oppiniastres. Elle ayma mieux quitter son bien, sa mère, ses parens,
sa fille et son pays, pour s'aller rendre esclave ès pays estranges, que
de vivre en sa maison catholicquement. Icelle dame de Mouy eut tant
de mal et de disette audit lieu d'Angleterre, faulte de pain son saoul,
qu'elle fut contraincte de manger les herbes et racines d'icelles toutes
crues, ainsi que le contenoit la lettre qu'elle envoya à sa mère, à laquelle elle demandoit ayde d'or et d'argent pour la retirer de la servitude et pauvreté où elle estoit. A la lecture de laquelle lettre, laditte dame sa mère se serra si fort le cœur, qu'elle tomba en maladie
si forte qu'il ne fut possible de l'en relever, et entrant en une fiehvre
continue, tousjours avoit sa fille en sa pensée et à la bouche, regrettant sa misère, non pour le regard du salut de son âme, ains pour
la disette de biens qu'elle avoit. Elle fut confessée et administrée
des sacremens par Me Claude Moissant, prebstre et curé de l'église
mons. St Pierre de Provins.

L'hiver de ceste présente année fut en son commencement assez
doulx et gracieux, et eurent bon temps les semences qui estoient semées dedans la terre. La gelée assez forte, et les neiges assez grandes
prindrent et commencèrent au 20e du mois de décembre leur cours,
qui durèrent tout le reste dudit moys avec ung grand froict, et n'es-
timoit-on pour cela que bon temps, à cause que ceste saison requiert la
froidure mieux que la chaleur, pour le prouffit des biens et corps de
la terre, qui vallent mieux d'estre yvernez en tel moys. Lesdittes gelée et neiges, ensemble la froidure, durèrent jusques passé la my
moys de janvier de l'an prochain venant, auquel moys le temps et saison se comportèrent comme il s'ensuit.

1571.

L'an mil cinq cent soixante et onze, au moys de janvier, dès son commencement, les gelées, neiges et froidures, qui avoient commencé dès le 20e jour du moys de décembre de l'an dernier passé, continuèrent leur cours jusques au 22e jour dudit moys de janvier de ceste année, auquel jour, le temps estant adoulcy, tomba de la pluye doulce et non froide assez médiocrement, qui diminua les neiges qui estoient sur la terre, qui se desgela peu à peu l'espace de deux jours et demy et fut plus que moitié desgelée et lesdittes neiges plus des trois partz fondues, de quoy se réjouissoit le pauvre peuple, qui n'avoient bois ni aultres moyens pour gangner leur vie; mais ceste réjouissance ne leur dura guères. Le 24e jour dudit moys au soir, le temps retourna à la gelée forte et aspre aultant ou plus que devant, la terre et grains d'icelle estans tous couverts d'eaue de la pluye et neige fondue des jours précédens, qui donna une grande crainte à toutes gens, pour le soubçon qu'on avoit que telle gelée si aspre, qui continua jusques au jour de la Notre-Dame de Chandelleur, 2e jour de febvrier, ne gelast ou gastast les grains et semences; lesquels toutefois furent conservez dessoubz la glace, sur laquelle tomba du ciel une grosse nuée de

1571. neiges, qui recouvrit la terre et laditte glace comme devant, et n'eurent lesditz grains aucun ou bien peu de mal. Les vignes, par contre, se sentirent de laditte gelée et desgel, mais peu.

Audit jour de Notre-Dame de Chandeleur, le temps, délaissant les gelées pour terminer la fin de l'hiver, entrà au beau et doux temps, qui fit fondre les neiges et glaces par le moyen de petites pluyes, qui causèrent les eaux grandes sur la terre et ès rivières, qui donna une frayeur aux habitans de Provins, pour la craincte qu'ilz prindrent des grandes eaues qu'ils avoient eues en l'an précédent, estimans quasi en ravoir aultant dedans leur ville et maisons de celle-cy; mais ilz n'en eurent si abondamment ni universellement, car il n'y en entra que par les canaux, conduictz et portes des murailles des rues de Culoison, Troye et Changy, qui ne se respandirent fort loing pour les remèdes qu'on y donna, d'autant qu'elles y entrèrent en plain jour, et ne receurent aucun domage les habitans de laditte eaue.

Ès environs du 15e jour du moys de janvier de ceste année, morut, auprès de Pluviers en Beauce, noble homme Me Nicole Durant, licencié ès droictz, commandeur et chevalier de l'ordre des Templiers de St-Jehan de Hyérusalem et du roy, natif de Provins, d'où il partit le lendemain des Roys, pour s'en aller à une commanderie qu'il avoit assez près dudit Pluviers, où il ne fut qu'environ dix jours avant que de rendre son esprit à Dieu, s'il luy plaist. Ce personnage a passé le cours de sa vie en ce monde avec honneur en la maison du roy, auquel, durant les premiers, seconds, troisièmes et présens troubles, a faict de grands services et à l'église catholicque de France, contre les héréticques huguenotz, desquelz il s'estoit rendu ennemy capital, pour le regard de leur faulse doctrine et hérésie et non de leur personne. Contre laquelle hérésie et faulse doctrine s'opposa à son povoir par armes matérielles et corporelles, pour le service de Dieu et de son roy, à tous les troubles que lesditz huguenotz avoient mis sus par la France, comme la preuve en fut faicte aux premiers troubles de l'an 1562, devant la ville de Rouen en Normandie, où il fut astropié d'une jambe et d'un pied par ung coup de canon que luy tirèrent les hugue-

notz qui tenoient bon dedans laditte ville, comme aussi aux seconds 1571.
troubles de l'an 1567, dedans la ville de Sens, en laquelle il estoit
lieutenant général pour le roy, de devant laquelle il fit descamper
mons. le prince de Condé et son camp huguenot, à la grande honte
et domage dudit sieur prince et de ses huguenotz, ainsi que l'avons
dict en laditte année 1567[1].

Ce bon seigneur, en temps de paix, ne cessoit de faire la guerre
ausditz huguenotz par les armes spirituelles de la sainte parolle de
Dieu, qu'il a recueilli des Évangilles et escriptz de plusieurs anciens
et modernes docteurs, et dont il a faict plusieurs beaux livres latins
et françoys, pour confuter la faulse oppinion de son compaignon
d'escolle, Jehan Calvin, de Genefve, et aultres prédicans de la faulse
oppinion luthérienne et huguenoticque; et entre aultres livres qu'il
a faict, en a composé ung magnifique et doctement recueilly, qu'il a
intitulé : *De la vraye et réalle assistance des corps et sang de N.-S. J.-C.*
au Saint Sacrement de l'autel, soubz les espèces du pain et du vin, qui sont
par le prebstre consacrez à la sainte messe. Et a esté ce livre veu et
receu par la faculté de théologie de Paris, à laquelle ledit seigneur
le fit veoir avant que de le mettre en lumière, et depuis approuvé
par le sainct père le pape, qui l'a authorisé. De la science duquel livre
se sont aydez plusieurs grands et sçavans docteurs en leurs sermons,
en cittant les passages d'iceluy et en en attribuant l'honneur audit
sieur de Villegangnon, qui les avoit si doctement et proprement recueillis. Les Allemans catholicques ont receu ce livre fort humainement et en font un bouclier contre l'hérésie luthérienne, svinglienne
et calvinienne, qui a cours en leurs pays. Il de Villegangnon a maintes
fois semond à la dispute ledit Me Jehan Calvin, patriarche huguenot
de Genefve, pour disputer contre luy de la religion, en telle ville de
France, Bourgongne ou Daulphiné que ledit Calvin vouldroit, avec
toute assurance de sa vie, pour laquelle assurer luy a à diverses fois
envoyé saufconduit du roy et lui a offert hommes pour ostages menez
dedans la ville de Genefve, pour l'assurance de la sienne; mais oncques

---

[1] Voy. plus haut, p. 36-40, 287, 479-481.

1571. ledit Calvin ne s'y voulut accorder. Ilz estoient ensemble compagnons d'escolle à Paris au temps de leur jeunesse, qui estoit la cause que ledit de Villegangnon s'offroit plus hardiment à la dispute contre ledit Calvin. Le bon seigneur estoit en ceste délibération de retourner au nouveau temps de ceste année à Malthe, à la guerre contre le Turc, qui persécutoit les chrestiens ès royaumes de Cypre et de Candie, ainsi que nous avons dict en l'année dernière; mais Dieu ne le permist pas, ains le voulut tirer à soy, pour le mettre en repos à la vie éternelle, s'il luy plaist. Amen.

Mariage de Charles IX et d'Élisabeth, seconde fille de l'empereur Maximilien II (26 novembre 1570[1]). Les noces se célèbrent à Mézières. Le roi et la cour restent huit jours dans cette ville, et se rendent ensuite à Notre-Dame de Liesse, où ils font leurs dévotions à la Vierge. — Réjouissances à Provins le jour du mariage de Charles IX; les boutiques sont fermées dès dix heures du matin, ainsi que les ateliers. Les capitaines font la revue de la milice bourgeoise, et conduisent, au son du tambour et les enseignes déployées, leurs compagnies sur la grande place

[1] Sur le mariage de Charles IX et d'Élisabeth d'Autriche, voyez les Additions aux Mémoires de Castelnau, t. II, l. VI, p. 467; — *Jacobi Barlæi deprecatio poetica ad Christum, in nuptias Caroli IX et Isabellæ Austriacæ.* Parisiis, 1571, in-8°; — *Hymne sur l'avant-mariage du roy,* par Scévole de Sainte-Marthe, gentilhomme Lodunois. Paris, 1570, in-8°; — *Panégyrique sur le mariage du roi,* par François Balduin. Angers, 1571, in-4°; — *Joan. Braun Cybimensis Pannonii epithalamia in nuptias Caroli IX et Elisabethæ.* 1570, in-4°; — *Véritable discours du mariage de très haut, très puissant, très chrestien Charles IX* de ce nom, roy de France, etc. par M. Pinart, 1570, in-fol. Cette pièce se trouve dans le tome II, p. 20, du Cérémonial français de T. Godefroy); — *Allégresses au peuple, sur la réception et entrée d'Élisabeth d'Autriche, reine de France, en la ville de Paris.* Paris, G. Mallot, 1571; — *L'ordre tenu à l'entrée à Paris de Mme Élisabeth d'Autriche, reine de France.* 1571, 29 mars (Biblioth. imp. ms. Colbert, vol. I, p. 112); — *Bref et sommaire recueil de ce qui a esté faict et de l'ordre tenue à la joyeuse et triumphante entrée de très puissant, très magnanime et très chrestien prince Charles IXe de ce nom, roy de France, en sa bonne ville de Paris, le mardy 6e jour de mars,* etc. (par Simon Bouquet). Paris, D. Dupré, 1572, in-4°; — *Devis et marchés passés par la ville de Paris, pour l'entrée solennelle de Charles IX, en 1571,* par M. Douet d'Arcq (*Revue archéologique,* 5e année); — *Entier discours des choses qui se sont passées en la réception de la royne et mariage du roy,* par Papire Masson. Paris, N. Dumont, 1570; — *C'est l'ordre en forme qui a esté tenu au sacre et couronnement de très haute et très excellente princesse Mme Élisabeth d'Autriche.* Paris, Gilles Robinot.

du château, où un feu de joie avait été préparé sur le grand puits. L'armée pro-
vinoise descend ensuite à l'hôtel commun situé rue aux Aulx, devant lequel un
autre feu de joie est allumé par les procureur et échevins de la ville. Plusieurs
pièces d'artillerie sont tirées en ce lieu; une d'elles crève et blesse un artilleur à
la tête et à la main.

De l'hostel de la ville, on alla allumer le feu des deux aultres feux,
l'ung desquelz estoit devant le pillory, et l'aultre au coing et carrefour de Changy, avec telle solemnité et compagnie que les deux précédens, et Dieu sçait quelz escopéterie et son de harquebuses furent
faictz par la ville ce jour-là. Messieurs les mondains et braguards de
la ville ne firent faulte de faire clicqueter leurs armes et sonner leurs
harquebuses, et n'y fut la pouldre à canon espargnée, encores qu'elle
coustast 16 et 18 s. la livre. C'estoit ung plaisir que de les veoir et les
ouyr cacqueter de la guerre en laquelle oncques n'avoient esté, et ne
restoit aultre chose pour les expérimenter que une bonne trouppe
d'ennemys devant leur ville et sur les murailles d'icelle, pour les
emploier et éprouver si leur hardiesse eust correspondu à la bonne
mine qu'ilz faisoient. Ce que je sçai bien que non, et m'assure que la
meilleure partie des plus braguards feussent devenus malades, comme
aultres fois avoient esté, s'il se feust falu présenter à une bonne affaire
de faict d'armes pour la deffense de leur ville. Et toutesfois n'y avoit
que telz braguards qui eussent le cacquet et le plus hault parler de
toute la trouppe pruvinoise, qui povoit monter en nombre jusques à
mille personnes, desquelz en y avoit plus de six cens harquebusiers
bien en ordre. Laditte monstre dura plus de cinq heures avant qu'il
fust permis à ceux qui y estoient de s'en retourner en leurs maisons.
Le reste de la journée se passa en bancquetz, jeux et danses, qui
durèrent jusques passé dix heures du soir, tant on estoit resjouy de
ce mariage royal. Il fut nouvelle que la ville de Paris avoit faict aussi
grande resjouissance et feux de joye pour ledit mariage.

Le roi et la nouvelle reine font leur entrée solennelle à Paris (6 et 29 mars).
Les dames de Paris vont à pied au-devant d'Élisabeth jusque hors la ville, la reçoivent très-honorablement, la traitent et festoyent à leurs dépens pendant toute

79

1571. la journée et la servent à table avec ses filles d'honneur. La reine mère fut jalouse des hommages que l'on rendait à sa belle-fille, et dit en sa présence que les dames parisiennes de son temps ne lui avaient fait un tel honneur. — Les princes de Navarre et de Condé reparaissent à la cour, et sont gracieusement reçus par le roi.

Il estoit nouvelle par la France que mons. le duc d'Anjou ne faisoit si grandes caresses et ne monstroit si grande amytié ausditz princes huguenotz que faisoit sadite majesté, et n'eust esté l'espérance qu'il avoit de retirer le prince de Navarre de la griffe et enchantement de l'admiral par le futur mariage de sa sœur, ne se fust voulu trouver en la compagnie d'iceux princes, se ressouvenant bien des dangers et hazardz où il s'estoit mis au millieu des armes qu'ilz avoient dressez contre le roy son frère, la religion catholicque et le repos public de la France, soubz le nom et manteau de la religion.

L'admiral ne se présenta à la court du roy si tost que firent lesditz princes, bien sçachant qu'il n'y seroit le bien venu envers tous; et avant que d'y entrer, se fit assurer par la royne mère du roy, laquelle fit sa paix envers ses enfans et singulièrement envers le roy, qui temporisa l'exécution de son secret jusques à une aultre fois que meilleure se présenteroit l'occasion, joinct aussi que le conseil dudit admiral estoit nécessaire pour la conclusion et parachévement du mariage de sa sœur avec ledit prince de Navarre.

Il admiral, après avoir esté assuré par la royne mère et les princes de sa faction que le roy ne monstroit que bon visage à tous ceux de sa prétendue religion et cruelle rébellion, et qu'avec iceux prenoit plus de plaisir et esbatemens qu'avec nulz de sa court, ne voulut pour ce aller à laditte court que premièrement n'eust faict tenter et explorer devant S. M. s'il y feroit bon pour luy s'il y alloit; et pour y estre plus assuré, y envoya le sieur de Telligny, son gendre, avec une hacquenée blanche, belle et bonne entre toutes qui se pussent trouver, estimée de grande valeur, pour la présenter au roy en signe de humilité, et pour demander à sadite majesté s'il recevroit de bonne part à sa court sa personne, si elle alloit pour luy faire tous

les humbles services, comme le debvoir de son estat le requéroit.
Auquel Telligni fit response S. M. que, puisque ledit admiral lui
présentoit et envoyoit laditte haquenée par humilité, qu'il la recevoit et prenoit par humilité, et qu'il seroit le bien receu à la court et
devant S. M., toutes fois et quantes qu'il y vouldroit aller. Ceste response ouye du roy, ledit sieur de Telligni retourna la faire audit
sieur admiral.

Assuré que fut ledit admiral du bien que luy vouloit le roy, alla à
sa court trouver et saluer S. M. et la royne sa mère, qui le receurent
favorablement, luy monstrèrent tous signes d'amytié et luy dirent
qu'il estoit le bien venu. Ce que ne luy fit et ne voulut dire mons.
d'Anjou, quand ledit admiral l'alla saluer jusques à son lict avant son
lever, auquel ne voulut parler une seulle parolle, et, pour luy monstrer
qu'il ne le voyoit volontiers, se retourna le visage d'aultre costé en
disant : « Je le tiens tout pour veu. » Pour cela toutesfois ledit admiral
ne se desbauchea, ains se retira avec le roy, espérant que sa paix se
feroit avec le temps envers Mons. frère de S. M., et se voyant avoir le
vent royal à gré, comme aussi avoient les princes huguenotz de sa
conjuration, commença à mesnager les affaires du roy et du royaulme
à son plaisir par inventions pernicieuses, comme nous dirons incontinent, ausquelles print goust S. M., qui en fit poursuyvre l'exécution
par le royaume, admettant à son conseil privé lesditz princes et admiral huguenotz rebelles, au mescontentement de ceux qui en estoient.

Messieurs de la maison de Guise et de Lorraine, qui estoient les
cardinaux desditz noms de Guise et de Lorraine, avec leurs nepveuz
les sieurs de Guise, d'Aumalle et aultres catholicques princes et seigneurs, voyans le grand faveur et amytié que le roy et sa mère portoient ausditz princes et admiral huguenotz, se partirent de la court
et conseil privé du roy pour leur faire place, et ne demeura audit conseil privé, de ceux qui y estoient avant leur allée à la court, que MM. le
cardinal de Bourbon, archevesque de Rouen, prince du sang royal,
oncle des princes susditz de Navarre et de Condé, et le mareschal de
Monmorancy, filz de feu mons. le connestable, cousin germain dudit

1571. sieur admiral, que l'on tenoit pour huguenot, mais non rebelle, tous lesquelz, excepté ledit card. de Bourbon, aymoient mieux le remuement de mesnage pour troubler le repos public que la paix.

Les princes, seigneurs, gentilzhommes et peuple catholicque de France, tant de ceux qui suyvoient la court que aultres, commencèrent à murmurer du roy en secret, et à avoir maulvaise oppinion de luy touchant la religion, combien toutesfois qu'il allast à la messe tous les jours, et disoit-on qu'il estoit huguenot, quelque bonne mine qu'il fist, et pour ce temps-là n'y avoit que les sieurs princes, admiral et gens huguenotz qui fussent les plus favoris de S. M.

Lesditz sieurs et admiral huguenotz ne furent plus tost remis en crédit avec le roy ni admis à son privé conseil, qu'ilz ensorcelèrent sadite majesté, et la firent incliner à leur dévotion pour révocquer tous les bénéfices que tenoit feu le card. de Chastillon, frère dudit admiral, des mains de ceux à qui sadite majesté les avoit donnés, et les donner à ceux qu'ilz luy nommèrent pour les tenir et eux en prendre le revenu temporel et annuel; et tant sollicitèrent sadite majesté qu'elle requist les vraiz titulaires et possesseurs qui en estoient pourveuz par sa nomination de les résigner à ceux que lesditz princes, admiral et mareschal de Mommorancy leur nommeroient. Et entre ceux qui furent requis de ce faire, fut mons. l'archevesque de Sens, Nicolas de Pellevé, abbé de Vauluisant-lez-Sens, que sadite majesté luy avoit baillée après la mort dudit feu card. de Chastillon, qui en estoit abbé; lequel fit tout refus de la rendre et résista à son povoir, disant à sadite majesté qu'il ne povoit ne debvoit la résigner aux huguenotz, et fit plusieurs remonstrances comment lesditz huguenotz ne debvoient avoir rien de commung ès bénéfices, d'aultant qu'ilz avoient en abomination le service divin et les charges que les ecclésiastiques estoient tenus de faire à cause de ces bénéfices, avec plusieurs aultres bonnes remonstrances, qui ne servirent que de teste rompue envers sadite majesté, tant elle estoit enveloppée à complaire ausditz huguenotz, et fallut que ledit archevesque de Sens quittast le tout, et oncques n'en put jouyr du depuis.

Le pareil fut faict de l'abbaye de St-Père-le-Vif, ès fauxbourgs 1571.
dudit Sens ; mais celuy qui en estoit pourveu ne résista contre le
mandement du roy si vertueusement que fit ledit archevesque, ains
s'inclina à quitter le revenu annuel de laditte abbaye au prouffit
desditz admiral ou Montmorency, en attendant qu'ilz le fissent pourveoir par le roy ou aultre de quelque bénéfice en récompense de
laditte abbaye. Tel mesnage fut trouvé odieux par les catholicques.

Le roi, à l'instigation de l'amiral, rend un édit pour obliger les marguilliers
des paroisses du royaume à établir les comptes, à donner déclaration du revenu
de leurs fabriques, et à envoyer ces pièces aux baillis.

Il fut force et contraincte à chascune paroisse d'obéyr à cest édict,
et ne sçavoit-on à quelle fin tendoit ceste nouvelleté, qui n'avoit
encores esté mise sus, de la mémoire des plus anciens (combien que
les plus cler-voyans en affaires jugèrent bien que c'estoit pour lever de
l'argent sur lesdittes fabrices), et pensoit-on que ce ne seroit rien que
de telle entreprinse. Toutesfois, plusieurs parroisses dressèrent des
comptes à l'advantage de leur fabrice et mirent esditz comptes plus
de mises que de receptes, et quant et quant les ruynes des églises qui
avoient esté saccagées et bruslées par les huguenotz admiralistes et
aultres rebelles, espérans que par ce moyen ilz seroient exemps et
quittes de rien payer.

Les baillis reçurent lesdits comptes et déclarations, et les envoyèrent avec
leurs procès-verbaux au conseil privé du roi, qui, après les avoir fait examiner
par des commissaires, taxa chaque église ou fabrique, suivant son revenu. Les
églises qui avaient été brûlées par les protestants furent soumises à une redevance
moins élevée que les autres ; celles qui se trouvaient incapables de payer comptant furent autorisées à vendre leurs calices, joyaux, terres, rentes et revenus,
ou à imposer les paroissiens.

Le roy receut grand blasme de son peuple catholicque par ceste
imposition et nouvelle levée de deniers, et ne se peult-on tenir d'escrire contre son honneur libelles et placartz diffamatoires, par les-

1571. quelz on le déclaroit estre sacrilége, symoniacle et héréticque, et du depuis S. M. ne fut si bien voulue et honorée qu'elle estoit devant, d'aultant qu'il avoit âge suffisant pour cognoistre le vray du faux et le bien du mal.

Ung cas permist S. M. aultre que les dessus dictz, qui fit croistre envers le peuple de son royaume la maulvaise oppinion qu'on avoit de luy touchant la religion catholicque. Il donna en ceste année, dès le commencement, aux huguenotz de Paris, la permission d'abatre ou faire abatre la croix qui, en l'an dernier passé, avoit esté faicte et érigée en la place des maisons de Crocquet et Gastines, son gendre, qui avoient, par sentences de MM. de la court de parlement, esté rasées jusques aux fondemens en la rue St-Denis, non loing du Petit-Pont; qui fut cause de moult troubler le peuple catholicque de Paris, lequel s'efforça par toutes voyes honestes et civilles d'empescher la démolition de ceste croix, tant richement et somptueusement faicte en l'honneur de Dieu et de son église catholicque. Et à ces fins présentèrent requeste à S. M. tous les estatz dudit Paris par leurs députez, qu'ilz envoyèrent devant sa présence royalle, pour le prier qu'elle demourast à jamais en ladite place sans estre ruynée, ce qu'ilz ne purent obtenir, quelques prières et remonstrances qu'on luy peust faire. MM. de la court de parlement, ne voulant obéyr à son commandement d'abatre ladite croix, furent par S. M. et celle de la royne sa mère menacez au possible. Il adressa son mandement au premier président de la court de parlement et au lieutenant civil de ladite ville pour la faire abatre et mettre par terre, sans aucun scandalle, sédition ne émotion populaire, sous peine d'estre pendus et estranglez en la place de Grève, ce que ne voulurent faire lesditz sieurs; lesquelz, avec les aultres justiciers de ladite court de parlement, envoyèrent vers S. M. le prier qu'icelle croix ne fust abatue, attendu qu'elle avoit esté là érigée par l'ordonnance de justice, à laquelle seroit faict tort et déshonneur si elle estoit abatue. Avec lesquelz de la justice, furent aussi les députez des marchans et les députez des docteurs de la faculté et recteur de l'université de Paris, pour faire leurs remons-

trances du scandalle et déshonneur faict à Dieu par S. M., si par son 1571.
ordonnance et jussion laditte croix estoit abatue. Tous lesquelz, pour
bien dire ni remonstrances qu'ilz fissent, ne sceurent mouvoir la maulvaise oppinion qu'il avoit de la faire abatre, pour contenter les huguenotz qui l'en importunoient, d'aultant qu'il estoit dict par l'accord
de paix faict avec eux que toutes marques et vestiges faisans mémoires
des troubles passez seroient tollus et abatus, en quelques lieux qu'ils
fussent du royaume de France.

Se voyant pressé par ces remonstrances catholicques, se courrousa
aux députés, et les fit départir de sa présence, leur commandant de
faire abatre la croix incontinent, si jà ne l'estoit. Et ces commandemens faicts, tira à part en sa chambre les docteurs députez, et leur
dist qu'il falloit que laditte croix fust abatue, et qu'il sçavoit bien
que pour cela tout le peuple catholicque, tant parisien que aultre,
auroit, comme jà avoient, maulvaise oppinion de luy et de sa foy
touchant la vraye religion catholicque, apostolicque et romaine, et
l'estimeroient huguenot et hérétique, ce qu'il n'estoit et ne seroit
oncques par la grâce de Dieu qu'il invocquoit par chacun jour, désirant plus tost mourir que d'estre hérétique, tel qu'on estimoit
qu'il estoit; et devant lesditz docteurs fit protestation de sa foy chrestienne et catholicque, avec serment de la garder, d'y vivre et d'y mourir, si c'estoit la volunté de Dieu, comme de bon cœur l'en prioit;
et ce nonobstant, contre sa volunté et conscience, falloit que laditte
croix fust abattue, affin que les rebelles ne prinssent occasion de
recommencer la guerre et les troubles en son royaume; mais en ju-
rant par serment de roy que, pour ceste croix de pierre et maçonnerie abatues, s'il vivoit encores deux ans, qu'il, moyennant la grace
de Dieu, en feroit dresser d'aultres jusques au nombre de plus de
dix milles par tout son royaume de France, supposé que les dix milles
et plus qu'il feroit redresser ne vallussent toutes ensemble ce que faisoit celle là qu'il falloit abatre. Et tant dist bien devant lesditz docteurs, qu'ilz se partirent de sa présence bien contens et satisfaictz, et
oncques depuis ne sceut-on mesdire de S. M. touchant la religion

1571. catholicque devant lesditz docteurs, lesquelz reportèrent une espérance grande de sa foy, encores qu'ilz n'entendissent à quelle fin saditte majesté promectoit de faire redresser tant de croix, et ne l'a-on sceu oncques comprendre que jusques en l'an prochain venant d'après, par le massacre de l'admiral et ses huguenotz admiralistes [1].

Les premier président et lieutenant civil de Paris, se voyans importunez et menacez par les commandemens royaux d'abatre laditte croix, s'absentèrent de leurs maisons et de la ville de Paris; par quoy fallut que le mandement d'abattre icelle croix s'adressast au gouverneur de laditte ville de Paris, qui estoit mons. le mareschal de Monmorancy, qui ne demandoit pas meilleur. Toutesfois, craignant la sédition et émotion parisienne, eust bien voulu ung aultre entreprendre ceste charge; pour laquelle sédition éviter, donna tel ordre à ses affaires qu'en pleine nuict, sans mot sonner, au moins de bruict que faire se pust, fit abatre doulcement la flèche et ymages de laditte croix, qui furent posez par terre, et ne demeura debout que le carré et maçonnerie, qu'il fit ruyner le plus qu'il put par ses gens qu'il avoit prins pour sa garde et des ouvriers jusques au nombre de milles personnes et plus, qui n'estoient dudit Paris, la plus part huguenotz, et par ce moyen fut laditte croix abatue sans sédition ni aultre tumulte.

Au lendemain matin que le peuple parisien vit laditte croix abatue, fut prest de faire sédition et se jetter sur les huguenotz de leur ville et de les saccager et leurs maisons, ce qui fust advenu si lesditz hugue-

---

[1] Sur le projet de massacre des protestants arrêté longtemps d'avance par Charles IX,, voyez, dans les Mémoires de Cl. Haton, un passage relatif aux remontrances du moine d'Ivollé contre l'édit de pacification de 1568 (p. 421), et un autre passage, p. 495. — Une pièce intitulée *Avis*, qui a été écrite à la fin de juillet 1563, et qui se rapporte aux poursuites à diriger contre les instigateurs du meurtre du duc de Guise, paraît porter la trace du projet d'extermination qui fut exécuté au mois d'août 1572. (*Arch. cur. de l'hist. de France*, t. V, p. 223.) Lestoille dit avoir vu, plus d'un an avant le massacre de la Saint-Barthélemy, la prophétie d'un protestant au lit de mort, où ce massacre était clairement désigné. La prophétie avait été faite un peu avant la paix de 1570. (*Journ. de Lestoille*, collect. Michaud, 2ᵉ série, p. 22.)—Voy. aussi *lo Stratagemma di Carolo Nono contro gli ugonotti, da C. Capilupi*; Davila, *Hist. des guerres civiles de France*, et de Thou, t. LI, à propos du meurtre de Lignerolles.

notz ne se fussent monstré constans enserrez en leurs maisons; pour 1571.
à laquelle sédition éviter, MM. du parlement et les gouverneurs de la
ville firent faire le ban par toutes les rues que nul n'eust à s'esmovoir pour ce faict, sous peine de la vie, et estre taillé en pièces sur le
champ ou mis au gibet [1]. Les marchans de laditte ville, qui craignoient
le pillage de leurs boticques, empeschèrent pareillement le plus qu'ilz
purent laditte émotion populaire, avec dueil de ce spectacle advenu.

Lesditz de Paris, après avoir veu la démolition de ceste croix, retournèrent au roy, qui estoit à Orléans, et obtindrent de S. M. permission de la redresser dedans le cymetière de St-Innocent, non loing
de la place où elle avoit esté abatue, ce que sa ditte majesté leur
accorda, et fut par ce moyen là translatée audit cymetière telle qu'on
la veoit à présent; mais s'en fault plus de la moytié qu'elle ne soit
aussi belle et bien bastie qu'elle estoit auparavant sa démolition. Il
appert par ce discours la faveur et crédit que les ennemys capitaux et
conjurez du roi et de l'église catholicque avoient avec S. M., ausquelz il complaisoit du tout, et en rien ne les vouloit desdire, et se
passa ceste année et partie de l'aultre prochaine sans avoir aultres gens
pour son conseil que ledit admiral et les siens; et fut une grace de
Dieu comment le roy, en la jeunesse où il estoit, sceut si bien dissimuler de toutes ses affaires avec ledit admiral, sans se soullier ni
maculer en sa foy et conscience. Combien que les princes de Navarre
et de Condé fussent à la court, si est-ce qu'il n'estoit novelle que dudit admiral, car ilz n'alloient et ne parloient que par son organe, et
s'amusoient à folastrer et à entretenir les dames et damoiselles corti-
sanes par jeux, festes et danses, qui estoient les esbatemens qu'ilz

---

[1] *Discours de ce qui advint touchant la
croix de Gàstines, l'an 1571.* (Archives
curieuses de l'histoire de France, t. VI,
p. 475); — 11 décembre 1571. Sédition
arrivée dans Paris, à propos de la démolition de la croix de Gastine. (Bibl. imp. coll.
Fontanieu, vol. 323); — *Advertissement
ou moyen par lequel aisément tous troubles*
et différens touchant la croix, de laquelle y
a si grande altercation en la ville de Paris,
que autres concernans la religion, seront
assoupis et ostez,* par René Benoist, An-
gevin, dr régent en la Faculté de théologie à Paris. Paris, Th. Belot, 1571.—
Voy. aussi de Thou, *Histoire universelle,*
liv. L, etc.

1571. prenoient pour complaire à Madame sœur du roy, et parvenir à la
termination de son mariage avec ledit prince de Navarre, qui se fust
accomply incontinent, n'eust esté la mort de la royne de Navarre,
sa mère, qui mourut en ceste présente année, au mal contentement
des huguenotz de France, qui la plorèrent grandement, comme ayant
perdu ung des principaux piliers qui soutenoit le bastiment de leur
sinagoge qu'ilz appellent église[1].

L'amiral décide Charles IX à envoyer des secours aux rebelles de Flandre,
qui, disait-il, voulaient se soumettre à la couronne de France[2]. Le tambour est
battu dans les villes et bailliages de Château-Thierry, la Ferté-sous-Jouarre,
Épernay, Soissons, Beauvais, et autres lieux du Valois, du Soissonnais et de la
Picardie, et deux troupes se rassemblent pour la guerre des Pays-Bas, l'une de
trois mille hommes, l'autre de cinq mille volontaires huguenots, conduits par
Genlis et Lanoue. — En apprenant cette levée, le duc d'Albe, gouverneur des
Pays-Bas pour le roi d'Espagne, envoie un messager à la cour de France, pour
se plaindre. L'amiral demande la remise du paquet apporté par le messager,
et, sur le refus de celui-ci, il recule de six jours le moment de sa présentation
au roi. Charles IX s'excuse en disant qu'il n'a aucune connaissance des levées
faites pour la guerre de Flandre, et publie un édit portant défense à ses sujets
de se rendre à cette guerre, sous peine de la vie; il écrit en même temps au duc
d'Albe pour désavouer l'expédition, et pour l'autoriser à punir comme larrons
et perturbateurs de paix les soldats français qui tomberaient entre ses mains. —
Tandis que le messager attendait la réponse du roi, les Français, au nombre de
plus de dix mille, s'avançaient vers la Flandre pour joindre l'armée du prince
d'Orange. Le duc d'Albe envoie contre eux des troupes, qui les surprennent et
les taillent en pièces[3].

J'ai ouy raconter à Dominicque..... de Provins, savetier de son

---

[1] Jeanne d'Albret mourut à Paris le
9 juin 1572; la rumeur publique accusa
Catherine de Médicis de l'avoir fait empoisonner, ce que Palma Cayet nie formellement. — Voy. Testament de Jeanne
d'Albret. 8 juin 1572. (Bibl. imp. collect.
Fontanieu, vol. 324-5-6.); — Brief discours sur la mort de la royne de Navarre.
Imprimé.

[2] Discours de l'amiral de Coligny sur les
guerres de Flandres. 1572. (Bibl. imp. Fontanieu, 324-5-6.) — Impr. dans le tome I
des Mém. de Duplessis-Mornay. — On en
trouve de longs extraits dans le livre LI de
l'Histoire universelle de de Thou, aussi
bien que de la réponse de Morvilliers.

[3] A la journée de Saint-Guislain, le
19 juillet.

estat, qui y estoit présent et qui fut fort navré en plusieurs parties 1571. de son corps, que des dix milles Françoys en fut tué sur la place plus de six milles, sans les blessez qui contrefirent les mortz pour en eschapper, desquelz il en fut l'ung. Grand nombre de sains et blessez furent prins prisonniers, tant gentilshommes que soldatz, lesquelz furent menez dedans la ville de Bruxelles, avec les rebelles de la ville de Valenciennes, qui furent pour la pluspart, j'entens des Françoys, exécutez par sentence de justice sur eschaufaux et potences par les bourreaux ; entre lesquelz y eut la teste tranchée le seigneur de Genlis, huguenot, qui avoit succédé au sieur de Genlis qui estoit mort en France ès derniers troubles, comme aussi furent plus de vingt aultres gentishommes Françoys, desquelz je n'ai retenu les noms.

Le sieur de Lanoue, au moment d'être exécuté, obtient sa grâce, à la prière de Charles IX, et est renvoyé en France, moyennant rançon. La ville de Bruxelles était alors pleine de Français et de gens de Valenciennes prisonniers ; on en exécute en huit jours plus de deux cents, et on en envoie d'autres à la guerre contre les Turcs. Le duc d'Albe, après s'être défait des principaux prisonniers, fait assembler sur une place publique ceux qui restaient, et ayant obtenu des citoyens de Valenciennes serment de fidélité au roi d'Espagne, il leur accorde leur grâce. Les causes de l'insurrection des Flamands étaient l'inquisition introduite chez eux, les impôts exorbitants dont on les avait chargés, et l'oppression à laquelle ils étaient soumis de la part des gouverneurs et des soldats espagnols. — L'amiral cherche à exciter le roi de France à faire la guerre au roi d'Espagne, en lui persuadant que le comté de Flandre lui appartient légitimement, et qu'il lui sera facile actuellement de recouvrer cette province, attendu le mécontentement des habitants envers Philippe II. Charles IX se fût laissé entraîner, sans l'influence des Guises et le mariage de Philippe II avec une sœur de sa femme, fille de l'empereur [1].

Nouvelle ligue formée à Venise contre les Turcs, et jubilé célébré par l'ordre du pape pour le succès des chrétiens. Don Juan d'Autriche, fils naturel de Charles-Quint, est choisi pour généralissime de l'armée confédérée. L'empereur et le roi de France s'abstiennent d'entrer publiquement dans la ligue. Cependant les seigneurs français ont la liberté de se joindre aux troupes chrétiennes ;

[1] Anne, fille de l'empereur Maximilien II, naquit en 1549, épousa en 1570 Philippe II, et mourut en 1580.

1571. parmi ceux qui allèrent combattre le sultan, fut le marquis du Maine, second fils du duc François de Guise, qui prit avec lui MM. de Beauvais, de Tachy et de Beaulieu, fils de M. de la Barge. M. de Tachy, fait prisonnier par les infidèles, puis repris par les chrétiens, fut un des premiers qui revinrent en France. Le pape envoie à Don Juan un étendard béni par lui, où était représenté Jésus en croix. Victoire des chrétiens sur les Turcs (à Lépante, le 7 octobre 1571). Joie causée par cette victoire dans toute la chrétienté.

Les jésuites introduisent la religion catholique dans les Indes et au Japon, et demandent au pape de nouveaux frères de leur ordre, pour continuer l'œuvre de conversion. Leur établissement en France n'a été approuvé qu'après la mort de Henri II. Les couvents de mendiants et les docteurs de Sorbonne l'empêchent de tout leur pouvoir. On accuse les jésuites de parler peu, dans leurs sermons, de la Vierge et des saints, et de leur porter peu d'honneur.

Ilz jésuites sont et estoient dès ce temps là gens dévostz à chanter la messe et le service divin en leur église et diligens à l'estude, tant pour comprendre pour eux que pour monstrer aux estudians. Ilz firent, comme encores font de présent, leçons publicques à tous allans et gratis, et de leur doctrine et travail sont sortis beaucoup de pauvres estudians bien instruictz et aprins ès lettres tant divinnes que humaines et sans coustange, du moins non si grande qu'ilz eussent eu ès aultres colléges.

Il nous fault reprendre les faictz du pays provinois et des environs; et dirons premièrement d'une beste féroce et saulvage non usitée d'estre veue au pays, qui tenoit les champs jour et nuict pour dévorer les personnes qui se trouvoient à sa rencontre, qui n'estoient de deffense, comme jeunes filles et enfans d'au dessoubz de l'âge de vingt ans, et si ne sçavoit-on quelle beste c'estoit, encores que plusieurs personnes se vantassent de l'avoir veue. Elle n'estoit ours, loup ny lyon; quelques ungs pensoient et disoient que c'estoit une once, aultres disoient que non. Elle n'estoit si grosse que viel loup, mais fort cruelle; elle estrangla et mangea partie du corps de deux personnes, qu'elle atrappa aux champs en plain jour, entre le bourg de Sargine et la ville de Sens. Icelle beste se transporta entre le village de madame Ste-Syre et la ville de Troye, où pareillement elle dévora aultres personnes; pour laquelle déchasser, s'armèrent les gentils-hommes et paysans, et tant fut poursuyvie, que finallement elle fut tuée auprès de St-Florentin, ainsi que les nouvelles en furent apportées en ce pays. 1571.

Un loup-garou, près de Dole, qui mangeait les gens, est pris, condamné par le parlement de Dole et brûlé vif[1].

Le commissaire des usures pour le pays de Champaigne et Brie, nommé Michel Alexandre, natif de Villenauxe-la-Grand, et pour lors demourant à Paris, où il s'estoit marié, retourna à Provins, pour exercer sa commission et remplir sa bourse aux despens des usuriers ou de partie d'iceux qui estoient en laditte ville, et qui mettoient trop à s'adresser à luy. Entre aultres, s'adressa à Marmont, surnommé le Senault, archer du prévost des mareschaux de Meaux, soubz son lieutenant audit Provins, homme fin, cauteleux et fort riche, et quant et quant expert à son prouffit. Lequel, estant bien adverty de la volonté dudit commissaire, n'atendit que justice feust empeschée de son faict, mais se retira vers luy, et en se gaudissant comme il en sçavoit bien le stille, luy dist que les loups sont bien maulvais quand ilz mangent l'ung l'aultre; luy faisant entendre par ce propos qu'il avoit et trouveroit bien le moyen de recercher ledit commissaire, pour les abus qu'il avoit commis tant en la recerche des usuriers que aultre cas, aussi bien qu'il commissaire entreprenoit de le recercher; et en disant ce, entrèrent en une taverne pour deviser plus famillièrement et secrettement de leurs affaires en beuvant et mangeant ensemble. Mais, quoy qu'il en fust, ledit Marmont se trouva le plus aysé à recercher, et cognoissant qu'il estoit prest de tomber en déshonneur et perte quasi de tout son bien, composa dessoubz la cheminée audit commissaire, auquel il bailla une pièce de bon drap, pour faire ung manteau dont il avoit besoin, avec la vingtaine d'escuz pour en payer la façon, et si rendit à plusieurs personnes qui se plaignoient de luy leurs obligations, et

[1] L'arrêt de condamnation fut rendu le 18 janvier 1573. Il a été publié à Sens en 1574 et reproduit dans le tome VIII des Archives curieuses de l'histoire de France.

1571. par ce moyen se saulva de déshonneur et de plus grande perte. Et pour
contenter son esprit, dist audit commissaire, moytié à jeu moytié à
certes, en se ryant : « Je pensois qu'il n'y eust que moy au pays qui
sceust bien le mestier de desrober honestement; mais je voy et confesse que je n'y entens que les tours, et que vous le sçavez mieux que
moy. Moy et les aultres qu'on appelle usuriers, sommes les larrons
peu à peu, et vous estes le grand larron tout à ung coup, qui n'y
entend de bonne heure. J'apperçois bien maintenant que vostre mestier
est meilleur que le mien; vous et moy en avons possible faict pendre
de l'estat que nous exerçons, qui estoient plus gens de bien que nous.
Vous n'avez prins vostre estat du roy, ni moy le mien, pour nous enrichir à donner l'aulmosne aux pauvres. Ung cheval qu'on disoit que
j'avois desrobé à ung Suisse, les années passées qu'ilz passoient par
Provins en s'en retournant de la guerre pour le service du roy,
du quel on voulut faire recerche sur moy, fut cause que j'achetay
mon estat d'archer, affin que plus on ne me mangeast, mais que
j'eusse occasion de manger les aultres plus honestement. Toutesfois,
je voy bien que cela n'empesche que je ne soye mangé de vous.
Pacience! il est bon larron qui à larron desrobe. » Et n'en fut aultre
chose, car ledit commissaire n'estoit de ceux qui prennent de près
ce qu'on leur dist......

Michel Alexandre se rend à Pont-sur-Seine. Un usurier de cette ville, nommé
Parisot, est condamné comme tel par le bailli de Provins, et en appel par le
parlement de Paris.

Mᵉ Claude Barengeon, conseiller au présidial, et qui avait été auparavant enquêteur du bailliage, meurt à Provins, pendant l'été de cette année, dans sa
maison de la rue aux Juifs. Il s'était converti ou avait feint de se convertir en
1569, à la sollicitation d'un prédicateur jacobin, et il remplissait exactement
tous les devoirs religieux d'un bon catholique. Cependant il mourut sans s'être
confessé, et en déclarant par testament qu'il voulait être enterré dans son jardin.
Le médecin huguenot J. Saulsoy, et la servante de Barengeon, nommée la Char-
dinette, furent accusés de l'avoir empêché de recevoir les sacrements; mais tout
prouve qu'il avait agi de sa pleine volonté, quoique sans doute conseillé par
eux. Lui et ses frères étaient faciles à persuader et de peu de jugement; au reste,

bonnes gens à chacun, hospitaliers à leurs coreligionnaires, aumôniers et gracieux à ceux qui leur devaient et avaient affaire à eux, de quelque religion qu'ils
fussent, moyennant qu'on s'humiliât devant eux et qu'on leur portât beau semblant. Jean Saulsoy, hérétique obstiné, savant et expert dans son art, homme
grand et maigre, qui ressemblait à Calvin de corps, de visage et de maintien,
cherchait à ramener à la réforme les hérétiques dont on avait par ruse obtenu
la conversion au catholicisme. Parmi eux, Léon Godard, procureur, meurt confès et dans les sentiments les plus orthodoxes.

Après la mort de Claude Barengeon, sa maison de la rue aux Juifs est prise
par la ville, moyennant cent livres tournois de rente aux héritiers, pour y mettre
le collége de Provins. Le premier principal qui instruisit les enfants en ce lieu
fut Mᵉ Maugis, homme marié venu de Nogent-sur-Seine, qui auparavant tenait
les grandes écoles dans un grand corps de logis situé au-dessus de l'église et cimetière de Saint-Pierre, en montant à Saint-Quiriace. — Au commencement du
printemps, on se met à curer de cinq pieds les fossés et arrière-fossés de la ville
basse de Provins, depuis la Porte-Neuve de la chaussée Sainte-Croix jusqu'à
l'Arche-Durtain. La terre, rabattue du côté de la ville, cache les entablements des
murs et bouche l'entrée des tourelles.

La dame de Mouy, protestante, revient, après la mort de sa mère Anne de
Brinon, d'Angleterre, où elle était en otage, et se met en possession des terres
et seigneuries du Plaissis-aux-Tournelles, de Cucharmoy, Maison-Rouge, Mitoy,
Courtevroux, Landoy, Montmitel, la Chapelle-Saint-Sulpice, Vullaines, Gouaix,
Meel-sur-Seine.

Ceste dame de Mouy estoit vefve pour la troisième fois pour le
moins, car en premières nopces elle avoit espousé ung gentilhomme
de Beausse, nepveu ou cousin germain dudit sieur de la Valée, duquel
je ne sçai le nom; en secondes nopces, elle fut remariée au baron
de Lumigni, tous deux bons chrestiens et catholicques, duquel Lumigni elle eut une fille qu'elle maria à ung grand seigneur catholicque du pays de Poytou, incontinent après son retour d'Angleterre,
affin que, durant les troubles contre les huguenotz, ledit seigneur
son gendre s'emparast de ses terres et chasteaux pour les luy saulver,
ce qu'il a faict ès troubles qui advinrent par après; en troisiesmes
nopces, elle espousa le seigneur de Mouy ou Moy, huguenot conjuré
des plus rebelles qui fussent en France, lequel fut tué, durant les
derniers troubles, au camp des rebelles, par le sieur de Maurevart,

1571. ainsi qu'il a esté dict en son lieu. Il est maintenant nouvelle qu'elle
a promis sa foy au seigneur le baron de la Noë, huguenot des plus
conjurez et opiniastres qui soient en France, pour le prendre en
mariage, qui sera la quatriesme fois qu'elle aura esté mariée, deux
fois à l'église catholicque et deux fois à l'église huguenoticque. Elle
a esté seulle héritière de père et de mère, desquelz a hérité de plus
de huict mille livres tourn. de rente par an, sans les domaines qu'elle
tient de ses trois maris, qui peuvent bien monter à pareille somme.

En l'esté de ceste présente année, mais ne sçai quelz jour et moys,
mourut le seigneur de St-Symon, huguenot des plus obstinez et rebelles qui fussent de son temps, gentilhomme xantongeois, seigneur,
à cause de sa femme, de Chantaloue et Bauchery, estant de retour
en sa maison dudit Chantaloue-lez-Provins. Il fut enterré dedans
l'église dudit Bauchery, par ung prédicant, en la compagnie des sieurs
de Besancourt, filz de la femme dudit St-Symon, de Primsault, de
Lansoë, de Villiers-St-Georges et quelques aultres du pays, tous huguenotz, qui firent son service en chantant quelques chansons maro-
tiques ou beziennes, qu'ilz appellent les psalmes de David traduictz
en vulgaire françoys, avec le presche funebre; et, ce faict, avant que
partir de laditte, firent recareler la place et fosse où il estoit enterré,
affin que les paroissiens catholicques ou aultres, qui n'avoient esté
présens à son enterrement, ne pussent si facilement retrouver la place
de sa sépulture, pour le desterrer et le traisner hors de laditte église,
ou bien pour mieux recognoistre si lesditz catholicques le dester-
reroient poinct, ce qu'ilz n'eussent sceu faire si facilement que si laditte fosse n'eust par eux esté recarelée.

Si tost qu'il fut mort, les nouvelles en furent cognues dedans Provins par les gens dudit lieu et serviteurs de la maison, qui furent envoyez pour achepter les choses nécessaires pour son enterrement, ou
bien pour aller semondre les frères huguenotz de sa prétendue religion qui y estoient, comme le médecin Me Jehan Saulsoy, Nic. Doury,
barbier et cirurgien, Marc Boyer, procureur et notaire royal, N. Garnon et quelques aultres catholicques reniez qui estoient audit Provins,

pour eux y trouver. Et en fut la nouvelle portée jusques au doyen de 1571.
la chrestienté, qui estoit M⁰ Claude Moissant, homme sçavant ès
lettres humaines et divines, parfaict en mémoire aultant que homme
qui fust de son temps, et digne de telle et plus grande charge
(combien que sa teste se sentist quelque peu pour ce temps là de
l'esvent, à cause de la jeunesse); lequel se présenta cedit jour là en
plain jugement des justiciers qui tenoient les plaictz, et leur proposa
ce qu'ilz sçavoient bien, qui estoit la mort dudit de St-Symon, et
leur dénonça que, comme il avoit entendu, on le vouloit enterrer
dedans l'église dudit Bauchery, ce qui ne se debvoit faire, d'aultant
qu'il estoit huguenot héréticque, comme il est interdict par les
sainctz canons des décretz ecclésiasticques, comme aussi par les
édictz du roy faictz sur les pacifications ci-devant faictes avec les
huguenotz, où il est dict que les de la prétendue religion réformée
ne se pourront enterrer dedans les églises et cymetières des catholicques, ni en aultre terre saincte dédiée à la sépulture des chrestiens
catholicques, ains qu'ilz achepteront des lieux à eux propres et commodes pour enterrer ceux de leur prétendue religion, sans troubler
aulcunement lesditz de l'église catholicque par l'usurpation de leurs
églises et cymetières. Et pour ce, requist les gens du roy et les juges
d'y avoir esgard et d'empescher, suyvant l'édict du roy, que ledit
de St-Symon ne fust enterré dedans laditte église et cymetière de
Bauchery, ni en aultre lieu sainct dédié à l'honneur de Dieu et l'église
catholicque.

Les juges et gens du roy, après avoir ouy ceste dénonciation et harangue doyenne, consultèrent ensemble de ce qu'ilz avoient à faire, et
après avoir esté en leur conseil, luy respondirent que justice estoit alors
empeschée à aultres affaires d'importance, que par après elle enten-
droit à sa requeste, et que ce pendant, s'il vouloit entreprendre d'aller
sur le lieu à Bauchery pour empescher laditte sépulture ou faire desterrer le défunt, si jà estoit enterré, que justice l'advouroit et luy per-
mettoit de ce faire. De ceste response demanda acte ledit doyen au
greffier, et protesta d'en advertir mons. l'archevesque de Sens pour

1571. s'en pourveoir envers le roy ou aultrement qu'il verroit estre le plus
expédient, et n'osa entreprendre d'aller exercer la commission que justice luy avoit baillée d'empescher l'enterrement dudit de St-Symon en
l'église de Bauchery, bien sçachant qu'il n'y faisoit pas seur pour luy
ni aultres qui y fussent allez par voye de justice. Et par ainsi, a pourry
dedans laditte église le corps dudit de St-Symon, qui durant sa vie
abhorroit les églises, cymetières et terre saincte des catholicques, les
appellant Babillonne et terre de abomination, comme aussi faisoient
tous ceux de sa prétendue religion; lesquelz durant leurs vies, après
avoir renié l'église catholicque et les sainctz sacremens d'icelle, tenoient à péché mortel d'entrer dedans les temples, églises et cymetières catholicques, si ce n'estoit pour les ruyner, profaner; et toutesfois, tous en mourant désiroient qu'on les enterrast esditz temples,
églises ou cymetières, et encores qu'ilz ne l'eussent désiré en mourant, si est-ce que leurs ministres, prédicans et parens par force les
y enterroient, moyennant qu'ilz fussent les plus fortz, et de ce, en
divers lieux de la France, tant ès villes qu'ès villages, sont provenues
moult de sédicions.

Les huguenotz qui estoient à faire l'enterrement dudit sieur de
St-Symon furent advertis dès le jour mesme de la harangue et requeste faicte par ledit doyen aux gens de justice, de la response qui
luy fut faicte et de l'acte par luy requis pour se pourveoir, et Dieu
sait comment il fut menacé desditz de Besancourt et Primsault, huguenotz sanguinaires; lesquelz toutesfois ne le recherchèrent, après
que leur collère fut passée, et de mesme ledit doyen se donna garde
de se trouver à leur rencontre, jusques à certain temps après que
ces choses furent assoupies et mises en obly.

Claude Moissant avait été récemment pourvu de l'office de doyen rural. Les
doyens qui s'étaient succédé depuis quinze ans étaient : Mᵉ Pierre Cobus, mort
en 1561; Mᵉ Léon Garnier; Mᵉ André de Gramont, qui n'avait reçu que les
ordres mineurs; Mᵉ Macé, par résignation de Gramont; Mᵉ Jean Leclerc, en 1566
ou 1567, et Mᵉ Cl. Moissant.

Au village de Flaix-lez-Provins vivait un gentilhomme protestant, nommé de

Sérelle, âgé de plus de trente ans et marié. On disait qu'il avait vécu en concubinage avec une jeune fille qui était en même temps la maîtresse de son père, pauvre gentilhomme appelé M. de Resson; qu'il avait, pour jouir seul de la succession paternelle, tué son frère aîné, qu'on trouva mort dans les bois de Flaix et ayant la gorge coupée; que plus tard, pour échapper à la justice, il avait pris part aux guerres civiles, et qu'il avait commis toute sorte de mauvaises actions; qu'il avait fabriqué une fausse commission royale de capitaine, et qu'à la tête d'une troupe de vauriens rassemblée en vertu de cette commission il s'était rendu coupable, dans les villages de Champagne, de pillages, vols, saccagements, viols de femmes et de filles. En avril 1571, après son retour des guerres, des plaintes ayant été portées contre lui par les gentilshommes des environs d'Épernay et de Châlons, il fut arrêté en sa maison de Flaix par Caron, lieutenant, et les archers du prévôt des maréchaux de Provins, et mis en prison dans cette ville. On lui fit son procès et on le confronta avec ses accusateurs, qui lui reprochaient, entre autres, d'avoir violé, en présence de son père, une jeune fille des environs d'Épernay.

Nonobstant que le pauvre misérable eust tant faict de mal, si ne s'atendoit-il pas de mourir par justice; car il avoit une si grosse bourse d'argent, qu'il pensoit ladite bourse et boursée estre suffisante pour le rachepter, et, pour parvenir à ce but, avoit mandé à sa femme, qui le solicitoit, qu'elle n'espargnast l'argent et son bien non plus que l'eaue de la fontaine. Toutesfois, après qu'il fut veu et intérogé par diverses fois par le bally de Provins et messieurs du siége présidial dudit lieu, commença à se espouventer et à doubter de sa vie, jugeant en soy que lesditz juges ne fauldroient à le condempner à la mort; et en ce doubte, fit appeler à soy le lieutenant Carron qui l'avoit emprisonné et qui avoit faict ses informations, pour le prier de le recevoir à appel, si d'adventure il estoit par lesditz juges condempné à mourir. Ce que luy promist faire ledit Carron, si son pouvoir estoit tel, bien sçachant que lesditz juges le jugeroient à mort, nonobstant appellation quelconque, et luy-mesme sollicitoit qu'ainsi il fust jugé, mais luy fist ceste promesse pour le tenir en bonne espérance et le garder de désespérer.

Le bailli et les conseillers présidiaux, après s'être adjoint quatre avocats, à

1571. cause de leur petit nombre, rendirent une sentence portant que Sérelle serait
décapité sur un échafaud devant la fontaine Saint-Ayoul, et que sa tête serait
attachée à une potence, tandis que son corps serait suspendu à un arbre des
champs. Quand le lieutenant du prévôt des maréchaux lut cette sentence au condamné, celui-ci le pria de le recevoir à appel; mais le lieutenant lui fit voir que
le jugement était exécutoire nonobstant appel, et le livra au bourreau, tandis
qu'un cordelier se présentait pour l'assister.

Estant arrivé au lieu de son suplice, et voyant le préparatif de sa
mort et le peuple en grand nombre pour le veoir, ne se espouventa
que par raison, et ayant la parolle à délivre, par diverses fois et mesmement à la prononciation du dicton de sa sentence, se pourta pour
appellant, espérant qu'encores seroit-il receu en appel; mais, quand
il entendit ledit lieutenant luy dire qu'il perdoit temps d'appeller, et
qu'il ne seroit receu, par le conseil dudit religieux se disposa à la
mort, criant mercy à Dieu de ses forfaictz. A la façon de tous les
pendars qu'on exécute, il dist qu'on luy faisoit grand tort, et qu'il
n'avoit faict aucun mal qui méritast telle mort ni aultre, qu'estant
jugé à icelle, il la prenoit en gré pour l'honneur de Dieu, et que
ung coup d'espée seroit tost passé. Il pria Dieu et dist le *Pater
noster* avec le *Credo in Deum patrem* et *credo in Spiritum sanctum*, en
vulgaire françoys, tel qu'il l'avoit aprins au cathéchisme des huguenotz, et ne fit aultre prière, sinon qu'il requist Dieu avoir mercy de
luy et de luy donner paradis. Il se laissa paciement lier à une membreuse, qui passoit par entre deux planches sur les eschaufaux la hauteur de deux à trois piedz et que le bourreau avoit là posée pour luy
servir à laditte exécution; et ne sçavoit celui-cy comment il s'y devoit comporter, car oncques n'avoit couppé teste à homme, et jugeoit
bien de soy qu'il dextrement ne sçauroit coupper celle dudit patient.
Après qu'il fut lyé et bousché, il tendoit le col fort proprement pour
recevoir le coup d'espée qu'il pensoit luy emporter la teste de la première fois, ce qui ne fut faict à la troisiesme.

Le bourreau, qui se nommoit Mᵉ Robert Senecart, en tremblant luy
deslacheant le coup d'espée, ne l'en creva en chair l'espaisseur d'ung

teston; et ne souffrit grand douleur de ce coup ledit patient, lequel 1571. demoura tousjours à genoux à prier Dieu sans se movoir. Le bourreau, ayant relevé son espée, en bailla ung second coup, non en la place du premier, ains sur l'os du derrier de la teste, pour lequel ne boba encores ledit patient; il attendit le troisiesme coup, qui fut frappé en la place du premier, et qui ne l'offensa guères plus que devant, sinon que ledit bourreau, n'osant plus relever son espée pour frapper ung quatriesme coup, s'entretint de siraillier la teste d'iceluy, pour tascher à la luy abatre de dessus les espaules. Et, en siraillant, fit tomber son patient sur les échaufaux et tourner de travers la membreuse où il estoit lié, au moyen de quoy le patient et laditte membreuse quittèrent l'ung l'aultre; ce que bien sentant, ledit patient se releva sur ses deux pieds, ayant tousjours les yeux bandez avec ses mains liées, se jetta au bourreau, qu'il print avec ses mains liées par les habillemens, et le bransla et le secueillit-il si vivement, qu'il fit quitter l'espée audit bourreau, qui se trouva si espoventé, tant pour veoir le patient le tenir au corps, que pour la clameur du peuple qui crioit après luy, qu'il ne savoit où se mettre. Le patient toutesfois, ayant quitté ledit bourreau, tout bousché qu'il estoit, print la fuitte et se jetta par terre hors des eschaufaux, qui estoient de quatre piedz de haulteur pour le moings, et se feust saulvé parmy les gens qui luy eussent volu ayder, s'il eust veu clair; mais, faulte d'estre desbouché par les yeux, tomba tout plat de dessus lesditz eschaufaux et se blessa plus fort que ne l'avoient blessé les trois coups d'espée. Sur lequel descendit le bourreau, qui le trouva jà relevé sur ses deux piedz pour penser fuyr, et ayant remis la main à luy, se chapignèrent l'ung l'aultre. Toutesfois, le bourreau en demeura le maistre; car l'ayant rué par terre se jetta sur luy, et avec ung cousteau luy couppa la gorge, comme les bouchers font aux moutons ou veaux qu'ilz tuent, et, ce faict, en la place sur le carreau luy acheva de coupper la teste avec ledit cousteau, qu'il reporta sur les eschaufaux, ayant laissé le corps dessoubz. Et en ceste façon finit ses jours le pauvre misérable Sérelle. A Dieu plaise que ce soit au salut de son âme! Toutes personnes et

1571. moy aussi qui manièrent l'espée du bourreau jugèrent que oncques ledit bourreau n'en sçauroit faire l'exécution, d'aultant qu'elle estoit trop légère et n'avoit pesanteur pour faire ce coup. Ledit bourreau fut tant batu du peuple qui estoit près de luy et du patient quand ilz furent au bas des eschaufaux, que oncques depuis n'eut santé, non pour les coups qu'il receut, mais du regret qu'il print de s'estre mis à cest estat, auquel il n'estoit aucunement propre, car il estoit pitoyable et mary de desfaire son semblable, et luy ai ouy dire plusieurs fois qu'il eust esté contens que la terre l'eust englouty quand il falloit qu'il pendist quelqu'un; il morut quelque trois moys après.

Me Pierre Ledoux, de Normandie, lui succède.

L'emprisonnement et l'exécution dudit Sérelle faictes à la diligence du lieutenant Carron et de ses archers des mareschaux desplut à Me Pierre Legras, lieutenant de courte robbe et à ses archers, pour l'amytié qu'ilz luy portoient et les dons qu'ilz recevoient souvent de luy, et n'estimoient que lesditz des mareschaux eussent volu entreprendre sur eux ni leurs aliez, et eussent volentiers délivré ledit Sérelle de leurs mains, si possible leur eust esté. Ilz ne se sceurent garder d'en reprocher les ungs aux aultres, et apperceut-on bien que tant le lieutenant des marescheaux que celuy de corte robbe et leurs archers avoient chascun une partie des meschans garnemens et voleurs du pays abonnez à eux et tributaires quant et quant, d'aultant que lesditz lieutenans et leurs gens ne se purent garder de reprocher les ungs aux aultres n'estre tour de compagnon de courir sur les alliez l'ung de l'aultre, et qu'en peu de temps la pareille seroit rendue audit des mareschaux aux despens de quelc'un leur alié dont ilz seroient maris; ce qui advint au bout de deux moys après, ainsi que le discours qui s'ensuit le fera apparoir.

Au village de la Forestière ou des Essars, lez ledit lieu de la Forestière, y avoit ung insigne voleur et brigant nommé . . . . . . Brouillard, la renommée duquel estoit si redoubtée que nul homme, tant feust-il hardy, ne passoit par les environs desditz lieux qu'il n'eust grand

craincte de le trouver à sa rencontre, qui, comme estoit le commung
bruict, estoit des pigeons et alliez du lieutenant Carron et de ses
archers, qui avoient fait exécuter le capitaine Sérelle. Pour duquel
Carron prendre vengeance, à cause dudit Sérelle, P. Legras, lieutenant de courte robbe, et ses archers, l'allèrent charger prisonnier le
jour de la feste mons. St-Jacques du moys de juillet, et le menèrent
prisonnier à Provins, pour lui faire son procès et le faire exécuter
pour la pareille. Desquelz emprisonnement et caption furent maris
lesditz lieutenant Carron et ses archers, lesquelz ne se doubtoient
que ledit lieutenant Legras pensast de s'aquiter de sa promesse sur
ledit Brouillard. C'estoit chose certaine qu'il Brouillard estoit tribu-
taire et pensionaire audit Carron et les siens, et luy payoit tribut par
chascun quartier de l'année, pour demeurer paisible et vivre en sa
liberté. Il estoit si bien d'accord avec eux, qu'il ne faisoit difficulté,
quelques plainctes que l'on fist contre luy, de se trouver dedans la
ville de Provins en plain jour et se pourmener avec eux par les rues de
la ville et ès tavernes, où tous ensemble mangeoient et beuvoient sur
sa bourse et à ses despens, comme il advint environ dix ou douze
jours avant qu'il fust prins prisonnier, en la maison de Thibault
Mouton, hostelier demourant en la rue de Troye, où il paya son
quartier d'abonnage audit Carron en la présence de ses archers, et
le disné quant et quant.

Quand ledit Brouillard tardoit trop à porter ou envoyer argent
audit Carron après le terme, il Carron et ses archers montoient à
cheval et l'alloient querre eux mesmes, et vivre une journée ou deux
audit lieu à ses dépens, où ilz faisoient bonne chère, et n'y avoit
archer dudit Carron qui n'eust de luy par chascun an l'escu de sa
bourse, le telleron de bois et le cent de fagotz. Quand quelques personnes de son pays ou aultre lieu s'alloient plaindre audit Carron
ou aux juges, et qu'il Carron n'eust osé faillir de l'aller cercher pour
le prendre, luy mandoit par son homme qu'il se destournast le jour
qu'il y debvoit aller et qu'il ne se trouvast, ce qu'il faisoit. Et
quand il Carron et ses archers estoient en sa maison, faisoient

1571. semblens de le cercher par tout et par le village, comme s'ilz ne l'eussent cognu aucunement. A une fois, prenoient les armes qu'ilz trouvoient en sa maison; une aultre fois, prenoient son cheval, qu'ilz apportoient et amenoient avec eux audit Provins, pour faire des bons ouvriers, et pour leurs excuses; une fois disoient qu'ilz ne l'avoient trouvé au pays, une aultre fois disoient que le paillard leur avoit eschappé et s'estoit saulvé, et l'entretinrent et le peuple plus de trois ans en ceste manière.

Environ deux ans avant sa caption et son emprisonnement, n'y avoit audit Provins, dès plus de douze ans auparavant eu de lieutenant de courte robbe (car l'estat avoit esté supprimé par le roy après la mort de Gab. Faussart), qui estoit la cause que ledit Brouillard n'avoit à entretenir que ledit Carron, lieutenant des mareschaux, et ne se doubtoit dudit lieutenant Legras, qui avoit esté nouvellement pourveu dudit estat que le roy avoit remis sus ès bailliages où y avoit sièges présidiaux. Qui ayda beaucoup à le prendre prisonnier et faire exécuter fut ung moyne, prévost de l'abbaye de Nesle-lez-Villenauxe, qui, se plaignant de luy audit lieutenant Legras, promist à iceluy Legras la somme de dix escuz à les payer au lendemain de l'exécution de mort dudit Brouillard, et si promist de donner des hommes explorateurs audit Legras pour ayder à le prendre, ce qu'il fist. Après qu'il fut prins prisonnier, il fut interrogé par le lieutenant criminel de Provins sur les charges et informations faictes contre luy, qui estoient assez légèrement faictes et de petite agravation pour le condempner à la mort; par quoy, fut nécessaire de cercher aultre preuve contre luy et de plus grans cas. Le lieutenant Legras, pour avoir les dix escuz, se transporta aux Essartz, la Forestière et aultres villages qui sont ès environs des forestz et grands chemins de Sézanne et de Troye, et tant s'informa qu'il trouva gens qui luy déclarèrent les plus exécrables faictz que ledit Brouillard avoit commis, comme aussi avoit faict ledit moyne; mais luy déclarèrent qu'ilz n'en oseroient porter tesmoignage contre luy, craignant que justice pour son or et argent ne le lascheast et remist en liberté, comme souvent

estoit advenu de luy mesme et d'aultres, et que pour ceste cause n'en 1571.
vouloient porter tesmoignage, bien sçachans qu'il les tueroit et ruy-
neroit en quelque sorte que ce fust, après qu'il seroit hors des
prisons; et ne peut à ceste fin faire information ledit Legras. Lequel
s'en retourna à Provins dénoncer au lieutenant criminel, au bailly
et aultres juges présidiaux ce qu'il avoit trouvé, et la response que
luy avoient faict ceux qui en povoient déposer. Il Legras, après avoir
entendu que Nicolas Hutier et Noël Hutier, marchans de Provins,
avoient esté destroussez chascun une fois depuis ung an par ledit
Brouillard, allans à leurs affaires ès environs de la Forestière, ledit
Nicolas, de la somme de 50 livres t. et ledit N. Hutier de la somme
de 100 livres t., avec deux pistolles et ung chappeau doublé de
velours, se retira vers eux et leur demanda s'ilz vouloient pas aller
contre ledit Brouillard en tesmoignage; firent pareille response que
les premiers, que non, pour la craincte qu'ilz avoient qu'il n'escha-
past.

Toutesfois, tant les ungs que les aultres furent contrainctz par
adjournement de comparoir devant le lieutenant criminel et juges
du siége présidial, pour estre examinez; auxquelz fut par lesditz juges
certiffié que, s'ilz sçavoient la vérité des cas imposez audit Brouillard,
qu'ilz ne fissent difficulté d'en porter bon et loyal tesmoignage, et que
oncques ne leur en adviendroit mal de la part dudit Brouillard,
d'aultant que sans difficulté il seroit condempné à la mort et exécuté
par justice, promesse qui enhardit les tesmoings de déposer ce qu'ilz
sçavoient, avoient veu et ouy recognoistre à iceluy Brouillard, des
crimes et excès exécrables qu'il avoit commis. Il fut convincu de
dix-huict cas énormes par le tesmoignage de 68 tesmoings, qui furent
recoulez et confrontez contre luy, desquelz le moindre estoit plus
que suffisant de le faire pendre et estrangler. Ce nonobstant, oncques
n'en volut confesser ung, quelque gehanne et torture qu'on luy
donnast, en quelque temps que ce fust. Il fut convincu d'avoir tué et
assassiné ès bois de la Forestière et les environs quatorze personnes
passans à diverses fois, d'en avoir destroussé et osté l'argent à plus de

1571. cent, d'avoir prins par force et violence filles et femmes esditz bois,
aulcunes desquelles furent par luy tuez après en avoir faict à son
plaisir, d'avoir pillé et rançonné les hostes où il avoit logé estant à la
guerre, et de plusieurs aultres cas dont je n'ai souvenance. Quand il
vouloit tuer quelque passant, le tiroit à la harquebuse et, avant qué
de le tirer, disoit aux personnes qui estoient avec luy : « Veux-tu veoir
tuer ung beau canart? » Et, ce dict, lui deslaschoit laditte harquebuse
au travers du corps si dextrement que les pauvres gens ne passoient
jamais plus oultre. Il estoit si redoubté, que les riches personnes
mesmes de son pays s'estoient abonnez à luy par an et par termes,
affin que seurement et librement elles pussent vivre en leurs maisons
et par les champs. Il fut sentencié à estre rompu sur des eschaufaux
en une croix St-André, et son corps jetté par après tout vif sur une
roue, pour là finir ses jours. Et fut l'exécution de sa personne faicte
le jour de la feste mons. St Loys, qui est le lendemain de la St-Bartholomy sur la fin du moys d'aoust, en la grand place qui est à l'entour
de la fontaine St-Ayoul de Provins, en la présence de plus de
500 personnes des villes et villages de Villenauxe-la-Grand, Beton,
Fontaine-Denis, Barbonne, les Essartz, la Forestière, Louan et Villegruys, qui s'estoient exprès transportez audit Provins pour le veoir,
tant ilz estoient resjouys d'estre mis en liberté de la tirannie et mal
que leur faisoit ledit Brouillard.

Depuis qu'il Brouillard fût arrivé à son suplice, survint altercat
entre les lieutenans et archers de courte robe et des mareschaux,
lesquelz tous estoient à cheval, empistollez et armez, Pierre Legras
et ses gens pour estre présens et faire-faire l'exécution du patient,
Carron et les siens aussi à cheval, contre la coustume. Or la coustume estoit audit Provins, quand lés prisonniers estoient exécutez
par sentence de mort ou aultrement, qu'il ne se trouvoit à cheval et en armes que le lieutenant et ses archers qui avoient faict la
caption de celui qu'on exécutoit, et non les aultres; mesmes à l'exécution du seigneur Sérelle, ne se trouvèrent en armes à cheval que
le lieutenant Carron et ses archers. Pourquoy, quand on veit lesditz

Carron et ses archers se présenter à cheval et en armes à l'exécution de
Brouillard; plusieurs pensèrent qu'ilz fussent là pour ravir et oster des
mains du bourreau le patient, et en monstrèrent la contenance; mais
le voyant si bien accompagné dudit Legras et les siens, et dérompu par
les membres, desquelz il n'eust sceu s'ayder, à cause de la gehanne
qu'on luy venoit de donner extraordinairement, n'entreprirent davantage de faict, mais bien de parolles et injures les ungs contre les aultres
par reproches et desmentys que Estienne Leroy, l'ung des archers
dudit Carron, donna audit lieutenant Legras, et y eust eu des coupz
donnez en la place de costé et d'aultre, si on ne les eust empeschez.
Les reproches qu'ilz faisoient les ungs aux aultres estoient les tri-
butz et abonnages qu'ilz disoient avoir eu de part et d'aultre, les de
courte robe avec feu Sérelle, et les mareschaux avec le présent patient Brouillard.

Lesditz des mareschaux craignoient fort que ledit Brouillard, durant
son emprisonnement et son suplice de la mort, ne les accusast d'avoir
par plusieurs fois prins de l'argent, du boys et fagotz de luy pour le
laisser en paix; et de ne les accuser le prièrent ledit Carron et Marmont, archer dudit Carron, lesquelz, par le moyen du geollier, parlèrent à luy dans la prison; lequel leur promist que non feroit-il. Et
ayant ceste promesse, ne se contentèrent, ains apostèrent ung notaire
de Provins et des tesmoings, et espièrent à certain jour qu'on le menoit en la maison du juge, pour estre encores interrogé, et en pleine
rue parlèrent à luy pour le conforter, en la présence des archers
dudit Legras qui le menoient, et après peu de paroles le requirent de
déclarer devant la compagnie si, avant son emprisonnement et oncques
auparavant, leur avoit baillé or, argent, boys, fagotz ni aultre denrée,
pour empescher qu'ilz ne le prinssent; lequel, en présence de tous,
déclara que non. De laquelle déclaration demandèrent acte audit notaire, pour leur servir, si besoing en eust esté. Il fut interrogé à son
suplice, avant qu'estre lié et rompu, et depuis qu'il fut rompu, par le
lieutenant Legras de ce faict, sçavoir est si ledit Carron et ses archers
avoient pas prins argent, bois, fagotz de lui et s'il leur avoit pas payé

1571. souvent à boyre, tant à Provins qu'ès aultres lieux. Lequel, en gardant sa promesse, dist que non. Davantage fut interrogé et requis de confesser les faictz desquelz il estoit accusé, et pour lesquelz il estoit au suplice de la mort, comme aussi d'accuser ses compagnons qui avoient esté présens avec luy, et ceux ès maisons desquelz il se retiroit, après qu'il avoit vollé, tué et desrobé les passans, entre lesquelz on sçavoit que ung tavernier dudit lieu des Essarts ou les environs, nommé N. Davesne, en estoit ung. Dist que non, et, encores importuné par ledit lieutenant de le déclarer, pour descharger sa conscience et pour le salut de son âme, respondit audit lieutenant en telles parolles : « Hé déa! que me romps-tu icy la teste? Veux-tu que je dye et confesse que tu es le plus grand voleur et larron de tout le pays? » Et à ces parolles le laissa ledit lieutenant.

Quelques gens d'église, le voyans ainsi obstiné et tenir propos maulvais sur la roue où il estoit après avoir esté rompu, montèrent vers luy sur les eschaufaux, pour le penser consoler et l'exorter à pénitence et à crier mercy à Dieu de ses faultes. Ne les volut escouter, mais leur crachea au visage. Les derniers propos qu'il tint avant que mourir furent telz : « Pierre Legras, fais-moy estrangler et achever de mourir. Hé Dieu! estrangle-moy. » Et ung bien peu après iceux propos, il dist : « Hé déa, est-il plus de Dieu? que ne m'estrangle-il ou fait vitement mourir! » A ces propos, fut admonesté par le peuple qui estoient près de luy dé prendre en pacience le tourment qu'il enduroit pour l'honneur de Dieu. Ausquelz fist response à haulte voix, en proférant telz motz : « Je renie Dieu. Diable, viens me querre. » Lesquelz motz finis, expira en moings de temps que dure à dire ung *Pater noster* et *Ave Maria.* Voilà la fin de ce pauvre misérable, qui fut fort espoventable à ceux qui estoient présens. Aulcuns le condempnèrent, en disant que telle fin estoit pleine de désespoir et de dampnacion ; aultres le pensèrent excuser soubz la miséricorde de Dieu, à cause des grands tormens qu'on luy avoit faict, tant en la prison, à la géhanne extraordinairement, que de ses membres qui estoient rompus, et pour le plus grand mal qu'il enduroit estoit l'ardeur du soleil qui frappoit

dedans ses yeux et sur son visage, duquel il ne le povoit destourner. 1571.
Dieu luy face mercy, s'il en est digne!

Le lieutenant Legras se venge du démenti que lui avait donné l'archer Leroy,
en le mettant en prison, comme coupable de meurtre. Leroy, condamné à mort
par le présidial de Provins, appelle et obtient sa grâce, après avoir dépensé tout
son bien.

Voilà qu'il gangna à irriter ledit Legras, pour complaire à aultruy.
Jamais homme sage et bien advisé ne doibt irriter aucune personne
qui a autorité en justice ou aultrement, parce que telz en sçavent bien
prendre vengeance.

Legras et ses archers poursuivent, sans pouvoir le saisir, un compagnon de
Brouillard, nommé Davesne.

Nous avons en divers endroitz de ce livre parlé de Me André de
Gramont, prieur du prieuré de St-Ayoul de Provins, duquel encores maintenant il nous fault faire discours et réciter ce qui luy
advint en ceste année présente par son maulvais gouvernement. Il,
estant riche en revenu par an de la somme de 1600 livres t., à
cause de ses bénéfices, est tombé en telle pauvreté par grosses debtes,
qu'il n'avoit le moyen de manger du pain son saoul, sans l'emprunter de gens plus riches que luy; et n'ayant moyen de payer
comptant ung pain de cinq deniers, quelquefois alloit coucher sans
soupper. Ores advint-il au moys de may de ceste année qu'il, estant
fasché de mourir de faim en son prieuré de St-Ayoul de Provins, où
il s'estoit retiré ayant habandonné la ville de Sens, s'en alla à Paris,
veoir s'il auroit meilleur moyen de manger du pain à son ayse, en
sollicitant plusieurs gros procès qu'il avoit contre diverses personnes,
qu'il n'avoit ausditz Sens et Provins, où estoit le principal de son
revenu. Et après avoir esté quelques moys audit Paris, aussi en
malaise qu'ès villes susdittes, advisa les moyens de villonner pour
avoir sa misérable vie. Villonner est tromper l'ung, décevoir l'aultre,
abuser ceux à qui on a affaire et emporter le bien des personnes

1571.   sans payer, avec emprunter sans jamais rendre, comme faisoit jadix Mᶜ Francoys Villon, duquel est venu ce terme de villonner.

Iceluy Gramont, pour vivre, volut user des ruses dudit Villon, et entre aultres s'ayda de celle d'emprunter à jamais rendre; et tant sceut bien dire et papelarder, qu'il trouva argent à emprunter sur ses cédulles notables sommes de deniers, car il estoit fort cognu de plusieurs personnes ayans moyen audict Paris, lesquelles ne pensoient qu'il feust réduict à si grande pauvreté qu'il estoit. Advint que ung sien créditeur bancquier, qui luy avoit presté de l'argent, volut estre payé, et après luy avoir demandé plusieurs fois, le fit prendre prisonnier pour l'assurance de son deub. Les sergens qui luy firent commandement de payer la somme portée en l'obligation, voyans qu'il n'avoit argent pour payer, l'empongnèrent au corps pour le mener prisonnier, et, ne voulant cheminer en prison de bon gré, le firent cheminer par force, et, en le tirant par ses habitz, firent tomber de son sein une feuille de papier dedans laquelle estoient escriptz soixante noms et signatures dudit Gramont, toutes defformes les unes des aultres, que le pauvre misérable trompeur avoit escriptes et contrefaictes pour signer les cédulles et obligations qu'il faisoit à ceux qui luy prestoient argent, drap et aultres nécessitez, en intention de n'en payer jamais rien, en renonçant lesdittes signatures et s'inscrivant de faux contre icelles, quand on l'eust volu contraindre au payement. Ilz sergens recueillirent laditte feuille de papier et la présentèrent à justice contre la volonté dudit Gramont, qui les désavoua et renonça laditte feuille et les signatures à son grand malheur, car entre toutes en y avoit une escripte de l'escriture qu'il avoit accoustumé de signer au temps de sa prospérité; qui fut cause de condempner pour faulses toutes les aultres. Il fut, par sentence du Chastelet, condemné crimineux de faulseté, et envoyé ès prisons de l'évesque de Paris, pour luy faire son procès et luy enjoindre pénitence, où il fut plus de deux ans avant qu'en sortir, ayant là tout mangé son bien et perdu son prieuré de Sᵗ-Ayoul et sa prébende de Sens et la cure de Villevallier, lez ledit Sens, qu'il vendit, comme estoit le commung bruict, par symonie, pour se tirer des prisons, où il eust esté plus longtemps, sans la sédition qui advint à Paris en l'an prochain venant, et de riche prieur devint pauvre questeur. Il estoit fort superbe en sa prospérité et aussi peu humble en son adversité, et oncques depuis ne fut veu audit Provins et Sens, où il avoit esté si bien collocqué. Il a depuis demeuré à Paris pauvre prebstre cerchant l'aulmosne par les églises des bonnes gens qui lui faisoient dire la messe. Ung soufflet qu'il donna à ung advocat de Sens, nommé Estienne Haton, fut cause de sa ruyne, car ledit Haton le print en procès si vivement qu'il luy fit couster par son opiniastreté la somme de deux milles livres t. et plus, et n'estoient encores les procès finys entre eux au jour de son emprisonnement.

1572.

L'an mil cinq cens soixante et douze, au moys de janvier, l'hiver se poursuivoit en grande doulceur, sans faire froict que bien petite-ment, ainsi qu'il avoit commencé dès les moys de novembre et dé-cembre de l'an dernier passé, et ne furent, esditz moys de l'an passé et en cestuy-cy de janvier, que de petites gelées blanches, et n'en cessèrent les artisans de travailler tant aux champs que à la ville, jusques au 3ᵉ jour de febvrier que le temps s'adonna à ung froict noir, qui fut le jour de la St-Blaise, dimanche de la Septuagésime. Ledit jour, sur les dix heures, il commença à neiger et poursuivit jusques à trois heures après midy, sans que laditte neige modérast la froidure, sinon après les trois heures du soir. La neige, qui estoit

espaisse sur la terre d'ung petit pied, commença à fondre et se diminua
de plus de la moytié la nuict ensuivant, jusques à quatre heures du
matin du lendemain, que la gelée recommença par ung beau temps,
bel et cler, accompagnée d'ung claret vent d'amont, qui dura deux
jours et tint la neige en estat, qui ne put fondre, quelque cler soleil
qu'il fist. Les deux jours passez, le vent et le temps quelque peu
adoulcis, retomba de la neige aussi espais ou plus que devant, qui
dura avec grosse gelée, jusques au 10e jour de mars ensuyvant. Durant ce temps, la gelée et froidure furent si grandes que les artisans
de tous mestiers ne sceurent besongner aux champs ni à la ville.

La plus grande partie de ce temps fut beau et cler nuict et jour;
de nuict, faisoit une jeuvre blanche et espaisse qui s'attachoit aux
branches des arbres et des vignes si grossement qu'elles en estoient
toutes corbées droict à terre, et de jour, faisoit ung beau soleil cler
qui destrempoit ceste jeuvre, remouilloit le bois et le retendrissoit,
en sorte que, les nuictz ensuyvant, la gelée et novelle jeuvre revenant et tombant sur les arbres, furent les boutons d'iceux et des
vignes gelez et entièrement gastez, qui fut cause qu'en ceste ditte
année on ne recueillit que bien peu de vin et de fruictz en la saison.
Le vin fut gelé dedans les tonneaux qui estoient ès céliers et caves
mal estoupées, et estoit pour la troisiesme fois que les vignes et le vin
ès céliers avoient gelé en huict ans en yver, comme aussi les noyers
et plusieurs aultres arbres fruictiers; la première fois fut en l'hyver de
l'an 1564, à Noël et jour des Innocens, qui fut le grand hyver de
nostre temps; la seconde fois fut pareillement au moys de décembre
l'an 1568 ou 9, le jour de la Conception Nostre-Dame, et en ceste
présente année au moys de febvrier. On recueillit si peu de fruictz en
l'esté de ceste ditte année que la livre de cerises fut vendue 5 sous t.
et plus; on en vendit bien peu à la livre, car ceux qui en avoient
recueilly les vendoient par petis bouquetz et n'en bailloient que trois
ou quatre pour ung denier. Il fut aussi peu de noys que de cerises,
mais il fut quelque peu plus de pommes et de poires, car les poiriers et les pommiers tardifz ne furent si gastez de ladite gelée que

1572. furent les hastifz. Les grains de la terre n'eurent poinct de mal; toutesfois, pour n'avoir eu le temps aux saisons, on ne recueillit guères plus de demye année en la moisson. Après les gelées que le printemps commença, les vignerons se trouvèrent empeschez à la taille de leurs vignes qu'ilz voyoient estre gastées des gelées. Les plus expers, se resouvenant des gelées des yvers des années susdittes, ne firent difficulté de tailler leurs vignes par le pied et signamment le plant noyr qu'on appelle *chattine* ou *preudelas*, qui estoit plus gasté que l'aultre plant, comme aussi estoient les *pinotz*. Les aultres vignerons taillèrent à la manière accoustumée, espérans que leurs vignes rejecteroient des bourgeons et des raisins par les contrebourgeons qu'ilz pensoient n'estre gelez; mais ilz eurent deux peines pour une, car ilz furent contrainctz de retailler à la fin du moys de may leurs vignes, après qu'ilz virent qu'elles avoient seullement jetté leur séve, qu'elles ne croissoient point, et qu'elles rejectoient par le pied entre deux parterres. Les vignes qui en la saison de tailler furent couppées par le pied rejectèrent mieux et de plus beau et meilleur boys que celles qu'il fallut retailler oultre la saison, et portèrent plus de raisins l'an d'après que les aultres. Il est bien vray que les vignes qui furent taillez à viel boys et qui rejectèrent par le collet eurent quelque peu plus de raisins que les aultres qui avoient esté couppées par le pied; mais aussi n'en eurent tant que les aultres l'an d'après. Les pauvres vignerons furent si desbauchez de leur perte, qu'ilz en ceste année ne firent aultre chose à leurs vignez que les tailler et labourer, encores à grand regret. Les riches vignerons, ou aultres plus patiens que les premiers, ne laissèrent de bailler toutes les façons à leurs vignes, comme si elles eussent esté pleines de raisins, et s'en trouvèrent fort bien l'an d'après, car leurs vignes furent beaucoup plus belles et copieuses que celles qui n'avoient eu leurs façons en ceste année.

Au commencement de ceste année, il sembloit que les séditions et troubles de France fussent quelque peu assoupies par les villes et villages, d'aultant que chascun avoit posé et mis les armes bas. Les villes ne se gardoient plus ne nuict ne jour. La gendarmerie de pied et plusieurs compagnies de cheval avoient esté cassées et renvoyées 1572. en leurs maisons. Le roy commandoit aux gens de guerre de ses ordonnances de tenir garnison ès villes qui leur estoient assignées et y faire monstre; entre aultres, la compagnie de mons. le marquis du Maine, frère de mons. de Guise, fut assignée en la ville de Provins. De quoy advertis, les gouverneurs se retirèrent à madame de Nemours, dame dudit Provins et mère dudit sieur marquis du Maine, et la prièrent qu'elle impétrast du roy que laditte compagnie fust assignée aultrement que leur ville, ce qu'elle fit, et fut laditte compagnie assize à Villenauxe-la-Grand, Fontaine-Denis et Barbonne: Icelle compagnie fit monstre audit Villenauxe, mais oncques n'y tinrent garnison. Les gentilshommes eurent congé de eux retirer en leurs maisons, moyennant qu'ilz laissassent une partie de leurs chevaux et principaux serviteurs esditz lieux pour tenir la garnison. Toutesfois, n'en firent rien, car tous se mirent aux champs après la monstre faicte, et allèrent lentement de village à aultre loger ès maisons des laboureurs, où ilz firent par tout l'hyver de grandes despenses, comme aussi partie de l'esté.

Les huguenotz partout estoient en liberté, jouyssant de l'édit de pacification qui avoit esté dernièrement faict avec eux, et pardessus iceluy édict, faisoient des entreprinses sur les catholicques, au domage de leurs biens, terres et possessions, desquelz par audace ils s'emparoient et singulièrement des biens des ecclésiastiques, et si ne povoit-on en avoir raison en justice, d'aultant que plusieurs justiciers estoient de leur party et huguenotz comme eux. S'il advenoit que les catholicques obtinssent quelque sentence où arrest contre lesditz huguenotz, encores ne povoient-ilz avoir le moyen de les faire exécuter, d'aultant qu'ilz huguenotz faisoient violence et oultrages aux officiers et sergens qui alloient en leurs maisons pour exécuter les sentences et arrestz donnez contre eux, comme aussi envers leurs tesmoings. Aucuns sergens furent par lesditz huguenotz foytez, et leurs tesmoings aussi, d'estrivières; aultres furent par eux tuez; aultres furent dépouillés de leurs papiers et sentences et bien batus, et ce en

83.

1572. divers lieux du royaume. Plusieurs gentishommes catholicques, voyans que les faictz des huguenotz demouroient impugnis, volurent à leur exemple estre cruelz envers leurs subjectz et aultres, ravisseurs du bien d'aultruy, sacriléges du bien des églises et des ecclésiasticques, et retenans leurs dixmes. Ilz ne volurent plus obéyr à justice, non plus que les huguenotz; de quoy furent portées infinies plainctes au roy de toutes partz, qui, pour remédier à telz abus, fit les édictz et ordonnances qui s'ensuivent.

Édict du roy pour le bien et auctorité de justice et des officiers de sa majesté; de leur devoir en l'exercice et exécution d'icelle, et des peines aux contrevenans. (Donné à Amboise, au mois de janvier 1572 [1].)

Cest édict, publié par les villes de France, réprima quelquement l'audace des gentishommes tant catholicques que huguenotz, et signamment des catholicques, lesquelz se rendirent plus obéissans que devant et moins nuisibles tant aux ecclésiastiques que officiers de justice. Les huguenotz demorèrent plus obstinez, et ne cessèrent leur rapt des biens ecclésiasticques et violence dessus les ministres de justice; jusques à ce que le roy en fit punir exemplairement aucuns par sentence de mort, pour avoir foyté ung sergent à leur plaisir, qui avoit sur eux exécuté une sentence de justice.

Grande faveur de l'amiral auprès du roi [2]. Les princes catholiques, les Guises surtout, évitent de se trouver avec lui à la cour, où viennent peu le roi de Navarre et le prince de Condé. Froideur du duc d'Anjou à l'égard de Coligny.

L'amiral travaille activement et réussit auprès du roi et de Catherine de Médicis à obtenir la réalisation de l'union projetée entre Marguerite de France et le roi de Navarre [3]. Les futurs époux étant de religion différente et parents au troi-

---

[1] Isambert, Rec. des anc. lois françaises, t. XIV, p. 241.

[2] Mémoires des parolles dittes par feu mons. l'admiral de Chastillon, au mois d'aoust, au cabinet du roy Charles IX. 6 août 1572. (Bibl. imp. Fontanieu, vol. 324-5-6.)

[3] Articles du pourparler du mariage d'entre mons. le prince de Navarre et Madame, sœur du roy, ensemble l'advis des ministres sur le faict des cérémonies, faict le 12e d'avril 1572. Signé : De Spina, Mallot, Merlin, de Veaulx, Barbasle, Holbracq. (Biblioth. imp. collect. Dupuy, vol. 844, fol. 212 r°.)

sième degré, Charles IX sollicite pour le mariage une dispense du pape, qui la
refuse.

Le roy, ayant receu la responce papalle, fut en délibération de ne
passer oultre audit mariage, si le roy de Navarre ne vouloit prendre
la religion catholicque, et de ce faire l'en requist plusieurs fois, et
fut le bruict commung quelques fois par la France que ledit roy de
Navarre s'estoit accordé de prendre la religion catholicque plus tost
que de quitter ce mariage, tant il avoit amour à laditte dame et elle
à luy, et véritablement l'eust faict, si ledit admiral ne l'en eust
empesché et faict empescher par les prédicans. Ceste difficulté de
diversité de religion fut mise en délibération au conseil du roy, où
fut disputé tant par les docteurs évesques catholicques que les prédicans héréticques, et ne voulant ceux d'ung party céder à l'aultre,
résolurent les prédicans héréticques ce mariage se pouvoir faire et
parachever, d'aultant que laditte dame demeureroit en la liberté de sa
conscience, et qu'elle ne seroit contraincte ne forcée de quitter sa
religion pour prendre la leur. Le roy toutesfois, persistant ce n'estre
licite contre la volonté des prélatz de l'église, fut à la fin gangné par
les prières de sa mère et importunité dudit admiral, qui, par manière de menaces, disoit le royaume debvoir en brief retomber en
troubles et guerres civilles, si ledit mariage ne se parachevoit, et
qu'il n'estoit besoing en ce de pape ni de cardinal ni de dispense ou
permission, veu que c'estoit ung mariage royal, et que les roys abais-
soient trop leurs majestez d'en demander congé et dispense au pape
de Rome, et tant sceut bien papelarder ledit admiral que à la fin le
roy s'accorda audit mariage; et ne fut vuydée ceste dispute au conseil du roy en une sepmaine, non pas en quatre moys, et estoient les
novelles d'un jour à l'aultre que ledit mariage estoit rompu, et qu'il
n'en seroit rien.

En accordant ce mariage par le roy, fut mise en avant une aultre
difficulté, assavoir où et par qui et à quelle religion il seroit faict
et solempnisé. A ceste proposition royalle, n'eut honte l'admiral de
respondre quasi comme par audace qu'il ne falloit disputer de ce, et

1572. que cela debvoit demeurer à la discrétion du roy de Navarre, comme chef d'iceluy mariage, qui oncques ne permettroit son mariage estre faict ni célébré à aultre religion que la sienne, ni par aultres que ses ministres. Ceste superbe et présumptueuse response admiralle faschea le roy de telle sorte qu'il délibéroit, si sa mère ne l'en eust empesché, de rompre ledit mariage. Mais, ne voulant en ce désobéyr à sa mère ni à sa sœur, qui en estoit fort amoreuse, dist comme par puissance absolue que ledit mariage ne s'accorderoit qu'à ceste condition qu'il seroit faict et solempnisé à l'église catholicque et par les prebstres d'icelle. A quoy s'accorda le roy de Navarre, lequel requist le roy et le pria qu'il permist qu'après que ledit mariage seroit faict devant le prebstre, et qu'il auroit conduict son espousée à la messe dedans l'église où il seroit célébré, qu'il peust se retirer hors de laditte église, pour ne poinct ouyr ni estre présent à la messe, d'aultant que y demeurer seroit faict contre sa conscience et la liberté de sa religion, ce que finablement accorda le roy. Depuis que ce mariage et toutes ses conditions furent accordées, qui fut environ le moys de juin de ceste présente année[1], ne fut plus novelle par la France que d'iceluy et des préparatifz qu'on faisoit à Paris pour les magnificences qu'il convenoit faire à ce mariage bigarré touchant la religion, auquel tant le catholicque que le huguenot héréticque avoient volonté d'y braver, et de jouer chascun leur rollet à la surprinse l'ung de l'aultre. On fut quasi trois moys à faire lesditz préparatifz dedans Paris; les bans des procureurs et advocatz du palais furent ostez et portez aux Célestins ou Augustins, et y allèrent plaider toutes les chambres judicialles du palais, dedans lequel fut faict le bancquet de ce mariage.

Il est quasi incroiable quel orgueil démenoient les huguenotz de France de ce mariage accordé. Ilz s'esgayoient aultant et s'orgueillis-soient d'iceluy que les catholicques en estoient maris, et, pour des-

---

[1] Sur l'entrée du roi de Navarre à Paris et sur les dispositions de Charles IX à l'égard de la guerre de Flandre, voyez une lettre non signée du 18 juillet 1572, dans la collection Dupuy, vol. 548, à la Bibliothèque impériale.

piter lesditz catholicques, en toutes compagnies qu'ilz se trouvoient, usoient de parolles séditieuses et pleines de menaces, estimans par iceluy debvoir parvenir au but de leur attente par eux si longtemps désirée, qui estoit de remettre la couronne de France ès mains des princes de Bourbon, desquelz estoit yssu ledit roy de Navarre; et, ne se povant contenir en leur secret, disoient à chascune fois que, avant qu'il fust peu de temps, l'on verroit bien aultre chose.

Tous les seigneurs, princes, gentilzhommes et capitaines huguenotz de France ne firent faulte de se trouver à ce mariage, estans suyvis de plusieurs aultres huguenotz vacabons des provinces de France, tous armez et bien montez, comme s'ilz eussent volu aller à la guerre; tous lesquelz advisèrent, par le conseil de l'admiral, de se loger dedans la ville de Paris à l'advantage. Ceste cohorte huguenoticque par chascun jour alloient au lever et coucher dudit amiral et tenoient plus de compte de luy que des roys de France et de Navarre.

Le roy, de ce ayant eu advertissement, advisa sans sonner mot à se fortifier contre ceste trouppe orgueilleuse et trop haultaine, et fit approcher de soy les princes guysiens et aultres catholicques de France, et les pria de se trouver au bancquet royal du mariage de sa sœur; ce qu'ilz firent en grand doubte et en armes comme les huguenotz, bien jugeant en eux mesmes que ceste trouppe séditieuse ne se départiroit de Paris qu'il n'y eust quelq'un de mal disné. Chascun faisoit bonne mine à son compagnon. Le séditieux admiral tenoit par chascun jour conseil en son logis avec les principaux de sa faction, avant que d'aller au logis du roy, ce que bien apperceurent les Parisiens, qui avoient l'œil de toutes partz; lesquelz eussent bien volu ce mariage se faire aultre part qu'en leur ville, pour la craincte qu'ilz avoient d'estre saccagez et vollez dedans leurs maisons par une sédition qu'ilz croyoient debvoir advenir en leur ville par ceste assemblée de séditieux huguenotz.

Toutes choses préparées pour la célébration de ce mariage, fut le jour assigné au 19e jour du moys d'aoust de ceste présente année[1].

[1] Le contrat fut signé le 17. (Dumont, *Corps diplomatique*, t. VIII, p. 215.) On

1572. Et fut ledit mariage bénist par mons. le cardinal de Bourbon, archevesque de Rouen, oncle du roy de Navarre, dedans l'église de Nostre-
Dame de Paris, où fut chantée la messe, à laquelle n'assista ledit roy
de Navarre; touteffois entra dedans laditte église et convoya son
espousée jusques dedans le chœur d'icelle église en son siége royal
qui luy estoit là préparé, et, si tost qu'elle fut prosternée à deux
genoux, il roy de Navarre luy fit la révérence et se retira de laditte
église. La messe chantée, il se représenta devant la grande porte
d'icelle église, et, sans entrer dedans, attendit son espousée, pour la
conduyre au palais, où estoient les tables dressées et le disné préparé
pour l'assemblée. Le roy et messieurs les ducs d'Anjou et d'Alençon,
ses frères, accompagnèrent laditte dame de Navarre leur sœur, tant
par les rues que dedans l'église à la messe, où ilz assistèrent tout au
long en grande dévotion et révérence, ayans douleur au cœur de ce
que le roy de Navarre ne s'estoit volu réduire à l'église catholicque,
comme ilz espéroient.

Je laisse en arrière l'ordre que tenoient les roys, ducs, princes et
princesses à cheminer par les rues et église de Paris, les pompes
qui y estoient et les cérémonies qui y furent gardées, comme aussi
au disné, aux danses, bals et aultres royalles mondanitez. Le roy s'y
montra fort courtoys et amiable et singulièrement à l'endroit des
seigneurs huguenotz et gens de leur suytte, ausquelz se rendoit
comme leur frère et compagnon, affin que par son humilité il rom-
pist leur orgueil et les reculast de leur maulvais dessein séditieux;
mais le bon seigneur y perdoit son temps, car ilz huguenotz s'orgueil-
lissoient d'aultant qu'ilz voyoient S. M. se humilier devant eux.

Les princes catholicques, comme messieurs les ducs frères du roy

trouve dans de Thou (*Histoire universelle,*
liv. LII) des détails sur les cérémonies du
mariage de Henri et de Marguerite. Voy.
aussi : *Prognostication sur le mariage de
très honoré et très aimé Henry, par la grâce
de Dieu roy de Navarre, et de très illustre*
*princesse Marguerite de France, calculée par
Mᵉ Bernard Abbatia, docteur, médecin et
astrologue du très chrestien roy de France,
et dédiée à S. M.* Paris, Guill. de Niverd
(1572).

et les Guisiens, estoient tousjours en doubte et en mesfiance desditz huguenotz, et pour ce avoient atiltré des gentilzhommes et aultres serviteurs de leurs maisons, pour contempler les faictz, dictz, mines et gestes desditz huguenotz, comme aussi je présupose qu'ilz huguenotz en avoient atiltré des leurs pour avoir l'œil sur lesditz sieurs catholicques. Les catholicques apperceurent bien qu'ilz huguenotz brassoient quelque noveau mesnage, mais ne purent descouvrir du premier et second jour où et sur qui ilz vouloient mesnager, et se doubtoit-on que ce fust sur les sieurs de Guise.

Le roy, adverty de ce, ne volut croire que homme de laditte assemblée, de quelque party ou religion qu'il fust, volust troubler ceste feste royalle; lequel, pour mettre fin au doubte qu'on en avoit, et pour empescher ce qui s'en povoit entreprendre, tourna tout son bon visage de la part des huguenotz, ausquelz il bailloit et accordoit plus qu'ilz ne demandoient, et d'aultant qu'on appercevoit les menées se faire et brasser à la personne et logis de l'admiral, sa majesté se humilia tant devant luy et les seigneurs de sa suitté qu'il faisoit plus grand cas de eux qu'il ne faisoit du roy de Navarre, son beau-frère, et du prince de Condé, cousin germain dudit roy de Navarre.

En toutes compaignies, y a toujours des gens qui ne peuvent dissimuler et porter en patience ce qu'ilz voyent faire et dire à aultruy, et qui, partie provocqués de bon zèle, partie conduictz de impatience, ne se peuvent garder de faire et dire ce qu'ilz pensent. Et advient souvent qu'ès compagnies des plus meschans hommes de la terre, il s'en trouve quelqu'un qui, soubz espérance de gangner argent, faveur ou amytié, et quand il estime en avoir récompense, révèle ce qu'il a ouy comploter de meschant à l'encontre de quelque personage.

Ores-advint-il que ung certain quiden desditz huguenotz, présent au conseil malin de l'admiral, entendit la pernicieuse conclusion qui y fut conclue à l'encontre de la personne du roy, de messieurs les ducs ses frères et des princes guysiens, qui estoit de les saccager et

84

1572. massacrer au plus tost qu'il seroit possible et avant que ceste assemblée se séparast, pour par ce moyen donner fin aux troubles et guerres civilles de France, ce disoient-ilz, et coroner pour roy de France le roy de Navarre, auquel la coronne eust justement apartenu après le décès desditz roy et ducs ses frères, et par ce moyen exterminer l'église catholicque et par force et violence contraindre les catholicques d'icelle à prendre l'église huguenoticque.

Ce quiden, ayant entendu ceste tant abominable résolution, ne se put garder de le révéler à aultre personage des catholicques, en ceste intention que celuy à qui il le révéloit en advertist ou le roy ou aultres des princes susditz, affin qu'ilz ne tombassent ès mains et en la miséricorde du Goliat d'admiral et ses séditieux.

Le catholicque à qui s'adressèrent ces nouvelles ne fut fol et hastif tout ensemble pour l'aller dire au roy et aux princes, de peur que le huguenot qui luy disoit telles novelles ne le volust soustenir devant leurs majesté et altesses et que, par faulte de preuve, il ne demourast infâme et en la male grâce de tous. Toutesfois s'en complaignant en bonne compagnie et regrettant l'heure qu'il s'estoit trouvé à ce mariage, s'en trouva ung ou plusieurs qui, sans sonner mot, entreprinrent d'empescher ledit admiral de faire le massacre par luy et les siens comploté, ains délibérèrent d'exécuter sur sa personne ce qu'il avoit entreprins de faire sur le roy; et sans en plus dire dadvantage, pour saulver le noble sang de France, cerchèrent le moyen et l'opportunité de surprendre le paillard d'admiral à leur advantage, pour le massacrer luy-mesme. Et si bien fut l'affaire poursuyvie, que, le 22ᵉ jour dudit moys d'aoust, fust deslachée une longue arquebuse par la fenestre d'une haulte chambre au corps dudit admiral, qui estoit en pleine rue, lisant ung pacquet de lettres qu'il venoit de recevoir de certain capitaine de sa faction, faisant mention de leur entreprinse. Tout ainsi que celuy qui deslachea la harquebuse en eut desbandé le resourt, ledit admiral se destourna pour penser cheminer avant, qui fut la cause que la balle qui sortit de laditte harquebuse ne luy entra dedans l'estomac, comme pensoit celuy qui la laschea, ains seullement le frappa par la main, et coulant le long de son bras, la balle ou boullet s'alla planter dedans une de ses épaules. Qui fut bien estonné de ce coup furent lesditz admiral et les gens de sa compagnie. Une partie de ses gens l'embrassèrent et le portèrent en son logis, l'aultre partie courut dedans la maison dans laquelle avoit esté tiré ce coup, pour prendre ou massacrer celuy qui l'avoit faict, mais n'y trouvèrent personne à qui ilz s'en pussent descharger. Qui eut le renom d'avoir faict ce coup fut un gentilhomme de la Brie nommé le seigneur de Maurovart ou Maurevart, celuy qui avoit tué le baron de Mouy dedans le camp rebelle, aux séditions et guerres civilles de la bataille de Moncontour, pensant dès lors tuer ledit admiral, suyvant la permission donnée du roy et de la court de parlement, ainsi que l'avons dict en son lieu. Ledit Maurevart entreprint ceste charge de soy-mesme de tuer à ceste fois l'admiral, bien sçachant que ledit admiral le faisoit guetter et espier pour luy en faire aultant, et que sans doubte il eust esté des premiers prins à la ratière, si la sédition complotée par ledit admiral et les siens sur le roy et ses frères eust eu son commencement.

Ce coup troubla la feste bien grossement, et pensèrent les huguenotz desguaisner les couteaux pour faire sédition sur les catholicques; toutesfois en furent empeschez par leurs chefz mesmes, qui jugèrent l'heure n'estre opportune, d'aultant que chascun estoit sur pied par les rues, et qu'il estoit de jour.

Les novelles de ce coup furent sur l'heure portées au roy et à ses frères, qui estoient avec le roy de Navarre et prince de Condé en ung trippot à jouer à la paulme, qui en furent moult esbays; lesquelz, sans y plus arrester, se retirèrent dedans le chasteau du Louvre pour se serrer en sûreté, craignant que la sédition huguenoticque se desbandast sur eux. Les roy de Navarre et prince de Condé se retirèrent vers ledit admiral, pour le veoir et l'ouyr parler et pour prendre vengeance de ce coup. Il faisoit fort dangereux aux seigneurs catholicques et gens de leur suitte cheminer le reste du jour par les rues de Paris,

1572. d'aultant que les huguenotz avoient tous les armes au poin, qui ne demandoient qu'à massacrer, encores que les roys de France et de Navarre fissent tout debvoir d'apaiser ce trouble sans plus grande sédition. Leurs majestez commandèrent que les portes de Paris fussent fermées pour arrester et prendre prisonnier celuy qui avoit faict ce coup, pour en faire punition exemplaire par justice, au contentement dudit admiral et ses gens[1]; toutefois ne fut trouvé.

Le roy envoya ses cirurgiens et médecins visiter ledit admiral pour le panser; mais ne volut soffrir qu'ilz touchassent à luy, et à platte parolle leur dist que les siens estoient suffisans pour le panser, et qu'il n'estoit besoin que le roy fist si bonne mine en son endroit; que, comme il espéroit, il ne mourroit de ce coup, et que c'estoit bien peu d'estre estroppié d'un bras, mais qu'il louoit le Seigneur de ce qu'il luy avoit saulvé la vie et son esprit, et que ce coup cousteroit la vie à cent mille hommes pour en avoir raison. A ces parolles querelleuses, se retirèrent les cirurgiens royaux, et allèrent advertir le roy des menaces admiralistes. S. M. ne print de maulvaise part ce que lui rapportèrent sesditz cirurgiens, ains, comme prince pitoyable, après avoir souppé, alla luy mesme en sa personne visiter ledit admiral, pour s'informer de luy qui l'avoit frappé, comment, où et pour quelle occasion, en luy promettant foy de roy que, s'il sçavoit qui avoit faict ce coup et qu'on le peust prendre prisonnier, qu'il le feroit exécuter par justice, au contentement de luy et des siens.

[1] Au sujet de l'ordre du roi, qui enjoint de punir la tentative d'assassinat commise sur Coligny, voyez la lettre de Pibrac à Stanislas Helvidius, et des lettres de Charles IX à M. de Mandelot, gouverneur de Lyon (22 août. — Correspondance du roi Charles IX et du sieur de Mandelot, publiée par M. P. Paris, p. 36); au maréchal de Cossé (22 août. — Lettres des rois et reines, publiées par L. Merlet, p. 120); à M. de Lamothe-Fénelon (22 et 24 août. — Correspondance politique de Lamothe-Fénelon, t. VII, p. 322), etc. Tavannes, dans ses Mémoires (collect. Michaud, 1ʳᵉ série, t. VIII, p. 366), attribue à la reine mère et au duc d'Aumale l'ordre donné à Maurevel de tuer l'amiral; il montre Charles IX ne sachant d'où venait le coup, d'abord irrité contre les Guises, puis radouci par sa mère, qui le fait persuader d'une entreprise formée contre lui par les protestants.

Ledit admiral, au lieu de se humilier pour l'honneur que luy fai-   1572.
soit son roy de le visiter, ne volut le regarder ni parler à luy qu'en
querellant et le menaçant; et^e chargeant son honneur du coup donné,
dist en parolle couverte que sa majesté l'avoit faict faire et sçavoit
bien qui ç'avoit esté, et, sans dissimuler son intention, dist à sadite
majesté qu'il en auroit sa raison et qu'il n'estoit encores mort. Sa
majesté porta patiemment les impostures dudit admiral et n'en print
rien en maulvaise part. Il se vouloit arrester avec luy à deviser la plus
grande partie de la nuict, s'il n'en eust esté empesché par ung advertissement qui luy fut donné qu'il en diligence se retirast en son
chasteau du Louvre, pour saulver sa personne du massacre que les
huguenotz se disposoient de faire tout sur l'heure par le conseil
mesme que leur avoit donné ledit admiral, et que pour ce faire plusieurs avoient jà les armes au poin. Le roy ne volut tenter ceste fortune, ains sur le champ, sans en rien dire ni reprocher audit admiral,
print congé de luy et luy dist adieu, ce que ne fit l'admiral à luy,
c'est-à-dire à sa majesté.

   Saditte majesté ne fut plus tôt hors du logis dudit admiral, que
les princes et seigneurs huguenotz y arrivèrent les armes au poin,
qui estoient les sieurs roy de Navarre, prince de Condé, La Rochefoucault, Telligni, gendre dudit admiral, Bricquemaux, le conte de
Mongomery, dict le capitaine Lorge, et encores quelques aultres
chefz des rebelles que je ne cognus, lesquelz sans difficulté eussent
chargé sur le roy, s'il eust esté avec ledit admiral, comme ilz pensoient l'y trouver. Ilz furent suyvis d'ung nombre infini de huguenotz,
tant de leur suitte que de ceux de Paris. Les sieurs susditz demeurèrent quasi la nuict entière enfermez en la chambre dudit admiral,
leurs gens estans posez au guet, corps de garde et sentinelles, par
les rues des environs le logis d'iceluy admiral. La dispute desditz
sieurs fut de cercher le moyen de prendre vengeance de ce coup
sur la personne du roy et de messieurs ses frères et des princes de
Guyse, et fut telle la résolution de leur conseil qu'ilz s'armeroient
et feroient armer tous les huguenotz de leur suitte et ceux de Paris,

1572. pour à jour et heure opportune, qui debvoit estre au pénultiesme jour du moys d'aoust, assaillir le roy et les catholicques, les massacrer et du tout exterminer, et, après ce, coroner le roy de Navarre roy de France; et, en attendant le jour délibéré, despeschèrent postes de toutes pars du royaume pour porter les novelles de leur résolution aux huguenotz des villes et capitaines de leur faction, pour eux saisir desdites villes, affin que la force leur demeurast. Aultres capitaines huguenotz furent par eux mandez, pour eux approcher de la ville de Paris et entrer dedans, si possible estoit, pour estre fortifiez à l'exécution de leur entreprinse. Tous les huguenotz qui eurent de ce advertissement entrèrent en une audace incroiable, et dès l'heure commencèrent à menacer les catholicques, et disoient avoir jà dueil du proche malheur qui en peu de temps leur debvoit advenir, et ne cerchoient qu'à faire sédition par les rues de Paris et à provocquer les catholicques à eux faire ou dire chose dont ilz pussent prendre occasion de desgaisner les cousteaux pour massacrer et détruire hommes, églises et maisons.

Quelques huguenotz sérieux, paisibles et non sanguinaires ne se purent garder d'advertir aucuns catholicques de leurs amys de la résolution des princes et seigneurs rebelles, en leur baillant oppinion qu'il se destournassent, ensemble leurs amys, pour éviter la fureur du massacre futur qu'ilz huguenotz avoient résolu de faire, ce que plusieurs firent, des plus apparens de Paris. Qui donna argument aux catholicques advertis que les huguenots vouloient remuer mesnage en la ville de Paris fort grant fut qu'ilz catholicques virent lesditz princes et seigneurs huguenotz changer de logis et de quartiers pour se mettre à l'avantage par les carrefours de laditte ville de Paris; aucuns d'entre eux quittèrent la ville, pour s'aller loger aux fauxbourgs; aultres, qui estoient logés ès fauxbourgs, entrèrent dedans la ville; aultres, logez dedans l'université, entrèrent dedans la cité et s'allèrent loger assez près du Louvre où estoit logé le roy, et fut ce changement de logis faict par lesditz huguenotz en vingt-quatre heures et moins depuis le coup donné.

Le roy en ung instant fut adverty de ce changement et de la réso-   1572.
lution huguenoticque. Il ne volut croire du premier coup ni au premier messager, estimant les princes et seigneurs huguenotz n'estre
d'ung courage si cruel qu'ilz volussent desbander leur rage sur sa personne ni sur le sang royal de France, veu l'amytié et courtoysie qu'il leur
portoit et l'honneur et le bien qu'il leur avoit faict; et pour ce ne fit
grand cas de ce premier advertissement ni du dire du premier messager, combien toutesfois qu'il ne se pût garder de penser aux menaces et
impostures injurieuses que luy avoit faict et dict ledit admiral, le soir
qu'il l'avoit visité. Et entra sa majesté en une grande perplexité d'esprit par diverses et infinies pensées, et en ceste perplexité receut ung
second advertissement de la part de sa sœur la royne de Navarre
(comme aulcuns volurent dire), qui l'assura du complot résolu au
conseil des malins, qui estoit de se ruer sur S. M. et altesses de
messieurs ses frères, et de les massacrer et exterminer les premiers.
Saditte majesté, ayant bien posé ses sens, ne se volut haster de croire
à l'ung ni à l'aultre des messagers, que premièrement n'eust faict
explorer par tous moyens à luy possibles la contenance des princes.
Ceux qui furent commis à ceste charge ne povoient que dire ni rapporter à sa ditte majesté, tant lesdictz princes estoient couvers en
leurs faictz et dictz, et en descouvroit on plus par leurs serviteurs
que par eux-mesmes. La menée fut tant brassée de part et d'aultre,
qu'à la fin ung huguenot, qui avoit esté présent à la résolution et
qui avoit charge des princes de s'employer à l'exécution future par
eux résolue, fit advertir le roy qu'il eust à se garder qu'il ne tombast ès mains furieuses, et qu'il et le sang de France eussent à se
saulver.

À ce troisiesme advertissement creut le roy et au rapport que luy
en firent les explorateurs par luy envoyez de toutes parts; il manda à
soy messieurs ses frères et les sieurs de Guise, pour aller en son
logis du Louvre de nuict lorsque chascun fut retiré, et consultèrent
ensemble toute la nuict, pour adviser le moyen de eux saulver de
ceste tant barbare sédition huguenoticque complotée et entreprinse

1572. sur eux, et résolurent qu'il falloit exécuter sur lesditz huguenotz ce qu'ilz huguenotz vouloient faire sur leurs majestés et altesses, et ce au plus tost que faire se pourroit par prévention et avant le jour résolu par lesditz huguenotz[1]. La force et main armée des huguenotz fut la cause de ceste résolution royale, d'aultant qu'il n'estoit possible d'y sçavoir procéder par voye de justice, parce qu'ilz huguenotz avoient tous les armes au poing. Et est une chose toute certaine que, si le roy y eust faict procéder par voye de justice ordinaire, qu'il n'eust esté le plus fort et eussent esté sa personne et celles des princes du sang et aultres catholicques en grand danger, et n'en fault point doubter; et pour ceste occasion, le tout bien meurement délibéré, convint à sa majesté de prendre la voye de faict pour saulver le noble sang de France.

Après que le roy et les princes catholicques du sang royal et de Guise furent résolus de prévenir les huguenotz et de les punir de la peine qu'ilz huguenotz avoient délibéré de faire sur leur majestez et altesses, fallut quant et quant adviser le moyen de bien dextrement exécuter le faict au prouffit des personnes royalles et altesses des princes, comme aussi au prouffit de tous les catholicques de Paris et aultres lieux de la chrestienté de France. L'advis fut que l'entre-

[1] Il semble résulter de deux lettres écrites par Catherine de Médicis, le 13 août, et par Charles IX, le 18, à M. de Mandelot, gouverneur de Lyon, que dès lors la cour prenait des mesures pour assurer le massacre des protestants, et que le jour de l'exécution était fixé. (Correspondance du roi Charles IX et du sieur de Mandelot, publiée par M. P. Paris, p. 29 et 31.) Voyez aussi, comme témoignages de la préméditation, une lettre adressée par la reine mère à M. de Strozzi, plus de deux mois avant la S'-Barthélemy, et qui est citée dans le Réveille-matin des Français, une phrase équivoque contenue dans une lettre du caridnal Alessandrino, du 6 mars 1572, et un passage de Capilupi, où il est dit que Catherine assura le pape que Charles IX ne cherchait que les moyens de se défaire des protestants. — Dans la Vie, actions et déportements de Catherine de Médicis, l'auteur parle d'un rôle de meurtre dressé d'avance, où figuraient plusieurs catholiques, les Montmorency, Cossé, Biron, etc. Il nie qu'il y ait eu aucun complot de la part des protestants. (Arch. curieuses de l'hist. de France, t. IX, p. 58.) Tavannes traite aussi ce complot de mensonge.

prinse ne se povoit bien exécuter sans l'ayde des capitaines et gouverneurs de Paris, et que pour ce estoit besoin de s'ayder de leurs personnes et moyens, pour ce que tous les catholicques dudit Paris avoient prins les armes au poin dedans leurs maisons, pour se saulver de la sédition huguenoticque et pour deffendre leurs vie et biens contre lesditz huguenotz, à cause de l'orgueil et menaces qu'ilz huguenotz faisoient et disoient depuis le coup donné audit admiral, et que, si on entreprenoit de se ruer sur lesditz huguenotz sans en avoir adverty lesditz Parisiens, ilz Parisiens, sortans en armes de leurs maisons, se jetteroient sur les catholicques, pensans estre les huguenotz qui les volussent saccager, et y auroit ung tel désordre, que les catholiques et Parisiens s'entretueroient, qui seroit le moyen de donner toute la force aux huguenotz de parfaire ce qu'ilz avoient comploté et résolu sur le saccagement du roy, des princes et de ladite ville.

Les Parisiens catholicques furent advertis de la volunté du roy et des princes fort secrettement, dont grand joye leur advint, et avec lesditz Parisiens fut advisé du moyen, du jour et de l'heure les plus convenables pour l'exécution de l'affaire; et parce qu'il estoit besoin et nécessaire de prévenir lesditz huguenotz et le jour prins entre eux qu'ilz debvoient saccager le roy, les princes et les catholicques, fut le tout conclu et arresté fort diligemment. Le jour fut prins au 24e d'aoust, après les unze heures du soir, nuict de la feste mons. St-Bartholomy, au son de la cloche de l'horloge du Palais, pour sortir en armes par les rues et pour assaillir les maisons esquelles estoient logez lesditz huguenotz, tant estrangers que ceux de la ville.

Les premiers logis et huguenotz qui furent par les catholicques saisis, furent les logis et personnes de l'admiral, du roy de Navarre, du prince de Condé et de la Rochefoucault, principaux chefz de l'entreprinse contre le roy et les princes catholicques[1]. On pardonna au

---

[1] Sur le massacre de la Saint-Barthélemy, voyez : *Discours sur les causes de l'exécution faicte ès personnes de ceux qui* avoient conjuré contre le roy et son estat. (Archiv. cur. de l'hist. de France, t. VII, p. 231); d'après cet écrit, une conspiration

1572; roy de Navarre et au prince de Condé, et ne fit-on aucun mal à leurs personnes; mais à nul de leurs gens fut pardonné, ains furent mas-

aurait été ourdie contre la cour par Coligny, pour venger la blessure qu'il avait reçue et dont il attribuait la pensée aux Guises; — *Le Stratagème, ou la Ruse de Charles IX, roy de France, contre les huguenotz rebelles à Dieu et à luy, escrit par le s^r Camille Capilupi et envoyé de Rome au s^r Alphonse Capilupi* (Arch. cur. de l'hist. de France, p. 401). L'auteur parle à peine de la conspiration attribuée aux protestants; il cherche à démontrer, en la vantant, la longue dissimulation avec laquelle Charles IX et sa mère auraient prémédité le massacre; — *Généalogie et la fin des huguenotz*, par G. de Saconay. Lyon, 1572, in-8°; — *Chanson des massacres de France, sur le chant du psalme 65 :* « Que Dieu se monstre » (Bibl. imp. Saint-Victor, n° 359, fol. 6 v°); — *Discours du roy Henry III à un personnage d'honneur et de qualité estans près de S. M., des causes et motifs de la St-Barthélemy* (Bibl. imp. Saint-Germain-Harlay, n° 324; reproduit dans les Mémoires d'état de M. de Villeroy, et dans l'Histoire de France de Mathieu); — *Notice de la religion catholicque et foy chrestienne des roys de France, œuvre par laquelle est istoriée la dévotion et l'affection desditz roys envers les choses sainctes et la punition par eux faicte des hérétitcques et des rebelles*. Paris, P. l'Uillier, 1572; — *Figure et exposition des portraictz et dictons contenus ès médailles de la conspiration des rebelles de France, opprimée et estaincte par le roy tres chrestien Charles IX*, par M. Favyer. Paris, Jehan Dallier, 1572. — *Lettre du P. Charpentier, jurisconsulte, adressée à Fr. Portes, Candiot, par laquelle il montre que les persécutions des églises de* France *sont advenues non par la faute de ceux qui faisoient profession de la religion, mais de ceux qui nourrissoient les factions et conspirations qu'on appelle la cause* (Imprimé. — Biblioth. imp. Recueil de pièces, in-8°, L. 1343, pièce 5); — *Oratio perstringens breviter historiam lanienæ gallicæ, speciatim vero Parisiensis istius quæ cecidit in anno 1572* (Londini, per Th. Shodham, 1619); — *Mémoires singuliers pour l'histoire du jour de la St-Barthélemy* (Biblioth. imp. Dupuy, vol. 661); — *Discours magnifique et gaillard touchant les causes de la mort de l'admiral de Coligny et ses complices, pris et tiré de la Ste Escriture*, etc. (Lyon, Ben. Rigaud, 1572); — *Ode trionfale au roy, sur l'équitable justice que S. M. fait des rebelles, la veille et jour de St-Loys*, par Cl. Nouvelet (Paris, Rob. Granjon, 1572, in-4°); — *Discours sur les occurrences des guerres intestines de ce royaume et la justice de Dieu contre les rebelles au roy, et comme de droict divin est licite à S. M. de punir ses subjects pour la religion violée, ensemble le tombeau de G. de Coligny, jadis admiral de France* (Paris, M. de Roigny, 1572); — *Déluge des huguenotz, avec leur tumbeau et les noms des chefz et principaux punys.....* par J.-C. de Vellay (Arch. curieuses de l'hist. de France, t. VII, p. 251); — *De furoribus gallicis, horrenda et indigna amiralli Castellionei, nobilium etc. cæde* (Edimburgi, 1573); — *Sommaire discours de tous les troubles de ce royaume, procédans des impostures et conjurations des hérétitcques et des rebelles* (Paris, l'Huillier, 1573); — *Ornatissimi cujusdam viri de rebus gallicis, ad Stanislaum Elvidium et ad hunc de iisdem*

sacrez en leur présence et dessoubz leurs pieds. L'admiral fut mas- 1572.
sacré en sa chambre et tous ceux qui y estoient, et fut son corps

rebus responsio (1573, in-4°. La première
de ces lettres est attribuée à Guy du Faur
de Pibrac); — *Extrait des registres et chro-*
niques du bureau de la ville de Paris, du
22 août au 1er septembre 1572 (Archiv. cur.
de l'histoire de France, t. VII, p. 209);
— *Gasparis Colinii, Castellonii magni con-*
dam Franc. amir. vita (1575, in-8°); —
Illustrissimi herois Gasparis Colignii epice-
dia, etc. (imprimé, Bibl. imp. Fontanieu,
vol. 324:5-6); — *Complainte et regrets de*
Gasp. de Colligny, qui fut admiral de France
(Paris, au mont S¹-Hilaire, 1572); — *Le*
Réveille-matin des François et de leurs voi-
sins, composé par E. Philelphe, cosmopolite
(Archives curieuses de l'hist. de France,
t. VIII, p. 167); c'est le même récit, sauf
quelques changements, que celui des *Mé-*
moires de l'Estat de France; — *Discours*
particulier où est amplement descrit et blasmé
le massacre de la S¹-Barthélemy (Bibl. imp.
S¹-Germain-Harlay, 354). C'est un récit dé-
taillé de la S¹-Barthélemy, avec un aperçu
des événements qui ont précédé le massacre, depuis la conspiration d'Amboise; il
paraît adressé aux princes protestants d'Allemagne; tous les maux de la France y
sont attribués à l'ambition, au mauvais
gouvernement de la reine mère et à l'édu-
cation qu'elle a donnée à ses enfants. La
partie de cette pièce qui concerne spécialement la S¹-Barthélemy a été imprimée
sous le titre de : *Le tocsin contre les massa-*
creurs, etc. Reims, Jean Martin, 1579, et
Arch. curieuses de l'hist. de France, t. VII,
p. 1; — *Dissertation sur la journée de la*
S¹-Barthélemy, par l'abbé Caveyrac (*Arch.*
curieuses, t. VII, p. 475); — *Disserta-*

tion, etc. à la suite du *Coup d'œil sur l'his-*
toire du calvinisme en France, par M. R. de
Saulières (1844, in-8°); — *La France et*
la S¹-Barthélemy, par G. Soldan (1855,
in-8°). — Voy. aussi de Thou, *Hist. univ.*
l. LII, et *Mémoires* (Panthéon littéraire,
xvi° siècle, p. 569 et 570); — *Mémoires*
de Marguerite de Valois (édit. Guessard,
p. 26); suivant Marguerite, le désespoir
et les mauvais desseins que la blessure de
l'amiral avait inspirés aux protestants dé-
cidèrent la cour à prévenir leur vengeance;
— *Vie de Charles IX,* par A. Sorbin (Archives curieuses de l'hist. de France, t. VIII,
p. 280); l'auteur admet la préméditation
du massacre et en fournit des témoignages;
— *Mémoires de Jean, sieur de Mergey* (Panthéon littéraire, xvi° siècle, p. 269); —
Mémoires de Jean de Saulx-Tavannes (ibid.
p. 432); on y voit que la cour aima mieux
gagner une bataille dans Paris, où les
chefs protestants étaient réunis, que la
risquer en rase campagne; — *Mémoires*
de l'Estat de France sous Charles IX, t. I,
fol. 189 et suiv. — D'Aubigné, *Histoire*
universelle, t. II, l. I, p. 10 et suiv. —
Œconomies royales, de Sully, ch. v et vi;
— *La vie et faits notables de Henry de Va-*
lois (Arch. curieuses de l'hist. de France,
t. XII, p. 421); — *Vie, actions et déporte-*
mens de Catherine de Médicis (ibid. t. IX,
p. 58 et suiv.); — *Histoire de Charles IX,*
par Papire Masson (ibid. t. VIII, p. 336);
d'après cet écrit, le mariage de Marguerite
et de Henri de Navarre fut un piége dans
lequel Charles IX, qui regarda le massacre
avec beaucoup de joie, avait su attirer les
protestants; — *Choses notables et qui sem-*

1572. jetté dehors par les fenestres sur le pavé. Le prince de la Rochefoucault et tous ses gens y demeurèrent. Au bruict qui se fit au forcement des logis des princes susditz huguenotz et de l'admiral, commença le guet de Paris à s'esmouvoir les armes au poin et sortir en pleine rue, et la cloche de l'horloge du Palais à sonner. Les Parisiens catholicques avoient ung certain signal et marque sur leurs habillemens semblable à celuy que pourtoient les gens du roy, affin de eux entrecognoistre à la meslée. Les huguenotz, par mesme moyen, à ce bruict se mirent en armes et sortirent en rue pour exécuter la résolution de leur dessein, marquez d'aultre signal que les catholicques; ilz se trouvèrent bien surprins, quand ilz virent que l'on commença à drapper sur leur fripperie. Ce de quoy plus ilz s'estonnoient estoit le son de la cloche du Palais qui sonnoit l'alarme et le tocsin, chose de quoy ilz ne s'estoient doubtez et qu'ilz n'avoient donné charge de faire en la résolution de leur conseil. Aultant qu'il s'en présenta ceste nuict par les rues, aultant en demeura-il sur le pavé. Toute la nuict se passa à forcer et saccager les huguenotz de guerre et qui estoient de la rébellion contre le roy et les catholicques, qui estoient audit Paris et s'estoient trouvez au mariage dudit roy de Navarre; et croy que nul n'en eschappa sain et saulve que le capitaine

blent dignes de l'histoire (Archives curieuses de l'histoire de France, p. 407); — Tallemant des Réaux (*Historiettes,* édit. Monmerqué, t. I, p. 223); — *Lettre de Charles IX à M. de Cély, président au parlement, pour lui recommander et lui promettre le secret sur les choses échangées entre eux au sujet de la St-Barthélemy,* 24 mars 1573 (*Revue rétrospect.* t. III, 2e série, p. 193); — Diverses lettres de Charles IX à M. de Longueville, à M. de Matignon, à M. de Mandelot, à M. d'Éguilly, à M. de Lavalette, à M. de Brie, dans le vol. 324-326 de Fontanieu, dans le Recueil de M. Paris, dans celui de M. Merlet, dans les Mémoires de l'état de France, etc.; — Lettre de Charles IX à Carouge, gouverneur de Rouen, en date du 24 août 1572, analysée dans l'Histoire du parlement de Rouen, par M. Floquet, t. III, p. 115; — Lettre de Charles, cardinal de Lorraine, à Nicolas Psaulme, évêque de Verdun, 15 septembre 1572 (*Revue rétrospective,* t. III, 2e série); — Lettre du cardinal de Lorraine à Charles IX, 10 septembre 1572 (*ibid.* t. V, p. 370); — Brantôme, *Vies de Charles IX et de Catherine de Médicis;* — de Serres, *Hist. de cinq rois;* — Martyrologe de Crespin; — Davila, la Popelinière, etc.

Lorge, dict le comte de Mongomery. Au jour de devant, il avoit 1572.
changé de logis et s'estoit retiré au fauxbourg Sainct-Honoré, pour
faire escorte à quelques capitaines huguenotz qu'il et l'admiral avoient
mandez venir audit Paris, pour ayder à l'exécution de leur future
entreprinse; le jour Sainct-Bartholomy au poinct du jour, oyant le
bruict dedans la ville de Paris et voyant les portes de la ville fermées
contre la coustume des jours précédens, il entendit bien qu'il y avoit
aultre mesnage que celuy qu'il et les siens avoient comploté, monta
sur une grande jument d'Espagne qu'il avoit, et print la fuitte à bride
avallée pour se saulver, en disant telz motz : « O Dieu! qui est le
traître qui a révélé nostre secret? » Et ce dict, picca le chemin de la
Rochelle, et n'arresta oncques pour dormir qu'il ne fust entré dedans
la ville, où il se rendit en moins de vingt-quatre heures, et dont il
se saisit pour se y fortifier. A grand peine fut monté à cheval ledit
Mongomery pour se saulver et hors de son logis, que ceux qui avoient
la charge de le prendre vif ou mort y arrivèrent, et, sçachant qu'il
estoit party n'y avoit longtemps, montèrent à cheval et le poursuyvi-
rent; mais oncques ne purent ratrapper que sa jument d'Espagne,
qu'il avoit quittée quand elle fut hors d'allaine et prenant aultres
chevaux tous fraiz pour mieux courir. Le roy désiroit fort qu'il fust
prins vif, pour faire de luy exécution publicque et exemplaire à tout
le monde, à cause du murtre qu'il avoit commis aux joustes en la
personne du feu roy Henry, père de sa majesté, au mariage du roy
d'Espagne avec la sœur de saditte majesté[1].

Au matin, le jour de la Sainct-Bartholomy, les portes de la ville
de Paris ne furent ouvertes à personne qui fust, tant grand seigneur
feust-il, ni de trois jours après; et n'entrèrent ni sortirent audit et dudit Paris aucunes personnes quelles qu'elles fussent, et furent les trois
jours employez à cercher les huguenotz et huguenottes de la ville de
Paris et aultres lieux, et à tuer et massacrer ceux qui furent trouvez
dedans laditte ville, et n'en eschappa que ceux qui gangnèrent les

[1] Lettre du roi au gouverneur de Nor- mandie Matignon, pour faire saisir le sieur de Mongommery. 1572, 24 août. (Isam- bert, *Rec. des anc. lois franç.* t. XIV, p. 256.)

1572. maisons de leurs amys catholicques bien secrettement et les religions
des cordeliers, jacobins et aultres des ecclésiastiques, pour eux saulver, esquelles maisons et couvens en y eut de massacrez, d'aultant
qu'on les y avoit veu entrer. Les huguenotz incognus, tant de laditte
ville que aultres qui n'en estoient pas, se saulvèrent à la marque et
signal qu'ilz prindrent telz qu'ilz virent les catholicques en porter,
qui estoient des croix blanches sur leurs chapeaux et habitz, et contrefaisans les catholicques et prenans les armes au poin, se meslèrent
parmy les catholicques pour tuer et persécuter leurs frères huguenotz
héréticques, et firent telz plus de carnage sur le reste des huguenotz
que ne firent et n'eussent faict les catholicques. Les maisons des huguenotz dudit Paris furent toutes mises et habandonnées au pillage,
qui dura l'espace desditz trois jours, où s'enrichirent maintes pauvres
gens dudit Paris, tant crochéteurs, maraux de Grève, que aultres.

La damoyselle d'Yverny, bourgeoise de Paris, dame des villages
d'Aulnoy-lez-Provins et Costures, paroisse des Ormes lez Bray-sur-
Seine, huguenotte perfaicte, fut trouvée et prinse dedans l'Hostel-Dieu
de Paris, revestue en habit de nonnain pour penser saulver sa vie, fut
dudit Hostel-Dieu tirée par ceux qui la poursuyvoient, et tuée sur le
bord de la rivière de Seine et son corps jetté en laditte rivière[1]. Les
filles de laditte damoyselle se saulvèrent au logis de mons. de Crenay,
maistre d'hostel du roy, où elles ne eurent aucun mal, et s'estant réduittes à la religion catholicque, furent remises en leurs biens en toute
liberté et sûreté, l'une desquelles fut par après mariée au filz dudit
sieur de Crenay, jeune gentilhomme bien accort et fort accomply[2].

La dame d'Esternay fut saulvée par le moyen de ses amys dudit
Paris, qui la recélèrent l'espace de plus de dix jours et jusques après
la sédition cessée, ayant quitté ses habitz de damoyselle pour en

---

[1] Voy. le Tocsin contre les massacreurs, (*Arch. curieuses de l'hist. de France*, t. VII, p. 56); *Mém. de l'Estat de France*, t. I, et de Thou, *Hist. univ.* l. LII.

[2] Françoise, troisième fille de Made-leine Briçonnet et de Thibaud de Longue-joue, sieur d'Yverny, épousa Pierre de Foissy, sieur de Crenay, puis en secondes noces Robert du Harlay, sieur de Mont-glat.

prendre d'autres telz que les portent les simples femmes des villes, 1572. allant par chascun jour à la messe, contrefaisant la bonne catholicque, et tenant des patenostres en ses mains.

Ramus, docteur en tous droictz, liseur du roy en l'université de Paris, homme estimé le plus sçavant de la France et le plus expert en toutes sciences humaines qui fust audit Paris, et quasi en toute la chrestienté, fut à ceste sédition tué et massacré comme héréticque, scismatique et huguenot tel qu'il estoit, et ne le garda d'estre saccagé la belle et grande croix qu'il avoit mise sur son chapeau.

Ceste sédition fut fort cruelle et sanguinaire, et, par le rapport qui en fut faict à la vérité, furent tuez et massacrez audit Paris l'espace de trois jours et trois nuictz le nombre de plus de sept mille personnes bien cognues et remerquées, sans aultres qui furent jettées dedans la rivière qui ne furent cognües[1].

Les sieurs de Telligni, gendre du feu admiral Colligni, homme des plus expertz de la conjuration huguenoticque et des plus grandes entreprinses, de Bricquemaux et de Cavagnes, ne furent tuez à la sédition, parce qu'ilz ne furent trouvez en leurs logis, la nuit de la St-Bartholomy, quand on les y cercha à la collère; mais furent prins prisonniers deux jours après au lieu où ilz s'estoient saulvez, et furent menez dedans la Conciergerie du palais de Paris, où ilz furent l'espace de quinze jours durant que l'on fit leur procès, lesquelz, par leurs interrogat, recollement et confrontations, révélèrent le secret par eux et les aultres huguenotz conspiré contre le roy, et confessèrent qu'ilz avoient résolu de faire sur le roy, ses frères, les sieurs de Guise et aultres catholicques de Paris, pareil saccagement que lesditz catholicques avoient fait sur eux, et déclarèrent en oultre plusieurs aultres secretz et les principaux poinctz qui entretenoient les guerres civilles entre le roy et les princes huguenotz.

Ilz furent par arrest de la court de parlement dudit Paris condempnez à estre dégradez du tiltre de noblesse et déclarez roturiers, et quant et quant à estre pendus et estranglez en la place de la Grève

---

[1] Quelques contemporains portent ce nombre jusqu'à dix mille.

1572. devant l'hostel de la ville dudit Paris, et par après leurs corps menez
au gibet de Monfaucon lez laditte ville de Paris, ce qui fut faict.

Le corps de l'admiral demoura le reste de la nuict en laquelle il
fut saccagé sur le pavé de la rue, devant le logis où il fut tué, jusques
au lendemain huict heures du matin, que les petis enfans de la rue
et aultres l'enlevèrent avec cordes qu'ilz luy mirent ès piedz et au col
et le traînèrent par les aultres rues dudit Paris[1]. En le traînant, ilz luy
firent son procès, tout ainsi que s'ilz eussent esté juges et gens de
justice, et par leur sentence le condempnèrent à estre traîné par lesdittes rues de Paris d'ung carrefour à l'aultre, comme villain, séditieux
et perturbateur du repos public, conspirateur contre son roy, proditeur de sa patrie, et finallement à estre bruslé à petit feu comme héréticque et huguenot, et fut par eux enfans ceste sentence sur luy prononcée de carrefour à aultre, leue et publiée par les rues où il fut
par eux traîné; et estans parvenus au lieu par eux désigné pour le
brusler, allumèrent un feu de feurre et de bois sur son corps. Ce faict,
se lassèrent de le plus pourmener, et pour en destrapper la terre, le
jettèrent dedans la rivière de Seine pour le rafreschir, où il fut quelques trois ou quatre jours et jusques ad cé que son procès criminel
fust faict par messieurs de la court de parlement[2], lesquelz, en confirmant leur premier arrest contre luy rendu durant les troubles précédens des années mil cinq cens soixante-neuf et dix, ainsi que l'avons
dict esdittes années, le condempnèrent crimineux de lèze majesté
divine et humaine contre Dieu et le roy, son corps à estre traîné sur
une claye par les rues de Paris avec ung cheval, à estre desgradé luy
et sa postérité du tiltre de noblesse, et à estre pendu au gibet de
Monfaucon de Paris, ses biens, meubles et immeubles confisquez au

[1] Le testament de Coligny a été publié
d'après la pièce olographe dans le Bulletin de la société de l'histoire du protestantisme français, 1852, p. 260.

[2] Sur le lit de justice tenu au parlement de Paris, à l'occasion de la St-Barthélemy et sur l'arrêt rendu par le parlement
contre la mémoire de Coligny, le 26 août
1572, voy. la lettre de Dufaur de Pibrac,
p. 260, et le Stratagème de Charles IX,
par Capilupi. (*Arch. curieuses de l'hist. de
France*, t. VII, p. 441 et suiv.)

roy et remis au domaine de sa majesté, sa maison de Chastillon-sur-
Loing, qui estoit son principal domicille, à estre abatue et razée rez
pied rez terre, ses armoiries et escussons rompus et jettez par terre
en quelque lieu qu'ilz fussent veus et trouvés.

Ceste sentence rendue contre luy, fut son corps levé de la rivière
comme indigne d'estre viande des poissons, et fut par le bourreau
traîné par les rues et de là mené au gibbet du Monfaucon pendre,
pour estre viande et charongne des vers et des corbeaux, où il fut
quelque quinze ou vingt jours avant que aucuns de ses amys eussent
le moyen de faire coupper les cordes qui le soustenoient et de le faire
tomber au bas dudict gibbet, où ilz le firent de nuict enterrer.

Il ne fault laisser en arrière le miracle que Dieu démonstra dedans
la ville de Paris, au cymetière de Sainct-Innocent, les jours et nuictz
de la sédition susditte et saccagement dudit admiral et les siens, qui
fut tel qu'il s'ensuit. Fault notter et croyre quant et quant que, dedans le cymetière de mons. St-Innocent de Paris, y a une petite cha-
pellette, dedans laquelle est une ymage de la vierge Marie nostre
dame, devant laquelle tous catholicques qui passent par là font la révérence et plusieurs se mettent à genoux pour prier Dieu en l'honneur de la vierge Marie, mère de Jésus-Christ, et pour l'utillité des
pauvres trespassez; devant laquelle chapelle et ymage y avoit une espine blanche plantée, qui aultresfois avoit esté verte et bien reprinse,
portant par plusieurs années feuilles, fleurs et fruicts, et qui estoit
devenue morte et seiche il y avoit plus de quatre ans auparavant ceste
présente, sans avoir jetté feuille, fleur ni fruict, et n'en faisoit-on aultre
cas que d'ung arbre mort et sec. Lequel arbre ou espine, dès le matin du saccagement et sédition, fut veue reverdir de feuilles et fleu-
rir de fleurs belles et blanches, ayans pareille odeur que les fleurs
d'espine blanche qui fleurissent au moys de may; et dura ce miracle
l'espace de quinze jours entiers, au veu et au sceu de tout le monde
de Paris et aultres lieux qui y estoient et furent de toutes parts durant
ledit temps. Icelle espine fut par toutes personnes touchée et visitée
en son escorce, boys, feuilles et fleurs, pour veoir si c'estoit point ung

1572. abus qui eust esté faict par art magicque ou enchantement d'enchanteurs, sorciers ou Vaudois, et fut trouvé que non, mais que c'estoit la vertu de Dieu qui y opéroit[1].

Aucuns malades languissans, ayans ouy ce miracle, se firent porter audit cymetière pour veoir laditte espine; lesquelz, estans là avec ferme foy, firent leur prière à Dieu en l'honneur de nostre dame la vierge Marie et devant son ymage qui est en laditte chapelle, pour recouvrer leur santé, et, après leur oraison faicte, s'en retournèrent en leurs maisons sains et guaris de leur maladie, chose très-véritable et bien approuvée. Il sembla que Dieu, par ce miracle, approuvast et eust pour agréable la sédition catholicque et la mort de son grand ennemy l'admiral et des siens, qui avoient tant et si audacieusement depuis douze ans auparavant par toute la France deschiré sa robbe sans cousture qui est sa vraye Église et son espouse, et conculqué et gasté les sainctz sacremens d'icelle, et signamment son précieux corps au sainct sacrement de l'autel, qui est consacré à la saincte messe par les prebstres de son église apostolicque et romaine. Après les quinze ou vingt jours passez, laditte espine s'en retourna en son premier estat de seicheresse et aridité.

Le 27e jour du moys d'aoust, le roy fit cesser la sédition[2] et crier par ses héraux aux carrefours de la ville de Paris, que chascun eust à s'arrester et laisser en paix toutes personnes sans plus tuer, mais trop bien d'emprisonner ceux que l'on trouveroit et qu'on cognoistroit estre fauteurs de la conjuration huguenoticque et séditieuse entreprinse contre sa majesté et les catholicques.

[1] Voy. *Mém. de l'Estoille*, t. I, p. 75 de l'édition Petitot, et de Thou, l. LXII.

[2] Voy. sur l'ordre donné par Charles IX, d'après les remontrances de l'échevinage, de cesser à Paris les meurtres et pilleries, le Registre du bureau de la ville de Paris. (*Archives curieuses de l'histoire de France*, t. VII, p. 217.) — Le 24 août, le roi expédia aux gouverneurs des provinces une circulaire dans laquelle il rejetait sur les Guises le meurtre de l'amiral, et expliquait les massacres par une querelle entre les protestants et les princes lorrains. (Voy. la Correspondance de Charles IX et de Mandelot, p. 39; les Mémoires de l'Estat de France, fol. 215; le Recueil de lettres publié par M. Merlet, etc.)

Et ce faict, se transporta en personne au Palais, dedans la chambre 1572. dorée, où il fit assembler tous les messieurs des chambres des parlemens dudit palais, messieurs ses frères et aultres princes catholicques, comme aussi les princes huguenotz, le roy de Navarre et prince de Condé, qu'il avoit faict serrer au chasteau du Louvre, ne voulant permettre qu'ilz eussent esté tuez avec les aultres en laditte sédition; en la présence de tous lesquelz, comme aussi des ambassadeurs d'Espagne, d'Ytalie, de Rome et d'Allemaigne, il déclara le faict de laditte sédition et les causes pourquoy, approuvant ce qui en avoit esté faict comme estant fait par son commandement exprès, ainsi qu'il appert par la déclaration qui s'ensuit :

« Déclaration du roy de la cause et occasion de la mort de l'admiral et aultres ses adhérens et complices, dernièrement advenue en ceste ville de Paris, le xxive jour du présent moys d'aoust MCCCCGLXXII.

« DE PAR LE ROY.

« Sa majesté désirant faire sçavoir et cognoistre à tous seigneurs, gentilhommes et aultres ses subjectz la cause et occasion de la mort de l'admiral et aultres ses adhérans et complices, dernièrement advenue en ceste ville de Paris, le xxive jour du présent moys d'aoust, d'aultant que ledict fait leur pourroit avoir esté desguisé aultrement qu'il n'est;

« Sadicte majesté déclare que ce qui en est ainsi advenu a esté par son exprès commandement et non pour cause aucune de religion ne contrevenir à ses édictz de pacification, qu'il a tousjours entendu comme encores veult et entend observer, garder et entretenir, ains pour obvier et prévenir l'exécution d'une malheureuse et détestable conspiration faicte par ledit admiral, chef et autheur d'icelle, et sesdictz adhérans et complices, en la personne dudit sieur roy et contre son estat, la royne sa mère, messieurs ses frères, le roy de Navarre, princes et seigneurs estans près d'eulx.

« Parquoy sadicte majesté faict sçavoir par ceste présente déclaration et ordonnance, à tous gentilhommes et aultres quelconques de

1572. la religion prétendue réforméé, qu'elle veult et entend qu'en toute
seureté et liberté ilz puissent vivre et demeurer avec leurs femmes,
enfans et familles en leurs maisons, soubz la protection dudit seigneur roy, tout ainsi qu'ilz ont par cy devant faict et pourroient faire,
suyvant les bénéfices desditz édictz de pacification.

« Commandant et ordonnant très-expressément à tous gouverneurs
et lieutenans généraux, en chascun de ses pays et provinces, et à tous
aultres ses justiciers et officiers qu'il appartiendra, de n'attempter,
permettre ne souffrir estre attempté ne entreprins, en quelque sorte
et manière que ce soit, ès personnes et biens desditz de la religion,
leursdittes femmes, enfans et famille, sur peine de la vie contre les
délinquans et coulpables.

« Et néantmoins, pour obvier aux troubles, scandalles, soupçon et
deffiances qui pourroient advenir à cause des presches et assemblées
qui se pourroient faire, tant ès maisons desditz gentilhommes que
aillieurs, selon et ainsi qu'il est permis par les susditz édictz de pacification, saditte majesté fait très-expresses inhibitions et deffenses
à tous lesditz gentilhommes et aultres estans de laditte religion de
ne faire assemblées, pour quelque occasion que ce soit, jusques ad
ce que par ledit seigneur, après avoir pourveu à la tranquillité de son
royaume, en soit aultrement ordonné, et ce sur peine de désobéissance et de confiscation de corps et de biens.

« Est aussi très expressément deffendu, sur les mesmes peines, à
tous ceux qui, pour raison de ce que dessus, auroient ou retiendroient
dès prisonniers, de ne prendre aucune rançon d'eux et d'advertir incontinant les gouverneurs des provinces ou lieutenans généraux, du
nom et qualité desditz prisonniers, lesquelz saditte majesté ordonne
les relascher et faire mettre en liberté, si ce n'est toutesfois qu'ilz
soient des chefz qui ont eu commendement pour ceux de la religion
ou qui ayent faict des praticques et menées pour eux, et lesquelz
pourroient avoir eu intelligence de la conspiration susditte, auquel
cas ilz en advertiroient incontinant saditte majesté, pour sur ce leur
faire entendre sa volonté.

« Ordonnant aussi que doresnavant nul ne soit si hardy de prendre 1572.
et arrester prisonnier aucun pour raison de ce que dessus, sans l'exprès commendement dudit sieur ou de ses officiers, et de n'aller
courir ny prendre, par les champs, fermes et mestairies, aucuns chevaux, jumens, bœufz, vaches et aultre bestial, biens, fruictz, grains,
ni choses quelconques, et ne meffaire ne mesdire aux laboureurs,
mais les laisser faire et exécuter en paix et avec toute sûreté leur labourage, et ce qui est de leur vacation, et ce sur les peines susdittes.

« Faict à Paris le vingthuictiesme jour d'aoust, l'an mil cinq cens
soixante et douze.

« Signé CHARLES.

« Et au dessoubz, FIZES[1]. »

Nonobstant ceste déclaration et deffenses du roy, aucuns ne cessèrent de saccager les huguenotz qui estoient espars en divers lieux
hors de Paris et qui en estoient absens auparavant le jour de la feste
de mons. St Bartholomy; et entre aultres furent saccagez et tuez dedans leur maison le chancelier de France nommé l'Hospital, et sa
femme[2], qui estoient demourans lez Estampes, où se transportèrent
aucuns tout exprès pour les massacrer, car ilz estoient des plus pernicieux huguenotz du royaume. Combien qu'il chancelier ne suyvist
la guerre des rebelles, ains suyvoit tousjours le roy, estant de son
conseil; il estoit fort pernicieux au royaume, d'aultant qu'il donnoit
advertissement aux princes huguenotz de tout ce que le roy et son
conseil entreprenoient contre eux, et en oultre leur fournissoit des
sceaux et cachetz du roy pour sceller et cacheter les lettres qu'ilz
huguenotz faisoient au nom de sa majesté, qu'ilz envoyoient aux Allemans et nations estrangères pour en tirer secours.

---

[1] Cet acte a été publié dans le Recueil
d'Isambert, t. XIV, p. 257.

[2] Il n'est pas exact que l'Hôpital, qui
était retiré dans sa maison de Vignay, près
d'Étampes, et sa femme, aient alors été
tués; le chancelier mourut le 13 mars
1573. Une déclaration du 1er février lui
donna acte de sa démission et lui conserva
les honneurs et émoluments de sa place
jusqu'à sa mort. (Voy. Brantôme, *Digres-
sion sur le chancelier de l'Hospital.*)

1572.   Le président de la Place, homme des plus expertz et renommez
du palais de Paris, huguenot, ne fut tué durant la sédition des trois
jours, parce qu'il ne fut trouvé en sa maison, mais fut tué tout
mort en allant au Palais, monté sur sa mulle, plus de huict jours
après la déclaration royalle[1].

Le roy envoya hommes à Chastillon-sur-Loing, au logis de l'admiral, depuis sa déclaration faicte, pour signiffier à la femme et fille
de l'admiral qu'elles eussent à vuyder hors dudit lieu et s'en aller en
Savoye, d'où estoit ladite femme, si elles ne se vouloient réduyre
avec les catholicques, en quittant l'alliance que feu lesditz admiral et
Telligny avoient avec les rebelles séditieux, lesquelles aymèrent
mieux s'en aller que de se réduyre[2].

S. M. fit arrester les enfans masles dudit admiral, qu'il avoit tant
de sa première femme que de ceste-cy, et les fit garder en toute seureté, pour les pourveoir par après de biens et estatz pour avoir moyen
de vivre, et les remettre au rang de la noblesse, s'ilz eussent volu se
réduire à sa volunté; et les envoya en divers lieux et soubz divers pé-
dagogues, pour les instruire en toute science et discipline de bonnes
mœurs, dedans les colléges de Paris, où ils demeurèrent aux despens
du roy quelques années, jusques à ce qu'ilz, par maulvais conseil,
s'en retirèrent furtivement, pour se réunir avec les rebelles contre le
roy leur bienfaicteur, au temps que nous dirons en son lieu cy-après.

Au jour mesme que le roy advoa la sédition et que la déclaration
ci-dessus dicte fut publiée au Palais, les portes de Paris furent ouvertes à ung chascun pour y entrer et en sortir, ce qui n'avoit esté
libre à personne il y avoit trois jours, et commença la sédition à cesser audit Paris et à prendre cours en aultres lieux; car postes prindrent chemin de toutes partz, pour pourter aux parlemens de Dijon,
de Grenoble, de Thoulouse et aultres lieux la déclaration susditte,

----

[1] *Discours sur la vie et le caractère du
président P. de la Place, etc.* par M. Ch.
Bartholmess. (*Bulletin de la soc. de l'hist.
du protestantisme franç.* 1853, p. 511.)

[2] *Passeport pour Mᵐᵉ l'admiralle de par
le roy.* 24 septembre 1572. (Bibl. imp. 158,
Missions étrangères, 28.)

pour empescher que le semblable ne fust exécuté en leurs villes et 1572.
provinces qui avoit esté faict audit Paris. Mais les villes desditz parlemens et aultres lieux furent par aultres advertis de ce qui avoit esté
faict audit Paris avant que lesdites postes fussent vers eux arrivez, et,
par ce moyen, sédition fut faite esdittes villes et aultres sur les huguenotz d'icelles, la plus grande partie desquelz furent murdris et saccagez comme avoient esté ceux dudit Paris.

Les huguenotz des villes de Troye en Champaigne, de Lyon, de
Bourges, d'Orléans, de Poitiers, de Thoulouse et de plusieurs aultres
villes furent traictez à la façon de ceux de Paris, et n'y eut de bien
chastiez après Paris que ceux de Lyon et de Thoulouse, et en demeura fort peu esdittes deux villes; et si fut le saccagement faict par
l'authorité du magistrat desdittes villes[1].

L'intention du roy estoit que toutes les villes de son royaume fissent sur leurs huguenotz comme ceux de Paris avoient faict aux leurs,
nonobstant la déclaration et deffense ci-dessus dicte. Car, par ce

[1] Sur les massacres dans les provinces, voy: *Mémoires de l'Estat de France*, t. I; — *Histoire universelle*, de de Thou, l. LII; — *Correspondance de Charles IX et de M. de Mandelot*, publiée par M. P. Paris; — ms. de Fontanieu, vol. 324-326; — *Récit du massacre de la S*-*Barthélemy à Troyes* (Bibl. imp. collect. Dupuy, vol. 333, plusieurs fois imprimée); — *la S*-*Barthélemy à Meaux*, extrait des Mémoires de M. Janvier, curé de la paroisse Saint-Thibaud, à Meaux (*Bulletin de la société de l'histoire de France*, 1838, 10 mai, p. 3); — *Histoire des guerres civiles du comté vénessin, de Provence, de Languedoc*, par Louis de Perussis; — *La S*-*Barthélemy à Rouen*, les 17, 18, 19 et 20 septembre 1572 (Floquet, *Histoire du parlement de Rouen*, t. III, p. 116 et suiv.); — *Les huguenots et la S*-*Barthélemy à Lisieux*, par M. de Formeville (Caen, 1840, in-8° de 35 pag.); — *Recherches historiques sur la ville d'Angers*, par Moithey (1776, in-4°); — *Mémoires de Jean Philippi*, conseiller à la cour des aides de Montpellier, et *Mémoires d'Achille Gamon*, consul d'Annonay, dans les pièces fugitives du marquis d'Aubais; — *Mémoires d'Ant. du Puget*, dans la collection Michaud, t. VI, p. 720, etc. — Dans une lettre écrite, le 26 août 1572, aux officiers judiciaires et municipaux de Nantes par le duc de Bourbon-Montpensier, gouverneur de Bretagne, pour annoncer la conspiration et la mort de l'amiral, on lit : « Par là, l'intention de S. M. est assez cognue pour le traitement qui se doit faire aux huguenotz des autres villes, et aussi le moyen par lequel nous pouvons espérer de voir ci-après quelque repos en nostre pauvre église catholicque... » (*Bulletin de la société de l'histoire du protestantisme français*, 1852, p. 60.)

1572. moyen, il entendoit repurger son royaume de ceste faulse couvée de vipères, qui, par chascun jour, renouveloient troubles et séditions au royaume, pour empescher la tranquillité de la republicque, et qui abusoient de la doulceur de sa majesté en cerchant tous moyens de le tuer et exterminer par tant de fois. Les huguenotz de Meaux, après ceux de Paris, furent les premiers chargez de toutes les aultres villes, et en fut le carnage tant par terre qu'en la rivière fort gros, et fut à ceste sédition le marché dudit Meaux fort despeuplé de huguenotz et leurs maisons ruynées, ensemble les biens qui y estoient entièrement pillez; les églises de messieurs sainctz Martin et Sainctin, qui avoient esté fermées aux catholicques il y avoit dix ans, furent rouvertes ausditz catholicques pour y retourner servir Dieu en toute liberté et sûreté.

A Provins, n'y eut aucune sédition des catholicques sur les huguenotz de leur ville, parce que le nombre desditz huguenotz estoit petit, et aussi que lesditz huguenotz furent les premiers advertis du saccagement de Paris, et eurent moyen de eux enfuyr avant qu'on s'avisast de mettre la main sur eux[1]. Les huguenotz convertiz et réduictz à l'église catholicque par le prédicateur jacobin qui preschea audit Provins, en l'an 1569, se trouvèrent fort estonnez et ne sçavoient qu'ilz debvoient faire, ou de fuyr après les aultres, ou de se tenir. Toutesfois, par le conseil de leurs amys, s'arrestèrent, mais furent plus de huict jours serrez nuict et jour, qu'ilz n'osoient se monstrer publicquement, de peur qu'on ne se ruast à leur fripperie. On ne leur fit aucun mal.

Les gentilshommes et damoyselles huguenotz des villages, quelques chasteaux et maisons fortes qu'ilz eussent, perdirent tout courage de plus tenir bon en leursdittes maisons et chasteaux, après qu'ilz

[1] Procession générale à Provins, avec le chef de saint Quiriace, le 7 septembre 1572, pour remercier Dieu de la mort de Coligny (*Compte du chambrier de St-Quiriace*, ap. Rivot, t. VI, p. 321). De semblables processions eurent lieu dans toute la France. (Voy. le Journal de Michel Leriche, bourgeois de Saint-Maixent, p. 108 et 109.) Le 28 août, un jubilé extraordinaire avait été célébré à Paris.

furent certains du désastre advenu sur leurs chefz et séditieux frères,
et quasi tous prindrent le chemin, les aulcuns de Sedan, aultres ès
Allemagnes et les aultres à Genefve; et ne se tinrent assurez qu'ilz
ne fussent deffinagez du royaume, jusques ad ce qu'ilz sceurent la
volunté et déclaration du roy. Et pour empescher qu'on ne leur fist
mal sur les chemins, en s'enfuyant, avoient les hommes de grandes
croix blanches ou d'aultre couleur sur leurs chappeaulx et habitz, et
les damoyselles et femmes huguenottes des patenostres en leurs mains
ou à leur cincture; et ne voyoit-on plus personne par la France, tant
ès villes, villages que par les chemins, qu'ilz n'eussent des croix sur
leurs chappeaux et habitz, quelque huguenotz qu'ilz fussent ou qu'ilz
eussent esté, pour saulver leur vie. Depuis la sédition dudit Paris,
les huguenotz qui avoient parens et amys prebstres, moynes et d'é-
glise, estoient bien heureux de eux retirer vers eux pour emprunter
leurs robbes et habitz, pour eux servir à eux saulver ou pour les retirer en leurs maisons en toute sûreté; et se trouvèrent lesditz huguenotz des villes et villages aussi empeschez que jadis, ès années passées,
s'étoient trouvez les prebstres et gens d'église à se saulver de la tyrannie qu'ilz huguenotz avoient faict sur eux.

Les huguenotz qui restèrent après les séditions, tant à Paris que
par le reste de la France, excepté ceux de la Rochelle, de Sanxerre
et de Montauban, allèrent tous à la messe, sans qu'ilz y fussent contrainctz et qu'on leur commandast d'y aller, combien qu'ilz eussent
juré, quand ilz avoient renoncé à l'église catholicque, de n'y jamais
aller, quelque commandement qu'on leur en fist et les deubst-on
brusler tout vifz; et sembloit qu'ilz n'en eussent jamais party ni esté
séparez, tant ilz faisoient bonne mine, et ne se contentoient d'estre
à une ni à deux, ains demeuroient à toutes qui se chantoient ès
églises; en quoy apparut leur inconstance et légèreté d'esprit, parce
que, au temps de leur prospérité, ilz se vantoient à haulte voix en
toutes assemblées que plus tost ilz eux mesmes se jetteroient dedans ung feu allumé de mille fagotz que de leur vie aller à la messe,
quelque contraincte qu'on leur en peust faire.

1572.   Et commencèrent les premiers à y aller les princes huguenotz, le roy de Navarre et le prince de Condé, chefz ou portenoms de chefz de la rébellion huguenoticque, soubz la conduitte du feu admiral; lesquelz, estans réservez par le commandement du roy de la sédition parisienne de la Sainct-Bartholomy, sans contraincte aulcune, abjurèrent devant le roy leur faulse religion, luy demandèrent pardon du crime par eux commis de lèze majesté divine et humaine, et protestèrent de ne jamais tenir ni retourner à leur prétendue religion, qu'ilz confessèrent estre faulse et abusive, déclarans que ce qu'ilz en avoient faict et creu avoit esté par l'importunité dudit admiral, qui luy mesme avoit séduict le feu prince de Condé et la noblesse du royaume, soubz le nom de laditte prétendue religion, pensant par ce moyen ledit admiral parvenir à la dignité royalle.

Iceux princes, au lieu de reprendre des prédicans et ministres de leur religion abjurée, prindrent des prebstres et docteurs catholicques, pour chanter la messe par chascun jour devant eux, et pour les prescher catholicquement, les enseigner en la religion apostolicque et romaine, et leur administrer les sacremens d'icelle.

Ung des prédicans du roy de Navarre et des plus estimez en leur prétendue religion, qui eschappa à la sédition susditte, nommé des Roziers, se réduisit à l'église catholicque et romaine[1], et fit ung livre de sa réduction à laditte église, par lequel il confessa que plusieurs causes l'avoient induict à se faire hérétieque, mais que, après qu'il avoit meurement pensé laquelle des deux églises, catholicque ou réformée, estoit la meilleure, il avoit reconnu la romaine estre la vraye église de J. C., déclarant qu'il y avoit plus de quatre ans qu'il désiroit trouver quelque occasion honeste pour le faire retirer de son erreur, ce qu'il n'avoit sceu faire avant ce jour de sédition bartholomienne; et pour

---

[1] Hugues Sureau des Rosiers, ou du Rosier, après avoir abjuré pour sauver sa vie et avoir travaillé à la conversion du roi de Navarre, du prince de Condé, etc. revint ensuite au protestantisme et mourut méprisé et misérable à Francfort. Il a publié, entre autres écrits : *Traité touchant la confession de foy de H. du Rosier, avec abjuration de la profession huguenoticque*, 1573. On a imprimé (Paris, Séb. Nivelle) : *Confession de foy, faite par H. Sureau du Rosier*, 16 septembre 1572.

monstrer que la craincte du massacre dudit jour n'estoit la cause de sa 1572. conversion, dict qu'il n'y avoit eu aucun mal en son corps et ses biens, qu'il n'avoit esté prins prisonnier, que le temps et la commodité luy avoient baillé l'espace de se saulver la part qu'il eust volu, et si avoit le moyen de vivre à l'étranger aussi bien comme en France.

Les princes protestants envoient au pape la confession de leurs péchés, l'abjuration de leurs erreurs et la promesse de vivre dans l'église catholique; ils demandent l'absolution de leurs fautes et la légitimation de leurs mariages.

Le pape, ayant receu la confession desditz princes et veu leur requeste tant humblement présentée, et quant et quant veu l'extermination de tant de héréticques huguenotz françoys si subittement faicte, plora de grand joye qu'il eut de la conversion ou réduction desditz princes à la religion catholicque, et voluntiers enthérina leurs requestes, en leur baillant absolution de leurs peschez et dispenses de leurs mariages, et fit faire dedans la ville de Rome les feuz de joye par les carrefours des rues, sonner toutes les cloches des églises de laditte ville et chanter en icelles *Te Deum laudamus*[1].

---

[1] On conserve des exemplaires de la fameuse affiche dont une traduction a été donnée dans les Mémoires de l'Estat de France, t. I. Elle porte :

« D. O. M., beatissimo patri Gregorio XIII, pont. max. sacro illustrissimorum cardinalium collegio, S. P. Q. R.

« Carolus IX, christianissimus Francorum rex, zelo zelatus pro domino Deo exercituum, repente velut angelo percussore divinitus immisso, sublatis una occisione prope universis regni sui hæreticis perduellibusque, tanti beneficii immemor nunquam futurus, consiliorum ad eam rem datorum, auxiliorum missorum, duodecennalium precum, supplicationum..... ipse nunc solidissimorum gaudiorum affluentissimus gratulatur.

..... « Pro isto tanto beneficio conjunctis hodie ardentissimis votis, absens corpore, præsens animo, hic in æde S[ti] Ludovici, avi sui, Deo omnipotenti gratias agit.....

« Carolus, tituli S[ti] Appolinaris S. R. E. card. de Lotharingia, omnibus significatum et testificatum esse voluit.

« Anno 1572, VI sept.

« Litteris romanis aureis majusculis descriptum, festa fronde velatum ac limniscatum est supra limen ædis S[ti] Ludovici. Romæ appensum anno et die prædictis.

« Parisiis, ap. Joh. Dallier, in ponte S[ti] Michaelis, sub alba rosa. » (Bibl. imp. 500 Colbert, n° 1, p. 119.) — Sur les représentations de la St-Barthélemy et de la mort de Coligny exposées à Rome,

1572.   Le cardinal de Bourbon, auquel la bulle d'absolution fut adressée, fit confesser
les princes à leurs docteurs catholiques, puis les fit assister à une messe qu'il
chanta dans l'église de Saint-Germain-l'Auxerrois, et leur donna la communion.

Ilz la receurent bien dévostement, ce sembloit; et pensoit-on, à
les veoir faire, que jamais ne retourneroient à l'hérésie et huguenotterie. Et pour protester la foy catholicque, eux-mesmes, sans commendement de personne, portèrent des croix d'or à leur col pendantes
sur leurs poytrines tout publicquement, qui n'en partoient que la
nuict, quand ilz alloient coucher; et croy que, depuis que le royaume
de France avoit esté faict chrestien, les hommes de toutes qualitez
qui y avoient esté n'avoient esté si curieux de porter des croix, de
quelque matière qu'elles fussent, à leur col, chapeaux ou habitz, que
l'on estoit depuis la sédition bartholomienne.

Par ce port et élévation de croix que les Françoys prindrent depuis le jour de ceste sédition, fut appertement entendu l'énigme du
roy et son dire qu'il avoit dict aux docteurs de Paris qui furent vers
S. M. à Orléans, en l'an 1571 dernier passé, pour le prier et empescher que la croix faicte en la rue St-Denis en la place des maisons ruynées de Crocquet et Gastines ne fust abatue, comme il en
avoit donné commission aux huguenotz de Paris; ausquelz docteurs
avoit dict sadite majesté qu'il falloit que icelle croix fust abatue,

voyez le Bulletin de la société de l'histoire du protestantisme français, 1852,
p. 241; et sur la médaille frappée à Rome
en l'honneur du même fait, les *Numismata
pontificum*, de Bonanni. Il existe d'autre
part des lettres de Charles IX à M. de
Schomberg, son ambassadeur auprès des
princes protestants d'Allemagne (13 septembre 1572 et 21 avril 1573); de M. de
Schomberg à Charles IX (9 octobre 1572),
qui constatent les efforts faits par la cour
de France pour atténuer aux yeux du
comte Palatin du Rhin, du duc de Saxe,
du duc de Brunswick, du landgrave de

Hesse, etc. l'effet produit par le massacre
de la St-Barthélemy, et pour persuader à
ces princes que rien n'a été fait en haine
de la nouvelle religion, mais dans le but
de repousser une conspiration contre la
couronne. « Je me suis résolu, dit le roi
« dans la première de ces pièces, de laisser
« tirer le cours d'une justice à la vérité ex-
« traordinaire, et autre que je n'eusse dé-
« siré, mais telle que en semblables per-
« sonnes il estoit nécessaire de praticquer. »
— Voy. aussi une lettre latine imprimée
dans la collection Dupuy, vol. 333, à la
Bibliothèque impériale.

parce qu'il estoit ainsi accordé avec les huguenotz par la paix faicte 1572. avec eux, mais que, pour ceste croix abatue, il en feroit redresser dix mille et plus avant qu'il feust peu de temps. Ce qui advint en ceste présente année, car plus de dix mille huguenotz, qui haïssoient les croix et signes d'icelle (si elles n'estoient d'or ou d'argent pour les desrobber), en redressèrent et portèrent à leurs chapeaux et sur leurs habitz, de telle matière qu'ilz purent avoir, pour saulver leur vie.

La dame du Plaissis aux Tornelles lez Provins, vefve du feu seigneur de Mouy, son dernier mary, naguères de retour du royaume d'Angleterre, après avoir sceu la sédition bartholomienne faicte à Paris, n'osa demourer en son chasteau du Plaissis aux Tornelles, combien qu'il feust fort, de peur d'y estre saccagée; mais, en habitz de femme de laboureur de village, s'enfuyt cacher en la maison d'un sien oncle nommé le seigneur de Lalande, demourant ès environs de Vimpelles, en tirant à Montereau, où le seigneur de Rancé-Corcelle l'alla cercher et enlever prisonnière, et la mena en sa maison au pays de Champagne où il résidoit ordinairement, sans luy faire aucun mal. Il estoit colonel des légionaires de Champagne et Brie. Il requist laditte dame de le prendre en mariage, et luy promettoit de faire sa paix envers le roy et de la garder d'estre saccagée, pour ce qu'elle estoit huguenotte et de ceux qui aydoient les huguenotz séditieux contre S. M. Mais icelle dame n'y volut entendre, ains s'en excusa par tous moyens à elle possibles, disant qu'elle avoit promis sa foy en mariage au seigneur de la Noë de Bretaigne (ce qui estoit vray), et que pour ceste cause elle ne povoit la promettre audit sieur de Rancé, que premièrement elle ne eust certaine novelle dudit de la Noë, s'il estoit vif ou mort.

Laditte dame, pour eschapper des mains dudit de Rancé en toute sûreté et estre à sa faveur rendue à Genefve saine et saulve, luy donna par contract passé pardevant notaires les villages et seigneuries de Meel sur Seine, Montmitel et le Fresne en Anjou, ensemble tout le revenu d'icelles à tousjours et à jamais pour luy, et pour les siens

1572. après luy. Le contract passé, fut icelle dame conduitte à Genefve et
mise en liberté, ainsi qu'elle l'avoit requis, où elle demeura quelque
temps avant que de revenir en France.

Si tost que laditte dame fut hors de ses mains et de sa charge,
M. de Rancé s'achemina au village de Meel et seignories de Montmitel, et par notaires royaux s'en fit mettre en possession, en vertu
de la donation à luy faicte par laditte dame; ce faict, il alla à Provins au lieu de la Grosse Tour du chasteau relever du roy, d'aultant
que lesdittes seignories despendent dudit lieu, appellés à ce les gens
du roy pour eux y trouver, si bon leur sembloit, et du tout leva actes,
et de là retourna audit Meel faire exercer la justice en son nom, et
contreignit les fermiers et tenanciers de le recognoistre pour leur
seigneur.

Incontinent après la déclaration du roy faicte sur le massacre bar-
tholomien, S. M. envoya mandemens aux baillifs et séneschaux des
villes de son royaume, qu'ilz eussent à se saisir des maisons et biens
des gentilshommes huguenotz, à les mettre par inventaire, à les faire
régir par commissaires, et à y mettre des gens de guerre et soldatz en
garnison, signamment ès chasteaux et maisons fortes d'iceux; ce qui
fut faict principallement au bailliage de Provins et les circonvoisins.

Le bailli de Provins alla exécuter cette ordonnance; mais les gentilshommes
protestants, effrayés du massacre de Paris, avaient tous pris la fuite. M. de
Rancé, sachant que le bailli avait mis au Plessis une douzaine de soldats qui
vivaient aux dépens du revenu du château, obtint du roi que ce château lui fût
donné en garde, et en fit sortir les soldats. Une garnison avait été également
placée par le bailli dans le château d'Aulnay; elle en fut renvoyée par les soins
de M. de Crenay, maître d'hôtel du roi, en faveur de son mariage avec une fille
de la feue dame d'Iverny, dame dudit lieu. Il n'y eut point de garnison à Chanteloue, ni à la Saussotte, au logis du sieur de Besancourt, parce que ce n'étaient
pas des lieux de défense; mais on inventoria les biens et on en confia la garde
à des commissaires.

Les novelles de la sédition de Paris faicte au jour St-Bartholomy
ne furent plus tost sceues en ce pays pruvinois, que une bande de

soldatz à pied en bon ordre arrivèrent au village de la Saulsotte et 1572.
allèrent environner la maison et logis du sieur de Besancourt, qui y
faisoit sa résidence, pour tascher à le prendre prisonnier ou à le
tuer en la place ; et estoient là allez exprès pour ce faire, estans partis
de quelques villages d'auprès d'Auxerre, pour prendre vengeance des
maux incroiables que ledit Besancourt avoit faict en leurs pays, tant
en vols que saccagemens de personnes en leurs maisons et par les
chemins, comme ilz disoient; et estoient le nombre de 50 à 60 soldatz. Lesquelz, n'ayans trouvé en la maison ledit Besancourt, mangèrent tout ce qu'ilz trouvèrent de comestible en laditte maison, et
chargèrent une charrette des meilleurs meubles qui y fussent, avec
deux grandes et grosses jumens à luy appartenant, puis reprindrent
leur chemin et s'en retournèrent sans faire aucun mal à personne,
estans fort maris d'estre allez à faulte. Il n'y avoit demye heure qu'il
Besancourt estoit party avec ses chevaux de saditte maison pour s'en
fuyr, quand lesditz soldatz y arrivèrent, ne sçachant toutesfois novelle
d'eulx ni de leur venue.

Je ne sçay qui induisit le bailly de Provins à aller au chasteau de la
Motte de Tilly lez Nogent-sur-Seine, pour y poser garnison et mettre
les biens d'iceluy en inventaire, veu que c'estoit hors de son bailliage;
parquoy est à présupposer que, pour ce faire, avoit receu mandement
particulier du roy ou de mons. de Guyse, gouverneur du pays de
Champaigne et Brie. Dedans lequel chasteau, estoient le filz aisné du
feu seigneur d'Esternay, seigneur dudit lieu, accompagné d'un gros
et gras abbé huguenot, nommé l'abbé de St-Michel de Tonnerre, et
de quelque vingtaine d'hommes huguenotz. Ledit filz d'Esternay, âgé
de 9 à 10 ans pour le plus, ne sçavoit encores novelles de sa mère,
qui estoit à Paris, et pensoit qu'elle eust esté massacrée avec les
aultres huguenotz, comme le bruict en couroit en ce pays, toutesfois
faulsement, comme nous avons dict ci-devant. Tous lesquelz tenoient
bon dedans ledit chasteau de la Motte, comme maistres de la maison
tel qu'en estoit ledit jeune seigneur d'Esternay. Et refusèrent d'en faire
audit bally ouverture, au commendement qu'il leur en fit de par le

1572. roy par diverses fois. Et se voyant n'estre pour lors le plus fort pour forcer ledit chasteau, laissa ses soldatz, qu'il avoit mené avec soy pour mettre en garnison dedans, au guet et escoutes pour tenir ceux de dedans à l'abboy et empescher qu'ilz ne sortissent, et s'en retourna à Provins prendre de l'ayde de gens et de canon, pour aller assiéger et prendre ledit chasteau par force, si possible luy en estoit. Il leva audit Provins plus de cent hommes, tous bons harquebusiers, et fit charger quelques harquebuses à croc, avec deux fauconneaux, et retourna avec eux audit lieu de la Motte; et, estant là, trouva que les soldatz qu'il y avoit laissé le jour de devant s'estoient jà faict maistres de la basse-court, et tenoient ceux de dedans assiégez fort estroictement. Lesquelz assiégez, faulte de courage ou de munitions de guerre, n'avoient faict aucun mal ausditz soldatz, et si n'eussent osé sortir hors dudit chasteau, de peur d'estre tuez et massacrez par iceux soldatz, qui à la vérité n'eussent failli de les massacrer, veu la résistance et refus qu'ilz avoient faict de se rendre.

De retour que fut ledit bailly avec son armée audit lieu de la Motte, commencèrent ceux du chasteau à crier miséricorde, et à prier ledit bailly de les prendre à mercy et empescher qu'on ne les tuast, disant qu'ilz livroient la place, moyennant qu'il leur fust permis s'en aller la part qu'ilz pourroient, pour eux saulver et avoir la vie saulve. Et après longs propos, fallut qu'ilz se rendissent prisonniers audit bailly, qui leur promist toute seureté de vie de sa part et des siens, et les assura qu'ilz n'auroient aucun mal, si ce n'estoit par le commandement du roy, qui les volust faire exécuter par justice, ce qu'il croyoit bien qu'il ne feroit. Et à ceste condition se rendirent, bien faschez et maris. Ilz furent tous desvalisez d'armes, montez sur meschans chevaux et menés au chasteau de Tourvoye lez Sordun, au chasteau de la dame dudit lieu, fille du feu seigneur de Momberon, où ilz, avec ledit bailly, couchèrent la nuict. Durant laquelle, fut adverty de leur emprisonnement mons. des Maretz lez ledit Provins, qui, au lendemain matin, avec grande compagnie de gentishommes catholicques, alla audit lieu de Tourvoye demander à caution et sur leur

charge le petit jeune huguenot d'Esternay et toute sa suitte, promettant et s'obligeant de les représenter au roy et à justice, quand
besoin en seroit, et les mena prisonniers en sa maison. Le bailly, des-
chargé de leurs personnes, retourna audit chasteau de la Motte
mettre les biens en inventaire et y poser garnison, pour les garder et
la place.

Le bailly, remenant à la Motte le secours qu'il estoit allé querre
à Provins, furent aulcuns de sa trouppe advertis que, au village de
Maulny, parroisse de Meel, se retiroit en la maison de Claude Corradin, laboureur, demourant en la ferme de la Commanderie, ung
huguenot de Provins, nommé N. Pèze, soubzdiacre et non marié,
filz de feu Mille Pèze, en son vivant procureur audit Provins, lesquelz,
passans par ledit village, allèrent trouver ce sépulchre caché en la
maison dudit Corradin, qu'ilz enlevèrent de laditte maison, et le
firent cheminer avec eux le chemin de la Motte, pour le persuader
à se retirer de son hérésie et huguenotterie, et à reprendre l'église
catholicque, de laquelle il s'estoit distraict. Lequel, ne voulant obéyr
et promettre de se retirer, fut par quelques-ungs de la trouppe trans-
percé d'ung coup de harquebuse au travers du corps, et, n'estant frappé
à mort de ce coup, fut avec les feustz des harquebuses assommé, et
jetté dedans la grande rivière de Seine, où il morut. On l'appeloit,
par ung surnom et mocquerie qu'on luy avoit donné, la belle Hélaine,
d'aultant qu'il estoit put et laict et tout couperosé par le visage. Avant
que se déclarer huguenot, il estoit chanoine de St-Nicolas de Provins,
et chapelain en l'église mons. St-Quiriace dudit lieu, qu'il résigna à
ung sien nepveu, nommé Claude Richard, filz de Claude Richard,
argolet ou archer du lieutenant de courte robbe, moyennant une
pension que luy debvoit donner par chascun an ledit Richard. Ceste
pension fut plus cause de sa mort que son hérésie; car ledit Claude
Richard, argolet, estoit en la compagnie, quand il fut tué et jetté en
la rivière.

La damoiselle de Houssoy-lez-Provins, femme ou fille de feu
Me Jehan Legendre, jadis procureur du roy audit Provins, hugue-

1572. notte, fut prinse, en la ville ou les environs, et mise en la prison,
où elle fut l'espace de huit jours et plus avant qu'on la volust donner
à caution à mons. de la Gravelle, son filz, gentilhomme honeste, et
non huguenot, qui l'alla solliciter fort diligemment, lequel, si elle
n'eust esté sa mère, l'eust plus tost tuée que de la tirer. Il travailla
tant qu'à la fin elle luy fut rendue par justice à caution. Et sitost
qu'elle fut hors de prison, l'enmena en sa maison à la Gravelle, qui
est ès environs de Vertu, luy persuadant de se retirer de son erreur
et reprendre l'église catholicque et romaine. Son second filz, qu'on
appelloit le sieur de Talan, huguenot, ne se travailla de l'aller solliciter, ains estoit assez empesché à se saulver comme les aultres.

Édit du roi (septembre 1572), qui autorise les protestants à rentrer dans
leurs maisons et les remet en jouissance de leurs biens, en leur défendant de
tenir aucunes assemblées pour l'exercice de leur religion, et en ordonnant aux
ministres et prédicants de sortir du royaume.
Les protestants rentrent chez eux, retournent à la messe et vont à confesse.

Les gentilshommes de ce pays qui retournèrent à la messe furent
les sieurs de Patras, demeurant à Courtioust, et sa femme, de Besancourt et la sienne, la vefve du feu seigneur de St-Symon, mère dudit
de Besancourt, demourant à Chantaloue, de Primsault, demourant à
Bauchery, et sa femme, de Lansoë, demourant à Villers St-George,
et sa femme, de Boissy lez Chenoise, le jeune d'Esternay, qui estoit
entre les mains de mons. des Marestz, du Buat, parroisse de Bannost,
de Sapincourt le père, de Boisdon, et les sieurs de Umbrée, des
environs de Jouy le Chastel.

Les villes de la Rochelle et de Sancerre, accordées aux protestants par la paix
de 1570, « ayans entendu la bonne chère que le roy avoit faict aux huguenotz
« qui s'estoient trouvez au mariage de sa sœur, » fermèrent leurs portes, massacrèrent les prêtres et les catholiques, et refusèrent d'obéir aux mandements
royaux. Le duc d'Anjou partit le 10 octobre de Paris pour les réduire. L'hiver
fut employé à reprendre les îles de Marans, près la Rochelle, où commandaient
le baron de la Noue et le comte de Montgommery, probablement encouragés en

secret par le roi de Navarre et le prince de Condé, en attendant une autre entre- 1572.
prise qu'ils méditaient contre le roi, comme on le vit en 1574.

En la ville de Paris et par toute la France, excepté esdittes villes,
toutes choses estoient tranquilles, et s'estoient réunis avec les catholicques' les huguenotz héréticques, lesquelz faisoient bonne mine et
meschant jeu. Ilz tendoient secrettement les aureilles de toutes partz,
pour sçavoir la commodité ou incommodité de leurs affaires. Ilz
rehaulsèrent leur courage, quand ilz entendirent que les villes susdittes tenoient bon et ne se vouloient rendre ; toutesfois, dissimu-
loient en leurs consciences le mieux qu'ilz povoient, et monstroient
se vouloir ranger à la volunté du roy. Peu ou poinct des gentilhommes
huguenotz de Champaigne et Brie allèrent au secours desdittes villes,
ains demeurèrent en leurs maisons.

Pour lesquelz faire contenir, le roy donna commandement à
mons. de Guyse de visiter toutes les provinces et bailliages de son
gouvernement de Champaigne et Brie, et de s'informer où estoient
les gentilhommes dudit gouvernement, ensemble de leurs mœurs,
conditions et manière de vivre, et de ce faire procès-verbaux pour
reporter à S. M., ce qu'il fit par tous les moys de novembre et
décembre de ceste année. Il commença à Reims, Chaslons et Troye
en Champaigne, de Troye à Sens, de Sens à Montereau et de Montereau à Provins, où il arriva environ le 12 ou 15e jour de décembre
de ceste année avec gros train ; car il luy en estoit besoin, d'aultant
que les huguenotz et parens de l'admiral disoient et maintenoient
que ledit admiral avoit esté massacré par son moyen, et que par son
commandement le coup de harquebuse donné audit admiral avant la
sédition bartholomienne avoit esté faict.

Il avoit faict assavoir aux bally et gouverneurs de Provins son allée
audit lieu quelque six jours avant qu'il y arrivast, et avoit baillé commandement auxditz bally et gouverneurs qu'ilz signifiassent et fissent
bailler assignation aux gentilhommes tant catholicques que huguenotz dudit bailliage pour eux trouver ad ce jour audit Provins,
comme aussi à frère Pierre Pisseret, prieur de la Fontaine aux Bois,

1572. que l'on disoit estre huguenot, pour ouyr et entendre la volunté du
roy, telle qu'il avoit charge de leur dire[1]. Lesditz de Provins s'apres-
tèrent pour le bien recevoir et luy firent entrée au mieux qu'ilz purent,
selon le moyen qu'ilz avoient; car ilz se resjouissoient beaucoup de
sa venue et l'aymoient, partie pour l'honneur de son feu père, qui
s'estoit en son vivant rendu leur protecteur et bienfaicteur, l'aultre
partie pour l'honneur de sa mère, qui estoit dame de leur ville, par
don que le roy luy en avoit faict, et enfin, pource qu'il estoit gouverneur de la province et bon prince catholicque. Au jour qu'il arriva,
les boticques des marchans et artisans furent fermées; les quatre capitaines de la ville assemblèrent les harquebusiers de leurs quartiers
au son du tabourin, qu'ilz menèrent hors la ville, assistez des harquebusiers du serment du jeu et de la butte de la harquebuse, conduictz par leurs capitaines, et se trouvèrent tous ensemble monter
au nombre de plus de 5oo. Les procureur et eschevins, assistez des
juges et gens du roy, luy furent au devant, à demye lieue hors de
la ville, accompagnez desditz harquebusiers, où luy furent présentées
les clefz des portes par Me Francoys Taupin, lieutenant du bailly, qui
estoit malade au lict, dont il morut, comme nous dirons ci-après. Le
clergé et tous les ecclésiasticques dudit Provins s'assemblèrent dedans
l'église de mons. St-Quiriace, et allèrent au devant dudit seigneur
jusqu'à la grand place de la Croix des Changes du chasteau, où ilz
séjournèrent quasi deux heures, revestus de leurs surplis et petis cha-
perons seullement.

Ledit seigneur arriva entre deux et trois heures après midi; devant
lequel se présenta Me Claude Moissant, doyen de la chrestienté et curé
de St-Pierre, assisté des doyens, dignités et personnatz, comme aussi
de tout le clergé des églises pruvinoises, à l'yssue de la rue Couverte,
qui entre dedans la grande place dudit chasteau, où s'arresta ledit seigneur pour ouyr la harangue ecclésiasticque, qui fut fort bien dicte

---

[1] On trouve dans l'Histoire de France
de la Popelinière, t. II, l. XXIX, fol. 69,
une lettre du roi au duc de Guise, pour
lui recommander de maintenir la paix dans
son gouvernement de Champagne et d'y
pourvoir à la sûreté des protestants.

en beau vulgaire françoys par ledit Moissant (non par faulte de latin), 1572.
et bien escoutée par ledit seigneur, lequel la pensoit escouter monté
sur son cheval, comme il avoit faict celle des habitans de la ville, au
lieu où ilz l'avoient receu; mais l'en empeschea ung sien gouverneur
ou maistre d'hostel de sa maison, homme bien ancien, qui luy dist
qu'il minst le pied à terre et qu'il descendist de dessus son cheval, ce
qu'il fit fort humblement et voluntairement. Les principaux poincts de
la harangue ecclésiasticque estoient en la louange du feu père dudit
seigneur et de sa loyaulté, qu'il toute sa vie avoit gardée à Dieu touchant le faict de la saincte religion catholicque, pour l'honneur de laquelle, il, comme vray Matatias et Judas Macabéen, avoit, à sa louange
et des siens, rendu par martire son âme à Dieu, en poursuivant l'extermination du peuple séditieux huguenot et hséréticque devant la
ville d'Orléans; et comment aussi, il dès sa jeunesse s'estoit rendu le
vray filz et protecteur du S¹-Siége et de tous les ecclésiasticques, non
seullement de France, mais de toute la chrestienté; et pour le dernier poinct, la loyauté qui avoit esté en sondit feu père au service
des feuz roys et de la coronne de France, comme aussi la piété qu'il
avoit eu toute sa vie envers le simple peuple françoys, et singulièrement envers les pauvres habitans de sa ville de Provins; priant ledit
seigneur qu'à l'exemple de son feu père il luy pleust de recevoir de
bonne part le salut que le clergé dudit Provins humblement luy présentoit, tant pour eux que pour toute la ville, lesquelz se rendoient
comme pauvres esclaves soubz sa protection et sauvegarde, comme
ilz avoient autreffois faict à feu son père, soubz l'auctorité et nom
du roy.

Ceste harangue finie, ledit seigneur fort honestement respondit au
clergé, qu'il emploieroit sa vie, corps et biens, pour la manutention
de la vraye religion, des ecclésiasticques et le service du roy, comme
avoit faict feu son dit père, et particulièrement le clergé de laditte
ville de Provins, selon la grâce et le moyen que Dieu luy en feroit.
Ce dit, le clergé par ordre s'achemina, les croix des églises haultes
eslevées, et descendirent en l'église des jacobins, sans rien chanter par

1572. la rue. Ledit seigneur suyvit à pied, et après luy ses maistres d'hostel et principaux gentilzhommes, et les gouverneurs de laditte ville ensemble meslez les ungs parmy les aultres, et ilz entrèrent tous en l'église des jacobins, où fut chanté *Te Deum laudamus,* en la présence dudit seigneur, qui estoit à deux genoux teste nue. Le *Te Deum* fini, il s'en alla en son logis, qui estoit en la maison du feu président Philippes Durant, tout joignant la grande porte desditz jacobins, pour se reschauffer, car il faisoit bien froict et y avoit beaucoup de neiges sur la terre.

Les doyens et ecclésiasticques des chapitres de N.-D. du Val et de Sᵗ-Quiriace, incontinent qu'ilz furent de retour en leurs églises, retournèrent au logis dudit seigneur prince, pour le saluer en particulier et luy faire présent de pain et de vin, du meilleur qui se peut trouver audit Provins, telle qu'est la coustume de faire à l'entrée des roys et princes dedans les villes. MM. les gouverneurs de la ville luy en présentèrent pareillement, avec grande quantité de conserves et aureillers de roses seiches, qui sont les fruitz du pays pruvinois. les plus exquis qui y croissent, qui furent fort humainement receus par ledit seigneur.

Les gentilshommes catholiques et protestants du bailliage, selon l'ordre qu'ils en avaient reçu, se rendent le soir chez le duc de Guise, assez inquiets, surtout les protestants, ne sachant à quelle fin ils avaient été mandés. Ils lui présentent le sieur de Besancourt, en demandant grâce pour ce seigneur, en vertu des édits de pacification. Le duc, après lui avoir reproché ses crimes contre Dieu, la religion et le roi, consent à le recevoir en grâce, sur sa promesse de se réunir à l'église catholique et de ne point porter les armes contre le roi. Les gentilshommes prêtent serment de fidélité au roi, puis le duc les congédie, et ils se retirent fort contents de sa sagesse et de sa raison précoce. Frère Pierre Pisseret, prieur de la Fontaine-au-Bois, réputé huguenot, fait défaut; sur quoi, le duc ordonne au lieutenant des maréchaux d'aller mettre garnison au prieuré, ce qui est de suite exécuté. Trois jours après, le duc de Guise, qui ne coucha qu'une nuit à Provins, étant parti, une troupe de vingt-cinq hommes armés vient occuper le prieuré de la Fontaine au nom de l'abbé d'Essonnes, après avoir décidé, moyennant de l'argent, les archers de la maréchaussée à se retirer. Le prieur Pisseret, ayant fait sa paix avec le duc de Guise, attaque devant le parlement les chefs de la

troupe qui s'était emparée de son prieuré; pour les délivrer, le prieur d'Essonnes fait accord avec Pisseret, et, en échange du prieuré de la Fontaine, lui
cède celui de Voulton, plus riche de 500 livres de revenu.

Le duc de Guise se rend de Provins à Meaux, puis il est envoyé par le roi au
siége de la Rochelle.

Mort du pape Pie V (1er mai 1572). Les cardinaux de Rôme en font part aux
autres cardinaux et aux rois de la chrétienté. Élection de Grégoire XIII (9 mai).
Les cardinaux français n'arrivent qu'après l'élection faite; le cardinal de Pellevé
est envoyé à Rome comme ambassadeur de France.

Au mois de mai, le samedi après l'Ascension, arrive à Provins Christophe de
Cheffontaines, nouvellement élu général des cordeliers [1], et allant faire confirmer
son élection. Il est reçu au couvent des cordeliers. Les gouverneurs de la ville
lui offrent des conserves de roses sèches, et, pour sa nourriture et celle de sa
suite, font présent au couvent de pain et de vin. Sur leur invitation, il prêche à
Sainte-Croix, le lendemain de la Saint-Ayoul; son sermon porte sur la foi, les
œuvres et les cérémonies extérieures. Puis il quitte Provins après dîner et se dirige sur Nogent. — Cinq jours après, arrivent le général des jacobins, frère Séraphin Cavalli [2], et le provincial de la province; ils introduisent quelques réformes
dans le couvent de Provins, et y remettent en vigueur la confrérie du chapelet
Notre-Dame, instituée par saint Dominique; plusieurs personnes de Provins entrent dans cette confrérie, approuvée par les papes Pie V et Grégoire XIII.

*Les grans pardons et indulgences données à perpétuité par les sainctz pères papes
de Rome à tous ceux et celles qui seront de la notable confrarie du St-Rosaire, etc.*
(copie d'un imprimé contenant l'historique de l'institution de la confrérie du
Saint-Rosaire et la mention des avantages accordés aux confrères). Le général
ordonne à frère Aubin Caroli, religieux du couvent de Provins, fameux docteur
en théologie, de faire chaque semaine une leçon publique du catéchisme adopté
au concile de Trente.

Nicolas Janvier, fils de Nicolas Janvier, avocat du roi à Provins, et d'une
femme qui épousa depuis le seigneur de Patras, s'était fait chartreux à Grenoble,
sans qu'on sût ce qu'il était devenu; après dix ans d'absence, il revint voir sa
mère et ses sœurs, et, malgré les efforts que l'on fit pour le retenir dans le monde,
il retourna, selon sa promesse, chez les chartreux, auxquels il donna une partie
de son bien; il avait alors vingt-deux ans.

---

[1] Il avait été nommé au chapitre général tenu à Rome en 1571.

[2] Séraphin Cavalli fut fait général des
jacobins le 11 juin 1571. Il mourut à
Séville le 21 novembre 1578.

1572.   Un soldat d'une compagnie passant dans le pays provinois viole une fille dans
le village de Voulton; il est dénoncé à la justice de Provins, arrêté et pendu
devant le pilori. — Au mois d'octobre, Jean Bellardel, dit Crespin, protestant de Bauchery, est pendu à Provins devant la fontaine Saint-Ayoul, comme
ayant commis, durant les troubles, un assassinat et plusieurs vols, rançonné
les gens, etc.

Ce huguenot Jehan Crespin fut requis et admonesté de se retirer
de sa prétendue religion huguenoticque et de se confesser à Dieu
devant le prebstre qui luy fut présenté, ce qu'il ne volut faire, ains
persista en sa folle oppinion, et si ne sçavoit pas bien lire ni escrire.
Le bourreau, Me Nic. Ledoux, le voyant ainsi obstiné, luy lya les
mains derrière le doz, et le jetta hors de l'eschelle, quand il fut
monté au plus hault de la potence, et le laissa là s'estrangler tout
doulcement, sans le tripper ne luy haster sa mort. Après qu'il fut
mort, et que le bourreau l'eut habandonné, les petis enfans de Provins, de l'âge de douze ans et au dessoubz, montèrent avec l'eschelle
au plus hault de la potence, et, après avoir couppé la corde, le firent
tomber sur le pavé, et là luy mirent une corde au col et une aultre
aux piedz, et furent quelque temps à le tirer, les ungs par le col, les
aultres par les piedz, pour tascher à en demeurer les maistres; mais,
s'estans mis aultant d'ung costé que d'aultre, la force ne sçavoit à qui
céder le lieu. Ce que voyans, lesditz enfans le quittèrent en la place,
sans y plus toucher, jusques ad ce que le procès qu'ilz intentèrent
sur la place feust vuydé. Aucuns d'entre eux furent par leur communaulté esleuz juges de ceste cause, aultres procureurs pour la plaider,
et mirent en controverse si ledit huguenot devoit estre trayné par
le col au lieu de la voyrie et champ des chevaux mortz ou par les
piedz. Et firent ung procès de cela devant leur juge délégué; lequel, après avoir ouy les parties en leur plaidoyer, ordonna que
ledit huguenot, en signe de beste morte, seroit traîné par les piedz,
comme chrestien indigne de plus grand honneur, à cause de sa huguenotterie, en laquelle pire que beste avoit persisté et fini misérablement ses jours; les parties contencieuses furent pour ce faict mises

hors de procès sans despens, à la charge que les ungs et les aultres mettroient la main à l'œuvre, sans en plus enquérir ne s'en informer davantage, et ce par arrest rendu en dernier ressort. De ceste sentence n'apellèrent les condempnez, ains en acquiessant à icelle, s'estelèrent aux cordes qui estoient en ses piedz, avec ceux qui avoient gangné leur cause, et tous ensemble, d'un commun accord, le traînèrent par les rues de la ville à la porte de Changy. Estans au premier carrefour de la rue qui tourne à la Queue de Renard et l'enseigne de la Cage, fut par aucuns des enfans qui démenoient ce spectacle formé ung appel, non de la sentence de leur juge délégué, mais de celle des juges royaux, qui avoient faict son procès et l'avoient condempné à estre pendu, comme mal jugé d'une peine trop petite, veu l'obstination qui avoit esté en luy de demeurer huguenot et morir tel, disant que la peine de telz huguenotz obstinez estoit et debvoit estre d'estre bruslez tout vifz et à petit feu; et tant fit cest appellant qu'il arresta la compagnie et le corps mort, et requist leur juge délégué de s'asseoir sur ung siége qui estoit au coing de laditte rue, pour ouyr son plaidoier et ses griefz d'appel, comme syndic et procureur de la communaulté qui estoit là assemblée. Ce que fit ledit juge, qui ordonna que l'ung d'entre eux serviroit de procureur pour deffendre la cause du mort. Et à l'ordonnance de ce juge, l'ung d'entre eux print la cause pour deffendre le mort, et, après contencion de cause, fut dict par le juge bien appellé par l'appellant et mal soustenu par le deffendant, en disant que, veu le crime commis par le mort, qui estoit crimineux contre Dieu, le roy et la républicque chrestienne, qu'il devoit estre condempné à estre bruslé tout vif, et toutesfois, puisqu'il estoit mort sans avoir senti la peine du feu, ordonnoit qu'il seroit mis dedans le feu et bruslé, tout mort qu'il estoit. Cette sentence rendue, allumèrent lesditz enfans le feu en du feurre qu'ilz avoient trouvé de toutes partz, et jettèrent ce corps mort dedans.

A veoir faire ce procès et traîner ce corps mort par lesditz enfans, qui estoient en nombre plus d'un cent, prenoient plaisir beaucoup de gens jeunes et vielz, lesquelz bailloient courage ausditz enfans, ap-

1572. prouvans ce qu'ilz faisoient; aultres bons catholicques en avoient dueil et empeschoient lesditz enfans par parolle de commettre cruaulté sur un corps mort. Le plus grand plaisir que tant les ungs que les aultres catholicques prenoient en ce faict estoit la procédure faicte devant le juge et les raisons débattues, qui sembloient estre bien dictes, veu l'âge qu'ils avoient, et jugèrent plusieurs personnes ce faict présager quelque plus grand cas qu'ilz ne povoient exposer devoir advenir ou aux enfans, ou à la ville, ou à la républicque françoyse. Lesditz enfans, après l'avoir routy à leur feu de feurre, le traînèrent par la porte de Changy au lieu où anciennement estoit le gibet de Provins, qui maintenant est ruyné; et ne trouvant là lieu pour le mettre à leur plaisir, le traînèrent en la rivière, après que un homme, marinier de Nogent-sur-Seine, luy eut couppé une aureille qu'il pendit à son chappeau pour la porter audit Nogent et donner tesmoignage du discours qu'il en fit aux habitans de la ville, où Crespin avoit faict beaucoup de mal, à la suitte de Besancourt. Le corps fut au lendemain retiré, à la diligence des femmes des tanneurs dudit Changy, et enterré sur le bord de la rivière.

Mort de Charlotte Pinot (12 octobre), femme de Mᵉ Jehan Alleaume, seigneur de Chenoise, et mère du bailli de Provins. On les appelait monsieur et mademoiselle de Pasques, parce que, enfants tous deux de marchands et tanneurs, et ayant acheté du roi, un jour de Pâques qu'ils étaient allés à Chenoise, la seigneurie de ce lieu et de Rouilly, ils revinrent en costume de gens nobles. Ilz vendirent plus tard la seigneurie et le château de Chenoise à M. de Strozzi, qui espérait épouser la dame du Plessis-aux-Tournelles. Jean Alleaume fut enterré en l'église de Chenoise, et son cœur à Sainte-Croix de Provins; Charlotte Pinot aux cordeliers. — Leur petite-fille, femme de M. de Baby, fille de M. d'Auvillée, mourut quelques semaines après sa grand'mère.

Le jour de la feste mons. Sᵗ Jehan l'évangéliste, férie de Noël, morut Mᵉ Jehan Alleaume, bailly de Provins, filz d'icelle damoiselle de Pasques, âgé de quarante ans pour le plus, laissant sa femme et six ou sept petis enfans au monde. Il ne fut pas beaucoup plainct ni regretté du peuple de la commune et des ecclésiasticques de Provins, pour

l'oppinion maulvaise qu'on avoit eu de luy touchant la religion catholicque, de laquelle il s'estoit aultreffois desvoyé pour complaire
au feu prince de Condé et aux gentishommes huguenotz; et fault
croire que, si ce n'eust esté la craincte qu'il portoit à son père, qui
l'empescha à son povoir de suyvre laditte prétendue religion, il se
feust déclaré huguenot. Il commença à s'en retirer depuis la mort du
prince de Condé peu à peu, et de bien en mieux fréquenta l'église
catholicque, le service qui s'y fait et les ecclésiasticques, combien
toutesfois qu'il supportoit encores les huguenotz. Qui fut la cause qu'il
demeura en la haine du roy, des princes catholicques et du commung
peuple de Provins; et a-on creu que cette malvueillance du roy et
des princes luy accéléra sa mort, pour le dueil qu'il print en soy d'ung
soufflet que luy donna mons. d'Aumalle, en la présence du roy, en
le déchassant de devant S. M. par le commandement d'icelle, avec
menaces de le faire pendre pour n'avoir obéy et entendu la volunté
du roy aux édictz que S. M. avoit faict contre la liberté desditz huguenotz. Il bailly, fier et orguilleux, porta ce soufflet fort impaciemment, estans toutesfois plus mary de l'avoir receu en la présence de
plusieurs habitans de Provins qu'il n'estoit du mal qu'il en avoit eu.
Du depuis, n'osa hardiment se trouver en la présence du roy et des
princes, et du regret qu'il en eut tomba en une mélancolie qui luy
causa la maladie qui le mena à la mort. Quand mons. de Guise fut
à Provins, au mois de décembre, il s'enquist et demanda novelles de
luy bailly, et sembloit, à l'ouyr parler, qu'il luy portast quelque maulvaise dent; car, après qu'on luy eut dict qu'il estoit malade au lict,
demanda s'il ne contrefaisoit poinct le malade à cause de sa venue,
et volut sçavoir depuis quel temps il estoit arresté au lict et qu'il n'a-
voit sorty de sa maison; et après qu'on luy eut dict qu'il y avoit plus
de six sepmaines, respondit tels motz, « C'est ung meschant paillard, »
et aultre chose n'en dict.

Les gens de justice et aultres gens de bon esprit furent marris de sa
mort et le regrettèrent, pour la dextérité et intelligence qui estoient
en luy, tant en son estat de judicature que aultrement. Il estoit homme

1572. de bonne et belle représentation, d'une parolle grave, espoventable, quand il vouloit, aux plus hardis, et consolative aux plus timides, quand il estoit assis en son siége de justice. Il aymoit la vertu, il hayssoit ce qu'il jugeoit estre vice; il estimoit fort les gens d'esprit et qui sçavoient quelque science, fust en lettres divines, humaines et artz libéraux et mécaniques. Il avoit bon sentiment de toutes choses, excepté le temps qu'il adhéra à la prétendue religion, où il s'oblia pour quelques années; de quoy il feit pénitence durant le temps de sa réduction et principallement au temps de sa maladie. Trois jours avant sa mort, ayant entendu la messe dans sa chambre, il fit sa confession publicque devant le prebstre qui l'avoit confessé sacramentellement et administré du corps de N. S., et en la présence de quasi vingt personnes de ses plus familiers amys. Devant eux, il protesta sa foy estre catholicque et conforme à la foy de l'église romaine, laquelle il déclara estre la maistresse de toutes aultres églises et la vraye espouse de J. C., en laquelle il fault et non en aultres cercher le salut de son âme, combien que aultresfois il eust révocqué ce en doubte; remerciant Dieu et la vierge Marie de ce qu'il n'avoit persévéré avec les héréticques, et de ce qu'il avoit obtenu la grâce de juger laquelle des deux religions, la huguenoticque et la catholicque, estoit la plus saincte et véritable pour le salut de tous chrétiens, laquelle il confessa estre la catholicque, apostolicque et romaine; priant sa femme, enfans et toute l'assistance d'y demeurer et de n'en jamais desvier; protestant que la fureur du roy et princes, la craincte de sa vie, la peur de perdre ses biens et estatz n'estoient la cause de ce qu'il s'estoit retiré de la croyance des huguenotz, ains seullement la grâce de Dieu qui l'avoit enluminé. Il confessa en oultre qu'il avoit plus soustenu la cause des huguenotz qu'il n'avoit faict celle des catholicques, et qu'il s'estoit rendu plus rude et sévère envers les catholicques qu'envers les huguenotz, et qu'il savoit bien que pour cela il avoit encouru l'inimitié du roy, des princes et du peuple de Provins, dont il avoit grand regret, encores que ce qu'il en avoit faict tendist à une meilleure fin que les dessus dictz ne pensoient, qui estoit pour éviter les sédi-

tions populaires. Il ne nya pas que aucuns particuliers catholicques 1572.
dudit Provins n'eussent, par la sévérité de son jugement, souffert en
leurs corps et biens beaucoup de domage pour ce qu'ilz avoient
faict et dict contre les huguenotz; mais que la nécessité du temps
l'avoit contrainct de ce faire pour le salut du reste de la ville, sur
laquelle par expérience on a veu que les princes héréticques n'ont
couru comme sur plusieurs aultres, d'autant que les séditions n'y
ont eu cours contre les gens de leur party, et qu'à ce faire l'avoient
induict les édictz royaux faictz en la faveur desditz huguenotz, et
de ce toutesfois avoit regret; protestant que, si Dieu luy faisoit la
grâce de retourner en convalescence, ce qu'il n'espéroit, qu'il s'emploieroit à son povoir de servir Dieu, deffendre son église et faire
équité à ung chascun.

Cette protestation faicte, il adressa la parolle à sa femme et enfans, et leur dist qu'ilz priassent Dieu pour luy; et en remerciant
Dieu du mal qu'il par une si grande maladie avoit enduré, dist à sa
femme qu'elle ne se contristast que par raison sur sa mort, d'aultant que la mort est commune aux riches comme aux pauvres. Il
luy fist remonstrance qu'elle ne s'arrestast poinct aux honneurs du
monde, mais qu'elle se contentast d'avoir la grace de Dieu et qu'elle
le remerciast des biens temporelz qu'il et à ses enfans leur laissoit,
qu'elle fust aulmosnière selon le moyen qu'elle avoit, et qu'elle ne
retint rien à personne des debtes qu'elle savoit bien qu'ilz avoient. Il
luy fit plusieurs aultres remonstrances fort bonnes et chrestiennes,
qui firent avoir la larme à l'œil de tous ceux qui estoient là présens.

Il fit son testament fort chrestiennement et chargea sa femme de
l'accomplir. Il ordonna sa sépulture en l'église de Ste-Croix auprès de
celle du cœur de son père; il ordonna, oultre ses services, qu'on
chantast, par chascun jour d'un an durant, une messe basse à son
intention, et aultres œuvres pieuses assez largement.

La ville de Provins a porté domage en sa mort, car elle est demeu-
rée orpheline d'homme d'éloquence, de représentation et de travail

1572. pour le prouffit public. Il, depuis la mort de Me Philippe Durand, président, et encores mieux depuis la mort de mons. le prince de Condé, s'estoit monstré fort bon citoyen pour la républicque de Provins. Il se travailla beaucoup pour l'exempter de toutes garnisons de gens de guerre, et n'y en volut souffrir depuis l'an 1567, encores que le roy en y eust ordonné; devant la majesté duquel hardiment se présentoit pour par ses prières les empescher, prenant luy-mesme la ville sur ses charges, jusques au péril de sa vie. Il empeschea que les gouverneurs de la ville de Bray-sur-Seine ne levassent argent sur la ville de Provins, en vertu de la commission qu'ilz avoient du roy de faire taille sur les villes et villages de quatre lieues à l'entour dudit Bray, pour la réparation de leurs ponts et chaussées; pour lesquelz empescher, fit plusieurs voyages au roy et à la court de parlement, où il obtint exemption pour le regard de ladite ville de Provins. Il obtint commission du roy à petis fraiz pour faire taille sur les habitans dudit Provins pour curer leurs fossez et bailler esgout aux eaues et pour fortifier la ville contre l'ennemy huguenot. Quoyqu'il soit mort au gré de quelques ungs qui l'avoient en mespris pour la huguenotterie, si est-ce qu'il est mort au regret de plusieurs aultres, qui voyoient quelque peu plus clair en affaires particulières et publicques, et fault confesser que sa mort a esté ung domage à la ville. Dieu luy fasse mercy, s'il luy plaist!

Depuis l'an 1524, que les grains furent gelez à la St-Martin d'hiver, jusques à ceste présente, les grains de la terre n'avoient esté en si grand danger d'estre entièrement perdus, pour les gelées et maulvais temps qui furent partout en ceste-cy. Au mois de novembre, le 8e jour, les gelées et neiges commencèrent à prendre vigueur en ce pays, lesquelles durèrent après les festes de Noël sans desbander que ung jour et demy, qui fut environ la fin dudit moys de novembre, après lequel retourna le temps à la gelée comme devant, la terre estant toute couverte d'eaue. Au commencement desdittes gelées, qui commencèrent avant la St-Martin d'hyver, il faisoit ung vent si cruel, fort et froict, que la vueille, le jour et le lendemain de la St-Martin,

il n'estoit quasi possible de se trouver par les rues et cheminer par les 1572.
chemins, tant il faisoit froict, avec lequel tomboit de la neige froide
comme glace, qui se glaçoit incontinent qu'elle estoit tombée sur la
terre par la grande gelée qu'il faisoit jusques ès maisons qui estoient
les mieux fermées, couvertes et estoupées.

Les laboureurs, pour estre mal estellez, à cause des guerres précédentes qui avoient eu cours en ce pays et avoient encores quelque
peu, esquelles leurs chevaux avoient esté par les voleurs soldatz enmenez, avoient ceste année icy ensemencé leurs terres assez tard,
n'estimans l'hyver les debvoir surprendre si tost; et n'y avoit pas au
pays de Brie la moytié des bledz fromens levez, quand ledit hyver
commença, et ne purent lever qu'il ne fust le moys de janvier de l'an
prochain ensuyvant, que les gelées et les neiges furent passées. Tout
le monde vivoit en grande craincte, et tardoit à ung chascun que le
desgel feust venu pour visiter les grains, lesquelz furent trouvez tout
germez entre deux terres sans aucun mal; toutesfois ne fortifièrent et
ne proufitèrent qu'à moitié en la saison des moissons, ainsi que nous
dirons, Dieu aydant, en l'an prochain.

Ce froyd et long hyver apporta avec soy une maladie fort fascheuse
à ceux qui en furent attainctz, et eut plus de cours ceste maladie ès
villes et signamment en celle de Provins que ès villages, et en morut
plus de ceux qui en furent malades qu'il n'en reschappa, et dura
quasi ung an en la ville de Provins; ce n'estoit maladie contagieuse
qui infectast, car il n'en mouroit que ung en une maison, et ne laissa-
on pas de se visiter les ungs les aultres sans y prendre mal, et furent
malades et mortz ceux qui ne visitoient lesditz malades et qui ne vouloient se trouver avec ceux qui les visitoient et pansoient. Peu desditz
malades, tant de ceux qui morurent que de ceux qui eschappèrent,
furent exemptz de tomber en frénaisie et alliénation de leur bon
esprit; il en falloit lier les aucuns; il falloit enserrer les aultres, tant
ilz estoient furieux et soudains à prendre la fuitte, si on les eust habandonnez. De ceste maladie morut Jehan Maillard de Provins, surnommé le Rollant, qui, pour ung marchand de la ville, estoit aussi

1572. audacieux et maldisant de toutes personnes qu'homme qui fust au pays, sans craindre, je croys, Dieu ni justice.

Aventure de J. Maillard et de son fermier.

En ceste présente année, morut à Paris le seigneur de Carnavalet, seigneur de Noyen-sur-Seine, qui a faict bastir le chasteau dudit Noyen, au temps que l'avons dict [1]. On parla doublement de la manière et occasion de sa mort; aulcuns dirent qu'il estoit mort de maladie naturelle, aultres de mort forcée et accélérée par luy et les siens, de peur de tomber en infamie par une mort ignominieuse, pour quelque traïson qu'il avoit faict au roy; ce que je ne croys, d'aultant qu'il a recommandé sa femme et enfant au roy et à mons. le duc d'Anjou, et est demeuré ledit enfant à la court du roy et de Monsieur, pour y estre nourry. On avoit fort maulvaise oppinion touchant la religion catholicque dudit Carnavalet, et ont creu moult de gens qu'il servoit de référendaire aux princes et seigneurs huguenotz des secretz qu'il savoit que le roy et Monsieur leur voloient faire par surprinses et ruses de guerre durant les troubles et depuis, et de ce en fut quelquefois accusé devant leurs majesté et altesse; dont il eut de la peine de se purger, et tomba une partie de son crédit ès maisons desditz sieurs. Il et les siens, dès son vivant et depuis sa mort, ont faict assez de mal et coustanges aux habitans dudit Noyen, pour leur faire perdre en tout ou partie leurs usages de boys et pasturages, comme aussi a faict mons. de la Chapelle des Ursins aux habitans de Villiers-sur-Seine. Les genstuehommes sont genspillehommes en plusieurs endroictz de ce royaume, et n'ont rien en plus grande hayne que leurs subjectz, quand ilz les veoyent riches et en prospérité, et par tous moyens licites et illicites s'emploient à leur faire perdre leurs biens et les attribuent à eux par force, audace de coups de baston et corruption de justice. Les villages et paroisses de Noyen, Villers et

[1] Voy. plus haut, p. 17.

la Motte-sur-Seine et du Plaissié-de-Mériot, avec la parroisse de 1572.
Goix sçauront bien porter tesmoignage s'il est vray. Voylà la vertu
et la miséricorde de quoy sont maintenant revestus les nobles de
France. Je n'entens parler que des meschans; Dieu vueille conserver les bons en sa grâce et leur lignée, et les inspirer de croistre
de bien en mieux, de vertu en vertu, qui est le vray tiltre de noblesse!

Mort de Sigismond II, roi de Pologne (7 juillet 1572).

1573.

DESTRUCTION DES FRUITS DE LA TERRE CAUSÉE PAR LA GELÉE. — PROCESSIONS DANS
LA BRIE POUR APAISER LA COLÈRE DE DIEU. — CHERTÉ DES DENRÉES. — ÉMOTION
POPULAIRE À PROVINS CONTRE LES ACCAPAREURS. — TAXE MISE SUR LE BLÉ PAR LES
GOUVERNEURS DE LA VILLE ET ANNONCÉE EN CHAIRE AU PEUPLE. — FAMINE, MISÈRE
ET MORTALITÉ EN 1573. — SIÉGES DE LA ROCHELLE ET DE SANCERRE. — ÉLECTION
DU DUC D'ANJOU, FRÈRE DE CHARLES IX, AU TRÔNE DE POLOGNE. — CONSÉQUENCES
DE CETTE ÉLECTION. — EXCÈS COMMIS PAR DES GENS DE GUERRE REVENANT DU SIÉGE
DE LA ROCHELLE. — COMPLOT CONTRE CHARLES IX. — OLIVIER DE SOISSONS, BAILLI
DE PROVINS. — CRÉATIONS D'OFFICES ET EXACTIONS. — FAITS DIVERS.

L'an mil cinq cens soixante et treize, au commencement du moys
de janvier, les neiges commencèrent à fondre et les gelées à cesser,
qui fut cause de faire lever les fromens qui estoient en terre tous
germez, et n'avoient peu lever à cause de l'hyver qui les print avant
la St-Martin, fort froict et aspre, ainsi que l'avons dict en l'an dernier
passé. Ce desgel dura jusques au commencement du moys de febvrier,
que la gelée et la neige recommencèrent sur la terre assez asprement, et arrestèrent encores l'accroissement des biens de la terre.

En ceste année, le jour de karesme-prenant fut le jour de la St-
Blaise, qui est le lendemain de la feste de N. D. qu'on appelle la
Chandeleur.

Le printemps, qui commence aux derniers jours de febvrier, fut
par son cours assez malin et trop froict par neiges et gelées qui prinrent cours. Le moys de mars, pour la plus grande partie des jours,
se passa en neiges, pluyes froides et gelée; le moys d'apvril, en gelées blanches, qui causoient des hillées de gresle, grésil et nuées
noyres accompagnées de pluyes froides, qui retardèrent l'accroissement des biens de la terre, qui ne purent fructifier, croistre et
multiplier comme ilz eussent faict si la saison eust esté doulce et

amyable. Il feit une petite seicheresse aux festes de Pasques, qui dura 1573.
quasi huict jours, et estoit ceste année la feste de Pasques le 22ᵉ jour
de mars; avec ceste seicheresse, y avoit une chaleur médiocre, qui fit
advancer les bourgeons des vignes et les appareiller pour sortir, et
estoient au 1ᵉʳ jour d'apvril gros comme petites febves, prestz à s'ouvrir et à démonstrer leurs feuilles. Mais, par une forte gelée blanche
qu'il feit le 1ᵉʳ jour du moys d'apvril, qui se continua plus de dix
jours par chascune nuict ou matinée, lesditz bourgeons furent resserrez ou bien entretenus en ung estat qu'ilz ne augmentoient aulcunement. Les gelées susdittes en gastèrent quelque peu, mais non
guères.

Le peuple catholicque de France, voyant les biens de la terre,
tant vignes, seigles que navettes, estre par juste justice de Dieu en
hazard de périr par les gelées qu'il faisoit, se prosterna avec toute
humilité devant Dieu, et fit soir et matin des processions pour implorer sa grâce. Il n'y avoit ville ne village qui ne feist son debvoir
d'assister esdittes processions.

Les parroisses de Stᵉ-Croix, de Stᵗ-Ayoul et les couvens des cordeliers et jacobins de Provins tous ensemble, le jour de mons. Stᵗ-George,
qui est le 23ᵉ jour du moys d'apvril, allèrent en procession aux églises
de la ville de Nogent-sur-Seine, en l'honneur de Dieu, de la vierge
Marie et de mons. Stᵗ-Laurens, patron de laditte ville, et, à leur retour
dudit Nogent, repassèrent par la ville ou bourg de Chalaustre-la-
Grande, en l'honneur de mons. Stᵗ-George, patron dudit Chalaustre,
où ilz furent, tant en ung lieu qu'en l'aultre, bien honorablement et
dévostement receuz par les prebstres et peuple desdittes villes, pour
l'honneur de Dieu et des sainctes relicques et ossemens des sainctz
qu'ilz de Provins pourtoient avec eux et, entre aultres, le chef de
mons. Stᵗ-Ayoul.

Les prêtres des autres églises de Provins, Saint-Pierre, N.-D.-du-Val, etc. vont
ensemble en procession à Saint-Quiriace. — Le 26 avril, on fait une procession
avec le chef de saint Ayoul à N.-D.-du-Châtel. Pendant le trajet, tombe une nuée
d'eau froide, mêlée de gros flocons de neige qui fondaient en touchant la terre.

1573.   La ñuict ensuyvant, et tout aussitost que le peuple fut retiré en
sa maison, on apperceut le courroux de Dieu, pour les péchez commis contre sa majesté; il gela si fort et blanc, que les vignes furent
partout entièrement gelées et gastées, lesquelles avoient prins une
aussi belle et grosse charge de raisins gros et beaux, qu'elles avoient
faict il y avoit plus de dix ans. Et fault croire que, sans la fortune,
les vignerons n'eussent eu des tonneaux assez pour loger les vins qu'on
eust recueilly. Les navettes et les seigles ne furent beaucoup endommagez de ladicte gelée, qui fut cause que le peuple chrestien en remercia Dieu plus dévostement et patiemment.

    Le peuple de Provins continue ses prières et ses processions. Le 27, le clergé
va en procession au couvent des Jacobins, où le sermon est fait par M° Carré,
docteur en théologie et chanoine doctoral des églises de Provins. — Le 1er mai,
les gens de Chalautre-la-Grande se rendent en procession aux églises de Saint-
Ayoul et des Jacobins de Provins.

   Dès les premiers jours du moys d'apvril, la cherté excessive des
grains commença à prendre cours dedans la ville de Provins, par le
moyen du transport quotidien des bledz que les marchans et habitans des villes et villages des bailliages de Bray-sur-Seine, Marolles,
Montereau-fault-Yonne, Sens, Auxerre, Montargis et aultres lieux
faisoient de ladicte ville de Provins[1]. Et fut le blé froment, en moings
de six jours, haulsé de 10 s. t. sur le boisseau, mesure de Provins,
et monta de 13 et 14 s. t. à 24, 25 et 30 s. t. De quoy s'apperceurent tout soudain pauvres et riches dudit Provins. Les riches n'en

---

[1] Discours sur les causes de l'extrême
cherté qui est aujourd'huy en France, et
sur les moyens d'y remédier. (*Archives curieuses de l'hist. de France*, t. VI, p. 423.)
La cherté, selon l'auteur, vient du déve-
loppement excessif du luxe, de l'abondance
de l'or et de l'argent, et des monopoles
des marchands et artisans qui se coalisent
pour hausser les prix. Il propose des greniers publics de réserve, qu'on ouvrirait
lorsque le blé serait trop cher. Le prix fixé
dans le grenier public serait obligatoire
pour tous les autres vendeurs. Une partie
de cet écrit est empruntée au *Discours*,
de Jean Bodin, *en response aux paradoxes
de Malestroit touchant l'extrême enchérisse-
ment de toutes choses.* 1569.

eurent incontinent plus à vendre à ce prix de 25 s., sous l'espérance 1573.
qu'ilz le vendroient ce qu'ilz vouldroient, avant que la moisson feust
venue. Les pauvres gens de la ville n'en purent plus trouver à acheter pour leur argent au prix commung, et se trouvèrent fort attonnez,
quand, au lieu de donner 14 et 13 s. du boisseau, ceux qui leur vouloient vendre leur en faisoient payer 25 et 30. Les pauvres gens en se
complaignans s'informèrent d'où provenoit ceste si soudaine excessive
charté du grain en moins de six jours qui augmentoit d'un jour à
l'aultre, et à la fin trouvèrent que c'estoit à cause du transport que
les personnes des pays susditz en faisoient journellement à grandes
trouppes, les aulcuns pour leur provision, les aultres pour le re-
vendre ès lieux qu'ilz sçavoient qu'il se vendoit davantage.

Lesditz de Provins, impacientez sur ce soudain changement, s'en
allèrent quelques-ungs après lesditz marchans, qui n'estoient que
pauvres simples gens qui en enmenoient les aulcuns trois septiers en
quelques charrettes, les aultres douze boisseaux sur leurs bestes, les
aultres quatre sur leur col, les ungs plus, les aultres moings, et les
ayant attainctz emmy les champs, non loing de la porte de St-Jehan, se
jettèrent à eux, les battirent et leur ostèrent leurs grains, qu'ilz raportèrent en leurs maisons. De quoy irritez, lesditz marchans estrangers retournèrent à Provins se plaindre aux marchans qui leur avoient
vendu, pour les adresser en justice et en avoir leur raison. Le prévost
de la ville print cognoissance de ce fait et volut informer contre les
habitans de Provins qui avoient ce faict, par adjournemens, deffaux à
ban et emprisonnement de leurs personnes. Incontinent s'assemblèrent
les pauvres artisans de toute la ville ou grande partie d'iceux, qui sans
armes se présentèrent en pleine rue pour deffendre ceux qui avoient
prins le grain aux marchans susditz, et firent une clameur devant le
juge prévost, en le requérant de laisser en paix et sûreté les personnes contre lesquelles il faisoit poursuitte, si bien s'en vouloit trouver et les riches de la ville, et qu'en faulte de ce, seroient contrainctz
de faire sédition et de se jetter à main armée contre luy et les riches
pour avoir du grain à prix plus honeste que de 30 s. le boisseau.

1573.   De ceste clameur populaire eurent peur le prévost et les riches de la ville, lesquelz appaisèrent ceste turbe mutinée en leur promettant du grain pour leur argent à moins de prix qu'ilz ne disoient, et ne firent plus aucune poursuitte du blé osté et oultrage fait aux forains et estrangers, mais le plus doulcement qu'il fut possible se contentèrent de faire rendre le grain ausditz marchans estrangers, en leur disant qu'ilz se saulvassent avec leur grain le plus vistement qu'ilz pourroient.

Après ceste émotion populaire, s'assemblèrent le prévost, les procureur, eschevins et riches marchans de Provins, pour mettre ordre et pollice à leur ville et quant et quant faire taxe au grain, affin que les gens de la ville ne marchandassent plus, et qu'ilz sceussent combien ilz payeroient du boisseau; et fut par eux gouverneurs le bichet taxé à 20 s. t. quelque deux ou trois jours avant la procession ci-dessus dicte.

Pour laquelle taxe faire sçavoir publicquement au peuple, s'adressèrent audit docteur Carré les gouverneurs dudit Provins, qui luy baillèrent charge de le dire à son sermon et d'exorter le peuple à se contenir sans s'esmovoir et faire sédition en aulcune manière que ce feust, tant sur les habitans dudit Provins que sur ceux des pays estranges qui y viendroient achepter et lever des grains, sous peine d'estre punis corporellement; ce que volontiers entreprint de faire et dire ledit prescheur, qui avoit le grain de deux années de ses prébendes en grenier à vendre, et qui, comme les marchans mécanicques, l'eust bien volu vendre un escu le boisseau.

Estant ledit prescheur à faire son sermon, n'oblya la charge qu'on luy avoit baillée, et, pour mieux s'en acquitter, amplifia la besongne et dist qu'en la ville de Provins y avoit ung tas de fainéantz qui vouloient vivre à bon marché aux despens des marchantz, voulant avoir le bled à leur gré et sans rien faire; et allégua le hasard et les dangers où se mettoient journellement les marchans riches, qui, par leur travail, avoient amassé et amassoient des biens, et comment ils estoient dignes de louange et les fainéantz de vitupère. Et, passant oultre,

nomma deux estatz desquelz il forma plaincte, ou pour le moings
d'aucunes personnes qui estoient desditz estatz : les premiers furent
d'ung tas de gros gueux et marauls qu'il dist n'avoir cure de besongner
en quelque saison que ce feust, et qui ne faisoient que jouer ès rues
destournées et sur les rempartz des murailles de la ville la journée entière, en blasphêmant le nom de Dieu; que telz estoient indignes de
manger du pain, et que c'estoit mal faict aux gens de justice de laisser
une telle racaille de gens, et qu'ilz les debvoient faire pendre ou du
moins les envoyer ès gallères sur la mer pour le service du roy. « Et
telz sont ung tas de cocquins cardeux, lesquelz, durant le bon temps,
ne veulent besongner que une ou deux journées pour le plus en la
sepmaine, pour vivre le reste à jouer et faire grand chère. Les seconds, ce dist-il, sont ung tas de cocquins vignerons et manouvriers
de tous estatz, lesquelz par tout l'hyver ont moru de faim et en ceste
saison veullent gangner par chascun jour des 10, 11 ou 12 s., qui n'en
méritent pas la moytié; ausquelz, si vous leur en offrez moings, ilz, en
se mocquant de vous, vous diront honte et villanie, et ayment mieux
se tenir à repos et aller jouer que de besongner et gangner priz honeste, pour en tout temps avoir leur vie. Et toute telle racaille et
bélistrailles veullent qu'on leur baille le blé à leur mot et menacent
qu'en faulte de ce faire ilz s'eslèveront contre les riches et marchans.
Il les fault pendre. Car j'ai entendu qu'ilz ont jà faict une émeute, et,
à ce que l'on dict, sont encores tous prestz d'en faire une aultre, pour
se jetter et ruer sur les maisons et corps des marchans qui ont du
bled à vendre, affin de rompre leurs garniers et de ravir leurs bledz.
Ilz ni aultres n'ont occasion de ce faire, ni se plaindre de la charté
des grains, d'aultant que par justice on y a faict taxe à prix honeste,
qui est de 20 s. t. le boisseau, mesure de Provins; et en fera-on une
si bonne réserve à ce prix, que personne de la ville n'en aura disette.
Partant, que telle racaille, qui menace de s'eslever, advise bien à ce
qu'ilz ont à faire; car je les assure qu'on ne les espargnera pas, et de
ma part je suis d'avis qu'on les pende. S'ilz s'eslèvent, il les fault
pendre. »

1573.   Voilà les propres termes que tint ledit prescheur en son sermon, qui scandalisèrent les auditeurs, voire mesmes ceux qui l'avoient prié d'exorter le peuple à avoir patience sur la charté, pour l'empescher de s'eslever et de faire sédition.

Ces parolles dudit prescheur, assez mal dittes à la vérité et plus mal recueillies par le peuple, scandalisèrent les pauvres gens, lesquelz, au lieu de prier Dieu qu'il leur donnast patience, le conjuroient et mauldissoient tout hault, et se mutinèrent tellement en leur courage, que, s'ilz l'eussent tenu hors de l'église, l'eussent massacré et cruellement mis à mort. C'est une grande imprudence à tout homme qui redouble l'affliction de l'affligé. Le pauvre peuple estoit anxié de la perte des biens de la terre qui estoient péris par la gelée, et au lieu de le consoler sur cette perte, comme aussi sur la charté des vivres, en l'exortant d'avoir ferme espérance en la providence de Dieu, qui nourrist tout de rien, comme de rien il a bien sceu faire tout, le menacer si hardiment estoit luy donner une occasion de désespoir; telles parolles par luy dittes firent oublier toutes les bonnes et sainctes exortations qu'il avoit faictes.

Tout le reste de la journée et toute la sepmaine, ne cessa le simple populaire de souhaiter mal, maudire et conjurer ce prédicateur de cœur et courage, estant la plupart en ceste volonté de le tuer et massacrer par les rues la première fois qu'il y seroit trouvé; et pour le rendre plus odieux par tout et devant toutes gens, publioient à haulte voix que le caffart, riche et engressé du bien des pauvres, avoit dict en son sermon qu'il falloit pendre tous les pauvres, pour ce qu'ilz n'avoient du blé à manger, et qu'ilz se plaignoient de la charté. Il populaire arguoit encores ledit prédicateur, et disoit qu'il avoit mal dict quand il disoit que le bichet de blé taxé par justice à la somme de 20 s. estoit à prix honeste, et qu'on n'avoit occasion de s'en plaindre; qu'il n'estoit vray et avoit menty, et que ce n'estoit prix honeste de payer 20 s. parce que le pauvre peuple se trouvoit jà fort intéressé et abarrassé, depuis l'an 1567 jusqu'au jour de la taxe, d'acheter le boisseau la somme de 7, 8, 10, 11, 12, 13 et 14 s. t. ce qui estoit une grande charté à comparaison des années communes depuis l'an 1540 et 1573. dès au précédent jusques en laditte année 1567, que le bichet de blé ne valloit que 5, 6 et 7 s. excepté aucunes années stérilles.

Il prédicateur ne fut plus tost hors de la chaire, que aucuns de ses amys, qui avoient du blé à vendre, et quelques religieux de son couvent luy dirent qu'il avoit mal faict, que le peuple murmuroit fort contre luy, et mesmement que plusieurs riches en faisoient mal leur prouffit. Lequel advertissement print en maulvaise part, disant qu'il avoit bien dict, et demoura en ceste oppinion jusques ad ce que ses parens l'allèrent advertir du maulvais voloir que le peuple luy portoit. Au dimanche ensuyvant, pour faire son sermon, l'accompagnèrent ses frères, parens et amys, jusques au nombre d'une douzaine; ce que voyant, plusieurs personnes, qui l'attendoient en divers lieux et carrefours des rues, ne luy firent aultre mal que de l'injurier et luy bailler la huée; qui fut cause de luy donner cognoissance de sa faulte, pour laquelle radresser, dist en son sermon, la larme à l'œil, qu'il ne pensoit avoir dict ce qu'on luy attribuoit des pauvres, ains des fainéantz, et que ce qu'il en avoit dict avoit esté par la charge qui luy en avoit esté donnée par les gouverneurs de la ville. Mais le peuple ne le volut escouter en ses excuses, et mal content s'en alla quand il commença à en parler. Oncques depuis ne fut en bonne réputation envers le peuple, ni envers plusieurs autres, qui ne cessèrent de le mauldire et conjurer et de le hupper quand il cheminoit par les rues, ni envers les jacobins de son couvent, ausquelz on refusa en plusieurs maisons l'aulmosne, et leur bailloit-on en payement qu'ilz n'avoient que faire de mendier, puisque le bled estoit à prix honeste, selon le dire du caffard de leur maison. Desquelz reproches et scandalle se marit en soy ledit Carré, qui au moys de julliet ensuyvant devint malade, et trois jours avant la feste de la Magdelène rendit son esprit à Dieu.

La prédication finie, fut la messe chantée, après laquelle se retirèrent toutes les églises et parroisses en leurs maisons, ung chascun assez mary de la perte des biens, les aultres des parolles du prescheur, et tardoit à ung chascun qu'il eust pris un peu de réfec-

1573. tion pour s'en aller aux champs veoir les grains et les vignes. Après
qu'on eust veu que les seigles et navettes n'avoient poinct ou peu de
mal, et qu'il n'y avoit que les vignes et noyers qui fussent perdus,
le peuple reprint courage et loua Dieu de la perte et de leur conservation du reste, et s'en retourna en sa maison quelque peu plus
joyeux que devant.

Il fault que je dise icy ce qu'il me semble de l'assemblée des processions susdittes, généralles et particulières; lesquelles, comme il me
semble, en ce que j'en ai veu, se faisoient plus par orgueil, curiosité
et honneur mondain que par saincte dévotion, et singulièrement de
la part de plusieurs ecclésiasticques plus que de la part du simple
peuple, et sembloit que lesdittes processions se fissent audit Provins
par envye d'une église sur l'aultre.

La jalousie des églises les unes envers les autres faisait naître à la fois ces processions et les troublait. Chaque église travaillait à ne se point laisser primer
par les autres. Des débats s'élevaient sur les lieux où l'on se rendrait, sur les
ornements qu'on porterait, sur les rangs qu'on aurait. Les prêtres cheminaient
sans dévotion, sans révérence, en riant, en causant de choses illicites; les bourgeois et les riches parlaient de leurs affaires, du prix des grains, etc. La colère
de Dieu a dû être plutôt entretenue que dissipée par de telles dispositions. Il
serait bon que chaque église allât à part en procession, et que le clergé y portât
les vêtements les plus simples; en général, les habits somptueux devraient être
réservés pour les cérémonies de réjouissance, pour les remercîments à Dieu.

Les contrebourgeons des vignes ne furent gelez entièrement, d'aultant que, au jour de la gelée, ilz n'estoient encores sortis. Ilz produi-
sirent quelque peu de raisin, dont on recueillit en la vendange environ
ung quart de commune année de vin, et qui ne furent meurs ni guères
bons, d'aultant qu'ilz sortirent trop tard, et si eurent maulvais temps
à meurir au moys de septembre, à cause des gelées blanches qu'il feit
dès la moytié dudit moys. Et fut le vin bien cher en ce pays et par
la France.

Revenons maintenant à la charté du grain et à la famine qui en
advint à Provins et quasi universellement par le royaume. Première-

ment, après que les gens de justice et les gouverneurs de la ville de 1573.
Provins eurent mis taxe au bled à 20 s. le boisseau, avec deffense
de le vendre davantage sous peine d'amende et de confiscation du
grain, allèrent par les maisons visiter les greniers, pour veoir combien ung chascun avoit de grain pour sa provision et à vendre, et
après qu'ilz eurent estimé combien il y en avoit en toute la ville,
regardèrent combien il en povoit falloir pour nourrir les habitans
qui n'en avoient poinct pour jusques à la moisson prochaine, comme
aussi pour la fourniture des boulangers. Ce faict, firent une réserve
sur chascun de ceux où ilz avoient trouvé du bled, sur ung demy-
muid, sur ung aultre deux, sur ung aultre dix septiers, sur ung aultre
huict et neuf septiers, et ainsi sur chascun, et commandèrent à chascun de garder le bled à quoy il estoit taxé, et de ne le vendre jusques
on luy envoyast des billetz pour ce faire, et de ne le vendre à personne plus de 20 s. t. Pour ceste réserve en fournirent le moings
les plus riches et qui avoient le plus de bled en leurs greniers, ains
chargea-on le plus sur le commung. Car en toutes choses faveur faict
aveugler le droict.

Combien que justice eust ordonné qu'on ne vendist à quelque
personne que ce feust le boisseau de bled plus de 20 s. si est-ce que
les plus riches n'en firent rien, ains le vendirent aux forains et estrangers de leur ville ce qu'ilz volurent, et dirent que c'estoit assez pour
eux de fournir aux habitans de la ville le grain qu'on avoit prins de
réserve sur eux à 20 s. t. le bichet.

Les gens de justice et les gouverneurs de la ville, à la clameur du
commung populaire, ordonnèrent gardes aux portes par dizaines
comme en temps de guerre, pour empescher le transport des grains
hors de laditte ville; ordonnance et faict qui travailla moult toutes
gens de village et partie de ceux de la ville. On laissoit entrer les gens
des villages et forains en laditte ville facillement pour achepter des
grains et du pain, et se resjouissoient les marchans de leur vendre
leur grain ce qu'ilz vouloient, aulcuns jusques à 50 s. le bichet, avant
que la moisson fust venue. Mais quand il falloit resortir avec le grain,

1573. il y avoit bien à tenir; les pauvres gens des villages trouvoient bien à qui parler ausdittes portes, ausquelles on les arrestoit, et ne vouloit les laisser sortir s'ilz ne laissoient là leur grain. Et cependant messieurs les usuriers qui leur avoient vendu ne se travailloient de les faire sortir avec la marchandise qu'ilz leur avoient si chèrement vendue.

Une aultre chose y avoit bien plus pernicieuse qui estoit telle, que plusieurs aultres personnes dudit Provins, qui se disoient estre des pauvres, prenoient par force le grain à ces pauvres gens des villages et estrangers, et ne leur en bailloient que la somme de 20 s. t. combien que quelquesfois il leur en avoit cousté 25 et 30, sans qu'il y eust aultre réformation de justice.

Tant plus une denrée est chère, d'autant plus y commet-on de l'abus. Les meschans chrestiens qui avoient du bled et leur âme à vendre, quand ilz veirent le boisseau estre taxé à 20 s. t., meslèrent parmy leur froment du seigle, de l'orge et de l'avène, et vendoient le bichet de tout cela 20 s., aultres 25, 30, 35 et 40 s. t. le boisseau ou bichet; car au bailliage de Provins, c'est tout ung, le boisseau ou le bichet.

Les gens des villes et villages qui avoient grain hors de Provins, le vendirent ce qu'ilz volurent aux gens tant de leurs villages qu'estrangers, et ai bien sceu à la vérité que certains personnages de divers villages et parroisses vendirent le bichet de seigle, mesure dudit Provins, 50 s. t. à l'extrémité, quelque peu avant la moisson.

Plusieurs gens des villages avoient, pour la fureur des guerres, mené leurs grains en des greniers qu'ilz avoient loué à Provins; ne leur estoit permis qu'avec grande difficulté d'en remener molu ou à mouldre pour la forniture de leurs maisons. Ce que voyant, ceux qui avoient des parens et amys dedans la ville y cuysoient leur farine et la convertissoient en pain qu'on leur laissoit emporter quelque peu plus facillement.

Après que les pauvres gens de la ville et villages d'alentour ne purent plus trouver argent pour payer un bichet de grain à 20 s. t. ilz se restringnirent à achepter du pain ès maisons des boulengers;

lesquelz, remplis d'avarice, ne leur en vouloient bailler au prix de la taxe du grain, qui estoit de 24 den. le pain, pource qu'à la desrobée ilz trouvoient à le vendre aux forains et estrangers ce qu'ilz vouloient, comme 3 s. 6 den. et 4 s. Parquoy fallut que les gouverneurs de la ville donnassent ordre ausditz boulangers, à chacun desquelz fut par chascun jour distribuée certaine quantité du bled de la réserve à 20 s. le bichet, dont ilz furent contrainctz de livrer le pain ès mains des commissaires qui furent à cest effect députez gens de la ville, pour le distribuer au peuple pour leur argent. La distribution s'en faisoit deux fois le jour dedans l'hostel de la ville de Provins, où une multitude de personnes se trouvoient pour en avoir. Pierre Mouton, sergent de la ville, fut ordinairement commissaire à la distribution du pain, avec aultres personnes qui ne vouloient s'y emploier qu'à leur tour, pour ung jour la sepmaine, estans dolens du mal qu'on faisoit à ces pauvres, avant qu'ils eussent le pain qu'on leur donnoit. Mais ledit Mouton, qui estoit aussi pitoiable que ung pirate de mer ou espieur de chemins, n'en avoit aucune pitié, ains avec bastons frappoit dessus les pauvres gens comme sur des chiens qui ont mangé la cuysine et viande d'un bancquet qu'on auroit préparé pour une compagnie, et oultre ce les faisoit entrer et sortir par les fenestres du bas dudit hostel de la ville, de la haulteur qu'on veoit qu'elles sont, qui est de 4 pieds pour le moins, sans y respecter aucune personne, feussent vielz gens, femmes grosses ou pauvres malades. Les aulcuns desquelz tomboient desdittes fenestres à bas dedans la foulle, sur le corps desquelz marchoient le reste du peuple, qui à grand presse s'entretuoient pour s'aprocher dudit pain, tant ilz avoient peur qu'il ne faillist avant qu'ils en eussent; et, ainsi qu'en fut le commung bruict, en y eut deux personnes d'estouffez et mortz tout roide en ung jour; et si pour ce n'en estoit plus pitoiable ledit Mouton, qui en ceste charge y fit pour soy ung grand prouffit. Il n'est homme plus cruel et moins piteux que ung gueux réfaict. Du depuis, plusieurs personnes aymèrent mieux mourir de faim que de plus entreprendre de saulter par les fenestres dudit hostel de la ville.

1573.   Qui fut cause d'une si cruelle charté et d'une si grande difficulté
d'avoir du grain et du pain à son ayse dedans la ville et le bailliage
de Provins, fut la multitude des personnes des villes et villages de
Bray, de Sens, d'Auxerre, de la vallée d'Aillant, de St-Florentin, du
pays de Morvant, de Bourgongne, de Champagne, de Masconnois, de
Bourbonnois, pays de la rivière de Loyre, comme de la Charité, de
Sanxerre, de Gyen, de Geargeau, de Chastillon-sur-Loing, de Montargis, d'Orléans, pays Chartrain, St-Jehan-de-Nemours, Morét et
Montereau-Fault-Yonne, lesquelz à grands trouppes se jettèrent en
ce pays provinois, les ungs pour achepter grain et pain, et les aultres
pour trouver à besongner, sans demander aultre sallaire que leur vie
de pain et potage.

Ceux qui avoient honte et ne vouloient mendier leur vie, tant
hommes que femmes, apportoient avec eux, les ungs leurs meilleurs
habillemens, les aultres leur meilleur linge, les aultres leur estain et
paslier; les aultres chassoient avec eux leur bestial, comme brebis et
vaches, et exposoient le tout en vente, qu'ilz bailloient à vil prix pour
avoir du grain et du pain ou du gruys qu'en plusieurs pays on appelle
du son, et s'estimoient les bonnes gens fort heureux, quand pour leur
argent ilz trouvoient du gruys ou son à achepter à 8, 9, 10, 12 et
14 s. le bichet. Duquel, avec de l'avène, qui leur coustoit 10 et 12 s.
le bichet, faisoient du pain pour eux vivre, qu'ilz trouvoient fort bon,
à cause qu'ilz, pour la charté, n'en eussent osé manger d'autre leur
saoul, les aultres pour achepter en la maison des huilliers des pains
de noyx, de navette et de cheneveix, qu'ilz mangeoient tout ainsi que
font les bestes.

La ville et pays de Provins furent en ung moment si plains de pauvres qu'il n'estoit possible de dire plus, gens qui avoient habandonné
leur pays pour cercher leur vie, après qu'ilz avoient mangé tout ce
qu'ilz avoient de meubles avant que de partir. La plus grande partie
desquelz furent contrainctz de passer plus oultre et s'en aller sur le
pays de la rivière de Marne et de là en Picardie, où les vivres estoient
à meilleur marché qu'à Provins. Il en demeura en la ville de Provins

plus de cinq cens, qui n'en hobèrent jusques au temps de la moisson, les aultres de leur vie, car ilz y sont mortz. Qui fut cause de
faire avoir disette aux pauvres de la ville, qui estoient bien en pareil
nombre et plus. Toutesfois, les habitans de la ville, tant les ungs que
les aultres, les soudoièrent et nourrirent ainsi qu'ilz purent et selon
le moyen qu'ilz avoient. Mais le pis estoit qu'on ne povoit guères
donner de pain à ung chascun, et n'en bailloit-on à six que aultant
que on en souloit donner à ung par le bon temps. On s'efforçoit d'en
donner à ceux du pays plus qu'aux estrangers.

  Lesquelz estrangers, n'estans nourris de si peu de pain qu'ilz trouvoient, demandoient du gruys pour l'honneur de Dieu, qu'ilz mangeoient tout creu les aulcuns; les aultres le destrempoient avec de
l'eaue en leurs escuelles, ceux qui en avoient, et le mangeoient sans
cuyre ni chauffer, estant seullement destrempé en la mesme manière
que celuy qu'on donne à manger aux pourceaux. N'estans nourris de
telle viande, cerchoient des cheneveix, qu'ilz mangeoient tout creuz et
sans mouldre ni escraser. Ilz mangèrent les herbes des jardins sans
pain ou avec bien peu, comme les laictues, ozeilles, porées, aulx,
oignons et aultres herbes commestibles, et se réputoient grandement
heureux quand quelque personne leur donnoit ung peu de sael et de
vinaigre, pour leur bailler goust et saveur. Après qu'ilz eurent mangé
les herbes des jardins, ilz allèrent cercher celles des champs, comme
lassons, ozeille saulvage et les racines des chardons, qu'ilz mangèrent
faulte de mieux.

  Les groseilles ne eurent le loysir de grossir en ce pays, et n'en eust-
on sceu plus trouver une ès groséliers à la fin du moys de may.

  Les vignerons et laboureurs furent contrainctz de garder leurs
febves et poix nuict et jour, de peur que lesditz pauvres gens ne les
mangeassent entièrement avant qu'elles eussent esté bonnes, combien
que les pauvres gens à la vérité ne s'y jettoient que par grande contraincte et faulte de trouver aultre chose pour eux manger. Les cerises
et prunes n'eurent loysir de meurir et rougir, et estoient les pauvres
plus hardis à les manger que les febves ni poix, d'aultant qu'ilz ve-

1573. noient, ce disoient-ilz, sans aucuns fraiz, ains de la grâce de Dieu. Ceux à qui estoient les arbres, moyennant qu'ilz eussent du pain, n'enchassoient lesdiz pauvres de leurs arbres, ains leur laissoient manger les fruictz, et leur disoient qu'ils ne rompissent les branches que le moins qu'ilz pourroient.

Ilz remplirent la ville de Provins de poux si perfectement, que les habitans n'eussent osé s'asseoir sur les siéges des estaux et aultres qui estoient par les rues, pour la multitude de la vermine de poux que lesditz pauvres y laissoient quand ilz s'y estoient assis, et n'estoit besoin de s'arrester longtemps en une place par les rues, qui se vouloit exempter d'avoir des poux.

La grange du prieuré de St-Ayoul, dans laquelle se retiroient de nuict grand nombre desditz pauvres, à cause du foin qui y estoit, fut si remplie de poux et de pulses que ung personnage qui y eust arresté aultant que dure à dire l'*Ave Maria* en eust été tout couvert par les jambes et en ses habillemens. Dans laquelle grange morut ung desditz pauvres, sans que personne en sceust rien, jusques à ce qu'il fust tout corrompu et empuenty, qui fut cause d'en estranger les aultres, qui n'y volurent plus aller, ni oster celuy qui y estoit.

Il en morut moult audit Provins et aultres lieux, et estoit une chose moult pitoiable de veoir tant de pauvres gens, hommes et femmes, languir par les rues et chemins, mourir de faim, faulte de sçavoir manger ce qu'on leur donnoit, pour leurs boyaux qui estoient rétressis, et qui s'estoient ainsi élymez et décheux, faulte de trouver à manger d'où ilz venoient. Il n'est possible d'escrire la pitié et pauvreté de ce misérable temps, et croy que ceux qui liront ceste et les aultres histoires rédigées par escript de ceste cherté et famine ne le vouldront croire.

Il se trouva dedans la ville de Troye en Champaigne si grand nombre de pauvres estrangers qui n'estoient de leur ville, ains des pays susditz, qu'ilz en furent tout estonnez. Pour desquelz se desfaire, firent faire le ban par les rues que lesditz estrangers n'eussent à s'arrester en laditte ville que vingt-quatre heures pour le plus, ains qu'ilz passassent oultre à leur meilleure fortune, ce que firent lesditz pauvres estrangers.

Oultre lesquelz, se trouva un aultre plus grand nombre de pauvres qui estoient de leur ville et des villages d'alentour audit Troye, que les plus riches commencèrent à vivre en crainte d'une émotion et sédition populaire desditz pauvres sur eux; pour lesquelz faire sortir, firent assemblée de ville les riches et gouverneurs dudit Troye, pour trouver l'expédient d'y remédier. La résolution de ce conseil fut qu'il les falloit mettre hors de la ville et ne les y plus souffrir. Pour quoy faire, firent cuyre du pain bien largement pour distribuer ausditz pauvres, lesquelz on feroit assembler à une des portes de leur ville, sans leur dire le secret, et en leur distribuant chascun leur pain et une pièce d'argent, on les feroit sortir hors la ville par laditte porte, laquelle on fermeroit au dernier et leur signifieroit-on par dessus les murailles qu'ilz allassent à Dieu cercher leur vie aultre part, et qu'ilz ne retournassent audit Troye avant les grains noveaux de la moisson prochaine. Ce qui fut faict. Qui furent bien espoventez après la donnée furent les pauvres déchassez de la ville de Troye, lesquelz, les aulcuns en plorant regardèrent quel chemin ilz prendroient pour trouver leur vie, les aultres, en maudissant la ville et les habitans d'icelle qui les déchassoient, regardoient leur pain de la dernière donnée, souhaitoient leur mort, et eussent esté contens que la terre se feust ouverte pour les englotir.

Peu de jours après qu'ilz de Troye eurent trouvé ceste ruse pour se destrapper des pauvres de leur ville, la maladie et mortalité se meirent sur eux si rudement qu'ilz ne sçavoient où se tenir en sûreté, et toutesfois n'estoit maladie contagieuse, et dist-on que telle mortalité leur estoit envoyée de Dieu, en punition du déchassement de leurs pauvres. La mortalité ne fut seullement à Troye en Champaigne, ains aussi par toute la France, et le plus où elle eut cours fut ès pays nécessiteux de vivre, esquelz se morut plus de la moytié du peuple, comme il me fut certiffié par aucuns de mes amys qui estoient et demeuroient ès villes de Gyen-sur-Loire et Chastillon-sur-Loin.

1573.　　Cette mortalité eut cours en la ville et villages du bailliage de Provins, et ne morurent en ceste mortalité, qui dura plus d'un an audit Provins, que les plus riches gens qui n'avoient eu aucune disette durant la famine; et fut le nombre des morts de laditte ville de Provins de 300 personnes pour le moins.

Par ainsi, Dieu punit la France, en ceste année et les précédentes, des trois verges et fléaux de l'ire de son courroux, qui fut par guerre, famine et mortalité; pour lesquelz fléaux le peuple en rien ne se corrigea, ains, comme Faraons et Egiptiens, s'endurcirent et devinrent plus meschans que devant, j'entens les riches gens. Lesquelz, tant hommes que femmes, montèrent en ung orgueil incroiable par bombances de bancquets et luxe de habillemens faictz en mesme façon que ceux des juifs, turcqs, payens et infidelles, ayans mis soubz le pied toute honte chrestienne, toute piété, toute foy et loyauté, pour l'abondance d'or et d'argent qu'ilz avoient faictz en la vente de leurs grains.

Quand les pauvres eurent gangné la fin du moys de may et que les seigles furent en grain, à peine estoient-ils desfleuris qu'ilz se retirèrent en la vallée de Seine, ès villages qui sont depuis Montereau-Fault-Yonne jusques à Méry et Bar-sur-Aulbe, tant d'un costé que d'aultre des rivières, et commencèrent à manger le grain des espis de seigle, et en firent ung grand dégast, avant que la moisson feust venue; et les laissèrent faire les laboureurs, qui avoient grande compassion de leur misère. Leurs seigles et aultres grains estoient beaux et bien fortz et bien grenez, et recueillirent à pleine année du grain fort bon; ce que ne firent les laboureurs de la Brie, lesquelz recueillirent fort mal du grain moins beaucoup que de gerbes. Ilz de la Brie recueillirent des gerbes passablement; mais n'y avoit guères de grain dedans, le cent ne faisoit que 6, 7, 8 ou 9 bichetz les meilleures.

Les pauvres, après avoir mangé les fruictz noveaux et partie des espis des seigles du pays susdit, se retirèrent en leur pays pour faire leur moisson, priant Dieu qu'il voulust récompenser les bonnes gens

de ce pays, qui, selon le moyen qu'ilz avoient, les avoient nourris de
leurs biens. Il y eut tel laboureur ès villages du pays-bas dessus la
rivière de Seine, qui porta domage en ses grains de plus de 8 et 10 septiers de seigle que luy avoient faictz lesditz pauvres, et si n'en estoit
mary; car ce n'estoit que la despouille de trois quartiers ou ung arpent de ses grains pour ceste année-là. Sans les pays de Valois, Sois-
sonnois et la Piccardie, le grain eust fally en ce pays icy avant la moisson, et eust été la famine plus grande quasi la moytié qu'elle ne fut
partout; car plusieurs marchans en allèrent achepter en ces pays-là,
qui le remenèrent où il n'y en avoit poinct et y firent grand butin. Il
ne le falloit seullement mener que à Sens pour y gangner la moytié
et plus.

La ville de Paris eut fort à souffrir et endura grande charté; car
pour l'évitailler de grain n'y en alloit que de la Beauce et de la Piccardie; et n'eussent esté quelques marchans de Barbarie ou Espaigne,
qui en amenèrent cinq ou six faussetz et grands bateaux de mer, qui
estoit tout gasté et de maulvais goust, ilz eussent pour la pluspart
moru de faim.

Quand la moisson fut venue, la famine fut passée et non la charté
des grains; car combien qu'il ne demourast plus d'estrangers en ce
pays, et que chascun s'en fust retourné vivre au sien, si est-ce que,
pour le deffault du pays de Bryë, qui n'avoit porté des biens à planté,
et pour ce que les terres estoient à cause des guerres demeurées la
moytié sans ensemencer, le bichet de bled fut vendu toute l'année
jusques à la moisson de l'an 1574 la somme de 25 et 30 s. t., et les
aultres menus grains au prix le prix. Qui fut ung grand esbayssement
au pauvre peuple, qui n'avoit plus que vendre pour en avoir; pour
ausquelz bailler moyen de vivre, fallut rehaulser la peine et le salaire
de tous estatz à l'équipollent de la charté du grain. Et oncques depuis ne volurent besongner tous ouvriers à meilleur marché; quelque
bon temps qu'il soit venu par après.

Depuis ceste présente année, toutes choses en France sont allées
de mal en pis et en tous estatz, et n'en a ung seul cognu sa faulte

1573. pour se vouloir amender, ainsi que le discours des années qui viennent en fera et rendra bon tesmoignage.

Siéges de la Rochelle et de Sancerre par l'armée royale[1]. L'élection du duc d'Anjou au trône de Pologne détermine la cour à conclure la paix avec les villes protestantes; les conventions sont arrêtées le 23 et le 24 juin; Sancerre ne capitule que le 19 août[2].

Négociations en Pologne pour porter sur le duc d'Anjou les voix des électeurs. Première harangue prononcée par M. de Montluc, évêque de Valence, devant la noblesse polonaise, en faveur du duc d'Anjou, le 10 avril (texte français. — Le discours était en latin). — Seconde harangue de M. de Montluc aux seigneurs polonais, prononcée le 22 avril[3].

Une députation vient de Pologne à Paris offrir la couronne au duc d'Anjou, qui quitte la Rochelle pour la recevoir[4].

[1] « Le vray discours des rébellions de la ville de la Rochelle. » Paris, G. Mallot, 1573. — « Discours de l'extrême famine, etc. dont les assiégez de la ville de Sancerre ont été affligez et ont usé environ trois mois, » par Jean de Léry (Arch. curieuses de l'hist. de France, t. VIII, p. 21); — Relations du siége de Sancerre en 1573, par Jean de la Jessée et Jean de Léry, suivies, etc. Bourges, 1833, in-8°.

[2] Édit de pacification sur les troubles du royaume. Boulogne, juillet 1573 (Fontanon, t. IV, p. 340).

[3] Pièces relatives à l'élection et au voyage du roi de Pologne (Bibl. imp. collect. Béthune, 8702, 8767, 8768, 8777, 8864); — Instructions données à Montluc (Bibl. imp. collect. Baluze, n° 10,339); — Harangues de Montluc (Mém. de l'Estat de France, t. II, p. 197 et 224); — Extrait des lettres d'un gentilhomme à la suitte de M. de Rambouillet, ambassadeur du roy au royaume de Pologne (Archiv. curieuses de l'hist. de France, t. IX, p. 137); — Mémoires de J. Choisnin (collect. Michaud, t. XI); — Revue rétrospect. t. IV, p. 34. —

Quatorzième livre de l'histoire de l'Europe, contenant un registre touchant l'élection d'Henry III, roy de Pologne (Bibl. imp. S¹-Germain, 1391); — Harangue de François Commendon, cardinal de la S¹ᵉ Église romaine et légat du S¹-Siége en Germanie et en Poloigne, prononcée au camp de Warsovie le 8 avril 1573, trad. par Belleforest (Paris, Brumen, 1573); — Pièces concernant le règne de Henri III en Pologne (Bibl. imp. Baluze, 10339). — Voy. aussi Fontanieu, vol. 327-28; — Discours sur l'histoire des Polognois (Rouen, Belis, 1573); — Le Attioni d'Arrigo terzo, rè di Francia e quarto di Polonia (Vinetia, appresso Giorgio Angelieri, 1574); — Harangue publique de bienvenue au roy Henry de Valois, roy esleu des Polonnes, prononcée par Stanislaus Arncovius, évêque de Vladislavie (Paris, J. Morel, 1574); — Les honneurs et triomphes faits au roy de Pologne, tant par les princes allemans en son voyage que par ses subjets à sa réception. Paris, D. Dupré, 1574.

[4] Harangue de messire Ch. d'Escars, évêque et duc de Langres, aux magni-

Après ces premiers ambassadeurs pollonnois, ne cessèrent d'arriver 1573.
à Paris aultres seigneurs dudit pays de Pollongne, en nombre tel et
si grand, qu'on ne les peut loger aisément en la ville de Paris avec
les gens de la suitte du roy. Par quoy furent envoyés leur train, chevaux et serviteurs, partie à Meaux, partie à Melun, partie à Pontoise
et aultres villes les plus proches de Paris. Les seigneurs demourèrent
bien et magnificquement logez ès maisons bourgeoises de la ville de
Paris, et furent, tant les ungs que les aultres, desfrayez, hommes et
chevaux, aux despens du roy et du royaume de France. Pour desquelz
la despense payer, furent faictes tailles sur les villes du royaume, et
en paya la ville de Provins la somme de 300 liv. t. Il fut grand bruict
qu'on envoyeroit desditz Pollonnois à Provins pour y séjourner jusques
au partement de leur roy hors de France; toutesfois, n'y en furent
nulz envoyez. Ilz Pollonnois estoient tous beaux hommes, grands et
puissans et parlans latin, jusques à leurs pallefreniers, mais yvron-

fiques ambassadeurs de Pologne étant à
Metz, le 8ᵉ jour du mois d'août 1573 (*Mém.
de l'Estat de France*, t. II. — Le discours
latin a été publié à Paris, 1573); —
Discours de l'entrée de Henry, duc d'Anjou, roi de Pologne, à Orléans, l'an 1573,
par Nicolas Rousseau (Godefroy, *Cérémonial*, p. 918). — Voici deux lettres adressées au duc d'Anjou, par Charles IX et
Catherine de Médicis, au sujet de son élection au trône de Pologne :

« Mon frère,

« Dieu nous a fait la grasse que vous
estes ellu roy de Poulogne. J'en suis si
ayse que je ne sçay que vous mander. Je
loue Dieu de bon cœur; pardonnés moy,
l'ayse me garde d'escrire. Je ne sceay que
dire. Mon frère, je avons receu vostre
lestre. Je suis,

« Vostre bien bon frère et amy,

« CHARLES. »

« Mon fils,

« Je ne sé quelles (grâces) faire à Dyeu
de fayre tant pour moy que je vous voy
cet que je désire. Je vous prie le bien re-
conoystre et toute la grandeur qui vous
balle, que ayés dans le ceour de l'anployer
pour son servise et de vostre frère, qui ayst
si èse de vostre bien que je ne l'ay jeamés
veu plus. Yl ne reste plus sinon que Dieu
vous fase la grase de bientost prendre la
Rochelle et vous conserver come le désire

« Vostre bonne mère,

« CATERINE. »

(Bibl. imp. collect. Béthune, vol. 8676,
fol. 65.) — Voy. aussi : Lettres patentes
du roi Charles IX en faveur du roi de
Pologne, son frère, pour succéder à la
couronne de France quoique absent, lors
du décès dudit roi Charles; 1573, 10 septembre. (Bibl. imp. Minimes, n° 32, fol.
348 r°.)

1573. gnes et gourmans à merveilles. Deux desditz Pollonois eussent plus despensé à ung repas en vin et viande que ne feroient six Françoys au plus grand repas qu'ilz sçauroient faire. Il fut rapporté par gens dignes de foy et par ceux mesmes qui les avoient nourris, que quatre hommes de ceste nation avoient beu en ung jour ung-demy muyd de vin. On s'esbayssoit comment ilz ne crevoient de tant boire. S'ilz eussent demouré encores demy-an en France, ilz eussent beu tout le vin de ce pays. Ilz se trouvèrent en France, dedans la ville et les environs de Paris, jusques au nombre de deux mille hommes et aultant de chevaux de laditte nation; car depuis la St-Jehan, que les premiers arrivèrent, jusques au moys d'octobre ensuyvant qu'ilz s'en retournèrent avec leur roy, on ne voyoit à Paris et les environs que Pollonois. Ilz prenoient leur chemin par les Allemagnes et la Lorraine, et descendoient à Chaslons, et de Chaslons suyvoient la rivière de Marne, passoient par Chasteau-Thierry, Meaux et Lagny et de là à Paris. Il en demoura esdittes villes de Chasteau-Thierry et Lagny en garnison.

Les Polonais s'émerveillent de la magnificence du roi de France et du duc d'Anjou. Les Parisiens reçoivent solennellement le duc d'Anjou, à son retour de la Rochelle. Les envoyés polonais font promettre par serment au nouveau roi la conservation des priviléges et libertés du pays. Charles IX s'engage dans une alliance étroite avec la Pologne. Le départ du duc d'Anjou afflige les catholiques de France, et réjouit les protestants. Le bruit courut pendant quelque temps que ce départ n'aurait pas lieu; les seigneurs polonais demandèrent à ce sujet des explications à Charles IX et à son frère, qui leur donnèrent des assurances satisfaisantes. Un mandement royal fut publié à son de trompe dans les rues de Paris, par lequel il était défendu, sous peine de la vie, de parler, contester, disputer du roi de Pologne, et de détourner ce prince de son voyage, par paroles, écrits ou autrement. Le jour de la fête de Notre-Dame de la mi-août, un évêque polonais, qui faisait les fonctions d'ambassadeur auprès des deux rois, célébra à Notre-Dame de Paris une messe solennelle à laquelle Charles IX et son frère assistèrent.

Levée du siége de la Rochelle[1]. On fit courir le bruit que les Rochelois avaient

[1] «Discours présenté au roy par le roy de Pollongne, son frère, touchant sommairement son voiage faict à la Rochelle, et aultres choses concernans le bien et repos de son royaulme.» (Bibl. imp. de Mesmes, 8077.)

fourni de l'argent aux deux rois, pour faire largesse aux Polonais et subvenir 1573.
aux frais du voyage de Pologne.

On bailla congé à toutes compagnies de pied et de cheval, tant
estrangers que du royaume, qui estoient audit camp de la Rochelle,
et les feit-on tous retirer en leurs pays et maisons, excepté dix-huit
enseignes de gens de pied, conduictz par le seigneur de Ste-Colombe,
capitaine général de ce régiment, lesquelz furent renvoyez en garnison sur les frontières de Picardie, d'aultant qu'ilz estoient des compagnies entretenues par le roy en temps de paix comme par guerre.
L'artillerie fut remenée à Paris, et le tout reserré, comme si oncques
à l'advenir on n'eust plus volu faire de guerre.

La ville de Sancerre se soumet. Le sieur de Sainte-Colombe, qui s'y rendait
avec son régiment pour renforcer l'armée de M. de la Chastre, reçoit la nouvelle
de la capitulation entre Orléans et Gien; il se dirige alors sur la Brie, par Châtillon-sur-Loing et Montargis, et envoie seulement deux compagnies en garnison
à Sancerre. Après avoir passé à Montereau-Fault-Yonne le 5 septembre, les soldats de M. de Sainte-Colombe se logent le 7 aux environs de Provins, à Sainte-
Colombe, Septveilles, le Mez-la-Madeleine, Saint-Michel-de-Poigny, Saint-Bris,
Léchelle, Saint-Martin-de-Chennetron et Saint-Martin-des-Champs, où ils font
beaucoup de mal.

Une trouppe de huict à dix desditz soldatz, eux en retournant de
Provins en la maison de leur hoste au village de St-Bris, eurent à leur
rencontre, entre la ville et la chapelle N.-D.-des-Champs, ung advocat
de Provins, nommé Me Estienne de la Motte, prévost de Sordun,
gentilhomme de race et de vertu, mais humble et fort simple homme,
qui fut par eux si rudement affronté que rien plus; lesquelz, non contens de l'injurier en frappant sur luy, luy ostèrent son manteau des
espaules, et le renvoyèrent en pourpoint comme ung varlet de feste.
Il de la Motte, ayant regangné la ville, s'alla plaindre à Me Jehan de
Ville, procureur du roy, oncle de sa femme, pour veoir le moyen de
retirer son manteau et avoir raison de telle injure. Lesquels, voyans
l'heure et le temps n'estre commodes pour en avoir justice par la voye
ordinaire, allèrent parler audit sieur de Ste-Colombe, qui estoit pour

1573. lors logé à l'hostellerie de l'Escu de France dudit Provins, et luy con-
tèrent, le priant de leur en faire raison, et qu'en faulte de ce se plain-
droient où il appartiendroit. Aux plaintes desquelz n'osa ledit de
Ste-Colombe faillir de leur en faire quelque raison, et parce qu'ilz ne
cognoissoient lesditz soldatz, ni l'hoste où ilz estoient logez pour les
nommer, il de Ste-Colombe les chargea de eux transporter au lendemain sur les champs avec luy au deslogement desdittes trouppes, pour
recognoistre les compaignons. Ce qu'ilz firent, et furent les compaignons recognus entre Provins et la Ferté-Gaulcher, estans encores saisis du manteau, qui estoit sur le corps de celuy qui l'avoit osté. Sur
lequel ledit de Ste-Colombe bouta la main, ayant faict faire alte à
toute la trouppe, pour en faire la justice exemplaire aux aultres, qui
fut de le faire pendre et estrangler à ung arbre en la présence de tous,
où il finit honteusement ses jours, ses compaignons demourans sains,
mais desvalisez de leurs armes, et chassez vitupérablement hors de
la compagnie comme meschans et indignes du service du roy. Dès
le matin de ce mesme jour, fut ung aultre soldat pendu et estranglé
près du village de Lugrand, pour ses forfaictz, par le commandement
dudit sieur de Ste-Colombe.

Quelques jours devant l'arrivée dudit régiment ès environs de Provins, arrivèrent les commissaires commis au gouvernement et conduitte des soldatz d'iceluy en la ville de Provins, lesquelz demandoient
quartiers pour les loger en laditte ville, disans avoir de ce faire commission du roy. Ausquelz ne voulurent croire les gouverneurs dudit
Provins; pour empescher par amytié que ledit régiment ne logeast en
leur ville, ils feirent bonne chère et acueil ausditz commissaires,
cependant que aucuns des principaux habitans de laditte ville allèrent
saluer ledit sieur de Ste-Colombe dedans la ville de Montereau, où il
estoit, et le prier de ne loger sondit régiment dedans leur ville; ce que
avec difficulté, comme il sembloit, leur accorda. Il fut receu et desfrayé
à Provins aux despens de la ville, luy vingtiesme, ung jour et demy
seulement, et en récompense de ce que ledit régiment ne logea en
laditte ville, les habitans fournirent munitions de pain, vin et chairs.

Les soldats se saisissent des chevaux et des charrettes qui avaient servi à leur 1573.
porter les munitions dans les villages où ils étaient logés, et les emploient de
force au transport de leurs malades et de leur bagage. — En quittant Provins,
le régiment de M. de Sainte-Colombe se rend à la Ferté-Gaucher, dont les habitants, pour être dispensés du logement, sont obligés de payer une somme d'argent et de fournir des munitions; puis il prend la route de Château-Thierry. Les
deux compagnies envoyées à Sancerre arrivent quelque temps après, passent la
Seine à Bray, se logent à Meel, à l'époque de la Toussaint, et vont en garnison à Metz et dans d'autres localités de la Lorraine. Les villes et villages de la
Champagne et de la Brie jouissent de la paix le reste de l'année.

Durant ce peu de temps que la France, et signamment les pays de
Champaigne et Brie, furent sans gens d'armes qui logeassent en leurs
maisons, se couvoit une nouvelle guerre par les princes de Bourbon,
le roy de Navarre et le prince de Condé, qui sembloient estre convertis à la religion catholicque, depuis le massacre faict à Paris au
jour St-Bartholomy. Pour duquel massacre prendre vengeance, conspirèrent secrettement contre le roy, lorsqu'il estoit assez empesché
aux affaires de son frère le roy de Pollongne avec les Pollonnois, et
dressèrent lesditz princes de Bourbon, ou leurs entremetteurs pour
eux, embusches et aguetz de toutes partz; pour, sitost que le roy de
Pollongne seroit hors des terres de France à s'en aller en Pollongne,
essayer sur le roy à faire comme on avoit faict sur l'admiral. Et ne
fut leur entreprinse si secrette qu'elle ne fust divulguée dans le pays
par ceux de leur faction, toutesfois palliée et couverte d'un beau manteau et couverture de prêtre, qui estoit telle (comme ilz disoient) de
faire assembler ung conseil des trois estatz en certain lieu de France,
pour régler le roy en sa despense, luy donner un estat, et l'empescher de plus tiranniser son peuple par tant de tailles, gabelles, subsides et novelles impositions et exactions qu'il faisoit sur luy, et pour
tascher à remettre en paix le pauvre peuple françois, tant travaillé des
longues guerres et desboursemens de deniers, et que pour ce faire on
n'attendoit aultre chose que le partement du roy de Pollongne hors
du royaume de France. Ce dire fut plus tost sceu par le simple
peuple de France, tant des villes que des villages, que ne le sceurent

1573. le roy et les princes de son party, lesquelz n'entendoient à aultre chose
que à parfaire les affaires du voyage du roy de Pollongne.

Le duc d'Alençon est entraîné dans la conspiration par des promesses d'influence et de pouvoir. — Les catholiques regrettent vivement le départ du duc
d'Anjou[1]. — Séparation de Charles IX et de son frère à Vitry-le-François; Catherine de Médicis accompagne le roi de Pologne jusqu'au delà de Nancy. Plusieurs
gentilshommes français le suivent jusqu'à Cracovie, entre autres le marquis du
Maine, M. de Beauvais, seigneur de Nangis, M. de Lenoncourt, etc.

Moult de gens de la France et de tous estatz se meirent en chemin,
tant de pied que de cheval, pour faire le voyage de Pollongne avec
ledit seigneur; tant on avoit d'amour en luy, et y alloient joyeusement,
quelque mal qu'ilz eussent et quasi malgré qu'en eust ledit sieur roy,
qui print toute peine de renvoyer ceux qu'il cognoissoit n'estre utiles
à sa suitte; non qu'il feust mary de ce qu'ilz l'accompagnoient, mais
seullement de la peine qu'ilz avoient à le suyvre par ung temps et
chemin si fascheux qu'il falloit faire avant qu'estre audit pays de Pollongne. Pour lesquelz intimider, feit faire le ban publicquement à sa
court, que tous Françoys qui suyvoient S. M. ne passassent plus avant
que le commencement des Allemagnes, s'ilz n'estoient soubz la charge
et conduitte de leurs maistres; ains qu'ilz eussent à se retirer en
France, en leur pays ou aultre part que bon leur sembleroit. Mais ce
ban n'empeschea que lesditz Françoys non advouez ne passassent
chemin avec luy jusques audit royaume, et ne cessoient de se trouver
en sa présence aucuns mal montez, aultres mal chaulsez et vestus,
aultres lassez et recreus du travail qu'ilz pourtoient en grande patience,
pour l'honneur et amour qu'ilz avoient vers S. M. Lequel, passioné
de la misère qu'ilz prenoient, les faisoit nourrir et coucher à ses
despens, chose qui moult le feit réputer par les seigneurs pollonnois
qui l'accompagnoient.

Retournons aux faictz du pays. Premièrement, nous fault dire com-

[1]. Lettre de Monseigneur, frère du roy, septembre 1573. (Bibl. imp. Minimes,
escrite au roy sur sa sortie de Paris, en n° 32, fol. 344 r°.)

ment, par la mort de Me Jehan Alleaume, le bailliage de Provins, après 1573.
avoir esté vacant demy an ou environ, fut par le roy vendu à mons. de
Potières, nommé Olivier de Soyssous, gentilhomme de sang et de
race, non toutesfois licencié ès loix, mais homme d'espée; et fut le
premier bally qui aye esté à Provins de courte robbe.

Par les trois estatz tenus à Orléans en l'an 1561, fut dict au chapitre de la justice, article 48, que, vacation advenant des bailliages,
n'y seroit plus pourveu que de personnes de robbe courte et gentilzhommes; qui fut la cause que ledit sieur de Potières l'achepta, à
la persuasion de Me Françoys Taupin, lieutenant dudit bailliage, lequel
ayda audit de Potières à le payer, d'aultant que toutes les affaires de
plaidoirie passoient et passèrent par après pardevant luy et qu'il en
prenoit les prouffitz.

Me..... Poytevin, filz de feu Me Jehan Poitevin, âgé d'environ
dix-huict à vingt ans, employa tous ses moyens et de ses amys pour
avoir ledit bailliage, et l'eust eu, s'il eust esté gentilhomme de la
qualité requise, et, encore qu'il ne feust gentilhomme, luy feust demouré, sans les oppositions que firent contre luy les gentilzhommes,
les gens d'esglise et ledit lieutenant Taupin.

Ledit sieur de Potières, estant pourveu dudit bailliage de par le
roy, en certains jours et moys de ceste présente année que je ne puis
cotter, se feit recevoir audit Provins au contentement de chascun, et
tint le siége l'espée au costé, et la cape ou le manteau sur les espaules,
sans longue robbe, et l'a tousjours tenu en ceste façon quand il a esté
présent audit Provins, qui sembla estre une chose toute novelle. Il
feit banquet pour sa bienvenue à tous les justiciers, tant juges, greffiers, advocatz que procureurs, en l'hostellerie du Mouton, où il estoit
logé, que tenoit pour lors Jehan le Dain, avec l'hostellerie de l'Escu
de France.

Me Françoys Taupin, lieutenant dudit bailly, fut lors seul juge ordinaire pour le regard du bailliage; car le siége présidial dudit Provins avoit esté supprimé dès l'an 1561 par les estatz d'Orléans, et n'y
avoit plus que ung seul conseiller sans président, qui estoit Me Claude

1573. Thibault. Mais ce ne dura longtemps; car avant que ceste présente année fust passée, le roy remist sus le siége présidial audit Provins. et y pourveut d'un président, qui fut M⁰ Loys Durant, seigneur de Rouceau, filz du feu président M⁰ Philippes Durant, et de six ou sept conseillers, comme il y avoit lors de l'érection dudit siége.

Le nouveau président annule, comme abusive et subrepticement obtenue du roi, la commission en vertu de laquelle Michel Alexandre poursuivait les usuriers; information est faite contre les abus commis par ledit Alexandre, qui est mis en prison et n'évite les galères qu'en dépensant tout son avoir. L'office de garde des sceaux des bailliages est supprimé, puis rétabli à plus haut prix, et les nouveaux actes sont soumis à la formalité du sceau, à peine de nullité et d'amende. — Jean de Ville, dépossédé de la charge de garde des sceaux, la rachète, moyennant dix à douze mille livres. — Le président au présidial de Provins enjoint au garde des sceaux d'indiquer sur les actes le mois et le jour du scellé, afin d'éviter de doubles frais, quand les sceaux se trouvent rompus.— Édit du roi portant que les draps de laine, avant la vente, seront scellés d'un sceau de plomb, et que l'apposition du sceau sera payée 3 s. 4 d. pour chaque drap[1].

Ces nouvelles inventions furent trouvées fort estranges et donnèrent occasion au peuple françoys de hayr le roy et de dire du mal de luy, et en rejetta-on la coulpe sur les Italiens qui estoient en France, tant à Paris qu'à la suitte du roy, et disoit-on que telles et aultres novelles gabelles et exactions faictes par le roy sur son peuple provenoient de leurs inventions et conseils.

Un homme et une femme, dans la maison desquels deux sergents de Provins avaient trouvé un jambon de porc cuit en temps de carême et des coins à fabriquer de la fausse monnaie, sont arrêtés et fouettés en prison.

Après la mort de Jean Carré, jacobin, chanoine doctoral des églises collégiales de Saint-Quiriace et de N.-D.-du-Val, l'élection d'un nouveau docteur fait naître la division entre les deux chapitres. Il y avait deux prébendes réunies sur une

[1] Quoique cette indication soit placée sous l'année 1573, il s'agit probablement de l'édit du mois de mars 1571 sur la fabrication des draps, leur teinture et la création de visiteurs et auneurs. (Fontanon, t. I, p. 1032.)

seule tête de consentement mutuel ; cette fois, chaque chapitre fait son élection
à part. Celui de N.-D.-du-Val nomme Mᵉ Fergent, gardien des cordeliers, qui s'é-
tait engagé à laisser à son couvent le revenu de la prébende ; frère Aubin Caróli,
jacobin, est élu chanoine doctoral de Saint-Quiriace, et exerce sa charge malgré
l'opposition du vicaire général, qui avait approuvé la nomination de Fergent et
voulait maintenir la réunion des deux prébendes. — Mort de Mᵉ Nicole Vendière,
conseiller au présidial et procureur du roi des eaux et forêts. — Mort d'Eustache
d'Aulnay, sieur de Primefosse, conseiller au présidial ; il était protestant, et sa
mort causa une grande joie aux catholiques. — Mort de Denis Legrand, avocat
du roi, homme de bon conseil et de bonne réputation, mais tiède en matière de
religion ; la dame de Nemours lui nomme pour successeur Mᵉ Jean Rethel, avocat au bailliage, qu'on soupçonnait protestant, et qui devint depuis lors un peu
meilleur catholique. — Mort de frère Denis Leroy, prieur de l'Hôtel-Dieu,
homme attentif au bien-être des pauvres, qui fit rebâtir l'infirmerie. Frère Edme
Lelong, religieux de la maison, succède à D. Leroy, par l'aide d'un nommé
N. Privé, surnommé l'Éventé, favori de la reine mère, beau parleur et danseur
habile, qu'il paya grassement avec de l'argent pris au dernier prieur. Edme Lelong, qui avait été puni pour ses relations avec une religieuse de l'Hôtel-Dieu,
dont il avait un enfant, ne prend possession qu'après s'être fait réhabiliter en
cour de Rome. Dès lors, il oublie ses vieilles fautes pour en commettre de nouvelles, mondain, paillard, voluptueux, joueur, faiseur de banquets à tous bons
compagnons, et entretenant, pour n'être pas inquiété dans sa charge, les gens
de justice du bien des pauvres. — Mort de Mᵉ Jean Poitevin, avocat à Provins,
né de pauvres gens du village de Bellot, près la Ferté-Gaucher, homme sage,
instruit, modeste, orateur éloquent et bon écrivain, habile dans la conduite des
procès, et fort estimé dans la ville et aux environs et même au parlement.

Un nommé Moreau, compagnon de volerie de Brouillard, qui avait suivi les
protestants dans leurs guerres et qui revenait de la Rochelle, est arrêté à Provins
comme coupable de plusieurs crimes, et pendu.

Une querelle s'étant élevée entre une femme de Léchelle et un laboureur, son
voisin, nommé Nicolas Bureau, le fils de celui-ci frappe d'une pierre la femme,
qui meurt deux jours après. Nicolas Bureau et son fils sont accusés de meurtre ;
après l'examen plusieurs fois renouvelé du cadavre par les barbiers, on finit par
découvrir que la défunte a succombé à une esquinancie.

Les arquebusiers de Coulommiers viennent à Provins, en costume, tambour
en tête et enseigne déployée. Louis de Vauhardy, se disant M. de Saint-Martin,
roi de l'arquebuse de Provins, offre les prix. Un mois après, les arquebusiers de
Provins se rendent à leur tour à Coulommiers, et gagnent les prix.

1573.   Mort de Gond Fortin, dit l'Enfant de Gouaix, portier de la maison du roi. — Les capucins s'établissent à Paris, où ils obtiennent une maison hors la porte Saint-Antoine, près du petit Saint-Antoine.

La cherté des grains continue. On recueille peu et de mauvais vin.

1574.

L'an mil cinq cens soixante et quatorze, se continuoit la charté des
vivres et signamment des grains et du vin quasi aussi grande que
l'année passée, combien que la famine feust cessée et qu'il n'y eust
plus d'estrangers en ce pays. Depuis la moisson de l'an dernier passé,
le blé froment ne fut baillé à meilleur marché que de 28 s. le bichet ou boisseau, mesure de Provins, le métail que de 22, le seigle
que de 17 1/2, l'orge que de 12 à 15, et l'avène que de 7 et 8; et
se continua à ce pris jusques après la my-apvril, que lesditz grains
commencèrent à rabaisser, c'est-à-dire à devenir à meilleur marché de
mieux en mieux, et advint que, au mois de juin de ceste présente
année, le blé froment avant la moisson ne valloit plus que 20 s. le
boisseau, qui ès mois de janvier, febvrier et mars en avoit valu 28,
comme dit est, et les aultres grains furent ravalez au pris le pris.

Qui fut cause que le grain fut si cher après la moisson de l'an dernier passé et au commencement de ceste-cy, fut la stérilité des terres
de la Brie, dont partie, à cause des guerres des années précédentes,
estoit demourée en pleux et sans labourer, et l'aultre partie qui fut
labourée fut d'un si petit rapport de gerbes, que, si n'eust esté la
grenaison que Dieu y envoya, elles n'eussent valu les semences qu'on

1574. y avoit mis. Mais, en si peu de gerbes qu'on recueillit en la moisson de ceste dernière année, la grenaison y fut si grande que le cent de gerbes faisoient 20 et 22 boisseaux, et aucunes 3 septiers. Les avènes ne se trouvèrent si grenées que les aultres grains, parquoy demourèrent en leur charté.

Le pays de Champaigne et la valée de la rivière de Seine avoient recueilly des seigles et métaux à plène année, qui fut cause d'empescher plus grande charté; car ilz menèrent vendre leurs grains ès villes et marchez de la Brie, comme Villenauxe, Provins, Nangis, Emmillis, Rozay, Columiers, Bazoches, la Ferté-Gaucher, Montmirail et Courgivost, où ilz vendirent bien et eurent bonne délivrance. Les laboureurs et aultres gens de Méry-sus-Seyne, de Sainct-Cyr et les environs amenèrent toute ceste année, jusques à la moisson et depuis la moisson de l'an dernier, vendre du grain par chascun jour de la sepmaine en la ville de Provins, et en trouvoient délivrance aussitost qu'ilz estoient arrivez; sans lesquelz, eust esté le grain aussi cher et plus audit Provins que l'an dernier passé.

Justice ne mist poinct de taxe au grain depuis la moisson de l'an dernier, comme elle avoit faict devant, au temps de la famine, et laissa la liberté à un chascun de vendre son grain ce qu'il pouvoit.

Les grains qui estoient en terre en ceste année sembloient fort beaux en herbe et en tuyau, et espéroit-on de faire en la moisson prochaine de ceste année cuyllette de tous grains, qui se trouvèrent exemptz de brouyne en ceste ditte année.

Fault notter que, dès l'an 1536 ou dès auparavant, les bledz fromens en tous pays, par punition de Dieu, par chascune année estoient brouynez, les aucuns plus, les aultres moins, et prenoient ce mal en espiant et florissant, et estoit le grain des espis qui estoient touchez de ce mal noir comme charbon, aysé à escraser, ayant l'escorce comme pourrie; et estoit la farine dudit grain noire entièrement et de maulvaise odeur, et se mettoient telz grains en poussière en les battant à la grange comme poussier, qui infectoit et noircissoit l'aultre grain qui n'avoit poinct de mal. Et par aucunes années estoient les grains fro-

1574.

mens moytié gastez de ceste bruyne, aultres années moins. Le pain que l'on faisoit de telz fromens bruynés sans les laver estoit aussi finement noir que de bonne encre ou tinture de drap noir, amer à manger et de maulvais goust; par quoy estoit nécessaire à ceux qui en vouloient faire de beau pain, comme boulangers ou aultres, de le laver en belle eaue claire. Ceste malédiction ou punition dura quasi par tous les ans, depuis ledit temps de l'an 1536 jusques à l'an 1570, qu'elle cessa par le changement des semences que firent les laboureurs de la Brie; lesquelz, pour eux désanger de ceste bruyne, allèrent achepter des semences en la ville de Meaux en Brie, pour avoir des bledz de la France qui n'estoient subjectz à ceste maladie. Une chose admirable estoit aux grains : il se trouvoit des espis tous entiers gastez de ceste bruyne, aultres ne l'estoient que à moytié, en aultres n'y avoit de gasté que une maille, en aultres rien; et ne sceurent jamais dire les hommes les plus expertz qui fussent au pays d'où ou par quel moyen provenoit cela. Aucuns disoient ce provenir des pluyes froides qu'il povoit faire au temps que les fromens espioient. Les aultres disoient ce provenir des rousées froides qu'il faisoit en telle saison. Mais les plus saiges et expérimentez ont jugé ce provenir de punition divine, qui présageoit la poriture et esbloyssement qui sont advenuz et qu'on a veus en France ès cœurs et cerveaux des hommes, qui se sont bruynez et desvoyez de la fidelle et catholicque religion, pour suyvre la prétendue réformée huguenoticque, qui est pourrie et bruynée, et qui a tasché à corrumpre les fidelles, qui sont comme le bon grain, plusieurs desquelz ayant esté noircys et soulliez de la noircisure des brouynez, il a fallu les laver de bonne eau vive, qui est la vraye parolle de Dieu, pour en faire de beau pain. Il n'estoit aucune nouvelle de ladite bruyne ès bledz fromens de la Brie et de ce pays françoys avant ladite année 1536 ou quelque peu devant, comme l'ay ouy dire aux anciens de ce temps-là qui ont vescu depuis; et furent moult esmerveillez lesditz anciens de veoir telle punition sur les bledz à la fin de leur temps, ce qu'ilz n'avoient jamais veu ny ouy dire à leurs prédécesseurs et pères.

94

1574.   Depuis l'an 1570, on a veu peu de ceste bruyne aux bledz fromens
et signamment en la moisson de l'année dernière, et n'y eut nulle
déchette sur icéux, dont bien en advint pour le peu qu'on en recueillit.
Mais, quant au regard de la moisson de ceste présente année, y eut
une grosse perte et déchette sur les bledz fromens, non par la bruyne
acoustumée, mais par ung aultre noveau accident, non acoustumé
d'estre veu sur les grains, qui fut une aridité qui séchea le grain dedans
l'espy, incontinent après qu'ilz fromens furent espiez et hors de fleur,
et ne grossit oncques plus le grain dedans ledit espy et demoura gresle
et maigre, sec et deur à merveille, sans moesle ne farine. Cest accident advint sur lesditz grains par petites pluyes, qui tomboient d'en
hault par nuages et par divers climatz non à tire, en plain jour, le soleil
luysant et donnant sa clarté et chaleur pardedans lesditz nuages; et
appella-t-on cest accident *manne*, et dist-on lesditz bledz fromens
frappez de ce mal estre *mannez*. Ceste manne ne tomba tout à tire,
ains seullement par climatz et contrées, voire mesme en un champ de
dix arpens, auquel y avoit quelque rive, ou quelque bout ou milllieu
qui s'en sentoient par seillons et non à tire. Et receurent les laboureurs grosse perte de ceste manne; le feurre ou tuyau des bledz qui
estoit arrousé de ceste pluye de manne devenoit noir sur le pied et
tacheté de diverses couleurs, et si meschant que les bestes n'en vouloient manger ni verd ni sec, si ce n'estoit par grande faim qu'elles
avoient, et ne leur prouffitoit de rien pour leur nourriture; et advint ce depuis la my-juin.

    Ceux qui avoient prins à la chandelle des terres emblavées ou les
dixmes des parroisses, les bledz estans encores en tuyau, demandèrent
diminution du pris ou quantité de grain qu'ilz estoient tenus d'en
rendre, veu l'inconvénient advenu par laditte manne; et firent adjourner pardevant les juges leurs bailleurs pour avoir diminution. Et fut la
cause contestée devant les juges, jusques à ordonner que visitation se
feroit sur lesditz grains par gens expérimentez pour en faire leur rapport. Et pour ce faire, esleurent hommes les bailleurs et preneurs desdites dixmes et terres emblavées, qui se transportèrent sur les champs

et firent laditte visitation; et toutesfois ne se purent accorder lesditz 1574. visiteurs, ne dire d'où provenoit ce malheur. Les ungs disoient qu'il provenoit des pluyes qui estoient tombées du ciel durant la chaleur et la lueur du soleil, et combien que ce qui tomboit d'en hault feust de l'eau naturelle, ce sembloit, à la vérité, elle estoit viciée et malfaisante où elle tomboit, et ne falloit se mettre à l'esbruy pour telle pluye, qui ne duroit demy quart d'heure à chascune foys, voyre beaucoup moins, et si ne tomboit que çà et là une goutte et non à tire, qui estoit la cause que un espy estoit gasté et l'aultre non, en un espy la moytié ou un tiers ou un quart, et le reste n'avoit poinct de mal. Les aultres disoient ceste manne provenir de la marne qu'on avoit mise ès terres, qui n'avoit esté amortie par fiens et amendement de bestes, à cause de quoy elle rendoit une chaleur de terre qui causoit l'aridité qui estoit au grain et desséchoit ainsi le feurre et le rendoit noyr. Toutesfois, il me semble que ceux qui furent d'opinion que laditte manne provenoit de la pluye susditte, si pluye la fault appeller plutôt que de la marne qu'on avoit mise ès terres, avoient la meilleure oppinion; car il se trouva des grains gastez de cest accident ès terres qui oncques n'avoient du vivant des hommes esté marnées. Bien est vray qu'en plusieurs terres, marnées de quatre et cinq ans et plus auparavant, y estoient en plusieurs endroictz les grains plus domagez qu'ès terres qui n'avoient esté marnées. Les commissaires députez à la visitation desditz grains convinrent tous de la perte qui y estoit, et n'estoient qu'en difficulté de la cause d'icelle perte. Les bailleurs rabaissèrent de quelque quantité de leur ferme, et s'en accordèrent avec les preneurs de gré à gré, et n'atendirent que les juges leur rendissent sentence.

Nonobstant la déchette dessusditte qui fut ès bledz de la moisson de ceste présente année, ne laissa le froment de revenir à meilleur marché que devant, et fut son pris commun depuis laditte moisson jusques au reste de ceste année à 12 s. et 6 den. pour le plus cher, et les aultres menus grains au dessoubz.

Le vin se continua tousjours en sa charté, et estoit le pris commun

1574. du vin pruvinois et des environs à 25 et 30 liv. la queue; celuy de
Villenauxe à 40 et 50 liv. la queue; et qui empescha qu'il ne revînt
à meilleur marché comme avoit faict le grain, fut la gelée du moys
d'apvril, qui gasta les vignes en ceste année comme en la précédente,
mais non tant, et ne furent lesdittes vignes qu'à moytié gelées, et
estoit icy pour la trois et quatriesme année que lesdittes vignes avoient
esté gelées depuis l'an 1570, et depuis l'an 1564 sept fois, en y comprenant ceste présente.

Au mois de janvier, Disiau, dit Satan, assassin, voleur et pillard, homme
d'une force extraordinaire, est roué à Provins sur la place des Changes. — Un
jeune homme, son complice, est pendu dans la même ville. — Au mois d'avril,
un maréchal, de Marcilly, est pendu devant la porte de sa maison, pour avoir
tué et volé un marchand passant, qu'il avait logé chez lui et qu'il enterra dans
sa cave. — Davesne, compagnon de l'assassin Brouillard, qui s'était échappé des
prisons en 1571, est repris, acquitté d'abord, puis condamné et pendu.

Au mois de febvrier de ceste présente année, fut publié ung édict
du roy par lequel toutes monnoyes blanches des pays estranges furent
entièrement descriées et les aultres rabaissées à plus petit pris qu'on
ne les mettoit de main à aultre par la France. Les philippedalles, les
jocondalles, marquées au coing et marque du roy Philippes d'Espagne,
furent réduittes à moins de pris que les marchans ne leur avoient
baillé cours, à 2 s. et 6 d. pour le moins sur le franc du roy. Les
karolus disains de la marque de Besançon, de Lorraine, de Metz, de
Genefve et de Savoye furent par iceluy édict descriez entièrement, et
fut ordonné qu'ilz seroient mis au billon, pour estre portez ès maisons des monoyes de France, et là estre refonduz, pour en faire monoye de la marque du roy et coing de France, et en repeupler le pays
françoys, qui en estoit du tout dessaisy; et ne voyoit-on plus aultre
monoye blanche avoir cours par la France que lesdittes monoyes
estranges. Pour desquelles désanger laditte France, le roy feit prendre
de sa monoye en ses receptes par chascun bailliage et la feit mettre
ès mains de certains marchans de chascune ville, qui par justice

feurent establis commissaires pour changer lesditz karolus et disains estranges à laditte monoye de France, et les recevoient à l'once, et sçavoient combien de monoye de roy ilz debvoient bailler pour chascune once; et estoient les karolus à l'espée et de Metz à plus hault pris l'once que ceux de Besançon, de Genefve et de Savoye, et si n'ay retenu à quel pris estoit l'once de chascun, et selon ce que récitèrent ceux qui en avoient charge, chascun karolus revenoit à 8 deniers de la monoye du roy l'un portant l'aultre. Les hommes de Provins qui furent par justice establis furent Jehan Garnier, sergent royal au bailliage dudit Provins et Nic. Thomassin, dict Hapechair, tanneur, marchans, lesquelz par deux ou trois samedys tinrent bureau ouvert en la maison et ouvroir de Noël Brancheu, dict Fornot, demourant en la paroisse de Ste-Croix, en la grande rue, assez près du pilory, pour changer lesditz karolus. Les pauvres gens des villes et villages se retirèrent là pour changer ce qu'ilz en avoient et en portèrent la perte; car ilz n'en eussent sceu que faire aultrement, d'aultant que, depuis la publication dudit édict, on n'en eust pas sceu mettre un pour quelque temps. Les riches gens qui avoient monoyes de roy ne changèrent ce qu'ilz en avoient, ains les gardèrent, en attendant quelle fin en pourroit estre par après; les aultres les baillèrent aux marchans qui trafficquoient ès pays de Lorraine et de Bourgongne, où elles avoient cours, à changé d'aultre marchandise, et n'y eut que les pauvres gens qui en portassent l'intérest.

Après que les marchans de la ville de Troye en Champaigne sceurent que le roy avoit descrié et rabaissé lesdittes monnoyes estrangères, ilz allèrent parler à luy, et luy faire remonstrance que leur ville et pays de Champaigne, comme aussi toute la Lorraine et la duché de Bourgongne estoient remplies de ceste monnoye et non d'aultre, et qu'il n'estoit possible d'en dépeupler lesditz pays, sinon avec la ruyne d'iceulx, si son édict avoit lieu, et qu'ilz fussent contrainctz de le garder à la rigeur; et, pour ce, le prièrent d'avoir esgard à leurs remonstrances, et qu'ilz peussent trafficquer les ungs avec les aultres avec ceste monoye, et que son édict n'eust poinct de lieu en leur endroict. Lesquelz

1574. n'eurent aultre response de S. M. qu'il vouloit et entendoit que son
édict feust publié, gardé et observé par tout son royaume et pays
de son obéissance, et au reste qu'ilz advisassent à s'accommoder au
mieux qu'ilz pourroient.

Cest édict ne fut gardé en ce pays l'espace de six sepmaines; et re-
commença-on à remettre de main à aultre lesdittes monoyes blanches,
karolus et aultres estrangères, qui fut un gros mal pour les gens simples des villes et villages, lesquelz ne manioyent aultre argent, sans
qu'ilz s'en sceussent ayder au payement de leurs tailles, d'aultant que
les collecteurs et receveurs d'icelles n'en eussent pas pris un pour
quelque pris que ce feust, s'ilz n'estoient assurez de gangner dessus,
en fournissant ès receptes du roy de la monoye de son coing de France
au lieu desditz karolus; et où les pauvres gens ne se pouvoient accommoder desdittes monoyes estranges avec les collecteurs, estoient en
grosse peine d'en cercher d'aultres de la forge de France où ilz pouvoient pour le payement desdittes leurs tailles. Et demoura ce mal
par la France jusques à quelques années après, avant que le roy donnast aultre ordre, et par ce moyen souffrirent double dommage et
perte les pauvres gens, qui avoient beaucoup perdu à changer ce qu'ilz
en avoient et eurent encores une aultre perte à retrouver de la monnoye du roy pour le payement de leur taille, par faulte de guarder
iceluy édict. Et cognoist-on par cela qu'en toutes choses n'y a jamais
que le pauvre commun de foullé et qui endure toute perte.

Par cest édict du roy qui descrioit lesdittes monnoyes estrangères,
S. M. donna plus grand cours à celles de son royaume et de la forge
et coin de France. Il haulsa les escuz au soleil d'un sou tournois;
l'escu, qui auparavant estoit à 57 s. t., fut mis à 58; les pistoletz
d'Espagne, qui estoient à 55, furent par luy mis à 56; les testons de
France, qui estoient à 12 s., furent par cest édict mis à 12 s. 6 d. t.;
et faisoit le roy ce pour faire desbourser la monnoye de la marque
de son royaume, qui estoit entièrement cachée ès coffres des riches
gens, et pour faire revenir celle qui estoit ès mains des marchans
estrangers qui trafficquoient en France, tant par mer que par terre.

Toutesfois, pour ceste haulse, les riches gens ne volurent descoffrer 1574.
leur monnoye françoise, espérant que le roy seroit contrainct de la
haulser à plus hault pris, s'il vouloit en avoir et luy bailler cours
entier par son royaume, ce que finalement fut contrainct de faire,
mais non si tost.

Le reste de l'hiver de ceste présente année, depuis le commencement du moys de janvier jusques au printemps, fut assez modéré,
sans faire fort froict, comme aussi fut le printemps en son commencement; lequel, par le moys de mars, fut froict modérément jusques au
20e jour, qu'il se changea en meilleure douceur et chaleur modérée,
jusques au 24e jour dudit moys au soir. Auquel jour, entre les 5 et
6 heures du soir, remonsta le soleil à soulare, qui refroidit un peu
le temps, mais non trop, ce sembloit. Au moyen duquel vent, se chargèrent les nuées de l'air de noires vapeurs, qui se convertirent en
neige, qui commença à tomber sur la terre ce mesme soir, environ
l'heure de huict heures, et continua toute la nuict, jusques au lendemain quatre et cinq heures du matin, qui estoit le jour de la N.-D.
en mars, 25e jour dudit moys. Il y avoit sur la terre de la neige ès
moindres et plus platz lieux qui fussent la haulteur de 3 pieds de roy;
en plusieurs aultres lieux des vallées et pied des montaignes, y en
avoit la haulteur de 4 et 5 pieds où le vent l'avoit chassée. Elle commença à fondre un peu dès ledit jour de la N.-D., mais ne s'en diminua
guères; elle fut trois jours entiers sur la terre, ès platz pays, avant
qu'elle feust entièrement fondue, et aux montaignes qui n'avoient le
soleil à plain, y eut de ladite neige plus de huict jours après, avant
qu'elle feust entièrement fondue. Ladite neige morfondit tellement
la terre, qu'elle ne se peut eschauffer qu'il ne feust bien tard et ne
jetta sa séve qu'avec peine. Les grains qui estoient en terre ne purent
depuis fortifier ni augmenter qu'avec difficulté, et ne recueillit-on
tant de gerbes en la moisson qu'on eust faict; car les bledz ne purent
tasser ni monter qu'à demy. Ceste neige entretint le temps en froidure
et gelées blanches quasi par tout le moys d'apvril, qui endommagea
les vignes, comme nous avons dict ci-dessus. Les plus anciens admi-

1574. rèrent une telle neige sur la terre, veu la saison et de ce qu'elle fut si
tardive à fondre; et disoient oncques n'en avoir veu le semblable audit
moys de mars, sur la fin, et si n'avoient ouy dire à leurs pères qu'il
feust aultant advenu de leur temps. Les arbres, qui en partie estoient
floris et fort boutonnez, n'eurent aucun mal de ceste neige, et croy
qu'il n'y eût fleur ny bouton de poiriers, pommiers, cerisiers et pruniers qui eussent aucun mal, et recueillit-on en ceste année tant de
fruictz que rien plus, qui fournit bien proprement à la norriture des
pauvres gens, qui estoient si aharassez de la charté qu'ilz n'y povoient
plus fournir. Lesquelz avec un peu de pain se nourrirent en attendant
la moisson des poires de hastiveau, des cerises et merises, qui leur
vinrent à grand soulagement. Les febves qui estoient plantées en terre
au jour de laditte neige et devant, furent plus de la moytié pourries
en la terre, et ne recueillit-on ceste année beaucoup de febves, qui
fut à la confusion du pauvre peuple. Lequel, après avoir gangné la
moisson, commença à se resjouyr, d'aultant que le froment, qui au
meilleur marché avoit tousjours valu 20 s. et plus, depuis le moys
d'apvril de l'an dernier jusques au moys d'aoust de ceste-ci, revint
à 12 s. 6 d. le boisseau, comme nous avons dict au commencement
de ceste année, et si ne fut la moisson de ceste ditte présente année
si copieuse en gerbes qu'elle eust esté sans laditte neige de la N.-D. en
mars; mais la germinaison fut bonne et quasi aussi grande qu'en la
moisson de l'an dernier passé.

Fr. Angenost, Nic. de Ville, A. Bourdier, A. Bureau, achètent du roi, moyennant 1200 livres chacun, des charges de conseiller au présidial de Provins; on
leur assure 100 ou 120 livres de gages par an; joints au président, à Fr. Taupin,
lieutenant général, à Cl. Thibault, ancien conseiller, et à N. Poullet, lieutenant
criminel, qui fut aussi conseiller, ils complètent le présidial. — Nic. de Ville,
qui avait vendu son état de garde des sceaux aux contrats pour acheter celui
de conseiller, se fait pourvoir en même temps de la charge nouvellement établie
de lieutenant particulier au bailliage. — Les procureurs des cours de justice
sont astreints à payer une somme d'argent au fisc, et leurs états sont érigés en
offices, qu'il leur est permis de vendre moyennant retenue du quart denier sur
le prix. Les procureurs de Provins sont taxés à 40 écus. Leurs offices se ven-

dirent depuis lors 80, 100 et 120 écus. Il fut question aussi d'ériger en office les états d'avocat; mais cette idée n'eut pas de suite. — Le roi crée dans ses bailliages des sergents et des notaires en sus des anciens; quatre nouveaux notaires et quatre sergents sont institués à Provins.

Il nous fault reprendre la conjuration et rébellion des princes de Bourbon et leurs adhérens.

Les conjurez, après avoir remis sus leur perverse intention, voyans que le roy faisoit assez long séjour au lieu de St-Germain-en-Laye, et qu'il se délibéroit d'y faire ses pasques, rassemblèrent les huguenotz et aultres de leur faction, qu'ilz depuis nommèrent les catholicques associez, jusques au nombre de 5,000 chevaux et hommes bien armez, soubz la conduitte du baron de la Noë de Bretaigne, lors seigneur du Plaissié-aux-Tornelles, à cause de sa femme; ilz les firent approcher par tous endroictz en petites bandes ès environs du chasteau de St-Germain, et les firent loger à 4, 5, 6 et 7 lieues loin, pour s'attendre les ungs les aultres, dissimulans leur pernicieuse entreprinse par simulations telles qu'ilz pouvoient, et monstrant seullement contenance de gens de court et non de gens de guerre [1].

Or estoit avec le roy le baron de la Noë [2], qui, comme Judas, dissimuloit et monstroit la contenance de loyal et fidelle serviteur de S. M. pour le pardon que saditte majesté luy avoit faict en l'an 1572, après la sédition et massacre fait à Paris. Lequel, avec ses complices et aultres soubz l'auctorité desquelz ilz branloient, n'attendoit que l'heure opportune et commode de livrer le roy ès mains de ses gens et le mettre à leur advantage, pour en faire ce qu'il et les siens avoient

---

[1] *Discours de l'entreprise de St-Germain.* (Archiv. cur. de l'hist. de France, t. VIII, p. 105; on y trouve les déclarations du duc d'Alençon et du roi de Navarre du 24 mars 1574.) — *Avertissement ou épistre à MM. de Paris et autres catholiques de France, sur les desseings d'aucuns rebelles et séditieux naguères descouvers, lesquels, soubs couleur et prétexte qu'ils disent en vouloir aux ecclésiastiques et vouloir réformer le royaume,* conspirent contre le roy et son estat. 1574, in-18. — Voy. aussi de Thou, *Histoire universelle,* l. LVII.

[2] Il y a là une erreur évidente. La Noue était en Poitou, où il devait prendre l'offensive dans la nuit du mardi gras. Peut-être Cl. Haton a-t-il fait confusion avec Lafin, sieur de la Nocle, qui conspirait à Saint-Germain avec les Montmorency. (Voy. d'Aubigné et de Thou.)

1574. volunté d'en faire, trahison qu'il eust mise à fin, sans l'advertissement
qu'on en donna à mons. le card. de Lorraine, qui avoit hommes de
toutes partz pour découvrir la vérité de telle entreprinse. En l'advertissement que l'on donna audit cardinal, n'y fut nommé ledit de la
Noë, qui fut la cause qu'on ne l'arresta prisonnier et qu'on ne se
doubtoit de sa personne, sinon par suspicion non probable ; aussi
il se saulva avec congé du roy, de la présence duquel et de sa court
s'absenta pour aller à ses gens et les faire reculler plus loing, en
attendant que les temporiseurs qui gouvernoient S. M. qui estoient
de la faction, luy feroient oublier ce que luy en avoit dict ledit cardinal lorrain. Auquel cardinal ne volut croire saditte majesté, disant
qu'il ne croyoit que homme de son royaume osast plus attenter contre
sa personne, veu que les princes de Bourbon, le roy de Navarre et le
prince de Condé, s'estoient réduictz avec luy, de la foy desquelz il n'a-
voit argument ni couverture de doubter; et que, s'il y avoit quelque
entreprinse, que c'estoit plustost contre luy cardinal que contre nul
aultre de sa court; et que ce néantmoins nul du royaume n'atenteroit
contre luy cardinal pour luy mal faire, tant qu'il demoureroit avec
S. M. A laquelle majesté fit response ledit cardinal, que véritablement
l'assemblée rebelle estoit pour faire tort à sa personne royalle comme
à luy, ainsi que le redoublement des messages qu'on luy envoyoit
en portoient plus que certain tesmoignage, et qu'au surplus il estoit
temps qu'ilz deslogeassent dudit lieu de St-Germain pour eux saulver
en la ville de Paris. Le roy ne se faisoit que rire de telles novelles,
et, voyant ledit cardinal en délibération de fuyr, se mocquoit de luy,
disant qu'il resembloit les anguilles de Melun, lesquelles cryent avant
qu'on les escorche. Pour lesquelz dires royaux, ne volut plus arrester
audit St-Germain ledit cardinal, qui, en habit dissimulé, print la poste
et s'alla saulver à Paris, laissant le roy audit lieu de St-Germain.

  Lorsque ledit cardinal partit d'avec le roy, plus de mille chevaux
et hommes estoient jà logez à une lieue de St-Germain, ès environs
de Poissy, qui attendoient leurs trouppes pour faire l'exploit; lesquelz,
par le commandement dudit sieur de la Noë, se retirèrent devers les

trouppes séditieuses, pour oster le soubçon que le roy eust peu prendre sur eux.

Le roy, voyant partir de sa court ledit cardinal et mons. de Guise, son nepveu, commença à doubter et prendre soubçon sur les advertissemens par eux donnez; toutesfois, faisant bonne mine, il contempla les gestes et manières de faire de tous les princes et seigneurs de sa court, et singulièrement de ceux desquelz il doubtoit, et, non content de ce, il ordonna aux plus féaux et loyaux seigneurs de sa suitte de diligemment et secrettement envoyer gens de toutes partz, pour s'informer du tout et sçavoir quelz gens il y avoit par les champs et soubz qui ilz cheminoient, et tant faire que la vérité du faict se peust cognoistre.

Ceux qui eurent ceste charge firent le debvoir de loyaux subjectz, et n'allèrent loin sans descouvrir le mal et cognoistre que c'estoit à S. M. qu'on en vouloit; mais ne sceurent sçavoir de la part de qui ceste séditieuse entreprinse se faisoit. En moins de vingt-quatre heures après le partement dudit cardinal et l'envoy des espies, S. M. receut sur les six heures du soir novelles certaines de ses gens qu'il estoit temps qu'il partist de St-Germain pour se saulver à Paris, et qu'il n'atendist au lendemain, sur le hasard de sa vie, d'aultant qu'en divers lieux les séditieux avoient jà entreprins sur ses gardes, et s'estoient attacquez les ungs les aultres ès portz et passages de la rivière de Seine, du costé devers Rouen, et mesme que la garnison que S. M. avoit posée dedans la ville de Mante sur Seine, pour la guarde de son corps, avoit fort à souffrir par les séditieux, qui taschoient avec faict d'armes de s'emparer de ce passage.

S. M., ayant de toutes parts et par divers messages receu telles novelles, quitta son soupper, qui estoit tout prest à manger, et, sans mener bruict, monta à cheval, courut la poste à Paris par le grand chemin, et n'osa passer par les bacs, de peur d'y trouver de l'empeschement; ayant toutesfois mandé au sieur de Guyse, qui estoit audit Paris, qu'il avec forces de gens allast au-devant de luy pour le saulver de ses ennemys. Ce que fit ledit sieur de Guyse bien hasti-

1574. vement, accompagné de quatre à cinq cens harquebusiers parisiens et de tout son train en bon ordre, qui par luy furent levez en ung quart d'heure.

Le roy, ayant à la rencontre mondit sieur de Guyse avec telle force, reprint ses sens et ne courut plus, ains chemina le pian pian pour attendre ses gardes ordinaires, qui le suyvoient en grand désordre, les ungs cheminans par un lieu, les aultres par l'aultre, tenans divers chemins, ne sçachans certaines novelles de S. M.; lesquelz, rassemblez chascun à son adroict, furent remis en ordre de bataille pour escourter saditte majesté, qui entra en son chasteau du Louvre à Paris, environ les dix heures du soir, au grand esbayssement du peuple parisien.

S. M. avoit faict partir de St-Germain quant et luy la reyne sa femme, laquelle, par son conseil, print le chemin de la rivière par les ports et bacs d'icelle, qui luy sembla estre le chemin le plus seur pour elle et tout le train. Elle fut suyvie de la reyne mère, du roy de Navarre, de la reyne sa femme, de M. d'Alençon et du reste de la court. Lesquelz, pour dissimuler, ne volurent arrester audit St-Germain, de peur que saditte majesté ne les print en suspicion (j'entens dire de ceux qui estoient cause de la présente rébellion et damnable sédition), et ilz se rendirent tous au port de Nully, qui est le plus proche de la ville de Paris, pour attendre l'un l'aultre. Le train de chascun prince et princesse, après avoir troussé bagage audit St-Germain, cheminèrent toute la nuict pour gangner la ville de Paris, et sembloit à veoir courir chascun que son compagnon feust jà prins.

Au lendemain que le roy fut à Paris en seureté, il despeschea plusieurs seigneurs et gentilhommes de sa maison, pour aller recognoistre les séditieux, et voir quelle contenance ilz tenoient, et, si faire se povoit, sçavoir soubz l'auctorité de qui ilz cheminoient. Mais la pluspart de ceux qui eurent ceste charge estoient des temporiseurs, qui nageoient, comme on dict, entre deux eaux, et qui sçavoient aultant de l'entreprise que ceux qui la démenoient; lesquelz, pour s'aquitter de leur charge, allèrent tout lentement, n'ayans volonté d'y recognoistre ny d'accuser homme de qualité qui y feust, affin de demeurer en la bonne grâce des deux parties, et qui, estans de retour vers le roy, luy firent entendre qu'ilz n'avoient veu ne trouvé que de la racaille, gens ramassez et incongnus, qui se retiroient par petites trouppes. Toutesfois, quelques-uns des plus loyaux à S. M. rapportèrent qu'esdittes trouppes séditieuses y avoit esté bien cognu et remarqué le seigneur de la Noë de Bretaigne. Les gens des troupes susdittes, se trouvans trompez encores une fois en leur entreprinse, se retirèrent, les ungs en leurs maisons, aultres à la Rochelle, et les aultres demeurèrent à tenir les champs, plusieurs desquelz estoient des ordonnances de S. M.

Le tout bien temporisé et desguisé par les temporiseurs devant le roy, S. M. ne fit que rire de sa fuitte et de celle dudit cardinal; il dist qu'ilz cardinal et luy estoient deux couartz, qui s'estoient espoventez de l'ombre de leurs corps, que l'imagination de leur esprit et d'aultres hommes aussi umbrageux que eux les avoit faict courir à la haste et devant les gens, et n'en fit aultre cas.

Mons. le duc d'Alençon, frère de S. M., voyant que le roy ne se faisoit que rire de sa fuitte, fut bien ayse. Toutesfois, pour ne monstrer au roy signe de soubçon, il déclara qu'il pensoit bien que l'amas d'hommes et de chevaux qu'on avoit veu assemblez ensemble, qui avoient esté cause de luy faire prendre la fuitte, ne s'estoient assemblez que pour quelque occasion qui luy sembloit n'estre pour le domage ni danger de S. M., mais trop bien pour le domage du cardinal de Lorraine, du seigneur de Guyse et aultres princes de leur maison de Lorraine; contre lesquelz, et signamment contre ledit sieur de Guyse, se courrousa ledit sieur duc, qui, en la présence de S. M., frappa ou volut frapper ledit sieur de Guyse. De quoy fut mal content le roy, qui cogneut bien par cela qu'il n'estoit besoin à S. M. de se trop fier audit duc d'Alençon son frère, et qu'il avoit en mespris lesditz de Guyse, loyaux serviteurs et subjectz de la coronne françoise. S. M., pour éviter plus grand danger, ce luy sembloit, donna congé auxditz sieurs de Lorraine, de Guyse et à tous les princes de ladite maison, lesquelz, par commandement de saditte majesté ou d'eux-mesmes

1574. sans commandement d'icelle, se retirèrent en leurs maisons et absentèrent la court, tant les cardinaux de Lorraine, de Guyse que tous
les aultres leurs nepveux, et n'en demeura pas un à la suitte du roy,
qui fut chose agréable audit sieur duc d'Alençon et à tous serviteurs
ou conducteurs de la présente conspiration ou future rébellion.

Fault notter que, par les moys de janvier, febvrier et partie du moys
de mars, le sieur de la Noë susdit, ayant offert son service aux chefz
de la conspiration, estant en la maison de sa femme, au chasteau du
Plaissié aux Tornelles lez Provins, où il faisoit sa principalle demou-
rance, praticqua hommes, tant de pied que de cheval, le plus secrettement qu'il peut, soy disant avoir charge de ce faire pour le service
de mons le duc. Pour lesquelz ou aultres armer de toutes pièces à son
plaisir, achepta à Provins armures, lances, espées, dagues, harquebuses, pistolles, pouldre à canon, plomb, cordes à feu et toute aultre
munition de guerre, et quasi, par manière de parler, en dessaisit la
ville de Provins; les habitans s'en étant aperceuz, en advertirent les
gouverneurs et capitaines d'icelle, lesquelz, pour le soubçon qu'ilz
prinrent de ce fait, entrèrent en mesfiance dudit de la Noë, et, de
peur d'estre par luy et les siens surprins, se saisirent de leurs portes
et murailles, firent guet nuict et jour, refusèrent à luy et aux siens
l'entrée de leur ville et ne volurent souffrir qu'il en tirast aucune
commodité, du moins quant au faict de la guerre. De quoy irrité,
ledit de la Noë alla former une plainte au roy et tira de S. M. lettres
adressantes auxditz de Provins, par lesquelles sadite majesté leur
mandoit qu'ils n'eussent doubte dudit de la Noë, d'aultant qu'il le
réputoit et tenoit pour un de ses bons et loyaux subjectz, leur deffendant de ne luy refuser et à ceux de sa maison l'entrée et sortie de
leur ville ni aucune chose que ce feust qu'il auroit achepté à son argent. Et furent ces lettres leues à plain jugement en un jour de plaiz;
après la lecture desquelles et déclaration faicte dudit de la Noë, qui
déclara ne vouloir rien faire ny attenter contre la ville, de laquelle il
dist estre amy et bon voisin, luy furent et aux siens les portes ouvertes de nuict et de jour, et ne retourna-t-on plus au guet; mais

seullement, sans sonner mot, se donnèrent de garde lesditz de Provins d'une surprise qu'on eust peu faire sur eux à l'improviste.

Ce refus faict par ceux de Provins tel que dessus intimida ledit de
la Noë et craignit que lesditz de Provins n'allassent advertir le roy de
ce qu'ilz avoient descouvert sur luy avant qu'il feust temps, et pour
ce, quand luy et ceux de sa conjuration furent prestz de tout hasarder, enmena sa femme en lieu de seureté et serra ses meubles, en
ordonnant de ses affaires domestiques au mieux qu'il peut.

Le roy, se voyant entre deux et as, considéra quelque peu l'estat
de ses affaires et les jugea estre quelquement difficiles, si promptement n'y estoit pourveu de quelque remède, et pour empescher les
tumultes qui eussent peu advenir à sa court, ce luy sembloit, entre
les princes après le partement des sieurs de Guyse, commanda aux
gouverneurs des provinces de son royaume qu'ilz pendant certain
temps par luy préfix eussent chascun d'eux à se retirer en leurs gouvernemens, pour entendre à toutes affaires qui y pouvoient survenir au
dommage de S. M. et du repos public. Ce commandement fut fort
agréable aux chefs de la rébellion et fort propre pour l'exécution de
leur entreprinse; car, comme il sera veu ci-après, ilz demourèrent
seulz avec S. M., et fut de leur conseil que le roy commanda ausditz
gouverneurs qu'ilz se retirassent en leurs gouvernemens, pour plus
aysément parvenir à leur faux dessein. Mons. le prince de Condé, catholique simulé depuis le massacre de Paris, en faisant bonne mine,
fut des premiers qui prinrent congé du roy, pour s'en aller en son
gouvernement de Piccardie, où il n'avoit oncques esté depuis la mort
de son feu père, par la mort duquel il avoit esté faict de par le
roy gouverneur du pays. Par ainsi, le roy demoura quasi seul,
n'ayant plus court ni compagnie que de ses frères le roy de Navarre
et mons. le duc d'Alençon, avec le train de leur mère. Lesquelz se
retirèrent de la ville de Paris et s'en allèrent au bois de Vincène pour
y faire leurs pasques.

Quelque peu de jours après que les gouverneurs des provinces
furent en leurs gouvernemens, le roy leur commanda de mander aux

1574. baillifz et séneschaux qu'ilz incontinent fissent un enrollement et
description des noms, surnoms et qualitez de tous les hommes de
leurs bailliages et séneschaussées depuis l'âge de vingt ans jusques à
soixante, et que de ce faict fissent procès-verbaux pour les envoyer à
S. M. pendant certain temps par luy commandé.

Ce mandement receu par M. de Guyse, gouverneur de Champaigne
et Brie, fut par luy envoyé aux bail111fz et lieutenans des villes de son
gouvernement pour y satisfaire, et adressa son mandement pour le
bailliage de Provins à Mᵉ Françoys Taupin, lieutenant général du
bailliage de Provins, en l'absence du bailly.

Les plus clairvoyantz ne sçavoient que dire de cette description, ni
juger pour quelle fin le roy faisoit faire cest enrollement. On jugeoit
que S. M. vouloit mettre ordre à la gendarmerie de pied et casser
tant de volleurs et meschans hommes qui, soubz le nom de la guerre,
pilloient, rançonnoient et ruynoient les gens des villages, et que de
lors en avant il choisiroit hommes de chascune parroisse, qui seroient
esleuz par les habitans, ydonnes à porter les armes, pour s'en servir
aux despens desdittes parroisses, comme jadis se faisoit du vivant des
roys Loys XIIᵉ et Françoys Iᵉʳ, qu'on appelloit francs archers.

Aultres jugeoient que S. M. vouloit faire une nouvelle armée des
plus experts de chascune paroisse, et l'envoyer en Languedoc contre
les huguenotz du pays qui faisoient la guerre aux catholicques, pour
les exterminer en peu de temps et ayder à mons. le mareschal de
Damville, qui ne les pouvoit dompter.

Les aultres disoient que S. M. faisoit faire cette description pour
incontinent lever hommes à moins de fraiz possible, et les envoyer
courir sur les rebelles qui s'estoient eslevez et s'eslèveroient pour
troubler le repos public.

Après que les ballys de Troye en Champaigne, de Sézane, Chas-
teau-Thiery et Meaux eurent faict le roolle et description des hommes
de leurs bailliages, ilz firent commandement aux hommes des villages
qui avoient le moyen d'achepter chascun une harquebuse, une livre
de pouldre à canon et une livre de plomb, balles du calibre de leurs

harquebuses, et les tenir prestes en leurs maisons ou aultre lieu de seureté pour le service du roy, sous peine d'estre déclarez rebelles à S. M.; ce qui ne fut commandé au bailliage de Provins, ni faict, ains se contenta ledit lieutenant général dudit Provins de faire l'enrollement, sans commander qu'on acheptast armes.

Les conjurez séditieux, tant huguenotz que les catholicques leurs adhérens, qu'ilz ont depuis nommez les catholicques associez, voyans l'enroollement des hommes qu'avoit commandé le roy estre faict, pensèrent qu'il ne se faisoit que pour leur dommage et pour leur courir sus, et, passionez de ce oultre mesure, déposèrent de leur esprit tout honneur, foy, charité et craincte de Dieu, et résolurent de massacrer le roy, et, pour prendre vengeance de la Sᵗ-Bartholomy, par feu et massacre, de tuér les catholicques de la ville de Paris, estans dans les églises au jour de Pasques et par les rues. Pour ayder à ceste misérable et exécrable affaire, entrèrent dedans le chasteau du boys de Vincène et la ville de Paris hommes desbauchez et des plus désespérez qui fussent en la conjuration, pour attendre l'heure résolue.

Comment ceste entreprinse fut descouverte, on en parla doublement. Aucuns disoient que ce fut par le moyen de certaines lettres missives, qui furent trouvées ès poches d'un lacquetz de huguenot par les gardes des portes qui estoient le jour du grand vendredy de la garde audit Paris. Dedans lesquelles lettres, qui s'adressoient à des huguenotz de ladite ville qui estoient de la conspiration, y avoit certains caractères avec lettres alphabétiques, qui faisoient chascune leur mot, desquelles nul ne povoit bailler l'intelligence s'il n'estoit ou avoit esté huguenot et de ladite conspiration. Le lacquetz fut sans bruict serré prisonnier et n'eut le moyen de mander aucune novelle à ceux à qui il avoit charge de s'adresser, ni à ceux qui l'avoient envoyé. Ces lettres furent portées aux gouverneur et capitaines de ladite ville et mises sur le bureau de MM. les premier président, advocat et procureur du roy, ensemble les conseillers de la court de parlement, lesquelz appellèrent certains personnages qui aultresfois

1574. avoient esté huguenotz conjurez et lors convertis à l'église catholicque, auxquelz ilz monstrèrent lesdittes lettres pour leur en donner l'interprétation; ce qu'ilz sceurent bien faire.

En même temps se présenta, comme l'on dist, ung gentilhomme au roy pour luy donner advertissement de se garder, faisant entendre à S. M. le meschant voloir des conjurez contre sa personne, selon ce qu'il en avoit entendu par quelques huguenotz de ses amys. Aultres disoient que ceste révélation fut faicte au roy par un huguenot de la conspiration, ung de ceux mesmes qui avoient promis de le massacrer, lequel en secret trouva moyen de faire le tout entendre à S. M. en luy demandant pardon.

Le roy, de toutes partz rendu certain d'une si abominable trahison, cogneut que le roy de Navarre son beau-frère, et M. le duc d'Alençon son frère, ne sçavoient non plus de ceste entreprinse que Judas ne faisoit de la mort de J.-C.; dès le samedy au matin, vueille de Pasques, les feit serrer comme prisonniers en certain lieu du chasteau de Vincène, et leur osta toutes leurs gardes, qui ne fut sans grande sédition, où plusieurs furent tuez en la place par les gardes du roy. Lesditz sieurs de Navarre et d'Alençon se pensèrent excuser devant le roy; mais ne les volut escouter, et les emprisonna jusques ad ce que pleinement il feust informé des innocens et des coulpables. Et demeurèrent lesditz princes sans avoir aultres serviteurs pour leur service que ceux de S. M.

S. M. feit mener à la Conciergerie de Paris prisonniers deux des premiers maistres d'hostel de M. le duc d'Alençon, les sieurs de la Mosle et Conconas, avec le capitaine St-Martin et plus de vingt-huict aultres personnes de la famille des dessusdictz princes, ou qui estoient à leur suitte; lesditz Conconas et la Mosle eurent les testes tranchées, les aultres furent pendus et estranglez[1]. Plus de cent aultres de la conjuration susditte furent prins dedans la ville de Paris. De ceste conjuration furent trouvez coulpables, oultre les princes susditz, M. le

[1] Procès criminel contre La Môle, Coconas, etc. (*Mémoires de l'Estat de France,* t. III, p. 151, et *Archiv. curieuses de l'hist. de France,* t. VIII, p. 127.)

prince de Condé, qui estoit en son gouvernement de Piccardie, lequel, 1574.
sçachant l'emprisonnement de Monsieur, frère du roy, et du roy de
Navarre, fendit le vent, et s'enfuit ès Allemaignes, après lequel envoya le roy, pour tascher à l'arrester à quelque passage; mais ceux
qui coururent après luy luy baillèrent tout loysir de passer oultre. La
nuict du jour de Pasques, arrivèrent à Provins, environ mynuict, les
commis de par le roy, qui coururent la poste après luy, mais ne le
trouvèrent en leur chemin.

Deux des enfants du connétable Anne de Montmorency, les sieurs de Thoré et
de Méru, accusés de faire partie de la conspiration, prennent la fuite; le fils
aîné, maréchal de Montmorency, et le maréchal de Cossé, sont arrêtés; des commissaires sont envoyés en Languedoc pour mettre la main sur le maréchal Damville, qui parvient à leur échapper, et se met en révolte contre le roi. La reine
mère sollicite en vain la mise en liberté du duc d'Alençon et du roi de Navarre,
et le pardon de la Môle et de Cocconas. Le bruit court par la France qu'elle était
de la conspiration. — Révoltes dans les provinces. Le comte de Montgommery
s'empare d'une partie de la Normandie, entre autres de Domfront et de Saint-Lô.
M. de Matignon, envoyé contre lui, l'assiége dans Domfront, et le fait prisonnier.
Montgommery se rend, espérant que la mort du roi le sauvera[1].

Fault notter que, dès environ huit ou dix jours après l'emprisonnement des princes et seigneurs susdictz, le roy tomba en maladie
assez cruelle, et d'icelle pensa mourir, partie de courroux qu'il avoit
de ce que ses plus proches parens s'estoient tant oubliez que d'entreprendre une telle conspiration contre luy et contre le repos public,
partie aussi pour quelque pillule de meschante digestion qu'on
luy donna, qu'on appelle un poison, ce que bien sçavoit ledit de
Mongomery.

Le roy devint malade environ le 25e jour du mois d'apvril, lorsque

---

[1] Lettre de Charles IX à M. de Matignon
(15 mai 1574), pour lui recommander de
prendre Montgommery et Guitry. (Bibl.
imp. collect. Fontanieu, vol. 331-333. —
Voy. aussi des lettres du roi écrites le 4 mai
à Matignon et à Sarlaboz.) — *La prinse du*
comte de Montgommery, dedans le chasteau
de Domfront..... le jeudy 27 mai 1574.
(*Archives curieuses de l'histoire de France,*
t. VIII, p. 223.) — *Discours de la mort*
et exécution de Gabriel de Montgommery.
(*Ibid.* p. 239.)

1574. les grands troubles estoient à sa court et en sa maison, et pensa que sa maladie estoit un mal renforcé par poison. Il se fit purger par un contre-poison, pour recouvrer la santé, qui luy revint pour quelque quinze ou vingt jours, par le moyen de la grâce de Dieu et les prières de la royne sa femme et du dévost peuple catholicque de Paris et de la France. La royne sa femme, par neuf jours durant, toute descouverte par le visage, simplement vestue comme pauvre damoiselle, nue piedz, sans monture aulcune, accompagnée de grand nombre de pauvres enfans tant filz que filles, alloit en pellerinage du bois de Vincène ès églises de la Ste-Chapelle et N.-D. de Paris prier Dieu pour le recouvrement de la santé du roy et pour l'appaisement des troubles du royaume, et après s'en retournoit au bois de Vincène sans boire ne manger, en tel ordre et compagnie qu'elle estoit allée. Ses damoiselles suyvoient de loin, comme aussi les officiers de sa maison, priant Dieu pour la nécessité de S. M. Saditte majesté se recommanda aux prières de toutes personnes de son royaume et signamment aux prières du peuple parisien, auquel il portoit une singulière amytié, et réciprocquement le peuple à luy. Quant à moy, j'ay tousjours creu que tout le royaume prioit Dieu pour luy, tant les paisibles catholicques que les séditieux huguenotz; les catholicques ad ce que Dieu luy renvoyast la santé pour mettre paix en son royaume, et les séditieux ad ce que Dieu ou aultre l'ostast de ce monde et bientost. Et par ainsi, si Dieu n'eust esté plus que les hommes, il se feust trouvé bien empesché de regarder à qui il eust volu complaire, parce que des deux costez y avoit gens de grand crédit qui le prioient.

Ayant par la miséricorde de Dieu recouvert sa santé, le roy persista à repurger les meschans de sa suitte, et avoit volonté de n'y espargner homme, tant grand feust-il, qui se feust trouvé chargé de ceste tant abominable conjuration. Toutesfois, Dieu, qui permect tout advenir en la terre bien et mal, ne volut empescher que les malins, par l'ayde et persuasion de Satan, ne parvinssent à leur dessein pour saulver leurs vie et honneur, en exterminant la sienne par un aultre poison, qui luy fut donné; dont il se remist au lict de la mort, et oncques n'en put eschapper. Entendoit toutesfois à commander aux présidens 1574. et conseillers de la court de parlement qu'ilz, en diligence, toute aultre affaire cessée, fissent le procès des mareschaux de Monmorancy et de Cossé, pour les exécuter de mort telle qu'ilz en seroient trouvez coulpables; ce que vouloient et eussent faict lesditz présidens, s'ilz n'en eussent esté empeschez par aultres personnes des premiers du royaume, qui leur firent dire qu'ilz sur leurs vies se gardassent bien de ce faire, d'aultant qu'on les assuroit que S. M. estoit malade à la mort et qu'il ne vivroit plus guères de jours. Saditte majesté, se voyant plus malade que devant, manda aux archevesques et évesques de France qu'ilz déclarassent aux curez de leurs diocèses que S. M. se recommandoit à leurs prières et à celles de leurs parroissiens, les requérant que par dévostes processions et prières ilz volussent prier Dieu pour le recouvrement de sa santé, affin qu'il peust avant que mourir remettre en paix ce royaume et l'église catholicque d'iceluy. Ce que firent lesditz archevesques et évesques, et furent faictes processions généralles et particulières ès villes et villages, esquelles assista tout le peuple catholicque, et lesquelles furent continuées jusques au lendemain de la feste de la Pentecoste, que l'on fut acertené de sa mort. Et morut le jour de la Pentecoste au bois de Vincène, le pénul-tième jour du moys de may [1].

---

[1] *Le trespas et obséques du très chrestien roy de France Charles IXe de ce nom.* (Arch. curieuses de l'histoire de France, t. VIII, p. 253.) — *Le vray discours des derniers propos mémorables du trespas du feu roy de très bonne mémoire Charles IX.* Lyon, Geof-froy-Martin (1574). — Voyez sur Char-les IX, outre la notice de Brantôme : *His-toire contenant un abrégé de la vie, mœurs et vertus du roy très chrestien et débonnaire Charles IX, vrayment piteux, propugnateur de la foy catholique et amateur des bons esprits.....* par Arnaud Sorbin (*Archives curieuses de l'hist. de France*, t. VIII, p. 271); *Histoire de Charles IX*, par Papire Masson (*ibid.* p. 333); *Extraits des comptes de dé-penses de Charles IX* (*ibid.* p. 355). Voici son portrait, tracé par un contemporain :

Plus cruel que Néron, plus rusé que Tibère,
Hay de ses subjectz, mocqué de l'estranger,
Brave dans une chambre et couard au danger,
Mesdisant de sa sœur, despit contre sa mère,
Envyeulx des haultz faictz du roy Henry son frère,
Du plus jeune ennemy, fort prompt à se changer,
Sans parolle, sans foy, synon à se vanger,
Exécrable jureur et public adultère,
De l'église premier le domaine il vendit,
Et le sien et l'aultruy follement despendit.
Tout son règne ne fust qu'un horrible carnage.
De villains il peupla l'ordre des chevalliers,
La France d'ignorans prélatz et conseillers,
Et mourut enfermé comme ung chien qui enrage.

1574. S. M., voyant sa maladie s'empirer et s'approcher de la mort, manda vers soy en sa chambre la royne sa mère et la royne sa femme, ausquelles il déclara la fin de ses jours, et les requist qu'elles priassent Dieu pour luy. Il recommanda à sa mère sa femme, son enfant, qui estoit une petite fille aagée pour le plus de dix-huit moys ou deux ans, et le roy de Pollongne, son frère, auquel après sa mort la coronne de France appartenoit légitimement, pour la conservation de laquelle résigna entre les mains d'elle sa mère le royaume, pour et au nom dudit roy de Pollongne, et la constitüa régente. Il pardonna à ses ennemys qui estoient cause de sa mort, et dist que, pour le regard de son intérest, qu'on ne leur meffist aucunement; mais que toutesfois il se rapportoit à justice et aux ministres d'icelle d'en faire équitablement à la descharge de leur conscience, pour l'intérest de la républicque françoyse et le repos public qu'ilz avoient troublé, dont ilz avoient bien mérité la mort et signamment le conte de Mongomery, recommandant qu'on ne le laissast eschapper, de peur qu'il ne troublast encores une fois le royaume. Il feit approcher MM. le roy de Navarre et le duc d'Alençon et les pria de se comporter après sa mort en toute modestie; de n'empescher leur frère le roy de Pollongne en la jouissance du royaume de France; de quitter toute société et ligue faicte au domage de la France et du repos public; de n'empescher que justice feust faicte des coulpables qui avoient troublé et troubloient le royaume, etc. Aultres remonstrances leur furent par luy faictes sur l'occurrence des troubles, qu'on pourroit bien mettre par escript, si la qualité des personnes ne le deffendoit; il dist adieu à sa femme, se recommanda à elle vif et mort, et luy recommanda leur petit enfant, en la priant qu'elle luy servist de mère et de père tout ensemble[1]. S. M., après avoir recommandé ses affaires et celles du

(Bibl. imp. St-Victor, 359, fol. 65 r°.) — Voyez aussi : *Lettre du roy au prévost des marchands et eschevins, sur le faux bruit qui couroit que le lendemain se devoit renouveller le massacre de la St-Barthélemy.* 1574,

2 février. (Biblioth. impér. Colbert, 252, p. 297.)

[1] La fille de Charles IX, née le 27 octobre 1572, mourut à l'âge de cinq ans et demi.

royaume à ceux à qui il appartenoit, ne volut plus parler ni ouyr
parler des temporelles de ce monde, ains seullement des célestes de
paradis, et commanda qu'on fist approcher de luy son confesseur, qui
estoit un docteur nommé mons. de Ste-Foy, devant lequel se confessa
à Dieu de ses péchez, desquelz lors et depuis eut une grande repen-
tance, comme l'ont récité ceux qui se trouvèrent présens quand on
luy administra le St-Sacrement de l'autel. Il receut Nostre Seigneur
d'une grande dévotion, en luy criant mercy, teste nue et les mains
joinctes, de ses péchez, en faisant protestation de sa foy chrestienne
et catholicque, et en déclarant qu'il n'avoit chose en sa conscience qui
plus le troublast que la liberté qu'il avoit esté contrainct de donner
aux huguenotz.

   Tout à l'instant qu'il eut receu Nostre Seigneur, il, par une foiblesse,
perdit la parolle et fut quasi une demye heure sans parler; la parolle
toutesfois luy revint avec la cognoissance de toutes choses, et singulièrement de ce qui appartenoit au salut de son âme, et demanda lors
qu'on luy administrast le sacrement de l'extrême-onction, qui luy fut
donnée après midy en bonne cognoissance. Il fit retirer ensuite de sa
chambre sa femme et sa mère, et les requist qu'elles se retirassent en
la chapelle du chasteau de Vincène pour là prier Dieu pour luy, et
commanda audit sieur de Ste-Foy qu'il demourast avec luy pour luy
parler de Dieu et du salut de son âme, et pour luy crier *Jesus Maria,*
quand il verroit qu'il seroit à l'extrémité de sa vie. Il morut dès le
soir, environ les sept à huit heures. Dieu luy face mercy! Il a esté le
deuxiesme roy qui est mort pour avoir emprisonné et chastié les rebelles de la coronne de France, pour tascher à mettre son royaume
en paix, depuis l'an 1560 : le premier fut le petit roy François second
de ce nom, son frère, lequel trespassa dix ou douze jours après qu'il
eut faict emprisonner le feu prince de Condé, et luy, pour avoir faict
arrester les princes et seigneurs ci-dessus dictz.

   La royne sa femme mena grand dueil de sa mort et non sans
cause, car encores qu'elle feust de maison illustre, si est-ce qu'elle perdoit une grande auctorité et amytié qu'elle avoit en luy et par luy au

1574. royaume de France[1]. Elle le fit ouvrir et visiter par ses médecins et cirurgiens, pour veoir de quel accident il estoit mort en telle jeunesse, car il n'avoit encores trente ans[2]; et fut trouvé qu'il estoit mort d'une mort accélérée de poison qu'on luy avoit donné. Toutesfois la mère ne volut que ce rapport fust révélé publicquement, de peur qu'on ne jugeast mal au déshonneur de quelques personnes. Ceux qui entreprinrent d'excuser sa mort, pour dire qu'il n'avoit esté empoisonné, dirent qu'il s'estoit gasté de courir à la chasse et qu'il s'y estoit tout rompu les altères[3]; il estoit vray qu'il avoit fort aymé la chasse en son temps. Il se trouva un de ses médecins qui fut d'avis qu'on l'avoit faict mourir par maulvais sort de vaudoysie, et qu'on avoit jetté sur luy un charme ou quelque chose dont il avoit receu l'odeur violénte, dont il avoit le foie tout bruslé, lequel, quand on y toucha, se mist tout en pouldre. Ce foie bruslé ne povoit estre advenu pour avoir beu grande quantité de vin, car il n'en beuvoit comme poinct; il n'en beuvoit à grand peine que une pinte le jour et moins, et encores mixtioné de la moitié d'eaue.

La mort de Charles IX ranime les troubles du royaume. Ce prince avait fait contre les blasphémateurs un édit rigoureux qu'il n'eut pas le temps de publier[4]. Il travaillait à réformer la justice et à diminuer les impôts dont le peuple était surchargé. Il marqua en ses derniers propos le regret qu'il avait du départ de son frère, le duc d'Anjou, pour le royaume de Pologne. — La reine mère se fait déclarer régente par le parlement de Paris[5]. Elle retient prisonniers le duc

---

[1] Élisabeth se retira à Vienne, et y mourut en 1592, à l'âge de trente-huit ans, dans un monastère qu'elle avait fait bâtir.

[2] Charles IX avait, lorsqu'il mourut, vingt-quatre ans moins vingt-huit jours.

[3] Dans une lettre écrite le 31 mai 1574 à M. de Matignon, Catherine de Médicis dit que la maladie de Charles IX « a esté une grosse fièvre continue, causée d'une inflammation de polmons, que l'on estime luy estre procédé des viollens exercices

qu'il a faictz, et ayant esté ouvert après sa mort, l'on a trouvé toutes les aultres parties de son corps aussi seines et entières qui se puisse veoir. » (Bibl. imp. Fontanieu, vol. 335-336.)

[4] Déclaration contre les blasphémateurs. 24 octobre 1572. (Delamare, Traité de la police, l. III, t. XVI, c. 2.)

[5] Lettres patentes qui constituent la reine mère régente du royaume pendant la maladie du roi et jusqu'au retour du roi de Pologne. Vincennes, 30 mai 1574;

d'Alençon et le roi de Navarre, et fait garder étroitement les maréchaux de Montmorency et de Cossé. Elle envoie prévenir le roi de Pologne de la mort de Charles IX, et l'engage à hâter son retour en France pour occuper le trône.

Plusieurs personnes ont creu et tenu pour certain que, si laditte dame eust remis son filz M. le duc en liberté, le roy de Pollongne n'eust jamais rentré en France pour jouyr de son royaume, sinon à force d'armes, et que M. le duc s'en feust emparé à l'ayde et suasion des séditieux qui troubloient toutes choses soubz son nom et auctorité; et à ce faire tendoient lesditz séditieux et huguenotz; plusieurs desquelz, si tost qu'ilz sceurent la mort du roy, en toute diligence se trouvèrent ès environs de Paris et du bois de Vincène le nombre de plus de mille chevaux et hommes, pour le penser enlever et l'enmener avec eux à la Rochelle, pour là s'assembler en armes pour usurper et retenir par force la jouissance du royaume. Entre les gentilzhommes de ce pays pruvinois, y alla armé de toutes pièces le seigneur du Buat, parroisse de Bannost-lez-Joy-l'Abbaye. Les rebelles se trouvèrent bien honteux, quand ilz virent les gardes qui estoient en armes à pied et à cheval ès environs de Paris et dudit bois de Vincène, qui les hastèrent un peu de desloger plus tost qu'ilz n'eussent volu, et ne leur fut possible de sçavoir novelle de M. le duc.

La royne mère et les conseillers que la court de parlement luy avoit donné pour conducteurs mirent si bon ordre à tout que tous les gens d'armes qui tenoient les champs soubz le nom de la guerre, tant d'une part que de l'aultre en ce pays de Brie et de Champaigne, furent contrainctz de se retirer en leurs maisons ou au camp chascun de son party[1], et envoya-on les prévostz des mareschaux après par les champs, pour les contraindre de eux reserrer et de ne plus manger le pays.

registré au parlement le 3 juin. (Isambert, *Rec. des anciennes lois françaises*, t. XIV, p. 262.) — Déclaration confirmative de ces lettres. Cracovie, 15 juin 1574; registré au parlement le 15 juillet.

[1] Ordonnance de la reine mère sur la police et discipline des gens de guerre et sur la répression des excès commis par eux. 1574, juillet. (Isambert, tom. XIV, p. 266.)

1574. Entre aultres, se trouva ung capitaine de volleurs duquel je n'ay retenu le nom, ayant une faulse commission soubz le nom du roy que luy avoit escripte et signée un des enfans de Provins, nommé Cornu, lequel estoit l'ung des beaux scribes qui fust de son temps, qui sçavoit assez proprement contrefaire escriptures et signatures, et qui, pour son salaire et récompense de ceste faulse commission, fut faict lieutenant de la compagnie dudit capitaine volleur. En vertu de laquelle, tant ledit capitaine que son lieutenant, se présentèrent aux juges de Montereau-fault-Yonne, de Bray, de Nogent-sur-Seine, de Provins, de Villenauxe-la-Grand, et aultres petites villes, bourgs fermez et marchez publics, et desditz juges eurent commission de sonner le tabourin, pour amasser soldatz qu'ilz disoient avoir charge de lever jusques au nombre de cinq cens et plus, pour le service du roy; et estoit ce au commencement du moys de may.

A ceste compagnie furent receuz tous les plus meschantz garnemens du pays, et n'en vouloient que de telz lesditz capitaine et son lieutenant; en moins de quinze jours, cette compagnie fut amplifiée de plus de 600 hommes de faict et aultant de harpail. Lesquelz, se voyans fortz à leur contentement, résolurent qu'il falloit faire son prouffit et valoir le mestier. De rançonner, piller, voller leurs hostes ès villages et tous passans par les chemins, leur fut acte de vertu. Ilz commencèrent à faire leur tournée auprès de Melun, et couppant pays par la Brie, s'allèrent rendre auprès de Meaux, pour prendre la rivière de Marne et monter amont jusques à Vertu et la tour de Mymaz, puis, traversant la Champaigne, se portèrent ès environs de la ville de Troye et de là à Sens ou les environs, et regangnèrent la rivière de Seine au passage de Bray et Nogent; ilz feirent si bonne diligence, qu'ilz tinrent tous les villages ou parroisses qui sont en la cincture et millieu du tour ci-dessus dict en peu de jours, d'aultant qu'ilz avoient haste d'aller, et ne couchoient que une nuict en un giste, affin qu'ilz eussent meilleure occasion d'avoir plus tost remply leurs boursès. Ilz ou le capitaine rançonnoient par chascun jour tous les villages qui estoient à quatre lieues à l'entour de celuy où ilz vouloient loger, et tiroient de chascun le plus qu'ilz pouvoient de l'argent, sans y respecter gentilhomme quelconque, s'il n'estoit de si grand crédit qu'il eust eu le moyen de amasser au son du tocsin les communes pour se ruer sur eux à ses périlz et fortunes.

Ilz cerchoient s'ilz pouvoient de eux loger ès villages et parroisses ou par les troubles précédens n'y en avoit poinct ou peu logé, affin d'y estre mieux traictez de vivres et de rançon. Tous bourgs fermez où ilz pensoient qu'il n'y avoit nombre d'habitans en suffisance pour leur résister, les forçoient pour les prendre et y loger.

. Et, entre aultres, se présentèrent, la vigille de la feste de l'Ascension N. S., devant le bourg de Songnolles, parroisse de Lisines, bailliage de Provins, pour y loger et y faire les bulletins; ce que ne volurent permettre lesditz de Songnolles, ains rechassèrent les fourriers et fermèrent leurs portes. Arrivée que fut laditte trouppe, sommèrent les habitans de leur faire ouverture de par le roy et de les recevoir pour y loger, à quoy ne volurent obéyr les habitans; au refus desquelz, les assiégèrent lesditz volleurs, et fit un chascun de part et d'aultre le debvoir d'assaillir et de se deffendre. Les tenans, en eux deffendans, tuèrent quelque sept ou huict des assaillans et des plus hardis qui y fussent; mais à la fin, vincus par le courage desditz assaillans, furent les tenans constrainctz de quitter le rempart et de prendre la fuitte.

Les assaillans, estans maistres des rempartz, firent ouverture des portes pour donner entrée facile à toute la trouppe; lesquelz en fureur se mirent à poursuyvre les vincus qui avoient prins la fuitte et en massacrèrent plus de une vingtaine, et en prinrent aultant prisonniers. Ilz se logèrent à leur discrétion, et fourragèrent tout ce qu'ilz trouvèrent en chemin. Ilz prinrent les filles et femmes qui n'avoient sceu fuyr et les violèrent sans honte, craincte ni discrétion. Ilz pillèrent entièrement tous les meubles de chascune maison qu'ilz trouvèrent dedans et y commirent des excès fort exécrables, jusques à tuer des petis enfans de dix ans et au-dessoubz. Ilz tuèrent le bestail qui estoit ès maisons gros et menu, après l'avoir faict pourmener

1574. par les rues. Ilz firent grande cruaulté aux hommes qu'ilz prirent prisonniers, les ayans liez fort estroictement pour en tirer tant plus de rançon. Ilz, en deux jours et deux nuictz qu'ilz furent audit Songnolles, firent domage de plus de 6,000 livres t.

Ilz eussent demouré audit bourg davantage, sans deux occasions qui les pressèrent de desloger. La première fut le ban que le roy fit faire avant que mourir que toutes gens de guerre qui tenoient les champs eussent à aller en diligence au camp où il leur estoit mandé d'aller, et que, incontinent après le ban faict, s'il s'en trouvoit par les villages, qu'on amassast le peuple au son du toxin, qu'on se ruast sus et qu'on les taillast en pièces. L'aultre occasion fut la craincte qu'ilz eurent d'estre prins prisonniers léans des prévostz des mareschaux de Troye, qui en assez bon nombre et ordre de gens s'amassoient pour leur courre sus, et pour faire punition des énormitez qu'ilz avoient commis en plusieurs lieux des environs dudit Troye.

A l'instant et le jour mesme qu'ilz furent deslogez dudit Songnolles, ilz commencèrent à se desbander et à se retirer chascun à sa commodité; estans si chargez d'or, argent et aultres biens que rien plus. Les habitans à leurs tallons allèrent à Provins crier à justice qu'on leur fist raison du tort qu'ilz leur avoient faict; et pour le vérifier, emmenèrent avec eux les lieutenans des prévostz des mareschaux, de courte robbe et leurs archers, lesquelz informèrent des crimes et excès par eux commis. Mais cependant les friquerelles se saulvoient. Ilz habitans de Songnolles se rendirent partie formelle contre tous de laditte compagnie qui seroient trouvez et appréhendez par justice, pour les faire exécuter par sentence de mort. Quelque deux jours après le partement desditz soldatz dudit Songnolles, y arrivèrent les prévostz des mareschaux de Troye, pour informer. Lesquelz furent bien receuz, et ayans ouy tesmoings et veu les relicques de leur malfaict, requirent les habitans de déléguer quelques ungs d'entre eulx des plus expertz et qui les pourroient recognoistre par les champs, pour les leur monstrer, et aussi pour aller à Paris avec eux former leur plaincte devant le roy; ce que firent lesditz habitans.

Ceux qui furent déléguez pour ce faire, estans à Paris avec lesditz 1574.
des mareschaux, recogneurent par les rues le lieutenant de laditte
compagnie, qui estoit ledit Cornu de Provins, accompagné d'une
douzaine de sa bande des mieux en ordre, habillez de velours et
l'escu en bourse; sur lesquelz mirent la main lesditz mareschaux,
qui les lièrent et escouplèrent en plaine rue deux à deux, et, sans
en faire plus grand bruict, les firent cheminer devant eux le chemin
de Troye, par Corbeil, Melun et de là par auprès de Sens, de peur
qu'ilz ne trouvassent de l'empeschement sur les chemins, pour la
cognoissance qu'avoit ledit Cornu en la ville de Provins.

Les parens duquel furent plus tost advertis de son emprisonnement qu'il ne fust à Troye, et pour le rachepter ou empescher de
mourir au gibbet, ilz composèrent aux prévostz des mareschaux de
Provins et au lieutenant de courte robbe, pour l'aller requérir et demander, et pour le ramener prisonnier à Provins, comme ayans les
premiers informé de son faict. Auxquelz ne le volurent rendre ceux
de Troye, lesditz de Songnolles l'empescheant, lesquelz sollicitèrent
si bien leur affaire que en peu de jours devant leurs yeux les firent
pendre et estrangler à une potence en la place du marché au blé de
laditte ville de Troye; et dès le jour mesme, par la permission de
justice suyvant la sentence rendue, chargèrent les corps entiers dudit
Cornu et un sien compaignon en une charrette et le menèrent en
leur bourg dudit Songnolles, où le bourreau dudit Troye les alla
attacher à chacune porte, à des potences de bois qui y furent dressées. Ledit Cornu fut mis à la porte du costé de Provins, pour ce
qu'il en estoit, où il fut quelque deux ou trois jours avant qu'en estre
despendu par quelqu'un à qui ses parens avoient donné argent pour
ce faire; lequel, n'ayant le loysir de l'enterrer et de le transporter
plus loing, le quitta soubz son gibbet. Quoy voyant, les habitans
dudit Songnolles firent faire une chaîne de fer bien cramponnée et
le firent ratacher et remonter à laditte potence, où il demoura pour
enseigne à la veue de tous passans.

1574. Liste des prélats et dignitaires ecclésiastiques, gens de justice, gouverneurs, capitaines des portes, receveurs des tailles, élus, avocats, notaires, échevins, bourgeois et marchands notables de la ville de Provins et des environs.

LIVRE TROISIÈME.

1575.

*Il y a ici une lacune; le commencement du livre III et de l'année 1575
manque. Tout ce qui concerne la fuite de Henri III de Pologne et son
retour en France[1], son sacre et les premiers actes de son règne, a disparu.
On se trouve, quand le manuscrit reprend, au milieu des troubles de 1575.*

---

[1] Henri III partit de Cracovie dans la nuit du 16 au 17 juin 1574, passa la frontière de France le 5 septembre, et fut sacré à Reims le 15 février 1575.

1575.   ..... Les rebelles avoient gangné à leur party deux des capitaines
de la ville d'Orléans, lesquelz leur avoient promis entrée à jour préfix
et nommé pour les mettre dedans, ce qui ne peut estre faict, parce.
que leur entreprinse fut descouverte, et furent les deux capitaines
ci-dessus dictz prins prisonniers et amenez au roy, qui estoit encores
à Paris; lequel commanda de les bien enserrer en la prison du boys
de Vincenne, affin qu'on n'eust pas le moyen de sçavoir parler à eux.
Qu'il en fut faict à la fin, je n'en ai rien sceu.

Quant à la ville de Troye, le faict de la trayson fut descouvert par
les gardes de la ville, lesquelz foulliant ung lacquaiz à l'entrée de la
porte, le trouvèrent saisy d'ung pacquet de lettres envoyées par aulcuns rebelles à ung certain seigneur qu'on pensoit jà estre audit
Troye, pour praticquer laditte rébellion avec les gouverneurs de
laditte ville, ce qui ne fut faict par le moyen de la surprinse desdittes
lettres.

En ces novelles menées, n'estoit question de parler de la religion
aulcunement que ce fust avec les villes et communaultez qu'on taschoit à gangner et praticquer, ains seullement estoient mis en avant
la liberté de la personne de mons. le duc d'Alençon et la liberté du
pays, pour estre deschargez par le royaume de la tirannie que les roys
faisoient aux subjectz d'iceluy par les tailles, impostz noveaux, estatz
à gage, et pour tenir les Estatz de France, pour asubjectir le roy
aux lois et ordonnances desditz Estatz et non les Estatz au roy. Soubz
ce faux donner à entendre, se laissèrent tromper plusieurs villes,
communaultez et personnes particulières, qui n'estoient et ne vouloient estre huguenotz.

Ilz huguenotz, qui estoient confédérez avec les noveaux rebelles
damvialistes, faisoient de leur part tout debvoir de praticquer laditte
rébellion novelle, affin d'estre maintenus et leur prétendue religion
remise sus en toute liberté et seureté; car, avant icelle et pour lors,
estoit bien affoiblie et quasi du tout extinte, excepté à la Rochelle et
ès pays de Languedoc, auquel le rebelle Damville l'avoit remise sus.
Le seigneur de la Noë, gouverneur des huguenotz à la Rochelle, ne

volut estre oysif, mais à sa manière excogita de user de ses ruses 1575. accoustumées à surprendre villes et à gangner personnes de qualitez, pour trouver le moyen d'entretenir tousjours la prétendue religion huguenoticque; et pour ce faire employa ses subtilitez à surprendre et saisir la ville de Périgueux, ville capitalle et la plus grosse, forte et riche de tout le pays de Périgordin, laquelle s'estoit tousjours bien gardée depuis les troubles encommencés jusques à ceste heure présente, que ledit seigneur de la Noë et ses gens s'en saisirent par la subtillité et finesse telle qu'il s'ensuit[1] : Au moys de juillet, il de la Noë atiltre avec soy une compagnie de deux à trois cens hommes des plus rusez et expertz de laditte prétendue religion, qu'il faict bien monter à cheval, bien armer de toutes pièces, affin d'estre des plus fortz, et vestir tous de belles cazaques rouges, toutes brodées et semées de croix blanches, comme aussi en avoit faict mettre au taffétas de toutes les lances et enseignes du guydon, si bien que de quelque costé qu'ilz se tournassent on n'appercevoit que croix blanches sur eux, qui est là marcque et le signal des catholicques de France, quand ilz vont et ont esté à la guerre. En tel équipage, se présenta ledit seigneur de la Noë avec ses gens devant l'une des portes dudit Périgueux, que les gens de laditte ville gardoient; et estant par eux arresté, leur demanda passage par dedans la ville, pour aller au pays de Languedoc au service du roy, où S. M. les envoyoit contre le seigneur de Damville. Ilz de la ville, voyant ceste compagnie si bien en ordre et si bien tapissée de croix blanches, pensant qu'il fust vray, leur donnèrent entrée. La compagnie entra assez lentement et les ungs après les aultres, pour mieux jouer leur jeu; les derniers bandèrent leurs pistolles pour tuer les gardes de la porte, les premiers demandèrent l'aultre porte, par laquelle ilz donnoient à entendre qu'ilz vouloient sortir; puis, arrivez là, ilz attendirent leurs compaignons, et au coup de pistolle qui fut par eux lasché à laditte porte, fut icelle saisie, comme aussi fut celle par laquelle ilz avoient entré, lesquelles

---

[1] Sur la surprise de Périgueux, voyez d'Aubigné, *Histoire universelle*, t. II, l. II, p. 162.

1575. furent fermées et gardées, et les gardes taillez en pièces et tuez à la pistolle. Les aultres qui estoient par les rues, au coup de laditte pistolle, coururent à bride avallée gangner les aultres portes pour s'en saisir, aultres demeurèrent à cheval par lesdittes rues, pour massacrer les premiers de la ville qu'ilz voyoient se rager avec des armes; et jouèrent si bien leurs personnages, qu'ilz se feirent maistres de la ville. Il estoit jour de marché, quand ceste ruse fut exécutée, chose qui facilita l'entreprinse. Ilz de la Noë et ses gens ne furent plus tost saisis de la ville, que d'aultres compagnies par eux mises aux champs pour cest effect arrivèrent à leur secours, en nombre suffisant pour tenir les habitans en subjection. Estans tous arrivez et faictz les plus fortz, furent les églises pillées et gastées, les citoyens de la ville rançonnez et desrobez et tenus en grande subjection; on ne pourroit croire le butin que feirent lesditz huguenotz en ladicte ville, car c'estoit la plus riche de tout le pays.

M. de Montbrun, chef des protestants ou rebelles du Dauphiné, défait M. de Gordes, gouverneur de cette province, et le tient assiégé dans la Ville-Dieu; des troupes étant arrivées au secours des catholiques, de Gordes fait une sortie, Montbrun est pris et exécuté[1].

De toutes partz du royaume de France, y avoit troubles et se mesloient les cartes de telle façon qu'en aulcun lieu on ne se trouvoit si assuré qu'en ce pays de Champagne et Brie, qui toutesfois, la pluspart du temps, estoit plain de volleurs et brigans, qui cheminoient en grandes compagnies, soubz le nom de la guerre et pour le service du roy; aulcuns disoient qu'ilz estoient de ses gardes, les aultres qu'ilz venoient des camps de Languedoc et de Provence pour se rafreschir. Ès aultres pays, mesmement dedans et ès environs la ville de Paris, n'estoient qu'aguetz, surprinses, emprisonnemens et exécutions d'hommes des partis tant du roy que des rebelles, qui chascun disoient deffendre la cause publicque.

---

[1] Voy. de Thou, *Histoire universelle*, l. LX.

Au mois d'août, un secrétaire du prince de Condé, porteur de lettres de son maître et d'autres personnes adressées à la reine d'Angleterre et aux rebelles de France réfugiés dans la Grande-Bretagne, est saisi et exécuté à Paris. On exécute également, en place de Grève, le capitaine Saint-Martin, comme ayant pris part à la dernière conspiration contre Charles IX.

La guerre continue entre les troupes royales et les rebelles, qui appellent de nouveau le secours des princes protestants d'Allemagne. En même temps, des négociations sont engagées avec la cour, mais sans aboutir. Henri III envoie un mandement dans les bailliages pour ordonner qu'au 20 du mois d'août toutes les compagnies de ses ordonnances aient à se retirer dans leurs lieux de garnison et à y attendre les ordres des gouverneurs des provinces. Il fait lever aussi des troupes en Picardie, Champagne et Brie, Bourgogne et Lorraine, pour se porter au-devant des reîtres. Le commandement de l'armée est donné au duc de Guise, qui part aussitôt avec M. de Vaudémont et le régiment de M. de Strozzi, afin de s'assurer de la vérité, au sujet des reîtres. D'après la dépêche du duc, l'armée est assemblée au village de Selongey, entre Langres et Dijon. Les gens d'armes passent, les uns près de Sens, les autres près de Château-Thierry; la cavalerie traverse la Brie et y séjourne longtemps.

Le sieur de Saint-Remi est arrêté à Paris, le vendredy 9 septembre, avec neuf autres seigneurs, comme ayant, à l'instigation du duc d'Alençon, entrepris de tuer le roi. — Henri III envoie de l'artillerie au duc de Guise. Quinze pièces sont menées sur la Seine de Paris à Nogent, escortées sur les deux rives par des gens de guerre de pied et de cheval, et par cinq cents Suisses de la garde du roi; on les décharge à Nogent, d'où elles partent le 6 ou 7 septembre, et elles sont conduites à charroi jusqu'au camp, traînées par les chevaux des laboureurs de l'élection de Troyes. Après le départ, la Brie est remplie de gens de guerre d'ordonnance de cheval et de pied, séjournant plusieurs jours dans leurs logis, s'attendant les uns les autres, et rançonnant rudement leurs hôtes.

Les compagnies qui séjournèrent longtemps ès environs de Provins furent celles de mons. d'Aumalle et de mons. de Lenoncourt, qui furent bien douze jours à faire trois lieues, en attendant leur maistre, ledit sr d'Aumalle, lequel, estant arrivé à Provins le 14e jour de septembre, pour monstrer la grande diligence qu'il faisoit d'aller au service du roy, s'arresta ung jour tout entier audit Provins, où il joua à la paulme avec les joueurs de la ville, et ce pendant sa compagnie et son train mangeoient les pauvres villages à oultrance.

1575.   Mons. de Biron, grand maistre de l'artillerie, passa bien en plus
grande diligence par ledit Provins, le 11ᵉ jour dudit moys, accompagné de cinq cens chevaux, qui vescurent pour la pluspart à leur
argent, par les villages où ilz arrestèrent fust à la disnée ou souppée,
et ceux qui n'avoient volunté de payer leurs hostes vivoient aux plus
petis despens qu'il estoit possible.

M. de Guise presse l'arrivée des troupes, dans l'intention d'aller joindre M. de
Vaudémont en Lorraine.

Le duc d'Alençon s'évade de la cour dans la nuit du 14 au 15 septembre.
Déguisé et monté dans un coche bien fermé, il sort de Paris, et prend la poste
pour gagner Dreux, ville de son apanage. Arrivé le même jour dans cette ville,
il s'y arrête quelque temps pour attendre les gens de son parti, qui venaient lui
offrir leurs services; en peu de jours, le nombre des gens qui l'entourent se
trouve considérable. Henri III, en apprenant la fuite de son frère, dépêche des
émissaires pour s'informer du chemin qu'il a pris, et pour l'arrêter, si cela
est possible. Dès le lendemain, il envoie des mandemeuts dans toutes les villes
de France, pour recommander aux habitants de se saisir des portes, de se bien
garder, nuit et jour, et surtout de ne laisser entrer aucunes personnes armées, à
moins qu'elles ne soient munies de passe-ports signés de sa main. — Un mandement de ce genre fut reçu à Provins le 17 septembre, et publié par les carrefours au son de la trompette.

Par la retraicte dudit seigneur duc de la court du roy, les cartes furent
meslées d'une estrange façon. Ung chascun de la France ne sçavoit
plus à qui il estoit, ne de qui il se debvoit advouer ou du roy ou de
mons. le duc son frère, tant les gens de guerre que l'aultre peuple.
Les villes, principallement celles qui appartenoient audit seigneur duc
et qui luy avoient esté données pour son apanage, se trouvoient en
aussi grande difficulté que les gens de guerre; car elles ne sçavoient
si elles se debvoient tourner du costé dudit seigneur contre le roy, ou
si elles debvoient tenir pour le roy contre ledit seigneur. Plusieurs
compagnies de pied et de cheval laissèrent le roy pour aller au service de son frère; d'aultres se mipartirent, et se séparoient les ungs
des aultres amyablement, chascun d'eux donnant leur service à celuy
qu'ilz aymoient le mieux. Le seigneur de Lenoncourt, qui tenoit les

champs pour le roy, ayant entendu laditte retraicte, taschea à des- 1575.
baucher toute sa compagnie pour la mener au service du seigneur
duc, ce qu'il ne peut faire que d'une partie; car l'aultre ne le voulut
suyvre, ains gardèrent la foy par eux jurée au roy et demeurèrent à
son service, et s'allèrent rendre à son camp soubz le duc de Guise.

Une partie de l'armée du duc de Guise se débande. — De Dreux, le duc d'A-
lençon lance un manifeste, où il explique sa conduite, se plaint des persécutions, des impôts et des exactions dont le peuple est accablé au nom du roi, et
déclare prendre sous sa protection tous les Français des deux religions, en attendant les états généraux et la réunion d'un concile (1575, 17 septembre[1]).

Voilà la teneur de la déclaration et protestation dudit seigneur
duc, pleines de belles parolles et de bonne volunté envers la républicque, s'il estoit vray que le zèle d'icelle l'eust poulsé; mais quant
à moy, je croy que ce n'est aultre chose qu'un esmorsoir pour animer
ung chascun estat de France pour secourir ledit seigneur, et pour
plus patiemment porter les troubles que sa retraicte apportera par
cruelles guerres, qui ne tomberont à la parfin que sur les pauvres
laboureurs des villages. Ceux-ci soutiendront le fléau de l'ire de
Dieu, pour les envies que les princes et grands seigneurs portent les
ungs aux aultres, et avec estre lesditz laboureurs et gens des villages
brigandez, vollez et murtris par les gens de guerre de part et d'aultre,

---

[1] *Déclaration de monseigneur, fils et frère du roy, duc d'Alençon, etc. contenant les raisons de sa sortie de la cour, le 18 septembre 1575.* 1575, in-8°. — *Lettre de Monsieur, frère du roy, escrite au roy sur sa sortie de Paris;* — *Lettre du roy à la noblesse de son royaume sur la sortie de la court de Monsieur, frère de S. M.* — *Lettre de Monsieur, frère du roy, à MM. de la court de parlement, après son partement de la court, se retirant à Angers, etc.* (Bibl. imp. collect. Dupuy, v. 87, fol. 54 et suiv.) — *Lettre de la Noae au duc d'Alençon, 28 sept. 1575, etc.*

(*Id.* vol. 844, fol. 274 et 282); — *Briève remonstrance de la noblesse françoise sur le fait de la déclaration du duc d'Alençon* (1576, in-8°); — *Épistres aux délicats et flatteurs machiavélistes qui ne peuvent trouver bonne la prinse des armes contre les perturbateurs de l'Estat* (1575); — *Déclaration de M. le prince de Condé, sur les causes de son voyage en France avec main armée, vers M. le duc, frère du roy* (1575, in-8°); — *Déclaration et protestation de M. Danville* (Bibl. imp. collect. Fontanieu, 1575-1576).

1575. payeront les tailles sans miséricorde et beaucoup plus grosses et excessives que devant, et en rien ne sortira l'effect des belles promesses dudit seigneur, lequel dict prendre les armes pour abolir toutes tailles, subsides et impostz mis sur le pauvre peuple. Car il se trouvera que ledit seigneur à la fin fera son appointement avec le roy, sans plus se soucier de la cause publicque, principallement en ce qui concerne le prouffit du pauvre peuple des villes et villages.

Telle est la condition des princes de France, de mettre tousjours en avant la cause publicque, quand ilz se veullent venger les ungs envers les aultres des différens qu'ilz ont ensemble; ilz en font porter la peine au pauvre vulgaire, qui se trouve tout acablé et en rien ne se ressent des belles promesses par lesditz princes mises en avant, mais leur suffist de contenter le peuple de belles parolles, affin d'avoir de luy ayde pour se rendre plus fortz chascun d'eux contre son ennemy. Au lieu du soulagement qu'ilz promettent audit peuple, font une ouverture et permission de brigandages par volleries, rançons, pilleries et assassinatz. Ce qui est advenu en ce temps par la déclaration et protestation ci-dessus. Car, par la retraicte dudit seigneur pour l'assurance de sa personne, ainsi que saditte déclaration le porte, la guerre a esté empirée de la moitié plus qu'elle n'avoit esté ès années précédentes sur les pauvres laboureurs et gens des villages, par larcins, volz, rançonnemens, viollemens, murtres, rançons et tout aultre genre de mal, sans repréhension, loy, justice, ordre ni pollice. Et ne se peùlt faire aultrement. Car si l'ung des princes qui a guerre contre l'aultre faict punir les gens d'armes de son party, pour les maux qu'ilz font, à l'instant tous le laisseront là et s'iront rendre à son ennemy, et par ainsy demeurera seul et sans secours. Partant, quand les Françoys verront différent estre entre les princes de France contre le roy et le roy contre eux, et que, pour apaiser tel différent, ilz lèveront les armes les ungs contre les aultres par guerre, qu'ilz Françoys dient hardiment que eux-mesmes en porteront la peine et pénitence bien dure, combien qu'ilz princes dient et déclarent que la guerre qu'ilz feront sera pour le soulagement du pauvre peuple.

Or s'est-il trouvé à la fin que la déclaration faicte par ledit seigneur 1575. duc n'a prouffité qu'à sa personne et aux larrons qui ont esté à la guerre soubz son nom et celuy du roy. Les seigneurs, princes et gentilshommes, qui estoient fugitifz du royaume et emprisonnez ès prisons, ont esté saulvez avec luy et remis en leurs biens, estatz et honneurs, la religion prétendue des huguenotz enforcie, et ont tous les susditz gangné leur cause aux despens d'aultruy; mais le pauvre peuple n'a sceu trouver de bon procureur pour plaider sa cause; et pour ce est tombé ès despens en perdant le principal. Au lieu d'estre ostées ou diminuées, les tailles et gabelles, pour lesquelles en partie la déclaration susditte disoit prendre les armes, ont esté augmentées de la moytié, et ne fut jamais le peuple de France molesté ni angarié de tant de gabelles, subsides et impostz qu'il a esté depuis.

Au moment de la fuite du duc d'Alençon, la paix allait se conclure. Les députés des rebelles, déjà partis pour Paris, s'arrêtèrent en chemin; un ou deux jours avant, M. de Damville avait dépêché auprès du roi un de ses hommes, N. Follet, natif de Provins, se disant M. de la Magdeleine, chargé d'annoncer l'envoi des articles du traité qu'on arrêtait suivant le mandement royal. Le duc avait quitté la cour lorsque Follet y arriva; après avoir remis ses dépêches au roi, il vint voir à Provins sa femme et ses parents, puis, sachant que les députés n'étaient point allés à Paris, il retourna dans cette ville au bout de quinze jours, pour prendre congé du roi, qui lui donna un paquet de lettres pleines de douces paroles, pour attirer Damville à la paix. — On laisse au roi de Navarre, qu'on veut ménager, un peu plus de liberté qu'auparavant.

La royne mère fut tacitement coulpée de la fuitte de son filz, et dist-on par commung bruict qu'elle luy avoit aydé à faire ses apprestes. Laquelle, pour faire bonne mine ou aultrement, entreprint de courir après luy, pour le ramener à la court paisiblement, et pour luy faire droict en tout et partout sur ce qu'il se sentoit intéressé. Mais il fut novelle que ledit seigneur, sçachant l'arrivée de sa mère, ne la volut attendre, ni parler à elle, mais print son chemin pour tirer à Amboise et aultres lieux de son apanage, pour estre plus près et à main des rebelles damvialistes de Languedoc et huguenotz de la Rochelle; et

1575. partant ne peut parler à luy laditte dame qu'il ne fust audit pays, où elle alla après luy. Elle ne le peut ramener avec elle, comme elle s'en estoit promise, parce que les rebelles l'avoient jà si bien faict accompagner de leurs gens que ledit seigneur ne povoit plus aller ni venir sans leur gré et congé. Et se pensant mettre en liberté, et sortant de la prison où il estoit avec le roy son frère, se meint en une aultre plus estroicte avec les rebelles, et partant fallut que laditte dame s'en retournast au roy son filz, ainsi qu'elle estoit allée.

Avant que mondit sieur le duc se partist de la ville de Dreux, le bruict commung fut qu'il envoya ung homme au roy, pour le prier de ne poinct empescher ses gentilshommes et serviteurs d'aller après luy pour son service, sans leur faire aulcun mal, et que, quand il se trouveroit en lieu de plus grande seureté, il luy manderoit les causes de sa retraicte plus amplement que ne contenoit sa déclaration. Ce que luy accorda le roy et encores plus davantage; car, après qu'il eut licencié tous les seigneurs, officiers et serviteurs dudit seigneur d'aller après luy, si bon leur sembloit, luy envoya sa vaisselle, son escurie et grans chevaux et n'empeschea aulcune chose des meubles appartenans au service dudit seigneur; qui fut une occasion de faire cognoistre audit seigneur duc que le roy son frère ne luy vouloit le mal que les rebelles, damvialistes et huguenotz luy avoient faict entendre. Plusieurs gentilshommes et officiers dudit seigneur ne volurent si tost aller après luy, de peur d'estre mal contens du roy, nonobstant le congé qu'il leur en eust donné; mais se retirèrent en leurs maisons, en attendant quelle en pourroit estre la fin et quel traict prendroit le desseing dudit seigneur. Et de ceux-là fut mons. de Bouy, parroisse de Chalaustre-la-Petite, qui pour lors estoit bien aymé du roy et dudit seigneur.

Henri III se trouve dans une grande perplexité. Les conseillers au parlement de Paris l'engagent à ne point quitter la ville, de peur de tomber entre les mains de l'ennemi. Il fait sortir de la Bastille le maréchal de Montmorency, qui y avait été enfermé par Charles IX, l'admet dans son conseil et le charge de traiter la paix avec les rebelles. Montmorency se rend à Amboise, mais les conditions proposées par lui au duc d'Alençon sont repoussées. — Le roi recommande au duc de Guise de s'opposer vigoureusement à l'entrée des reîtres en France, et 1575. l'engage à défendre sa cause contre les séditieux, alors réunis entre Bourges et Tours. Le duc de Guise cherche à maintenir fidèles au roi les officiers et soldats de son armée, dont plusieurs déjà l'avaient abandonné pour suivre le parti du duc d'Alençon; la cour lui envoie de nouvelles troupes.

Des premiers capitaines qui allèrent au camp du sieur de Guise, depuis la retraicte dudit seigneur duc, fut un nommé le capitaine Fervat ou Fervatte[1], qui partit du pays de Normandie avec ung régiment de gens de pied et de cheval bien en ordre, mais bien meschans, gens les plus larrons et volleurs qui eussent oncques esté par les villages il y avoit dix ans. Tous les chevaux des pauvres laboureurs qu'ilz trouvoient en leur chemin estoient par eux prins et desrobez, comme aussi estoient ceux des hostes où ilz logeoient, qu'on leur prestoit pour les guider et porter leur bagage, sans que ledit capitaine ni aultre en feît justice ni raison. Ilz cheminoient à grandes journées depuis Paris jusques au camp, et pour le moings faisoient six lieues par jour. Ilz allèrent passer la rivière de Seine à gué entre les villages de Beaulieu et de la Motte-de-Tilly-lez-Nogent-sur-Seine, pour ce que les villes ne leur vouloient livrer passage, de peur d'estre surprins, joinct aussi que les rivières partout estoient fort basses et guéables. Les laboureurs des villages d'alentour de Brie-Conte-Robert et de par deçà, par où ledit régiment passa et logea, allèrent après leurs chevaux que lesditz gens de guerre enmenoient jusques auprès de Troye en Champagne, et si ne peurent trouver moyen de les ravoir, quelques plaintes qu'ilz feissent audit capitaine; sinon aulcuns qui en avoient perdu deux ou trois, ausquelz on en rendit ung. Avant que de passer la rivière de Seine, ilz logèrent ès parroisses de Leschelle, de Meel-sur-Seine et Mériot, desquelles parroisses ilz enlevèrent plus de 30 bestes chevalines qui furent perdues, et payèrent ceux qui allèrent après en coups de baston, et fut ledit régiment tout monté à cheval aux despens des laboureurs. Ilz passèrent la Seine le 20e jour de septembre.

[1] Guillaume de Hautemer, seigneur de Fervaques, comte de Grancey, mort maréchal de France.

1575.   Audit jour, deslogea de Provins mons. le marquis d'Elbœuf et ung
aultre grand seigneur avec luy, et leur train, en grande diligence,
passa par Provins, pour s'aller joindre audit sieur de Guise, ayans
receu lettres que les reistres et Françoys reniez se préparoient pour
entrer en France.

· Publication d'un mandement du roi, pour convoquer l'arrière-ban dans tout
le royaume. 1575, septembre.

Ce mandement publié en la ville de Provins dès le 4ᵉ jour d'octobre, mons. Olivier de Soissons, bailly et capitaine de Provins, et
partie des gentishommes du balliage, se transportèrent audit lieu de
Provins, pour adviser entre eux de se mettre aux champs, d'eslire ung
guidon pour conduire la compagnie des gentishommes dudit balliage,
et de choisir le quartier qu'ilz debvoient tirer, ou vers mons. de Guise
ou aultre part; mais le nombre desditz gentishommes fut si petit pour
ce jour qu'ilz ne purent rien résouldre ni arrester.

MM. des Marestz et de Crenay le jeune, seigneur d'Aulnoy à cause
de sa femme, comme gentishommes de la maison du roy, se transportèrent en la ville de Paris audit 8ᵉ jour, ainsi que le mandement
le pourtoit, en bon équipage d'armes et de chevaux pour luy faire service; mais n'y feirent non plus que ceux qui n'y furent poinct, excepté
qu'ilz furent mieux en la bonne grâce du roy. Car ceste entreprinse
vint à rien, et ne hobèrent pour ceste fois les gentishommes de l'arrière-ban, parce que la plus grande part d'entre eux devindrent
malades de peur ou feirent semblant de l'estre, affin de n'aller aux
coups; et firent gangner les médecins, cirurgiens et notaires beaucoup
plus que les appoticaires, par les belles attestations qu'ilz feirent faire
de leurs fiebvres et maladies. Voilà comment les genstuehommes servent le roy, quand il fault aller à une bonne affaire! En temps de
paix, ilz sont fort hardis et ont faict merveilles, à les ouyr dire; en
temps de guerre, ilz sont malades et ne peuvent aller plus loing que
leur village et à l'entour, pour prendre les lièvres et perdreaux, qu'ilz
vendent aux gens frians des villes pour achepter du lard pour se nour-

rir en leurs maisons. Aultres vont ung peu plus loing cercher quelques capitaines de gens de guerre, pour les amener loger ès villages des parroisses où ilz demeurent, pour faire manger et chastier ces meschans paysans qui ne veulent obéir à Monsieur, et aller labourer, semer, moissonner, charrier, faner les grains et foins de ses prez et de ses terres à sa première requeste. Et telz ont la puissance de faire du mal et poinct de bien; et si n'ont le moyen de bailler un morceau de pain ou ne veullent à ceux qui de bon gré ou de force vont faire leur besongne. J'en particulariserois beaucoup de telz au balliage de Provins et aultres lieux, qui ont bien la puissance de nuire et qui le font, mais ne sçauroient destourner ou desloger une bande de friquerelles de cinquante hommes, quand elle est logée ou veult loger ès villages des parroisses où ilz demeurent et dont ilz se disent seigneurs. Je n'entens blasmer personne des bons et honestes gentishommes qui s'employent au service de leurs subjectz et voisins, pour leur faire plaisir en tous temps, sans les grever ni molester qu'aultant que lesdictz subjectz ou aultres leurs voisins leur veullent bien faire d'une gayeté de cœur. Mais le nombre des bons est beaucoup moindre pour le présent que celuy des meschans genstuehommes, qui, en tout temps et saisons de leur vie, font la guerre aux pauvres gens des villages, soit à leur faire faire courvée, à décevoir les femmes, violer ou stuprer les filles, batre les hommes et leur ravir leurs biens, jusques à prendre par force le pain en leur mect ou huche, pour se nourrir et leurs damoiselles. Passons oultre.

Les Parisiens fournissent au roi quatre mille soldats levés dans leur ville et payés à leurs dépens. Il était question de faire marcher cette troupe contre le duc d'Alençon, lorsqu'on apprit que, de son côté, ce prince s'avançait vers Paris; elle resta donc, et fut logée dans les faubourgs Saint-Germain, Saint-Marceau, Notre-Dame-des-Champs, etc. Après des revues particulières des gens de chaque état et métier, une revue générale des milices bourgeoises de Paris fut passée par le roi hors de la ville; environ cinquante mille hommes, disait-on, y prirent part. — Le roi donne de nouvelles commissions pour la levée des gens de guerre destinés à garder Paris et à renforcer les armées du duc de Guise et du duc de Montpensier.

1575.   M. de Beauvais, seigneur de Nangis, chargé du commandement d'un des nouveaux régiments que le roi levait, donne commission au seigneur de Tachy de lever une compagnie, dont il serait capitaine. Tachy fait battre le tambour à Provins, Nangis, Montereau, Bray, Nogent, Pont, Méry, Courgivault, Villenauxe, la Ferté-Gaucher, et prend pour lieutenants MM. de Lourps et de Vendières. — Un autre régiment, accordé à M. de Larchant, est réuni au nom de ce seigneur, dans les environs de Nemours.

Ces soldatz, mis aux champs, avec ceux du seigneur de Beauvais, vindrent piller, desrober et rançonner les villages depuis Montereau, en tirant à Meaux, et depuis lesdittes villes de Montereau et Meaux jusques à moytié chemin de Chaslons en Champagne, en tirant à Troye et de Troye à Sens; et ne faisoient aultre chose que ce tour. Quand ung régiment estoit d'ung costé de la rivière de Seine, l'aultre passoit de l'aultre costé, et furent trois sepmaines à faire la piaffe esdits lieux sans aller au camp. Il se trouvoit d'aultres compagnies parmy eux, qui n'avoient volunté d'en faire davantage; et feirent ces bandes beaucoup de dommage aux villages de la Champagne et de dessus les rivières, pour ce que c'estoit la saison de semer leurs seigles, mestaux et bledz, comme aussi à ceux de la Brie, qui commençoient à faire leurs bledz. Car lesdittes canailles ne faisoient difficulté de desteler les laboureurs pour leur oster leurs chevaux, non plus que s'ilz eussent esté estrangers ou Sarasins.

Le duc de Guise avait conduit ses troupes à Baccara, sur la frontière d'Allemagne, pour y attendre les reîtres; ceux-ci ayant alors été chercher un autre passage pour entrer en France, il laisse son artillerie en Lorraine, se porte à grandes journées sur Sedan, et campe à peu de distance de l'ennemi, dans l'intention de lui livrer bataille. Mais les reîtres se retirent pendant la nuit; 4,000 d'entre eux, sous la conduite de Thoré, gagnent le pays de Thiérache, et passent au-dessus de Notre-Dame-de-Liesse, pour se joindre à 2,000 Picards et Briards, qui les attendaient, commandés, entre autres, par MM. de Rochepot, seigneur de Montmirail, de Talan et de Besancourt. Le duc de Guise s'avance sur Reims, pour les arrêter au passage de l'Aisne, en demandant au roi du renfort; mais les régiments, occupés à piller, s'attardent, et il est obligé de se replier sur la Marne.

Le 9 octobre, il vient camper sur le bord de la Marne, entre Château-Thierry

et Épernay, au lieu dit le *Bac* ou *Port à Pinson*. Le.10, les ennemis se présentent,
et, tout en cherchant à éviter le combat, ils s'efforcent d'effectuer le passage
de la rivière, guéable en cet endroit. Les troupes royales se jettent sur eux et les
mettent en déroute. Le duc de Guise est blessé d'un coup de pistolet au visage
par un traître de son armée, qu'il voulait empêcher de passer à l'ennemi[1].

Six cornettes de reistres se rendirent au seigneur de Guise, ayans
tous faict alte, qui est ung signe de vouloir parlementer, et ne volurent
combattre aulcunement; et estans en parlement avec ledit sieur de
Guise, déclarèrent qu'ilz entendoient venir pour le service du roy, et
qu'en son nom et faveur avoient esté ainsi levez en leur pays d'Allemagne et soubz son auctorité mis aux champs, sans laquelle n'eussent
party de leur pays. Lesdittes six cornettes furent prinses à mercy,
feirent le serment de fidélité au roy et furent appointez à son service.

Aultres six cornettes de reistres tiendrent bon ung peu de temps
et ne se volurent rendre qu'à force d'armes, mais vincus se soubmirent
à la miséricorde dudit seigneur de Guise, se rendans ses prisonniers;
lesquelz furent par luy envoyez au chasteau de Condé, où furent
enserrez jusques à ce que le roy leur eust pardonné, et furent quittes
de leur rançon pour leurs chevaux, armes et bagages, et, après avoir
faict serment de n'aller jamais en guerre contre le roy, furent renvoyez
en leur pays d'Allemagne, ung baston de bois en leur main pour
toutes armes.

Plusieurs aultres reistres furent prins prisonniers en particulier
par les gens de guerre du camp dudit seigneur de Guise, qui feirent
leur prouffit de la rançon qu'ilz en eurent, ou furent riches et bien
récompensez de leur long travail au butin qu'ilz feirent. Lesditz ennemys, tant Françoys reniez que reistres, perdirent tout leur bagage, qui estoit de plus de cinq cens harnois gros et grans. La meslée
fut grande, mais y eut peu de meurtre. Il ne demoura pas deux cens
personnes mortz en la place et n'y en eut aultres deux cens de bles-

[1] Voy. *Discours de la défaite des reistres par le duc de Guise, le 10 octobre 1575* (Poitiers, in-12); — *Discours de la desconfiture des publicains par les capitaines de M. le duc de Montpensier* (Paris, Daillier, 1575); et d'Aubigné, *Hist. univ.* t. II, liv. II, p. 181.

1575. sez. Les gentilshommes et paysans des environs du lieu où fut baillé
l'échec butinèrent grossement sur les fuyards qui s'escartoient de
part et d'aultre pour se saulver. Lesquelz, pour avoir leur vie saulve
et pour courir plus fort, jettoient par les chemins leur bagage, aultres
leurs bourses, pour amuser ceux qui les poursuyvoient; plusieurs
desquelz demourèrent en la place.

Ès environs de Vertus, en tirant vers Sézanne, les ennemys se rallièrent ainsi qu'ilz purent pour se remettre en trouppe, et, pour se
mieux recognoistre, myrent le feu en trois ou quatre villages de nuict,
qui estoit le signe donné entre eux pour se rassembler; à la clarté
desquelz feux plus hardiment s'approchèrent les égarez; et se rallièrent bien le nombre de 3,000 hommes, la pluspart Françoys reniez.
Lesquelz, pour trouver gens et vivres en seureté, prindrent le chemin
pour gangner la rivière de Seine au village d'Esternay, dont la dame
et ses enfans estoient huguenotz. A la porte du chasteau, qui estoit
le 11e jour du moys d'octobre, trouvèrent tonneaux de vin deffoncez
pour boire toute la trouppe et du pain pour leur manger. Les aulcuns
forragèrent par les maisons du village, pour trouver pain, formage
et viande cuitte, qu'ilz emportoient avant eux pour manger à cheval;
ilz ne s'amusèrent longtemps audit village, de peur d'y estre attrapez,
mais ayant bu chascun ung coup, picquoient avant pour gangner pays.
La dame et gens du chasteau leur baillèrent hommes à cheval pour
les guyder et les mener jusques au passage de la rivière de Seine.

Ilz approchèrent de Villenauxe et eussent bien entré dedans, s'ilz
eussent osé, sans qu'on s'en feust apperceu; mais s'en gardèrent, de
peur qu'y arrestant n'eussent esté attrapez du camp du roy, et pour
ce passèrent oultre. Pareillement ilz eussent bien entré en la ville de
Provins, sans empeschement quelconque, avant qu'il feust novelle
d'eux, s'ilz n'eussent crainct ainsi que dessus. Car quand le premier
messager apporta les novelles desdis ennemys audit Provins, et qu'il
dist avoir veu les reistres ès environs de Villenauxe, chascun se mocquoit de luy et disoit-on qu'il estoit porteur de faulses novelles et ne
vouloit-on croire qu'ilz fussent si prez, pour ce qu'on estimoit qu'ilz

fussent encores ès marches d'entrer en France. Les gens des villages
de Villegruys, de la Queue-aux-Bois, de St-Martin-de-Chasnetron,
accoururent avec leurs chevaux et harnois à bride avalée audit Provins
pour se saulver. La pluspart desquelz disoient avoir veu lesditz reistres
à cheval en grand nombre entre leurs villages et Villenauxe, mais ne
povoient dire quel chemin ilz prenoient, sinon qu'ilz estimoient qu'ilz
voulussent loger en leurs maisons. Aux parolles desquelz fut foy
adjoustée par les habitans de Provins (et estoit entre les 4 à 5 heures
du soir), qui fermèrent leurs portes et renforcèrent le guet toute la
nuict sur les murailles et par les rues, affin de n'estre surprins, et
s'atendant bien au lendemain d'estre assaillis. A quoy lesditz reistres
ne pensoient, ains plustost à se saulver, et environ ladite heure de 5
du soir, ilz passoient par le village de Cortiost, parroisse de St-Fergel-
lez-Chalaustre-la-Grand, où demeuroit le seigneur de Patras, qui pour
les rafreschir avoit deffonsé deux ou trois tonneaux de vin, et préparé
du pain pour leur manger, et tous beurent et mangèrent sans arrester,
parce qu'ilz avoient volunté de passer le mesme jour la Seine; ce
qu'ilz feirent environ l'heure de soleil couché, ayans passé par le village de Beaulieu-lez-Nogent, où furent bien recognus avec eux le
seigneur de Besancourt et ledit Patras.

  Tous les chevaux et jumens bons et de service qu'ilz trouvoient en
leur chemin les faisoient à eux bon gré et mal qu'on en eust, et ne
feignoient de tuer ceux qui leur refusoient, non plus que de tuer ung
poux. Ilz tuèrent ung bon laboureur du village de Louan, auprès de
Mons-le-Potier, qui taschoit à empescher qu'ilz ne destelassent ses
deux chevaux et qu'ilz ne les enmenassent. Ilz faisoient ainsi des
prebstres et gens de justice et marchans qu'ilz faisoient des chevaux,
et les enmenoient avec eux pour leur faire payer rançon. Ilz enmenèrent messire Fergel Mauchaussé, prebstre, qu'ilz prindrent au village
de Resson, en laditte parroisse St-Fergel, bien blessé, lié et besillé.
Combien que ledit seigneur de Patras leur eust donné à boire et manger, si est-ce que son grand cheval fut par eux chargé et enmené, qui
luy fut une excuse de aller après eux, lequel, comme j'ai entendu, fut

1575. perdu. Il leur estoit besoing de se remonter de chevaux, car quasi
n'en avoient plus que ce qu'ilz avoient desrobbé par où ilz avoient
passé depuis la rivière de Marne, et estoient la pluspart montez deux
à deux sur ung cheval.

Ès villages des parroisses de Chalaustre-la-Grand et de la Chapelle
de St-Nicolas estoient logez quelques trouppes de soldatz pour le roy,
qui estoient du régiment de mons. de Beauvais, conduictz par messieurs de Tachy et de Lours. Ilz eurent tout soudain advertissement de l'arrivée desdiz reistres à Cortiost, desquelz ilz eurent si
peur qu'ilz n'eurent le loisir de dire adieu à leurs hostes ni de
charger les viandes de leur soupper pour se saulver, et pour mieux
se rendre en seureté estans tous à couvert des montaignes, gangnèrent
le port et chaulsée de Nogent, avant qu'iceulx reistres y fussent arrivez,
et en cheminant par laditte chaulsée, rompirent et abatirent tous les
pons de bois qui sont en icelle, affin qu'ilz reistres n'allassent après
eux. Voyans lesditz soldatz qu'ilz avoient heure assez pour se saulver
audit Nogent, s'arrestèrent sur laditte chaulsée pour veoir si lesditz
reistres passeroient oultre laditte parroisse St-Fergel. Et tout à l'instant
qu'ilz se furent retournez, les apperceurent desbander et débusquer
des montagnes qui sont ès environs de la chapelle de mons. St-Pare,
tous galoppant le grand galop. Lesditz soldatz desploièrent leurs enseignes et sonnèrent l'alarme avec leurs tabourins, qu'ilz reistres
povoient aysément entendre, car il n'y avoit distance de l'ung à l'autre
qu'environ une demye lieue. Au son desquelz tabourins eurent bien
aussi peur lesditz reistres desditz soldatz qu'ilz soldatz avoient eu
d'eux; lesquelz à l'instant délaissèrent le chemin par où ilz cheminoient et gangnèrent les bas champs, pour s'assembler tous en ung;
et, pour haster les derniers de courir, eux-mesmes sonnèrent une
alarme avec leurs trompettes, au son desquelles furent tous en armes,
selon le meschant équipage auquel ilz estoient. Et pensoient là d'avoir
fort à faire, car d'un costé ilz estoient enclos des montagnes, de
l'aultre costé de la rivière, joinct que la nuict approchoit, et sans les
gentishommes de Patras et de Besancourt, qui savoient bien que les-

ditz soldatz ne les eussent osé assaillir, eussent là campé et demeuré 1575.
pour la nuict, et pour ce les feirent marcher plus oultre à leur assurance pour gangner laditte rivière de Seine.

Les friquerelles et canailles de soldatz dudit sieur de Tachy et
aultres, leur voyant reprendre chemin, coururent gangner les faulxbourgs de la ville de Nogent, et pensoient entrer en la ville; mais
trouvèrent les portes fermées, qui oncques pour ce soir ne leur furent
ouvertes, de peur d'une surprise. Car lesditz de Nogent, de leur tour,
avoient descouvert lesdis reistres passer par les montaignes susdittes,
par ung advertissement que ung de leur ville leur avoit donné, qui
les avoit veu auprès de Villenauxe. Ilz soldatz de Tachy, voulant faire
des audacieux pour entrer dans la ville, affin de se saulver, voulurent tirer de leurs harquebuses contre les murailles, et de faict en
tirèrent, qui leur fut cher vendu. Car ceux dudit Nogent, se voyant
par eux assaillir, meirent la main aux armes, et par les crénaux de
leurs murailles tirèrent à coups de harquebuses sur lesditz soldatz; et
des premiers coups en couchèrent deux sur le carreau, qui morurent
avant qu'il fust une heure après. Cependant que lesditz soldatz et
ceux de Nogent s'escarmochoient, les reistres passoient la rivière
de Seine entre les villages de Beaulieu et de la Motte-de-Tilly, qui
empeschoit lesditz de Nogent d'ouvrir leurs portes ausditz soldatz,
quelque cognoissance qu'ilz donnassent estre pour le roy, parquoy
leur fut besoin de se loger la nuict ès maisons des faulxbourgs dudit
Nogent, du costé de la Belle-Dame.

Au partir du passage de la rivière de Seine, qui estoit après le
soleil couché, les reistres ne volurent loger aux villages de la Motte-
de-Tilly et de Corceroy, en faveur de Mme d'Esternay, dame desditz
lieux, mais allèrent loger ès villages d'Atys et de Villers-sur-Seine au
rez de la nuict; esquelz villages estoit logée une compagnie de gens
de pied dudit régiment de Beauvais, qui estoient à gogo, au mieux de
leur souppé, qui ne pensoient leurs ennemys estre si proches d'eux,
et estoient soubz la conduitte d'un capitaine qui se faisoit nommer La
Chapelle. Ilz reistres et François reniez, avant que de mettre pied à

1575. terre, ne faillirent d'assaillir messieurs les friquerelles, qu'ilz prindrent
à despourveu, chascun en leurs logis; et en ce faisant, avec leurs
trompettes sonnèrent une alarme pour tousjours les mieux attonner et
mettre en fuitte. Les tabourins, ayant de leur logis ouy l'alarme des
trompettes, eurent tout soudain la main aux tabourins et sonnèrent
une alarme, en gangnant le logis de leur capitaine; qui estoit logé en
la maison du plus riche homme de Villers, nommé, je croy, Pierre
Picard, où furent aussi tost lesditz reistres et Françoys reniez. Ceux-ci
assaillirent le logis de toutes partz pour avoir ledit capitaine, lequel
du premier coup ne se volut rendre, mais tint bon jusques à l'extrémité qu'il veit le feu allumé en son logis jà bien embrasé pour le
brusler dedans, qu'y avoient allumés ses ennemys; par quoy fut contrainct de se rendre à eux et à leur miséricorde. Toutesfois ne luy
feyrent aultre mal que de l'enmener prisonnier avec eux, au lendemain, pour avoir tout son bagage et une bonne rançon. De ce feu
allumé par les reistres y eut douze maisons avec les granges et estables d'icelles, qui estoient pleines de tous biens et de bestial, bruslées
et perdues, sans qu'ilz reistres et reniez Françoys volussent souffrir
qu'on taschast en saulver quelque chose, disant qu'ilz vouloient qu'elles
consumassent, pour brusler les soldatz qui estoient dedans à grand
nombre. Toutesfois n'y en eut que cinq ou six de bruslez et environ
une vintaine de tuez en la place. Tous les aultres se saulvèrent
ainsi qu'ilz peurent et gangnèrent les bords des rivières, où au lendemain plusieurs furent accommodez, aultres desvalisez par les gens des
villages de Meel, Ermez, la Motte, Noyen et Goix, qui allèrent veoir le
feu audit Villers. Ce pendant que aulcuns desditz reistres et Françoys
reniez mettoient le feu ès maisons susdittes, aultres allèrent voller les
meubles de l'église dudit Villers, sans y faire aultre mal et sans y mettre
le feu. Ils prindrent deux prebstres prisonniers audit Villers, à l'ung
desquelz baillèrent congé dès le soir, après avoir tiré de luy ce qu'ilz
en purent avoir, ayant égard que jà une fois il avoit esté prins prisonnier des huguenotz, en l'an 1567; l'aultre fut enmené par eux, affin
d'en tirer rançon.

Messire Fergel Mauchaussé, de Resson, que nous avons dict par 1575.
eux avoir esté prins et enmené depuis Resson jusques audit Villers,
à l'ayde de son hoste et d'une de ses filles fut délivré par la fuitte qu'il
print de nuict environ les 11 heures, dormans ceux qui l'avoient prins
et ung gros villain Lorrain qui les suyvoit, à qui ilz l'avoient donné
en garde. Quand les tirans furent resveillez, et qu'ilz trouvèrent leur
prebstre perdu, feirent tant de rudesse à l'hoste qu'il fut contrainct
de leur bailler 6 escuz, ou aultrement eussent allumé et bruslé sa
maison.

Au lendemain matin, qui fut le douzième jour dudit moys d'octobre, dès l'aube du jour, ilz reistres et Françoys reniez partirent dudit Villers, et à grand journée allèrent passer la rivière d'Yonne et
s'allèrent loger à la petite ville de Ferrières ou les environs, ayans,
oultre le mal qu'ilz avoient faict audit Villers, prins et enmené plus de
trente bestes chevalines. Fault noter que tous ceux qui avoient prins
la fuitte au Bac-à-Pinson ne s'estoient encores realliez et n'avoient retrouvé leurs trouppes, et furent bien 100 où 120 chevaux qui, à la
vitesse pour se saulver, allèrent passer la rivière de Seine entre Pons
et Méry, et se logèrent ès villages de Crancé ou aultres, la nuict que
les aultres logèrent audit Villers. Lesquelz, ledit douzième jour d'octobre, prindrent chemin par la Champaigne, pour aller gangner
l'Yonne après les aultres, et passans par le village d'Avans, trouvèrent
Me Nicolle Leclerc, doyen de Marigni et curé dudit Avans, qu'ilz enmenèrent prisonnier avec eux et le menèrent plus de huit journées
avant que de le délivrer à rançon, qui fut de plus de 100 escuz, combien que M. d'Avans, gentilhomme de crédit, et Mme l'abbesse du
Paraclet-lez-Nogent, de grande faveur le pussent ravoir.

Sans la conduitte que lesditz reistres et Françoys reniez avoient
des seigneurs de Patras et de Besancourt, ilz eussent esté attrappez
au port de Nogent ou ès environs où ilz avoient volunté de se camper,
pour l'alarme que leur donna la compagnie de Tachy, sur la chaussée
de Nogent, par M. le grand prieur de Champagne et sa compagnie,
qui les poursuivoient de bien près; et n'eust esté la nuict, qui les

1575. contraignit de se loger, fussent allez après jusques à les attindre, qui
n'eust été sans les chocquer, combien qu'ilz reistres estoient la moytié
plus que ledit prieur. Lequel, ayant perdu l'arré d'iceux, se retira à
Nogent avec sa compagnie, estans plus lassez que les ennemys qu'ilz
poursuivoient. A cause de la nuict, ne purent entrer dedans la ville,
et fallut qu'ilz campassent au fauxbourg avec le sieur de Tachy et ses
gens. La compagnie dudit grand prieur estoit d'environ cinq cens chevaux, avec lesquelz cheminoient ou estoient montez en croppe une
compagnie de bons harquebusiers de pied, jusques au nombre de
deux à trois cens hommes, tous bien en ordre, les gens de cheval
armez à blanc, et les gens de pied bien morionnez, telz que je les
vis audit Nogent ledit douzième jour d'octobre. A l'heure que ledit
grand prieur et ses gens arrivèrent devant Nogent, les reistres et leur
conduitte se logeoient audit Villers, qui est distant dudit Nogent de
deux lieues. Au matin, environ les 9 heures, les gouverneurs de Nogent feirent entrer en leur ville ledit seigneur grand prieur, avec une
douzaine de ses gentilzhommes et les capitaines de Tachy et de Lours
pour les rafreschir; mais les gens dudit prieur seullement passèrent
la rivière au dessoubz des molins à bac et s'allèrent loger aux fauxbourgs de Troye, de Beschereau, où ilz disnèrent, et après disner en
deslogèrent pour courir après leur proye; mais y furent à tard, car
les ennemys feirent plus de chemin encores ce jour-là que ledit prieur
ne pensoit.

La compagnie du sieur de Tachy, sur le soir, s'alla loger en la parroisse de Meel, et n'y feirent que soupper, dont bien leur en print; car
la nuict ensuivant, environ l'heure de minuict, par les villages d'Ablenay et de Maulny passèrent bien cent chevaux, sur chascun desquelz
y avoit deux hommes montez, bien armez et équippez, qui cerchoient
laditte canaille pour les deffaire, et ayant esté acertenez par les gens
desditz villages qu'ilz de Tachy en estoient deslogez, dès le soir, après
le soleil couché, se feirent guyder jusques à la rivière de Seine et
montrer le passage, et s'en allèrent après leurs gens. On fut l'espace de trois ou quatre jours à tousjours veoir par les chemins et

villages passer gens en trouppes, tous quasi montez deux à deux à cheval, qui demandoient le passage de la Seine à la Motte-de-Tilly; et faisoit fort dangereux aux marchans, aux prebstres et gens de justice de se rencontrer en leur voie. Les marchans qui estoient trouvez saisis de grand nombre d'or et d'argent n'estoient enmenez, ains estoient quittes en perdant ce qu'on trouvoit sur eux; les riches marchans, qui estoient par eux cognus et n'avoient grande finance sur eux, estoient enmenez prisonniers, comme les prebstres et gens de justice, ausquelz ilz faisoient taxes pour leur rançon, selon qu'ilz povoient juger la personne avoir le moyen. Et estoient iceux volleurs tous françoys, qui tenoient ainsi les champs soubz le nom du passage des reistres, de la trouppe desquelz ils se disoient estre.

Le jour où les reîtres délogèrent de Villiers-sur-Seine, des cavaliers appartenant à leur armée attaquent et pillent, dans la forêt de Sourdun, le coche de Troyes à Paris, qui contenait une douzaine de marchands, et prennent la fuite. Deux gentilshommes des environs de Monceaux, en Brie, sont arrêtés et mis en prison, comme ayant pris part à cette attaque; on sut depuis qu'elle avait été accomplie par M. de Rochepot, seigneur de Montmirail, en Brie, et ses gens. — Les reîtres, n'ayant été poursuivis que par une partie des troupes royales après la déroute du Bac-à-Pinson, parviennent à s'échapper.

Mons. de Guyse se feit mener en la ville de Chasteau-Thierry, pour estre en meilleure seureté et pour se faire panser du coup qu'il avoit receu à la bataille, qui fut fort sagement faict à luy, non tant pour se faire panser dudit coup, que pour mettre sa personne en seureté. Car les ennemys avoient mis gens aux aguetz pour tascher à le tuer et mettre à mort, comme celuy qui leur estoit pour lors le plus grand ennemy. Il licencia les gens de son camp de se rafreschir par les villages tout à loysir, pour les reposer du grand travail qu'ilz avoient enduré, en attendant les novelles du roy, et aussi pour veoir comment il se porteroit, qui estoit ce que les gens de guerre demandoient. Lesquelz, par bandes et quartiers, furent envoyez de part et d'aultre pour vivre plus à leur ayse et dispersés en telle sorte que ledit camp tenoit plus de dix lieues de largeur, et furent neuf jours entiers à séjourner de-

1575. puis le Bac-à-Pinson jusques à Villenauxe-la-Grand, Provins et les environs. Auquel lieu de Villenauxe s'alla loger le camp des gens de pied, qui estoit du régiment de mons. le colonel Strozzy, ès environs le dix-neuvième jour dudit moys d'octobre, et y furent jusques au vingt-quatrième jour logez douze enseignes, qui y vescurent à discrétion aux despens de leur hoste; et Dieu sçait s'ilz burent des bons vins tout leur saoul, et aulcuns plus que leur saoul, lesquelz estoient aultant bons vins pour ceste année-là et par toute la France qu'on en avoit recueilly il y avoit dix ans, et recueillit-on partout en ceste ditte année beaucoup de vin de peu de raisins.

Les soldatz et aultres qui estoient logez audit Villenauxe, se trouvèrent bien et mieux qu'ilz n'avoient faict en tout leur voyage; car nulz gens de guerre y avoient logé depuis l'an 1561 ou 2 que le régiment du seigneur de Charry y avoit logé, et pour ce se vouloient faire traicter à l'épicurienne. Mais incontinent furent bien reserrez après les plaintes de gens de la ville, faictes à ceux qui avoient le gouvernement sur eux. Lesquelz feirent faire le ban de par le roy de ne piller ni rançonner leur hoste, de vivre modestement de gré à gré, et de ne buffeter le vin des caves et celiers desditz hostes, ains d'en choisir pour eux ung tonneau de tel qu'ilz vouldroient pour leur boire, avec deffense de n'en tirer d'aultre tant que celuy-là dureroit, le tout sous peine d'estre pendu et estranglé. Or advient-il tousjours qu'en telle compagnié en y a-il qui ne veullent obéir aux commandemens ou deffenses qu'on leur faict, comme il s'en trouva un en ladditte compagnie, lequel, pour montrer exemple aux aultres, fut pendu et estranglé.

Les douze enseignes qui entrèrent à Villenauxe furent les premiers de tout le camp qui arrivèrent; le reste estant encores entre la ville de Montmirail en Brie, Courgivost, et pays circonvoisin.

Trois jours après que le régiment de Strozzy fut logé à Villenauxe, celuy du seigneur de Haultfort se alla loger dedans le bourg de Chalaustre-la-Grand. Il y arriva le vingt-unième jour d'octobre et y fut jusques au dernier, à faire grande chère aux despens des habitans dudit lieu; et d'aultant que le régiment entier n'y peut loger, fut le reste envoyé aux hameaux et villages de la parroisse. Le reste de l'infanterie logèrent ès villages de St-Martin-de-Chasnetron, de Chasnetron, de Villegruis, de Bonsac et parroisse, de Louan et parroisse, de Bauchery et parroisse.

Les gens de cheval estoient logez par quartiers ès villages de St-Yllier, les Marez, Augers, la Ferté-Gaucher, en montant jusques à la Forestière et de là en tirant à la rivière de Seine. On ne feit nulles munitions, de quelque costé que ce fust, pour nourrir et évitailler ledit camp; ains chascun prenoit des vivres chez son hoste et où il en trouvoît. Le menu bestial, comme brebis et moutons, eut fort à souffrir et cuyda mourir de faim aux villes et chasteaux où on les avoit retirez pour les saulver; et toutesfois, en fallut tant tuer pour la nourriture des gens de guerre qu'il n'en demoura pas la moytié. Les villages qui ne purent saulver les leurs, les perdirent entièrement. Tant qu'ilz gens de guerre peurent trouver des brebis et moutons, ilz ne se jettèrent sur la grosse chair de bœuf et vache.

Les villages et bourgs fermez d'alentour Provins qui eurent fort à souffrir des gens de guerre dudit camp furent Villenauxe-la-Grand, Dina, Chalaustre-la-Grand et parroisses, Villegruys et parroisses, en comprenant Bonsac, St-Martin-de-Chasnetron et parroisse, Leschelle et parroisse, Sordun et parroisse, Goix et parroisse, Ermez et parroisse, Meel et parroisse, Mériot et parroisse,

Plusieurs compagnies des gens de cheval feirent monstre par les villages de la Brie, depuis la Ferté-Gaucher en tirant à Provins, environ le vingt-cinquième jour du moys d'octobre; et leur fut baillé congé de s'en aller en leurs maisons, si bon leur sembloit, ou se pormener par la campaigne jusques au quinzième et vingtième jour du moys de novembre ensuyvant. La compagnie du seigneur de la Chapelle des Ursins, seigneur de Trinel-lez-Nogent sur Seine et de Doux-lez-Colomiers, feit monstre en la ville de Provins et receut argent et encores quelques aultres compagnies. Aulcuns gens d'armes de la-ditte compagnie de la Chapelle mirent le feu en la maison d'un bon

1575. laboureur du village de Brasseaux, parroisse de Villers-St-George,
pour ce que, disoit-on, l'hoste et tous les gens de la maison s'en
estoient fuys et ne se vouloient retirer en icelle pour les traiter; les
soldats furent fort blasmez de cet incendie, toutesfois n'en fut aultre
chose. Avec laditte maison, en furent encores bruslées deux aultres
audit Brasseaux, et deux granges pleines de blé.

Celuy qui avoit le gouvernement du camp des gens de pied, et principallement du régiment de mons. de Strozzy, qui estoit logé dedans
Villenauxe, se vanta de vouloir faire loger ledit régiment dedans la
ville de Provins, et pour ce faire y envoya pour prendre les cartiers et
logis des commissaires et fourriers, qui s'adressèrent aux procureur et
eschevins. Ceux-ci n'y volurent entendre; toutesfois, ne sçavoient comment ilz se debvoient gouverner seurement, fust pour les recepvoir
ou refuser. Lesditz commissaires montroient une commission du roy
pour y entrer et loger, et menaçoient d'accuser lesditz procureur et
eschevins au roy de rébellion, et usoient de grandes menaces. Desquelles ne s'atonnèrent beaucoup lesditz de Provins, mais envoyèrent
à Paris trouver ledit sieur de Strozzy et mons. le duc du Maine, frère
de mons. de Guyse, gouverneur lors du camp, ausquelz dirent l'entreprinse desditz commissaires, les priant bien de commander que les
gens de guerre ne logeassent pas en la ville; ce que facilement accordèrent lesditz seigneurs du Maine et de Strozzy à Me J. Retel, advocat
du roy, Nic. de Villers, marchand, et Christophe de Boudreuille,
recepveur alternatif, délégués pour cela. Et par ce moyen, ne logèrent audit Provins lesditz gens de guerre ni aultres.

Les gens de guerre logés à Villenauxe et à Chalautre-la-Grande font des
courses dans la campagne, détroussent les passants et emmènent les bestiaux
qu'ils rencontrent. Des gardes de la porte de Changis, à Provins, au nombre de
six ou sept, attaquent quatre soldats, qui allaient de Provins à Chalautre, et les
emmènent à la ville; surviennent des cavaliers du camp, qui délivrent leurs compagnons, font prisonniers trois des Provinois et les conduisent à Chalautre, où
ils sont condamnés à mourir, comme pillards, ou à payer une rançon de 40 écus;
les parents des condamnés ayant consenti à payer leur rançon, on les rend à la
liberté.

Durant le temps que les gens d'armes du camp mangeoient ce pays de Brie et vallée de Seine, le srégimens des seigneurs de Beauvais et de Larchant s'estoient retirez ès environs des villes de Montereau et Melun, pour manger et rançonner d'aultre costé, pour ce qu'ilz n'estoient receuz pour aller au camp.

Je ne sçaurois rien dire du pays bas où les rebelles huguenotz et catholicques associez, comme aussi les Françoys reniez s'assembloient, qui estoit ès environs de Bourges en Berry et Poictou. Je croy qu'ilz n'estoient plus paisibles ni meilleurs que ceux du roy, et tant d'ung costé que de l'aultre le meilleur ne valloit pas le cordeau pour le pendre. Je respecte aulcuns princes qui estoient ès armées de part et d'aultre, lesquelz encores, pour estre servis d'hommes, souffroient faire des maux incroiables, dont ilz respondront devant Dieu et en pourront estre pugnis en l'aultre monde. Je ne sçay si Dieu ne fera à la fin vengeance contre eux dès guerres injustes qu'ilz ont faictes ou suscitées les ungs contre les aultres soubz le manteau de la religion, et depuis des massacres, des sacriléges, bruslemens, volleries, larcins, rançonnemens, viollemens, meurtres, assassins commis sur le pauvre peuple, tant sur les biens que sur les corps d'hommes, enfans, femmes, filles des villes et des villages où ils ont eu crédit, puissance et domination, qui à eux et à leur postérité doibt estre une honte perpétuelle à jamais. Le pays est bien heureux qui a de bons roy et princes paisibles, qui ayment l'ung l'aultre et qui n'entreprennent rien les ungs sur les aultres; et au contraire le pays est malheureux qui a des roy et princes tirans, envieux, orgueilleux les uns sur les aultres, et avaritieux sur les biens, honneur et mondanitez du monde, le péché et mal desquelz tourne en pugnition sur le pauvre peuple, de la perte et ruyne duquel peuple semblent tels roys et princes et ceux qui les suyvent se resjouyr.

Incontinent après la Toussainctz et que le camp de S. M. estoit entre Sens et les rivières de Seine et d'Yonne, saditte majesté envoya par les villes et bailliages de Champaigne et Brie ung mandement, qui contenoit que toute la gendarmerie qui tenoit les champs pour

1575. son service eussent à se retirer et trouver, une partie à Gyen sur Loire
et l'aultre partie au pays de Champaigne, sans exprimer où, le quinzième jour du moys de novembre, qui estoit le moys courant. Mais
ce mandement ne sortit effect si tost; car, pour je ne sçai quel faux
bruict qu'on feit courir, toute la gendarmerie du roy se retira vers
la St-Martin d'hiver ès environs de la ville de Montereau, une partie
du costé de Gastinois, l'aultre partie du costé de la Brie, et y furent
quinze jours et plus à tout manger et ruyner à la manière acoustumée.

On faisoit pour lors courir le bruict que mons. le duc se vouloit trouver audit Montereau pour parler au roy, qui s'y debvoit rendre à jour
nommé, pour traiter ensemble le moyen de faire la paix; mais il ne
fut vray. D'aultre part, on faisoit courir le bruict que ledit seigneur
vouloit avec son camp aller assaillir la ville de Paris; que les villes
par où il passoit qui luy avoient faict quelque peu de résistance il les
faisoit mettre à feu et à sang, sans pardonner mesmes aux petis
enfans, et que jà avoit ainsi faict faire en la ville de Romorantin;
aussi que jà avoit faict sommer la ville d'Auxerre, pour luy livrer passage, argent et vivres, sous peine d'estre chastiée à feu et à sang, et
une infinité d'aultres meschantes novelles, que le peuple controuvoit
contre l'honneur dudit sieur et prince, et qui n'estoient et n'ont esté
véritables.

Après que le camp du roy eust esté ès environs de Montereau jusques à ce que tout feust mangé, on le sépara par bandes et régimens,
qui furent envoyez en garnison çà et là ès villes et gros bourgs fermez;
desquelz une partie furent envoyez ès ville et bourgs de Donnemarie
en Montois, de Thénizy et de Songnolles, où ilz furent dix jours pour
le moings à vivre aux despens chascun de leurs hostes; puis ilz repassèrent la Seine audit Montereau et tirèrent en Gastinois.

Le régiment du capitaine Larchant, qui estoit de douze enseignes,
ne repassa laditte rivière avec les aultres; mais au partir du Montois,
alla loger ès parroisses de Goix et Ermez, où il fut deux jours et deux
nuicts, de là ès parroisses de Villers-St-George et Chancouelle, puis

à Courgivost, à Bazoches, à Challemaison, à Sordun et Méel-sur-
Seine, esquelles parroisses de Sordun et Méel, ne trouva gens ne biens
pour se nourrir. Et furent près de quinze jours à faire ce tour. Puis
allèrent passer la Seine à la Motte de Tilly, pour aller en la Champagne, où furent environ trois sepmaines à tourner ès environs de
Troye, et de là repassèrent la Seine en la Brie, et retournèrent loger
audit Villers-St-George et ès environs, où ilz tuèrent d'ung coup d'arquebuse une honeste femme, la baille de laditte parroisse, sans que
rien leur en fust faict. Ilz feirent revue ès champs dudit Villers, assez
près des maisons, où feirent une escopetterie de harquebusades,
pour honorer et saluer, comme ils disoient, leur capitaine général,
qui les vouloit veoir en armes. L'ung desquelz avoit sa harquebuse
chargée à plomb, et, en tirant, alla tuer ung cheval entre les jambes
d'ung des capitaines qui les conduisoit, qui ne demeura sans pugnition, comme furent ceulx qui avoient tué la femme. De Villers, montèrent à Esternay, et ayant mené le pays à tire, retournèrent pour
passer à Nogent; mais ceux de la ville ne leur volurent livrer passage,
parquoy se retirèrent ès parroisses de Méel et Mériot, où ilz furent
deux jours et deux nuictz. Nul ne croiroit le mal que feit ce régiment
par les villages où ilz logèrent, en rançons, volz, murtres, viollemens
de femmes, sans reprinses, correction ni chastimens. Et croissoit de
jour à l'aultre la tirannie des gens de guerre, pire que oncques n'avoit
esté; et estoit toute meschanceté tollérée par les capitaines, qui par
chascune sepmaine recepvoient tribut de leurs soldatz, montant à
ung escu pour le moins pour chascun soldat.

MM. de Courgivost, de Bazoches et de Bouy, parroisse de Chalaustre-la-Petite, informèrent contre les capitaines et soldatz du régiment susdit, en intention de porter au roy l'information contre eux
faicte; ce que bien sceurent lesditz capitaines, lesquelz, pour empescher lesditz sieurs, leur baillèrent la somme de mil escus d'or,
ainsi qu'en fut le commung bruict. Je ne puis céler l'insolence qu'ilz
soldatz feirent à ung honeste laboureur du village d'Ablenay, qu'ilz
lyèrent sur son banc, et luy destachant ses chaulses, luy descouvrirent

1575. ses parties honteuses pour les luy coupper, s'il ne leur donnoit aultant d'argent qu'ilz demandoient. Et pour eschapper de leurs mains, fallut qu'il trouvast la somme de 11 liv. t. à leur bailler, après avoir enduré de grandes violences en son corps et esdittes parties honteuses. Après que les tirans et brigans du régiment susdit eurent bien tirannisé et brigandé la Brie et vallée de Seine, allèrent passer laditte rivière à Noyen, pour retourner à Sens et en Champagne.

Es premiers jours de décembre, le roy fit publier par les villes que la gendarmerie qui tenoit les champs et aultres qui s'estoient retirez en leurs maisons, fussent-ilz de pied ou de cheval, en vertu du mandement publié au moys de novembre dernier, eussent tous à se trouver à Gyen-sur-Loire, le vingtième jour dudit moys de décembre, pour là se rassembler en forme de camp. Et pour nourrir lesditz gens de guerre, envoya des commissaires dans les villes fermées, pour y lever des munitions de bled, vins et chairs par forme d'emprunt, sans y comprendre les villages, laquelle munition seroit reprinse et rabatue selon l'estimation qui en seroit faicte sur les deux derniers quartiers des tailles de l'an prochainement venant. Et fut la taxe faicte par MM. les généraux des finances à 48 liv. t. le muyd de bled, le muyd trentain de vin à 10 liv. t. le bœuf vif et sur le pied à 22 liv. t. le mouton vif et sur le pied à 65 s. t. la pièce. La ville de Provins fut taxée à 18 muydz de bled froment, à 20 bœufz, à 60 moutons et 10 muydz trentains de vin, et icelle munition menée et rendue audit Gyen, et depuis fut dict à Joingny-lez-Auxerre. Le commissaire qui avoit charge de lever laditte munition feit obliger les procureurs et eschevins de la ville de Provins à la fournir au temps qu'il la demanderoit, et aussi luy, en vertu d'une procuration spécialle, obligea le roy envers eux en la somme de 1,800 liv. ou aultre somme à quoy se trouvèrent monter lesdittes munitions, à prendre sur les deux derniers quartiers des tailles de l'an prochain venant.

Pour fournir le contingent, les gouverneurs de Provins taxèrent le chapitre de Saint-Quiriace à 22 setiers de froment et 22 écus d'or pour le charroi; le chapitre de Notre-Dame-du-Val à 18 setiers et 18 écus; l'abbaye de Saint-Jacques

et le prieuré de Saint-Ayoul à une certaine quantité de froment et d'écus. Les 1575.
ecclésiastiques s'opposèrent à l'exécution du mandement qui leur fut signifié, et
en référèrent aux syndics du clergé de France, qui leur envoyèrent la copie d'un
édit rendu par Henri III à Avignon, après le retour de Pologne, portant défense
aux gouverneurs des villes de faire contribuer les ecclésiastiques aux tailles,
munitions, fortifications, et de les obliger à faire le guet, et cela, à cause des
grands deniers que le clergé avait fournis à son frère et à lui. Maîtres de ce titre,
les ecclésiastiques de Provins le présentèrent en justice, et les gouverneurs durent
porter leur levée d'un autre côté. Les gens d'église eurent un instant l'idée de se
dispenser de la garde des portes, du guet et de la contribution au curage des
fossés, mais ils y renoncèrent en faveur des pauvres gens.

Au moys de décembre, le roy envoya ung aultre mandement par
les bailliages et villes de France, qui fut publié à Provins la vigille St-
Thomas, par lequel estoit commandé aux gouverneurs des provinces
de se retirer en leurs gouvernemens au 1er jour de janvier, et pareillement aux gens d'armes d'ordonnances de se trouver avec leurs
compagnies ès gouvernemens qui leur estoient désignez. Auquel mandement, si les gens d'ordonnances eussent tous obéy, la France eust
esté quicte de gens d'armes; mais peu le firent.

Le bruit court de la conclusion d'une trêve entre le duc d'Alençon et le roi,
puis de la rupture de cette trêve. — Le prince de Condé fait des levées de
reîtres au nom du duc d'Alençon. Le roi leur offre de l'argent pour les retenir
dans leur pays[1]. Dans la crainte que Paris ne soit assailli par eux, on répare les

[1] Voici la vérité sur ces faits, qui ne
sont pas rapportés dans le manuscrit d'une
manière bien exacte : Une trêve de sept
mois fut conclue et signée le 24 novembre
à Champigny en Touraine, château du
duc de Montpensier. Cinq places de sûreté
étaient accordées au duc d'Alençon : Angoulême, Niort, Saumur, Bourges, la
Charité; une au prince de Condé : Mézières. Le culte protestant était provisoirement autorisé dans les villes tenues par
les confédérés et dans les places de sûreté.
Cependant Angoulême et Bourges refusèrent d'ouvrir leurs portes au duc d'A-
lençon; on lui donna en échange Cognac
et Saint-Jean-d'Angely. Condé ne fut point
reçu dans Mézières, et le roi fit une levée
de six mille Suisses et de huit mille reîtres.
D'autre part, 500,000 livres promises par
la cour au duc Jean Casimir, pour que les
Allemands ne passassent pas le Rhin, ne
furent pas payées, et Condé se décida à
reprendre l'offensive. — Voy. *Négociations
de la paix ès mois d'avril et de mai 1575,
contenant les articles présentez au roy par
le prince de Condé et autres seigneurs, avec*

1575. fortifications de Saint-Denis et de Montmartre; on construit des moulins dans l'enclos de Paris, et l'on engage les habitants à s'approvisionner de grains. Le roi rend un édit enjoignant aux gens des villages, à trente lieues autour de la capitale, de faire battre leurs grains et de les serrer dans les villes fortes restées fidèles, et, à neuf lieues, de les mener à Paris même. — Henri III, pour arrêter la marche des reîtres, fait garder le passage de la Loire. M. de Pogaillard ou Puygaillard, est mis provisoirement à la tête de l'armée. Il laisse faire aux gens de guerre toute sorte de brigandages, de cruautés et d'insolences, comme en témoignent la Ville-Neuve-aux-riches-Hommes, où fut mis le feu, Villeneuve-l'Archevêque, la Chapelle, et d'autres localités autour de Sens, qui furent forcées.

Pour tirer à Gyen, le camp fut conduict par la vallée d'Aillant, et feit-on courir le bruict d'aller à Auxerre et ès villes d'alentour pour y tenir garnison quelques jours, en attendant les novelles de l'ennemy; or s'estoient délibérées les villes du pays de ne recepvoir les gens de guerre en leurs murs, pour la renommée de leur meschanceté, et se donnoient sur leurs gardes les habitans d'icelles nuict et jour, de peur d'estre surprins par lesditz gens de guerre; mais ne sceurent si bien se donner de garde ceux de la petite ville de Joigny qu'ilz ne fussent surprins en plain jour par la ruse dudit seigneur de Pogaillard, aussi gentillement faicte qu'on l'eust possible inventée; et advint ceste ruse pour les causes et manières qui s'ensuivent. Premièrement, fault entendre que les gens de guerre et brigans du camp, estant logés aux villages des environs de laditte ville de Joigny, faisoient à oultrance trotter les bonnes gens aux vivres pour les nourrir, et de peur que les pauvres villageois ne leur eschappassent, alloient de chascun logis ung ou deux soldatz aux vivres avec eux dedans les villes. Et de toutes sortes de vivres qu'ilz voyoient esdittes villes, contraignoient leurs hostes des villages d'en achepter, sans enquérir s'ilz avoient argent pour ce faire; et où lesditz hostes ne vouloient ou avoient le moyen d'en achepter, frappoient dessus à oultrance

---

la réponse du roy aux susdits articles (Mémoires de Nevers, t. I, p. 308 et 425); *Instructions secrètes dressées par l'assemblée de Montpellier, pour la négociation de la paix* avec le roy (Bibl. imp. anc. fonds franç. 8759, p. 57); *La trefve générale et suspension d'armes accordée par le roy avec M. le duc d'Alençon...* Paris, F. Morel, 1575, etc.

dedans les villes; et si n'estoient les pauvres gens quittes pour cela,
qui en avoient bien d'aultres quand ils estoient de retour en leurs
maisons, où il n'y avoit personne pour les revancher.

De telz oultrages faitz aux pauvres gens des villages furent pitoiables les habitans dudit Joigny, qui entreprinrent d'en faire plainctes
audit sieur de Pogaillard, qui se trouva en leur ville, et fort amiablement les escouta, leur promist d'y mettre ordre et d'en faire justice
exemplaire, de laquelle ilz s'aperceurent en peu de temps, et bien
doulcement les contenta, estant bien ayse de cela, pour l'espérance
qu'il print en soy d'en faire son prouffit pour venir au desseing de
son entreprinse, qui estoit de surprendre laditte ville et de s'y loger
et partie des gens de son camp, pour y manger de toutes leurs dens.

Tout sur l'heure qu'il eut receu les plainctes des habitans dudit
Joigny, apperceut plusieurs hostes des villages chargez de vivres par
les rues et guydez par des soldatz, desquelz il s'approcha, et, sans
leur aultre chose dire, frappa à coups de baston sur les espaules desditz soldatz, en la présence des habitans, en leur disant : « Voyci les
cocquins desquelz j'ay reproche, qui contraignent leurs hostes de leur
achepter des lièvres, perdrix, conilz et venaison, et qui les battent
oultrageusement; devant, bélistres, je vous chastieray bien avant qu'il
soit trois jours. » Ledit sieur de Pogaillard, trois jours après, entreprint de jouer sa tragédie pour surprendre laditte ville, soubz couleur de faire pugnition exemplaire dans icelle des soldatz qui moles-
toient leurs hostes; et, pour y parvenir, envoya plusieurs soldatz des
plus rusez et mieux aguerris en laditte ville les ungs après les aultres,
soubz ceste fincte d'aller, les ungs faire refaire leurs armes, les aultres
leurs soulliers et aultres nécessitez, et leur donna charge de l'atendre
en certain lieu de laditte ville. Il choisit cinquante bons arquebusiers
à l'eslite de son camp, qu'il arma dextrement, et qu'il feit cheminer
à pied, et aultres cinquante qu'il feit monter à cheval bien en armes,
pour conduire dix-huict ou vingt aultres bons soldatz, qu'il feit les
ungs aller à pied, les aultres monter en des charrettes, tous liez et
escouplez deux à deux, comme il sembloit. Dans les charrettes,

1575. entre les jambes des soldats, estoient leurs arquebuses et pistolles
toutes chargées, cachées en du feurre; et feit courir le bruict que
ceux qui estoient ainsi liez et accouplez estoient les rançonneurs et
pillards de son camp qu'il menoit pendre audit Joigny, pour monstrer
exemple aux aultres, et de ce faire faisoit bonne mine. Or, affin que
ceux de la ville ne s'espouventassent de veoir une si grande trouppe
d'hommes ensemble et qu'ilz ne fermassent leurs portes, luy-mesme,
avec deux ou trois des plus hardis, alla devant advertir les gardes et
habitans de la venue des pendars qu'il amenoit pour exécuter, et donna
charge de trouver des charpentiers pour faire des potences, ainsi
qu'il disoit, pour les pendre. Les habitans croyoient qu'il fust vray.
Ce pendant qu'il les tenoit à l'abboy, eut novelle que les pendars
estoient arrivez à la porte. Partant, abandonna lesditz citoyens, soubz
couleur de les aller faire entrer, affin qu'il n'y eust aulcun tumulte.
Lorsqu'il fut arrivé à la porte, il en feit entrer une partie dedans la
ville pour conduire les premières charrettes et pour se joindre aux
soldatz qui estoient jà par les rues entrez en la manière qu'avons dict.
Quand les dernières charrettes furent soubz la porte, les soldatz de
pied et de cheval qui estoient à leur conduitte se saisirent de ladite
porte, au son d'ung coup de pistolle qui estoit le signe donné pour
se saisir de la ville; auquel coup sortirent des charrettes les prisonniers les armes au poing, et avec les autres soldats empeschèrent
ceux de la ville de se rager, sous peine d'estre tuez en la place. Une
partie gangna une autre porte pour s'en faire maistres et pour donner
entrée à trois cenz hommes qui les suyvoient d'assez près; et en ceste
sorte fut surprinse la petite ville de Joigny, laquelle fut emplie de
gens de guerre, tant qu'à peine povoient-ilz avoir des litz pour eux
coucher trois à trois, où mangèrent tout et plus que leur soul aux
despens des habitans, l'espace de trois sepmaines et plus. Pour intimider les pauvres habitans de ladite ville, il Pogaillard feit dresser
les potences qu'il avoit faict faire pour pendre les soldatz qu'il menoit (ainsi qu'il disoit), pour y faire pendre ceux de la ville qui en-
treprendroient quelque rébellion contre lesditz soldatz; et pour les

tenir en plus grande subjection, ordonna ung de ses capitaines gouverneur en icelle ville, en laquelle fut faict beaucoup de domage et
de villaines insolences.

Au lendemain de la surprinse de Joigny, ledit sieur Pogaillard,
ayant mis ordre en icelle à sa dévotion, s'en partit et d'une traite s'en
alla en la ville de Sens, pour en penser faire autant. Et pour s'en
rendre maistre, feit approcher six compagnies de son camp ès villages des plus proches dudit Sens, affin de se tenir pretz quand il
leur manderoit. Quand il entra en la ville, il n'avoit avec luy qu'environ vingt-cinq chevaux; il fut assez bien receu et chéry des capitaines, gouverneurs et habitans, qui ne sçavoient encores les novelles
de la ville de Joigny. Incontinent qu'il fut descendu en son logis, il
manda aller à soy les procureurs, eschevins et gouverneurs, pour
leur demander des munitions de grain, vin et chair, pour évitailler
le camp qui estoit entre ladite ville et celle d'Auxerre. Après que
lesditz gouverneurs l'eurent ouy parler, luy firent une response assez
maigre à son gré; de laquelle non content, leur bailla charge de s'assembler à l'hostel commung de la ville, à certaine heure, affin d'ouyr
la response des habitans sur ses requestes. Ce que luy accordèrent
lesditz gouverneurs, qui, à l'instant avec les gens du roy feirent sonner la trompette par les carrefours, pour s'assembler audit hostel de
ville, pour ouyr le lieutenant du camp du roy qui estoit en ladite
ville pour le service de S. M. A l'heure assignée, se trouva beaucoup
de peuple audit hostel de ville, comme aussi feit ledit sieur Pogaillard, qui, estant assis au plus hault lieu, commença à haranguer au
peuple ce qu'il leur vouloit proposer, qui estoit de fournir des vivres
pour le camp, et aultres choses qui luy sembloient faciliter son entreprinse. Les habitans considéroient et pesoient les parolles dudit
sieur, en regardant sa manière de faire et dire, et apperceurent qu'il
parloit avec eux par quelque affection de maulvais voloir. Et après
l'avoir ouy parler, et en tout et partout le bien remarqué, luy feirent
response que la ville feroit tout ce qu'elle pourroit pour le service
du roy, et que, s'il luy plaisoit de se retirer de leur assemblée, ilz

1575. adviseroient entre eux ce qu'ilz avoient à faire sur ses demandes. Ce que ne vouloit faire, et vouloit qu'on luy feit response sur le champ et à la vollée; mais ceux de la ville persistèrent contre luy qu'il estoit bien besoin de s'adviser avant de luy donner response, de peur de mesprendre, et que pendant peu de temps, comme de deux heures après, luy feroient response en son logis.

Après qu'il se fut retiré de l'assemblée, les plus sages et rusez répétèrent tout ce que ledit sieur leur avoit dict et proposé, et dirent chascun d'eux ce qui leur sembloit, selon leur jugement, de l'intention dudit seigneur, qu'ilz jugèrent estre frauduleuse et pleine de maulvais voloir, en tant qu'il taschoit à leur persuader qu'ilz minssent les armes bas, et qu'il ne leur estoit besoing de faire guet ni garde de jour ni de nuict, d'aultant que le camp du roy estoit à leurs portes, et que, tant qu'il seroit là, l'ennemy n'auroit garde de les venir assaillir; et davantage, en ce qu'il les avoit requis de le mettre hors de leur ville entre 10 et 11 heures de nuict, pour s'en aller aux affaires du roy et du camp, et qu'il avoit mandé à Auxerre qu'il seroit en laditte ville à portes ouvrans, avec aultres parolles pleines de soubçon.

Or, avant que laditte assemblée se départist de l'hostel de ville, furent apportées novelles de la surprinse de la ville de Joigny faicte par la ruse dudit Pogaillard; et sur ces novelles, fut résolu de ne respondre aultre chose audit sieur, sinon celle qui jà luy avoit esté faicte en sa personne à l'assemblée, qui estoit telle : que la ville feroit tout ce qu'elle pourroit pour le service du roy; et au demeurant, s'il parloit de partir de nuict, comme les en avoit requis, qu'on lui accordast. Et luy fut faicte ceste response par gens sages et bien embouchez, lesquelz, au mieux qu'ilz purent, contentèrent de parolles ledit seigneur, et luy sembloit son affaire se bien porter, après qu'on luy eut promis de luy ouvrir la porte de nuict sur les unze heures, ainsi qu'il les en avoit requis; et sur ce, bailla congé ausditz habitans, en leur disant qu'il se vouloit aller reposer, en attendant heure de dix heures du soir, à laquelle leur feit promettre de l'aller éveiller en son logis. Alors ilz se retirèrent, pour consulter ensemble de ce qui estoit bon à faire cependant que ledit seigneur et ses gens dormiroient; et résolurent en premier lieu de faire haster l'orloge et de l'advancer d'une heure et plus dès les quatre heures du soir pour toute la nuict, et que', quand il sonneroit huict heures, qu'il n'en fust que sept, quand il en sonneroit neuf, qu'il n'en fust que huict, et ainsi par toute la nuict. Secondement, qu'on ne sonneroit point le tabourin du soir, pour lever la garde de nuict pour aller au guet, affin que ledit seigneur et ses gens pensassent qu'on eust cessé d'y aller, ainsi qu'il les en avoit requis; mais que ledit guet seroit renforsy de plus de la moictié, et conduict par les capitaines sur les murailles sans faire bruict; qu'il seroit enjoinct audit guet de ne dormir, ains de vueiller toute la nuict; que à chascun carrefour y auroit corps de gardes bien armez et morionnez; que ronde se feroit sur les murailles et par les rues de cartier sur aultre, affin de faire bon guet, le tout en le plus grand silence que faire se pourroit, ce qui fut faict.

L'orloge alloit toujours le train qu'on luy avoit baillé, et après que dix heures furent sonnées, les capitaines de la ville allèrent hurter au logis dudit seigneur, pour sçavoir s'il s'en vouloit partir, comme il avoit dict. Ledit sieur se leva et ses gens; mais ne fust plus tost habillé et monté à cheval que l'orloge estoit prest de sonner minuict, et si n'estoit guères plus de neuf heures et demye. Ledit seigneur et ses gens ne vouloient croire qu'il fust si tard, s'ilz eux-mesmes n'eussent ouy ledit horloge sonner onze heures; qui fut cause de les faire haster, et quasi comme à demy habillez, montèrent à cheval pour s'en aller à l'entreprinse, pensant toute la ville estre au plus grand ayse de leur repos. Mais, au partir de l'hostellerie, furent esbahys de veoir cent harquebusiers bien en ordre et morionnez, ayans tous le feu en la main, qui les attendoient pour les conduire, lesquelz, mis en bon ordre, cheminèrent coste à coste dudit seigneur et ses gens par les rues. Les capitaines de la ville et plusieurs aultres citoyens estoient montez à cheval, la pistolle en la main et la longue harquebuse à

1575. l'arçon de la selle. Assez près dudit logis, trouvèrent le premier
corps de garde, bien muny d'hommes armez au possible, qui arrestèrent la compagnie, jusques à ce que le capitaine du cartier se feit
à cognoistre à eux; ung peu plus avant, trouvèrent ung aultre corps
de garde, aussi bien équippé que le premier; plus avant, ung aultre,
et ainsi de carrefour en carrefour, et y estoit l'ordre si bien mis,
que nul ne sonnoit mot, tant esdits corps de garde que ceux qui
estoient à la conduitte dudit seigneur. Qui fut cause de luy donner
et à ses gens une peur de veoir la ville ainsi esmeue en armes et tenir
une chère de gens esmeuz et courroussez, et adressant ledit sieur sa
parolle aux capitaines de la ville qui l'acompagnoient, leur demanda
que vouloient dire tant de gens en armes; auquel fut faict response
que c'estoit le guet et garde, qui tousjours avoit esté et seroit tel
jusques à ce que le camp feust deslogé et bien esloigné. Ledit seigneur leur pensa dire qu'il n'estoit besoing de cela, et que c'estoit se
travailler en vain, veu que le camp du roy n'estoit là pour leur mal
faire, et se cuyda arrester ung peu pour considérer la manière de
faire des ungs et des aultres. Mais à l'instant entendit les voix d'une
douzaine d'hommes, qui dirent assez rudement : « Marchez, monsieur, marchez! Icy et ailleurs faict-il bon; nous ne sommes pas à
Joigny. » Ausquelles parolles se trouva descouvert ledit seigneur, qui
ne respondit ne ses gens aulcune parolle. A ce moment, l'horloge
sonna douze heures, lesquelles estant contées, ledit seigneur dist qu'il
estoit trop tard de partir; qu'aussi bien ne pourroit estre à Auxerre à
l'heure qu'il avoit promis au lendemain et qu'il se délibéroit de ne
sortir pour le reste de la nuit de la ville de Sens; il pria les capitaines de le reconduire en son logis, ce qui fut faict, commençant
à louanger les habitans du debvoir qu'ils faisoient de se bien garder,
encores qu'il ne leur en fust point de besoing à cause de sa présence.

Ledit sieur, estant entré en son logis, fut bien gardé par les citoyens,
qui feirent tout le reste de la nuict bon guet, et ung corps de garde
devant sa porte jusques au lendemain huit heures sonnées, que les
portes de la ville furent ouvertes; et fut ce faict au moys de décembre.

Ledit sieur s'en alla en plain jour avec sa courte honte, n'ayant sceu mettre à exécution sa traïson à Sens comme il avoit faict à Joigny. Laditte ville de Joigny s'estoit fort bien deffendue des huguenotz, par plusieurs fois qu'elle avoit esté par eux assiégée et assaillie; mais ne se sceut saulver de cest ennemy, et ont expérimenté le proverbe commung estre vray, qui dict n'estre poinct de pire ennemy que le domestique et celuy duquel on ne se donne garde.

Ceux qui auront veu le discours ci-dessus et n'auront esté du temps de ce présent siècle misérable ne vouldront croire les tormens qu'ont enduré les pauvres gens des villages en leurs corps, esprit, âme, biens, bestial et aultres choses, tant les hommes que les femmes, et par gens de leur propre nation, pour le plaisir des princes et les envies qu'ils pourtoient en ce temps les ungs aux aultres. Que les anciens apprennent à leurs enfans de ne se resjouyr quand ils oyront dire que noise et discort sera entre le roy et les princes de France, jusques à prendre les armes les ungs contre les aultres, ou que le pays se rebelle contre ses princes naturelz par guerres civilles; car ce sera le comble de leur malheur, comme toujours en est advenu au royaume de France de tout temps, ainsi que les histoires en font mention. Je n'ay sceu rédiger par escript les misères que les ennemys rebelles faisoient ès pays où ils s'assemblèrent; mais, ainsi que l'ai entendu dire, ne se portoient mieux où ils estoient que faisoient ceux desquels nous avons parlé en ce pays-icy. De toutes les misères et pauvretez qui sont advenuz au royaume de France, les péchez du peuple en ont esté cause; car Dieu a baillé à la France des princes et roy tels que le peuple le méritoit, et au roy et princes des subjectz telz qu'ilz roy et princes le méritoient, et a esté le tout permis de Dieu pour la pugnition des ungs et des aultres, combien qu'il n'y aye eu que les pauvres gens des villages qui ayent souffert la pugnition des péchez du roy, des princes, des genstuehommes, des prebstres, des marchans et bourgeois.

Robert Petit, voleur, est pendu à Provins, le 5 janvier, sur la grande place du château. — Mort d'Ét. Mulot, boulanger, causée par sa fiancée, qui le fait

1575. tomber en badinant. — Long procès entre Mme de Villemareuil, fille de Jacques de Louans, seigneur de Montaiguillon, et mons. de Nolongue et d'Orvillon, mari d'une petite-fille de ce gentilhomme. Jacques de Louans était un des plus riches seigneurs de la Brie, grand aumônier et bon catholique. Il possédait une poule et douze petits poulets avec la cage, le tout en or, que sa mère avait reçus d'une reine de France, dont elle avait été gouvernante. Il était très-souvent en prison; on l'accusait du crime de fausse monnaie. Il était mal vu des rois François Ier et Henri II, et jadis, dans une querelle, il avait donné un soufflet au premier de ces princes, un peu avant qu'il fût roi.

A cause des longues prisons où il avoit esté, et du mal qu'on luy avoit fait en justice, il hayssoit fort les juges, advocatz, procureurs et encores plus les sergens; de sorte que nul d'entre eux n'avoit bon temps avec luy. Sur ses derniers ans, il y eut ung huissier de la court de parlement qui attenta de l'aller adjourner ou exécuter en son chasteau de Montaguillon; mais il luy fut cher vendu, sans que ledit seigneur ni aultre le batist en son corps, ains seullement le feit picquer luy et son cheval à ses mouches à miel, en telle sorte que ledit huissier cuyda morir de l'outrage que lesdittes mouches luy feirent.

Messire Pascal, curé de Saint-Fergel-lez-Nogent-sur-Seine, est frappé de coups de bâton dans l'église du lieu par le fils aîné de M. de Patras, à cause de certains propos médisants qu'il avait tenus sur la femme de ce seigneur. Il porte plainte au procureur général, à Paris, et finit par s'accorder avec Patras et quitter sa cure. — Baptême pompeux et solennel (6 février) d'un enfant de Me François Taupin, lieutenant général du bailliage de Provins.

Le sixième jour du moys de mars, qui estoit le commencement du printemps, le temps se disposa à la gelée, qui avoit commencé dès le second jour dudit moys, et avec la gelée vindrent des neiges, qui durèrent jusques passé la my-mars, qui fut cause de retarder les besongnes des champs; car il n'estoit possible de labourer à la charrue ni aultrement. Les poiriers, pruniers et cerisiers, qui estoient aultant bien boutonnez que jamais on avoit veu, ne portèrent aulcun fruict en ceste année, car lesditz boutons furent entièrement gelez. Ils ne laissèrent de florir, après que lesdittes gelées furent passées, mais ne portèrent fruict. Les fleurs et boutons des pommiers ne furent gas-

tez de laditte gelée, parcequ'ils n'estoient si avancez, et recueillit-on 1575.
beaucoup de pommes partout. Les vignes n'eurent aulcun mal.

Le 9 mars, M° Nic. de Ville, conseiller au présidial de Provins, lieutenant
particulier au bailliage, meurt, laissant une veuve et trois enfants, avec des
dettes, que paye son père, Jean de Ville. Il avait été très-ardent huguenot; il
mourut dans la foi catholique, et fut enterré sous le portail de l'église des Cordeliers. — Le bailli et les habitants de Bray-sur-Seine obtiennent des lettres du
roi pour se distraire du bailliage et siège présidial de Provins, dont ils ressortis-
saient, et pour porter directement au parlement de Paris les causes jugées à Bray,
sans être obligés de les faire juger en appel à Provins. Le bailli et les conseillers
de Provins s'opposent à l'exécution de ces lettres. Les habitants de Provins
refusent de soutenir le procès aux frais de la ville; néanmoins, ce procès est
suivi, et se termine par une sentence rendue en faveur du bailliage de Provins.
— La vraie croix, la couronne d'épines et d'autres précieuses reliques sont
dérobées dans la Sainte-Chapelle de Paris, pendant la nuit du 9 au 10 mai[1].
Deux prêtres, qui couchaient dans l'église, sont emprisonnés, sans qu'on puisse
obtenir d'eux aucun aveu. Quelques personnes accusent la reine mère de conni-
vence avec les ravisseurs. — Une femme de Chalautre-la-Grande assassine son
mari d'un coup de couteau, le 10 mai. Elle est pendue à Chalautre, le 19 du
même mois. — Un homme des environs de Troyes tue sa femme pour en pouvoir épouser une autre, à laquelle il s'était attaché; il est pendu à Pont-sur-Seine,
le 14 mai. — Un malfaiteur de Chalautre-la-Grande est fouetté et a les lèvres
brûlées à Provins, le 20 mai. — Le même jour, un vagabond est fouetté, pour
avoir volé un chapeau. — Pierre Legras, lieutenant de courte robe, vend son
office à un nommé Parot, moyennant 1200 livres. — M° Louis Durand, président
au présidial de Provins, qui, à la mort de Nic. de Ville, avait obtenu la charge
de lieutenant particulier, vend ses deux états à M° Nicolas Marchand, âgé de vingt-
quatre ans à peine; il devint conseiller au grand conseil. — Quatre jacobins de Provins saisissent dans une maison de Sénetruie, paroisse de Chenoise, où il s'était caché, Bruneau, voleur et assassin du frère jacobin Aubin Charles ou Caroli. Ils le
conduisent dans la prison de Provins, où Jean de Vauhardy et Absalon Taupin,

[1] Voy. *Journal du règne de Henri III* (Cologne, 1666), p. 13 et vol. 252 de Colbert,
Bibl. imp. fol. 288. Dans la Vie et faits
notables de Henry de Valois (*Arch. cur. de
l'hist. de France*, t. XII, p. 437), le roi est
accusé d'avoir fait soustraire à la S°-Cha-
pelle, le 10 mai 1575, la plus grande des
deux croix faites du bois de la vraie croix
qui y avaient été apportées par saint Louis,
et de l'avoir envoyée aux Vénitiens pour
payer les dettes qu'il avait contractées envers eux lors de son passage à Venise.

1575. frère du lieutenant général, viennent le visiter. Des tentatives pour sa délivrance échouent. Il est condamné à être roué vif, et exécuté, le 18 juin, sur la place du château. Le geôlier, qui s'était laissé gagner pour faciliter son évasion, est condamné au fouet et aux galères perpétuelles. — Une malle pleine d'or et d'argent tombe du coche de Troyes dans la forêt de Sourdun, est ramassée par des gens qui veulent se partager le trésor, et à la fin rendue intacte au cocher. — Grande cherté du sel à Paris, Meaux, Melun, Provins, Sens, Troyes, Langres, et surtout à Nogent. Dans cette dernière ville, la pinte de sel se vendit jusqu'à 6 s. tourn. — Le roi envoie des troupes devant la Rochelle afin de regagner les salines dont les protestants étaient maîtres; pour payer cette armée, une taxe est mise sur les villes par forme d'emprunt, au mois de juillet. — En attendant la reprise des salines, le roi décrète la liberté du commerce du sel en gros et en détail. — Jean Leblanc, lieutenant du prévôt des maréchaux, à Provins, qui avait été huguenot, vend son office à Thibault Trumeau, dit *le Sauvage*, comme lui hérétique converti. — Renée de France, fille de Louis XII, duchesse de Ferrare, dame de Montargis, meurt dans son château de Montargis [1]. Elle avait adopté les doctrines de Calvin, et protégeait les protestants; cependant c'était une femme sage, charitable, douce et amiable à tout le monde. Elle excita un grand tumulte à Montargis, vers l'an 1561, en s'emparant du cimetière de cette ville, et en le faisant enclore dans l'enceinte de son château.

Nous avons dict ci-dessus comment le printemps en son commencement avoit esté froict et fascheux par neiges et gelées, qui furent cause de retarder les besongnes des champs. Les neiges fondues et les gelées passées, le temps s'adonna à pluyes froides et morfondantes, qui sembloient estre domageables aux biens de la terre. Toutesfois, les pluyes cessèrent environ la my-apvril, et depuis s'adonna le temps à une sécheresse grande, qui dura jusques au 1er jour de julliet, auquel, environ les dix heures de nuict, feit ung gros tonnerre et esclair, qui esbranla le temps à la pluye, et fit une grosse nuée d'eau sans gresle qui trempa les terres, qui estoient bien sèches; car tout l'esté de ceste ditte année fut fort sec et de bonne chaleur. De ladite nuée d'eau pleut si fort et grossement sur et aux environs de la ville de Paris, qu'en la vallée d'icelle et quasi par toute la cité l'eau entra ès maisons la haulteur de trois pieds, depuis que les caves en furent

[1] Le 12 juin 1575.

toutes pleines. L'eau, qui descendoit par les rues de l'Université en la rivière de Seine fut si grande et coulloit si rudement, que les personnes qu'elle rencontra eurent fort à faire à se saulver; ce que aulcuns ne purent faire, mais avec laditte eau dévalèrent en la Seine et furent nayez. Tout le reste de l'esté fut fort sec. Il fit encores une nuée d'eau à la Madelène, qui dura environ une demye nuict, le temps, dès au lendemain, retournant au beau; et fut l'année fort bonne de grain et de vins, qui toutesfois furent de valleur, principallement le grain, qui vallut toute l'année la somme de 5o liv. t. le muid et plus, mesure de Provins. La queue de vin, après la vendange, ne valut que 8 liv. t. le creu dudit Provins et des environs.

A cause de la grande seicheresse qu'il faisoit, les raisins des vignes, par tous les moys de julliet et d'aoust, estoient si maigres que les grains n'estoient plus gros que les plus petis poix que l'en pourroit trouver, et sembloit à ung chascun qu'on ne recueilleroit que comme poinct de vin; car il n'y avoit aux vignes des raisins que passablement, et demeurèrent ainsi petits et maigres jusques à ce qu'ilz fussent à demy noirs et meslez. Environ quinze jours avant de vendanger, il feit par chascune matinée des brousliars assez gros et espès, qui engressèrent lesdis raisins en telle sorte qu'estans au temps des vendanges les grains se trouvèrent gros comme petites blosses, qui rendirent du vin si habondamment que tel qui n'avoit faict relier que une queue de vaisseaux, fallut qu'il en fist relier encores aultant; et recueillit-on du vin la moitié plus qu'on ne pensoit, et si à pressourer ne se trouvoit quasi poinct de marc; et meurirent lesditz raisins sans aulcune pluye, et pour ce furent fort bons et frians.

L'automne fut aussi sec que l'esté et encores plus; car les pluyes ne vindrent que après la St-Martin d'hiver plus de huit jours; mais fut bien froict et hasleux, qui empeschea les semences de lever, toutesfois se gardèrent en terre comme au grenier. Les seigles ne se gastèrent ni tournèrent en la terre, et attendirent à lever que les pluyes fussent venues. C'estoit pitié de les veoir par les champs jusques passé la Toussains, et n'en voioit-on que çà et là ung grain de levé. La terre

1575. n'avoit aulcune humeur en soy et eust bien fallu foullier ung pied et
demy avant d'en trouver. Les bledz fromens furent faictz et semez
sans pluyes, et les terres en meschant garet, toutes pleines de grosses
mottes que les laboureurs avoient volunté d'aller rompre et casser,
si les gens de guerre qui vindrent en ce pays, ainsi qu'avons dict, ne
les eussent empeschez. Dès la my-septembre passée, vindrent des gelées blanches qui ne domagèrent les raisins. Au moys d'octobre, le
neuvième, dixième, onzième et douzième jours, il fit parmy le hasle
de grosses gelées noires et à glace, qui geloient l'eau ès pays maré-
cageux l'espesseur du dos d'ung gros cousteau par chascune nuit, et
duroit ceste glace sur l'eau jusque passé huit heures du matin avant
que de fondre. La boue et fange, par chascune matinée esdis lieux ma-
récageux, soustenoit et portoit ung homme sans se crotter ou enfon-
drer, où enmy le jour, après que le soleil l'avoit amollie, ung homme
y eust enfondré jusques aux chevilles des piedz; et fault croire que,
si la terre eust esté moulliée en ceste saison, qu'elle eust gelé plus
de demy-pied avant et eussent esté les grains semez en terre en danger d'estre tous perdus. Parmy lesdittes gelées, faisoit ung vent froict
et sec au possible, qui duroit nuict et jour, et entretenoit le hasle
grossement. Desdittes gelées tombèrent les feuilles des vignes tout
entièrement et n'y voyoit-on pas une seulle feuille à my-octobre. Le
bois desdittes vignes en fut gasté et tout recuit, et si estoit aussi beau,
gros et bien meur qu'on eust seu souhaiter, qui donnoit une grande
espérance pour l'an d'après. Il y eut plusieurs yeux dudit bois gastez
de laditte gelée.

Le grain enchérissoit à cause de laditte seicheresse, et pour la
doutance qu'on avoit des semences qui ne levoient pas, et avoit fort
grande frayeur le pauvre menu peuple de retourner en brief en aussi
grande cherté que les années précédentes. Or advint-il que, les 17 et
18es jours dudit moys d'octobre, la gelée redoubla plus fort que les
jours précédens; et geloit nuit et jour, le temps estant noir, obscur et
fort froict. Le temps s'adoulcit la nuit du 18e jour ung peu, par quoy
se print à neiger assez compétamment, et y avoit de la neige sur la

terre le 19ᵉ jour, qui estoit la feste de MM. Sᵗ-Savinien et Potentian,
l'espesseur de deux doigts, qui fut plus de demye journée sans fondre;
et donna ceste neige fondue quelque peu d'humeur à la terre, de
quoy les semences se trouvèrent bien, et si ne laissa le temps dès au
lendemain de retourner à la seicheresse. Les rivières partout estoient
si basses, qu'on les passa à gué jusques à la Sᵗ-André. Tous les soirs
et matins, le temps estoit aussi rouge et enflambé que merveilles, qui
faisoit esbayr mesmes les anciens et vielles gens, et dura ce jusques
au temps que Dieu envoya la pluye. Depuis la my novembre, que les
pluies commencèrent à arouser la terre, les semences profitèrent de
bien en mieux, et fut l'hiver fort doux, gracieux et amyable pour le
reste de ceste année.

En ceste présente année, le roy mist sus et en avant plusieurs édictz
de gabelles et d'offices nouveaux, de quoy on n'avoit poinct encores
ouy parler, le tout à la confusion et domage du pauvre peuple de son
royaume, qui fut cause de le faire hayr davantage et de le maudire
exécrablement, par ceux qui y avoient intérest. Premièrement, il feit
ung édict de sceller toutes pièces de tiretaine que les tixerans font
pour vendre aux pauvres gens, et pour ce leur fut fait deffense de ne
plus exposer en vente, en gros ni en détail, leurs tiretaines, que premièrement ne fussent scellées de son sceau de plomb, et demandoit
pour chascune desdites pièces la somme de 5 s. t. Pour entrer en
jouissance de cette gabelle, arriva à Provins ung gardien de la Ferté
Aucoul (ou sous-Jouarre), soy disant avoir du roy le povoir de faire
observer son édict; et se présenta en jugement aux gens du roy avec
ses lettres pour exercer l'estat ou pour le bailler à ferme, et en attendant qu'il trouveroit qui la print à ferme, feit adjourner tous les tixerans de Provins pour ouyr la lecture de l'édict du roy faict sur ce et
le commandement qui leur seroit faict d'apporter en son logis toutes
les pièces de tiretaines qui estoient en leurs maisons pour les sceller
et avoir 5 s. t. de chascune desdittes pièces. A ceste assignation
comparurent les maistres jurez desdiz tixerans, qui s'opposèrent à
tel édict et ne volurent obéyr; parquoy fallut que monsieur le gabe-

1575. leur s'en retournast sans rien emporter que des papiers d'actes de justice. Il obtint lettres du roy quelques jours après plus amples que son premier édict, en vertu desquelles prétendoit d'assubjectir lesditz tixerans, lesquelz ne volurent obéyr, non plus que la première fois, et se soustindrent en procès pardevant monsieur le bally et le siége présidial de Provins quelques jours. Ce que voyant, le gabeleur trouva moyen de faire évocquer la cause au grand ou privé conseil du roy, où les parties furent renvoyées. Les tixerans ne perdirent courage pour ce, mais allèrent à leur assignation audit conseil, qui se tient tousjours auprès du roy, et tant ont procédé contre leur gabeleur, qu'à la fin le procès est demeuré indécis et pendu à la perche.

Autre édit du roi, qui ordonne de sceller de deux sceaux les draps de laine, et de payer pour le droit 5 sous; auparavant, ces draps ne portaient qu'un sceau, et le droit était de 15 deniers seulement. — Le roi érige dans chaque paroisse un office de greffier des tailles, en assignant aux nouveaux greffiers un droit de 6 deniers pour livre, et en ordonnant que, dans les paroisses où personne ne se présenterait pour acheter l'office, les habitants aient à en payer la finance. — Érection de nouveaux sergents priseurs, pour priser les biens des mineurs dans les inventaires[1]. — Le nombre des notaires est augmenté[2]. — Un office d'élu est créé dans chaque élection en sus des trois qui existaient. — Louis de Vauhardy vend son office de contrôleur des tailles; il était capitaine du quartier de Changis, et avait été roi de l'arquebuse de 1573 à 1574; Jean Ledain, hôtelier de l'Écu de France, qui le remplaça dans la royauté, mourut pendant le cours de l'année 1574; Vauhardy lui-même mourut au mois de juillet. — Les joueurs de paume de la Ferté-Milon mandent ceux de Villers-Cotteretz, de Meaux, de la Ferté-sous-Jouarre et de Provins pour lutter contre eux. Plusieurs joueurs de Provins vont au rendez-vous, et jouent, en revenant, à la Ferté-Gaucher et à Sézanne. — Michel Alexandre, commissaire à la recherche des usuriers, emprisonné à Provins, à cause de ses malversations, passe près de trois ans en prison à Provins et à Meaux; et cesse d'exercer sa charge. — La veuve d'un boulanger de Provins, ayant négligé d'aller nue en pèlerinage à Notre-Dame de Voulton, comme elle

[1] Édit de création de quatre arpenteurs et priseurs jurés en chaque juridiction du royaume. 1575, juin. (Fontanon, t. IV, p. 840.)

[2] Édit de création d'offices de notaires, garde-notes en chaque bailliage, sénéchaussée ou siége royal. 1575, mai. (Ib. t. I, p. 714.)

s'y était engagée envers son mari, fait promettre à une jeune fille, qui la gardait dans sa dernière maladie, de la remplacer. Après la mort, l'âme de la veuve revient, et contraint la jeune fille à accomplir sa promesse. — M⁰ Nicolas Nynost, avocat de Provins, qui sollicitait à Paris pour un procès contre le présidial, joue un tour *villonicque* à une maîtresse d'hôtel, et loge chez elle sans payer. — Au mois de septembre, Charles l'Argentier, de Bray, frère du bailli de ce lieu, est trouvé mort sur les chemins, entre Sens et Bray; il était protestant et avait commis de grands excès. — Une femme de Sens, hermaphrodite, engendre un enfant à sa chambrière.

Nous avons naguères escript de la grande seicheresse de l'esté, de l'autonne et de toute l'année présente; mais n'avons dict le signe qui s'apparut en l'air le jour de la feste de mons. Sᵗ.-Michel au soir, qui dura quasi par toute la nuict. Et fut ce signe tel que, du costé de septentrion qu'on appelle aquilon, qu'aultres appellent le costé du vent de bise, assez près et joignant l'orient du soleil des plus grans jours de toute l'année, comme il me sembla, furent veues au ciel une grandissime quantité ou nombre innumérable de lances flamboyantes et jettant grande clarté sur la terre, ayant leurs poinctes et boutz ferrez devers le midi; et tenoient bien la largeur de quelque vingt lieues et plus, selon le jugement humain. Or fut la clarté dudit signe si grande, que nulles ténèbres furent ceste nuict sur la terre, combien que la lune, qui estoit en son dernier quartier, ne levast qu'il ne fust entre deux et trois heures après minuict; et cognoissoit-on facillement ung douzain effacé contre ung karolus, ung liart contre ung double effacé, et eust-on peu jouer aux cartes, dez ou aultre jeu toute la nuict aux champs et hors des maisons sans chandelle. Car en cest endroict où estoit ce signe, le ciel s'ouvroit continuellement et sans cesser çà et là, comme faict ung esclair quand il tonne ou qu'il esclaire de chaleur. Plusieurs personnes avoient ceste oppinion que telle clarté provenoit du feu qui brusloit quelque ville ou gros village ès environs de la rivière de Marne, et tardoit à ung chascun qu'il fust jour pour ouyr au lendemain novelles dudit feu. Aulcuns, qui avoient le jugement plus sain, jugeoient bien que c'estoit clarté céleste, à cause de la grande seicheresse qu'il faisoit; ce nonobstant, disoient y

1575. avoir en ceste clarté chose par dessus nature, qui povoit pronostic-
quer quelques cas à advenir à la terre. Par chascun jour quasi de tout
l'esté de ceste année jusques à ce jour et depuis cedit jour jusques
près la Toussainctz, l'aurore qu'on appelle l'aube du jour, qui pré-
cède le soleil levant, et la fin du jour qu'on veoit après le soleil couchant, estoient merveilleusement rouges et emflambés, qui dénotoit
la grande seicheresse qu'il faisoit. Oultre ce signe de lances veues au
ciel, qui jettoient la clarté et en la manière de feu, comme font harquebuses ou fusées faictes de pouldre à canon, y avoit au plus hault
lieu du temps, en l'endroit que monte le soleil aux plus grands jours
d'esté, ung aultre signe, en manière de flambeau de feu en la forme
d'ung gros serpent de diverses couleurs, toutes approchantes celle de
feu de souffre, de feu de pierre noire, qu'on appelle de la houille, de
feu naturel, ayant à l'ung des boutz une grosse teste et à l'aultre une
queue, ayant le corps courbé en la façon d'ung chien couché qui a le
nez ou naseau entre ses jambes de derrière, qui demeura plus de
trois heures en une place sans se hober, non plus que firent les lances
de feu (qui toutesfois furent veues plus longtemps), et sans se diminuer; mais à la fin, au lever de la lune, commança ledit serpent à se
réduire en nuage, et à la fin devint en rien.

Aulcuns ont dit et récité qu'ils virent au ciel parmi les lances susdittes des hommes qui combattoient les ungs les aultres avec fureur,
et affermoient qu'il estoit vray; ce que je ne puis nier ni confesser,
d'aultant que je n'en vis rien, et si passai la nuit tout entière aux
champs, sans entrer en maison jusques au lendemain six heures du
matin, pour contempler lesdis signes, et ne m'aparut au ciel aultre
chose que ce que j'ay récité ci-dessus, en toute la nuict, en laquelle
je ne dormis aulcunement, mais applicquai ma veue à regarder çà et
là, en philosophant, que povoit signifier et d'où provenoit ce signe. Et
après longue dispute cérébrine, résolus tout seul que ceste clarté extraordinaire estoient les vapeurs de la terre, lesquelles avoient esté
enlevées en hault, ayant trouvé la moyenne région de l'air, qui est au
ciel infime, qui provient par le troisiesme interstice de l'air auquel

est la chaleur, à cause de la répercution des rayons du soleil à la terre, 1575. qui est la région chaulde; lesquelles vapeurs là montées s'allument et bruslent, comme faict le feu élémentaire en une poupée de chanvre, en laquelle il court jusques à ce qu'il soit au bout d'icelle, et semble au simple peuple que ce soient estoilles du ciel qui glissent ou qui tombent à terre. Or estoient les vapeurs de la terre en si grande quantité en l'air que, estans allumées les unes après les aultres, purent causer le signe que dessus; j'eus davantage oppinion que ceste vision extraordinaire povoit provenir de la grande seicheresse et hasle qu'il avoit jà faict et qui se debvoit continuer encores quelque temps, ce qui advint, car lesdittes seicheresses et hasle ne cessèrent qu'on ne fust passé la moytié du moys de novembre. Aultres ont voulu dire que ce signe présageoit la deffaicte des reistres au Bac-à-Pinson, qui advint quinze jours après ou environ. Ceux de la ville de Paris eurent plus grande peur de cette vision que les aultres pays, pour les menaces que les rebelles huguenotz leur faisoient, et qui plus leur donnoit argument de s'espoventer estoit le signe du serpent susdict qu'ilz virent longtemps s'arrester sur le logis du Louvre, où estoit le roy.

Nic. Moreau le jeune tue involontairement sa femme, le 12 octobre, à Provins. — La ville de Paris envoie-chercher à Troyes de la poudre à canon et des boulets, pour se défendre contre les huguenots et rebelles. Le convoi, composé de dix-huit charrettes et de trois harnais d'artillerie, passe par Provins le 15 octobre. — Nicolas Privé, enquêteur au présidial de Provins, étant à Villenauxe, tue, à la suite d'une querelle, un greffier de cette ville. — Incendie de la maison de François Fayolle, à Ablenay, paroisse de Méel-sur-Seine. Le propriétaire, soupçonnant un homme du village, nommé Claude Haton, d'avoir mis le feu, cherche en vain à obtenir des dépositions contre lui.

1576.

VAINS EFFORTS DES GÉNÉRAUX DE HENRI III POUR ARRÊTER LES REÎTRES. — DÉPEN-
DANCE DU DUC D'ALENÇON À L'ÉGARD DES GENS DE SON PARTI. — TENTATIVE D'EMPOI-
SONNEMENT FAITE SUR LUI ET SUR LES SEIGNEURS DE THORÉ ET DE MÉRU. — MARCHE
DE L'ARMÉE DU PRINCE DE CONDÉ. — RAVAGE DE LA CHAMPAGNE ET DE LA BRIE. —
EXIGENCES FINANCIÈRES DE HENRI III. — FUITE DU ROI DE NAVARRE. — PASSAGE ET DÉ-
GÂTS DES TROUPES ROYALES AUX ENVIRONS DE PROVINS. — CONCLUSION DE LA PAIX. —
DISPERSION DES GENS DE GUERRE, QUI RANÇONNENT LES PAYSANS ET PILLENT LES
BESTIAUX. — CAMP ÉTABLI À NOYEN POUR S'OPPOSER AU PASSAGE DE LA SEINE PAR
LES REÎTRES. — PRISE DE MARIGNY, PRÈS TROYES, PAR LES REÎTRES. — TAXE SUR
L'ÉLECTION DE PROVINS. — ÉDIT DE PACIFICATION. — RETRAITE DES PAYSANS, PAR
CRAINTE DES REÎTRES, DANS LES VILLES FERMÉES. — DÉPART DES ÉTRANGERS. —
EXEMPTION DE PRÊCHE ET DE PRÉDICANTS ACCORDÉE À LA VILLE DE PROVINS. — MI-
RACLE. — DISPERSION DES PROTESTANTS DE ROUEN PAR L'ARCHEVÊQUE. — CONVOCA-
TION DES ÉTATS GÉNÉRAUX À BLOIS. — ASSEMBLÉE DES TROIS ÉTATS DU BAILLIAGE DE
PROVINS; ÉLECTION DES DÉPUTÉS; RÉDACTION DES CAHIERS. — SÉDITION À PARIS DES
CATHOLIQUES CONTRE LES PROTESTANTS. — ÉTATS DE BLOIS. — TAUX DES MONNAIES.
— ANECDOTES. — FAITS DIVERS.

L'an mil cinq cent soixante et seize, le 1er janvier, le marquis du Maine ou
de Mayenne, dont le marquisat avait été érigé en duché, et qui venait d'être
chargé de la conduite de l'armée royale à la place du duc de Guise, son frère,
dirige ses troupes sur la Lorraine, pour faire tête aux reîtres, qui s'avançaient
au nombre de dix-huit à vingt mille hommes. Henri III envoie à leur rencontre
M. de Biron, pour les détourner d'entrer en France, en leur faisant connaître
la trêve conclue entre le roi et le duc d'Alençon. Le prince de Condé répond que,
si le duc d'Alençon est d'accord avec le roi, lui, Condé, ne l'est pas. M. de
Biron ayant échoué, M. de la Noue est envoyé pour renouer les négociations,
sans réussir davantage.

M. de Bouy, qui était allé au camp des reîtres, revient en annonçant leur
prochaine arrivée dans la Brie. Il fait fortifier son château et creuser les fossés
par les habitants. — Un prêtre de Bouy, nommé Edme Robinot, lui donne tout
son bien pour en priver ses parents. — M. de Bouy s'efforce en vain de toucher
aux biens et au revenu du prieuré de Chalautre-la-Petite.

Le prince de Condé refuse de faire retirer les reîtres; plusieurs seigneurs de 1576.
la Brie, Besancourt, Talan, Brunfay et Rochepot l'abandonnent. — Le duc
d'Alençon est tenu par les rebelles de son parti dans une grande sujétion, à
laquelle il tente vainement d'échapper. Ils le forcent à leur communiquer toutes
les dépêches, et ne laissent sa mère s'entretenir avec lui qu'en leur présence et à
haute voix. Une fois qu'elle lui parlait bas : « Madame, lui dirent-ils, parlez hault,
que chascun vous entende; il ne fault poinct icy s'acouter (se parler à l'oreille). »

Laditte dame royne poursuivoit fort la paix, et pour ce faire alloit
de l'ung à l'aultre, tantost au roy, tantost audit seigneur, et estoit le
bruict tout commung par la France qu'elle seulle portoit le feu et
l'eau, la paix et la guerre, quand elle vouloit. Durant les menées
qu'elle faisoit, tousjours se parloit de trêve entre ledit sieur duc et
le roy, en attendant la conclusion de la paix; et n'y avoit que les reistres que conduisoit le prince de Condé qui cheminassent. Quant aux
trouppes qui estoient avec mondit seigneur et au camp du roy que
commandoit mons. de Monpencier, qui estoient assez prez les ungs
des aultres, ne faisoient courses ni entreprinses, en attendant la conclusion de la paix, qui tousjours se poursuyvoit.

Pour laquelle paix avoir de Dieu, toutes les villes de ce pays se
mettoient en debvoir de la demander par dévostes prières, par péré-
grinations et processions tant génералles que particulières. Aux processions et prières publicques qu'on faisoit en la ville de Paris y
assistoient le roy et la royne sa femme, en grande dévotion, ce sembloit, et furent lesdittes processions continuées par chascun jour jusques à la publication de la paix.

Le peuple de France eust sceu meilleur gré au roy, s'il fust allé à
la guerre en propre personne, qu'il ne faisoit de le veoir aller et d'ouyr
dire qu'il alloit à la procession; car sa présence en ladite guerre
eust servy de mille hommes; mais n'en vouloit ouyr parler, et avoit
bien changé de condition depuis qu'il fut roy. Du vivant du feu roy
son frère, il avoit tousjours le harnois sur le dos et les armes au
poing, pour deffendre la vraye religion catholicque et romaine, la
coronne et le royaume contre tous rebelles huguenotz et aultres qui

1576. les suyvoient; mais depuis qu'il fut roy de France, n'en volut plus manger. Il n'en estoit pas trop à blasmer, par les grands troubles qui estoient au royaume; car luy et son conseil doubtoient que, s'il alloit en personne à laditté guerre, il n'en fust possible revenu qu'il n'eust esté mort ou prisonnier, veu la grande inimitié que luy portoient lesdis rebelles. Pour le tourment que le peuple des villages enduroit par la guerre, estoit S. M. souhaitée morte ou en Poullongne, et n'en challoit-on, ne comment il ne laissoit de prendre ses plaisirs mondains, nonobstant si grands troubles. Et furent aulcuns du royaume si téméraires de faire comparaison de luy à ung Hélagabale. Hélagabale jadis fut ung homme remply de toute paillardise et meschanceté, qui n'avoit aulcune honte ni compassion du mal de la république. Il fut blasmé de laisser le maniement de la paix à sa mère, veu qu'il eust esté bon mestier que de plus sages hommes s'en fussent meslez.

Il survint ung grand bruict, environ le 8ᵉ jour dudit mois de janvier, de la mort dudit sieur duc et des mareschaux de Thoré et Méru, ses gouverneurs en la rébellion, et disoit-on qu'ilz tous trois avoient esté empoisonnez [1]. Il ne fut pas vray qu'ils fussent mortz, mais fut tenu pour certain qu'ilz furent empoisonnez; d'après ung petit livret intitulé, *La vie de Katherine de Médicis, royne en France,* ilz le furent par son moyen et commandement, mais furent garentis par le remède d'un contrepoison qu'ilz prindrent sur le champ. Quelques Italiens eurent la renommée d'avoir faict la composition du perfum qui les empoisonna, et pour ce disoit-on que ledit sieur duc haïssoit ceste nation plus que jamais, et par les articles qu'il mettoit en avant pour faire la paix, demandoit le bannissement desdis Italiens en général du royaume de France [2].

Depuis le 20ᵉ jour dudit moys de janvier jusques au 25, il feit de grans vens, principallement de nuict, parmy lesquelz, à certaines

[1] Cette tentative d'empoisonnement aurait eu lieu le 26 décembre 1575. (Voy. le Journal des choses mémorables adve-

nues durant le règne de Henry III (Cologne, 1666), p. 15.)

[2] Voyez le même ouvrage, p. 16.

heures, venoient de grosses nuées d'eau qu'il sembloit qu'on la jettast du ciel à seillée sur la terre; lesquelles finies, faisoit par après
ung beau temps clair et serain, avec ung esclair fort soudain, en la
manière qu'il faict quelquesfois au temps d'esté et de chaleur. Par
quelque jour de laditte sepmaine, selon le rapport de plusieurs, fut
veue en l'air l'effigie de trois hommes, qui se combattoient avec
espées flamboyantes. Je n'ai veu ledit signe; mais ayant ouy tant de
personnes dire qu'elles l'avoient veu, l'ai mis par escript. Les vens
susditz enlevèrent le clocher et les cloches de l'église de Flaix et les
jettèrent aux champs.

Nouveaux et inutiles efforts de Catherine de Médicis auprès du duc d'Alençon
en faveur de la paix. — Premières escarmouches entre les troupes du duc et le
corps d'armée du duc de Montpensier.

Mons. le prince de Condé et ses reistres, que nous avons laissé en
Lorraine, prindrent leur chemin par les environs de Langres, vindrent passer la Seine à gué au dessus de Chastillon, et tirèrent par
au dessus d'Auxerre, pour aller gangner le passage de la Loyre à la
Charité, ville qui tenoit pour les rebelles, et de là joindre le duc
d'Alençon au pays de Berry, non loin de la ville de Bourges, où estoit ledit seigneur. Mons. le duc du Maine, qui, avec son camp, estoit allé au devant d'iceux reistres, ne les osa ou volut attacquer pour
les empescher d'entrer en France et de joindre le camp des rebelles,
pour ce qu'il n'estoit assez fort, et qu'il estoit empesché par le mandement de la royne; mais les costoya depuis Langres jusques auprès de
la Charité, estans tousjours à quatre lieues loing l'ung de l'aultre. Par
ainsi estoit ce pays de France mangé de toutes partz; et avoit le camp
dudit sieur duc du Maine la renommée de faire plus de domage, de
ravissemens, rançonnemens et tous aultres maux que celuy desditz
reistres, mettant le feu en aulcuns lieux.

La Champagne et la Brie sont remplies de voleurs qui, se disant gens de
guerre, vont par troupes au son du tambour de village en village, rançonnent
les habitants et dévalisent les passants sur les chemins. Le prévôt des maréchaux

1576. de Troyes, étant dans une hôtellerie de Sézanne, y rencontre le capitaine d'une de ces compagnies, logée aux faubourgs de la ville; il l'arrête et le fait pendre (21 janvier); une partie de la bande parvient à s'échapper, le reste est pris et exécuté à Troyes.

Le roy, voyant que les reistres et le prince de Condé arrivoient à mons. le duc son frère, print argument que laditte venue luy seroit une juste occasion pour demander au peuple de France, paisible et obéissant, de l'argent tant qu'il voudroit, soubz couleur de lever des hommes pour faire la guerre. Aux Parisiens, leur demanda la somme de deux cens mille livres, pour payer trois mille Suisses, tant pour sa garde que pour la guerre (12 décembre 1575). A la ville de Provins et à l'élection demanda la somme de trois mille cinq cens livres, qu'il obtint; et disoit par sa commission que c'estoit pour refaire le pont de Charenton, que les huguenotz avoient rompu dès l'an 1567, affin de fortiffier ce lieu pour la sûreté de la ville de Paris; auquel pont de Charenton ne fut faicte aulcune réparation pour ceste année. Messieurs de la ville de Paris, sur la demande à eulx faicte par le roy, se trouvèrent surchargez, et ne volurent payer icelle somme, que premièrement n'eussent faict une remontrance à S. M. de son meschant mesnage et des surcharges et grandes daces qu'il faisoit journellement sur eux et sur le royaume de France.

Texte des remontrances de la ville de Paris [1].

Pour le présent, le roy ne se vouloit payer en remonstrances, parce qu'il avoit à faire d'argent pour subvenir aux fraiz de la guerre, ce disoit-il; et toutesfois se plaignoient les gens de guerre qui alloient pour luy, qu'il ne leur bailloit ung seul denier, et pour ce ne se fault esbayr s'ilz gens de guerre estoient volleurs, larrons et rançonneurs de villages et de pauvres gens.

Le roi de Navarre, qui était toujours demeuré à la cour depuis le massacre

[1] *Remontrances très humbles de la ville de Paris et des bourgeois d'icelle au roy Henri III, l'an 1575, décembre* (Bibl. imp. collect. Fontanieu, 1575-1576), et La Popelinière, *Histoire de France*, t. II, fol. 293.

de la Saint-Barthélemy, se décide à prendre la fuite. Le 5 février, il s'échappe 1576. de Senlis, où il était allé à la chasse, et gagne Alençon[1].

La gendarmerie reprint les champs, et s'eccartèrent les gens du camp de mons. le duc du Maine jusques ès environs de Sens, et fut grand bruict qu'il y vouloit faire séjour pour longtemps et là attendre l'ennemy. On fit approcher dudit Sens et de Paris toutes les compagnies de pied et de cheval qui n'estoient encore receues au camp. Le 17e jour du moys de febvrier, arriva ès parroisses de Leschelles et de Sainct-Bris la compagnie du frère de la royne, femme du roy, et filz de mons. de Vaudémont, qu'on appelloit mons. de [Mercœur], qui estoit d'environ deux cens chevaux bien enharnachez, et environ aultant de chevaux de bagage. Au lendemain, 18e jour dudit moys, passèrent par dedans la ville et les environs, c'est-à-dire le molin des Forges, Flégny et Roully, pour s'aller loger ès parroisses de Vullaines, de Cucharmoy et de la Chapelle-St-Sulpice, où ne couchèrent que une nuict; et au lendemain 19e jour, au lieu d'aller à Paris ou au camp, reprindrent leur chemin pour aller loger à Goix, ce qu'ilz ne firent, pour ce qu'ilz de Goix, qui en toute diligence faisoient la clostûre de leur muraille, ne volurent souffrir que leurs fourriers fissent les éticqués et bulletins pour eux loger, ains les chassèrent avec menaces. Parquoy, pour ce jour, allèrent loger en la parroisse de Meel-sur-Seine, à deux lieues loing dudit Goix, où ilz couchèrent deux nuictz et où ilz firent grand desroy. Ilz tuèrent bœufz et vaches, principallement ès maisons où ilz ne trouvèrent personne pour les traiter. Les bonnes gens des villages estoient si rebattuz d'avoir des gens d'armes par chacun jour, que, quand ilz oyoient parler ou qu'ilz appercevoient qu'il en venoit, habandonnoient leurs maisons et bestial de vaches, ains leur estoit assez de se saulver et leurs bestes chevalines; et en deffault qu'ilz gens de guerre ne trouvèrent en plusieurs maisons personnes pour les traiter, ni autre bestial que des vaches, en tuèrent par la parroisse quelque cinq ou six pièces, ce qu'encores n'avoient

---

[1] Voyez le récit de la fuite du roi de Navarre dans d'Aubigné, *Histoire universelle*, t. II, liv. II, p. 183 et suiv.

1576. fait les aultres. Fault noter que plusieurs vivendiers suyvoient ceste compagnie susditte, qui menoient pain, vin, chair après eux pour leur vendre ou aux hostes où ilz estoient logez; et où ilz gens de guerre ne trouvoient les personnes ès maisons, et si en icelles y avoit encores quelques meubles ou bestial, le prenoient et le bailloient ausdis vivendiers en payement. Ilz domagèrent grandement les maisons vuydes, en rompant et bruslant les huys, fenestres, chevrons, couverture et aultres cloisons, cuves, baignoires, vaisseaux, et si enmenèrent plusieurs jumens, mesmement des maisons où ilz avoient esté bien traitez par les hostes et gens d'icelles, qui furent perdues.

Après y avoir esté deux jours et deux nuictz, deslogèrent assez matin, et avec petit bruict s'en allèrent recognoistre la ville de Goix, le 22ᵉ jour dudit moys, la surprindrent à despourveu et y entrèrent, combien qu'à la porte par où ilz entrèrent y avoit deux hommes qui la gardoient et avoient levé les busches de leur pont; l'ung desquelz, avant que s'en fuyr, tira ung coup de harquebuse sans blesser personne. Lequel donné, entrèrent gens d'armes à la foulle, pour remettre les busches du pont pour passer leurs chevaux, qui eurent plus tost faict que les gardes d'icelle n'eûrent dict les novelles aux habitans; et gens d'armes de courir par les rues, pour prendre et arrester toutes personnes qu'ilz trouvèrent, à grands coups de baston. La trouppe s'alla arrester devant l'église dudit lieu, dans laquelle estoient les prebstres et plusieurs aultres personnes, qui faisoient ung service pour ung trespassé, qui eurent aultant peur que s'ilz eussent esté prins des huguenotz. Ilz eschappèrent de laditte église le plus subitement qu'ilz purent, et tant firent qu'ilz ne furent arrestez d'iceux gens d'armes. Lesquelz gens d'armes, estans entrez en laditte église, pillèrent les meubles de plusieurs habitans, qu'ilz trouvèrent en des coffres qu'ilz habitans avoient là resserrez pour y estre en plus grande seureté qu'en leurs maisons, qui furent perdus pour eux. Ilz gens d'armes, avant qu'en desloger, rendirent la croix et calice d'argent avec les aultres meubles servans à l'église, et ne retindrent que les meubles profanes qui appartenoient aux bonnes gens. Ilz furent audit lieu six

jours et demy avant qu'en partir, à se faire traiter épicuriennement. 1576.
Ilz firent de grands oultrages aux hommes et de grandes violences aux
femmes et filles; toutesfois personne n'en morut promptement. Ilz
tindrent plusieurs hommes liez fort estroictement, qui longtemps après
s'en sont fort mal trouvez. Les gentilshommes de Gratteloup et de
Lours s'emploièrent fort pour les faire desloger, estans priez de ce
faire par les habitans dudit Goix qui estoient fugitifz de leurs maisons.

En même temps la compagnie de M. de la Chapelle-des-Ursins était à Savins.
Le seigneur de ce lieu, insulté par les fourriers, qu'il engageait à ne point loger
leur troupe dans le village, tira l'épée; alors ils se jetèrent sur lui, le foulèrent
aux pieds, et « sans les villageois qui se mirent en sa défense, lui eussent fait sortir les tripes du ventre. » Enfin ils l'abandonnèrent et allèrent chercher la compagnie pour loger dans le village et s'emparer du château. Le seigneur, avec une
vingtaine de soldats, tint bon pendant trois jours, sans que ses hommes eussent
été atteints par les arquebuses des assaillants et sans avoir tiré sur eux. Les
assiégés s'abstenaient de tirer, d'abord parce qu'ils n'avaient pas de poudre et
de balles pour vingt coups de bonne charge, ensuite parce qu'ils craignaient que
les assiégeants ne se vengeassent en maltraitant les paysans et en mettant le feu
au village et au château. Le sieur de Savins sollicita l'intervention des seigneurs
de Lourps, de Tachy et de la Barge, qui déterminèrent la troupe à se retirer;
elle alla loger à Jotigny, appartenant au seigneur de Savins, et y resta trois jours.

Après les compagnies susdittes, arriva en ce pays le régiment de
mons. de Brissac, qui venoit, au pays de Laonois, près mons. St-
Marcoul, au-delà de Reims, de rompre et deffaire une compagnie de
gens de guerre qui s'amassoient là pour le service des rebelles, et
estoient jà bien le nombre de neuf à dix cens, tenant les champs, et
s'augmentoient de jour en jour. Les rebelles, ayant été surprins au
passage de la rivière d'Aisne, au village de Pontavers, en fut bien tué
par lesdis de Brissac le nombre de quatre à cinq cens, et le reste
mis en voye de routte, et tous desvalisez. L'exploict faict, les vainqueurs rappassèrent la rivière de Marne au Bac-à-Pinsson, et de là
gangnèrent la rivière de Seine à Nogent, où ilz passèrent environ le
10e ou 12e jour de mars, ayans deslogé des parroisses de Goix, Er-

1576.   mez, Meel et Mériot. De la rivière de Seine, à petites journées, s'allèrent rendre au camp de mons. le marquis du Maine, qui estoit en la
vallée d'Aillant entre Sens et Auxerre, et qui vouloit faire séjourner et
rafreschir ledit camp en la ville et les environs de Sens; ce qu'il ne fit,
par la prière des gouverneurs et cytoyens dudit Sens, qui luy firent
présent de quatre grands et gros carreaux brochetz, du pris de 8 liv.
tourn. la pièce, que receut volontiers ledit seigneur. Aulcuns ont volu
dire qu'avec lesditz brochetz, luy fut baillée la somme de 1,000 escuz
d'or au soleil par lesditz habitans; ce que je ne puis croire, combien
que maintenant plusieurs princes et grands seigneurs sont aultant
avaritieux que l'aultre peuple, et font une partie de ce qu'on leur demande pour l'argent.

   Ledit seigneur marquis fit monter son camp par au dessus de Sens,
et luy fit gangner la rivière de Loyre en tirant à Montargis et Orléans, pour se joindre avec le camp de mons. le duc de Montpencier, pour mieux faire teste à l'ennemy, qui avoit le sien assemblé au
delà de la Loyre, qu'il incontinent eût passée en plusieurs endroictz.
Et se trouva qu'en peu de jours, sur la fin du mois de mars et commancement d'apvril, les deux armées furent entre les rivières de
Loyre et d'Yonne. La paix se poursuivoit en toute diligence, et furent
donnez quelques jours de trêve, pour attendre la conclusion ou le
refus de laditte paix. Les rebelles se tenoient les plus fortz en leurs
demandes et articles. Les gentishommes de bon jugement qui estoient
au camp du roy et des ennemys apperceurent bien que ceste entreprinse de guerre viendroit à rien, et que la paix estoit aultant que
faicte; parquoy laissèrent les camps de part et d'aultre pour se retirer
en leurs maisons dès les derniers jours de mars. Le camp du roy se
commença fort à diminuer, et l'abandonnèrent plusieurs compagnies,
tant de pied que de cheval, qui se jettèrent en la campagne, rapassèrent la rivière de Seine du costé de la Brie ès premiers jours d'apvril,
et s'en retournèrent en leurs maisons.

   La paix parut faite un instant et fut annoncée publiquement; mais, au bout
de trois jours, les troupes royales furent rappelées, et réunies aux environs de

Montereau, pour marcher contre l'armée du duc d'Alençon, qui, disait-on, venait assiéger Paris. Du blé et de l'avoine furent, après la mi-carême, menés de Provins, où un grand nombre de Suisses étaient logés, au camp de Montereau.

Le duc de Montpensier réclame de Henri III la paix ou la bataille. Le roi fait une réponse ambiguë; Catherine de Médicis s'efforce d'empêcher le combat. La ville de Sens refuse au duc d'Alençon le passage et des munitions. Enfin, la paix est conclue et signée le 6 mai. La reine mère se rend à Sens avec la reine de Navarre, sa fille, et fait proclamer la nouvelle de la conclusion de la paix dans la ville et au camp du duc de Montpensier.

Laditte dame royne et la royne de Navarre allèrent en la grande église de Sens pour remercier Dieu de laditte paix; en laquelle église eut à la rencontre le premier mons. le précentre d'icelle, nommé nostre maistre de Monté, docteur en théologie de la faculté de Paris, auquel elle adressa sa parolle et luy dist qu'il feit assembler tous les messieurs chanoines de laditte église, au son de toutes leurs cloches, pour chanter le *Te Deum laudamus* et remercier Dieu de laditte paix. A laquelle le vertueux viellart précentre fit response par telz motz : « Madame, selon ce que j'ay entendu, comment que la paix est faicte, c'est mieux à faire aux huguenotz de chanter *Te Deum laudamus* qu'à nous et aux catholicques. Il nous sera mieux convenable de chanter : *Requiem æternam dona nobis, Domine.* » Toutesfois furent sonnées les cloches, et fut chanté ledit *Te Deum* tout sur l'heure, qui fut sur le soir, depuis vespres. Au lendemain, qui fut le 7ᵉ jour dudit moys de may, fut faicte une solemnelle procession généralle audit Sens, tout le corps de ville ensemble, à laquelle assistèrent lesdittes dames roynes, mons. de Montpencier et plusieurs aultres grands seigneurs, en grande dévotion et révérence, comme il sembloit. Le sermon fut faict par ung docteur jacobin, nommé nostre maistre Prévost, qui fut fort bien et doctement dict, non sans taxer laditte dame et ceux qui avoient accordé laditte paix ès termes qu'on pensoit qu'elle estoit. Toutesfois laditte dame n'en dist ne fit aultre chose audit prescheur que de luy faire donner et au couvent une douzaine d'escuz pour leur ayder à vivre. Et fut à laditte procession chanté encores une fois ledit *Te Deum*. Les deux camps estoient tous joignant la ville de Sens. Aul-

1576. cuns malveillans et détracteurs de l'honneur de la royne mirent en avant qu'elle avoit requis le chapitre de lùy donner une table d'autel qui est toute d'or massif, et qu'au refus dudit chapitre, l'avoit faict prendre par force, chose à quoy jamais elle ne pensa.

Tout à l'instant que la royne eut receu laditte paix, elle l'envoya au roy, qui estoit à Paris, qui pareillement fit publier par la ville et au palais qu'elle estoit faicte, sans déclarer ni exprimer les articles comment; ains fit une petite déclaration ès termes qui s'ensuyvent :

La malice du temps, qui d'assez loing a mis le royaume en trouble, et principallement en ceste année dernière et la présente jusques à huy, a apporté ung grand domage à la France, à nostre grand regret et desplaisir; pour l'assoupissement desquelz troubles, sera ci-après faict ung édict, le plùs tost que faire se pourra, par l'advis du conseil, pour le réglement de noz subjectz touchant la religion prétendue réformée, pour par ci-après vivre les subjectz de nostre royaulme en paix les ungs avec les aultres, pour éviter aux troubles qui ont ruyné iceluy nostre royaume; lequel édict, quand il sera faict, sera publié ès courtz de parlement dudit royaume, pour estre gardé d'ung chascun, selon la teneur d'iceluy; déclarant que toute hostilité de guerre, bruslemens, assassinatz, pilleries, ransonnemens et aultres choses qui se feront audit royaume, tant par les Françoys que estrangers, soubz couleur de guerre, seront, depuis le 6ᵉ jour de ce présent moys de may, qui est le jour de la publication de la paix faicte en ceste nostre ville de Paris, subjectz à restitution et à justice. Donné à Paris, le 6ᵉ jour du moys de may, l'an 1576.

Sommaire des articles du traité de paix.

Si tost que laditte paix fut publiée, le camp du roy, comme aussy des rebelles, se commencèrent à rompre, et gens de guerre à se retirer chascun à son adroict, par bandes et compaignies. Ceux qui estoient des pays de Piccardie, de Brie, de Champaigne et de Lorraine, passèrent la rivière de Seine ès villes de Montereau-Fault-Yonne, de Melun et de Corbeil, et s'en allèrent gangner la rivière de Marne, pour vivre plus à leur ayse, car ce pays-là estoit moings foullé et mangé que la Brie et vallée de Seine.

Au delà de la rivière de Marne, du costé de Picardie, y avoit une grande trouppe de reistres et Allemans qui venoient pour le roy, et estoient jà entre Chasteau-Thierry et Meaux, cerchant un passage pour passer laditte rivière pour aller au camp; lesquelz n'allèrent plus avant, ains leur fut mandé de se retirer en leur pays, après leur avoir baillé argent. Ilz pensoient passer la Marne au Bac-à-Pinson; mais en furent empeschez par les gentishommes et paysans des villages du costé de la Brie, qui se mirent en armes pour garder ledit passage.

Quelques compagnies du camp du roy, que l'on disoit estre à mons. de Biron et aultres, s'escartèrent, après avoir passé la rivière de Seine à Montereau, jusques aux villages de Vullaines, la Maison-Rouge, Landoy, la Chapelle-St-Sulpice, Vielz-Champagne, Courte-vrous et Cucharmoy; en plusieurs desquelz villages ne trouvèrent vivres, ni personne qui leur en pust donner. Au moyen de quoy, se jettèrent par les champs pour trouver du bestial, et tant feirent qu'ilz coururent jusques aux portes de Provins, où trouvèrent le bestial du chasteau dudit Provins paissant près des portes de Jouy et de St-Jehan, qu'ilz chargèrent et chassèrent devant eux ausdis villages, au veu et sceu des gardes des portes susdittes, qui ne furent assez fortz pour leur oster ledit bestial. Parquoy envoyèrent advertyr les capitaines et gouverneurs de la ville, pour y mettre ordre; lesquelz, pour assembler en diligence toute la ville en armes, firent sonner l'alarme et le toxin par la cloche de la grosse tour et le guet qui estoit dedans. Auquel toxin, en moings d'une heure, se trouvèrent prestz cinq cens harquebusiers, tant de pied que de cheval, qui, accompagnez des capitaines et aulcuns juges de laditte ville, allèrent ratrapper ledit bestial à la Maison-Rouge, qu'ilz bragardement ostèrent ausditz gens d'armes, et le ramenèrent audit Provins, excepté quelques agnaux qui estoient jà destracquez, et si n'y eut nul coup donné.

Si tost qu'on apporta novelles aux capitaines de la ville qu'ilz gens d'armes enmenoient le bestial susdit, furent par lesditz capitaines

1576. arrestez et prins prisonniers plusieurs gens d'armes desdittes compagnies qui s'estoient retirez en laditte ville pour avoir des vivres, lesquelz furent désarmez et mis en garde en l'hostellerie de l'Escu de France, pour respondre de leurs gens qui avoient prins ledit bestial, si d'aventure il eust esté perdu. Ausquelz fut donnée liberté, quand ledit bestial fut ramené ; dont ilz furent bien joyeux, car ilz avoient fort grande crainte qu'on ne leur fist quelque mal.

Pour le regard du camp de mons. le duc et des rebelles françoys reniez, fut rompu aussy bien que celuy du roy, incontinent après la paix publiée. Ceux dudit camp qui estoient du costé de la Rochelle, du pays de Poitou, d'Anjou et des quartiers de Berry, prindrent chemin pour s'en retourner en leurs pays, excepté quelques trouppes qui furent de réserve pour accompagner mons. le duc et le prince de Condé, qui volurent faire compagnie au duc Casimir et à ses reîtres, venus à leur secours jusques ès environs de Langres. Iceux reistres, avec plusieurs Françoys de Champaigne et Brie, passèrent au dessus de Sens la rivière d'Yonne, pour tirer droict à la rivière de Seine, et en leurs pays. Ilz arrivèrent en Champaigne les 10e et 11e jours du moys de may et y furent, jusqu'au 17e jour, à vivre aux despens des gens où ilz estoient logez, sans qu'on leur baillast aulcunes munitions. Pour trouver à manger, ilz alloient à la pigorée aux escars de part et d'aultre ès villages où n'y en avoit poinct de logez, ausquelz ravissoient et enmenoient tout ce qu'ilz povoient trouver, et si prenoient à rançon les hommes qui tomboient en leurs mains. Les gens des villages destournèrent leur bestial et meilleurs meubles ès villes et chasteaux forts, chascun d'eux à leur adroict. Les gentilzhommes estoient moings assurez que les laboureurs et pauvres gens, car c'estoit à eux et à leurs biens qu'en vouloient lesdis reistres, qui, avec tous moyens, efforsoient leurs maisons et chasteaux, s'ilz n'estoient bien fortz et munis de gens de deffense, les prenoient à rançon, et en tiroient le plus qu'ilz povoient. Ilz tuoient et massacroient toutes personnes qui leur résistoient, et mirent le feu en plusieurs maisons, nommément aux perches de Noyen, où y eut deux maisons bruslées, à Grisi, à Forche-Fontaine, à Sarcy 1576: et aultres lieux.

Les habitans de Sargine eurent grande peur de la venue desdis reistres, et, pour se saulver d'estre bruslez et pillez, fallut qu'ilz payassent la somme de 500 escuz d'or au soleil; et, pour ladite somme trouver, fallut que les plus riches dudit Sargine l'allassent emprunter à Sens, où et à qui ilz purent, et en grande diligence, car ung truchement d'iceux reistres, accompaigné d'un cent d'entre eux, les alla sommer de ce faire, sous peine d'y mener toute la trouppe.

Les habitans de la ville de Provins eurent advertissement de la venue des reistres le jour mesme qu'ilz arrivèrent, et pour la crainte qu'ilz eurent qu'ilz reistres ne passassent la rivière audit Noyen, pour passer en la Brie, par le conseil des capitaines, gens de justice et gouverneurs de la ville, fut sonné le tabourin par les quatre quartiers, pour amasser du peuple en bon nombre, pour aller garder le passage audit Noyen. Afin d'estre plus tost prestz de partir, les capitaines des quatre quartiers choisirent chascun cinquante harquebusiers à l'eslitte et leur commandèrent de les suyvre audit Noyen, pour le service de la ville et de la patrie, et s'en trouva le nombre de deux cens, avec lesquelz se mirent ung cent d'aultres harquebusiers, qui y allèrent de leur plain gré, et cinquante hommes, à cheval. Tous lesquelz s'allèrent saisir du passage de la Seine, à Noyen, et des bacs, bateaux et nacelles, qui estoient sur icelle rivière, depuis ledit Noyen jusques à Bray et Nogent-sur-Seine, qu'ilz enfondrèrent au fons de l'eau et du costé de la Brie, affin qu'ilz reistres, qui estoient d'aultre costé de laditte rivière, ne les trouvassent. Mons. le lieutenant général Taupin, et les quatre capitaines, qui furent les gouverneurs des soldatz harquebusiers, les ayant posé sur laditte rivière, leur firent commandement de n'en partir qu'on ne leur baillast congé, sous peine de la vie, mais d'attendre là lesdis reistres, qu'on appella l'ennemy, pour le combattre, s'il se présentoit pour passer la rivière. Pour mettre les harquebusiers en meilleure seureté, fallut faire des tranchées et fossez sur le rivage. Les bonnes gens des villages de la

1576. parroisse d'Ermés et de Noyen furent les castadours et pionniers qui firent lesdis fossez et tranchées, par le commandement du lieutenant général et des capitaines. Qui fut aulcunement fasché, furent les soldatz de Provins, qui n'avoient porté vin, viande ni manteaux, et qui, au partir, pensoient qu'on les ramèneroit en leurs maisons ou ès villages prochains. Il leur fut permis de passer la rivière avec une nacelle et d'aller à Noyen en demander. Plusieurs, au lendemain, n'avoient plus de vivres ni d'argent pour en avoir, et pour ce, regardoient les ungs les aultres, et prenoient complot d'abandonner la place, ou du moings vouloient qu'on leur donnast à vivre. Lequel complot fut par les plus hardis dict auxditz lieutenant général et capitaines; lesquelz les rapaisèrent de bonnes parolles, leur deffendant toutesfois d'abandonner la place jusques à ce que le secours de Provins fust arrivé, qu'on avoit envoyé querre avec l'artillerie; et, pour leur bailler courage d'atendre, fut prins au village de Noyen pain et vin qu'on leur distribua en attendant.

Messieurs de Tachy, de Gratteloup, de Lours et encores quelques aultres gentishommes, je ne sçai par quel moyen, se trouvèrent audit camp de Noyen, avec lesquelz s'alla joindre mons. d'Atys, parroisse de Villers-sur-Seine, qui n'avoit eu loisir que de se saulver la nuict et passer la rivière de Seine. Lesquelz entreprindrent de garder ledit passage, à l'ayde desditz de Provins, ausquelz fut donné la charge du gouvernement du camp, qu'ilz vouloient gouverner à coups de baston, comme ilz faisoient leurs friquerelles et soldatz, quand ilz les lèvent au son du tabourin. Ce que ne volurent endurer les soldatz pruvinois, et à peu tint qu'il n'y eust grande émotion contre lesditz genstuehommes de Lourps, qui se monstra le plus estordy, et de Gratteloup; mais le tout fut appaisé par la prudence des seigneurs de Tachy, de Atys, du lieutenant général et capitaines de Provins. Cent harquebusiers de Provins furent levez le lendemain 12ᵉ jour dudit moys et menez audit Noyen, pour rafreschir ceux qui estoient lassez d'y estre dès le jour de devant; avec lesquelz cent harquebusiers [dont l'auteur de ces mémoyres et qui a faict ceste hystoire en estoit ung] furent menez douze harquebuses à crocq et ung fauconneau, pour enforcer le camp. Avant que les cent harquebusiers de renfort susditz fussent arrivez audit Noyen, bien aultant avoient escampé et habandonné la place sans dire adieu. A l'arrivée desditz cent harquebusiers de renfort, fut donnée une alarme au camp devant Noyen, et estoit environ sur les cinq heures du soir, et dist-on que les ennemys, c'està-dire les reistres, passoient la Seine au gué de Villers, distant dudit Noyen d'une grande demie lieue; pour lesquelz empescher de passer, furent envoyez lesditz cent harquebusiers au village de Thoury, pour s'en aller à la Bourde camper toute la nuict. Mais, ayant eu advertissement que lesditz reistres n'estoient passez, ains seullement que quelques ungs d'entre eux s'estoient entremis de taster le gué, puis s'en estoient retournez, ne hobèrent pour la nuict dudit Thouri, à garder le passage du molin qui conduist à la Bourde, et y furent jusques au lendemain, qu'on les manda pour aller au camp devant Noyen. Le 12e jour dudit moys, furent menées munitions de pain, vin et chars de Provins audit camp, avec cinquante harquebusiers de renfort, pour rafreschir les plus débauchez et les premiers, ausquelz fut baillé congé de s'en revenir. Et depuis ce jour-là au 16e jour dudit moys, furent par chascun jour menés de Provins cinquante harquebusiers avec des munitions; et fut ledit camp entretenu jusques au 17e jour dudit moys, que les reistres deslogèrent des villages que nous avons dict cy-dessus.

C'est chose quelquement admirable et merveilleuse que ceste entreprinse, laquelle se fit quasi plus divinement que humainement et sans commandement du roy ni des gouverneurs. Non seullement ceux de Provins s'eslevèrent, mais aussi tous les gentishommes, depuis les environs de Montereau, de Nangis, de Jouy-le-Chastel, de Rosay; les habitans de Bazoches-en-Brie, de Monceaux, de St-Bon, de Villegruys et Villenauxe, en tirant de là à ladite rivière de Seine, se trouvèrent sur les portz et passages d'icelle, depuis Nogent jusques à Bray. Les habitans de Villenauxe-la-Grand et de Chalautre-la-Grand, conduitz par les gentishommes de leurs cartiers, comme les seigneurs

1576. de Patras, de Jaillard, de Molien et aultres, gardoient les passages de Beaulieu et la Motte de Tilly-lez-Nogent. Les gentishommes de St-Bon, de Villers-St-George, de Daoust et aultres, avec gens de leurs villages, se joignirent avec le camp de Provins à Noyen et Villers-sur-Seine. Les gentishommes de Bazoches, de Quincy, de Savins, de la Barge et de ce quartier de là, avec les hommes des villages et habitans de Rosay-en-Brie, gardoient les passages de Grisi et de Jaulne. Les habitans de Donnemarie-en-Montois et les gentishommes de Vimpelles, du Plaissié-au-Chat, avec les habitans de Songnolle, de Thénisi, et villages et gentilshommes du cartier, gardoient les passages de la Tombe et de Gravon, et tous furent aultant sur lesditz passages jour et nuict que l'ennemy fut sans desloger.

Partie des gentishommes du cartier de la Brie qui gardoient les passages de la Motte et de Beaulieu avec les habitans de Chalaustre, Villenauxe et les villages des environs s'allèrent camper ès fauxbourgs de la Belle-Dame de Nogent et mirent ung corps-de-garde devant la porte de la ville, pour ayder à ceux dudit Nogent, si besoin en estoit, aussi pour les empescher de ne livrer passage ausdis reistres par dedans leur ville ni par dessus la rivière. Fault noter que, en ceste reprinse de guerre et troubles présens, les habitans dudit Nogent avoient obtenu lettres du roy (je ne sçai par quelles causes), de ne laisser passer par leur ville aulcunes trouppes de gens de guerre, fussent-ilz pour le roy ou pour aultres, et toutesfois ilz de Villenauxe et villages voisins ne s'y volurent fier, mais volurent garder ce passage avec lesdis de Nogent.

Nous avons ci-dessus dict la levée de Provins qui fut à Noyen estre ung camp, pour ce que toutes choses requises à ung camp ou la plus grande partie y furent ordonnées et observées. Et en tout n'y apperceus que une faulte, qui estoit de plus grande importance que les gouverneurs de l'affaire ne pensoient : qui fut d'avoir assis leur camp entre deux eaux que les gens de pied n'eussent sceu passer à gué, sinon au danger de eux nayer tous si l'ennemy les eust assailly et mis en fuitte, ce qui se fust aulcunement peu faire, si l'ennemy eust esté forcé et contraint de passer par là. L'ennemy, ayant gangné le village de

Noyen, avec les longues harquebuses ou quelques pièces de campaigne, de six ou sept maisons qui sont sur le rivage de ladite rivière
eust si bien canoné noz gens qu'ilz n'eussent eu de quoy se couvrir que
de leur petite tranchée, en laquelle la moytié n'eussent sceu tenir,
et encores, quand ilz y eussent bien sceu tenir, n'eussent osé monstrer
la teste qu'ilz n'eussent tous esté blessez ou tuez; et ce pendant que
cinq ou six cens chevaux des mieux montez et plus hardis desditz
ennemys se fussent jettez à nage en ladite rivière par divers endroictz,
n'eussent esté endomagez de nos gens, qui n'eussent osé lever le nez
pour tirer sur eux. Eust fallu se laisser prendre et tuer, ou bien
prendre la fuitte droict au gué aux vaches pour se jetter en la rivière de la vieille Seine, que ung homme de pied n'eust sceu passer
qu'il n'y eust esté jusques soubz les espaules et en ung seul endroict
seullement. Et me suis esbay moult de fois comment ilz de Provins
et les gentishommes qui s'y trouvèrent avoient campé là.

Les capitaines de Provins qui estoient audit camp estoient Anthoine
Yver, greffier des esleuz et capitaine de la porte et quartier de Changy;
Mart. Mouton, marchand, capitaine de la porte de Culoison; Est.
Guérin, marchand et naguères greffier du balliage, capitaine de la
porte de St-Jehan; et Nic. Privé, enquesteur, capitaine de la porte de
Jouy; par dessus lesquelz estoit en ceste affaire Me François Taupin,
assisté de l'advocat et du procureur du roy, de Cl. Thibault, conseiller
du roy, avec plusieurs autres officiers du roy et plusieurs bons marchans, qui y estoient pour bailler courage aux soldatz tant de la ville
que des villages. Léon Lange, marchand, fut délégué pour aller recognoistre les passages de ladite rivière depuis Noyen jusques à la Motte-
de-Tilly, où il trouva les habitans de la Brie conduictz par les sieurs
Patras, Vendières, des Caves, de la Tour, père et enfans, demeurans,
le premier à Courtioust, les aultres à Léchelle. Et avoit ledit Lange
vingt harquebusiers par luy choisis pour luy faire escourte; lesquelz
ne furent mal accommodez, pour une nuict qu'ilz logèrent à Meel-
sur-Seine, car ilz trouvèrent poisson, pain et vin à leur soupper en la
taverne, ce qu'ilz n'eussent faict s'ilz eussent esté au camp audit Noyen.

1576. Je laisse à nommer de bons et honestes gentishommes de la Brie,
qui laissèrent leurs maisons bonnes et chasteaux fortz, où lesdis
reistres n'eussent sceu entrer sans les assiéger avec grosses pièces d'artillerie, pour aller sur les passages de laditte rivière empescher lesdis
reistres, comme MM. de Crenay, des Marestz et mons. le bally de
Provins, Olivier de Soissons, lesquelz, d'un grand zèle qu'ilz pourtoient au pays de Brie et à leurs subjectz, se fussent quasi faict tuer
en la place plus tost que laisser passer iceux reistres.

Les seigneurs de Besancourt, de Talan, de Chamfay et de Rochepot,
avec quelques aultres, ne s'empeschèrent du passage desdis reistres;
car le 11e de may qu'ilz de Provins s'allèrent saisir du passage de
Noyen, y avoient passé le matin pour rentrer en leurs maisons, venant du camp de mons. le duc avec lesdis reistres contre le roy, où
ilz estoient retournez depuis le moys de mars dernier passé.

Aulcuns desditz reistres, jusques au nombre de douze, à divers
jours et plusieurs fois, essayèrent le gué en la rivière de Seine par
divers endroictz, depuis Noyen jusques à la Motte, et entrèrent avec
leurs chevaux en laditte rivière jusques au point de nager. L'ung desquelz, au gué de Villers, se despouilla tout nud et remonta sur son
cheval pour passer à nage; mais ne suivit pas tousjours le gué, ains
escarta de part et d'aultre, et fut son cheval à nage et luy dessus,
lequel estant au fil de l'eau et non à la moytié de laditte rivière,
retourna visage d'où il venoit et ne passa oultre, parce qu'il apperçut
quelques harquebusiers qui estoient tous prestz de le tirer s'il se fust
approché plus près. Plusieurs reistres à cheval se pourmenoient par
les champs et pasturages qui sont entre Noyen, Villiers, Parcy, Vil-
luys et Fourche-Fontaine; mais n'approchèrent plus ledit Noyen,
depuis que le camp y fut assis, et ne s'en présenta nul pour veoir que
c'estoit, combien que dans le chasteau dudit Noyen y en avoit deux
que la dame du lieu ou aultre de ses amys y avoient mis pour les
garder; lesquelz avoient si peur, qu'ilz n'osèrent sortir dudit chasteau
jusques ad ce que mons. le lieutenant général de Provins les alla veoir,
pour les assurer qu'on ne leur feroit poinct de mal, s'ilz n'en faisoient

les premiers. Les soldatz de Provins n'espargnoient la pouldre à 1576. canon, et se délectoient à tousjours tirer dedans l'eau pour le plaisir qu'ilz prenoient à la résonance de l'eau qu'on appelle écho, qui répondit au coup de canon tiré, et tant tirèrent qu'à la fin mal en advint à deux hommes, l'ung desquelz tira et l'aultre fut tué, le quatorzième jour dudit moys de may.

Michel Couillard ne se trouva bien d'avoir esté audit camp, non plus que les dessus nommez; car estant au feu du corps-de-garde à se seicher et sa harquebuse, qui estoient moulliez pour la pluie qu'il feit la première nuict qu'ilz furent campez, sadite harquebuse estant eschauffée se deslachea toute seulle et luy emporta le poulce d'une main qu'il avoit sur l'entrée et bouche du canon.

Ceste assemblée et camp de Noyen porta grand domage aux bonnes-gens des villages de la Champaigne où estoient iceux reistres et des villages voisins, lesquelz avoient faict passer la rivière à leur bestial, vaches, pourceaux, brebis, agneaux, poulles, poulletz, oyes, oysons, et à beaucoup de leurs meubles qu'ilz avoient cachez ès boys des usages dudit Noyen, dessailles et aultres bissons et grains des rivières, esquelz tout leur fut forragé. Ilz perdirent beaucoup d'agneaux, de poulles, poulletz, oyes et oysons, que leur prenoient ceux qu'on estimoit gens de bien aussi tost que les meschans. Plusieurs prebstres de Provins, qui furent audit camp à divers jours, se portèrent fort mal et ne faisoient conscience de ravir les choses susdittes non plus que les aultres gens, et plus tost ilz prindrent et firent ce que plusieurs gens laiz ne volurent prendre ne faire, et donnèrent grand scandalle à plusieurs qui veirent leur ravage, et se trouva que les chanoines de Notre-Dame-du-Val et leur doyen ne s'y portoient pour la pluspart des plus modestement. C'est grand pitié que de la guerre : je croy que si les sainctz de Paradis y alloient, en peu de temps ilz deviendroient diables.

L'abbesse du Paraclet-lez-Nogent-sur-Seine, en la parroisse et village de Quincey, estant advertie que lesdis reistres passoient la rivière d'Yonne pour tirer ès lieux susditz où ilz estoient logez et en son pays, envoya demander une saulve-garde aux commissaires et conducteurs

1576. d'iceux reistres, pour exempter son abbaye et son village en faveur
d'elle et des dames religieuses de saditte abbaye, laquelle, quelque
grande dame et noble qu'elle fust, ne peut avoir response d'exemption
à son gré, et si luy faisoit mal d'absenter pour une passée son monastère, qui est assez fort quand il a gens de deffense; dedans lequel elle
retira le bestial et meubles des villages dudit Quincey, de St-Aulbin et
de la Chapelle St-Michau-lez-Nogent, qui sont les plus proches villages
de sondit monastère. De quoy elle se repentit incontinent, et pensa
que le bestial et butin d'iceux villages seroient cause de faire forcer
sa maison; mais, pitoiable qu'elle estoit, pensa que, si elle les jettoit
dehors, ilz seroient au danger de tout perdre. Parquoy délibéra en
elle de faire cercher ès villes de Nogent, de Pons, de Villenauxe et
villages d'alentour tous bons soldatz et gens de cœur, pour mettre en
garnison en sondit monastère, et fut faicte une si bonne dilligence
en ceste affaire qu'en vingt-quatre heures elle en enferma le nombre
de deux cens avec elle en sondit monastère, qui firent si bien leur
debvoir que lesdis reistres n'y entrèrent poinct, combien qu'il y en
eust de logé dedans le village. Et pour payer iceux soldatz, qui l'a-
voient secourue et les biens des bonnes gens, feit faire une taille sur
tous ceulx qui avoient serré et retiré en sondit monastère, chascun
selon le bien qu'il avoit, que les bonnes gens payèrent voluntiers.

Les reistres, après avoir séjourné six et sept jours entre la rivière de
Seine et Vauluisant ès villages dessusdictz, en deslogèrent le 16 et 17e
dudit moys de may et s'allèrent loger ès villages qui sont entre la ville
de Troye en Champaigne et la ville de Méry-sur-Seine, où ilz furent
près de quinze jours à faire du travail aux bonnes gens desdis villages,
et davantage à la petite ville de Marigny, qui fut par eux entièrement
destruicte et despeuplée d'hommes, excepté de deux, en la manière
qui s'ensuit. Ilz reistres, au desloger de Fleurigni, Thorigni, Villers-
le-Bonnœuf, Songne et aultres villages, passèrent pour une partie par
auprès des portes et murailles de la ville de Marigni, sans y vouloir
faire grand effort, car leur desseing estoit d'aller plus avant ou en
ung aultre lieu pour se loger. Toutesfois, en passant, apperceurent

les habitans dudit Marigni en armes sur les murailles de leur ville et
dedans le chasteau; qui fut cause qu'ilz reistres s'arrestèrent ès environs
de la ville pour s'attendre l'ung l'aultre, de peur qu'ilz de Marigni ne
sortissent sur les derniers et qu'ilz ne les tuassent ou destroussassent,
et tout incontinent se trouvèrent là ung grand nombre. Or, en toutes
trouppes y a-il gens qui sont plus mal complexionnez les ungs que
les aultres; il se trouva que quelqu'un desditz reistres tira quelque
coup de harquebuse ou pistolle aux murailles de ladite ville ou à
quelque créneau, qui fut cause de provocquer ceux dudit Marigni à
tirer sur eux, joinct aussi qu'ilz de Marigni pensoient, à les veoir arrester en si grand nombre et ainsi courir et environner les murailles
de leur ville, qu'ilz les voulussent assiéger, et tant tirèrent qu'ilz en
tuèrent quelque douzaine pour le plus, entre lesquelz fut tué ung
capitaine, qui demoura en la place. Pour la mort duquel fut toute la
trouppe mandée pour assiéger la ville, et tant les premiers que les
derniers accoururent tous se camper ès environs, avec délibération
de ne descamper qu'ilz n'eussent eu raison de la mort dudit capitaine.
Mais n'y furent longtemps qu'ilz n'eussent prins ladite ville, laquelle
fut à leur commandement dès le jour mesme ou au lendemain assez
matin. S'ilz la prindrent d'assault ou non, je ne m'en suis guères enquis,
mais bien ay sceu que, en entrant en icelle et depuis qu'ilz furent logez, ne reschappa homme ni compaignon aagé en suffisance pour porter armes, excepté deux, ainsi que je l'ay ouy plusieurs fois dire aux
femmes dudit Marigni. Tous les maux qui se font en la guerre furent
par iceux reistres faictz, excepté le feu; filles et femmes furent viollées
et efforcées et la ville pillée, sans respecter aulcune personne; ilz
chargèrent leurs harnois et chariotz de tous les meilleurs biens.

Le camp de Provins ou de Noyen se rompit au deslogement d'iceux
reistres, et les virent bien partir pour s'en aller droict à Marigni,
aulcuns desquelz reistres, pour donner le signe de leur partement,
allumèrent le feu en leurs logis, comme à Sarcy et aultres villages ès
environs de Trinel. Ceux de Provins retournèrent en leur ville, bien
joyeux de n'avoir esté en peine de tirer leur espée, et encores plus

1576. ceux de Noyen, de la Bourde, d'Ermez et la parroisse, d'estre délivrez
de l'importunité et ennuy qu'ilz de Provins leur faisoient. Les habitans de Chalaustre et Villenauxe-la-Grande, avec les villages voisins,
levèrent quant et quant le siége du gué de la Motte-de-Tilly, de
Beaulieu et des fauxbourgs de Nogent, pour s'aller camper entre Pons
et Méry-sur-Seine, et empescher iceux reistres de passer, ausquelz
lieux et passages trouvèrent mons. de Villers-aux-Cornailles, baillif de
Sézanne, accompagné des habitans dudit Sézanne et des gentishommes
et paysans des villages voisins.

Les habitans de Provins estans revenus en leur ville, plusieurs
d'iceux ne se contentèrent d'avoir esté au camp de Noyen, mais allèrent
le 17 et 18e jour dudit moys à Villenauxe, Pons et Méry, pour empescher les reistres de passer, comme ilz se vantoient d'avoir faict à
Noyen; et y allèrent quasi le nombre de cinquante chevaux. Mais n'y
furent si longuement qu'audit Noyen, pour ce qu'ilz trouvèrent lesdis passages saisis des gens des villages et villes susdittes, qui ne leur
firent grand recueil.

En vertu d'un mandement signé de la reine et du duc d'Alençon, les gens de
l'élection de Provins reçoivent l'ordre de fournir sous deux jours douze muids
de blé, vingt muids de vin, vingt-cinq bœufs et des moutons; ces munitions sont
conduites à Méry-sur-Seine.

Les habitans de Troye furent en grande fascherie de ce que lesdis
reistres furent si longtemps logez entre leur ville et celle de Méry;
lesquelz, par chascun jour, faisoient courses jusques aux portes dudit
Troye pour trouver leur proye, et faisoit moings seur de jour sur
les chemins ès environs dudit Troye, qu'il faict de nuict en une forest
de peur des loupz; car, parmy lesdis reistres, y avoit ung tas de meschans voleurs françoys, qui les suyvoient aux escars et desvalisoient
tous les passans. Ilz de Troye furent par plusieurs fois en ceste délibération de saillir sur eux en grand nombre et grand équipage, et de
les chasser; mais furent de ce faire empeschez par mons. le duc, qui,
en sa propre personne alla audit Troye pour le support d'iceux reistres

et pour leur faire bailler argent, ainsi qu'il avoit esté accordé par la 1576.
paix susditte, et fut le retardement dudit argent cause de les faire
séjourner si longtemps ès lieux susditz.

Le peuple des villes et villages furent contrainctz d'aller par bandes
et trouppes par les champs, de peur d'estre par ilz reistres destroussez
ou prins prisonniers; lesquelz, quand ilz se sentoient les plus fortz,
se jettoient sur iceux, et en fut à plusieurs fois beaucoup escarmoché
et tuez, aultres desvalisez, plusieurs vifz et mortz jettez en la rivière
d'Aulbe et de Seine, comme depuis fut veu par expérience, qui furent
trouvez flottans sur l'eau, aulcuns attachez à des perches, liez et escouplez ensemble, et aultres tous seulz, les ungs tous nudz, les aultres
avec leurs meschans habillemens. Une petite trouppe de dix ou douze
desdis reistres, environ le 20e dudit moys de may, s'escartèrent pour
aller courir jusques à St-Loup-de-la-Fosse-Gelane et St-Martin-de-
Bossenay, pour piller et ravir ce qu'ilz eussent pu trouver et emporter;
mais de ladite trouppe ne s'en retourna qu'un, qui eschappa pour
aller dire novelle à leur camp que ses compaignons avoient tous esté
tuez et desvalisez ès villages susditz. Au rapport duquel, montèrent
de cent à cent vingt hommes à cheval, qui par luy furent conduictz
esditz villages la nuict ensuivant, esquelz ilz mirent le feu, et furent
quasi lesdis villages tous bruslez; et n'y arrestèrent qu'aultant qu'ilz
mirent à allumer ledit feu, et en toute vitesse s'en retournèrent, de
peur d'estre eux-mesmes jettez dedans le feu.

Le 16 mai est publié l'édit de règlement promis par le roi le 6, lors de l'annonce de la conclusion de la paix. Les catholiques, trouvant cet édit trop favorable aux protestants, murmurent hautement, la présence seule du roi, qui était
alors au palais, empêche qu'une sédition n'ait lieu. Des placards et libelles diffamatoires contre Henri III sont affichés ou répandus dans Paris[1].

Et fut par iceux libelles et placards taxé d'estre métis, c'est-à-dire
qu'il n'estoit huguenot ni catholicque, d'estre ypocrite en son cœur,

---

[1] Voyez dans l'Estoille, *Les vertus et*   le peuple de Paris au roy Henri III, et le
propriétés des mignons; les titres donnés par   pasquil : *Le roy pour avoir de l'argent.....*

1576.   disant d'ung et faisant d'aultre, et aussi d'estre Héliogaballe et tiran;
        ce que toutesfois en ma conscience croy qu'il n'estoit ni l'ung ni
        l'aultre, mais estoit bon catholicque et bon chrestien, ayant grand
        regret d'avoir comme par force accordé le contenu en cestuy son
        édict, pour bailler repos aux subjectz de sa coronne; et n'estoit tiran,
        combien que je confesse qu'il a esté grand exacteur d'argent sur ses
        subjectz, en quoi il estoit quelquement excusable, à cause des guerres
        et rébellions que luy faisoient les princes et grands seigneurs de son
        royaume.

        Édit de Henri III sur la pacification des troubles du royaume, donné à Paris,
        au mois de mai 1576[1].

        Il sembloit à S. M. avoir faict un grand chef-d'œuvre d'avoir faict
        laditte paix, pour de laquelle remercier Dieu se transporta en l'église
        de N.-D. de Paris, le jour mesme qu'il la feit publier audit Paris,
        pour chanter à Dieu *Te Deum laudamus,* et pour ce faire fit sonner
        toutes les cloches de ladite église, et appeler MM. les doyen et
        chanoines pour chanter ledit *Te Deum.* Ce que ne volurent faire
        lesdis doyen et chanoines, lesquelz, avec toute modestie, feirent re-
        monstrance à saditte majesté qu'icelle paix n'estoit faicte à l'hon-
        neur de Dieu, au prouffit de l'église catholicque, de la coronne et
        de la républicque de France, et que pour ceste raison ne povoient
        chanter ledit hymne et canticque joyeux, mais au contraire leur estoit
        plus convenable de chanter le respons, *Circumdederunt me viri men-
        daces,* etc. avec l'introït, *Circumdederunt me dolores mortis,* ou l'introït
        de la messe des trespassez : *Requiem æternam dona nobis.* De laquelle
        response se courrousa fort saditte majesté, qui avec ses chantres en
        grande mélodie chanta ledit *Te Deum,* sans iceux doyen ne cha-
        noines. Lequel fini, se retira au palais avec MM. de la court de
        parlement, pour traicter avec eux des affaires du royaume, et au
        sortir dudit palais fut faict commandement de par S. M. qu'on fist par
        les rues les feux de joye, ce que les habitans ne volurent faire, et

        ¹ *Mémoires de Nevers,* t. I, p. 117. — Recueil d'Isambert, t. XIV, p. 280.

pour toute excuse feirent entendre à S. M. que c'estoit à faire aux huguenotz et aux rebelles catholiques à chanter le *Te Deum* et faire les feux de joye.

Tout à l'instant que l'édict de paix fut publié à Paris, le roy envoya par toutes les villes de France pour le faire publier. Et fut leu et publié à Provins, tant au palais du bailly que au pilory, le 21ᵉ de may; duquel édict ne fut faict grand conte audit Provins, excepté de quelques sept ou huict huguenotz qui y estoient pour le plus et des pauvres gens des villages, qui, encores qu'ilz ne fussent aulcunement héréticques, s'esjouyrent beaucoup d'icelle paix, affin de prendre ung peu de repos de leurs misères. Et ne challoit ausdis des villages comment elle fust faicte, moyennant qu'on leur laissast la liberté d'aller les dimanches et festes à la messe et que la gendarmerie ne les ruinast plus.

Cependant, les reistres desquelz nous avons parlé estoient encores entre les villes de Méry-sur-Seine, Marigni et Troye, qui faisoient du mal assez, en attendant l'argent de leur paye que le roy leur avoit promis. Lesquelz, sur la fin du moys de may ou au commencement de juing, se ragèrent et allèrent loger ung peu au delà de Troye, à Chastillon-sur-Seine, où nous les laisserons séjourner, cependant que nous parlerons du faict d'aultres reistres qui estoient en France pour le roy, lesquelz nous avons dict estre venus assez près de Meaux; pour passer la Marne et aller au camp du roy, si la paix ne se fust conclue.

Ilz reistres du roy estoient conduitz par deux seigneurs allemans, nommez Bessonpierre [1] et Chambar, lesquelz, ayans receu novelles de la paix faicte, remonstèrent amont la rivière de Marne du costé de la Picardie à petites journées, en attendant leur argent, et tant firent qu'ilz trouvèrent passage sur laditte rivière entre les villes d'Es-

---

[1] Christophe, baron de Bassompierre, seigneur d'Harouel et de Baudricourt, grand maître d'hôtel et chef des finances de Lorraine, colonel de quinze cents reîtres entretenus pour le service du roi, mourut le 16 novembre 1594, après avoir servi la ligue avec un grand zèle.

1576. parnay et Maru, et passèrent en la Champaigne à Vertus, et de là tirèrent à Corroy, Cognantre et villages d'alentour, environ le 20ᵉ jour de
may, et séjournèrent jusques passé le 20ᵉ de juin ès environs de Chaslons en Champaigne, où ilz receurent argent que le roy leur envoya,
et fut commis pour les payer Jehan de Vauhardi, grénetier du sel de
Provins.

Durant lequel temps, ainsi que fut le commung bruict, survint
question et débat entre lesdis sieurs Bessonpierre et Chambar touchant l'honneur des dames de France, que ledit Bessonpierre accusoit
d'estre toutes impudicques et desloyalles à leurs maris, touchant
l'œuvre de mariage, disant ce le bien sçavoir par l'expérience qu'il en
avoit faict avec des plus grandes depuis qu'il hantoit en France, concluant que les aultres n'estoient plus chastes ne à leurs maris plus
fidelles que celles qui s'estoient habandonnées à luy. Lesquelles parolles ne put porter patiemment le sieur de Chambar, et en deffendant l'honneur desdittes dames, soustint qu'il n'estoit vray de toutes,
comme disoit ledit Bessonpierre; et sur ces parolles entrèrent en
querelle, jusques à mettre la main à l'espée l'ung contre l'aultre, et
advint que ledit Chambar tua Bessonpierre. Qui provocqua il Chambar
à défendre l'honneur des dames de France, fut l'amour et l'honneur
qu'il pourtoit à la sienne, laquelle, comme on disoit, estoit de la
nation de France, de laquelle il se tenoit si assuré qu'elle en sa vie
ne luy avoit faict tort de son corps ni de la loyauté de mariage.

Le long séjour que iceux reistres firent aux villages et lieux susditz
fut cause de les faire escarter à six et sept lieues loing de costé et
d'aultre pour aller piccorer et cercher butin, et en esvalla jusques au
village d'Esternay, le 15ᵉ de juin, environ le nombre de cinq à six
cens chevaux, et y furent deux jours et deux nuictz, mais n'osèrent
arrester plus longtemps, à cause du chasteau qui est fort et pour la
crainte qu'on ne se jettast sur eux.

En allant et venant, faisoient courses et carges jusques aux portes
du prieuré de Sᵗ-Gond-lez-Sézanne, lieu fort et de deffense, pour ce
qu'audit lieu s'estoient retirez aulcuns gentishommes et paysans avec

leur bestial; et advint à une fois qu'environ vingt-cinq d'iceux reistres 1576. surprindrent ledit bestial à l'improviste et l'enmenoient en leur camp. De quoy furent advertis le prieur, nommé Jehan Vigeron, moyne du Moustier-la-Celle, et les gentishommes et paysans, qui en diligence, à pied et à cheval, allèrent après leur bestial, et tant firent qu'ilz le regangnèrent et le ramenèrent, non sans coups donner, car ledit prieur y fut blessé en la cuisse d'ung coup de pistolle et ung gentilhomme de sa suitte tué, comme aussi furent tuez et blessez lesdis reistres, la pluspart desquelz demourèrent en la place.

Tous lesdis reistres logez ès environs de Chaslons et lieux susditz ne s'en retournèrent en Allemagne dire des novelles aux gens de leur pays; il en demoura beaucoup au pays de Champaigne, pour engresser le terrouer et pour nourrir le poisson des rivières; car tout aultant qu'on en trouvoit aux escartz, aultant on en tuoit et ruoit-on par terre. Pour ce faire s'estoient bandez les gentishommes et paysans du pays les ungs avec les aultres, lesquelz, au désespoir de la perte de leurs biens, n'espargnoient iceux reistres non plus que chiens fols. Il y eut ung certain capitaine françoys de ceux qui estoient pour les rebelles, qui, avec sa compagnie, s'alla loger assez près desdis reistres sur la rivière d'Aulbe, en intention de les assaillir pour avoir du butin, ce qu'il fit, et en tuèrent luy et ses gens assez bon nombre. Mais n'alla guères loing sans en recepvoir vengeance des aultres reistres, qui, à la clameur de ceux qui avoient eschappé de ses mains, allèrent en si grand nombre l'assaillir qu'ilz furent maistres de laditte compagnie, et, après avoir tué et massacré ce qu'ilz volurent, enmenèrent ledit capitaine et plusieurs du reste de ses gens prisonniers, pour en faire à leur discrétion.

Craintes inspirées par la présence et le long séjour des reîtres dans les villages entre Sézanne et Coulommiers. Les gentilshommes sont les premiers à abandonner leurs châteaux, emportant les meubles et emmenant le bétail. Les reîtres ne les épargnaient pas plus que les gens du peuple; quelques personnes pensaient même qu'ils avaient ordre de traiter rudement les nobles, qui, malgré les mandements royaux, avaient refusé de secourir Henri III dans cette guerre.

1576.   Pour la fuitte desdis gens pille et tue hommes, les pauvres laboureurs et gens des villages furent esmuz, et à l'exemple d'iceux et par leur conseil, vuydèrent les meubles de leurs maisons, et avec leur bestial les envoyèrent aux villes prochaines et commodes de leurs demourances, les ungs à Villenauxe, les aultres à Pons et Nogent-sur-Seine, les aultres à Provins. D'un grand nombre de parroisses par chascun soir alloient le bestial de chevaux, vaches et brebis au giste à Provins, ensemble les bonnes gens. Les rues dudit Provins estoient si pleines de nuict dudit bestial, qu'il n'estoit possible d'y passer à son ayse, et gardoit chascune parroisse son troupeau distant les ungs des aultres, de peur de le mesler. Ceux qui povoient recouvrer estables pour les loger, les enserroient. Les covens, courts et maisons des Cordeliers, des Jacobins, de St-Jacques, de St-Ayoul, cloistre de N.-D.-du-Val, courtz de l'hostel de la ville, de la salle du roy et les logis en estoient si remplis que plus n'en povoient tenir. Le peuple de Provins fut fort pitoyable, bening et courtois auxditz gens des villages, et leur faisoit ung chascun le mieux qu'il povoit. Je n'ouys personne qui se pleignist d'avoir perdu une seulle beste, sinon ung qui demanda ung pourceau qu'il disoit luy avoir esté pris, lequel luy fut payé par celuy qui en avoit fait son prouffit, ne sçachant à qui il appartenoit. C'estoit une chose fort pitoiable d'ouyr le crÿ, hurlement et beslement de tant de bestes, qui sembloient se plaindre d'estre deffinagées de leur terrouer et estables. Et dura ce désordre environ dix jours à deux fois en moings de quinze jours.

Les dames cordelières de Provins, pour éviter le danger du mal et déshonneur qu'elles eussent peu recevoir, vuydèrent les meubles de leur monastère et les envoyèrent serrer à Provins, et voyant le bruict se continuer de la venue des reistres, sans s'en informer davantage, trop légèrement sortirent de leur monastère pour s'aller serrer en la ville. On leur bailla les logis de la salle du roy pour se retirer, et la chapelle de mons. St-Blaise pour faire leur service, où elles furent ung moys entier pour le moings. Dieu sçait si elles furent paresseuses de visiter leurs amys de toutes qualitez qu'elles avoient audit Provins, tant chanoines, prebstres, cordeliers que jacobins et 1576. aultres. Dieu sçait aussi si les mocqueurs et gaudisseurs dudit Provins firent leur prouffit avec mocqueries et risées des sœurs qui alloient visiter leurs frères en J.-C., et des frères qui allèrent consoler leurs sœurs. Et s'estimèrent lesdis frères en J.-C., et principalement aulcuns chanoines, dignitez et personatz des églises collégiales, bien heureux et tenuz à Dieu de veoir en leurs maisons lesdittes sœurs qu'ilz aymoient plus que Dieu, et ne craignoient tant de désobéir et offenser Dieu que d'offenser et désobéir auxdittes sœurs. Les pastissiers, boulangers, taverniers, routisseurs, ne se trouvèrent que bien de la venue desdittes dames, et eussent bien volu qu'elles eussent séjourné plus longtemps, moyennant que leurs amys ne se fussent lassés de les festoyer. Elles s'en retournèrent au monastère le 16e jour du moys de julliet, duquel elles avoient party le 17e du moys de juing auparavant.

Ceste sortie desdittes dames de leur monastère fut la quatriesme depuis l'an 1543; mais aux trois fois précédentes n'y eut tant de désordre, risée et mocquerie que plusieurs personnes en ont faict, veu et trouvé en celle-ci. Toutesfois, quant à moy, je n'y ay veu que bien et honneur, et estime lesdittes dames estre fort sages et bien dévottes, et où les imperfections humaines se seroient trouvées en elles et ceux qu'elles visitoient et desquelz elles estoient visitées, il fault revenir à ce poinct qu'elles et leurs bien-aymez estoient de chair et de sang, subjectz à imperfection et passions charnelles et corporelles, aussi bien que ceux qui ont volu mesdire de leur honneur et religion.

Les gentilshommes de France, et notamment ceux de Champagne, furent la cause des désordres arrivés dans l'État, en refusant le service militaire qu'ils devaient et qui était réclamé d'eux, ce qui força le roi à appeler pour sa défense les étrangers dans le royaume.

Jadis les nobles de France ont acquis ce tiltre de noblesse et leurs priviléges des roys et princes, pour leurs vertus et les bons services

1576. qu'ilz faisoient auxditz roys et princes et à leur patrie, la France ;
lesquelles vertus estoient auxditz nobles et gentishommes si relui-
santes devant tout le peuple, que pour néant, mesmes sur leur vie, sur
leur honneur qu'ilz aymoient plus que les biens, n'eussent volu faire,
dire, ni entreprendre parolles, faictz, dictz, actes, ni aultre chose qui
eust porté scandalle, domage, ni intérestz au plus petit et pauvre de
la terre. Ilz estoient religieux, fidelles, catholicques, ecclésiasticques,
sages, prudens, doux, benings, clémens à leurs subjects et aultres,
secourables, pitoiables sans récompense, charitables, aulmosniers
aux pauvres, protecteurs et deffenseurs du sainct Évangille de l'église
catholicque et romaine, des sacremens d'icelle et des prebstres, dé-
votz à Dieu, à la vierge Marie Nostre-Dame et à ses sainctz, hospital-
liers aux passans et estrangiers, révérens en tout et partout pour
l'honneur de Dieu, sans jurer, maugrouer, renier, ni blasphêmer son
sainct corps et nom, deffenseurs des pauvres, des vesves, des orphelins, non oppresseurs de leurs subjects par courvée, ni corrum-
pus par dons, non murtriers, non paillards, non vindicatifs ne larrons ; ilz alloient à la guerre pour avoir honneur, servoient les roys et
princes fidellement et à leurs despens, sans rançonner, voller, violler
filles ni femmes, deffendoient la patrie avec leur roy, et se portoient
ennemys de toutes personnes qui vouloient envahir le roy et leurditte patrie. Mais maintenant le tout est bien renversé au contraire.
Les nobles, qui jadis estoient gentilshommes de vertu, sont maintenant gens pille et tue hommes, héréticques, infidelles, irrévérens,
idolastres, folz, cruelz, fiers, arrogans, ravisseurs du bien d'aultruy,
sagriléges, oppresseurs du peuple, renieurs de Dieu, blasphémateurs
de son sainct nom, de ses saincts et de son église, paillards, incestueux, violleurs de filles et femmes, traîtres, desloyaux, proditeurs
de leur patrie, non charitables ni aulmosniers, non hospitaliers aux
passans, mais guetteurs et espieurs de chemins, volleurs, associez
des larrons, des murtriers, des assommeurs de gens, traîtres à toutes
personnes, immiséricordieux. Brief, il n'y a genre ni espèce de mal
que ne facent maintenant ceux qui se disent nobles et gentilshommes,

et de toute meschanceté en font vertu, et principallement de l'as- 1576.
sassinat et trahison, qui sont à ceste heure si commungs entre eux
que les plus hardys et accortz d'entre eux ne daigneroient ou n'o-
seroient plus mettre la main à l'espée contre ung aultre, mais guet-
tent et espient celuy à qui ilz veullent mal, ou le font guetter et espier par leurs assommeurs, pour le tirer et tuer à coups de pistolle
et harquebuse; ou bien, s'ilz prennent l'espée en main, sans advertir
celuy qu'ilz veulent assasiner, luy traversent leurditte espée ou dague
à travers le corps, en lui baillant les bonadies et en faisant semblant de le baiser et embrasser. Voilà les vertus qui reluysent en noz
nobles et gentilshommes de France. Je ne parle que des meschans,
le nombre desquelz excède de plus des trois partz le nombre des
bons et vertueux. Dieu garde de mal les nobles vertueux et gens de
bien qui ont en horreur les vices susditz et les vicieux! Le nombre
en est assez petit; ils sont hays et desprisez des aultres, qui font de
tout vice vertu.

Les reîtres des rebelles partent de Châtillon, où ils avaient reçu leur paye, et
quittent la France, remerciés par le duc d'Alençon et le prince de Condé, et
enrichis de nos dépouilles.
Le duc d'Alençon quitte lui-même Châtillon au bout de peu de jours. Il avait
avec lui une troupe considérable de gens de guerre, dont il envoya plusieurs
bandes en garnison dans différentes villes.

Le 9e jour du moys de juing, six enseignes d'iceux reistres passèrent la Seine à Pons pour aller en Brie, et logèrent en la parroisse
de St-Fergel-lez-Nogent, où au lendemain, 10e jour, qui estoit le
jour de la Penthecoste, feirent leur presche et leur cène à cause de
la solemnité de la journée; après quoy deslogèrent et s'allèrent loger
en la parroisse de Meel-sur-Seine, où ilz ne furent que une nuict,
puis retournèrent passer la Seine à Noyen, où ils furent trois jours
à manger de toutes leurs dens et faire bonne chère. De Noyen, ilz
allèrent ravager et rançonner ce pauvre pays de Champaigne jusques
à Vauluysant, où les reistres de leur camp avoient esté si long temps,
passèrent encore une fois la Seine à Esgligni ou la Tombe, pour tirer

1576. en la Brie, estans en bien plus grand nombre que devant, et furent environ quinze jours à faire ce tour. Ils estoient conduictz par commissaires et gouverneurs, qui les faisoient cheminer assez lentement, et qui demandoient et faisoient fournir des munitions de pain, vin et chair aux villages de trois lieues des environs où ilz logeoient. Les commissaires d'iceux huguenotz qui se disoient estre les mal-contens allèrent à Provins pour demander des munitions suyvant leur commission, laquelle veue par les gens de justice, procureur et eschevins, leur fut permis d'en lever sur les villages depuis Sordun, Chalaustre-la-Petite, Septveilles, St-Michel de Pongnis, Leschelle et Cortacon, où ils logèrent. Et au partir tirèrent à la rivière de Marne, et estoit le commung bruict qu'ilz huguenotz et mal-contens alloient en garnison ès villes de St-Quentin, de Péronne et frontières de Piccardie.

Non seullement les pays de Champaigne et Brie furent travaillez desdis huguenotz et mal-contens, mais aussi des gens d'armes du camp et gardes du roy, qui, dès la publication de l'édict de paix, passèrent en la Brie, où tindrent les villages tous les ungs après les aultres, et de la Brie montèrent jusques au dessus de Sézanne, passèrent la Seine et allèrent en Champaigne jusques ès environs de Troye, en tirant à Sens et jusques à la rivière d'Yonne. Et furent l'espace de plus de six sepmaines à passer et rapasser d'un pays à l'aultre. Les compagnies qui ravagèrent si bien lesdis pays furent les régimens des sieurs de Brissac, Ste-Colombe, Haultefort, Beauvais, Strozzy et la compagnie de la Chapelle des Ursins. La pluspart desdis régimens se disoient estre des gardes du roy, et toutesfois ne laissoient non plus que les aultres à rançonner, voller et piller le pauvre peuple ainsi que les aultres. Finalement, ceux des gardes du roy se tirèrent vers Meaux et Paris, les aultres retournèrent du costé de Sens, et allèrent, comme l'on disoit, tenir garnison en Daulphiné, en Provence et en Languedoc.

Ne fault laisser l'excès que une bande d'iceux feit à ung bon homme de Noseaux, parroisse de la Chapelle St-Nicolas-lez-Nogent; lesquelz, au desloger dudit lieu, luy enmenèrent deux belles et

bonnes jumens, pour lesquelles ravoir, les poursuivit jusques au petit
hameau de Fontaine-Riant, tout joignant les murailles de la ville de
Provins, où là pensoit les ravoir; mais il fut bien trompé, car, au
lieu de les luy rendre, feirent coupper les jarretz d'une jambe audit
bon homme, avec plusieurs aultres coups qu'ilz luy donnèrent, dont
il est demeuré boiteux à toute sa vie. Tous les justiciers audit Provins
furent bien advertis de l'excès faict audit bon homme, avant qu'ilz
gens de guerre fussent deslogez dudit Fontaine-Riant, où ilz furent
deux ou trois jours, et toutesfois, pour ce que le bon homme ne
volut bailler argent et se faire partie, lesdis de la justice ne sortirent
hors leurs portes pour aller s'enquérir des volleurs, larrons et murtriers, et par ainsi le bon homme fut estropié et ses jumens perdues.

Une aultre bande, logée à Meel, qui pareillement de là s'alla loger
à Fontaine-Riant, Fleigni, Rouilli et villages d'alentour, en pensèrent
donner aultant à ung homme dudit Meel, nommé Françoys Lambert.
Lesquelz, pour le rançonner à leur dévotion, oultre 4 liv. t. qu'il
leur avoit jà donné à leur arrivée, feirent cacher par ung de leurs
gens ung asne qu'ilz avoient amené avec eux, et fut ledit asne enmené
de nuict au village du Plaissié de Mériot, où estoient logez d'aultres
gens de guerre de la mesme compagnie. Le jour qu'ilz deslogèrent
dudit Meel, commandèrent à leurs porte-besaces qu'ilz apparellassent
ledit asne, lesquelz, allant en l'estable pour le cuider prendre, le trouvèrent perdu. Ilz demandèrent où il estoit audit Lambert, qui leur
feit response qu'il n'en sçavoit rien. A laquelle response commencèrent à grands coups de baston à frapper sur luy et, en luy demandant l'asne, le lièrent de cordes bien estroictement par les bras, et
luy ayant mis une corde au col, l'enmenèrent avec eux chargé d'une
grosse malle, qui estoit la charge dudit asne, et le baillèrent à conduire à ung gros pallefrenier ou tourne-broche, qui le menoit par la
corde, tout ainsi qu'un chien. Et comme il ne povoit cheminer aussi
fort qu'ilz vouloient, pour la pesanteur du fardeau qu'il portoit, ilz le
battoient oultrageusement, menaçant de le faire pendre et estrangler
par la sentence de leur capitaine, comme larron, s'il ne leur rendoit

1576. l'asne, ce qu'il n'eust sceu faire. Pour lequel, encores qu'il n'en fust
tenu, leur volut bailler six testons, qui valloient ou bien qui se mettoient jà pour 16 ou 17 s. t. entre marchans et le peuple; mais ilz n'en
volurent poinct, pour ce que ce n'estoit assez à leur gré. Pour aller
dudit Meel audit Fontaine-Riant, passèrent iceux gens de guerre par
le molin de l'estan et de là près de la porte de Culoison, de laquelle
s'approcha ledit Lambert et cestuy qui le menoit, qui ne tenoit la
corde guères ferme; ce que bien voyant, ledit Lambert jetta par terre
la malle qu'il portoit et courut en la barrière de ladite porte qui estoit ouverte et se mit entre les mains des gardes, qui avoient grande
compassion, le voyant ainsi lié et conduit comme une beste. Lesquelz, pour le saulver, l'envoyèrent dans la ville, et se réfugia dans
le cloistre de Notre-Dame-du-Val, en la maison de l'auteur de ce
livre, où il fut toute la journée. Après lequel coururent les maistres
qui disoient l'asne leur appartenir, qui n'y perdirent que leur temps.

Nul ne croiroit les larcins, volleries, pilleries, ransonnemens,
murtres, battures et oppressions que faisoient les gens de guerre de
France aux bonnes gens des villes et villages où ilz logeoient; et
pour le faire court, les barbares, juifz, turcz, sarasins et infidelles
n'eussent sceu faire plus de mal aux chrestiens que lesdis gens de
guerre françoys au pauvre peuple. Et de tous telz maux ne se faisoit
aulcune pugnition ni par leurs capitaines, ni par les gens de justice,
et, qui plus est, si ung pauvre homme de village eust blessé ou battu
aulcun d'eux, encores qu'il eust eschappé de leurs mains, les justiciers des villes, et nommément de Provins, l'eussent ruiné et des-
truict par prison et coustange de ses biens, sans la peine du corps,
tant lesdis justiciers estoient meschans et avaricieux.

A l'instant que les régimens susditz se partirent du balliage de
Provins, y en demoura un aultre, qui estoit gouverné par ung Italien
nommé le capitaine Stéf, qui avoit obtenu commission du roy et de
mons. de Guise de mettre ses gens en garnison à Provins et à Sézanne; et, pour ce faire, les feit approcher ès villages de Sordun et
aultres, pour y entrer du jour au lendemain. Et à ces fins apporta

sadite commission aux gens de justice et gouverneurs de Provins, 1576. desquelz fut remis à ung aultre fois, en attendant qu'ilz de Provins eussent esté parler au roy et à mons. le duc de Guise, par quoy falut qu'il promenast encores ses friquerelles par la campagne aux despens des pauvres villages.

Les habitants de Provins envoient des délégués à Paris auprès du roi et du duc de Guise, puis à Châtillon auprès du duc d'Alençon, pour les prier de révoquer la commission donnée au capitaine Stef, et d'exempter la ville du logement de la compagnie. La commission est révoquée par l'influence du duc d'Alençon, qui, malgré le dernier édit de paix, expédie un mandement portant que Provins n'aura pas de prêche et ne recevra point de ministres hérétiques. Avant de prendre cette décision, qui remplit de joie les catholiques, le duc s'était informé du nombre des huguenots habitant Provins, et l'avocat du roi, Rethel, lui avait répondu qu'on n'en comptait pas plus de huit. « Il y en auroit cinq cens, dit le prince, pour cela n'y auroit presche en laditte ville. »

Les seuls protestants fermes et constants que Provins possédât alors étaient Richard Privé, la veuve du médecin Saulsoy, et Gagnot, qui s'absentaient au moment des troubles, et rentraient dans leurs maisons quand les troubles avaient cessé. Les autres hérétiques, après avoir plusieurs fois abjuré, étaient revenus, depuis le dernier édit, à la religion réformée. Se voyant frustrés de prêche, ils se réunirent le dimanche chez la dame de Chanteloup, puis au château du Plessis, chez la femme de Lanoue, qui les reçut, à condition qu'ils vivraient chacun à ses dépens.

Pendant le séjour du duc d'Alençon à Châtillon, les protestants de Troyes viennent lui demander l'autorisation d'établir un prêche dans la ville. Le duc les congédie en leur demandant, avant de répondre, une liste, signée de deux notaires, des protestants habitant Troyes, et en disant à un gentilhomme de sa suite : « Ceste canaille de huguenotz ne vallent pas le nayer. » Il n'y eut point de prêche à Troyes plus qu'à Provins.

Copie du récit (imprimé à Troyes par la veuve Nic. Luce) d'un miracle opéré à Soucy, près Châtillon, le 21 juin 1576, sur trois protestants qui avaient insulté une image de saint Antoine, et l'avaient frappée de coups d'arquebuse.

Les reîtres du roi, longtemps arrêtés aux environs de Châlons, avaient enfin gagné Vitry, où ils séjournèrent jusqu'au mois d'août. De là ils revinrent au village de l'Espine, y restèrent quinze jours et repassèrent à Châlons et à Sézanne. Le 2 août, leurs commissaires se présentèrent aux gouverneurs de Provins, pour avoir des vivres et des fourrages, qui furent refusés. Enfin, en septembre, la

1576. troupe partit pour son pays. Les habitants de Châlons, ayant eu beaucoup à souffrir des excès, vols et meurtres commis par les reîtres, s'en plaignirent au sieur de Chambar, leur chef, et le prièrent d'y mettre ordre;

Lequel, après avoir entendu leurs plaintes, les contenta de patience, disant qu'il estoit fort difficile d'y mettre ordre, pour le grand nombre qu'ilz reistres estoient; et, pour les contenter tout en ung coup, leur dist qu'il n'y avoit aulcun remède et que c'estoit la guerre, et que par temps de guerre il ne falloit réclamer ni avoir recours à justice. De laquelle response indigné, ung certain personnage dudit Chaslons, le père duquel avoit esté vollé et tué par lesdis reistres, tira sa dague et l'enfonça au corps dudit sieur de Chambart, en luy disant : « Voylà donc la guerre, puisque justice n'a poinct de lieu. » Les serviteurs et reistres qui estoient avec iceluy Chambart quand il fut blessé, mirent la main aux armes pour venger le coup; mais ne fut leur prouffit. Car émotion et sédition fut faicte par les habitans de la ville contre eux, et y en eut plus de trente tuez en la place. Et ce, l'ai sceu par ung des habitans dudit Chaslons, nommé Jehan Emery, natif de Villegruis ou parroisse.

Les Suisses de l'armée du roi, en garnison à Montereau, partent au mois de septembre pour leur pays. — De nombreux passages de troupes font douter de la durée de la paix. — Le duc d'Alençon, en quittant Châtillon-sur-Seine, se dirige sur Bourges. Les habitants de cette ville, malgré la paix, hésitent à le recevoir, craignant qu'il ne se venge du refus fait par eux, pendant les troubles, de lui donner entrée, et que le roi ne leur sache mauvais gré d'avoir admis son frère. Ils font prévenir Henri III, qui les rassure sur les bonnes dispositions du duc d'Alençon, et leur ordonne de le recevoir. En conséquence, les principaux citoyens vont présenter les excuses de la ville au duc, qui pardonne, et auquel on fait une entrée somptueuse et solennelle. — Le prince de Condé quitte le duc d'Alençon et va joindre le roi de Navarre.

Car ledit prince de Condé avoit prins grand soubçon et mesfiance sur ledit sieur duc, d'aultant qu'il ne faisoit faveur aux huguenotz, ains les déboutoit de toutes les requestes qu'ilz luy présentoient, et ne vouloit permettre qu'ilz eussent des presches par toutes les villes

du royaume, ainsi qu'il estoit porté par l'édit du roy; et en ce 1576.
soubçon, ne volut entrer audit Bourges avec ledit seigneur, ains se
reculla fort arrière, et dist que entrer ès villes estoit se mettre comme
les ratz en la ratière, de laquelle n'en ressortent quand ilz veullent,
et qu'il n'avoit oublié la prinse de luy et de l'admiral à Paris au jour
du massacre de la St-Bartholomy. Le bruict commung fut que ledit
de Condé print altercat avec ledit seigneur duc jusques à quereller
des grosses dens l'ung contre l'aultre, pour le faict des huguenotz et
des presches d'iceux; et dist-on davantage que mondit seigneur duc
se sentit tant importuné dudit sieur de Condé, qu'il avoit esté contrainct par grande collère de mettre la main aux armes, ce que je
n'ay jamais creu. Mondit seigneur le duc demoura audit Bourges et
pays d'alentour jusques au moys de novembre, qu'il arriva à Paris,
pour saluer le roy son frère, affin d'aller ensemble tenir les trois
estatz en la ville de Blois, ainsi qu'il avoit esté advisé par le traité
de paix dernièrement faict.

Les protestants de Rouen s'assemblaient sans l'autorisation de l'archevêque;
le cardinal de Bourbon, en étant instruit, se rend au prêche avec une suite
nombreuse, interroge le ministre, ordonne aux assistants de se disperser [1], et
leur défend de s'assembler à l'avenir, disant qu'à lui et non au roi appartient le
droit de prêcher et de faire prêcher dans son diocèse. Une plainte portée au roi
par les protestants demeure sans résultat [2].

Convocation des états généraux à Blois, le 1er novembre [3]. Les trois états du
bailliage de Provins sont convoqués dans cette ville au couvent des Jacobins, le
29 août, à l'effet d'élire des députés; la commission avait été adressée au prévôt,
et non au bailli. Quelques ecclésiastiques et les gentilshommes refusent de répondre à l'injonction du prévôt, disant que cet officier n'était pas leur juge, et
qu'il était seulement celui des roturiers et artisans. Sur les réclamations portées
au roi, la commission envoyée au prévôt est cassée, et un nouveau mandement
est adressé au bailli, que les prêtres et les nobles regardaient comme leur seul
juge compétent. Plusieurs personnes pensèrent que l'envoi aux prévôts avait eu

[1] Voy. Floquet, *Histoire du parlement
de Normandie*, t. III, p. 164 et suiv.

[2] Journal de Henry III (Cologne, 1666),
p. 18.

[3] Lettres de convocation des états généraux. 1576, 6 août (Isambert, *Rec. des
anciennes lois françaises*, t. XIV, p. 305).

1576. lieu pour faire sentir aux gentilshommes qu'ils étaient de vrais vilains, eux qui avaient refusé d'aller à la guerre pour le service du roi.

Mandement du roi au bailli (6 août 1576); — du bailli aux marguilliers et procureurs syndics des paroisses, pour faire assembler leurs paroissiens au 17 septembre (27 août); — du bailli aux sergents royaux du bailliage (août).

Les délégués des trois états des paroisses, assemblés à Provins le 17 septembre, nomment députés : Me Claude Moissant, doyen de la chrétienté, curé de Saint-Pierre, pour le clergé; M. de Sigi, pour les nobles; et Girard Janvier, bourgeois, pour le tiers état.

Fault icy dire en passant l'inconstance de Me Jean Retel, advocat du roy à Provins, sur l'élection dudit Janvier. Lequel, iré et courroucé de ce que les premiers qui avoient esleu avoient nommé ledit Janvier (qui estoit absent de l'assemblée), les taxa de besterie et ignorance, et requist qu'on n'eust poinct d'égard à leur élection, sans donner aultre raison que de dire qu'il y en avoit en l'assemblée de plus suffisans que ledit Janvier, donnant assez à entendre qu'il désiroit y estre esleu en son lieu; mais toutefois ne laissa le reste des habitans de donner leurs voix audit Janvier, qui y demeura. Ledit Janvier estoit tenu aussi sage et savant que ledit Retel, encores qu'il ne fist estat d'avocat, et si estoit plus humble et rassis.

L'élection des personnes ci-dessus nommées faicte, fut prins et ordonné jour préfix pour se rassembler chascun estat à part, pour disputer des doléances et remonstrances qu'ilz vouloient donner à leur député pour porter au roy audit Blois. Puis se leva l'assemblée, sans aultre chose faire, dire, ni arrester pour ceste journée, ains se retira ung chascun en son pays et village. Girard Janvier sceut qu'on l'avoit esleu pour le tiers estat, et luy fut signiffié par ung sergent, affin qu'il n'en print cause d'ignorance; et sceut quant et quant que l'advocat du roy avoit contredit à son élection, et pour ce remercia les gouverneurs de Provins et aultres qui l'avoient esleu, et se déclara insuffisant de telle charge et honneur, mais donna sa voix et son élection audit advocat du roy, et pria fort que tel honneur luy fust déféré; mais ne fut ouy en ses excuses, ains luy fut déclaré qu'on ne prendroit aultre que lui. Quoy voyant, eut recours au roy, auquel

présenta sesdittes excuses, et obtint lettres de S. M. pour estre 1576.
exempt de n'y aller, lesquelles fit signiffier aux gouverneurs de Provins, leur faisant assavoir qu'ilz eussent à en eslire et envoyer ung
aultre que luy. Desquelles lettres se portèrent pour opposans lesdis
de Provins, lesquelz iterum luy firent signifier qu'il eust à s'acheminer audit Blois, pour estre auxdis estas, luy présentèrent le cahier des
doléances du tiers estat du bailliage et le procès-verbal des gens du
roy, protestant de recovrer sur luy tous domages, despens et intérestz, au cas qu'il ne s'y trouvast, à la descharge d'eux, si aulcun mal
leur en advenoit. Parquoy fallut qu'il y allast, et croy qu'il ne faisoit
ceste difficulté que pour ce qu'avoit dict ledit advocat du roy.

Le doyen de la chrestienté, Mᵉ Cl. Moissant, voyant que l'élection
de sa personne le contraindroit d'aller ausdis estaz nonobstant toutes
excuses, se délibéra de s'en acquiter, et d'aultant qu'il n'avoit beaucoup de biens ni de moyen, demanda aux ecclésiastiques quelques
deniers par forme d'avances, qui seroient rabattus sur la taxe que
luy donneroit le roy de ses peines et vacations. Et tant fist qu'il leva
quelques 150 ou 200 liv. pour faire ses premiers fraiz.

Au 8ᵉ et 9ᵉ jours d'octobre, les gentilshommes se rassemblèrent
aux Cordeliers de Provins, pour adviser entre eux des doléances qu'ilz
avoient à présenter, et se trouvèrent en assez grand nombre. Mons. de
Potières, Olivier de Soissons, bally de Provins, s'y trouva en personne
pour présider et cueillir les voix. Plusieurs noveaux nobles et gentilshommes faictz à la haste pensèrent se mesler parmy les gentilshommes de sang et de race, pour avec eux oppiner et disputer desdittes doléances; mais n'y furent admis, et en furent déchassez et mis
hors par force ceux qui ne s'en volurent retirer de bon gré quand ils
en furent requis. Cette séparation faite, les nobles de sang et de race
s'enfermèrent dedans la grand salle des Cordeliers pour adviser de
leurs doléances. Mais n'en disputèrent longtemps sans entrer en altercat les catholicques et les huguenotz les ungs contre les aultres.
Le nombre des catholicques excédoit dix fois celui des huguenotz,
parquoy les huguenotz ne furent les plus fortz, nonobstant toutes

1576. menaces par eux faictes de troubler l'assemblée présente et la future
géneralle de Blois par le relèvement des armes, si leur religion prétendue n'estoit là authorisée et tenue pour vraye et saincte religion,
et là catholicque déclarée faulse, supersticieuse et abominable. De
laquelle requeste furent deboutez, et partant que si peu d'héréticqués
vouloient par leur arrogance et menaces faire signer aux catholicques
ce que dessus, y cuyda avoir du murtre et y en eust eu, sans la prudence du bailly et aultres vielz et anciens gentilzhommes, qui par
doulces parolles rabaissèrent l'orgueil desdis huguenotz. Car les sieurs
de Brunfay, qui estoient mons. de Quincy et mons. de la Courtrouge,
seigneurs de St-Yllier et de Vielz-Champaigne, frères, mons. de la
Barge, sieur de Molin-d'Ocle, mons. de la Vallée, sieur de Evarly,
mons. de Crenay le jeune, sieur d'Aulnoy, mons. des Marestz,
mons. de Tachy, mons. de Grateloup, son frère, mons. de Lours, et
encores quelques aultres que ne cognus, aux menaces d'iceux huguenotz, meirent la main sur la garde de leurs espées et invitèrent sur le
champ les huguenotz susditz au combat à l'heure présente, pour
mettre fin aux séditions, troubles et guerres qu'ilz menaçoient de
relever, si ladicte religion prétendue n'estoit par eux et l'assemblée
géneralle des estatz authorisée. Mais, au contraire, les sieurs dessus
nommez et tous les aultres catholicques de l'assemblée déclarèrent
ausditz huguenotz qu'ilz ne passeroient oultre que, au premier article
de leurs doléances, ne fust escript et signé que la religion prétendue
réformée que tenoient lesditz huguenotz estoit une pure menterie et
ydolâtrie, une Babilonne pleine de confusion, qui enseignoit guerre,
murtre, sédition, assassinat, troubles, division et tout scandalle,
comme l'expérience le démonstroit en France il y avoit jà quinze,
seize et vingt ans passez. Ilz gentishommes huguenotz et catholicques
furent pareillement en débat et altercat du député pour aller au roy
porter leursdittes doléances. Les huguenotz ne vouloient que mons. de
Sigi, qui avoit esté esleu, y allast, pour ce qu'il estoit catholicque, ains
vouloient qu'on en esleust ung aultre qui fust de leur religion ; au
contraire, les catholicques soustindrent qu'il de Sigi iroit, puisqu'il

avoit esté esleu en l'assemblée du 17ᵉ jour de septembre, et arrestèrent qu'il n'y en iroit poinct d'aultre pour le bailliage et ressort. Et
sur ces disputes passèrent la première journée sans rien faire, parquoy fut continuée l'assemblée au lendemain, 9ᵉ jour d'octobre.

Audit jour, recommencèrent à débattre sur la diversité des religions, et requéroient qu'il fust dict qu'il n'y en auroit qu'une seulle
par le royaume. Sur lequel poinct chascun s'accordoit, pourveu que
ce fust celle que chascun tenoit. Pour lequel doubte escarter, les gentishommes catholicques arrestèrent et signèrent qu'ilz entendoient et
vouloient que ce fust la catholicque et romaine apostolicque église qui
demourast seulle par la France pour vraye, perfaicte et saincte, telle
qu'elle avoit esté receue et tenue en France par les roys, princes, gentishommes et peuple depuis douze cens ans, et non aultre. Ce que
voyant, les huguenotz susditz requirent lesditz gentilshommes catholicques qu'ilz accordassent que la permission à eux donnée et à leur
religion réformée par l'édit de la paix dernièrement faict demourast
en sa force et vigeur, et que par eux en l'assemblée génералle des estatz fust approuvée pour tousjours. Ce que ne volurent accorder lesdis catholicques, ains déclarèrent que, tant s'en fallust qu'ilz l'approu-
vassent, que, si le roy mesme avoit faict ung édict pour l'approuver
et contraindre les Françoys de la tenir et prendre, dès à présent
comme pour lors s'y opposoient et protestoient de luy faire la guerre
en tout et par tout, jusques à ce qu'il fust rompu et révocqué; mais
toutesfois n'empeschoient pas qu'ilz huguenotz n'en fissent au cayer
de leurs doléances ung article à part qui ne seroit signé que de leurs
mains, pour le montrer au roy, pour en faire ainsi que bon luy
sembleroit. Ce premier poinct vuydé, n'arrestèrent longtemps à estre
d'accord des aultres qui concernent leurs priviléges, et fut audit jour
leur cayer arresté et signé de leurs mains et mis au greffe du bailly,
pour estre remis au net. Puis se séparèrent, chascun à son adroict, qui
ne fut sans mesfiance les ungs des aultres, pour les différens qu'ils
avoient eus; toutesfois, n'en advint aultre chose.

Les ecclésiastiques ne se rassemblèrent audit Provins pour deviser

1576. de leurs doléances. Ceux des bailliages de Bray et de Montereau envoyèrent par mémoire à ceux de Provins ce qu'ils vouloient dire; sur lesquelz mémoires ajoutèrent ceux dudit Provins ce qu'ilz vouloient dire, et du tout fut faict ung cayer qu'ilz mirent au greffe du balliage.

Pour le regard du tiers-estat, chascune parroisse des villes et villages du bailliage portèrent audit Provins leurs plainctes et doléances par escript, qu'ilz mirent au greffe dudit balliage, pour estre du tout faict ung cayer et procès-verbal par les gens du roy. Les cayers et procès-verbaux retirez au net, furent délivrez aux députez de chascun estat pour les porter à Blois, avec procuration spéciale, comme il estoit requis.

Le bruit court que les états de Blois n'auront pas lieu. — Mariage du duc d'Aumale avec la fille du marquis d'Elbeuf, sa cousine germaine. Les membres de la famille de Lorraine passent par Provins à la fin de septembre, en se rendant à Joinville pour la célébration de ce mariage. — Les protestants poursuivent, en vertu de l'édit de pacification, l'établissement des prêches, et, en vertu d'un édit de création de mai 1576, l'érection des chambres mi-parties dans les lieux désignés. Les sieurs de la Noue et d'Arènes sollicitent Henri III pour cet objet.

A la requeste desquelz, le roy se transporta au palais de Paris, pour ériger ceste nouvelle chambre mi-partie de huguenotz et catholicques, et avoit requis ledit d'Arènes estre le président huguenot d'icelle chambre. Lequel passant par les rues pour s'aller faire installer par le roy, qui l'atendoit en la chambre dorée, fut jetté par les fenêtres d'une maison assez près du Palais ung gros grès qu'on pensoit faire tomber sur sa teste; mais ledit grès tomba sur les fesses de son cheval, et du cheval sur ung des huguenotz qui suivoient ledit d'Arène. Lesquelz furent si attonnez de ce et du bruict du peuple parisien, qu'ilz n'allèrent audit Palais, et ne s'y trouva personne des huguenotz qui demandast depuis pour ceste année à estre président et conseiller huguenot de la novelle chambre. Et après que le roy les eut bien attendu audit Palais par demye journée toute entière, s'en retourna au Louvre fort mal content[1].

---

[1] Dans le Journal de Henry III (Cologne, 1666), p. 18, il est seulement question

1576.

Les huguenotz de la ville de Paris, voyans le roy leur estre favorable, entreprindrent de leur auctorité de mettre ung presche en certain lieu près dudit Paris, hors les deux lieues limitées par l'édit de paix, et pour aller audit presche s'assembloient par grandes troupes, cheminans par les rues dudit Paris avec ung orgueil entre eux accoustumé, chose à eux deffendue par ledit édict de paix. Ce que ne purent endurer les enfans et serviteurs des maisons devant lesquelles ilz passoient, sans qu'ilz ne les hupassent et criassent après eux. Du cry et mocquerie desquelz iceux huguenotz courroucés se jettèrent sur les serviteurs, enfans et aultres gens qu'ilz trouvèrent par les rues, sans s'enquérir si ceux sur lesquelz ilz frappoient estoient ceux qui se mocquoient d'eux ou non; et d'arrivée tuèrent ung jeune filz qui ne pensoit à eux. Quoy voyant, le peuple de Paris de la rue où fut ceste émeutte s'armèrent contre lesdis huguenotz et se ruèrent sur eux, et Dieu sçait comment ilz drappèrent messieurs les huguenotz et huguenottes, desquelz une douzaine demourèrent mortz en la place, sans ceux qui s'en allèrent mourir en leurs maisons des coups qui leur furent donnés. De laquelle esmeute fut adverty le roy par les solliciteurs desditz huguenotz, qui requirent S. M. d'en faire faire pugnition exemplaire. Information faicte, fut trouvé qu'ilz huguenotz avoient les premiers mis la main aux armes et tué l'innocent qui ne pensoit à eux, et partant demoura l'affaire sans en savoir à qui se prendre, sinon ausdis huguenotz, qui, contre l'édit du roy, avoient attenté de faire ung presche où il leur estoit deffendu. Toutesfois S. M. ne leur en fit aultre chose, sinon qu'il interpréta l'article de son édict touchant les presches, et dist que dès lors en avant nul huguenot n'allast au presche hors des limittes et lieux où il estoit, deffendant derechef que nul presche fust mis en la ville de Paris ni les deux lieues limitées par son édict. Et fut la sédition ci-dessus dicte faicte le dimanche dernier jour du moys de septembre[1].

de difficultés faites à Guill. Dauvet, sieur d'Arennes, par les membres du parlement pour le recevoir comme président de la chambre mi-partie, difficultés qui le déterminèrent à renoncer à ses fonctions.

[1] Journal de Henry III, p. 19.

1576. Le duc d'Alençon, venu à Paris, vit en bonne intelligence avec le roi son frère, qui le nomme gouverneur et lieutenant général du royaume. Tous deux se rendent ensemble aux états de Blois, passent à Orléans le 20 novembre et arrivent à Blois le 25. Un jeûne préparatoire et des processions ont lieu dans cette ville par l'ordre du roi, et sont répétés dans les provinces. Le roi entre le 6 décembre dans la salle des états[1]. Harangue prononcée par Henri III. Les belles promesses contenues dans ce discours pour le soulagement du peuple ne furent point tenues. Discours du chancelier de France (analyse); il fut mal accueilli et donna lieu au quatrain suivant :

> Telz sont les faictz des hommes que les dis;
> Le roy dict bien, comme il est débonaire.
> Son chancelier fait preuve du contraire,
> Car s'il faict mal, encores dict-il pis.

Harangue prononcée au nom du clergé par l'archevêque de Lyon (analyse). Discours du baron de Sénecé, député de la noblesse. M. de Versoris, chargé de parler au nom du tiers état, se laisse intimider et ne peut achever sa harangue[2]. Les trois ordres se séparent pour rédiger chacun son cahier. Des députés sont choisis par les états pour prendre part dans le conseil à la rédaction des règlements à faire sur les remontrances présentées au roi.

Il y a ici une lacune. Le manuscrit reprend au milieu de la description d'une maladie que l'auteur nomme mal de colique-passion.

[Les malades, après] quelque douze, quinze et dix-huict heures, retournoient à l'usage de leurs sens et parloient quelque peu assez effrement, et, après avoir esté quelque aultre peu de temps en l'usage de leursditz sens, retomboient comme devant, en s'escriant en la première manière, se serrant les dens si fort l'une contre l'aultre, que force estoit de leur dresser avec outilz ou instrumens, et quand leur

---

[1] Sur les états généraux tenus à Blois, voyez les deux collections de Mayer (*Des états généraux, etc.*), 1789, tome XIII, et de Labourcé et Duval (*Forme générale de la convocation et de la tenue des assemblées nationales*), t. XIV; — les Mémoires de Nevers, t. I; — le *Journal des états de Blois* et les *Cahiers* (Bibl. imp. anc. fonds franç.

v. 8800, 8801);—le *Portrait des états tenus à Blois*, et d'autres pièces sur le même sujet (*ibid.* v. 8831, 8838 et 8842).

[2] Le discours du roi et celui du chancelier ont été reproduits dans la collection Mayer, t. XIII, p. 171 et 182; celui du baron de Senecé se trouve dans l'Histoire de France de la Popelinière, fol. 343 v°.

langue se rencontroit entre les dens, tombant en laditte appoplexie, s'offensoit si fort que quelques fois elle estoit percée de part à aultre. Aulcuns se démenoient et movoient leur corps comme ceux qui sont malades de quelque mal caducque. Au couvent des cordeliers de Provins, fut frappé de laditte appoplexie ung jeune religieux honeste homme, lequel, estant seul auprès du feu à se chauffer, tomba dedans le feu et respandit la marmitte sur son corps; par quoy fut fort domagé et bruslé, et eust là fini ses jours, si promptement n'eust esté secouru d'ayde pour le retirer; toutesfois, morut le lendemain sans avoir reprins ses sens. Dès l'an dernier, il religieux avoit esté si fort malade d'une colicque-passion, qu'il en avoit perdu l'usage des mains et pieds, et avoit esté assez longtemps perclus d'iceux membres; toutesfois l'usage d'iceux luy estoit revenu, quand il tomba en laditte maladie d'apoplexie. De laditte maladie de colicque-passion furent atteintes plusieurs personnes en laditte année dernière, dont pareillement plusieurs morurent en grand torment, sans y sçavoir trouver remedde, et tous ceux qui en reschappèrent tombèrent en perclusion de leurs membres, ne sçachant cheminer ni porter leurs bras et mains à leur bouche, et demeurèrent en tel estat près d'un an, jusques à ce que nature eust rendu la force aux nerfs. Et le plus souverain remedde qu'on pût trouver à laditte maladie de colique-passion et perclusion de membres fut de se tenir fort chaudement nuict et jour et de ne guères boire ni manger jusques après estre gary du ventre et des membres.

Dès le mois de febvrier, les marchans du royaume de France recommencèrent à donner cours aux espèces d'or et d'argent monnoyées à plus hault pris que le roy ne les faisoit valoir par son édict. L'escu soleil d'or, que le roy avoit haulsé à 60 s. t. les années précédentes, pour gratiffier ausdis marchans, qui dès lors avoient rehaulsé lesdites espèces, fut en ceste dite année par eux mis en marchandise de main en main à 61, 2, 3, 4 et 5 s., et les pistoletz d'Espagne, de Gênes, de Poulongne, de Milan et aultres pays estrangers à 2 s. t. moings que l'escu d'or au soleil, et faict à faict qu'ilz

1576. marchans haulsoient lesdis escuz au soleil, ainsi faisoient-ilz lesdis pistoletz. Les testons de la forge, marque et coing du roy, qui avoient esté par le roy mis à 14 s. et 6, furent par lesdis marchans haulsez à 16 s. t.; les dalles[1] de Flandre et jucondalles[2], qui valoient 45 et 40 s., furent par lesdis marchans allouées pour 50 et 45 s. t. Depuis lors, toute menue monoye comme karolus, unzains, douzains, pièces de 3 et de 6 blancs, ensemble doubles et liars, furent si bien reserrez, qu'on en manioit aussi peu que s'il n'en eust poinct esté en France, et ne manioit-on aultres monoyes que escuz, pistoletz, testons de tous pays, dalles, jucondalles et impérialles et aultre monoye des pays estranges. Et n'y eut ausdittes pièces, depuis le moys de febvrier de ceste année, aulcun arrest ni cours assuré, jusques en l'an 1577, que le roy y pourveut par ung édict rigoreux. Parce que on ne voyoit plus de menue monoye rager par ce pays, fallut rebailler cours aux karolus de Besançon, de Genefve, de Savoye et de Lorraine, que le roy avoit faict descrier quand il meint l'escu à 60 s., sans laquelle monoye estrange n'eust esté possible que le pauvre peuple se fust peu accommoder. Tel ne debvoit que 5 s. à ung homme, qui pour les payer présentoit ung escu, ung pistolet, une dalle ou aultre grosse pièce, pour le mettre au pris qu'il vouloit, et pour ravoir de la monoye. Le mal estoit que, huict jours après qu'on avoit receu ung escu pour 62 s., on le vouloit bailler pour 63, et huict jours après pour 64; et que, quand quelqu'un recepvoit ung escu, pistolet, teston ou aultre pièce d'argent de ceux qui luy debvoient, ne les vouloit prendre pour pareil pris qu'il avoit mis à ceux qu'il avoit baillé à aultruy. Et les riches pilloient en ceste manière les pauvres gens qui avoient à faire avec eux, fust à prendre ou à donner. Le pis estoit au payement des tailles; les recepveurs ne pre-

---

[1] Thalers.

[2] On lit dans la préface de la Franciade, de Ronsard (œuvres complètes, édit. de 1623, in-fol. t. I, p. 588) : « Pour ce il ne se faut estonner d'ouïr un mot nouveau, non plus que de voir quelque nou- velle jocondale, nouveaux tallars royales, ducats de St-Estienne et pistolets. Telle monnoye, soit d'or ou d'argent, semble estrange au commencement..... » (Voyez plus haut, p. 748.)

noient les escus et testons que pour le pris que le roy les faisoit 1576.
valloir par son édict, et si ne prenoient aultre monoye que celle du
coing et marque de France, ce que le pauvre peuple et collecteurs
ne povoient recouvrer, sinon avec grande perte et coustange. Et ne se
trouva juge en France qui volust oster ni pugnir cest abus, ains eux-
mesmes justiciers mettoient leurs pièces pour ce qu'ils vouloient aux
bonnes gens qui avoient à faire à eux; et continua ce mal de pis en
pis, et en fut portée la novelle au roy, qui au moys d'octobre feit
ung édict rigoreux contre ceux qui prenoient et mettoient lesdittes
espèces d'or et d'argent à plus hault pris que ne pourtoient ses édictz;
et pour espoventer les personnes, feit dresser par la ville de Paris des
potences contre ceux qui seroient trouvez abusant desdittes monoyes.
Toutesfois personne n'y fut pendu, et si ne laissa le mal de s'activer.

En la ville de Provins, sur le pont au Poisson, y avoit ung routisseur nommé Me Robert.... venu de la ville de Bray lever sa boticque audit Provins pour y faire son prouffit, homme honeste et de
bonne cuisine, et qui bien sçavoit appareiller viandes. Et fut audit
Provins le bien venu, parce qu'auparavant sa venue nul en laditte
ville tenoit boticque ouverte de routisserie. Or advint-il que, quelque
temps après que son ouvroir et estail fut levé et sa mercerie estal-
lée, plusieurs personnes volurent essaier de vivre à la manière des
habitans de Paris, qui est de ne point mettre de pot au feu en leurs
maisons, mais, quand ilz veullent disner ou soupper, vont à la routisserie achepter ce qu'ilz veullent manger. Entre aultres volut ap-
prendre ceste manière une jeune femme mariée assez honeste de laditte ville, demourant vers le quartier de St-Nicolas, laquelle, après
avoir fait l'approuve, trouva qu'elle avoit meilleur marché de viande
cuitte dudit routisseur qu'elle n'avoit de crue à la boucherie, et si n'a-
voit la peine ni la despence de brusler du bois ni d'allumer du feu;
et pour ce, continua à aller querre de la viande en la maison dudit
routisseur, combien que, quand ledit routisseur n'estoit à sa boticque,
elle n'en avoit si bon marché de sa femme, et pour ce avisoit à faire
sa provision quand elle le voyoit en son logis. Icelle dame estoit

1576. d'une si bonne grâce et d'ung si doulx parler et amoreux, que, incontinent, monsieur le routisseur fut entièrement ravy de son amour, et en luy vendant sa marchandise, l'entretenoit du meilleur maintien qu'il povoit, avec toutes parolles fort gracieuses, se rendant tousjours son serviteur, et luy présentoit ses corps et biens à son commandement. La jeune dame, se voyant si bien enfoncée en la bonne grâce dudit routisseur, délibéra en elle de ne plus mettre de pot au feu, et d'entretenir ledit routisseur qui luy avoit si favorablement présenté sa mercerie à son commandement, avec lequel elle ne demouroit, encores qu'elle n'eust point d'argent. Il routisseur, voyant qu'icelle dame luy estoit de ses meilleurs challans, continua à luy faire bon marché, et davantage se présenta de luy en donner tout pour néant, ce qu'elle refusa le plus honestement qu'elle put, en se contentant du bon marché qu'il luy faisoit. Laquelle, pour n'estre point ingratte, s'employoit à entretenir ledit routisseur de sa bonne grâce et amiables parolles, luy montrant le signe et semblant de luy vouloir aultant de plaisir qu'il faisoit à elle; qui donna hardiesse audit routisseur de faire entendre à laditte dame qu'il avoit volunté de se rendre son humble et plus familier serviteur et amy perfaict, si c'estoit son bon plaisir de le recepvoir pour tel et de prendre ses services pour agréables d'aussi bonne volunté qu'il les luy présentoit, voires jusques à désirer de mourir à ses piedz, en la faisant ou désirant qu'elle se fist dame et maistresse de son corps et de ses biens.

Desquelles offres et dictz commença ung peu à rougir laditte dame; mais, en considération du bon marché qu'il routisseur luy faisoit de sa viande, elle ne s'esmut guères, et par parolles doulces et amiables s'excusa et le remercia du bon et entier voloir qu'il disoit avoir en elle, encores qu'elle ne l'eust mérité, et tascha, par ses belles et gracieuses parolles, de contenter ledit routisseur, disant que ses offres valloient bien y penser, et sur l'heure print congé de luy, le laissant en allène et espoir de parvenir à son désir. Elle, estant de retour en son logis, discourut à son mary la cause qui leur avoit faict manger la routisserie du routisseur à si bon marché et luy déduisist

tout ce qu'il routisseur luy avoit dict. Ce qu'ayant entendu, sondit 1576.
mary fut d'avis qu'il falloit en manger encores à bon marché et pour
néant avant que de luy bailler congé, et, sur ce, conseilla à sa
femme de retourner à laditte routisserie et de monstrer beau semblant audit routisseur, affin de l'entretenir en espérance; ce qu'elle
feit, et du depuis, pour avoir encore meilleur marché, monstra audit
routisseur le semblant qu'elle avoit souvenance de l'offre et requeste
qu'il luy avoit faict, auxquelles elle s'accordoit, moyennant qu'on
peust trouver le moyen, l'heure et le temps d'acomplir le service
qu'ilz prétendoient recepvoir l'un de l'aultre, et, en attendant l'heure
et le jour opportuns, emporta tousjours viande. Depuis ceste response, monsieur le routisseur se pourmena souvent par la rue où demouroit laditte dame, pour espier le moyen d'avoir entrée en son logis, et passionné d'amour au possible, tant de fois passoit et repassoit
pardevant l'huys que rien plus. Laditte dame et son mary, s'aperce-
vant de cela, se gaudissoient du pauvre routisseur qui avoit tant de
mal. Pour auquel bailler meilleur contentement d'espérance, icelle
dame, par le congé de son mary, l'appella et le fit entrer en son logis, où il fut bien receu par ledit mary, qui lui portoit aultant bon
visage que sa femme; et, pour le mieux gratiffier, le firent boire et
manger avec eux. De quoy moult se contenta ledit routisseur, qui
pensoit, par ce moyen, estre venu au-dessus de son espérance.

Après avoir beu et mangé, il se retira bien joyeux d'avoir eu entrée en la maison, du gré et sceu du mary, et pour ne demourer in-
grat envers eux, les pria tous deux d'aller soupper en son logis, ou
bien, s'ilz ne vouloient y aller, de permettre qu'il apportast pain, vin
et viande de la meilleure et plus friande qu'il eust, en leur maison
pour eux soupper tous ensemble; ce qui luy fut permis, la dame,
du congé de son mary, luy faisant tousjours bonne et fine mine. Le
souppé faict et le routisseur retiré, laditte dame et son mary advisèrent le moyen de bailler congé audit routisseur, et conclurent ensemble que, le dimanche prochain ensuivant, il falloit qu'elle luy donnast assignation d'aller coucher avec elle en sa maison, en laquelle ne

1576. seroit pour ceste nuict son mary, qui seroit allé aux champs, et d'apporter viande pour les soupper eux deux, après quoy ilz se coucheroient et passeroient la nuict ensemble, et que si tost qu'ilz auroient souppé et de bonne heure, elle le pressast de se coucher, et qu'après qu'il seroit couché, elle, en se déshabillant, donnast ung signe au lieu qu'ilz arrestèrent ensemble, pour entrer en la maison avant qu'elle se couchast. La conclusion prinse et arrestée entre le mary et ceste dame, elle, le dimanche au matin, alla à la routisserie marchander ung bon chappon pour disner son mary, qui, après vêpres, vouloit partir de la ville pour aller au giste à Donnemarie, à cause du marché qu'on y tient le lendemain. Le routisseur, entendant que ledit mary iroit cedit jour audit Donnemarie, et qu'il ne coucheroit chez luy, requist sa dame d'accomplir et consommer l'amour parfaict qu'ilz disoient pourter l'ung à l'aultre. Laquelle, avec toutes excuses, faisoit bonne mine pour luy faire trouver meilleur avant que de luy accorder. Aux instantes requestes, prières et offres duquel à la fin s'accorda, et luy bailla l'heure pour se trouver en sa maison, sur les six à sept heures du soir, à laquelle heure se trouveroit la table appareillée de nappe et serviettes, de pain et de vin, et, pour le regard de la viande, qu'il en portast de telle qu'il la vouldroit manger, et qu'après soupper ilz passeroient la nuict ensemble. Auxquelles promesses s'arresta mondit routisseur, et, pour disner laditte dame et son mary, luy donna ung bon chappon tout rousti pour néant et sans payer. Il en appareilla ung aultre avec une douzaine d'allouettes, pour le soupper d'elle et de luy, selon la conclusion entre eux prinse.

Sur les cinq heures du soir, le mary de la dame se cacha en la maison d'un sien voisin auquel il discourut l'affaire, en se donnant garde de la venue dudit routisseur, qui ne feit faulte à sa promesse, et qui, chargé d'un chappon et d'allouettes, entra au logis de sa dame, où il fut d'elle receu fort amiablement. La table bien arrangée de beau linge blanc, avec le feu bien entretenu de bois, les huys bien refermez après luy, ne restoit qu'à laver la main et se mettre à table; et de ce faire le requist laditte dame. L'uy, au contraire, n'eust volu

sitost entrer à table, et eust bien volu accomplir l'amour qui le conduisoit à sa dame plus tost que le soupper, et pour ce la requist
et pria de luy donner quelque contentement de son amour avant
qu'entrer à table, ce qu'elle luy refusa avec les excuses les plus honestes qu'elle put, le remestant après le soupper.............
sitost qu'il vouldroit. Quoy voyant, ledit routisseur feit son soupper
assez court...
....

Le soupper légèrement faict, par le congé de sa dame, en se chauffant se déshabilla, et s'alla mettre entre deux draps dedans le lict,
tout en chemise. La dame, de sa part, en se chauffant se déshabil-
loit et faisoit mine de se vouloir coucher auprès de luy. Et avant
que de ce faire, alla visiter les huys de sa maison, pour sçavoir
s'ilz estoient bien fermez, ainsi qu'elle disoit; mais, au contraire de
les fermer, les ouvrit pour faire entrer son mary. Celui-ci, qui estoit
aux escoutes avec ses voisins, auxquels il avoit discouru l'affaire,
sçachant les huys estre ouvers, au signe donné entre sa femme et
luy, entra en sa maison avec sesdis voisins, et trouvèrent mon routisseur couché dedans le lict, bien penault du traict que luy avoit
baillé ceste dame, qui avoit mangé son rost et ses chappons à si bon
marché. Le mary menace de vouloir tout tuer en son logis, et veult
commencer au routisseur qu'il trouve couché en sa place, et par
après faict semblant d'en vouloir à sa femme; en même temps il se
faisoit tenir par ses voisins qui estoient présens et qui aydoient à
saulver le pauvre routisseur, en luy baillant ses habillemens, mais
non sa bourse; lequel, à l'ayde desdis voisins, ayant gagné l'huis, se
saulva sans redemander les reliez de son soupper, ni les platz qu'il
avoit porté. Quand il fut hors et quand les huys furent fermez après
luy, ledit mary, sa femme et ses voisins, en se mocquant du pauvre
routisseur, souppèrent fort bien des reliez de la viande qu'il avoit
laissée, et furent fort ayses de luy avoir faict peur sans aultre mal.
Au lendemain, le routisseur, ayant despit d'avoir donné tant de
bonne viande à laditte dame à si bon marché, et de son argent qu'on

1576. luy avoit prins en se mocquant de luy, forma une plainte à justice contre icelle dame et son mary, et requist qu'ilz fussent condamnez à luy payer sa viande et à luy restituer son argent, qu'il disoit luy avoir esté par eux vollé en leur maison, estant allé demander le payement de saditte viande. Contre lequel se deffendirent ledit homme et sa femme, disans ne luy debvoir aulcune chose, ni luy avoir pris ne robbé bourse, ni argent, comme il disoit, mais au contraire l'accusèrent du déshonneur et scandalle qu'il leur avoit pensé faire. Le tout entendu par les gens de justice, furent le routisseur, l'homme et la femme envoyés en prison, où ilz furent une sepmaine toute entière à refroidir leur chaude; et, après avoir esté rançonnez et pillez en la façon que justiciers sçavent faire, furent laschez et mis hors sans principal ni despens les ungs envers les aultres. Et fut ce discours faict au moys de febvrier de ceste présente année.

Aventure arrivée à deux jacobins, que des arquebusiers, mangeant à la taverne de l'Aventure, découvrent dans la chambre de l'hôtesse. Le guet est appelé; on arrête un des jacobins. Un procès s'ensuit au parlement; l'hôte et l'hôtesse sont condamnés à l'amende et aux dépens.

Les gentilshommes riches de la Brie se donnent les uns aux autres des banquets très-somptueux. Il y eut tel banquet qui coûta mille livres tournois. — Rareté des poires; à cause de la gelée, elles se vendirent jusqu'à 6 livres tournois le cent.

Ès premiers jours du moys de mars, les vens reprindrent leur cours à venter si fort et si rudement qu'on avoit peine à cheminer, lesquelz, quand ilz empongnoient ung personage, le faisoient reculler, mal gré qu'il en eust, la part qu'ilz le contreignoient d'aller. Ung barbier de Nogent, en s'en retournant audit Nogent, estant sur la chaulcée assez près du port, fut prins par le vent et jetté en la rivière où fut nayé.

Le printemps de ceste année fut en son commencement assez froict, mais au moys d'apvril s'adonna à grande chaleur, de laquelle s'engendrèrent nuées avec des tonnères et de la gresle qui, toutefois, ne fit grand mal, sinon qu'elle refroidit le temps, en telle sorte qu'on sem-

bloit quasi rentrer en yver sur la fin du moys; de ce proceddèrent, 1576.
par aulcunes matinées, des gelées blanches et noires très froides, qui
commencèrent le 20ᵉ jour d'apvril, jour du grand vendredi, et continuèrent jusques au 8ᵉ jour du mois de may ensuivant. Les bourgeons des vignes et des seigles, qui estoient en fleur pour la pluspart,
au pays de Champaigne et vallée de Seine, furent quasi tous gelés et
gastés, la nuict d'entre le 1ᵉʳ et le 2ᵉ jour dudit moys de may. Les
vignes de Provins et d'une lieue des environs furent en plusieurs
endroictz toutes perdues; en d'aultres, en eschappa environ une
quatriesme partie[1]. Les vignes de Villenauxe, de Mons-le-Potier, la
Saulsotte, Chalaustre-la-Grand, des parroisses de Mériet, de Meel,
d'Ermez, de Goix, de Savins, Songnolles et tout le Montois, ne furent
gastées que pour les deux tiers; dont advint que le vin de Villenauxe,
qui, avant laditte gelée, ne valloit que 15 l. t., dès le lendemain
monta à 30; celuy de Provins et des environs, qui ne valloit que
9 liv. au plus cher, monta à 20 et 24. Les navettes n'eurent poinct
de mal, combien qu'elles sortissent hors de la fleur. Les noyers
furent peu endommagés. Les fleurs des pommiers furent quasi entièrement gastées, et feut peu de pommes. Il fut ung peu de poires; de
cerises et de prunes davantage, car les fleurs ne furent gastées qu'à
la moitié. Où les seigles furent fort gastez et en plusieurs endroictz
du tout perdus, fut au pays de Champaigne, depuis la vallée de Pons-
sur-Seine jusques à Chastillon-sur-Seine, de part et d'aultre de la rivière de Seine, et sur la rivière d'Aulbe, en tirant en Lorraine et à
Chaslons en Champaigne; on les faucha avec la faux nue pour avoir
le fourrage. Depuis Pons, en tirant à Bray et Montereau, les seigles
ne furent si endomagez, car au temps des moissons, le cent de gerbes
faisoit 6 et 8 bichetz ès haultz champs; et mesmement au pays de
Brie, ilz se sentoient bien de laditte gelée, mais ne furent gastez
qu'environ ung quart. Les froidures qu'il feit, depuis ledit 20ᵉ d'apvril
jusques passé le 8ᵉ de may, furent cause que les fromens ne multi-

[1] Sur cette gelée, voyez le Journal de   M. Rivot, t. VI, p. 334, à la bibliothèque
Cl. Joubert cité dans les manuscrits de   de la ville de Provins.

1576. plièrent quasi qu'à la moitié, et si se trouvèrent bruynez en plusieurs endroictz; les grains renchérirent d'ung tiers, et craignoit-on bien de retourner en une cherté telle que celle de l'an 1572 et 1573, mais Dieu y pourveut. Le froment ne passa guères plus de 15 s. et les aultres grains se vendirent au pris le pris. Et fut la moisson fort retardée et la vendange aussi, à cause desdittes gelées, qui, par aulcuns des jours susditz d'apvril et may, estoient à glace ès bas lieux.

Le tonnerre tombe, le 16 avril, sur la tour de l'église Saint-Quiriace de Provins, et y cause un dommage évalué à plus de 40 livres.

Après que les gelées susdites furent passées, le temps se porta assez bien et fut assez constant jusques au 27ᵉ jour de julliet, feste de madame Sᵗᵉ-Anne, au soir, auquel jour s'esmeut en l'air une tempeste de tonnerre et de vent si gros qu'il sembloit que la terre seroit nayée d'eau; toutesfois ne pleut beaucoup en ce pays. Le tonnerre tomba sur le clocher de l'église M. Sᵗ-Ayoul, sans y faire domage, sinon d'enlever hors de leur place deux statues de lyons accroupies, en plomb, qui estoient attachées au pinacle.

Un guidon de gens de guerre est arrêté par ordre de M. de Potières à la Chapelle-Véronge, où il demeurait, condamné à mort pour méfaits commis dans les guerres précédentes, et pendu à Provins, le 28 juillet. — Le même jour, un voleur est fouetté et battu de verges.

Depuis la feste Sᵗᵉ-Anne et le tonnerre susdict, le temps retourna à chaleur assez grande et y continua jusques au 3ᵉ jour d'aoust, que, entre les trois et quatre heures après midi, feit une nuée et tonnerre fort grands, puis une gresle grosse comme œufz de poulle, qui commença ung peu au delà de Leschelle, en tirant à Villenauxe. Le reste des grains qui estoient aux champs où laditte gresle tomba furent entièrement perdus. Les vignes de Mons-le-Potier et Villenauxe, esquelles y avoit espérance pour recueillir vin, nonobstant la gelée dessusditte, furent achevées de perdre. Les habitans de Villenauxe pensoient estre à la fin de leur vie, tant la tempeste fut horrible sur

leur ville. La gresle tombant sur les maisons rompoit la thuille et 1576.
les premiers tariez des greniers. Le tonnerre tomba dessus l'église de
Donnemarie; le peuple estant à vespre, alla esgratigner le crucifix,
et frappa plusieurs personnes. A Prouvins et ès environs, ne cheut
que de l'eau en grande habondance.

Grand jubilé octroyé par le pape Grégoire XIII. — Lettres d'indiction et publication de ce jubilé. 14 avril 1576. — Mandement de Mathieu de Chalemaison, vicaire général de Sens, à ce sujet. — Grand zèle et vive dévotion des gens
de la ville de Provins et des campagnes environnantes; les villageois se rendent
aux églises en nombreuses processions. Le vicaire général de Sens change, sur
la demande des fidèles, deux stations indiquées à la maladrerie de Crolebarbe
et à l'Hôtel-Dieu. D'autres modifications sont faites aux stations, dans l'intérêt
des vieillards et des serviteurs; elles sont commuées en œuvres charitables pour
les malades et les prisonniers.

Dès le 3e jour du mois d'octobre, le temps se meist à la gelée et
froidure seiche jusques au 6e jour, auquel tomba de la neige sur la
terre l'espesseur de deux doictz et fut deux jours sans fondre; et
dura ceste froidure dix jours passez. Les arbres et vignes furent,
dès le 12e jour dudit moys, tous despouillez de leurs feuilles; au
15e jour, le temps se modéra et retourna au doux temps.

Renouvellement de la défense faite par le roi d'aller boire jour ou nuit dans
les tavernes [1]. — Au mois d'octobre, le capitaine de la compagnie du duc Casimir, qui, suivant le dernier traité, devait être entretenue aux frais du roi, s'é-
tant fait donner une commission pour mettre sa troupe en garnison à Provins,
veut entrer dans cette ville. On lui répond en exhibant les lettres d'exemption
obtenues de Henri III et du duc d'Alençon, et il est obligé de se retirer, tout en
faisant force menaces.

Le 8e jour de novembre, le temps s'adonna à la froidure plus que
devant et avec gelée et neiges; les gelées durèrent jusques au
20e jour dudit moys et furent belles et seiches, depuis que la neige

---

[1] Voyez l'édit sur les hôtelleries, tavernes et cabarets, donné à Blois au mois
de mars 1577. (Isambert, *Recueil des anciennes lois françaises*, t. XIV, p. 320.)

1576. fut fondue, ce qui arriva au bout de trois jours, et doubtoit-on fort
que les bledz ne fussent gelez en terre; toutesfois, grâces à Dieu, n'y
en eut ung seul grain de gelé ni gasté. Ceux qui n'estoient pas levez
levèrent tout incontinent après le desgel et se portèrent au mieux du
monde. Tout le reste de l'hyver fut plus doux que froict, dont advint bonne année ensuyvant.

Mort de frère Jean Vigeron, prieur de Saint-Gond-lez-Sézanne, vers la Saint-
Martin d'hiver. — Le roi lève un impôt sur le clergé; les archevêchés, les évé-
chés, les églises cathédrales, collégiales et abbatiales, les cures ayant un revenu
de plus de trois mille livres sont soumis à cet impôt, et aliènent leurs rentes
et héritages.

1577.

APPEL FAIT AUX PROVINCES DE FRANCE EN FAVEUR DE LA LIGUE. — MAUVAIS SUCCÈS QU'IL OBTIENT À PROVINS. — PRISE DE LA CHARITÉ PAR LES PROTESTANTS. — ÉDITS RENDUS CONTRE LES DÉSORDRES DES GENS DE GUERRE. — PRISE DE LA CHARITÉ ET D'ISSOIRE PAR LE DUC D'ALENÇON. — COUP DE MAIN DES PROTESTANTS SUR LE MONT SAINT-MICHEL. — INCIDENTS DE LA GUERRE CIVILE. — CONCLUSION DE LA PAIX. — TROUBLES DE FLANDRE. — DÉVASTATIONS EXERCÉES PAR LES SOLDATS. — ORDONNANCES SUR LES MONNAIES ET SUR LE LUXE. — VARIATIONS DU TEMPS, MEURTRES, INCENDIES, FAITS EXTRAORDINAIRES. — AFFAIRES D'ANGLETERRE. — AMBASSADE DES POLONAIS À HENRI III. — COMÈTE. — ACHÈVEMENT DES ORGUES DE PROVINS.

Il y a ici une lacune; elle se prolonge jusqu'à l'endroit où l'auteur parle du refus fait par les députés des trois états assemblés à Blois d'adhérer à la ligue, sous le prétexte d'absence de pouvoirs spéciaux.

Au refus des députés et sur leur excuse qu'ilz disoient n'avoir procuration ni charge de ce faire des communaultez de leurs bailliages, S. M. envoya par les provinces des commissaires chargés de rassembler les trois estatz en chascun bailliage, de leur présenter ladite ligue et de les exorter à la prendre, pour le proffit du royaume et de chascune province [1]. Pour la province et gouvernement de Champagne et Brie

---

[1] Voyez : *Association faite par les trois états en Languedoc pour la conservation de la religion catholique* (Bibl. imp. ancien fonds fr. vol. 8823, p. 54); *Association des trois états du Nivernais* (ibid. vol. 8866, p. 44); *Collection des monuments du tiers état, Amiens*, t. II, p. 869; *Forme d'association faicte entre les princes, seigneurs, gentilshommes et autres, tant de l'estat ecclésiasticque, de la noblesse, que du tiers estat, subjectz et habitans de nostre bonne ville de Paris et fauxbourgs d'icelle*. 1577, 12 janvier (Bibl. imp. St-Germ. Harlay, n° 335); *Mémorial perpétuel d'Eustache Piedmont*, (Bibl. imp. suppl. français, n° 4864, t. I, p. 114), où l'on voit que les paysans du Languedoc acceptèrent la ligue comme un moyen de ne plus payer de tailles; La Popelinière, *Histoire de France*, t. II, f° 319-320; — d'Aubigné, *Histoire universelle*, t. II, l. III, p. 223 et suiv. — *Mémoires de Nevers*, t. I, et Appendice.

111

1577. fut envoyé ung jeune gentilhomme de la maison de M. le duc frère
du roy, nommé M. de Rosne[1], gendre de M. d'Estoge, soy disant gouverneur de Brie en l'absence de M. de Guise, qui apporta ladicte ligue
à Provins au moys de febvrier de ceste présente année, sans en faire
déclaration, mais donna charge aux juges royaux d'envoyer adjourner les curez, gentilshommes et marguilliers des parroisses du bailliage et ressort de Provins, avec les abbez, prieurs et chapitres d'i-
celuy bailliage et ressort, à comparoir audit Provins le 2e jour de
mars, pour ouyr et entendre le mandement du roy sur le faict de ladicte ligue. Auquel jour se trouva ledit sieur de Rosne avec les gens
de sa suitte, l'ung desquelz estoit M. le baron de Senecé[2], gendre de
feu M. de Beauvais, celui qui avoit faict la harangue pour la noblesse
aux estatz devant le roy et l'assemblée. Avec ledit sieur estoit encore
M. le bally d'Esparnay, homme vieil, rassis et bien parlant, lequel,
le 1er jour de mars, en l'absence dudit seigneur de Rosne, prononça
dedans l'hostel de la ville de Provins la charge et commission qu'il de
Rosne avoit touchant ladite ligue, les poinctz de laquelle furent leuz
tous l'ung après l'aultre audit lieu, présens les habitans et gens d'é-
glise dudit Provins, lesquelz il exorta d'y meurement adviser pour la
prendre et en faire response pertinente au lendemain audit seigneur
de Rosne, qui seroit en présence audit Provins pour la recepvoir. Ce
faict, en laissa une coppie aux gens d'église et une aux gouverneurs,
procureur et eschevins de laditte ville, qu'ilz payèrent audit bally ou
à son homme, puis se retira en son logis. Les gens d'église, ayant
leur coppie, s'allèrent assembler au chapitre des Cordeliers pour en
adviser, et les gens de la ville demeurèrent à l'hostel commung,
qu'on appelle l'hostel de la ville.

Les articles de ladite ligue contenoient deux feuilles de papier es-

[1] Chrétien de Savigny, sieur de Rosne
en Barrois, chambellan du duc d'Alençon,
qu'il suivit aux Pays-Bas, fut créé, par
Mayenne, maréchal de France, s'unit
aux Espagnols et périt devant Hultz, en
1596. Il avait épousé Antoinette, fille
de Jacques d'Anglure, vicomte d'Estauge.

[2] Claude de Beauffremont, lieutenant
général de Bourgogne, chevalier de l'ordre
du roi, mort dans son château de Senécé
en 1596, à l'âge de cinquante ans.

cript, bien couchez et en beau langage, la teneur desquelz je n'ai peu
retenir entièrement de mot à mot, combien que je fus celuy qui en
feit la lecture à celuy qui les coppia à la haste pour les envoyer au
chapitre de Sens, pour avoir l'advis de messieurs d'iceluy si on la
prendroit ou non, et pour ce faire y fut envoyé M⁰ André Truffé,
prévost de N.-D.-du-Val. M⁰ Anthoine Guiot, chanoine de St-Quiriace, natif de la parroisse d'Ermés, fut envoyé à Meaux, pour sçavoir
de messieurs du chapitre s'ils avoient receu ladite ligue, comment et
à quelles conditions (car ledit seigneur de Rosne avoit jà esté audit
Meaux, pour ladite ligue, avant que aller à Provins); lequel Guiot ne
passa la ville de Coulommiers, parce qu'il eut là à la rencontre le curé
dudit lieu, qui avoit comparu audit Meaux et sceu tout ce qui en
avoit esté faict. Ladite ligue se commençoit par telz motz :

« Au nom de la très saincte et individue Trinité de paradis, du
Père, du Filz et du benoist St-Esperit, amen.

« Nous Henry, par la grâce de Dieu, roy de France et de Poullongne, à tous nos vrayz subjectz fidelles et catholicques du royaume
de France et terres de nostre obéissance, salut. Comme ainsi soit, à
nostre grand regret, que les guerres civilles et intestines ayent par
l'injure des temps prins pied en cestuy nostre royaume de France,
souz les feuz roys noz trez chers et bien aymez frères les roys Françoys second et Charles IXᵉ, et iceluy royaume presque entièrement
ruyné soubz couleur et prétexte de la religion prétendue réformée,
comme chascun sçait et en peult porter tesmoignage, par les partialitez
d'aulcuns du royaume, faictes tant en iceluy que par les praticques et
intelligences qu'ilz ont eues avec les seigneurs estrangers, allemans et
aultres hors de ce royaume; au moyen de quoy nostre estat et républicque françoise auroit esté si souvent troublée par les guerres par
tant de fois recommancées depuis quinze ans en çà, mesmement en
l'année dernière, esquelles années, tout ordre pollitic et divin eust
esté renversé, si Dieu, par sa grâce, n'y eust empesché et nous eust
baillé moyen d'y remédier par une paix faicte en ladicte année passée, par laquelle il fut dict que, pour le recouvrement de l'entière

1577. paix et repos public d'un chascun de noz subjectz, seroient assemblez
les trois estatz de ce royaume en nostre bonne ville de Blois, où
nous sommes à présent assemblez, et est libre à ung chascun dudit
royaume de se trouver pour dire librement ce que bon luy semble
touchant les abuz et mauvais gouvernement de tous les estatz de ce
royaume, voyre jusques à nostre personne et aultres de nostre sang,
pour, après lesquelz ouys et entenduz, estre réformez en meilleur
ordre, affin de restablir ce royaume en sa première splendeur et dignité, pour par la grâce et gloire de Dieu obtenir une paix ferme et
perdurable à tousjours, mettant fin aux inimitiez particulières ou généralles, qui sont et ont esté les principaux moyens d'entretenir lesdites
guerres jusques à présent. Mais, *proh dolor!* nous voyons que ceux
qui ont le plus importuné et demandé l'assemblée desditz estatz sont
ceux mesmes qui s'en retirent le plus loing, montrant par cela et par
les protestations qu'ilz ont faictes qu'ilz ne sont saoulz ni rassasiez du
sang de France respandu ès années précédentes par les guerres, mais
sont encores tout prestz de continuer leurs rébellions soubz ce manteau de religion; pour au desseing et entreprinses desquelz remédier
à l'advenir, Dieu aydant, avons, à l'assemblée desditz estatz où nous
sommes à présent, faict la croisée et ligue saincte, les princes catholicques les ungs avec les aultres, par laquelle avons tous juré sur le
saint Évangile de ne jamais cesser, à peine de noz vies et jusques à
la dernière goutte de nostre sang, Dieu nous en faisant la grâce, que
n'ayons exterminé tous perturbateurs du repos public, la faulce religion, protecteurs d'icelle et aultres rebelles à la coronne de France.
Parquoy nous exortons et prions tous les estatz de France et pays de
nostre obéissance, de toutes qualitez qu'ilz soyent, de se liguer et
croiser avec nous et d'employer voluntiers tous les moyens que Dieu
leur donne pour une chose si saincte, salutaire et nécessaire à l'honneur de Dieu, la vraye religion et salut de la patrie.

    Articles que le roi demande aux gens des trois états de jurer[1].

_____

[1] Claude Haton ne donne que le résumé des articles; ces articles paraissent être

« Nous exortons et prions tous bons catholicques et aultres vraiz 1577. Françoys nos subjectz de prendre ladite ligue pour le bien et utilité du royaume et pour le recouvrement de la paix en iceluy, estimant ceux qui la prendront nos bons et loyaux subjetz, et au contraire ceux qui refuseront à la prendre et qui ne vouldront employer corps, vye et biens pour la deffence de la vraye religion, église catholicque et romaine, deffence de la coronne aux Vallois et de la patrie, les déclarons rebelles, criminateurs de lèze-majesté divine et humaine et proditeurs de leur patrie. »

Tous les articles ci-dessus escrips est le sommaire du contenu de ladite ligue, laquelle, en tout ni en partie, ne fut receue ni jurée à Provins par les trois estatz du balliage qui y furent tous assemblez le 2ᵉ jour de mars, qui estoit jour de samedy; et n'en volut manger ung estat non plus que l'aultre. Les nobles gentilshommes dudit balliage et ressourt, qui en grand nombre se trouvèrent, n'en volurent rien signer ni amender, non plus que les gens d'église et le tiers estat. Tous les abbez, prieurs, curez et chapitres dudit bailliage et ressourt ne se peurent accorder pour entrer en ladite ligue, encores moings le corps de la ville et tous les marguilliers des parroisses, qui estoient le tiers estat.

Aulcuns ecclésiastiques, zélateurs du repos public et de la manutention de la vraye religion, estoient d'avis de prendre ladite ligue, et offroient tous les moyens que Dieu leur avoit donné pour une chose si saincte, affin de recouvrer la paix au royaume et en l'église. Les aultres, qui désiroient la paix comme eux, moyennant qu'il ne leur en

ceux de la *ligue de Champagne*, qui ont été publiés dans les Mémoires de Nevers, t. I, p. 114. Il y a dans le texte imprimé, comme dans le manuscrit, un article contenant, de la part des associés, des engagements formels d'argent pour le soutien de la ligue; mais dans le manuscrit la nature de ces engagements est spécifiée pour le clergé, la noblesse et le tiers état; la noblesse s'oblige à porter les armes et à s'équiper à ses frais; le clergé et le tiers état à fournir une certaine somme d'argent et à équiper un certain nombre de gens de guerre. — L'approbation donnée par Henri III aux articles de la ligue est datée de Blois, 11 décembre 1576. Cette pièce existe à la Bibliothèque impériale, ancien fonds français, n° 8826, fol. 161 r°.

1577. coustast rien, différèrent de la prendre, et allégoient pour leurs raisons les grandes charges et insupportables que le roy avoit jà mises sur l'église, et que ceste ditte ligue tendoit à une autre charge grande, laquelle accordée ne pourroit prendre fin, non plus que les décimes que le roy dict luy avoir esté accordés par don gratuit.

Aultant en estoient en difficulté les nobles et le tiers-estat; chascun estat trouvoit à redire sur les articles qui le touchoient, et avoit peur que l'aultre ne les accordast, car il eust fallu l'accorder luymesme, ou du moings y eust eu confusion. Et parce que lesditz trois estatz estoient séparez l'ung des aultres, ne savoient quelle conclusion chascun devoit prendre. Les gens d'église estoient au couvent des Cordeliers, les gentilshommes au Grand-Mouton, le tiers-estat à l'hostel de la ville, pour prendre advis de ce qu'ilz debvoient respondre. Les gentilshommes envoyoient vers les ecclésiastiques et le tiers-estat, pour sçavoir de leur délibération; les ecclésiastiques renvoyoient aux nobles et tiers-estat, et le tiers-estat envoyoit vers les ungs et les aultres; et après plusieurs allées et venues, iceulx estatz déléguèrent hommes chascun de leur part pour faire leur response et pourter la parolle de leur résolution audit seigneur de Rosne, qui les pressoit de respondre, les exortant tousjours de prendre laditte ligue, comme avoient faict ceux de Meaux et de Sézanne, où jà avoit esté avant que venir audit Provins (ce qui estoit faux, pour le regard d'avoir pris la ligue).

La response que feirent les déléguez audit sieur de Rosne fut que laditte ligue estoit une chose novelle, de laquelle on n'avoit jamais usé en France ni ouy parler en la forme qu'elle contenoit; que les députez dudit balliage estoient encores à Blois et ne sçavoit-on s'ilz avoient accepté ou refusé laditte ligue, attendu qu'elle avoit esté inventée auxditz estatz de Blois; pour le regard des ecclésiasticques, bien sçavoient que leurs députez du clergé de France avoient, aux estatz de Blois où ils estoient encores de présent, accordés au roy de France la somme de quatre millions pour fournir aux frais de la guerre qu'il falloit faire contre les huguenotz et hérétîcques pour la deffense de l'église et de la coronne; qu'il n'estoit besoing de jurer ni faire serment de garder la vraye religion et l'église romaine, attendu qu'en ce pays n'y avoit d'aultre exercice que d'icelle et que nulz ou bien peu vivoient au contraire; qu'il n'estoit besoing de s'obliger par les signatures desdits trois estatz de bailler argent au roy ni à aultres ses gouverneurs, veu que jamais en ce pays on n'a faict refus de luy en bailler; et quant au reste, que les trois estatz dudit balliage et ressort de Provins ont tousjours esté et seront (Dieu aydant), comme ilz sont de présent, les très obéissans du roy; mais que de signer à présent laditte ligue ne peuvent, pour ce qu'ilz s'y trouvent surprins, ne sçachant comment en ont faict les aultres villes et balliages de France, et nommément la ville de Paris, qui est la ville capitalle du royaume et la mère nourrice des roys, à laquelle ils prétendent se conformer.

A laquelle response se courrousa fort ledit sieur de Rosne, s'attaquant aux ungs et aux aultres desditz trois estatz, et nommément contre les ecclésiasticques et tiers estat, usant contre eux de grandes menaces plus qu'aux nobles, car laditte response n'estoit à son gré ni selon son intention. Il pensoit que, laditte ligue sortant effect, la levée des deniers accordez en icelle eust passé par ses mains pour en disposer à son prouffit, car il se promettoit d'estre gouverneur, pour le roy et M. le duc frère de sa majesté, audit Provins et bailliage d'iceluy, et de ceste qualité jà se vantoit, s'intitulant gouverneur du pays de Brie en l'absence de M. de Guise; il pensoit davantage que, pour ce que la ville de Provins estoit de l'appanage de M. le duc, duquel il se vantoit estre maistre d'hostel, elle n'eust osé refuser de prendre laditte ligue, et jà parloit d'une grande audace, plus que n'eust faict la majesté royalle si elle eust esté présente. Qui fut trouvé chose maulvaise par ung chascun et principallement par ceux qui le cognoissoient estre petit gentilhomme et le gendre de M. d'Estoge, et qui avoit suyvi les rebelles contre lesquelz on faisoit laditte ligue.

Il ne fut honteux de faire dire par ses gens aux gouverneurs de la

1577. ville de Provins qu'ilz luy feissent présent de deux pièces d'argenterie,
comme de deux platz ou deux belles éguières d'argent; ausquelz fut
répondu qu'audit Provins n'y avoit orfévre qui eust vaillant ledit présent; mais, au lieu de l'argenterie qu'il demandoit, laditte ville luy
présenta six harquebuses belles et de grand pris, et si feust et son
train deffrayé aux despens de la ville.

La response faicte ainsi que dessus, et quand un chascun se fut
retiré, ledit seigneur de Rosne, pour passer sa collère, en menaçant
les habitans, s'alla esbatre en la religion des dames cordelières, qui
sont hors la ville, où fut suivi de ses gens et de aulcuns des plus beaux
de la ville; au retour duquel, en se promenant par les prez, estant près
la Porte-Neufve, ne volut cheminer plus oultre pour rentrer par la
porte, ains passa par dessus les murailles, qui estoient en cest endroict assez basses et près du fond du fossé, par irrision et mocquerie; et feirent le semblable tous ses gens qui le suyvoient. Qui luy
feut ung grand déshonneur, veu la qualité de laquelle il se nommoit,
et en fut blasmé en tous lieux, car c'est ung crime de lèze-majesté
ou de république de passer par dessus la closture d'une ville soit bien
ou mal fermée. Et feit-on ung commung vulgaire que la ville de Provins estoit toute nayée et perdue, parce que le Rosne, ayant inondé
tout le pays depuis Lyon, estoit venu passer par dessus les murailles
de Provins.

La ville de la Charité-sur-Loire, que le duc d'Alençon s'était réservée comme
place de sûreté, par la paix de 1576, avec Montereau et Château-Thierry, et dans
laquelle il avait mis garnison, est prise par un capitaine protestant. Elle devient
une retraite pour les rebelles; de là ils font des courses au loin et jusqu'aux environs de Troyes, emmenant prisonniers et rançonnant les voyageurs qu'ils rencontrent sur les chemins.

Et ung jour, entre les aultres, prindrent ung riche président de
Troyes, qu'ils enmenèrent, et duquel ilz eurent grands deniers pour
sa rançon, qui fut taxée par eux à 5,000 liv. t. Les premiers qu'ilz
tuèrent sur les chemins à l'entour de ladite ville furent les vivan-

diers et pourvoieurs du roy et de mons. le duc, qu'ilz prindrent faisans leur amploite de vivres pour pourter à Blois, où estoient la court et les estatz. Les passans, marchans et roulliers furent contrainctz de prendre le chemin de Dijon, Troyes et Provins pour aller de Lyon à Paris et de Paris à Lyon, pour éviter le plus grand danger desditz huguenotz voleurs, encores que leur droict chemin feust à passer par la Charité. Tous soldatz et hommes d'effect passans par la Charité y estoient retenus par les rebelles, pour deffendre avec eux ladite ville, qu'ilz feirent réparer et fortifier à merveilles.

Le roy et mons. le duc, deuement advertis de la rébellion de ladite ville, envoyèrent ung messager au capitaine d'icelle, luy dire qu'il la mist en liberté et qu'il chassast hors ceux qui s'y estoient retirez, luy promettant et à eux grâce et pardon. Ce qu'il ne volut faire, et dist pour response audit messager qu'il deist au roy et à mons. le duc que, puisqu'ilz n'avoient plus de foy aux huguenotz, qu'ils n'avoient plus de charité[1]. Le roy et Monsieur, ayans ouy ceste response, veirent bien qu'il falloit relever les armes pour eux deffendre contre les rebelles; et pour ce despeschèrent commissions de lever gens d'armes, pionniers et chevaux d'artillerie. Et commencèrent tabourins à sonner pour amasser gens de toutes pars. Aux balliages de Meaux, Chasteau-Thierry et Sens, le roy envoya commission de lever pionniers, et aux balliages et élections de Provins et Melun, de lever des chevaux d'artillerie avec des charrettes. Et fut envoyée la commission de ce faire à Provins les derniers jours de febvrier, et en fallut enharnacher et fournir cinquante avec vingt-cinq charrettes, et les livrer en la ville de Montargis, où s'assembloit le camp pour aller à la Charité, et partirent lesdis chevaux de Provins le 7e jour de mars.

Les chevaux furent longtemps audit Montargis à attendre que la gendarmerie feust levée, qui ne se hastoit que le plus lentement qu'ils povoient, volant emplir leur bourse chez le bon homme avant

[1] Jacques Moroges, sieur des Landes, bourgeois de la Charité, commandait dans cette ville avec Philippe Lafin Saligny de la Nocle, le jeune, et les sieurs de Valenville, de Villaneve et de la Rainville.

1577. qu'aller au camp, et s'abandonnant à piller et rançonner plus que devant. Qui fut cause d'y mettre ordre et réglement, furent MM. les présidens et conseillers de Paris, à la plainte et clameur de leurs fermiers des villages d'alentour de la ville, qui avoient habandonné leurs maisons pour ne savoir fournir aux rançons à quoy ilz estoient taxez. Information fut faicte par les prévostz des mareschaux de Paris, à la diligence de messieurs de la court de parlement; après quoy, ayans avec eux les sergens de la ville, allèrent prendre prisonniers les capitaines et ce qu'ilz purent de soldatz, qui furent jusques au nombre de cinquante et plus amenez à ladite court, et pendus et estranglez en plusieurs lieux dudit Paris, sur la fin du moys de mars.

Messieurs de la court de parlement donnèrent advertissement au roy, qui estoit encores à Blois, du désordre desdis gens de guerre; lequel feit ung édict par lequel il deffendoit aux capitaines et gens de guerre de ne piller, rançonner ni enmener les bestes des laboureurs, sous peine d'estre pendus et estranglez, et de ne séjourner plus d'une nuict en ung logis; il leur ordonnoit de vivre sur le laboureur de gré à gré et de faire six lieues par jour jusqu'à ce qu'ilz fussent au camp, commandant aux prévostz des mareschaux, lieutenans de courte robbe et leurs archers de suyvre lesditz gens de guerre, pour recevoir les plaintes contre ceux qui feroient le contraire dudit édict. Cet édict, qui fut publié à Provins au commencement du moys d'apvril, donna, avec l'exécution faicte à Paris, quelque craincte aux capitaines et gens de guerre, qui ne rançonnèrent et ne pillèrent en ce pays icy tant qu'ilz auparavant avoient faict, excepté aulcuns voleurs, qui alloient par grosses bandes et qui, soubz le nom de la guerre, s'estoient mis aux champs sans commission, du moins valable. Et si ne taschèrent les prévostz des mareschaux ni aultres d'en prendre ung seul, s'excusant qu'ilz estoient en si grand nombre qu'ilz ne les eussent osé assaillir. De quoy furent portées novelles plainctes au roy, lequel feit ung aultre édict, par lequel il permeinst à toutes personnes des villes et villages de s'assembler au son de la cloche et toxin et de se jetter sur lesditz volleurs, lequel édict publié ne sortit

plus d'effect que le premier, car en ce pays n'en fut tué ni prins ung 1577.
seul.

Tant les gens de guerre que lesditz volleurs, après les susditz
édictz, trouvèrent ung moyen honeste pour avoir de l'argent de leurs
hostes, sans occasion de se plaindre, qui fut tel qu'ilz ne volurent
plus les contraindre d'avoir beaucoup de vivres, comme au précédent, mais parlèrent plus doulcement, en disant telles parolles au
bon homme, « L'hoste, accommodons-nous; » ce qui valloit aultant à
dire comme : « L'hoste, je veux de l'argent. » Ce que le bon homme
ne povoit entendre du premier coup, parquoy fut nécessaire ausditz
guerroyeurs de l'interpréter et faire entendre pleinement, ainsi qu'il
s'ensuit : « L'hoste, j'ai le moyen de te chasser aux vivres et de te traiter rudement, en faisant grosse chère en ta maison; mais j'ayme mieux
avoir ton amitié et me passer de viande et vivre à telle vie que toy,
moyennant que tu me baille quelque pièce d'argent pour une partie
de ce que je te pourrois despendre, que de te traiter rudement. » Et
sur ces conditions se faisoit la composition de la rançon qu'il falloit
payer comptant. Aulcuns, ayans receu leur argent, tenoient promesse
à l'hoste, les aultres non.

On meint bien six sepmaines à amasser le camp à Montargis, parce
que les compagnies ne vouloient cheminer jusques à ce qu'elles eussent faict bourse; lequel assemblé s'achemina droict à la Charité,
excepté les volleurs, qui le costoyoient de loing en loing, et arriva
devant la ville environ la my-apvril. Auprès de laquelle trouvèrent
ung assez fort chasteau plein de huguenotz rebelles, qui ne volurent quitter la place et se laissèrent prendre par assault; dont mal
leur en print, car ilz furent tous taillez en pièces. Qui ne fut sans
grande perte et domage du camp et de la vie de plusieurs hommes
pionniers, qui furent estouffez dedans la mine qu'il fallut faire pour
prendre ledit chasteau; et y furent quasi tous mors ceux de l'élection
de Sens.

Mons. le duc frère du roy avoit envoyé mons. de Guise au camp
de la Charité, comme son lieutenant et du roy, lequel, après la

112.

1577. prinse du chasteau, feit assiéger la ville et la battre avec l'artillerie par ung jour, combien que aulcuns ont dit qu'elle ne fut battue que douze heures de baterie royale; et y fut faicte bresche si grande ès murailles qu'elle estoit plus que suffisante pour aller à l'assault; mais, la nuict intervenue, fut incontinent remparée en tout ou partie. Il y avoit au camp du roy ung capitaine ytalien nommé Martinengue, homme qui avoit fort bien servy le roy en tous les troubles précédens, et encores faisoit ung grandissime debvoir d'ordonner tout ce qui estoit nécessaire pour la prinse de ladite ville, chose qui desplaisoit moult à ceux de dedans, qui l'injurioient à haulte voix, l'appelant tout en sa présence bougeron italien; au mépris et déshonneur duquel jettèrent une chèvre, qu'on appelle une bicque, par dessus les murailles, en disant qu'ilz luy bailloient ladite bicque pour luy servir à bougeronner à son plaisir, l'appellant de plus en plus bougeron italien. Desquelles injures et aultres s'anima ledit capitaine, de telle sorte qu'il jura ne jamais partir de devant ladite ville qu'il ne l'eust faict rendre au roy, s'il plaisoit à mons. le duc et à mons. de Guise de le laisser faire avec le camp. Mais il oublia le bon mot à dire, qui estoit : Si Dieu plaist. Car peu de temps après, ceux de dedans, ayant bracqué ung faulconneau, tirèrent à luy, qui le rompit en pièces (19 avril 1577), et morut avant que veoir ce qu'il avoit promis.

En l'ung des clochers de la ville qui estoit plus hault que tous les aultres, y avoit ung homme au guet que le camp du roy ne povoit apercevoir, lequel donnoit advertissement à ceux de dedans de tout ce qui se faisoit audit camp pour l'assiégement et baterie de la ville, qui leur estoit ung grand avantage et domage pour le camp, et se tenoient ceux de laditte ville moult fors dudit guet. Quand la baterie fut cessée, pour monstrer qu'ilz de la ville ne s'atonnoient de la bresche faicte, feirent aller dessus une damoyselle bien habillée ou ung homme habillé en damoyselle, pour en se mocquant semondre le camp à l'assault. Et s'y montra par plusieurs fois ave injures grandes, suyvant la coustume de guerre. Laquelle ne peut jamais estre frappée, encore que plusieurs harquebusiers tirassent tous ensemble à elle

aultant de fois qu'elle se présenta, qui faisoit bien despiter nostre 1577.
camp.

Cependant que tel deffiement se faisoit par ladite damoyselle,
quelques-ungs de nostre camp aperceurent le guet de la ville qui estoit
dedans le clocher susdit et que cedit clocher descouvroit de tous pars
du camp. Pour y remédier, une pièce d'artillerie fut bracquée droict
audit clocher, qui du premier coup le renversa par terre avec le guet.
Or estoit l'intention de nostre camp, avant qu'aller à l'assault, de
rompre et mettre en pièces toutes les maisons de la ville à coups de
canon; mais ceux de dedans n'atendirent que ce feust faict. Car, tout
à l'instant qu'ilz veirent ledit clocher à bas et leur guet tué, les plus
maulvais commencèrent à trembler de peur et demandèrent de parlementer pour se rendre, et ne renvoyèrent plus leur damoyselle sur
la bresche pour inviter avec injures le camp d'aller à l'assault.

Le capitaine qui estoit dans ladite ville demanda de parler à
mons. le duc, auquel il se volut rendre et non à aultre, ce qui luy fut
accordé; car ledit seigneur duc estoit naguères arrivé audit camp,
qui écousta ledit capitaine. Lequel en ses excuses dist audit seigneur
qu'il luy vouloit rendre sa ville de la Charité en sa propre personne,
pour le serment qu'il luy avoit faict de la luy garder et de ne la rendre
à aultre qu'à luy ou à celuy que ledit seigneur luy nommeroit, qui estoit la cause principalle pourquoy il s'estoit fortifié en icelle et y avoit
retiré gens, et que pour maintenant luy en vouloit faire la délivrance
à ceste condition que ledit seigneur luy pardonneroit et aux siens et
aussi aux habitans de ladite ville, et qu'il laisseroit sortir luy et ses
gens les armes au poing et l'enseigne desployée, pour aller la part que
bon leur sembleroit. Ce qui ne luy fut du tout accordé; mais ledit
seigneur luy accorda qu'il et les siens ayans la vie saulve sortiroient
de la ville les armes bas, leurs enseignes ployées, qui au sortir seroient
bruslées devant eux; qu'ils feroient serment de ne jamais porter les
armes contre le roy, et qu'ilz se retireroient en leurs maisons; et,
pour le regard des habitans, qu'ilz payeroient certaine somme de
deniers pour les frais du camp du roy. Ce qui fut par les ungs et les

1577. aultres accordé; et fut en ceste manière rendue ladite ville audit seigneur duc pour le roy, le 1ᵉʳ jour du moys de may.

Il capitaine et ses soldatz ne retournèrent tous en leurs maisons. Car les gens de la compagnie du seigneur Martinengue, qui avoit esté tué devant la ville, courroucez de la mort de leur maistre et de n'avoir esté à l'assault pour piller, se retirèrent aux escars par où ilz se doubtoient que lesditz capitaine et soldatz dévalisez debvoient passer; lesquelz se ruèrent sus pour les saccager et piller, de la main desquelz peu reschappèrent. Les aultres s'allèrent rendre dedans la ville d'Yssoire en Auvergne, qui s'estoit rebellée contre le roy.

Après la prise de la Charité, le duc d'Alençon se rend à la cour, envoie son armée en Auvergne sous le duc de Guise, et la rejoint devant Issoire. Cette ville, après une vigoureuse résistance, est forcée de capituler; les assiégés sont massacrés par les soldats furieux ou pendus par l'ordre du duc d'Alençon [1].

De laquelle exécution fut fort loué ce jeune prince, pour estre le commencement de ses faictz d'armes, lequel estoit si animé contre les rebelles huguenotz que rien plus, combien qu'il s'en feust servi, à son grand regret, en l'année précédente, aux troubles qu'il eut contre le roy son frère.

M. de Mayenne, à la tête d'une nombreuse armée, cherche à s'emparer des îles de Brouage, de Châtellerault et de Saint-Jean-d'Angély; il empêche le ravitaillement de la Rochelle, en coulant bas des navires anglais qui y apportaient des vivres; mais il ne peut parvenir à s'emparer de la ville. — Le maréchal de Villars conduit des troupes sur les confins de la Navarre, de peur que le roi de Navarre ne se porte au secours des autres provinces attaquées. — Deux corps de troupes, commandés par les seigneurs de la Valette et de Villejoyeuse, combattent pour

---

[1] Pour la prise de la Charité et d'Issoire, voyez *Discours du siége de la ville d'Issoire* (en Auvergne), *par M. le duc d'Anjou, et la prise d'icelle*. 1577, in-8°; — Récit, en latin, de la prise d'Issoire, au mois de juin 1577, avec des corrections de la main de Hotman (Bibl. imp. fonds Baluze, n° 8476, fol. 179 r°); — et de Thou, *Histoire universelle*, t. V, l. LXIII.

le roi en Languedoc.—Le maréchal Danville rompt avec ses alliés, passe dans le parti de la cour, et tourne ses armes contre Montpellier, Nîmes, etc. qu'il n'avait pu entraîner dans sa défection.—Jean Follet, fils d'un menuisier de Provins, qui s'était distingué comme chef de l'artillerie, avait obtenu la confiance du maréchal Danville, et avait suivi cet homme de guerre dans sa révolte contre le roi, refuse de se rallier avec lui à la cour et reste uni aux rebelles. Il est pris et pendu. Il se faisait appeler M. de la Madeleine. Aventures de Jean Follet, de sa femme et de sa maîtresse.

Le duc d'Anjou, après la prise d'Issoire, va trouver le roi à Poitiers.—Le siége de la Rochelle est poussé avec vigueur. Les protestants, à bout de ressources, songent à la paix et ont recours aux amis qu'ils avaient près de Henri III, et surtout à la reine mère, occupée depuis longtemps à brouiller les cartes pour entretenir sa grandeur. M. de Montpensier et M. de Biron travaillent avec elle à la paix.—Pour y décider le roi et empêcher la prise de la Rochelle, en occupant les troupes ailleurs, les protestants tentent un coup de main sur le mont Saint-Michel[1].

La résolution prinse, environ vingt-cinq des plus foulz d'entre eux s'acoustrèrent en bonnes gens de villages, vestus de sagueraux de toille, de treslis, de meschant drap, soubz lesquelz acoustremens avoient dagues et pistolles si proprement serrez qu'on ne les povoit veoir. Et la vueille ou jour de la Magdeleine, entrèrent dedans ladite ville, avec d'aultres pellerins, à la conduitte d'une guide du pays; car il est nécessaire à ceux qui ne sont de ladite ville ou des villages du rivage de la mer de prendre des guides, pour éviter les fossés qui sont dans le sable, et aussi pour ce que l'eau de la mer passe deux fois en vingt-quatre heures par là. Estans lesditz pélerins entrez dedans la ville sur les neuf heures du matin, feirent la meilleure mine du monde, et, contrefaisans les bons catholicques, avant que d'entrer ès tavernes, ilz voulurent premièrement servir Dieu et les sainctz dans l'église, en laquelle il fault monter plus de cent vingt marches, avant qu'estre dedans, car elle est située en ung hault lieu sur les murailles de la ville. Et estans là, ilz requirent ung moyne dudit lieu

---

[1] *La prinse du mont S'-Michel, surpris par les ennemis et recouvré par les seigneurs de Viques sous Henry III,* poëme, par Jean de Vitel (impr. avec les poésies du même auteur, 1583, in-8°).

1577. (car audit St-Michel est ung monastère de moynes noirs) de dire messe
pour eux, ce qu'il leur accorda. Ilz acheptèrent des chandelles, qu'ilz
allumèrent, et les tenans allumez, estans à genoux, escoutans la messe,
feirent en tout bonne mine jusques à l'offertoire, que le prebstre se
retourna devers eux pour leur présenter la patène pour faire leur
offerande. Ce qu'ilz feirent, mais d'une estrange dévotion; car le premier qui s'approchea pour baiser la paix, feit offerande à Dieu et audit
prebstre d'ung coup de pistolle au travers du corps, qui le feit renverser par terre. Les aultres pour la pluspart luy feirent pareille
offerande, en se saisissant de laditte église et monastère, qui est la
principalle forteresse de la ville.

Il y avoit quelques aultres pélerins dedans l'église, qui, voyans ce
meurtre si insigne, sortirent hors d'icelle et descendirent dedans
la ville crier le murtre et faire assavoir ce qui estoit advenu. Au rapport desquelz fut en toute vitesse fermée la seule porte qu'il a en la
ville, qui fut une grande sagesse; car la procession des huguenotz de
l'entreprinse estoit jà au milieu de la mer pour aller après, qui furent
bien esbahis, quand ilz trouvèrent laditte porte fermée, et encores
plus les pélerins susditz leurs compaignons qui estoient en ladite
église.

Iceux huguenotz estoient accoustrez ainsi qu'il le falloit pour gens
qui vont en procession. Ilz avoient croix, bannières et cierge bénist;
aulcuns estoient habillez en prebstres, de robbes et surplis; le reste
accoustrez en bonnes gens de villages, portans une partie habitz de
femmes. Lesquelz, se voyans descouvertz, rebroussèrent chemin d'une
plus grand vitesse qu'ilz n'estoient venus.

La ville fut en armes tout à l'instant, et en monta une partie près
de l'église et du monastère, mais n'y purent entrer; car lesditz pélerins
s'en estoient saisis et tenoient fort dedans, en attendant leur procession, qu'ilz aperceurent s'en retourner. L'autre partie s'en alla sur les
murailles et à la porte pour garder la ville, en laquelle n'y a moyen
d'entrer, sinon par laditte porte, car les murailles sont de quarante
piedz de hault pour le moings, ainsi qu'il me semble pour les avoir

veues. Ilz de la ville meirent quelques gens dehors pour pourter les 1577.
novelles au gouverneur du pays, qui estoit M. de Mastignon. Lequel,
avec forces en suffisance, alla recognoistre les pélerins, qui estoient
prins comme ratz à la ratière, et qui, estans contrainctz, se rendirent
à composition, qui fut qu'on les mettroit hors de la ville sans aulcun
mal. Ce qui fut faict, car aultrement ne les eust-on sceu avoir de
longtemps, car ils estoient assez fortz pour tenir la ville en subjection, estant ledit monastère bien garni de vivres et d'artillerie, et si
est léans ung puis ou fontaine d'eaue doulce qui fournist à toute la
ville.

Or fut conclud par lesditz gouverneurs et habitans qu'on les mettroit dehors suyvant la composition, mais que, sitost qu'ilz seroient
hors de la porte, l'on courroit après eux pour les ramener prisonniers. Et pour empescher qu'ilz n'eschapassent, furent envoyez gens
sur le rivage de la mer; ilz furent tous reprins, ramenez dans la
ville, emprisonnez et condempnez, les ungs à avoir les testes couppées, les aultres à estre décartelez ou penduz. Les testes des principaux, avec la main de celuy qui tira le premier coup de pistolle sur
le prebstre, demourèrent sur les murailles de la ville.

Tout le reste de l'esté, les habitans de laditte ville ne volurent
laisser entrer les pélerins; ains dressèrent ung autel contre les murailles, sur lequel meirent une ymage de St-Michel, où lesditz pélerins
faisoient leurs prières et offerandes, qui estoit assez prés de la porte,
à la vcue de la garde, qui fut bien vigilante le reste de l'année, de
peur d'estre surprins.

Catherine de Médicis s'efforce de déterminer le roi à la paix. — Des levées de
troupes faites en Allemagne sont annoncées par les uns comme devant servir la
cause des protestants de France, par les autres comme destinées au roi d'Espagne
et à la guerre de Flandre. On dit aussi que l'empereur se dispose à reprendre
Metz. La cour envoie au mois de juillet le duc de Guise avec une armée aux frontières lorraines, pour empêcher l'entrée des Allemands en France. Des troupes
sont détachées dans ce but des armées de Poitou, d'Auvergne et de Languedoc,
pour se réunir à Vitry. Des compagnies venues d'Auvergne arrivent d'abord en

1577. Brie et se logent entre Sens et la Seine. Quatre régiments passent ensuite la Seine
à Noyen et s'arrêtent pendant deux jours dans les paroisses de Mériot, Méel-sur-
Seine, Ermez, Gouaix, Challemaison, les Ormes, Saint-Sauveur et Mouy-lez-
Bray. Ceux qui étaient logés à Coutures, paroisse des Ormes, y causent de grands
dégâts, quoique la porte leur en ait été ouverte de bon gré et qu'ils y aient été
reçus sans résistance; ils brûlent et renversent les murailles du bourg, rompent
les ponts et les portes, rançonnent, pillent et battent les habitants, qui se voient
forcés d'abandonner leurs maisons.

Le voyage de Lorraine fut bientôt rompu. Lesditz quatre régimens
furent, au partir des parroisses susdittes, mandez pour aller à la
Rochelle en diligence, et furent jusques auprès d'Orléans, où trouvèrent les compagnies qu'on avoit tirées du camp de la Rochelle, qui
estoient en chemin pour monter en Lorraine; tous ensemble ilz
allèrent droict à Chaslons et repassèrent par ce pays depuis Montereau, en tirant à Sens et à la Ferté-Gaucher. Les villages qui avoient
esté gardez par les gentilshommes eurent à ce coup leur assault desdis
gens d'armes; car ilz ne trouvoient plus que manger, ne rançonner
ès aultres où ilz avoient tousjours logé depuis dix ans; et Dieu sçait
s'ilz estoient bien ayses à manger leur saoul de poulles et de chappons!
Les villageois furent contrainctz d'habandonner leurs maisons et laisser les huis ouvers.

Ilz gens de guerre, estans de retour en ce pays, y séjournèrent
quinze jours, au grand domage des pauvres villages, pour attendre
mons. de Guise, qui estoit le parrain de l'enfant de mons. le baron
de Senecé, gendre de Mme de Beauvais, la femme duquel[1] estoit
accouchée au chasteau d'Amillis-lez-Colomiers, en Brie. Lequel petit
enfant, tout innocent qu'il estoit, fut du peuple mauldit, ainsi que
ses parens. Duquel si sa mère eust avorté, comme les pauvres gens
désespérez le désiroient, en eust esté mieux aux villages de dix lieues
à l'entour d'ung million de livres tournois. Et fut faict le baptesme
le jour de la feste mons. St-Bartholomy; lequel estant faict, après la
collation, ledit sieur de Guise remonta à cheval et courut la poste

[1] Marie de Brichanteau, fille de Nicolas, sieur de Beauvais-Nangis.

pour s'en retourner au giste à Paris, où il feit charger plusieurs harnois 1577. et charrettes de lances et toute aultre sorte d'armes, qu'il feit au lendemain partir et aller à Chaslons et à Vitry, où se debvoit assembler le camp. Aussi deslogèrent de ce pays au lendemain du baptesme lesditz gens de guerre pour aller audit Chaslons. Jamais ledit petit enfant n'aura tant de bons jours, quand il vivroit cent ans, qu'il a eu de mauldissons du peuple, qui est ung assez maulvais présage, car quelquefois la voix du peuple est la voix de Dieu.

Au moys de juillet, le roy envoya à Provins ung mandement pour faire marcher l'arrière-ban des pays de Champagne et Brie, Bourgongne et Piccardie. Et pour amasser celuy du bailliage de Provins, mons. de Potières, baillif dudit lieu, se trouva le 20ᵉ dudit moys audit Provins, où il avoit faict convocquer par adjournement les gentilshommes; mais bien peu partirent, s'ilz n'estoient des ordonnances du roy. L'ung estoit trop vieil, l'aultre estoit malade, ung aultre boiteux. De sorte que, quand le roy demande ledit arrière-ban, qui est le service des gentilhommes de son royaume, ilz sont quasi tous en une nuict viez, malades et boyteux, et ont les médecins et notaires assez de besongnes pour faire atestations du mal qui leur est si soudain advenu, et ayment mieux contribuer argent que d'aller faire le service qu'ilz sont tenus à cause de leurs priviléges de noblesse que jadis leurs prédécesseurs leur ont acquise par leurs vertus et beaux faiz d'armes. A laditte assemblée fut aussi advisé entre eux où ilz prendroient argent pour rembourser mons. de Sigy, qui par eux avoit esté envoyé aux estatz de Blois l'an dernier passé.

L'armée de Châlons manquant de vin, les vivandiers vont en chercher jusqu'à Provins, Savins et Donnemarie, ce qui, de 18 ou 20 liv. la queue, le fait hausser à 36 ou 40 liv. — Publication de la paix. Le camp de Châlons est dissous.

Guerre civile dans les Pays-Bas. Commencée sous le gouvernement de Marguerite de Parme, elle continua après la retraite de cette princesse. Efforts de don Juan d'Autriche contre l'insurrection, soutenue par le prince d'Orange[1].

[1] Voy. *Documents concernant les Pays-Bas, de 1577 à 1584*, publiés par P. Kerwin de Wolkaersbeke et J. Diegerick (1847, 2 vol. in-8°).

1577.   M. de Palaiseau, capitaine de cinqùante hommes d'armes, presque tous de la
Brie, et parmi lesquels se trouvent MM. de La Courrouge, d'Ablenay, de Jaillard, de Tourvoye, de Chamfay, des Essarts, va joindre avec sa compagnie l'armée campée devant la Rochelle. Au bourg de Saint-Gibardeau, la troupe, qui
s'y reposait, est attaquée et mise en déroute par les coureurs de Saint-Jean-
d'Angely; le capitaine, M. de Chamfay, et une quinzaine d'autres sont tués.

Édit de pacification donné à Poitiers au mois de septembre 1577, enregistré
au parlement et publié à Paris le 8 octobre[1].

Le roy et les princes catholicques liguez par les Estatz de Blois
n'ont eu grand honneur de cette paix, veu le peu de force qu'avoient
les huguenotz, lesquelz n'avoient peu trouver aulcun secours des
estrangers en ceste reprinse dernière, sinon quelque peu d'Anglois
qu'on leur avoit rompus et ruynez sur la mer auprès de la Rochelle;
et n'avoient depuis dix ans esté plus foibles lesditz huguenotz qu'à
présent, tant en hommes qu'en vivres, lesquelz vivres partout leur
deffailloient, qui estoit le singulier moyen de les faire rendre à la
mercy du roy, s'il n'eust accordé laditte paix, par laquelle la saincte
ligue fut rompue, ainsi qu'il est porté par le cinquante-sixième article,
où il est dict : Et seront toutes ligues, associations, etc.

Si le roy et les princes catholicques eussent laissé en paix lesditz
huguenotz ou se fussent accordé avec les princes rebelles du premier
coup, après qu'ilz eurent mis en avant leur protestation contre l'article des Estatz tenus à Blois, le royaume eust gangné beaucoup, car
ceste reprinse des armes a causé ung grand domage au pays de France,
et nommément aux villages, les habitans desquelz furent contrainctz
habandonner leurs maisons et se retirer ès villes et chasteaux de deffense, pour l'insolence et les volleries des gens de guerre. Qui vouldra
bien regarder les articles de ceste présente paix trouvera que ce sont
les mesmes pour la pluspart de celle de l'année 1576; partant, il eust
esté aussi bon de la tenir que d'avoir rencommencé, pour n'y faire
que ce qu'on y a faict. Mais il fault remettre cela à la juste permission de Dieu, qui n'est encores contens du peuple de France, qui ne

[1] *Recueil des traités de paix*, t. II, p. 380, et Isambert, t. XIV, p. 330.

se amende aulcunement pour affliction qu'il aye receue pour ses 1577.
forfaictz.

Combien que ceste ditte paix soit avantageuse, ce semble à plusieurs, pour les rebelles huguenotz borbonnistes, si est-ce qu'elle est aultant advantageuse pour les catholicques de Poitou, Anjou, Provence et Languedoc, où ilz huguenotz sont en plus ou aussi grand nombre que les catholicques, qui avoient par les années passées esté fort travaillez desditz huguenotz. Parquoy, ceux qui faisoient leur prouffit de toutes choses, les interprétant à la meilleure part, s'efforçoient d'excuser le roy d'avoir faict icelle paix, se fondant sur ce qu'il estoit plus expédient de retirer le roy de Navarre par le bénéfice d'une paix telle que de le vouloir contraindre par force d'armes, ce qui ne se fust peu faire sinon avec grande perte d'hommes et de biens, tant d'une part que d'aultre, espérant que, le roy et les princes catholicques estans réconciliez avec le roy de Navarre, les troubles pourroient prendre fin au royaume et en la religion.

La paix conclue, les compagnies nouvelles sont cassées et renvoyées; mais les compagnies anciennes, sous prétexte de se rafraîchir, tiennent les champs jusqu'au mois de décembre, et renouvellent dans la Brie et dans la Champagne les maux déjà soufferts par les paysans. — Une compagnie logée, le 14 novembre, au village de Savins, près Provins, y commet les plus graves méfaits. Un paysan ayant dit à un soldat qui le menaçait, « Tout doux, vous ne ferez pas tant de mal que vous dites; on vous connoit bien, » le soldat lui passe son épée au travers du corps. Le pauvre homme succombe moins de quinze heures après avoir reçu le coup, et les gens de justice de Provins, instruits du fait, ne se livrent à aucune poursuite contre le meurtrier.

Hausse successive des monnaies d'or et d'argent en France; les rois Henri II, Charles IX et Henri III ont consacré cette hausse par leurs édits, à mesure qu'elle a eu lieu. — Henri III permet le cours en France des monnaies de billon étrangères. — Il donne un édit portant qu'à l'avenir on comptera par écus et non par livres. Poitiers, septembre 1577 [1]. — Déclaration portant qu'à partir du mois de janvier

---

[1] Fontanon, t. II, p. 172, et Isambert, t. XIV, p. 527. — Voy. sur les ordonnances relatives aux monnaies rendues en 1577, le Mémorial d'Eustache Piedmont, t. I; le Journal du règne de Henry III, p. 22 et 25, et la Vie et faits notables de Henry de Valois (Archives curieuses de l'histoire de France, t. XII, p. 439).

1577. 1578 l'écu ne sera plus reçu par les comptables que pour 60 sous (1577, 30 décembre).—Décri de toutes les monnaies étrangères à partir de cette époque.

Édit du roi par lequel il est défendu à toutes personnes autres que les nobles de race possédant un revenu annuel de 2,000 liv. de porter des vêtements de velours et de soie, des broderies d'or et d'argent, et cela à peine de 1,000 écus d'amende et de la confiscation des habits [1].

Malgré les défenses et les peines portées dans cet édit, les noveaux gentilshommes et damoiselles, enfans de tanneurs et marchans des villes, n'ont volu rabaisser leur estat ni quitter leurs velours et habits noveaux, et si n'ai poinct ouy dire qu'ilz ayent payé les mille escuz d'amende, aulcuns desquelz n'avoient vaillant deux mille sous tournois, leurs debtes payées.

Un archer nommé Moüton tue, le 10 janvier, à Provins, Isaac Laurent, qu'il menait en prison. Il est condamné à mort par le présidial, puis seulement à l'amende, en appel au parlement de Paris.—Meurtre commis, le 17 mars, entre Ablenay et Maulny, sur la personne de Gillet Guisnet, homme processif et détesté dans le pays.—Le 19 mars, les moulins de la ville de Bray, établis au milieu de la Seine, sont brûlés par une flamme descendue d'en haut, au milieu d'un ciel serein, sans éclair ni tonnerre.—Un homme de Saint-Martin-des-Champs est pendu à Provins, comme coupable de vol et d'adultère, et de plus comme vaudois et sorcier. Il s'était échappé des prisons; mais on le saisit de nouveau, et on lui rasa la tête et le corps, afin de lui ôter le moyen de tout enchantement, charme et vaudoisie.

Toute l'année passée et le commencement de ceste-cy jusques à la fin du moys de febvrier, le grain fut à assez hault pris, et se vendoit le boisseau de froment, la mesure de Provins, 14, 15 et 16 s. t. et les aultres grains au pris le pris. Et fut en partie cause de ce le descry des monnoyes. Car, depuis qu'on commença à murmurer du descry, les marchans, pour se desfaire de leur argent, acheptèrent les grains, vins et aultres marchandises à tel pris qu'on leur faisoit; qui estoit

---

[1] Déclaration contre le luxe. Poitiers, 7 septembre 1577, et édit sur la réforme des habits. Paris, juillet 1576. (Delamarre, *Traité de la police*, l. III, t. I, c. v; et Fontanon, t. I, p. 992.)

cause de faire attonner le pauvre peuple, qui craignoit de retourner à 1577.
une aussy grande charté que les années précédentes. Mais le bon Dieu
y pourveut; car, depuis la diminution des pièces d'or et d'argent, lesditz marchans ne coururent plus achepter les marchandises. Parquoy,
depuis la fin dudit moys de febvrier jusques aux moissons prochaines,
le froment rabaissa au pris de 10 et 9 s. t. et les aultres grains au
pris le pris. L'iver de ceste présente année, à commencer dès le moys
de novembre de l'an dernier, fut assez doux et sec, sans neiges, et
avec peu de gelée. Au moyen de quoy on espéroit la moisson dès le
moys de juing, ce qu'on eust eu, n'eust esté l'yver, qui veint oultre
saison, qui fut ès moys de mars, apvril et may.

Le printemps de ceste année fut froict et sec et fort hasardeux pour
les biens de la terre, qui furent en danger de périr à cause des fréquentes gelées qu'il feit par les moys d'apvril et de may, lorsque les
seigles sortoient hors du foreau et entroient en espis, les navettes en
fleur et les vignes en bourgeon. Les jours de laditte gelée furent les
6, 7, 8, 10, 15, 20, 21, 22, 23, 24 et 25e jours d'apvril et les 2,
3, 5, 6, 7, 10 et 11e jours de may, esquelz pour la pluspart geloit à
glace par une gelée noire qui faisoit baisser la teste aux febves et
orties jusques à terre. Toutesfois ne porta domage qu'ès vignes qui estoient en bas lieu et freschement labourées du jour de devant; et pour
ce les sages vignerons laissèrent leurs vignes à labourer jusques après
lesdittes gelées passées. Je croy que, si n'eust esté les prières du dévost
peuple catholicque, le tout eust esté perdu; mais Dieu, qui, en laditte
saison, montroit signe de grand corroux à son peuple, fut par la pénitence d'iceluy apaisé pour l'heure, et retint la malice du temps et des
astres. Il ne fut novelle qu'il y eust domage ès seigles et navettes en
quelque lieu que ce fust. Le reste du printemps fut encores sec pour
la pluspart et froict, et sur la fin pluvieux et venteux, qui fut cause
de plus grand domage aux vignes que n'avoient faict les gelées susdittes.

Le bruit du siége de Genève par le duc de Savoie et le duc de Nemours, qui
avait couru, est reconnu faux.

1577.   Ce bruict, qui dura l'espace de trois moys en ce pays, ne fut plus
tost assoupi qu'il en courut ung aultre de laditte ville, qui fut imprimé, crié et exposé en vente par la permission du roy de France,
auquel les novelles furent envoyées par ung guidon qui estoit dedans
laditte ville de Genefve quand le cas advint, le 1ᵉʳ jour du moys de
juillet de ceste présente année. Premièrement, survint sur laditte ville
une grande vollée et trouppe d'oyseaux de divers plumages et gros-
seurs, avec aultres bestes horribles à veoir, le cry desquelz oyseaux et
bestes estans en l'ayr estoit fort espoventable à ouyr. S'esleva ung
vent en l'ayr et sur la terre si terrible que la terre trembla. Les poissons du lac, qui passe par le milieu de la ville, s'eslançoient hors de
l'eau la haulteur d'une toyse et plus, faisans crys merveilleux, contre
leur naturel. Les ténèbres vindrent si obscures qu'en plain jour il
sembloit estre aux nuicts les plus obscures que l'on veit jamais; tomba
une gresle si grosse qu'elle rompit les thuilles et tarrez des deux prochains greniers ou les sollières desdittes thuilles ès maisons de laditte
ville, avec ung tonnerre si merveilleux et esclair que les bestes saul-
vages et privées cerchoient à se serrer ès caves et cachotz de la terre;
et finablement fut veu et ouy en l'air l'effigie d'un viel homme ayant
la barbe et les cheveux tout blancz, qui cryoit à haulte voix : « Habitans de Genefve, faictes pénitence et vous retirez de vostre incrédulité,
car il est temps, ou aultrement vous périrez en brief. » Et furent ces
parolles par le vieillard plusieurs fois en l'air répétées et ouyes par
les habitans de laditte ville, lesquelz en toute diligence coururent en
leurs temples pour prier Dieu qu'il eust pitié d'eux. Et dura ce signe
céleste et tempeste l'espace de six heures. S'il a esté vray ou non, je
n'en scaurois que dire, sinon que j'ai veu la carte imprimée, contenant les effigies du vieillard, des oyseaux et bestes en l'air et des poissons saillans hors de l'eaue. Aulcuns héréticques de France ont creu
cela estre vray, après qu'ilz en ont receu novelles par leurs amys habitans de Genefve, et ont esté esbranlez pour se retirer de leur erreur; les aultres n'ont volu croyre et ont dict cela n'estre vray, parquoy
je n'en puis aultre chose dire.

Le 22 mai, en faisant les fondations de l'église qu'on se proposait d'élever 1577.
pour remplacer celle du prieuré de Saint-Denis-de-l'Estrée que les protestants
avaient ruinée en 1567, on trouva en terre trois pierres d'environ un pied de
long et un demi de large, ayant la forme de bières et ornées de croix. Dans l'intérieur de chacune d'elles était un coffret de plomb carré, scellé de plâtre et
portant des inscriptions qui indiquaient que ces coffrets renfermaient des
reliques des saints Denis, Éleuthère et Rustique. C'est dans le lieu de l'Estrée
qu'ont été d'abord enterrés les corps de ces martyrs; ils ont été transportés, vers
636, dans la basilique de Saint-Denis, par l'ordre du roi Dagobert.

Nous avons naguère dict que le printemps pour la pluspart avoit
esté froict, sec et adonné à gelée. Or il fault dire que sur la fin il se
adonna à chaleur grande pour la saison, à cause de laquelle s'engendrèrent des nuées en l'air, sur la fin du moys de may et commencement de juin, qui causèrent des gresles et orages en aulcuns lieux si
terribles que les biens des champs en furent gastez et perdus, et nommément entre Sens et Troyes, environ neuf lieues de long et une de
large; et commença dès le village de Mallay, en tirant à St-Mars, Aix-
en-Othe et jusques près de Troye. Et y fut la fouldre si cruelle que le
pays pensoit estre quasi en abisme. La gresle y fut si grosse que l'on
trouva des loups mors par les champs, qui avoient esté frappez
d'icelle, chose qui semble incroiable. Les lièvres et oyseaux furent
pareillement trouvez mors des coups de laditte gresle. Les biens de la
terre furent si bien rompus et bargez en aulcuns endroictz, qu'il n'y
fut besoin de faucheur ni moissonneur; et advint ce sur la fin du
moys de may. Depuis lesditz pays en tirant en la Brie, ne tomba que
de la grosse pluye, qui battit si fort les terres qu'il est possible; toutesfois, les grains n'y eurent aulcun mal. Dès au lendemain, le temps
retourna à la chaleur aussi grande et plus que devant, qui dura jusques au 7e jour de juing, vigille de madame Ste-Syre, au soir, que le
temps se retroubla à cause de la grande chaleur, qui causa des tonnères et esclairs assez impétueux, qui durèrent quelque deux heures,
sur les 7 heures du soir. Toutesfois ne fut novelle qu'il tombast de la
gresle, sinon à l'entour du village de madame Ste-Syre environ quelque
six lieues de long et quasi une de large, qui gasta entièrement les

1577. grains par où elle passa, car la fouldre y fut assez grande et telle qu'elle rompit plusieurs gros arbres par le milieu de la tige. Ceux qui veirent laditte gresle affirmoient en avoir veu de grosse comme œufz de poulle, et en une si grande habondance qu'on la povoit bien amasser à la pèle par monceaux, pour charger à la tombélesée. Et fut bien vingt-quatre heures sur la terre avant qu'estre entièrement fondue. De ceste nuée le tonnère tomba sur la tour de l'église de Sancy près d'Augerre, où il feit ung grand domage. Il tomba pareillement au village de Chevru-lez-Bazoches en Brie sur une grosse maison appartenant au commandeur du lieu, qui fut toute bruslée. Dès le lendemain, le temps retourna à la challeur, qui dura jusques au lendemain de la feste mons. saint Jehan-Baptiste, environ les 5 heures du soir, qu'il recommença à tonner et faire nuages gros et espais, avec grands esclairs, qui amena en ce pays habondance d'eau du ciel. L'eau ne feit aulcun mal aux biens de la terre, mais le tonnère tomba sur une grange au faulxbourg de la ville de Nogent-sur-Seine, qui fut bruslée entièrement. Ledit tonnère moult espoventa le peuple de laditte ville, courant impétueusement par les rues en forme d'un taureau courroucé et effarouché, qui hurloit et mugissoit d'un cry espoventable à merveilles. Les hommes, mesme les plus assurez, s'enfuyoient devant luy, en se saulvant ès premières maisons qu'ilz trouvoient ouvertes; il tua une fille qui ne se peut destourner; il feit si grand peur à ung prebstre qu'il rencontra, n'estant plus en forme de taureau, mais d'esprit malin et de hideuse vision, que le prebstre tomba par terre esvanuy, fut certaines heures sans parler, veoir, ni ouyr, et mourut quelque quatre ou cinq jours après. Aulcuns disoient qu'il s'estoit pareillement apparu au curé de laditte ville au sortir de l'église, auquel il fit ung si grand effrayement qu'il en fut quelques jours malade. Le prochain dimanche ensuyvant, le curé commença à prescher pénitence à ses parroissiens, qui semblèrent se changer de leurs maulvaises accoustumances en d'aultres meilleures.

Au mois de juin, apparaît dans la Brie une bête inconnue, qui se jette sur les passants et mange un enfant. Les gentilshommes du pays s'assemblent pour la

tuer, sans parvenir à leur but. — Au mois d'août, plusieurs personnes de Provins rencontrent une bête qui prend diverses formes et qui parle.

Troubles en Angleterre au sujet de la religion. — Marie Stuart, reine d'É-
cosse, est tenue prisonnière par Élisabeth, reine d'Angleterre.

En ceste présente année, les seigneurs pollonois envoyèrent ambassadeurs à S. M., avec présens de choses rares et peu veues en ce
pays, qui estoient, entre aultres choses, une petite femme, aagée de
plus de trente ans, qui n'estoit si grande qu'un enfant de trois ans,
et ung asne saulvage tout vif, beste non veue en France. Et passèrent
par la ville de Provins le 25ᵉ jour du mois d'aoust. Cest asne saulvage
estoit quadrupédal et d'un poil gris, avec le col menu et fort grand,
le corps assez bien faict et estroict par derrière à la façon d'un lévrier.
Lesditz ambassadeurs estoient vingt-cinq chevaulx, sans deux coches,
dont l'une servoit à mener ledit asne, qu'on ne vouloit laisser cheminer, et se levoit tout droict sur ses quatre pieds dans laditte coche, et
pareillement se couchoit en icelle quand il vouloit. Ils n'arrestèrent
audit Provins, mais passèrent oultre sans manger, après qu'ilz se
furent enquis où ilz pourroient trouver le roy. Lesquelz, comme fut le
bruict commun, furent fort humainement receus et traictez par S. M.

Un individu fait des quêtes dans les paroisses de Provins et des environs, en
présentant des lettres de pardon du pape Grégoire XIII en faveur de ceux qui
contribueraient à la rançon d'une famille hongroise, prisonnière des Turcs, une
approbation du roi de France et un mandement d'autorisation du vicaire général
de Sens. On s'aperçoit enfin que les lettres du pape et du roi sont supposées; le
quêteur est arrêté et condamné aux galères à perpétuité.

Aux vendanges de ceste présente année, on recueillit aussi peu de
vin qu'on avoit faict il y avoit plus de vingt ans. Pour cela, et pour
ce qu'on en avoit peu recueilli l'année de devant, on estimoit que la
queue de vin vauldroit quelque 60 et 80 francs tournois; mais s'en
fallut beaucoup, car la vendange ne fut plus tost faicte, que les vignerons menèrent leur vin au marché par les villes de ce pays, et n'en
laissèrent poinct ou bien peu en leurs maisons, à cause des gens de

1577. guerre et voleurs qui tenoient les champs ; et où on oyoit dire qu'on
en avoit moings recueilly et qu'il se vendoit le mieux, on s'efforçoit
d'y en mener. A Provins, les gens d'alentour en menèrent en une si
bonne habondance, que la queue ne se vendit que 15 et 16 liv. tourn.
par trois samedis consécutifz. Ceux de Villenauxe-la-Grand, au commencement de la vendange, le vendirent prins en leurs maisons la
somme de 50 liv., et espéroient que c'estoit le meilleur marché qu'ilz
en feroient toute l'année ; mais, après qu'ilz veirent qu'on en trouvoit au pris que dessus, à 15 et 16, baillèrent le leur pour 35. Ce pris
raisonnable ne dura que jusques à la St-Martin, car, environ ledit
jour, les marchans de Paris, sçachant le rabais et descry des monnoyes, se jettèrent jusques audit Villenauxe et aultres lieux, pour
lever les vins et bledz et pour se desfaire de leur argent à hault pris ;
ilz donnoient dudit vin et grain ce qu'on leur faisoit, si bien que soudain, en moings de trois sepmaines, le vin de Villenauxe retourna à
50 liv. t. la queue, et les aultres pays au pris le pris ; et toutesfois n'y
eut à la fin qu'eux de trompez, car, sur le temps qu'ilz vendoient leur
vin à si hault pris, l'argent fut rabaissé de la moytié et plus, et les
espèces estranges d'or et d'argent descriées, de sorte que 50 liv. ne
leur revenoient pas à 25. De mesme coup furent frappés les drappiers de Provins par les marchans de Troyes, et y furent fort trompées
toutes personnes qui vendirent quelques marchandises quelles qu'elles
fussent, et n'y eut qui eussent proffit que ceux qui acheptèrent,
payèrent comptant et enmenèrent leurs marchandises.

La femme d'un laboureur de Fresnoy accouche d'un fils à l'âge de plus de
soixante ans.—Le commerce du sel cesse d'être libre ; le roi crée des offices de
regratiers, avec défense de vendre du sel sans avoir acheté un office ; l'édit du roi
à ce sujet fut lu à Provins au mois de juin. Jean de Vauhardy, fermier de la
gabelle de Provins, le seigneur de Pétremol, oncle de sa femme, et deux autres
personnes achètent du roi le monopole de la vente des offices.

    Ici il y a une lacune.

Meurtre d'une héritière de la famille de Charmoy (département de la Marne,

arrondissement d'Épernay), par Jean du Glan, gendre de sa sœur. Un laquais, 1577.
complice du crime, est pendu à Provins le 18 janvier 1578. Du Glan et un
autre complice sont roués en effigie.

Au mois de novembre de ceste présente année, environ la St-Martin
d'hiver, sur les cinq heures du soir, s'apparoissoit une comette non
usitée d'estre veüe, que le simple peuple appelle une estoille à la grand
queue, et estoit fichée vers l'occident des petis jours et jettoit sa queue
vers le soleil levant desditz plus petis jours de l'année; et dura jusques passé le 18e jour du moys de décembre avant qu'elle fust du tout
diminuée. En ses trois premiers jours, elle fut fort claire et flam-
boyante; mais, depuis lors jusques à la fin, elle montra une coulleur
palle et blaffarde. Et estoit une estoille ou comette crineuse, c'est-à-
dire que la queue d'icelle sembloit avoir plusieurs rayons, ainsi que
ceste présente figure le démonstre.

Les jeunes gens qui n'avoient jamais veu tel signe au ciel estoient
aulcunement esbays de ceste vision, qui leur sembloit estre chose novelle; toutesfois, se réjouissant de la veoir, disoient bien cela estre
quelque signe pronostic à la terre. Les anciens et vieilz gens, qui jà par
expérience avoient veu le mal advenu par telz signes en leur temps,
ne regardoient cestuy-ci d'un si grand courage et plaisir, et par dévotes prières prioient Dieu qu'il luy pleust destourner le mal que ledit
signe présageoit à la terre et aux habitans d'icelle[1]. Ceux qui, oultre
l'expérience qu'ilz ont eue de telz signes, ont leu et veu les livres,

---

[1] On trouve des détails sur la comète de 1577 dans le Mémorial d'Eust. Piedmont, t. I, et dans le Journal du règne de Henry III, p. 25. « Elle commença à se montrer, dit Piedmont, le 8 novembre, en longueur et apparence de deux toises, chose merveilleuse; elle dura pendant un mois. » — Voy. aussi Liberati (François), *Discours de la comète commencée à apparoir sur Paris le xie jour de novembre 1577, à six heures du soir* (Paris, 1577, in-8°, et Lyon, 1577, in-12), et les écrits du père Rocca, de Busch, de Thurneyser, de Huern, de Paul Fabrice, etc. indiqués dans la Bibliographie astronomique de Lalande.

1577. ont tousjours dict que les comettes sont messagères de mal futur en
ung pays ou en aultre, présageant mutation de royaumes et d'estatz ;
ainsi que nous, qui avons escript ces présentes mémoires, l'avons
expérimenté et veu advenir aux royaumes de France, d'Angleterre,
d'Allemagne et au reste de la terre des chrestiens, par la comette
qui s'apparut en l'an 1555 ou 6, au moys de décembre ou janvier,
aulcuns ont volu dire en mars. Laditte comette estoit comme une
estoille ayant une grande queue non chevelue, mais rouge et flam-
boyante au possible, qui s'apparoissoit sur les six heures du soir, en
l'orient des plus petis jours de l'année, et jettoit sa queue fort fu-
rieuse droict à l'occident des petis jours, traversant le pays de France,
ainsi comme il sembloit. Et dura laditte comette en sa fureur plus de
six sepmaines avant qu'elle diminuast de sa couleur rouge et si ardente,
et en tout dura plus de deux moys avant que de se disparoir, et estoit
de la façon que la figure qui s'ensuit le démonstre.

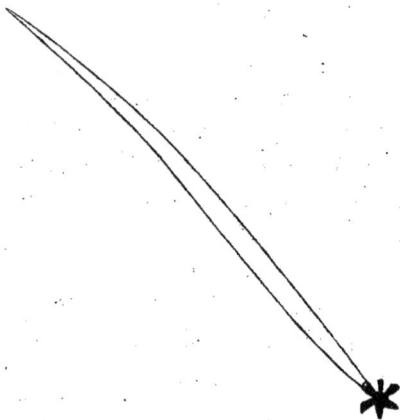

Les comètes sont messagères de malheurs. C'est l'opinion de François Giuntini, qui a traité de ces matières [1], et celle de Jacques Fabre, qui a composé

---

[1] Giuntini (François), né à Florence en 1522, mort à Lyon en 1590, a composé des commentaires sur le livre de *Sphæra* de Sacrobosco.

une *paraphrase des météores*[1]. — Description de diverses comètes et indication des maux advenus à leur suite, d'après les ouvrages de Giuntini et de Paul Fabrice Laubence, et d'après le livre intitulé : *Le Faisceau des temps (Fasciculus temporum)*. — Figure d'une comète et d'une éclipse vues en 534.

Description de divers phénomènes célestes qui ont été observés pendant le xvıᵉ siècle.

Éclipse de soleil au mois de janvier 1541, 1542 ou 1543 (probablement 3 février 1543); elle commença une demi-heure après le lever du jour, produisit des ténèbres complètes, et dura environ une heure. L'été suivant, naquit un enfant à sept têtes, dont l'effigie se vendit dans les villes et les marchés. Claude Haton, qui était alors fort jeune et ne savait pas lire, a oublié le nom du pays où ce monstre naquit; il croit cependant que c'est en Allemagne. L'enfant à sept têtes présageait « la fausse doctrine de Luther, hérésiarque, beste hydeuse et dragon aux sept testes, dont parle mons. Sᵗ Jean en son Apocalypse. »

Une aultre secte d'héréticques s'esleva en Allemagne, qu'on appelloit les Adamites ou secte des foytez; les sectateurs de laquelle hérésie alloient tous nudz d'un lieu en l'autre et se foytoient de verges et escorgées l'ung l'autre, pour l'honneur de Dieu et Jésus-

---

[1] Voici les vers que cite Cl. Haton, fol. 753 v° de son manuscrit, comme faisant partie de la *Paraphrase des Météores*, de Jacques Fabre ou Lefèvre, d'Étaples :

Tu steriles agros et inania vota coloni
  Siccus et effervens sæve cometa facis;
Cum crinem ostentas, tunc ventorum impetus urget
  Oppida ; tu bella sanguinolenta moves,
Principibus læthum tu seditiosa minaris;
  Sic variis mundus ducitur auspiciis.

Jacques Lefèvre, né en 1455, est mort à Nérac en 1537. Fabricius, dans sa Bibliothèque, indique plusieurs commentaires de Lefèvre sur les ouvrages d'Aristote, mais aucun sur les Météores de ce philosophe. Lalande, dans sa Bibliographie météorologique, et Fabricius, attribuent à Jacques Lefèvre un commentaire sur le Traité de la sphère de Sacrobosco, et d'autres écrits astronomiques. La Bibliothèque impériale, fonds latin, n° 7814, possède un volume manuscrit de *Carmina* de J. Lefèvre d'Étaples. Enfin, j'ai trouvé au département des imprimés de la même bibliothèque l'ouvrage cité par Cl. Haton. Il a pour titre : *Meteorologia Aristotelis, eleganti Jacobi Fabri Stapulensis paraphrasi explanata, commentarioque Joannis Coclæi Norici declarata, ad fœlices in philosophiæ studiis successus calcographiæ jamprimum demandata.* (Nuremberg, Fred. Peypus, 1512, in-4°.) Les vers cités par notre auteur s'y retrouvent, lib. I, c. vıı, fol. 18 r°.

1577. Christ, disans que ceux qui ne les vouldroient imiter et ensuyvre ne
povoient estre saulvez. Et s'en respandit aulcuns par la France, lesquelz se présentoient aux portes des églises quand le peuple y estoit
assemblé, et là se foytoient; et pour ce on feit courir ung bruict par
laditte France, que le fesseur alloit par le pays et qu'il foytoit tous
ceux qui n'estoient assez fors pour se revencher, et de ce fesseur
menaçoit-on les petis et jeunes enfans, quand ilz ne vouloient obéyr.
Mais ceste secte fut bien plus tost assoupie en France que ne fut celle
de Luther.

Après cette éclipse, commencèrent les guerres cruelles qui ont eu lieu entre
l'empereur Charles-Quint et le roi François Ier, et qui ont duré jusqu'à la fin de
1544, les troubles en Allemagne, les malheurs de la France par l'invasion des
armées étrangères, puis une grande cherté de vivres.

Comète de 1555. Il en a déjà été question (p. 910).

Éclipse imparfaite de soleil survenue au mois d'avril 1567. (Voy. plus haut,
p. 509.)

Obscurcissement du soleil, au mois de juillet 1567. (Voy. p. 510.) Guerres
civiles et misères qui ont suivi ces deux signes.

Une estoille fut veue en plain jour, environ midi et une heure, sur
la ville de Paris, ung jour et an que je ne puis précisément cotter à
la vérité; et fut, comme il me semble, en l'une des années 1569,
1570 ou 1571, en ung jour d'esté, que MM. de Paris faisoient une
procession génералle pour la paix de l'église et du royaume de France,
en laquelle estoient présens à pied le roy Charles IXe, sa mère et
MM. les ducz d'Anjou et d'Alençon, ses frères, en bon ordre et dévotion, tenans en main chascun ung cierge ardent. Et estoit laditte estoille
aussi claire et apparente, quelque bien clair qu'il feist de jour et soleil,
comme si ce eust esté en pleine nuict claire et bien sereine. Plusieurs
personnes s'esbaïrent, et nommément le roy et les princes, de la vision
de ceste estoille non accoustumée d'estre veue, laquelle suyvoit le
soleil d'assez près, ainsi qu'il sembloit. Les philosophes et gens expérimentez se tourmentèrent en leur esprit que povoit présager ceste vision extraordinaire, mais n'en purent que dire, sinon par conjectures,

et furent d'avis que telle vision présageoit quelque bonheur à l'église 1577. de Dieu, à la France et au roy. Et fut le roy comparé à ceste estoille qui suyvoit de près le soleil, parce que S. M. en toute humilité suyvoit le clergé et le précieux corps de J.-C. qui est le vray soleil qui enlumine tout le monde, qui estoit porté à ladite procession, avec les sainctes relicques et ossemens des sainctz, et par ceste vision plusieurs eurent ceste oppinion que Dieu donneroit victoire au roy et à ses gens d'armes sur les héréticques rebelles et conjurez avant peu de temps. Ce qui advint en effet aux journées de Jarnac et de Moncontour.

Ung autre signe fut veu au ciel en l'an 1572, au mois de janvier, environ le 15ᵉ jour, de nuict, lors n'estant lune ni croissant, qui fut d'une clarté aussi grande que s'il eust esté la pleine lune, laquelle clarté dura depuis dix heures du soir jusques auprès de minuict ; et estoit la clarté du ciel si grande, que l'on eust bien peu cognoistre et compter de l'argent. Elle se perdit sur la minuict, que revindrent les ténèbres nocturnalles accoustumées d'estre quand il n'est poinct de lune. Plusieurs personnes qui estoient encores sur les pieds et hors des maisons à contempler ceste clarté non usitée récitèrent que au ciel ilz veirent deux troupes d'hommes en assez grand nombre, fiers et orgueilleux, une troupe contre l'aultre, de chascune desquelles sortit ung homme qui baillèrent le combat l'ung à l'aultre, les aultres les regardans, lesquelz à la fin se meslèrent ensemble, et en peu de temps se évanouyrent, les ténèbres déchassans la clarté. En l'année mesme, au mois d'aoust, advint la sédition et massacre de Paris faict le jour de la Sᵗ-Bartholomy, et depuis, l'élection de M. d'Anjou pour estre roy de Pollogne, ce qui fut au grand domage de la France et du roy son frère, qui morut peu après, Dieu sçait de quelle mort.

Le dernier signe qui ait paru au ciel avant la comète de 1577 se montra le 25 septembre 1575, veille de la Sᵗ-Michel, de sept heures du soir à trois heures après minuit. L'auteur l'a décrit sous l'année 1575. (Voyez plus haut, p. 821.) C'étaient de grandes lances et piques enflammées, « jettant leurs coups

1577. droict au midy, » qui, au milieu d'un ciel pur et serein, s'ouvraient, tantôt ensemble, tantôt les unes après les autres, comme l'éclair quand il tonne de chaleur, et donnaient une clarté aussi vive que celle de la lune en son plein. En outre, on voyait au plus haut lieu du ciel, à l'endroit où est le soleil à midi, un autre flambeau, en forme de serpent, « qui avoit le regard droict auxdites lances. » Ce phénomène dura jusques après trois heures du matin, que tout se réduisit en vapeurs et que la lune se leva. Quelques personnes disaient avoir vu parmi ces lances des figures humaines; Cl. Haton n'en vit point, et pourtant il passa la nuit dehors à regarder le ciel. D'autres croyaient que c'était un incendie. Les plus experts pensaient que c'était un feu céleste. Ce qui est certain, c'est qu'au moment où ce signe apparut, la France était en grand trouble, par la désunion du roi et de son frère le duc d'Anjou, qui s'était mis à la tête des anciens et nouveaux rebelles, protestants et catholiques, réunis sous le nom d'*associés*, et que le pays endura, par suite de ces troubles, des maux infinis.

Meurtre d'une dame par son mari dans la paroisse de Saint-Ylier, vers la Sᵗ-Martin d'hiver. — Un scélérat, nommé Marin Bourdon, de Bézil-lez-Épernay, condamné une première fois à mort, comme meurtrier, gracié, puis arrêté de nouveau pour viol, est pendu à Provins le 3 décembre. — Les orgues de Saint-Ayoul de Provins, les premières que cette église eût encore possédées, sont achevées au mois de décembre, après sept mois de travail. L'ouvrier qui les fabriqua fût frère Hilaire, cordelier de Notre-Dame en l'Île, à Troyes, prieur de Joiselle-lez-Sézanne. Il reçut pour sa peine, et pour avoir fourni le plomb, l'étain, les soufflets, etc. 800 livres tournois; la menuiserie et la serrurerie coûtèrent, en outre, 540 livres. Ces sommes furent fournies par un legs laissé à cet effet à la fabrique par Marguerite Hamard, et par des aumônes et dons recueillis dans la paroisse par les soins des marguilliers et de Mᵉ Cl. Haton, clerc de Saint-Ayoul. Le premier organiste fut un Frison nommé Dominique Fantastic.

— Liste des principaux personnages vivant à Provins en 1577, ecclésiastiques ou laïques.

1578.

C'est en 1578, à partir du 1ᵉʳ janvier, que devait avoir lieu la réduction, ordonnée par l'édit du roi, de l'écu de 66 sous à 60, et du teston à 14 s. 1/2; aussi, le dernier décembre 1577, une foule de débiteurs remboursèrent leurs créanciers. Dans les villes de Troyes, de Nogent et autres, les habitants continuèrent à se servir des carolus et monnaies étrangères, jusqu'au moment où défense expresse fut faite à cet égard par lettres patentes du roi, avec menace de punition rigoureuse aux contrevenants. À Paris, Meaux, Melun et Provins, on refusa dès janvier de recevoir lesdites monnaies.

Malgré la paix, quelques compagnies royales tenaient le pays aux environs de Paris; elles excitent des plaintes, qui obligent Henri III à les faire retirer. — Des jalousies et inimitiés entre les favoris du roi et ceux de son frère le duc d'Anjou compromettent la bonne intelligence entre les deux princes. Une querelle a lieu au milieu d'une danse à la cour, entre M. de Grammont, mignon du roi, et M. de Bussy, mignon du duc, qui, depuis assez longtemps déjà, se haïssaient. L'occasion fut une dame que l'un d'eux mena danser, ce à quoi l'autre prétendait également. Des démentis furent donnés, des injures dites, à la suite desquelles les deux gentilshommes demandèrent le combat, en présence du roi et

1578. de Monsieur[1]. Henri III ayant refusé son assentiment, ils prirent pour se battre
un rendez-vous auquel le roi leur interdit de se trouver. Néanmoins Bussy se
rendit le lendemain avec cinquante chevaux au lieu assigné; Grammont n'y vint
pas, et son adversaire le déclara vaincu et vilain, en menaçant de le tuer à la
première occasion[2].

Ce discours cuyda rompre l'amytié du roy et de son frère, parce
que ces deux gentishommes faisoient entendre ausditz deux princes
leur querelle procéder pour la deffense de l'honneur de leurs majestez, qui fut cause que chascun prince espousa la querelle et le party
de son gentilhomme, et fut telle heure que l'on pensoit la fin en estre
périlleuse fort pour la France par le relèvement des armes. Toutesfois, quand ilz deux princes eurent sur ce prins conseil l'ung avec
l'aultre, s'accordèrent ensemble amyablement et si accordèrent leurs
mignons et les réconcilièrent ensemble. Nonobstant que ce différend susdit fust appointé, si est-ce que les serviteurs des deux princes
ne laissèrent de s'entre-injurier et rioter les ungs les aultres, jusques
aux cuisiniers, pallefreniers et lacquetz. Et se tenoient ceux de
mons. le duc les plus fiers contre ceux du roy, qui fut cause de plusieurs combatz, meurtres et assassinatz dedans la court d'iceux princes
et par la ville de Paris, par aguetz et surprinses. Les plus favoris de
mondit seigneur duc luy faisoient rapportz tels quelz du roy son
frère (ainsi qu'en estoit le commung bruict), auxquelz il sembloit
croyre trop légèrement, et il délibéra en soy de s'en aller de la court,
et de ce faire se mirent luy et ses gens en debvoir[3]. De quoy fut le roy
averty secrettement, qui feit donner si bon ordre à tout que ledit
seigneur ne put partir au jour assigné, qui estoit ès derniers jours
de janvier, parceque le roy avoit commandé à ses gardes de n'ovrir
la pourte du chasteau du Louvre ni abaisser le pont jusques à ce

[1] Lettre de M. de Bussy d'Amboise au
roi, demandant le combat contre Caylus.
1578, 3 février (Bibl. imp. fonds Baluze,
n° 8476, fol. 194 r°. Impr. dans les notes du
Journ. de l'Estoile, éd. Michaud, t. I, p. 94.)

[2] Voyez l'Estoile, *Journal de Henri III*,
édition Michaud et Poujoulat, t. I, p. 93
et 94.

[3] *Mémoires de Marguerite de Valois*, éd.
Guessard, p. 135 et suiv.

qu'il leur commandast, dedans lequel chasteau estoit logé ledit sei- 1578.
gneur duc, aussi bien que le roy et la royne leur mère. Davantage
S. M. avoit secrettement envoyé gens par la ville de Paris, pour regarder après les serviteurs et gentilshommes dudit duc, et veoir
quelle contenance ilz tenoient, commandant que tous ceux qui seroient trouvez bottez et esperonnez pour monter à cheval ou déjà
montez fussent arrestez et mis en prison. Ce qui fut faict. De quoy
furent bien esbays ledit seigneur duc et ses gens, voyant leur entreprinse découverte. Le bruit de ce, respandu par la ville de Paris, fut
à l'instant porté par le royaume, et commencèrent ceux qui tenoient
le party du roy et dudit seigneur à dresser les oreilles et à faire
grand bruict de guerre; les bonnes gens de village rentrèrent à la
peur de leurs maux accoustumez et se récompensoient à maudire le
roy et les princes. Ce différend fut en trois jours appaisé, parceque
ledit seigneur duc, en plein conseil, s'excusa de son partement et
promist de ne partir de la court sans le congé et gré du roy; après
laquelle promesse, le Louvre fut ouvert, les gens dudit seigneur qui
avoient esté emprisonnez furent mis en liberté, et fut seullement
commandé aux serviteurs des deux princes de vivre en paix et amytié les ungs avec les autres.

Les Italiens jouissent d'un grand crédit à la cour, ce qui excite la jalousie des
seigneurs français et particulièrement des gentilshommes du duc d'Anjou; on les
injurie et on les attaque dans les rues de Paris, sans que punition soit infligée
aux agresseurs. — La méfiance renaît entre le roi et son frère. Henri III, dans les
premiers jours de janvier, fait entrer à Paris deux régiments de gens de pied, et
les loge dans les faubourgs, où ils sont nourris pendant deux mois aux dépens de
la ville.

De son côté, le duc d'Anjou fait secrètement des levées de fantassins et de
cavaliers, recrutant des gens de toute religion et de toute condition, même des
brigands et des voleurs de grands chemins.

Plusieurs des plus expers au hasard des armes furent envoyés à
Paris pour se loger ès tavernes et au plus près du logis dudit seigneur, ainsi qu'on les peut accommoder, pour, si d'aventure il estoit
besoin de faire service audit seigneur pour ayder à le saulver ou à le

1578. tirer de la ville de Paris, qu'ilz s'y emploiassent contre la personne du roy mesme, s'il y eschéoit; en effet, ledit seigneur duc ne tendoit à aultre fin que de sortir hors de laditte ville, feust de bon gré ou de force, pour se mettre en plus grande liberté et seureté, ce luy sembloit. Ce qu'il feit au moys de febvrier ensuivant, le 14e jour, de nuict, passant par dessus les murailles de la ville de Paris, par dedans le monastère de madame Ste-Geneviefve[1], où, avec cordes pour ce faire préparées, se dévalla aux fossez de laditte ville avec ses plus familliers serviteurs et domestiques, et se rendit au millieu de plusieurs hommes de pied et de cheval, qui l'attendoient pour le conduire la part qu'il vouldroit aller. Et cheminèrent dix lieues ceste nuict là, jusques à ce qu'ilz se veissent en lieu de seureté pour se reposer, en attendant les gens et le train du prince.

En moings de vingt-quatre heures, le bruict de la fuite dudit seigneur duc fut respandu à plus de cinquante lieues loing de Paris, et assuré par postes et messagers de part et d'aultre, tant par l'advertissement du roy qu'il envoyoit par les villes pour se saisir des portes, de peur que ledit seigneur ou ses alliez ne s'en saisissent, que par les messagers dudit seigneur, que luy et les siens envoyoient aux retenus pour les inviter à se tenir prestz, si d'aventure on avoit à faire d'eux. Les gentishommes à vingt lieues de Paris, qui avoient volunté de luy faire service, s'allèrent en poste offrir à son excellence, et s'y trouvèrent en nombre de plus de trois mille chevaux. Lesquelz ledit seigneur remercia bien grandement, et les retint à son service s'il en avoit à faire; disant toutesfois avoir volunté de ne les emploier pour faire guerre au roy son frère, encores qu'il en eust bien l'occasion, attendu la pauvreté et ruyne du royaume de France; mais que, si le roy l'assailloit et luy volust faire guerre, bien voluntiers les retenoit pour son service, leur promettant avoir tousjours souvenance d'eux

---

[1] Voyez le Journal de Pierre Fayet, publié par M. Luzarches, p. 7; les Mémoires de Marguerite de Valois, le Journal de l'Estoile, et l'Histoire universelle, de de Thou. — Plusieurs historiens ont dit à tort que le duc d'Anjou était sorti de Paris par l'abbaye Saint-Germain-des-Prés.

et de leur libéralle volunté qu'ilz luy offroient; et par ces belles et honnestes parolles les renvoya en leurs maisons.

Ce faict, despeschea ung de ses gens pour aller au roy faire son excuse d'avoir party de la court sans luy dire adieu et à telles heures, mais que ce qu'il en avoit faict n'estoit pour luy faire la guerre, ains seullement pour se mettre en liberté et plus grande seureté de sa personne; au reste, qu'il vouloit tousjours estre et demeurer son bon frère et amy, s'il plaisoit à S. M., protestant toutesfois de ne retourner jamais à sa court que premièrement n'en eust chassé les Italiens et estrangers qui y estoient, et qui estoient la cause de la ruyne de France. Voilà ce que l'on disoit estre l'occasion de la retraicte dudit seigneur.

Sitost que les habitans de Paris, Meaux, Melun, Lagni, Montereau, Provins, Sens, Troye, Nogent, Chaslons, Reims, Esparnay, Laon, Soyssons et Chasteau-Thierri sceurent le partement dudit seigneur hors de la court, par mandement du roy se saisirent de leurs portes, et gardèrent chascuns d'eux leur ville, en attendant aultres novelles, qu'ilz receurent environ six sepmaines après ledit partement par mons. de Guise, gouverneur de Champagne et Brie, où sont assises lesdittes villes, qui leur manda qu'ilz cessassent et meissent les armes bas, les assurant n'y avoir volunté de guerre ès cœurs du roy et de son frère.

Ledit seigneur duc entra en la ville d'Orléans quelque huit ou dix jours après sa retraicte de la court, où il demeura quelque temps à mettre ordre aux affaires de sa maison et à la garde de son corps, durant lequel temps, de peur d'être surprins, commanda à ses gens de se saisir des portes de la ville avec les habitans d'icelle pour la garder. Et pour ce, fust semé ung faux bruict par le pays, que ledit seigneur s'en estoit saisy pour la retenir à soy, et qu'alentour d'icelle vouloit lever ung camp pour faire la guerre au roy; chose à quoy ne pensa oncques, et pour montrer au peuple qu'il n'en estoit rien, s'en alla hors d'icelle plus tost qu'il n'eust faict, et se retira à Angers et au pays de son appanage, où là acheva de mettre fin et bon ordre aux estatz de sa maison. Il fut novelle que la royne sa mère estoit allée après luy pour le ramener à la court, mais n'en peut venir à bout.

1578. Ledit séigneur laissa, à son partement, la ville d'Orléans libre au roy
et aux habitans d'icelle, ainsi qu'il l'avoit trouvée.

Un individu arrive à Provins, le 23 janvier, porteur d'une commission signée
du duc d'Anjou, d'après laquelle il était chargé, attendu la mauvaise gestion des
biens temporels des églises et fabriques, de faire l'inventaire des meubles de ces
églises, calices, reliquaires, ornements sacerdotaux, livres, titres et comptes.
Cette commission ayant été présentée au lieutenant général, au procureur et à
l'avocat du roi, est soumise par ces magistrats à l'assemblée des habitants, le
doyen de la chrétienté s'oppose à ce qu'elle soit exécutée, comme n'étant pas
passée en chancellerie, scellée du grand sceau et signée de la main du roi. Le
commissaire se retire, et les gens de la ville de Meaux, par laquelle il avait
passé précédemment, le dénoncent comme un voleur. Il paraît néanmoins que
le duc d'Anjou avait réellement délivré la commission, dans la prévision des
besoins d'argent que sa rupture projetée avec le roi pourrait lui occasionner.

Il fault dire quelque chose de la contenance et gouvernement des
huguenotz de France, et principallement de ceux du bailliage et de
la ville de Provins. Esditz ville et bailliage, ilz huguenotz estoient en
assez petit nombre, et ne s'en trouva que deux audit Provins qui se
déclarassent vouloir continuer la religion desditz huguenotz, qui
furent Mᵉˢ Richard Privé, advocat, et Nicollas Doury, barbier et cirurgien. Lesquelz, et principallement ledit Doury, s'estoient portez
fort inconstamment en matière de religion, et, après avoir renoncé
à la prétendue religion huguenoticque avec serment solemnel, n'a-
voient eu honte de froisser et rompre leur serment. Comme les cocs
qui sont sur les clochers des églises, lesquelz tournent le nez ou bec
droict au vent, ainsi ont tousjours faict les dessus nommez; lesquelz,
quand ilz ont veu les catholicques estre les plus fors, se sont rendus
des leurs et de leur party, et au contraire, quand ilz ont veu la liberté
permise aux héréticques par les édictz de pacification, ont tousjours
délaissé l'église catholicque pour retourner à l'église héréticque. Hors
laditte ville de Provins et par le balliage, n'y avoit que quatre ou cinq
maisons de gentishommes qui feissent profession de laditte prétendue religion, qui estoient : les maisons du Plaissié aux Tournelles,

de Chantalous, de Umbrée, du Buat et du Teilloy, près Vodoy; esquelles maisons ne se faisoit presche public au commencement de
ceste année, ains seullement se faisoient les prières publicques par
ceux qui de par eux estoient à ce faire députez pour entretenir les
cérémonies de leur prétendue religion. Toutesfois, au moys de juing
prochain ensuivant, se trouva à Provins, à certain jour de plaitz, ung
prédicant nommé le prédicant Signier, demourant audit lieu du Teilloy, pour demander permission de faire presche public en sa maison, pour luy, ses amys et tous aultres qui y vouldroient aller, suyvant qu'il leur estoit permis par l'édict de la paix dernière, et à telles
fins, présenta sa requeste, qui ne fut ni enthérinée ni rejectée, et ne
luy en volurent faire aultre response les gens du roy que luy dire
qu'il laissast la signature de sa main avec sa requeste au greffier pour
l'enregistrer, suyvant le mandement du roy contenu audit édict de
paix, en vertu duquel il demandoit laditte permission, ce qu'il feit.
Ce néantmoings, n'eut aultre response desdis gens du roy ne permission, sinon qu'il feist ce qu'il voudroit, mais qu'il gardast de se mesprendre. Sur laquelle response, ne laissa de tenir le presche, mais
fut en sa maison dudit Teilloy et non aultre part.

On doubtoit fort que le seigneur de la Noë de Bretagne et sa femme,
seigneur et dame du Plaissié aux Tournelles, ne volussent ériger ung
presche public et prédicant audit lieu, pour y retirer tous ceux de leur
sequelle; ce qu'ilz ne feirent, joinct aussi que ledit sieur de la Noë
n'estoit encores revenu depuis la reprinse des derniers troubles. Quant
aux seigneurs du Buat, de Besancourt et de la Sausotte, qui ès troubles
précédens avoient esté des plus opiniastres et les plus grands tirans et
persécuteurs des prebstres qui fussent en leur religion, furent à ceste
fois assez constans et montrèrent qu'ilz ne se soucioient pas beaucoup
ni d'une religion ni de l'autre. Car, si la fantasie leur commandoit, estans près d'une église des catholicques et qu'on y chantast la messe
ou aultre divin office, entroient dedans, faisans extérieurement signes
de catholicques; pareillement, s'ils se trouvoient ès maisons des gentishommes huguenotz où on feist le presche ou les prières à la ma-

1578. nière huguenoticque, entroient dedans avec les huguenotz, et par
manière d'acquit et contenance, chantoient les psaulmes et aultres
chansons huguenoticques. Lequel sieur de Besancourt, en ceste ditte
présente année ou sur la fin de la dernière passée, ayant prins femme
en la maison de Villemaurel et Montaguillon lez Villenauxe, fille de
la dame desditz lieux, fut espousé à la manière de l'église catholicque par ung prebstre. La dame de Chantaloue, mère dudit Besancourt, cuyda tenir court ouverte pour recepvoir, les dimanches, le
prédicant et les huguenotz du pays en sa maison; mais, ou qu'elle en
fust empeschée par son fils, ou qu'elle s'en lassast, ne volut continuer
à les recepvoir que une ou deux fois l'an, à la fin poinct. Et se contenta de faire elle-mesme ou aultre de ses gens les prières à leur
manière, n'empeschant toutesfois ses gens d'aller à la messe et servir Dieu selon l'église catholicque. Il y avoit semblablement les sieurs
de Boissy, au village ou parroisse de Chenoise, de Lansoë, au village
de Villers-St-Georges, qui avoient espousé chascun d'eux une nonnain ou religieuse, desquelz ilz avoient des enfans, sans lesquelles
religieuses ilz eussent voluntiers laissé l'hérésie huguenoticque pour
se remettre avec les catholicques, comme ils avoient commencé à
faire à l'instant de la mort de l'amiral Colligny; mais, à leur persuasion, ilz estoient retournez avec les hériticques, contre la promesse
qu'ilz avoient faicte au seigneur de Guise, gouverneur de Champagne
et Brie, estant à Provins au moys de décembre en l'an 1572. Combien que par l'édit de la paix de l'an dernier il fust dict que, en chacune ville où il y a parlement, y auroit une chambre my-partie,
c'est-à-dire qu'en icelle y auroit la moytié des présidens et conseillers qui seroient huguenotz, et l'aultre moytié catholicques, ainsi
qu'il est porté par les articles 21, 22, 23, 24 et 25e, en rien ne se
praticquoit, et ne se présentoit nul de laditte religion prétendue,
pour demander au roy lesditz estatz de président et conseillers, et
pensoit-on que le seigneur d'Arènes, demourant pour lors à Savigni
ou aux Maretz, retourneroit au roy pour demander ung estat de président esdittes chambres, comme jadix il avoit faict en l'an 1576,

mais ne se hasta, ou qu'il en fust destourné par la peur qu'on lui 1578.
feit à Paris audit an 76, ou qu'il en fust diverty par le seigneur des
Marestz, qui estoit son proche parent et bon catholicque.

Il fault icy faire ung petit discours d'un jeune homme de Provins,
nommé André Girard, boulanger de son estat, et desdittes chambres
mi-parties. Fault entendre que ledit Girard, en l'an 1575 ou 1576,
fut establly commissaire à faire battre et vanner les grains des dixmes
de la parroisse de St-Bris, à la requeste des chanoines de l'église de
N.-D.-du-Val de Provins, auxquelz ilz appartiénnent, et les avoient
baillés à ferme pour lors à Gilles Potelet, Ayoul Cornu et N. Gillet,
tous aussi bons marchans les ungs que les aultres, qui estoient en
ceste volunté d'en faire assez petite part ausdis chanoines, qui les
feirent saisir et y establir commissaire, qui fut ledit Girard. Lequel, se voyant voluntiers en ceste charge, feit battre et vanner plus
à son profit que celuy d'aultruy, en faisant toutesfois distribuer ausditz chanoines quelque quantité et non tout, comme ilz chanoines
furent advertis et prouvèrent contre luy en l'audition et examen de
son conte. Parquoy fut condamné à restituer ausditz chanoines ce
qu'il avoit caché et recélé, et en tous les dépens, dommages et intérestz. De laquelle sentence il Girard, par le conseil de Gilles Billot,
sergent au balliage de Provins, se pourta pour appellant pardevant
les juges desdittes chambres mi-parties, qu'il nomma la chambre de
concorde, se déclarant estre huguenot, et que tel avoit tousjours esté
dès l'an 1562, en laquelle année il avoit mangé du lard et des œufz
fricassez au lard le jour du grand vendredy, en certain lieu qu'il
nomma hors les portes de Provins, et que tousjours avoit esté tel,
quelque bonne mine de catholicque qu'il eust faict, comme tel encores de présent se maintenoit; et feit ceste déclaration en plain jugement, en la présence des juges du siége présidial et advocatz et procureurs dudit Provins. Lesquelz juges l'escoutèrent en sa déclaration
et ordonnèrent qu'il la feroit enregistrer au registre du greffier du
balliage dudit Provins, et qu'il la signeroit du seing de sa main, avec
celuy dudit greffier, avant que de le recepvoir en son appel; ce qu'il

1578.   feit. Mais le pauvre homme perdit son temps; car il ne peut obtenir
lettres royaux dudit appel, parceque lesdittes chambres de concorde
n'estoient encores faictes ni composées; parquoy fallut qu'il accordast
à ses chanoines et qu'il en demandast le meilleur marché qu'il peut.
Il povoit bien estre vray qu'il avoit mangé le lard et les œufz fricassez au lard au temps où il disoit, comme povoit avoir aussi faict celuy qui luy bailla le conseil d'appeller à la chambre de concorde;
mais toutesfois avoient tousjours suyvi l'église catholicque, et principallement ledit Girard, combien qu'il semblast assez vicieux, trompeur, blasphémateur du nom de Dieu; et fut du depuis bien mary
de s'estre tel déclaré et d'avoir baillé le seing de sa main, et demoura ceste follie pour risée aux gens du pays. Toutesfois, quand
son accord fut faict, en continuant sa manière de vivre, retourna à
l'église des catholicques, se déclarant ennemy des huguenotz; comme
il avoit faict au précédent.

Troubles et guerres aux Pays-Bas[1]. Prise d'armes des habitants contre don
Juan d'Autriche, gouverneur au nom de l'Espagne. Les insurgés, après avoir solli-
cité vainement l'appui du roi de France, demandent des secours au duc d'Anjou.
Édit du roi pour la police du royaume et la taxe des denrées et marchandises,
donné le 21 novembre 1577, et publié à Provins le 4 janvier 1578[2].

Cet édit ne fut en rien gardé à Provins ni au bailliage, et ne fut
observé à Paris qu'environ quinze jours. Aulcuns trouvoient ledit
édict de pollice bon, et disoient qu'il estoit fort nécessaire d'en user
pour remettre toutes choses à moindre pris, ce qui estoit vray; mais
il falloit tenir ung ordre meilleur. Car, mettre taxe et pris à une marchandise sans s'enquérir d'où provient le principe et ce qui s'en ensuit, seroit follie. Il fauldroit taxer le principe de toute chose, et

---

[1] Voy. le recueil indiqué plus haut de
MM. Ph. Kervyn de Volkaersbeke et J.
Diegerick : *Documents historiques inédits
concernant les troubles des Pays-Bas, de
1577 à 1584.* — Voyez aussi : *Affaires de
Flandre en 1578* (Bibl. imp. anc. fonds
français, vol. 8780, 8781, 8782, 8783,
8784).

[2] Fontanon, t. I, p. 823, et *Archives
curieuses de l'hist. de France,* t. IX, p. 177.

taxer ensuite la chose, apprès qu'elle est en sa perfection et dernier poinct pour estre vendue. Taxer les soulliers, sans taxer le cuyr avec son poil, l'escorce de chesne et la pouldre d'icelle, la chaux vive et la façon du tanneur, est faire tort au cordonnier; taxer le septier ou bichet de blé, sans taxer l'achapt des chevaux, la peine du mareschal, du charron, du faucheur et moissonneur, est faire tort au laboureur; taxer la peine et ouvrage des mareschaux et charrons, sans mettre taxe au bois, fer et charbon, seroit les ruyner et faire mendier leur vie; taxer le cent de fagotz, costeretz, bourrée et bois de telleron ou de mosle, sans mettre taxe à l'arpent de bois et taillis, et la peine des boscherons et fagotteurs, seroit ruyner les marchans; faire taxe au tonneau ou queue de vin, sans mettre taxe aux bastons des vignes, à la peine et journée des vignerons, aux otilz d'iceux, au marrien à tonneaux et aux tonneliers, seroit boire le vin au destriment et ruyne du pauvre vigneron; et ainsi de toutes aultres choses, denrées et marchandises, ausquelles il n'est licitte d'y faire taxe, sans taxer les aultres où elles prennent leur commencement. Comment peut entreprendre ung roy de mettre taxe aux marchandises et denrées des habitans de son royaume, si luy-mesme le premier ne veult mettre taxe honeste aux tailles, gabelles et subsides, qu'il lève sur ses subjectz? Comment payeront les pauvres laboureurs, vignerons et artisans des villes et villages les tailles à leur roy si excessives, avec les exactions, empruntz, gabelles qu'il met sur eux par chascun jour, si taxe est mise en mesme temps à leurs denrées, marchandises, et peines et salaires?

Il sembla au pauvre peuple de France, sur la fin de l'an passé dernier, que le roy les eust ung peu soulagé en leur diminuant environ la vingtiesme partie des tailles ordinaires, et commençoit le peuple à bien dire de S. M., en espérance d'estre encores diminué à l'advenir; mais ceste espérance fust tost convertie en désespoir, et le bien dire en mesdisance. Car de par le roy fut envoyée une commission en ce moys icy de janvier, cottée et nombrée par escuz au soleil, qui montoit à plus hault pris que ung quart de la grosse taille, laquelle fallut

1578. assoir et lever avec le premier quartier dudit moys de janvier. Ceste
taille est la première que le roy a cottée par escuz; car au précédent
toutes commissions pour lever deniers avoient esté cottées par livres.
Et estoit le bruict que ceste taille estoit pour faire ung noveau pont
sur la Seine, que véritablement on a commencé à bastir en ceste
présente année.

Querelles entre les clercs du palais et les laquais de la cour du roi et des
princes, qui se coupent les oreilles les uns aux autres. ·
Un nommé André Ledoyen, de la Margotière, est assassiné sur le chemin,
vers le 10 février, en retournant de Provins à sa maison. — A la même époque,
le maître d'hôtel du château de Noyen est tué dans un moulin, près de Traînel.
— Procès entre les notaires de Provins et Jean Roy, tabellion, qui, en vertu de
lettres du roi obtenues par lui, voulait les contraindre à lui porter de trois jours
en trois jours les contrats qu'ils auraient passés, pour être par lui grossoyés et
mis sur parchemin aux dépens des parties contractantes, prétention contraire aux
édits rendus à la suite des États d'Orléans. Les notaires finissent par conclure un
accord avec le tabellion, auquel ils payent une somme de 120 écus.

Combien que le roy, par les derniers édictz faictz avec les huguenotz, au désavantage de la religion catholicque, leur eust permis
toute liberté de conscience, néantmoings ilz huguenotz ne s'avançoient
en rien ni leur prétendue religion en ces pays de Champagne et Brie,
France, Vallois, Gastinois, Hurepois, ni en Beauce et aultres pays
subjectz au roy. Combien qu'en Poytou, Xaintonge et Périgord, les
huguenotz estoient en plus grand nombre qu'ès pays susditz, et combien qu'il semblast que les édictz de paix fussent pour descourager
les catholicques de la vraye religion, toutesfois lesdis catholicques,
ayans mis du tout leur espérance en Dieu, en la glorieuse Vierge
Marie et aux benoistz sainctz de Paradis, furent plus fervens en dévotion qu'auparavant et s'entremirent à faire voyages et pèlerinages
ès lieux sainctz où reposent les relicques et corps des sainctz de
Paradis, comme à mons. St Nicollas en Lorraine, à mons. St Claude
en Savoye, à mons. St Fiacre en Brie, à mons. St Pris, entre Paris et
Pontoise, à N.-D. de Lyesse et St-Marcoul en Laonnois, et à mons.

St Jacques l'apostre et cousin de J.-C. nostre Seigneur, en Galice. Au- 1578. quel voyage de mons. St Jacques grande multitude de gens, hommes et femmes, non-seullement du royaume de France, mais des aultres royaumes et pays estranges, allèrent en ceste année et la précédente, et ne se passa sepmaine esdittes deux années qu'on ne veist gens passer pour aller et venir audit pèlerinage. De la ville de Sens, en l'an dernier passé, y en alla plus de vingt personnes, et de la ville de Provins, en ceste présente année, bien aultant et plus, en trois bandes. La première partit le lendemain de la feste de mons. St Sébastian, qui est au moys de janvier, et estoient le nombre de neuf personnes : Nicollas d'Universis, dit St-Yllier, aagé de plus de soixante ans, Franc. Sachot, Nic. Norrisson, Pierre Anceau, Jehan..... dit la Femme, Cl. Olivier, dict Claudin Driet, Gillet George, Jehan Chastin et N. Mangeot. Au moys d'apvril ensuivant, partit dudit Provins une aultre bande des parroisses de St-Pierre et St-Quiriace, montant à aussi grand nombre que la première. La troisiesme partit environ la feste de mons. St Remy, montant au nombre de quatre ou cinq. Après que la première et seconde bande furent de retour, qui fut avant la feste de mons. St Jacques du moys de juillet, eux avec environ quatre ou cinq des vielz et anciens pellerins remirent sus la confrarie des pellerins dudit St Jacques, qui estoit assoupie, faulte de confrères et pellerins qui eussent autresfois faict le voyage dudit St Jacques, et renouvelèrent la cérémonie ancienne qui jadis se faisoit audit Provins, qui estoit de s'habiller en la manière et façon de J.-C. et ses douze apostres, lesquelz habillemens estoient aultres que les habillemens communs qu'ilz pèlerins portoient tous les jours, ayans sur leurs testes parrucques de cheveux et barbe au visage telles que jadis les portoient Nostre Seigneur et ses apostres. Et ainsi vestus et ornez en la maison du bastonnier, cheminent par les rues pour aller aux vespres, la vueille de la feste, et le jour de laditte feste, à la grand messe et aux vespres; et après lesdittes heures, tant la vueille que le jour, accompagnez des prebstres et moynes de St-Jacques, où se fait la confrairie, retournent en la maison dudit bastonnier, pour boire et manger ensemble. Celuy qui

1578. représente la personne de J.-C. chemine le premier, nudz piedz, vestu d'une longue robbe de porpre qui descend jusques à la cheville de ses piedz, tenant en main ung monde, la parrucque des cheveux et la barbe bien accommodez. Après lequel suyvent les douze apostres par ordre, et en tel ordre et ainsi revestus, sont tenus au retour de vespres, la vueille ou jour de laditte feste, de passer par l'église de Ste-Croix et là chanter ung *Libera me Domine* sur la fosse d'ung certain personnage trespassé, qui a légué à laditte confrarie une somme d'argent de rente à tousjours, à la charge, entre aultres, dudit *Libera*.

Un lépreux de la maladrerie de Crolle-Barbe-lez-Provins est condamné comme paillard, incestueux, querelleur, blasphémateur, au fouet, à l'expulsion de la maison et au bannissement du bailliage. Il est fouetté le 22 janvier dans les carrefours de la ville, sans que le supplice lui fasse pousser un seul cri. — La maladrerie de Crolle-Barbe, qui avait été longtemps tenue par des ecclésiastiques en titre de bénéfice, passe entre les mains d'administrateurs laïques rendant compte aux gens du roi, puis de commissaires élus par les bourgeois et rendant compte à l'échevinage. — Les cordelières de Provins font réédifier leur église incendiée, aux mois de juin, juillet et août 1578. — L'évêque de Digne, vicaire général de l'archevêque de Sens, chargé de conférer les ordres, vient à Provins le 14 mars et y donne la confirmation et les petits ordres. En retournant à Sens, il ordonne des prêtres, en admettant tous ceux qui se présentent, à cause du petit nombre des candidats.

Mort du cardinal de Guise à Paris, le 14 mars, après quinze jours d'une chaude maladie. Le bruit courut que cette maladie l'avait rendu tellement furieux qu'il ne voulut consentir ni à se confesser, ni à recevoir aucun sacrement de l'Église catholique[1]. — La France se trouve quasi dépourvue de cardinaux de renommée; on ne voit plus guère à la cour que le cardinal de Bourbon, prélat affable et bienveillant, et le cardinal d'Est, fils du duc de Ferrare et de Renée de France, dame de Montargis[2].

Pour conduire ces mémoires par ordre, fault parler des saisons de l'année, affin de ne laisser rien sans discours. Et pour le regard de

---

[1] Louis de Lorraine, cardinal de Guise, mourut non le 14, mais le 29 mars 1578.

[2] Louis d'Est, cardinal de Ferrare, archevêque d'Auch, né le 25 décembre 1538, mort à Rome le 30 décembre 1586.

la saison de l'yver qui estoit moytié passée; au 1er jour de janvier et 1578. jusques au 10e jour de febvrier, le temps fut fort doux et amyable, comme il avoit esté en son commencement, depuis la feste de St. Martin d'hiver. Ledit hiver ne fut violent ni en pluyes, vens, neiges ni gelée; les pluies furent assez rares, les vens fort modérez, comme poinct de neige, qui ne dura que vingt-quatre heures deux fois, la gelée environ huit jours pour tout, belle et seiche et guères plus forte que les gelées blanches, et ne fut l'eaue glacée ès rivières si fort qu'elle eust peu soustenir ung chien; et ne cessèrent les manouvriers des villes et villages de besongner par tout ledit yver aux champs comme à la ville, s'ilz volurent. Sur la fin d'iceluy et quasi par tout le printemps, la saison fut plus rude de gelée et froidure; car, dès ledit 10e jour de febvrier, il feit des gelées blanches plus aspres que celles de devant, et continuèrent huit jours de plus froict en plus froict, avec ung hasle accompagné d'un vent d'amont, qui commença le 12e jour dudit moys si froict et aspre que l'on n'eust sceu durer ni besongner aux champs et où frappoit le vent.

Le printemps, qui se commence à la fin dudit moys de febvrier, fut pour la pluspart fort inconstant, froict, fascheux et hazardeux; et nommément les moys de mars et d'apvril, esquelz la froidure estoit en aussi grande vigeur que sur la fin de febvrier, et principallement les gelées, aulcuns jours blanches, aultres jours noyres, telles que, par tout le moys de mars, les laboureurs n'eussent sceu avec leur charrue labourer ni entrer en terre les matinées, comme ilz faisoient après midy, que le soleil et l'air avoient destrempé la terre. Plusieurs jours dudit moys, la neige estoit sur la terre et fondoit par la challeur du soleil; le temps se continua en telle inconstance jusques au 12e jour du moys d'apvril, auquel furent en grand danger de périr entièrement les biens qui estoient sur la terre, comme les seigles, navettes, vignes et fleurs des arbres. Le 10e jour au soir et la plus grande partie de la nuict, il tomba de la neige bien l'espaisseur de trois doictz, de laquelle estoient couvertes les branches des arbres et vignes, et laquelle par la challeur du soleil fondit au lendemain, prin-

1578. cipallement celle qui estoit sur lesditz arbres et vignes, qui demeurèrent chargez d'eaue tout le soir et la nuict. Ceste nuict, il gela si fort
que au lendemain, 12ᵉ jour, la glace pendoit ausdis arbres, et ainsi
gelèrent les boutons à fleur des cerisiers, des pommiers et poiriers
hastifz, avec tous les maistres bourgeons ou yeux des vignes. La gelée
estoit espaisse sur les eaux l'espaisseur d'un teston et plus. Les seigles,
qui commençoient à espier et sortir hors du fourreau, ne furent guères
et comme poinct endommagez, non plus que les navettes, qui estoient
quasi toutes en fleur, le sommet et teste desquelles touchoit à terre de
la force de laditte gelée. Le plus gros domage ne demoura que sur les
fruictz des arbres et sur les vignes, les yeux desquelles n'estoient plus
gros n'avancez qu'ilz estoient à Noël, et si ne laissèrent d'estre gelez
plus de la moytié, et principallement les meilleures et les premières des
poulses, courgées et picquotz ; lesquelles vignes estoient toutes taillées
quand icelles neige et gelée advinrent. Le reste des yeux qui ne furent
gelez chargèrent et portèrent passablement, veu les aultres fortunes
qui suyvirent. Les noyers furent entièrement gastez et principallement les hastifz, car ilz estoient plus advancez que les vignes et ne
portèrent poinct de noys ou bien peu. Poinct ou bien peu de cerises,
peu de pommes, de prunes, mais fort abondamment de poires, excepté de hastiveau. Les noyers bien tardifz, qui ne furent gastez de
laditte gelée, rapportèrent force noys, mais de cent n'en reschappa
quatre ; et estoit la troisiesme année que les noyers estoient gelez au
bourgeon, sans avoir pourté nois, ce qui fut cause de les faire achever
de mourir. Tout le reste du moys d'apvril, depuis ledit 12ᵉ jour, la
gelée blanche estoit continuelle ou peu s'en falloit ; mais ne gasta plus
rien que les febves, et non guères, parce que le temps se remeit au
hasle et à la seicheresse telle que les orges, avènes et chanvres ne
povoient germer ni lever hors de terre, et fussent demeurez, si le bon
Dieu n'eust exaulsé les prières du peuple catholicque, en envoyant
de l'eau sur la terre ès derniers jours du moys d'apvril, après laquelle
sortirent iceux grains.

Pour apaiser la colère de Dieu et obtenir de la pluie, on imagine de faire des

processions dans des localités lointaines. Le 23 avril, les gens de la paroisse de 1578.
Sainte-Croix de Provins vont en procession à Chalautre-la-Grande. Le 28, toutes
les paroisses de Provins se rendent en procession à Nogent-sur-Seine, avec le chef
de saint Ayoul et d'autres reliques. Une petite pluie commence à tomber de bon
. matin, avant le départ de la procession; une nouvelle ondée a lieu dans la journée, durant le retour.

La nuict ensuivant fut fort fresche, qui sans pleuvoir donna une
grande rousée sur la terre, qui fut cause de l'amollir et de la mettre en
meilleur garet et de donner meilleur accroissement aux biens des
champs. Ilz s'accrurent de la moytié en moings de trois jours après,
par la challeur qui recommença dès au lendemain de ladite pluye, et la
seicheresse quant et quant, qui se continua jusques au 16e jour du moys
de may ensuivant. Auquel jour, à cause de la grande challeur, feit ung
gros tonnerre et esclair, qui dura quelque deux heures et esbranla
une grosse nuée de pluye, qui arrousa quelque quatre lieues de pays
et plus à l'entour de la ville ou bourg de Chalaustre-la-Grand lez
Nogent-sur-Seine, où elle s'effondra, donnant si grande habondance
d'eaue que les habitans, principallement ceux qui demeurent en bas,
eurent fort à souffrir, car leurs maisons furent remplies d'eaue jusques
aux solles. Il ne fut novelle qu'il y eust personne chrestienne de nayé,
parce que laditte eaue arriva sur les deux à trois heures après midy,
mais y eut beaucoup de bestial nayé, tant brebis, asnes que vaches.
Les vignes dudit Chalaustre qui estoient en pente furent en plusieurs
endroictz arrachées, déracinées et emmenées aval l'eaue, et receurent
ceux dudit Chalaustre grand domage en laditte eaue, qui estoit fort
impétueuse. Depuis cette grosse nuée, le temps fut desbauché de la
chaleur et seicheresse jusques après le 24 ou 25e jour dudit moys
de may, qui fut environ huict ou dix jours continuelz, desquelz nul
se passoit qu'il ne pleust une ou deux nuées d'eaue, de sorte que
toute la terre à plus de vingt lieues à la ronde de Provins fut arrousée
assez commodément pour l'accroissement des biens de la terre. Qui
fut occasion que tous les catholicques remercièrent grandement Dieu,
les ungs en églises de leurs parroisses, les aultres par processions,

1578. comme ceux de Nogent, lesquelz, le 23ᵉ jour de may, allèrent en
procession en l'église mons. St-Ayoul de Provins, distant de quatre
grandes lieues.

Procession des gens de Nogent à Provins.

Bruits de guerre entre Henri III et son frère, qui s'opposait à ce que le roi
nommât aux bénéfices sur les terres de son apanage. Le peuple se plaint des
tailles et gabelles extraordinaires que le roi lève, et dont on attribue l'invention
aux Italiens de la cour; on murmure aussi contre les grands dons faits par
Henri III à ses favoris. Jalousies, inimitiés et meurtres à la cour.

Duel des mignons du roi : Quéluz, Maugiron et Livarot, avec Schomberg,
Ribérac et Antraguet[1]. Quéluz, blessé mortellement, dit à Henri III lorsqu'il vint
le voir : « Sire, ce mal m'a esté faict pour l'amour de vous et pour avoir soustenu
vostre honneur. » Douleur de Henri III, qui le fit soigner par ses chirurgiens.

Pendant ung mois que dura la maladie de Quéluz, le roy l'alloit
quasi par chascun jour visiter, et couchea quelques nuictz en la maison et chambre où estoit ledit Quéluz; et tousjours taschoit S. M.
à le resjouyr et luy donner courage, jusques à luy promettre, en la
présence de mons. de Guise, l'estatᵉ de grand maistre, s'il se garis-
soit. De laquelle promesse fut courroucé ledit sieur de Guise, qui
avoit ledit estat, et qui s'en alla hors de la court.

Ce combat délivra la France des principaux artisans des querelles qui divi-
saient le roi et son frère. M. de Sainte-Foy, confesseur et prédicateur de Henri III,
prononça l'oraison funèbre de Quéluz, qui fut imprimée et mise en vente.

Traité entre le roi et le sultan, imprimé et crié en vente à Paris. — On imprime et vend aussi l'histoire d'un jeune laquais de Paris possédé du diable.

A cause que la guerre mettoit trop à se relever au royaume de
France, les meschans garnemens banis et essoreillez du royaume
par trouppes et grosses bandes tenoient les chemins et forestz, pour
destrousser et voller les passans de pied et de cheval; le capitaine
desquelz se nommoit Mireloset, aultrement la Chasnez. Et non-seullement destroussoient lesditz passans, mais aussi les prenoient à rançon,

[1]. *Journal du règne de Henry III*, p. 28. — Le duel eut lieu le 27 avril.

quand ilz cognoissoient qu'ilz en pourroient tirer argent, oultre ce 1578.
qu'ilz trouvoient sur les personnes. Ce qu'ilz feirent à ung serviteur
d'ung des plus riches marchans de la ville de Troye, nommé Mérat,
qu'ilz voleurs prindrent entre Troye et Lyon, chargé de peu d'argent
à leur gré, mais de plusieurs grosses obligations et cédulles, qui
povoient monter à la somme de 20,000 livres ou environ; ils l'enmenèrent prisonnier, le forcèrent d'envoyer ung messager à son
maistre, qui fut taxé à 1,000 livres, et en faulte de ce faire, promettoient de le faire morir et de retenir les obligations, pour lesquelles
ravoir avec le serviteur, fallut que le maistre envoyast ladite somme.
Iceux voleurs estoient tous Françoys et de toutes nations; le bruict
estoit qu'il y en avoit de la ville de Nogent, du village de la Motte-
de-Tilly lez ledit Nogent, de Grange-lez-Sens et Trainel, et de plusieurs aultres lieux; lesquelz estoient entretenuz aux gages dudit
Mireloset, ou bien estoient tenuz de luy rendre tribut par chascun
moys du vol et larcin qu'ilz faisoient.

Les chemins de Lyon à Paris, de Paris à Rouen, à Orléans, et
d'aultre costé en Picardie, estoient remplis de telles gens, et souvent
faisoient de grands volz aux portes de Paris. Le roy, estant de ce adverty, commanda aux prévostz des mareschaux de France et à leurs
lieutenans de tenir les champs pour prendre vifz ou mortz lesditz voleurs. Ceux de Paris, Meaux, Melun, Provins, Troye et Sens se meirent aux escars; mais il ne fut novelle qu'ilz attrapassent ung seul
prisonnier, au contraire fut découvert qu'ilz estoient compagnons
desditz voleurs, ou pour le moings les recelleurs à gage. Celuy de
Troye fut arresté à Paris, pour ce faict, et renvoyé à Troye, où on
luy fit son procès. Il fut trouvé qu'il avoit pris plusieurs voleurs et les
avoit relasché après avoir eu leur bourse, et s'estoient faictz tributaires à luy de certaine somme d'argent par chascun moys; toutesfois, à cause des grands biens qu'il avoit, en fut quitte pour de
l'argent. Une bande d'iceux voleurs, jusques au nombre de douze
à quinze, ès premiers jours du moys d'apvril, attacquèrent ung coche
mené à quatre chevaux, dans lequel y avoit gens, hommes et femmes,

1578. avec Me Fergent, gardien du couvent des cordeliers de Provins, et ostèrent à tous leur argent, sans pardonner à la bourse du cordelier, en laquelle y avoit quelque 100 ou 120 livres tournois, qu'on luy avoit aulmosné audit Troye, où il avoit presché le karesme. Et en tout le butin, lesditz voleurs emportèrent la somme de 2,000 livres et plus, sans faire aultre mal aux personnes qui estoient dans ledit coche, mais, d'arrivée, coupèrent les jarretz aux quatre chevaux. Et fut ce faict entre la ville de Troye et le Pavillon. Iceux voleurs, prenant congé des bonnes gens, leur dirent, « Si on vous demande qui vous a volé, vous direz que ç'a esté La Croix de Nogent et les enfans de Dieu; » et sur ce picquèrent leurs chevaux.

Un méchant garnement, récemment revenu des guerres, qui se faisait appeler monsieur de la Croix, fils d'un boulanger de Nogent, est arrêté et mené prisonnier à Troyes, sur le rapport des gens du coche; il parvient à établir un alibi et est relâché.

Déclaration du duc d'Anjou, dans laquelle ce prince nie toute intention de faire la guerre au roi son frère, et annonce que les soldats enrôlés en son nom sont destinés à secourir les États des Pays-Bas[1]. — Les enrôlements continuent. — Les gens du duc s'occupent à mettre des garnisons en son nom à Provins, Sézanne, Château-Thierry et Meaux, et à trouver pour lui de l'argent.

Au moys de may, mons. de Rosne, qui se disoit l'ung des maistres d'hostel dudit seigneur, vint à Provins et donna à entendre aux habitans, en leur montrant certain mandement qu'il disoit estre dudit seigneur, que son excellence n'estoit content d'eux, pour ce que depuis qu'il s'estoit absenté de la court du roy, ilz ne l'avoient esté voir ni recognoistre pour leur seigneur tel qu'il estoit, dont mal leur en prendroit, si en brief n'entendoient à réparer la faulte par une ayde d'argent pour rembourser Mme de Nemours, qui prenoit les deniers du domaine de Provins, que le roy luy avoit baillé en mariage. La somme que demandoit ledit de Rosne estoit de 18 ou 20,000 livres. Sur ces mesmes affaires, le roy envoya une commission à la ville de Provins, par laquelle il mandoit que incontinent on envoyast à Meaux

---

[1] *Mémoires de Nevers*, t. I, p. 158.

la somme de 2,000 livres tournois pour le remboursement d'un em- 1578.
prunt qu'il avoit levé sur la ville de Meaux.

Fallut assembler les habitans, pour adviser comment on eschap-
peroit de tant d'affaires. Pour le regard de la commission du roy, y
fallut satisfaire en peu de jours, et fut porté l'emprunt des 2,000 livres
à Meaux. Pour le regard des affaires de mons. le duc, aulcuns furent
d'advis de luy ayder, et d'aultres non, que premièrement on l'eust
ouy parler. Qui fut à la fin trouvé le meilleur conseil, et pour ce
furent esleuz Mes Jehan Retel, advocat du roy, et Christofle de Boudreuille, procureur de la ville, pour aller trouver ledit seigneur et
luy faire présent des fruictz de la ville, qui sont roses seiches et conserves d'icelles roses, le tout assez largement, pour s'excuser de la paresse des habitans. Or n'estoit ce que demandoit ledit de Rosne, ains
eust bien volu que les gouverneurs de Provins eussent délivré argent
comptant entre ses mains avec leurs présens, et qu'ilz luy eussent baillé
la charge de faire leur paix envers ledit seigneur duc, sans qu'ilz s'en
travaillassent. Les députez allèrent trouver le duc en la ville d'Angers,
où ilz présentèrent leurs présens de roses et conserves, que ledit
seigneur receut de leurs mains fort honorablement, comme aussi
l'excuse de la ville, requérans Son Excellence de ne prendre en maulvaise part ung si long délay d'estre venus à luy, mais que la grande
distance et l'incertitude du lieu où on eust peu le trouver en avoient
esté cause, avec le maulvais temps de l'hiver. Laquelle excuse fut par
ledit seigneur bien receue et favorablement respondue. En remerciant eux et ceux de la ville, estant mary du grand travail qu'ilz avoient
prins pour aller à luy, sans qu'il en fust nécessité, il se déclara amy
et protecteur d'icelle ville, au commandement de laquelle se présenta
pour leur faire tout plaisir, faveur et ayde. A laquelle offre ilz députez
prièrent Son Excellence d'exempter la ville de gens de guerre en garnison, parce qu'on doubtoit que le roy ou mons. de Guise, gouverneur de Champagne, n'y en volust mettre, et que de ce avoient ouy
le bruict. Ausquelz le duc feit response qu'ilz n'en auroient ni d'un
costé ni d'aultre, et que dès le jour mesme il en escriroit au roy et

1578. audit sieur de Guise, pour n'y en point mettre et pour les oster, au cas qu'il y en eust depuis leur partement. Et sur ces promesses, prindrent congé lesditz députez, qui s'en retournèrent bien joyeux annoncer ces bonnes novelles à leur ville, laquelle avoit jà pourveu de la somme de 1,500 escuz pour faire présent audit seigneur, ayant vouloir de le prier de s'en contenter pour ceste fois. Ce néantmoings que ledit seigneur ne demandast point d'argent aux députez, comme leur avoit faict entendre le sieur de Rosne, n'en reprochèrent rien à celui-ci, auquel encores fut faict présent honeste à son contentement.

Nouveaux bruits de guerre. — Les Guises, mécontents, quittent la cour; le duc de Guise se rend à Joinville avec sa grand'mère, le duc de Mayenne dans son gouvernement de Bourgogne. — Henri III, qui était allé visiter Rouen et le Havre-de-Grâce, rentre à Paris, en apprenant les préparatifs de guerre et les assemblées de troupes qui se faisaient. Il ordonne, par un mandement spécial, aux baillis, sénéchaux et gouverneurs des provinces de dissiper par la force les réunions de gens d'armes. — Néanmoins, des levées considérables ont lieu sur les terres de l'apanage du duc d'Anjou. Ceux de Champagne, Brie, Hurepoix, Gastinais, s'assemblent aux environs de Montereau-Fault-Yonne aux mois de juin et de juillet. — Le roi, après avoir fait publier de nouveau son édit, envoie à leur rencontre le grand prévôt de son hôtel, avec les gens des prévôts des maréchaux de Paris, Meaux, Melun et Orléans, qui agissent mollement par crainte de mécontenter le duc d'Anjou; cependant environ trois cents personnes sont prises et envoyées au roi. — M. de Rosne, chef des troupes de pied et de cheval rassemblées à Montereau, au nombre d'environ huit mille hommes, lève le camp vers la fête de la Madeleine et se dirige sur Château-Thierry; il couche deux nuits à Provins, et demande aux habitants de lui fournir le prix d'un cheval qu'il venait d'acheter 6 ou 700 écus; la ville refuse, mais elle le rembourse, lui et ses gens, de tous frais de séjour, montant à plus de 100 écus.

Sur des nouvelles reçues des États des Pays-Bas, que pratiquait M. de Rochepot, ambassadeur de France, le duc d'Anjou se rend à Mons en Hainaut, ayant donné ordre à M. de Rosne de le suivre et de gagner rapidement la frontière; mais celui-ci, arrivé à Château-Thierry, s'y arrête plus de quinze jours avant de passer la Marne, faisant dépenser plus de 20,000 livres à la ville et de grosses sommes aux villages d'alentour. Les habitants de Château-Thierry portent plainte au duc d'Anjou, qui se montre fort courroucé contre son lieutenant. — Les Bretons et les Normands, qui s'assemblaient dans le Perche, passent au nombre de dix mille au Pont-de-l'Arche pour se rendre à Calais, et sur leur chemin, trouvant de la 1578. résistance, pillent des villes et emmènent les habitants prisonniers. — Les Bourguignons, Lorrains et Picards se joignent autour de Laon et de Notre-Dame de Liesse et ravagent les frontières de la Picardie. — Le duc de Mayenne, gouverneur de Bourgogne, empêche une armée de reîtres, levée au nom du duc d'Anjou, d'entrer en France, et la fait tourner par les frontières de Lorraine et le pays des Ardennes. — Henri III s'oppose à ce que les compagnies de ses ordonnances aillent à la guerre de Flandre; mais plusieurs individus faisant partie de ces compagnies s'y rendent, en s'enrôlant sous d'autres capitaines. Des fils de M. de Patras et de M. de La Tour, un jeune Vendières, qui appartenaient aux ordonnances du roi, partent avec de Rosne; Philippe l'Archer, nommé aussi M. de Clermont, faisant partie des mêmes troupes, se met également aux ordres du duc d'Anjou. — L'ambassadeur d'Espagne se plaint au roi et lui demande s'il avoue la guerre de Flandre, et si les levées se font de son aveu. Henri III répond négativement, mais refuse de forcer, comme on l'en requérait, son frère par la voie des armes à abandonner son entreprise.

Fault entendre que les compagnies qui s'assemblèrent à Montereau-Fault-Yonne et aultres lieux que nous avons dict n'avoient oblié le mestier de rançonner, battre et desrober leur hoste ès maisons où ilz estoient logez. Soubz le nom et prétexte d'aller en Flandre, tous banis, vacabons, volleurs, meurtriers, renieurs de Dieu et de vielles debtes; remenans de guerre, reste de gibet, massacreurs, vérollez, gens mourans de faim, se meirent aux champs, pour aller piller, battre et ruyner les hommes des villes et villages qui tomboient en leurs mains ès lieux où ilz logeoient et par les chemins, sans crainte aulcune. Mons. de la Haulte-Maison, de St-Loup, fut des premiers qui se jettèrent aux champs pour amasser tous les meschans garnemens et escume du pays, tant des villes de Provins, Bray, Montereau, que des villages d'alentour, qui furent plus d'ung moys à tourner seullement à dix lieues autour dudit Provins sans aller plus loing. Ung aultre capitaine, qui se faisoit nommer le capitaine Michery, veint à se joindre avec ledit de la Haulte-Maison, et eux deux assemblèrent leurs pendars en une bande qui monta au nombre de six cents hommes et quasi aultant de putains et gougeats. Lesquelz, le 8e jour d'aoust, passèrent la rivière de Seine pour tirer en la Brie et se logèrent ès

1578. villages de Meel-sur-Seine, Ermez et Mériot. Auquel village de Meel
trouvèrent quatre maisons toutes en feu et charbons, qui brusloient
dès la nuict précédente par la faulte de Jehan Garnot, sergent demourant à Provins, en deschargeant une voye de foing en sa grange avec
la lumière allumée. Nonobstant ledit feu, les pendars susditz ne laissèrent de se loger audit village et aultres susditz, où ilz rançonnèrent
et pillèrent plus rudement que aultres qui y eussent logé il y avoit
vingt ans.

Au lendemain ilz deslogèrent, mais ne feirent grand chemin, ains
seullement allèrent loger en la parroisse de Leschelle, où ilz feirent des maux indicibles. Mons. de Patras se trouva audit lieu de
Leschelle, duquel il estoit seigneur, pour les prier de passer oultre
et de n'y loger, par les plus doulces et amiables parolles qu'il povoit
dire ; mais n'en volurent rien faire, ains couchèrent la harquebuse en
joue pour le faire taire ou retirer d'avec eux, et à peu tint qu'ilz ne
le tirassent et son homme aussi, pour lequel danger éviter, fallut
qu'il se retirast assez diligemment. Ilz se gouvernèrent audit village
et parroisse si mal que des Turcs et barbares n'eussent volu faire pis.
Peu de gens, tant hommes que femmes, eschappèrent de leurs mains
sans estre battus oultrageusement, quelque argent de rançon qu'ilz
baillassent, et estoient les moindres rançons de 4 escuz, quelque
pauvres que fussent les hostes. Ilz tuèrent ung honeste homme de
Leschelle, nommé Jehan Garraut, homme de bien, qui fut fort
plainct, en prenant sa besace pour aller aux vivres. Lequel, se voyant
blessé d'ung coup qu'ilz luy donnèrent sur la teste, au lieu d'aller à
Provins, princt le chemin aux vignes de la Boullois, où il morut avec
grande tristesse et desplaisance au lendemain 10ᵉ ou 11ᵉ jour d'aoust,
qu'il fut trouvé n'avoir quasi plus face de cognoissance d'homme. Il
fut ramené en sa maison, où estoient encores les meurtriers (car ilz
furent trois jours audit lieu), qui, au lieu de s'enfuir, disoient que
s'il n'eust été mort, qu'aussi bien l'eussent-ilz tué. Ledit seigneur de
Patras, après en avoir esté adverty, retourna à Leschelle pour veoir
s'il sçauroit avoir quelque raison de leur capitaine et pour le prier de

desloger au bout de trois jours. Mais, quand les meurtriers sceurent
qu'il venoit contre eux, menacèrent la femme dudit Garraut, que, si
elle disoit que ç'avoit esté eux qui avoient tué son mary, qu'en la
présence dudit Patras ilz la tueroient elle-mesme, et en ceste sorte
l'intimidèrent qu'elle n'en volut rien dire, de quoy elle fut digne
d'estre blasmée.

Ceux qui estoient logez en la maison de Pierre Angenost de Pigy
ne luy en eussent pas faict moings s'ilz l'eussent tenu, quand il leur
envoya sa rançon à 20 s. moings qu'il n'avoit esté par eux taxé, et
n'y eust eu faulte en ladite rançon, s'il eust peu trouver le tout à
emprunter. Pour se venger, les pendars, après avoir faict grande
violence à sa femme, comme tous faisoient aux aultres femmes et
filles, la batirent si oultrageusement qu'ilz la laissèrent quasi pour
morte, puis luy atachèrent une corde aux piedz et la traînoient par
les rues, comme on faict une beste morte à la voyrie, sans avoir
honte ni vergongne de l'honneur des femmes et secret de leur nature. Et non contens de tel acte si barbare, passèrent leur rage au
petit enfant dudit Angenost et de ladite femme, le faisant desve-
lopper par la chambrière de la maison, qu'ilz feirent assoir au feu,
auquel ilz boutèrent tant de boys qu'ilz purent, duquel elle n'eust
osé se retirer ni le petit enfant, et tant les chauffèrent qu'ilz servante
et petit enfant cuydèrent là rendre l'esprit, le petit enfant cryant son
petit cry de toute sa force, comme pensoit aussy faire la pauvre
chambrière, qui en estoit par les tirans empeschée avec grands coups
de baston et menaces de la brusler et le petit enfant, qui n'avoit
qu'environ quatre moys pour le plus. Lequel, quand il ne povoit plus
endurer la challeur du feu et qu'il commençoit à se rostir, l'alloient
plonger dedans ung sceau d'eaue et feirent ce par trois ou quatre
fois. Il petit enfant ne morut pas pour lors, mais endura ung grand
martire. Il fut novelles que trois pendars de Provins, qui estoient en
ladite compagnie, sçavoient bien toute ceste insolence faicte audit
Angenost, sa femme, son enfant et sa chambrière, et se nommoient
ung Lambert Mille, orfévre, N. Fandeur, filz de feu Claude le Fan-

1578. deur, et Siret Robinot, lesquelz acquirent ung très-maulvais bruict en laditte parroisse.

Quiriace Prieur, appellé le capitaine Boytout, de Provins, volut faire du capitaine soubz ledit seigneur de la Haulte-Maison, et se jetta par les villages pour sonner le tabourin et amasser le reste de l'escume du pays; mais, pour avoir commencé des derniers, ne peut amasser qu'environ cinquante pendars, qu'il trayna par les villages d'entre la ville de Sens et la rivière de Marne, lesquelz le laissèrent et quittèrent là, ou qu'il ne leur volust permettre le pillage et rançonner si rudement que faisoient les aultres, ou pour aultre occasion. Lequel, se voyant habandonné, s'alla luy-mesme enroller soubz la charge du seigneur de Besancourt, qui s'estoit jetté aux champs comme les aultres, ayant charge d'amasser une compagnie de gens de cheval, ce disoit-il, et soubz son nom s'en amassa quelque soixante ou quatre-vingts, la pluspart de Nogent et les environs, qui sortirent de leurs maisons tous à pied, mais en peu de temps furent tous à cheval, bien montez, après qu'ilz eurent esté quelque dix jours à la foire de Grup, en tournant le pays.

Oultre les capitaines et les trouppes de volleurs susdis, plusieurs aultres venans d'alentour de Gien-sur-Loire, de Bourges, d'Orléans, de Montargis, d'Auxerre et d'aultres lieux de par delà passèrent la rivière d'Yonne à Pont-Regnard et à Pons-sur-Yonne, pour venir passer la Seine à Noyen, à Villiers, à la Motte et ès environs de Nogent, lesquelles rivières d'Yonne et Seine estoient gayables par tout; et en passoit plus par Noyen que les aultres lieux de la rivière de Seine, pour aller en la Brie. Entre ceux qui passèrent lesdittes rivières venans des lieux susdis, fut la compagnie de mons. de la Ferté, qui au passage de la Seine se logea ès parroisses d'Ermez, Meel et Mériot, où elle feit ung grand domage de rançons, de despense et de larcin. Toutesfois, il sembloit que ceste compagnie eust volunté d'aller en Flandre, car elle cheminoit à grandes journées; et estoient, comme tous les autres, grands larrons de chevaux et jumens pour se monter. Et passa ceste compagnie environ le 12e ou 15e jour d'aoust.

Après eux passèrent lesdittes rivières les régimens du conte de Tou- 1578.
raine[1] et de Méru, et le 23ᵉ jour dudit moys, se logèrent ès parroisses
de Charlemaison, de Sepveilles, de Savins, de Sᵗ-Loup et de Chalaustre la Petite, où ilz furent deux jours. Au partir desdittes parroisses, allèrent loger à Basoches en Brie et les environs.

Icelles compagnies ou d'aultres, environ le 24ᵉ ou 25ᵉ dudit moys,
jour de dimanche, entrèrent par surprinse dedans la ville ou bourg de
Vodoy, où ilz feirent des cruaultez incroiables. Ilz tuèrent et blessèrent
plusieurs hommes de laditte ville et aultres qui estoient dedans;
ilz pillèrent les maisons, enmenèrent à rançon plusieurs hommes,
viollèrent les filles et femmes en la présence de leurs pères et maris,
plusieurs desquelles furent par eux enmenées au partir, après y avoir
séjourné quatre ou cinq jours pour le moings; et y eussent esté plus
longtemps, sans les gentishommes de crédit, comme mons. le baron
de Senecé, seigneur d'Amilliz et aultres, qui les prièrent de desloger.
Tous les chevaux de laditte ville furent par eux enmenez avec plusieurs charrettes et harnois pleins des meilleurs biens de la ville,
comme draps de laine, de velours, taffetas, soyes, linges, toilles et
aultres biens; et ne vouldroit-on croire la perte que laditte ville receut par ces volleurs, lesquelz estoient suyvis de recelleurs, pourte-
paniers et aultres, qui avoient bon marché du larcin.

Après lesdis régimens du conte de Touraine, suyvoit ung aultre
régiment qui se faisoit nommer les *vicontes*, qui estoit conduict par
ung qu'on appelloit la Chasnez, aultrement Mireloset, qui estoit le
capitaine des volleurs que nous avons dit qui tenoient les chemins et
forestz pour destrousser et voller les passans, avant ceste levée d'armes
pour aller en Flandre. Lequel régiment estoit renforcé de trois aultres
compagnies qui le suyvoient, conduittes par ung qui se faisoit appeller mons. de Beaulieu, qui en son nom s'appelloit Nicollas Talluet,
natif de la Motte-de-Tilly-lez-Nogent, filz d'un pauvre laboureur dudit
lieu. Lequel Beaulieu ou Talluet se vantoit d'estre archer de la garde

---

[1] Henri de la Tour, vicomte de Turenne, duc de Bouillon, maréchal de France, né
en 1555, mort en 1623.

1578. de mons. le duc, et avoit esté avancé par le moyen d'un gentilhomme nommé mons. de Chamois, qui l'avoit donné à mons. de Bucy, par le moyen duquel il estoit au service dudit seigneur duc. Lesquelz régiment de Mireloset et compagnies de Beaulieu passèrent l'Yonne le 25ᵉ jour d'aoust, et par subtilité entrèrent dans le bourg de Courlons-lez-Sens, qui est tout sur le rivage de laditte rivière, où ilz furent trois jours pour le moings à faire du mal au possible. Ilz n'oblierent à piller, violler, battre et rançonner les gens dudit lieu, non moings qu'à boire tout leur saoul de vin, car il y en avoit largement; et pour les faire partir et desloger, leur fallut bailler je ne sçai combien de cens d'escuz, et si enmenèrent plusieurs filles honestes et de bonnes maisons, que leurs parens poursuivirent pour les ravoir à force d'escuz. Ilz ne laissèrent que bien peu de chevaux audit lieu, encores qu'il n'y en ait beaucoup d'ordinaire, pour estre ung lieu de vignoble. Ceux de Sargines se rançonnèrent, pour ne tomber en leurs mains, comme ilz doubtoient de faire s'ilz eussent esté par eux assailliz, et pour ce passèrent oultre et s'allèrent loger à Grange, qui n'est fort loing de Trinel, où ilz trouvèrent les portes ouvertes, et personne dedans, qui estoit tout le contraire de leur attente; dedans lequel lieu de Grange ilz s'accommodèrent pour une nuict, trouvant encores plus là à manger pour eux et leurs chevaux qu'ès villages où eux et aultres gens de guerre logeoient tous les jours. Au lendemain, à l'improviste pensèrent surprendre la ville de Trinel, mais furent descouvers, et n'eurent ceux de laditte ville le loysir que de fermer leurs portes, le bestial de la ville et des villages d'alentour estant dehors, qui fut par lesdis volleurs saisi, mangé et charcuité ès maisons des faux bourgs où ilz se logèrent pour ung jour ou deux, tenans ceux dudit Trinel captifz qu'ilz n'eussent osé sortir hors de laditte ville.

Au partir de là, allèrent assiéger le chasteau de la Villeneufve aux Riches-hommes appartenant à la dame d'Esternay, dedans lequel ilz entrèrent, ayant effondré par derrière la grange qui est sur le bourt des fossez, et là tuèrent plusieurs personnes, aultres prindrent prisonnières; et, non contens de ce, d'ung sens rassis, en my le jour, en fouillant par tout, trouvèrent dedans ledit chasteau deux hommes cachez dedans une cage de fer, qui s'estoient là reserrez pour éviter leur fureur, quand ilz se veirent surprins par lesdis gens de guerre. Lesquelz furent par lesdis volleurs bruslez tout vifz dedans lesdittes cages de fer. Ilz tuèrent pareillement ung homme d'église, en venant de chanter sa messe, audit lieu de la Villeneufve ou de Grange. Ilz pillèrent le chasteau dudit Villeneufve, et sy enmenèrent prisonnier le recepveur d'iceluy, qu'ilz taxèrent à grande rançon. De là, allèrent loger ès fauxbourgs de Nogent, tant d'un costé que d'aultre, où ilz furent deux jours à tenir ceux de la ville à l'abboy, que nul n'en eust osé sortir, de peur d'estre prins prisonnier et par eux enmené. Au partir de Nogent, se retirèrent par la Motte, où ilz passèrent la ri-vière et allèrent mettre le siége devant Chalaustre la Grand, où ilz pensoient entrer comme ilz avoient faict à Courlons. A l'entour de Nogent, se séparèrent les compagnies de Mireloset et de Beaulieu. Beaulieu requist Mireloset de n'aller audit Chalaustre, ce que ne luy volut accorder, pensant qu'il de Beaulieu eust receu quelque argent desdis de Chalaustre, ce qu'il n'avoit faict, et n'avoit par eux esté requis de n'y aller loger ni d'empescher les aultres d'y aller, mais l'en prioit pour leur faire plaisir, comme à ses voisins et amys, comme aussi les empeschea de loger ès parroisses de la Motte, de Meel-sur-Seine et de Mériot, pour faire plaisir à ses amys et parens, qui estoient demorans esdittes parroisses. Il Beaulieu, voyant ledit Mireloset en délibération d'aller audit Chalaustre, feit cheminer ses trouppes droict en Champagne, montant à l'entour de Troye, où il n'estoit cognu. Mireloset et ses gens d'armes, qui povoient estre quelque sept ou huit cens hommes de faict de guerre et plus de gougeatz et putains que d'hommes de faict, le tout ensemble montant au nombre de dix-huict cens pour le moings, là arrivez trouvèrent les portes fermées, qui fut cause de les arrester en la maison de la da-moiselle dudit lieu, qui est hors ledit bourg, et assez près de laditte porte pour l'assaillir si, après avoir demandé ouverture, on ne les vou-loit laisser entrer. Estans tous en ordonnance de bataille, les tabou-

1578. rins.sonnans et les enseignes desployées, tournèrent trois fois à l'entour dudit Chalaustre, pour aviser le lieu le plus commode pour l'attaquer. Ilz avoient une cherié ou deux d'eschelles, qu'ilz avoient menez avant eux pour escheller les villes et bourgs où ilz ne pourroient
entrer. Lesquelles eschelles furent par eux mises et jettées dedans
les fossez dudit Chalaustre en plusieurs endroictz en faisant la tournée.
La tournée faicte par trois fois, comme dit est, ne trouvèrent lieu
plus propre pour assaillir que à l'endroict de la maison de laditte
damoiselle, où ilz délibérèrent de donner l'assault; mais avant, sommèrent ceux de dedans de se rendre par amytié, pour éviter à plus
grand mal, ce qu'ilz ne volurent faire; au refus desquelz fut donné
l'assault.

Or estoit-il le vendredy pénultiesme jour d'aoust, environ onze
heures ou midy, quand le premier assault se donna, qui fut aussi
vertueusement sousteru et deffendu que donné. De plain sault, ung
porte-enseigne des assaillans, l'enseigne au poing, se guinda sur les
murailles, où il fut assez de temps pour donner courage à ses gens
de monter après luy. Pour lequel tirer et tuer couchèrent plusieurs
fois les deffendans la harquebuse en joue; mais ne sceurent oncques
faire prendre le feu sur l'esmource, encores qu'il feist une grande
challeur, et faillirent à prendre feu pour le moings une douzaine de
harquebuses qui estoient au cartier par où l'assault se donnoit, et
disoient, comme tousjours ont dict depuis ceux dudit Chalaustre, que
les harquebuses dudit cartier avoient esté par les assaillans charmées
et émandoyées, ce qui se povoit bien faire. Le capitaine ou gouverneur des deffendans, voyant le porte-enseigne si bien juché sur les
murailles, feit venir à soy quatre harquebusiers de son corps de
garde, qui estoit au milieu de la ville, pour tirer ledit porte-enseigne,
qui fort dextrement fut tiré et renversé au fond des fossez, comme
furent ung sergent de bande et quelque trois ou quatre aultres soldatz des plus hardis et mieux aguerris. Qui attonna fort le reste des
assaillans, et fut ce cause de cesser l'assault, et demandèrent à parlementer; ce que leur accordèrent ceux de dedans. Que lesdis assaillans

demandèrent par leur parlement, je n'en ai rien sceu à la vérité. 1578.
Toutesfois, entre les demandes qu'ilz feirent, demandèrent qu'il leur
fust permis de retirer leur enseigne hors des fossez.

Le capitaine dudit Chalaustre feit une faulte de sortir hors la porte
de la ville pour aller parlementer avec ses ennemis; toutesfois, par
l'importunité et sur la promesse des gentishommes de Besancourt,
de Patras et plusieurs aultres, qui estoient là présens avec les assaillans, chascun d'eux aux requestes pour saulver leurs villages et
maisons, et qui luy promirent, avec Mireloset, toute seureté durant
ledit parlement, il sortit. Mais on ne se put appointer, ce que voyant,
Mireloset voulut retenir prisonnier ledit capitaine. Celui-ci, s'aperce-
vant de sa faulte, leur accorda entrée dedans la ville, mais, non encores
d'accord du tout, prolongea le parlement, durant lequel estoient ouyes
au fond des fossez les plaintes du capitaine-enseigne qui avoit esté
abbatu. Qui fut cause de changer de propos, parce qu'il faisoit mal audit Mireloset de le laisser mourir là, fust par l'amitié qu'il luy pourtoit, ou pour ravoir l'enseigne et l'argent qui estoit sur le patient.
Demanda audit capitaine de Chalaustre s'il y avoit poinct de moyen
durant la trêve de retirer ledit porte-enseigne de leurs fossez. Qui
luy respondit que ouy, moyennant que les soldatz qui estoient les
plus près des fossez et de la porte se retirassent, et que seullement
on luy en donnast trois ou quatre pour le plus pour l'aller querre et
retirer avec luy, et que par ce moyen ilz le pourroient ravoir et non
aultrement. Ilz furent assez longtemps sur ce propos, car Mireloset
ne vouloit laisser aller ledit capitaine de Chalaustre, lequel tenoit
toujours bon qu'il n'estoit possible de le retirer sans luy et son ayde,
parce que ceux de dedans n'endureroient nulz soldatz descendre en
leurs fossez qu'ilz ne tirassent sus. Tant fut la cause débatue, qu'à la
fin fut dict qu'on délivreroit audit capitaine de Chalaustre quatre
soldatz pour aller avec luy retirer du fond des fossez ledit porte-
enseigne, pour lequel prendre falloit s'approcher de la porte de la
ville, où estans arrivez, en deffendant à ses gens de dedans de ne
tirer sur luy ni les soldatz qui estoient avec luy, leur feit signe qu'ilz

1578. ouvrissent le guichet de laditte porte et qu'ilz sortissent à son secours. Ce que bien entendirent ceux de dedans, lesquelz furent aussi tost dehors que le signe fut donné. Ce que voyant, ledit capitaine, avec l'espée à deux mains qu'il avoit, donna une charge à ses quatre soldatz et les meint en fuitte, et tout à l'instant rentra dedans la ville et fut refermée la porte après luy, et par ce moyen répara la faulte qu'il avoit faicte de sortir hors de la ville et se saulva du danger où il avoit esté, et si demeura ledit porte-enseigne au fond des fossez, où il est mort.

Le capitaine rentré, la trève fut rompue, au grand despit des assaillans et de Mireloset, qui feit recommencer l'assault plus furieusement que devant, qui fut courageusement deffendu par ceux de dedans, auquel s'employoient femmes et filles en plus grand courage que les hommes, pour desfendre leurs vies, biens, corps et honneur, aymant mieux mourir sur les rempars pour les empescher d'entrer que d'endurer le mal et déshonneur qu'elles eussent peu recepvoir de telz villains putiers qu'estoient iceux assaillans. Et pour ce, pourtoient du feu allumé et des gerbes pour leur brusler le visage, si tost qu'ilz le monstroient par dessus les murailles; aultres avoient des cendres chauldes, aultres de l'eaue bouillante pour leur jetter au visage, et feirent icelles femmes et filles ung si grand debvoir qu'il fut plus recommandé que celuy des hommes. Durant ce second assault, la nuict arriva, qui imposa ung peu de sillence aux ungs et aux aultres. Il y avoit jà bien une douzaine des fricquerelles assaillans mors dans les fossez, il y en avoit beaucoup plus de fort blessez. De ceux de dedans, y en avoit deux de tuez, l'ung par sa faulte, l'aultre en deffendant. Plusieurs assaillans se desbauchèrent et se retirèrent ès villages d'alentour, et en alla au giste jusques à Sordun quelque vingtaine, tant des blessez qu'aultres qui n'avoient poinct de mal. La pluspart demourèrent la nuict campez à l'entour de Chalaustre et donnèrent plusieurs allarmes à ceux de dedans, lesquelz vertueusement se deffendirent comme de jour, et trouvèrent moyen de mettre hors de leur ville aulcuns personnages, pour envoyer demander secours

aux villes de Nogent, Villenauxe et Provins, parce qu'ilz devenoient 1578.
foibles de courage et desmunis de pouldres et boulletz.

Au lendemain, à la diane et aulbe du jour, les voleurs assaillans donnèrent ung assault assez rude par ung aultre lieu que celuy du jour de
devant, qui fut aussi bien deffendu que donné. Toutesfois, lesdis assaillans faisoient si bonne mine que rien plus, jurans et affermans de ne
partir jamais de là qu'ilz n'entrassent dedans ou qu'ilz n'y fussent tous
tuez ou la plus grande partie d'eux; ce qu'il sembloit qu'ilz eussent
volunté de faire. Vers lesquelz retournèrent au matin, qui estoit le
samedy dernier jour d'aoust, les seigneurs susdis de Patras et de Besancourt, qui n'estoient assurez qu'ilz, au partir de là, n'allassent loger
en leurs maisons et villages, aussi pour faire délivrer quelques gentishommes et, entre aultres, ung des filz de mons. Rollant de Champagne
qu'ilz tenoient prisonnier, l'ayant desmonté de son cheval le jour précédent, et qu'ilz avoient taxé à grande rançon avec quelques aultres
qu'ilz tenoient. Pour lesquelz retirer par amitié ou par argent estoient
en partie assemblez les gentishommes susdis, avec MM. de Crenay, de
Maupertuys et aultres, tous lesquelz estoient en grand soubçon desdis
voleurs et aultres, et desquelz lesdis voleurs ne faisoient cas non plus
que d'une aultre personne soldat et encores moings. Car, comme on
le veit par experience par toute ceste levée, ung soldat simple eut
plus de crédit avec toutes les trouppes qui se meirent aux champs
que n'avoient les plus riches gentishommes du pays, eussent-ilz esté
de la maison du roy ou de mons. le duc. Les gentishommes susditz,
voyant iceux gens de guerre et voleurs recommencer l'assault si
furieusement, par l'organe dudit Patras, leur descouvrirent le secret
de la ville de Chalaustre, et comment les habitans avoient envoyé
querre du secours ès villes susdittes, lesquelles se mettoient en armes
pour leur venir courre sus avec les gentishommes du pays et pour
secourir ceux dudit Chalaustre, ce qui estoit vray. Car ceux de Provins ayant receu novelles au matin qu'ilz voleurs n'estoient encores
entrez audit Chalaustre et qu'ilz recommençoient à battre la ville,
soudain s'assemblèrent les capitaines et gouverneurs, lesquelz mei-

1578. rent en délibération s'il estoit bon de secourir lesdis de Chalaustre.
Fut résolu que ouy, et tout à l'instant les capitaines de chascun
quartier feirent sonner le tabourin par les rues et faire le ban que
tous harquebusiers eussent, à l'heure de dix heures du matin, à se
tenir prestz et à se trouver devant l'huis des capitaines chascun de
son quartier, pour aller au secours dudit Chalaustre. Le président
Marchant, le lieutenant général, les prévostz des mareschaux, les
lieutenans criminel et de courte robbe, avec tous les sergens dudit
Provins et plusieurs aultres personnes, montèrent à cheval pour encourager le reste du peuple de prendre les armes au poing et de les
suyvre, et y fut faict ung tel debvoir qu'environ les onze heures pour
le plus tard partirent de Provins plus de cinq cens harquebusiers, la
pluspart morionnez, et bien cent hommes à cheval pour les conduire,
les capitaines des quartiers cheminans à pied les premiers, les enseignes desployées et les tabourins sonnans, pour aller desloger lesdis
volleurs de devant Chalaustre. Et furent lesdis de Provins jusques au
Mez de Sordun en bonne volunté d'aller; mais là receurent novelles
qu'ilz gens de guerre estoient descampez et avoient habandonné Chalaustre. Ausquelles novelles, ilz de Provins tournèrent visage et s'en
revinrent en leur ville. Aulcuns de pied et de cheval allèrent jusques
à Chalaustre, pour mieux sçavoir des novelles, qui trouvèrent qu'il
estoit vray qu'ilz estoient deslogez.

Si ceux de Villenauxe et Nogent se meirent aux champs, je n'en
ai enquis grandement; pour le moings s'y fussent-ilz mis, après qu'ilz
eussent sceu les novelles de ceux de Provins. Lesdis voleurs, estans
intimidez de ce bruict, laissèrent leur porte-enseigne et aultres mors
ès fossez de Chalaustre, chargèrent leurs hardes et blessez, et en
grande vitesse cheminèrent jusques à Chamcouelles et les environs,
laissans tomber par les chemins de leurs hardes assez largement et les
plus malades de leurs blessez, qui morurent. Ilz ne rechargèrent toutes
leurs eschelles qu'ilz avoient menées audit Chalaustre. Quand lesdis
de Chalaustre furent assurez que les volleurs estoient loing d'eux
d'une lieue ou environ, sortirent en leurs fossez pour aller querre

l'enseigne et les armes des mors qui y estoient demeurez. Il fault 1578. croire qu'ilz ne laissèrent l'or et l'argent qu'avoient lesdis mors assez largement, lesquelz furent là jusques au lendemain dimanche tous nudz avec leur chemise avant qu'estre enterrez. Ilz portèrent l'enseigne en leur église. Ses habis furent délivrez à leur capitaine, nommé Jacquin Collas ou Jacquin Soret, pour la braveté qu'il avoit faicte de rentrer et se délivrer hors des mains dudit Mireloset, ainsi qu'avons dict. Des habitans dudit Chalaustre, qu'hommes que femmes, y en eut de tuez six ou sept, et peu ou poinct d'aultres blessez. La compagnie de mons. de la Chapelle des Ursins, avec les paysans, depuis Monceaux en Brie en tirant à la rivière de Marne, baillèrent la chasse audit Mireloset et ses gens jusques auprès de Soissons, et si n'en purent attrapper que trois ou quatre des blessez qu'ilz achevèrent, mais trouvèrent force butin par les chemins; ilz estoient tous montez à cheval, qui fut cause qu'on ne les peut attrapper, car ilz coururent jour et nuict jusques à ce qu'ilz fussent avant en Picardie.

Les compagnies des seigneurs de Besancourt, de la Haulte-Maison, de Michery et du capitaine Boitout, avec d'aultres dont je n'ay sceu les noms, ne faisoient que tourner le pays, depuis Sens jusques à Chasteau-Thierry, et depuis Rosay en Brie, en tirant d'un costé à la rivière de Marne, d'aultre aux rivières d'Yonne et de Seine, jusques à Chaslons en Champagne, faisant des maux indicibles et incroiables par batures, volleries, viollemens de femmes et filles, larcins, murtres, bruslemens de maisons, et tout autre genre et espèce de maux, sans respecter personne, de quelque qualité qu'il fust, fust-il gentilhomme trois fois. De sorte que les gentishommes des villages qui n'avoient des chasteaux et maisons fortes furent contrainctz de vuyder les meubles de leurs maisons et leur bestial aux villes avec leurs personnes pour se saulver. Ceux qui avoient de fortz chasteaux furent contrainctz de mettre hommes fors et aguerris dedans, pour tenir contre lesdis voleurs, qui ne craignoient en grandes trouppes de les assaillir. Tous les gens qu'ilz trouvoient en assez bon équipage de pied ou de cheval estoient par eux desvalisés, et encores le plus sou-

1578. vent enmenés prisonniers. Desquelles rançons faictes sur les passans et gens des villages où ils logeoient et passoient, estoient tout prestz d'en bailler quittance, et ne s'en cachoient de personne pour les demander et prendre. Qui fut cause que, durant ce désastre, les gens des villages pauvres et riches vuydèrent leurs maisons et serrèrent aux villes et chasteaux des gentishommes. Le bestial eut fort à souffrir, tant gros que menu, car il estoit aultant de temps et plus à jusner qu'à manger, estant enserré esdittes villes et chasteaux, qui fut cause, avec la seicheresse, d'enchérir le laictage, beurre et fromage par toute l'année. Tout l'esté, la livre de beurre se vendoit 5 et 6 s. t. et les fromages au pris le pris, et a continué tout le reste de cet esté et l'hiver ensuivant la charté dudit laictage. Et ne fut ce pays de Brie et Champagne, principallement depuis les lieux que j'ai cottez ci-dessus, exempt desdis volleurs gens de guerre, depuis la mi-juillet jusques passé le 12ᵉ septembre, qu'il n'y en eust en quelque trois ou quatre paroisses; et n'estoit ung village huict jours sans en avoir, en plusieurs desquels ne trouvoient homme ni femme pour les gouverner. Dieu sçait quel mesnage ilz faisoient à descouvrir les maisons et à les abattre, et en plusieurs lieux au partir mettoient le feu dedans, aymant mieux les gens des villages endurer telles pertes que de les attendre, pour éviter le mal et rançons qu'ilz faisoient.

À l'extrémité, et quand chascun n'en peut plus endurer, on advisa d'en faire plainctes au roy, lequel feit longtemps la sourde oreille avant que d'y vouloir donner ordre. Et luy furent portées les premières plainctes du cartier devers Orléans, où lesdis volleurs avoient passé avant que de se jetter en ce pays. Ceux de Normandie, de Beausse et pays de Perche se plaignirent au roy, comme feirent ceux de Poitou et de Touraine, esquelz pays les volleurs estoient en grandes trouppes, tenans les champs soubz le nom de la guerre de Flandre, comme par tout le reste du royaume de France. Et n'y eut pays exempt de ceste punition qu'environ dix ou douze lieues à l'entour de Paris, et qui les exempta fut la présence du roy, qui estoit audit Paris, les gardes duquel estoient logez ès villages à dix lieues à

l'entour. Pour lesquelles plaintes, qui luy furent présentées par escript
et de bouche dès la fin du mois de julliet, mesmement par mons. le
curé de St-Séverin, n'en feit S. M. response qui feust digne d'ung
roy. Toutesfois, importuné par le renouvellement des plaintes qui
chaque jour lui estoient présentées, feit une ordonnance qu'on se
jettast sur ceux qui tenoient les champs, s'ilz ne montroient commission signée du grand scel de sa chancellerie, et pour l'heure n'en
peut-on avoir aultre response. Parquoy les gens de bon esprit jugèrent que l'entreprise d'aller en Flandres estoit de son consentement,
quelque bonne mine qu'il eust faict; et qui donna clair argument
de ce fut un régiment de gens de guerre qui partit de Paris au moys
d'aoust, le roy présent ou auprès, et qui ne les empeschea. Pour ce
dernier mandement ne s'espoventèrent guères lesdis voleurs, lesquelz
estoient en si grandes trouppes qu'ilz sçavoient bien que les gens des
villages ni aultres ne se feussent osé jetter sur eux, les prévostz des
mareschaux aussi peu, lesquelz ne demandoient que tel trouble, pour
faire bien leur prouffit sur les traînardz de derrière et qui s'escartoient
au loing, car, quand ilz en trouvoient de telz, les guettoient pour la
bourse et leurs armes et les renvoyoient. Au commencement, ilz en
amenèrent quelques-uns ès prisons de Provins, lesquelz par les juges
du présidial et gens du roy furent trouvez les meilleurs soldatz du
monde, sans vouloir enquérir de leur vie ni des hostes où ilz avoient
logé, pour ce que personne ne se vouloit rendre partie, et furent
renvoyez au pillage pour remplir leur bourse. De quoy s'indignèrent
lesdis prévostz des mareschaux et de courte robbe, qui par après en
feirent à leur discrétion et à leur prouffit, sans faire aultre domage
ausdis voleurs que de les desvaliser d'armes et argent. C'est ung grand
mal en une républicque, quand les juges et aultres qui administrent
la justice sont disaiteux, engagez et endebtez; car telz justiciers ont
quelquesfois leur âme à vendre pour de l'argent. Les gens des mareschaux et de courte robbe n'estoient tant blasmez que furent les
juges qui laschèrent les prisonniers qu'on leur avoit amené.

La vollerie se continua de plus en plus par tout le moys d'aoust et

1578. commencement de septembre, sans y plus espargner personne, de
quelque qualité qu'elle fust, prince ni gentilhomme, mesmes les deniers du roy, qui par lesdis voleurs furent ravis et emportez. Une
trouppe qui tenoit les champs entre les villes de Sézanne et Chaslons
emporta les deniers des tailles de l'élection de Sézanne, que le recepveur dudit Sézanne envoyoit audit Chaslons enfoncez en-des tonneaux. Duquel vol le recepveur advertit le roy pour sa descharge, et
S. M. envoya mandement au prévost des mareschaux de Chaslons
pour informer et faire la poursuitte. Le mal s'augmentant de plus
en plus et jusques aux portes des villes, les gens de justice commencèrent à avoir honte des reproches qu'on disoit d'eux d'avoir lasché
ceux qu'on leur avoit amené prisonniers, et de ne se travailler à
chasser lesdis voleurs, en vertu des mandemens du roy. Et pour ce,
sur la fin du moys d'aoust, mons. le président Marchant, adverty
qu'il y en avoit une petite trouppe logée ès villages et parroisses
de Roüilly et Mortery, commanda aux gens des prévostz des mareschaux, de courte robbe, lieutenant criminel et sergens, avec
aultres personnes de la ville qui de leur bon gré y volurent aller, de
monter avec luy à cheval, pour aller veoir leur commission et informer des rançons et insolences qu'ilz faisoient ès maisons des villages.
Ils se trouvèrent pour le moins cinquante chevaux pour aller à ceste
affaire, mais lesdis voleurs estoient deslogez des parroisses susdittes,
où leur fut dict qu'ilz voleurs avoient tiré le chemin de Coutenzons
et Vielz-Champagne, et que là ou les environs avoient volunté de se
loger. Lequel chemin prindrent lesdis de Provins, qui les allèrent
attacquer à leur advantage, estans lesdis voleurs logez et désarmez
au village de Chasteau-Bleau, où n'y avoit guères qu'ilz de guerre
ou aultres avoient tué une femme leur hostesse, et là leur fut couru
sus et furent mis en routte et désarroy. Aulcuns se meirent en deffense; les aultres s'enfuirent. Il en fut tué deux sur la place qui ne se
volurent rendre, et huict furent amenez prisonniers. Desquelz huit y
en avoit quatre du village d'Angaye lez Sézanne, bons et riches gens,
lesquelz ne s'estoient mis aux champs que huit jours auparavant, estans

au désespoir de la perte et domage qu'ilz avoient eu par les aultres gens de guerre volleurs qui avoient logé en leurs maisons. La bande où ilz se meirent et dans laquelle ilz furent trouvez n'avoit commission aulcune du grand ni du petit scel du roy ni de personne. Les bonnes gens furent traitez et maniez selon le bien qu'ilz avoient, et les tint-on en prison jusques il fust bien abrégé ou entièrement mangé. Toutesfois, il fut cause de leur saulver la vie; car, quand il n'y en eut plus ou bien peu, furent par la justice condempnez à faire amende honorable par la ville de Provins, en la présence de leurs aultres compagnons, qui furent foytez, pour ce qu'ilz n'avoient tant de bien qu'eux, et tous ensemble furent condempnez à aller aux gallères à perpétuité. Les parens de l'ung ou de deux taschèrent à faire révocquer laditte sentence, affin qu'ilz n'allassent ausdittes gallères, ce qu'on leur promettoit faire; mais, après qu'ilz eurent encores beaucoup despandu de leur bien, leur fut donné à entendre qu'il n'estoit possible, si ce n'estoit par une grâce du roy. Si le roy leur a baillé grâce, je ne m'en suis enquis.

Au mois de septembre, la vollerie ne cessant point, mais s'augmentant de plus en plus, tout le monde commençoit à entrer à la désespérade, les gentishommes et les gens des villes, comme les pauvres laboureurs et gens des villages. Ceux des grosses villes commençoient à avoir peur que lesdis volleurs ne s'assemblassent en grand nombre, comme de vingt mille et davantage, et qu'ilz les vinssent assaillir, ce qu'ilz volleurs eussent bien peu faire, qui n'y eust remédié. Car aux villages ilz ne trouvoient plus que les huys ouvers et les granges plenes de grain, d'aultres meubles bien peu. Les gentishommes qui avoient chasteaux et maisons fortes estoient en pareille peur ou plus grande que les villes, lesquelz, quand ilz estoient tenus, estoient prins à rançon. Leur bestial moroit de faim ausdis chasteaux, comme celuy des laboureurs, lequel n'eust osé sortir dehors, cependant qu'ilz voleurs estoient proches de leurs maisons. Lesditz voleurs, ne trouvant plus personne de jour ès maisons, cheminoient toute nuict pour tascher à surprendre les gens et le bes-

1578. tial, qu'il falloit rachepter d'eux, avec leur en bailler tant qu'ilz vouloient pour leur vivre.

Estant donc le tout mis ainsi au désespoir, fallut adviser le moyen
d'y remédier, puisque le roy n'y vouloit mettre aultre ordre; et à ces
fins s'assemblèrent dedans la ville de Provins, le 5ᵉ jour dudit moys
de septembre, les gentishommes du balliage, par le mandement du
bally, qui estoit mons. de Potières, capitaine desdis gentishommes
pour l'arrière-ban. Les gens d'église et les bourgeois et marchans
s'assemblèrent pareillement, mais chacun à part, pour délibérer du
moyen que l'on pourroit trouver; puis après, tous ensemble, gens
d'église, gentishommes et marchans, pour ouyr le rapport de ce que
chascun desdis estatz avoit délibéré, affin des trois délibérations particulières de n'en faire qu'une généralle.

Or fut la délibération et résolution généralle de ces trois estatz
telle, qu'il falloit que les villes de Provins, de Montereau, de Bray, de
Nogent, de Pons-sur-Seine, de Sézane, de Villenauxe, de Chalaustre,
de la Ferté-Gaucher, de Vodoy, de Rosoy, Jouy-le-Chastel et Dannema-
rie feissent une ligue avec les gens des villages et gentishommes d'i-
ceux de fournir hommes de deffense pour, avec lesdis gentishommes
et plat pays, se jetter sur lesdis voleurs et gens de guerre pour les
massacrer et mettre en pièces, en quelque lieu qu'ilz entreprinsent
de loger, ès balliages et villages des villes susdittes; et pour ce que
ce n'est l'estat aux gens d'église d'aller à la guerre ni massacrer personne, fourniroient argent pour l'entreténement des hommes qui
pour ce faire seroient esleuz par les villes et villages, ou qui de bon
gré se présenteroient pour telle affaire. Et fut dict qu'on escriroit
aux villes et bourgs susdis cest advis et résolution, pour sçavoir d'eux
s'ilz vouldroient entrer en ceste ligue. Or se tenoit-on bien assuré de
la pluspart d'icelles, principallement des villes de Sézane, de Barbonne, de Fontaine-Denis, de Villenauxe-la-Grand, de Chalaustre-
la-Grand, de Bray et de Montereau et des gentishommes et gens des
villages d'alentour.

Et toutesfois, en attendant que laditte ligue se feroit, fut résolu

1578.

qu'on yroit advertir le roy du désordre et vollerie desdis voleurs, luy monstrer les informations des meurtres, bruslemens, viollemens et assassinatz qu'ilz voleurs faisoient, et prier S. M. qui estoit pour lors à Fontainebleau, d'y mettre ordre, ou aultrement, à son refus, les trois estatz du pays se délibéreroient de se ruer sus pour les massacrer, ou d'estre par eux voleurs tuez tout en ung coup, sans languir si longtemps en la tirannie qu'ils commettoient; ce que lesdis estatz ne vouloient entreprendre sans son authorité ou bien luy en donner advertissement. Pour porter ceste requeste à S. M. fut esleu pour les nobles et gentishommes mons. de Bouy, parroche de Châlaustre-la-Petite, comme aussi il fut agréable aux deux aultres estatz de l'église et bourgeois, qu'on appelle le tiers estát, qui prièrent ledit seigneur de pourter ladite requeste pour tous. Ce que voluntiers accepta, moyennant que lesdis de l'église et du tiers estat luy baillassent chascun ung homme de leur estat pour l'accompagner et estre présens avec luy à présenter ladite requeste au roy. Et pour ce fut eslu par les gens d'église Me Claude Moyssant, doyen de la chrestienté, et par le tiers état Christophe de Boudreuille, recepveur alternatif des tailles de l'élection de Provins et procureur de ladite ville, qui voluntiers en acceptèrent la charge avec ledit seigneur de Bouy. Eux trois ensemble s'acheminèrent dès au lendemain de ladite assemblée au lieu de Fontainebleau, où ils furent plus de huict jours avant qu'estre expédiez. Audit lieu de Fontainebleau se trouvèrent les députez des villes d'Orléans, d'Auxerre, de Sens, de Troye, et les habitans de Voudoy en Brie, chascun desdis lieux ayans informations des forfaictz desdis voleurs et requestes quant et quant pour en avoir quelque raison du roy. Cependant qu'ilz séjournoient et en attendant le jour que S. M. leur avoit donné pour leur respondre, fut audit Provins réitéré par son mandement qu'on se jettast sur ceux qui n'auroient commission signée du grand scel de sa chancellerie, et qu'on les taillast en pièces; mais à ceux qui auroient leurs commissions scellées dudit grand scel, qu'on ne leur feist autre chose que de les contraindre et haster de passer oultre et d'aller en Flandre.

1578. Et fut ce publié le 10e jour dudit moys de septembre, par quoy on cognut qu'il estoit contens de ce voyage et qu'il estoit de la partye.

Le roy, courroucé oultre mesure de tant de plaintes, ayant veu les noms de ceux qui faisoient des capitaines par les informations qu'on luy avoit présenté de toutes parts dès ledit dixième jour de septembre, avant de faire response aux députés desdittes villes, commanda à mons. de Beauvais, seigneur de Nangis, qui estoit capitaine de ses gardes, qu'il despescheast trois ou quatre compagnies desditz gardes et des mieux en poinct, pour aller courir sur les voleurs susditz et aultres qu'ilz trouveroient par les villages faisans des gens de guerre, et qui mangeoient le pays, avec commission de les rompre et tailler en pièces et de prendre les capitaines vifz ou morts, si possible estoit. Les capitaines qui furent commandez pour estre tuez ou prins prisonniers furent mons. de Besancourt, mons. de la Haulte-Maison de St-Loup, le capitaine Michery et le capitaine la Chasnez, dit Mireloset, et tous aultres qui seroient trouvez tenir les champs sans commission et avec commission. Iceux capitaines des gardes, avec leurs compagnies, logèrent ès villages de Savins, Lisinnes, St-Loup et Courton, le onzième jour dudit moys de septembre, sur le soir; devant lesquelz s'enfuyoient les bonnes gens de village et le bestial, pensant que ce fussent les voleurs accoustumez. Lesditz gardes coururent après ledit bestial et bonnes gens, pour les ramasser en leurs maisons et les tenir en seureté, sans leur porter domage d'aultres biens que de celuy de leurs maisons pour leur petite vie et pour leur soupper, la pluspart se contentans d'avoir du pain et ung peu de potage, sans vin ni viande. Ce que voyans, les pauvres gens des villages s'efforcèrent toute la nuict de recouvrer vin et vivres pour donner au lendemain auxdits gens des gardes, chascun en son logis, tant ilz estoient resjouis d'avoir passé le soir et la nuict avec eux en paix et seureté eux et leur bestial. Au lendemain, qui estoit le douzième jour, ilz gardes deslogèrent du matin pour aller à leur commission; les capitaines passèrent par la ville de Provins, pour sçavoir des novelles où estoient lesdits voleurs, et leurs trouppes passèrent

par Mortery et Roully, et s'allèrent arrester à Cortacon et ès environs 1578.
pour disner. Là, eurent novelles qu'il y en avoit de logé au village de
St-Bon, lez St-Genoist et Villers-St-George. Or estoit-il advenu, ung
où deux jours auparavant, qu'ilz voleurs et gens de guerre avoient de
nuict efforcé la personne et maison de mons. de St-Bon, gentilhomme
honeste, lequel eut fort à faire en ses besongnes, et pour se délivrer
d'iceux envoya appeller tous les gentishommes ses voisins, et nommément mons. de Maupertuis le jeûne[1], demeurant au chasteau de Vil-
lers-St-George, qui, avec le plus de gens qu'il peut, alla le secourir.

Lesdits gardes du roy, après s'estre informez au mieux qu'ilz purent
quelles gens estoient audit St-Bon et combien ilz povoient estre,
après avoir prins leur repas, partirent sur les deux ou trois heures
après midy, pour aller là pian pian et le plus à couvert qu'ilz purent
attaquer iceux voleurs, qu'ilz surprindrent sur la nuict, comme sur
les cinq heures du soir, à l'heure de leur soupper, où furent chargez
proprement à l'arrivée, mais non tant qu'il eust esté besoing. Les premiers logis où fut faicte la première charge demeurèrent en la place,
au bruict desquelz fut faicte l'esmeute. Les plus hardis se présentèrent en armes pour se deffendre, pensant que ce fussent les gentishommes et paysans du pays qui se jettassent sur eux; mais quand ilz
veirent tant de morions et courceletz, avec la dextérité de ceux qui
les pourtoient, furent bien espoventez. Toutesfois, ne se volurent
rendre du premier coup et tindrent bon, et y fut tué ung des capitaines desdits gardes avant qu'ilz se fussent faict à cognoistre. Après
la mort duquel, fut par les aultres capitaines faict commandement de
par le roy auxditz voleurs gens de guerre de se rendre, ce qu'ilz ne
volurent faire, sinon par composition. Quelle fut laditte composition,
je ne l'ai sceu à la vérité, combien que j'ai ouy bien dire que lesditz
gardes en lièrent quelque sept ou huict des principaux de la trouppe,
qu'ilz au lendemain enmenèrent avec eux pour les présenter au roy,
comme ilz disoient. Il en fut tué quelque dix-huict ou vingt sur le
champ; tout le reste se saulva ainsi qu'ilz purent, à l'ayde de la nuict

[1] Jacques de St-Perrier, sieur de St-Gravon, Maupertuis et Villiers-St-Georges.

1578. qui leur donna advantage, jettans leurs armes et bissacz par les chemins pour mieux se saulver. Les paysans des villages d'alentour dudit
Sᵗ-Bon, qui furent advertis du mandement du roy par lesditz gardes,
furent récompensez d'une partie de leurs pertes; car toute la nuict
furent aux escars pour arrester les fuyars qui se pensoient saulver, à
plusieurs desquelz fut pardonné moyennant leurs bourses, aultres y
laissèrent la vie, bourses et habillemens.

   L'échec donné, lesditz gardes, après avoir butiné ce qu'ilz purent,
se retirèrent ès villages prochains pour se reposer la nuict et pour
prendre leur repas, de la viande qu'ilz avoient trouvée ès maisons
dudit Sᵗ-Bon qu'ilz voleurs vouloient soupper. Lesquelz au lendemain
ne demandoient que de sçavoir novelle où il y avoit d'aultres voleurs,
pour s'aller ruer sus et pour y faire butin; mais n'y purent joindre,
parceque les aultres bandes qui estoient vers Choisy en Brie et aux
environs d'Esternay, ayant esté adverties du mandement du roy dès le
soir mesme que l'échec fut donné audit Sᵗ-Bon, cheminèrent toute
la nuict pour se saulver et n'estre rencontrez desditz gardes. Le
roy, en envoyant ses gardes par les champs pour deffaire lesdittes
compagnies, envoya par mesme moyen son mandement par toutes
les villes de France, pour en faire publier la teneur aux carrefours
d'icelles, qui contenoit permission aux gens des villes et villages de
s'assembler au son du toxin et de se ruer sur lesditz gens de guerre
qui tenoient les champs et de les tuer, qui fut occasion d'en faire tost
destrapper le pays. Après laquelle publication, furent lesditz voleurs
et gens de guerre bien adoulcis, et fut la chance bien renversée. Les
gens de guerre qui avoient faict fuir les gens des villages, les gens
des villages les feirent enfuir, se jettant sur eux en plusieurs lieux et
les desvalisant jusques à leurs chemises, tout ainsi que six desditz
gens de guerre, avant ce mandement, faisoient fuir tous les gens d'ung
gros village, aussi faisoient depuis courir dix ou douze hommes de
village, avec le son de la cloche sonnant le toxin, ung cent de gens
de guerre, sans regarder derrière eux.

   A l'instant que les gardes du roy feirent cest échec sur les voleurs,

le roy feit response aux députez de Provins et des aultres villes qui 1578.
estoient allez vers luy pour présenter les plainctes du pays. Auxquelz
il donna commission novelle, et nommément à ceux de Provins, pour
s'assembler et avec port d'armes deffaire lesditz gens de guerre, les
massacrer et tailler en pièces; et fut par S. M. faict et estably capitaine mons. de Bouy, pour assembler les gentishommes et habitans
des villes et paysans des villages pour rompre iceux voleurs gens de
guerre. Toutefois, laditte commission pourtoit que, s'il se trouvoit
quelques capitaines et trouppes qui eussent commission de S. M. ou
de mons. le duc, son frère, qu'à telz ne fust faict aulcun mal; mais
qu'on les contraignist de passer oultre, pour aller où leur commission
portoit en toute diligence; qu'on leur feit faire six lieues par jour,
en leur administrant des vivres par estappes, en ayant le regard sur
eux, affin qu'ilz ne rançonnassent et ne desrobassent leurs hostes, les
passans sur les chemins, ni les bestes des laboureurs; et que, s'ilz ne
vouloient obéir à laditte commission, S. M. entendoit qu'on se jettast sur eux et qu'on en feist comme des aultres.

Denis le Fendeur, sergent royal au bailliage de Provins, dont le frère faisait
partie d'une des bandes de voleurs, et qui mettait en sûreté les objets dérobés
par celui-ci, va, le 12 septembre, l'avertir ainsi que ses compagnons, logés alors
à peu de distance de Saint-Bon, de la publication du mandement du roi dirigé
contre eux et de l'arrivée des soldats de la garde. Sur cet avis, les voleurs s'é-
chappent sans bruit le soir, passent la Seine à Villiers et se dispersent, après
avoir caché leurs armes dans la forêt de Sourdun. Denis le Fendeur, en retournant à Provins avec plusieurs individus de la compagnie de son frère, tombe
entre les mains d'une troupe de gens de la garde; on l'arrête et on le conduit au
roi, qui était alors à Nangis, chez M. de Beauvais, et qui, sur les supplications
de ses parents, lui fait grâce de la vie.

Depuis ce faict, lesditz gardes du roy n'allèrent plus après les gens
de guerre, parcequ'ilz gens de guerre se retirèrent à la desrobée le
plus diligemment qu'ilz purent, excepté quelques compagnies, qui tindrent les champs jusques à la fin du moys de septembre, ou qu'ilz ne
volussent croire le mandement du roy, ou qu'ilz se glorifiassent en

1578. leurs forces et dextérité de leurs armes ou au grand nombre qu'ilz s'estoient assemblez. Pour lesquelz faire retirer, fallut que mons. de Barbézieux, lieutenant pour le roy au gouvernement de Champagne et Brie, feist assembler les gentishommes des balliages de Troye, Provins et Sézane, avec le plat pays qui vouldroit les suivre. Lesditz gens de guerre estoient ceux que l'on disoit estre les vicontes, avec lesquelz estoient les compagnies du capitaine Beaulieu, que nous avons dict s'appeller Nicollas Talluet. Je ne sçai si le capitaine la Chasnez, que nous avons dict estre Mireloset, s'estoit poinct rassemblé avec eux, car ilz povoient bien estre le nombre de quinze cens hommes de faict, bien montez pour la pluspart. Atteintz au village du Mesnil lez Sézane par les gentishommes et plat pays, ilz s'enfermèrent dans les cours des labonreurs, se feirent des rempars de leur charroy, des harnois et charrettes et des gerbes de blé desditz laboureurs, et tindrent bon quasi vingt-quatre heures avant que de se rendre. Ilz furent receuz à composition et payèrent 33,000 l. t. de rançon aux principaux chefz de ceux qui les poursuivoient,

Il fut novelle que mons. de St-Falle, bally de Troye, mons. le baron de Senecé, mons. d'Estoge et quelques aultres eurent ce butin, au grand regret de plusieurs simples et honestes gentishommes et vaillans soldatz païsans, qui s'estoient mis au hasard de leur vie, pour la faire perdre auxditz gens de guerre. Ceux-ci furent mis en la protection et saulve-garde de ceux qui eurent leur rançon, lesquelz les feirent conduire par mons. Mongenost et aultres, depuis ledit lieu de Mesnil jusques au delà de la rivière d'Yonne, de peur que l'amas qui les avoit poursuivi jusques audit Mesnil, qui estoit au nombre de plus de 4,000 personnes, ou les paysans n'allassent après eux pour les saccager et avoir le reste de leur butin. Les chefz desditz gens de guerre, estans eschappez de ce danger, prindrent la poste pour courir à Mons en Haynault vers mons. le duc, comme feit aussi le seigneur de Besancourt, quand il sceut que le roy le faisoit cercher par ses gardes, pour offrir audit seigneur duc leur service et faire plaintes des gens qu'ilz avoient levez en France, lesquelz n'avoient volu suyvre, ains

s'estoient malgré eux amusé à piller le pays. Les villages d'alentour 1578.
de Sézane eurent fort à souffrir à cause de ceste rencontre; car il
fallut qu'ilz nourrissent les ungs et les aultres quasi huict jours, jusques au partir et que la composition feust faite, qui fut le vingt-
sixième jour de septembre, que l'amas de part et d'aultre se sépara.

Ceux gens de guerre et voleurs qui estoient passez les rivières de
Marne et d'Aisne n'eurent si bon temps que ceux qui furent chassez
de ce pays; car à l'instant que les Piccardz eurent receu le mandement du roy de se jetter sus, ilz n'y allèrent à tastons, estans gens
plus rudes et mieux aguerris que ceux de ce pays. Dieu sçait quelles
charges ilz en feirent! Le plus jeune filz de la maison de Romainville
et Jalliard, nommé mons. d'Ablenay, en pourroit mieux parler que
moy, car il n'en revint sans frotter. Heureux furent ceux qui en revindrent tout nudz ou en chemise et qui eurent la vie saulve! Plusieurs ont esté trouvez par les chemins, qui n'avoient une meschante
chemise pour couvrir leur charongne et parties honteuses, pour lesquelles couvrir leurs mains leur servoient de braguettes. Voilà comment la chance fut retournée. Toutesfois les gens des villes et villages où ilz voleurs avoient logé et tant faict de cruaultez ne furent
récompensez, comme la petite ville et bourg de Thou-sur-Marne, où
ilz voleurs feirent plus de tirannie et cruaultez à moytié qu'ilz n'a-
voient faict à Voldoy. Ilz pillèrent l'église et déshonorèrent le St sacrement de l'autel; ilz enflèrent et couppèrent les parties honteuses
d'ung prebstre, ilz meirent le feu en plusieurs maisons, sans parler
des rançons, viollemens de femmes, pillages des biens, desquelles
cruaultez et scandalles la mémoire n'en sera jamais perdue. Par le
discours présent et ci-dessus dict, on veoit quel prouffit a apporté à
la France le voyage et entreprinse de monseigneur le duc d'aller en
Flandre; lequel n'auroit jamais, s'il vivoit cent ans, aultant de bons
jours qu'il a eu de malédictions du peuple de France. Je prie à Dieu
qu'il ne luy mésadvienne, pour les malédictions et imprécations que
le peuple désespéré de sa nation luy a souhaité pour le mal que ceux
qui tenoient les champs soubz son authorité ont faict.

1578. Le duc d'Anjou, à Mons, poursuit son entreprise. — Traité conclu entre les fondés de pouvoir du duc d'Anjou et les États des Pays-Bas, où, moyennant un secours de dix mille hommes de pied et deux mille chevaux pendant trois mois, entretenus à ses frais, on lui confère le titre de défenseur de la liberté des Pays-Bas, en lui promettant, après la guerre, de le choisir pour prince préférablement à tout autre (Anvers, 13 août 1578). — Lettres par lesquelles le duc d'Anjou déclare la guerre à don Juan d'Autriche (Mons, 9 septembre 1578). — Acte de ratification donné par le duc d'Anjou du traité conclu le 13 août (Mons, 9 septembre 1578). — Il résulte de la teneur et de la date de ces pièces : 1° que le duc d'Anjou a agi légèrement en commençant l'entreprise de Flandre avant d'être d'accord avec les États du pays; 2° que le traité conclu avec ces États est loin d'être à son avantage; 3° que le duc était à Mons et que son armée ruinait la France avant que les conditions fussent réglées entre lui et les États; 4° qu'on ne lui demandait que douze mille hommes, tandis qu'il s'en est levé en France soixante à quatre-vingt mille.

La plus grand part de cette armée, et bien jusques au nombre de cinquante mille, ont esté jusques sur les marches et entrée desditz Pays-Bas, où ilz ont séjourné plus de trois sepmaines à manger et ruyner la pauvre Piccardie, s'attendans d'un jour à l'aultre d'entrer dedans; ce que ne volurent permettre les Estatz desditz Pays-Bas, qui oncques n'en volurent recepvoir que le nombre de dix mille hommes de pied et deux mille chevaux. Et fut tout le reste renvoyé, pour se retirer en grande diligence et à grandes journées, au danger d'estre massacrez par le pays en vertu du mandement du roy. Ilz gens de guerre ne s'arrestèrent par les villages à battre, rançonner et violler, comme ilz avoient faict en allant, parcequ'ilz trouvoient qui les hastoit, et ne leur estoit besoin de s'escarter pour aller à la pigorée, sous peine d'estre bien chastiez par les paysans. Toutesfois, ès environs de la Toussainctz ou de la St-Martin, en repassa quelques troupes par ce pays, qui se vantoient de venir des Pays-Bas, ayant faict le service de trois moys que le duc avoit promis et pour ce estant renvoyez en leurs maisons. Pour lesquelles regangner, fallut qu'ilz cheminassent en grandes trouppes, de peur d'estre massacrez. Ce néantmoings, s'en trouvoit qui ne se povoient garder de faire du pis qu'ilz povoient.

Une bande qui s'arresta à Chancouelle pour une nuict, environ la 1578. St-Martin d'hiver, meit au partir le feu en la grange d'un laboureur, pour n'avoir volu payer ung manteau qu'ilz gens de guerre disoient leur avoir esté desrobbé par ledit laboureur ou ses gens. Et fut laditte grange, qui estoit pleine de grain, bruslée avec tous les aultres logis, et n'en fut aultre chose, parceque celuy qui y meint le feu s'enfuit ung peu devant les aultres.

Le grand nombre de gens de guerre voleurs qu'il y avait alors s'explique par ces deux circonstances que le duc d'Anjou n'avait pas moyen d'entretenir son armée de Flandre, et que le roi ne voulait pas employer à la payer l'argent de ses finances. — Le duc d'Anjou s'empare de la ville de Binche en Hainaut. — La dysenterie se met parmi ses troupes. — Mort de don Juan d'Autriche[1]. — Les pays de Franche-Comté et de Luxembourg, qui n'avaient pas voulu faire cause commune avec les États, sont attaqués par l'armée du duc d'Anjou; les habitants interceptent le passage à tous les Français, même aux pèlerins. Henri III réclame auprès du gouverneur, pour la sûreté et la liberté de ses sujets.

Le roi, excité par les Italiens qui l'entourent et conseillé par les gens de ses finances, commet sur ses sujets des exactions qui le font haïr et maudire. Outre les tailles et emprunts levés en son nom, il tire de l'argent de l'érection de plusieurs offices. Il crée : un président des élus, auquel sont assignés de gros gages, qui reçoit autorité pour examiner les comptes des fabriques, et qui prend pour cela un salaire beaucoup plus élevé que les anciens auditeurs de comptes[2]; deux sergents nouveaux dans chaque élection; un nouvel avocat du roi; un nouveau contrôleur alternatif des tailles. Le premier président des élus à Provins fut Antoine Yver, qui paya 300 écus; Me Jehan Retel acheta une seconde fois sa charge, pour rester seul avocat du roi; les nouveaux sergents de l'élection furent Denis Domanchin et Quiriace Charron; le contrôleur des tailles fut Nicole Lecourt. — Les tavernes sont érigées en offices, et les taverniers, en retour du prix de ces offices, reçoivent certaines exemptions et priviléges. — Une taille extraordinaire d'un quart de l'année est levée pour le rachat du vingtième des tailles ordinaires. — Un nouveau droit est établi sur chaque cheminée, sur les maisons dépassant l'alignement des rues, sur chaque arpent de terre et même sur les enfants nouveau-nés. — Ces impôts excitent un violent mécontentement à Paris et dans les provinces; des placards sont affichés, des libelles répandus contre Henri III. Les trois États de

---

[1] Le 1er octobre 1578.

[2] Juillet 1578. (Fontanon, t. II, p. 931.)

1578. Bretagne, Normandie et Bourgogne envoient des députés au roi pour réclamer la diminution des tailles au taux où elles étaient du temps de Louis XII, la suppression des nouvelles gabelles, exactions et offices établis depuis la mort de ce prince. Henri III fait une déclaration portant qu'il n'a pas ordonné les levées d'argent sur les cheminées, les arpents de terre et les enfants nouveau-nés. Le duc de Mayenne, gouverneur de Bourgogne, est envoyé dans la province pour apaiser les habitants et les réduire à l'obéissance. Les Bourguignons lui exposent leurs griefs, lui adressent de nouvelles réclamations pour la conservation de leurs anciens priviléges, et le prient d'intercéder en leur faveur auprès du roi. Mayenne se retire, sans qu'une décision ait été prise. Sur l'envoi d'une nouvelle députation à la cour, le procureur général se rend à Dijon; mais il reste impuissant à décider les Bourguignons à accepter les édits du roi[1].—M. de Matignon, gouverneur de Normandie, se montre plus rigoureux qu'on n'avait été en Bourgogne[2]. Plusieurs personnes sont pendues par ses ordres. Les trois États de la province s'assemblent et envoient des députés à la cour pour présenter au roi leurs doléances.

Nous avons cessé de parler de la sécheresse de ceste présente année au moys de may dernier, quand nous avons parlé des processions que le peuple catholicque faisoit pour prier Dieu de nous donner sa grâce et miséricorde en envoyant de l'eaue sur la terre, ce qu'il feit, ainsi que l'avons dict, ès festes de la Penthecoste, qui fut environ la my-may. Depuis, le temps rentra en grandes challeurs, qui durèrent jusques au jour de la feste mons. St Cyr, qui est le seizième jour de juing, que les challeurs cessèrent quelque peu, à cause d'un tonnerre qui esbranla la pluie en ces pays et par plusieurs nuages, mais non partout en ung jour. Et fut le temps assez modéré, depuis

---

[1] Voyez de Thou, *Histoire universelle,* l. LXVI. — Voyez aussi : *Mémoire trouvé clos sur la table de la salle des estatz tenus en Bourgogne le 1er de novembre 1578;* 1579, in-32, sans nom de lieu ni d'imprimeur; — *Advis et discours d'un gentilhomme françoys sur la résolution des estatz tenus en Bourgogne;* 1579, in-32.

[2] «Copie d'une lettre escrite par Edmond Panygrolles, escuyer, à un seigneur du pays de Bourgogne, en laquelle est contenu le discours de ce qui s'est passé aux estatz provinciaux de Normandie, tenus à Rouen au mois de novembre 1578. » (*Archives curieuses de l'histoire de France,* t. IX, p. 263.) — Remontrances des trois États de Normandie au roi, avec la réponse du roi; 1579. (Fontanieu, *Pièces fugitives,* vol. 157, fol. 131, à la Bibl. imp.)

ledit jour St-Cyr jusques au 1er jour de julliet, que recommencèrent
les challeurs plus grandes que devant; combien qu'il pleut quasi par
quinze jours, si est-ce que la pluye ne duroit guères plus que une
heure en chacun desditz jours, et estoit la pluye chaulde médiocrement. Tout le reste du jour se continuoit en beau temps et chault,
qui fut cause de donner meilleur accroissement aux biens de la terre;
et pour ce que laditte pluye ne veint de huict ou dix jours assez tost,
les orges, avènes, légumages, comme pois, febves, cortillages, chanvres, lins, vesses, foins et herbages demeurèrent, et en fut aussi peu
que de longtemps en avoit esté pour une année, mais d'aultres grains
fut assez largement. Le foin, le chanvre et la toille furent fort chers
par toute ceste ditte année, à cause de laditte seicheresse. Le cent
de foing fut vendu la somme de 10, 11 et 12 l. t. La livre de chanvre
femelle sans serrer par tout cest esté se vendoit 4 ou 5 s. t. L'aulne
de moyenne toille de deux chanvres se vendoit 12 s. t. celle couverte d'estouppe, 8 et 9 s. l'aulne de treslis, 7 et 8 s. le tout à la
petite aulne et mesure de Provins. La laine se vendit plus cher que
de coustume, pour l'aller achepter par les villages à l'envi l'ung de
l'aultre, et acheptoient la pierre la somme de 11 liv. t. et plus, qui
estoit 30 s. t. le peson ou deux petites livres, laquelle au commencement ne se vendoit que 8 liv. t. laditte pierre. Qui fut cause de bien
renchérir le drap. L'aulne de gris et de blanchet se vendoit par toute
ceste ditte année la somme de 48 et 50 s. t. à la mesure de Provins,
pour le moindre et le meilleur au dessus. La terre ne donna comme
point d'herbe, qui fut cause, avec la fuitte que gens et bestes prindrent pour les gens de guerre voleurs, d'enchérir les laitages, comme
beurre et formages, qui furent plus chers que de coustume par la
moytié. La livre de beurre se vendoit 5, 6 et quelquefois 7 s. par
tout l'esté comme l'hiver, et n'estoient les formages gros ni espès que
l'on vendoit 3 s. tous molz et 5 et 6 tous secz, qu'on appelle formages
de génisse. Les soulliers furent pareillement en une grande charté, et
si n'eust-on sceu dire qui en estoit cause, sinon l'avarice des tanneurs
et bouchers, qui vendoient les peaux et les cuyrs, avec la charté du

1578. chanvre et l'avarice des cordonniers, lesquelz vendoient une paire de soulliers de 10 à 12 poinctz la somme de 30 et 40 s. quand ilz estoient de vache.

Le blé et le vin ne renchérirent nullement, ains revindrent avant la moisson et la vendange à beaucoup meilleur marché qu'au commencement de l'année et St-Martin d'hiver de devant, et ramandèrent d'un tiers de ce qu'ilz se vendoient au temps et saison susditz, de sorte que la queue de vin de Villenauxe, qui à Pasques de ceste présente année se vendoit 55 et 60 liv. ne se vendoit plus que 30 et 35, et le vin des aultres pays, qui se vendoit 30 liv. et plus, se bailla aux moys de julliet et aoust pour 20 et moings. Le blé au cas pareil rabaissa de 10 s. à 7 et demy et 8 s. le froment et les aultres grains au pris le pris, excepté l'avène, que l'on teint ung peu plus chère, pour ce qu'il sembloit qu'on n'en recueilleroit guères en la moisson, le tout à la mesure de Provins.

Depuis le 1er jour de julliet, le temps s'adonna et retourna aux challeurs plus grandes que devant, telles que, si elles eussent continué, n'eust esté possible de moissonner les biens de la terre, principallement de jour. Mais le bon Dieu envoya, l'espace de quinze jours et plus, des nuages qui retenoient la clarté du soleil et la challeur extrême d'iceluy sans faire pluye ni grands venś, et ne faisoit chault extrêmement, comme il fait à la fin dudit moys et commencement de celui d'aoust, environ l'espace de huict ou dix jours, esquelz la chaleur fut si grande qu'elle cuisit et roustit quasi la moytié des raisins des vignes, qui n'estoient qu'en verjus, qui causa ung grand domage, aussi bien qu'avoit faict la gelée du 12e jour d'apvril dernier. Ces chaleurs causèrent des tonnerres en plusieurs endroictz de l'air et par plusieurs jours, sans pleuvoir, et principallement le 17e jour dudit moys d'aoust, auquel jour, sur les deux et trois heures après-midi, le soleil demeurant bel et clair, s'esleva ung tonnerre sur le finage de Vielz-Maisons, Ste-Columbe, assez prez de St-Martin du Boschet, lequel, au deuxième son et bruict qu'il tonna, tomba emmy les champs sur ung jeune garçon, aagé de seize ou dix-huit ans, qui moissonnoit avec

d'aultres et le tua tout mort; et se passa sans faire changer le temps
ni esmovoir nuages, ains continua la challeur de plus en plus jusques
au lendemain, que, sur les six heures du soir, il tonnerre et esclairs
recommencèrent si rudement et espoventablement, que les plus assurez avoient peur. Au bruit duquel s'eslevèrent de gros nuages en l'air,
qui se convertirent avec le vent en orage et tempeste de gresle et
grosse pluye, qui foudroya et entièrement gasta les vignes de Se-
veilles, de la coste de Miance, de St-Michel-de-Pongnis, de Hayne-
pon, de Champbenoist, des Bourdes de Provins et partie du finaige
de St-Bris, en telle sorte que l'arpent de vigne où on espéroit de recueillir quatre poinsons de vin et plus n'en porta pas ung muyd, aultres demy, aultres rien. Et dura cest orage presque une heure. Où
ladite nuée estoit et s'effondra, la terre fut trempée presqu'un pied
avant; mais n'arresta guères à estre seiche comme au précédent, car
dès au lendemain le temps retourna à la challeur un peu moindre
que devant, qui dura jusques à la Toussainctz.

La grande chaleur, le petit nombre et le peu de durée des pluies, l'absence
de rosées pendant le printemps et l'été amenèrent une extrême sécheresse. En
fouillant la terre, on la trouvait sèche à quatre ou cinq pieds de profondeur; les
puits et les fontaines tarirent en plusieurs endroits; les eaux de la Seine, de
l'Yonne, de la Marne et des autres rivières étaient aussi basses qu'on les avait
jamais vues; plusieurs moulins à eau cessèrent de tourner, et les moulins à vent
même chômèrent. La sécheresse dura près d'un an et demi et ne cessa qu'à la
Toussaint, où l'on eut de la pluie en abondance; cette sécheresse était annoncée
par la comète de 1577, ainsi que les autres malheurs qui marquèrent l'année
1578 et la maladie dont il va être question.

Cette maladie a esté nommée *le courant;* laquelle, dès le moys
d'aoust, print commencement en la ville de Paris, et à l'instant ès
villes voisinnes, comme Corbeil, Melun, Lagni, Meaux, Pontoise,
Poissi, Estampes et quant et quant ès villages et bourgs desditz lieux,
et générallement après par tout le royaume de France et dehors, principallement ès pays bas de Flandre, Haynault et autres, ainsi qu'en
portèrent tesmoignage ceux qui furent esditz pays à la guerre pour

1578. mons. le duc. Et fut ceste maladie contagieuse. De ceux qui en furent frappez, n'en morut pas la centiesme partie. Si tous qui en furent malades en fussent mors, il ne fust pas eschappé la troisième partie des personnes du royaume de France. Pour ung qui fut atteint de ceste maladie dans les villages, il y en eut trois ou quatre qui le furent dans les villes. Les médecins, cyrurgiens et apoticaires de Paris s'assemblèrent pour consulter des causes qui povoient engendrer ceste ditte maladie, aussi pour y trouver remède et garison. Le tout bien disputé, n'en peurent que dire, sinon que c'estoit une maladie que Dieu envoyoit aux humains en pugnition, ainsi que l'avoit peu présager la comette de l'an passé. Toutesfois il fut résolu à laditte assemblée qu'on expérimenteroit par la saignée et purgations extraordinaires, selon les complexions des parties, avec les faire tenir en challeur, puisque les remèdes ordinaires ne servoient de rien. Ceux qui furent les mieux secouruz et médicinez morurent et en plus grande peine que les pauvres qui n'avoient moyen de se médiciner que d'eux-mesmes; et furent les maladies fort longues, tant en ceux qui morurent qu'en ceux qui reschappèrent. Or fut ceste maladie du courant une disenterie de boyaux et mal de ventre fort doloreux et si cruel qu'il amena ung flux de sang horrible et de grandissime douleur, accompagné d'une colicque passion telle, qu'il sembloit aux pauvres patiens qu'ilz deussent jetter par le fondement leurs trippes et boyaux, et eussent esté, il leur sembloit, bien heureux, s'il fust ainsi advenu. Le premier jour que telle maladie prenoit et saisissoit les personnes, elles se purgeoient entièrement de toute la matière fécalle qui estoit en leur ventre et n'y demeuroient que les boyaux; mais par après estoient bien les grandes douleurs, quand la volunté d'aller à l'esbat les prenoit et qu'elles se présentoient sans y sçavoir rien faire, que aulcunes beaucoup de sang rouge et enflambé comme feu, pour lequel jetter dehors les pauvres patiens s'esplaignoient de toutes leurs forces et cryoient d'une clameur doloreuse, qui donnoit une grande compassion aux gens sains qui les regardoient. Or n'estoient les doleurs si grandes aux ungs comme aux aultres; car la pluspart avoient les deux flux ensemble, c'est assavoir de sang et de ventre. Mais, tant les ungs que les aultres n'estoient quittes de se présenter à la selle et à leurs affaires vingt fois en une heure le plus souvent, et pour le moings plus de cent fois en vingt-quatre heures, et si tant les ungs que les aultres sentoient une grande douleur au fondement. Ceux qui n'ont veu ce mal et ce que jettoient dehors de leurs corps les patiens attainctz de ceste maladie ne vouldroient pas croyre l'infection et puantise que c'estoit. A plusieurs avec ce mal leur vint ung vomissement d'estomac et de cœur, et de telz peu en eschappa. A plusieurs aultres tomba une froidure sur leurs corps et membres si grande que le fer n'est plus froict, et si ne les povoit-on reschauffer en quelque sorte que ce fust; toutesfois, lesditz patiens ne se plaignoient de telle froidure non plus que s'ilz n'en eussent rien senty. Aulcuns frappez de ceste froidure en eschappèrent, mais bien peu. Le souverain remède et le meilleur qu'on trouva pour guarir ceste maladie fut de se tenir au lict le plus chauldement qu'il estoit possible et de laisser tout eschapper et faire son aysance dedans le lict sans se lever, de peur de se morfondre, et de manger des coings-pommes cuitz entre deux braises, parceque lesditz coings-pommes estoient en nature au temps de laditte maladie, qui dura jusques à la St-Martin d'hiver. Ceux qui ont eschappé de laditte maladie ont esté plus de six moys avant qu'estre reserrez et raffermis au ventre. Toutesfois ne sentoient douleur et n'alloient que cinq ou six fois le jour et aultant la nuict à leurs affaires naturelles.

Aux environs de Nogent-sur-Seine et dans le Laonnais, les loups ou autres bêtes féroces se jettent, en juin et en juillet, sur les gens et les dévorent. Les habitants de Nogent, de Pons-sur-Seine et de plusieurs villages environnants se mettent en armes avec les gentilshommes et leurs chiens pour les chasser. En octobre et novembre, un loup enragé mord les vaches de la Fontaine-au-Bois et du Plessis-de-Mériot. — Abus commis au prieuré de la Fontaine-au-Bois. Au lieu des grandes messes qu'on y disait jadis chaque jour ainsi que les autres offices, et des aumônes qu'on y faisait, on n'y dit plus qu'une messe basse, et le revenu du prieuré est appliqué à Mme de Rissé, femme du seigneur dudit lieu, à laquelle l'abbé d'Essonnes a fait don de ce revenu, pour les bons et agréables ser-

1578. vices que cette dame lui a faits et fera en dépit du mari. —Débat et luttes san-
glantes entre les écoliers et les mariniers de Paris. Les écoliers sont désarmés par
ordre du roi. —La moitié des changes de Saint-Ayoul s'écroule le dernier jour
de mai par un beau temps. Les gens du roi veulent s'emparer du bois et des tuiles
tombés. Le prieur réclame, et les matériaux lui sont laissés, à condition qu'il les
emplôiera à la réparation des halles. — La reine mère ramène la reine de Navarre
à son mari. —Quatre enfants mâles naissent d'une même couche dans la paroisse
de Champcenetz; l'un d'eux mourut le lendemain, les trois autres au bout de qua-
rante-six heures[1]. — Vol commis par M. Augustin de Forest, curé de Sainte-Croix
et archidiacre de Provins, et par ses chambrières, au préjudice d'un nommé
Anian Dumont, qui avait loué les greniers de l'archidiacre pour y renfermer ses
grains, ses effets et son argent. De Forest et ses chambrières sont mis en prison
pour ce fait; le présidial de Provins condamne à mort les chambrières, dont la
peine est réduite, en appel au parlement, au fouet et au bannissement. L'archidiacre, renvoyé devant l'official de Sens, parvient à désintéresser sa partie et
à se faire renvoyer absous. —Mme de Saint-Simon, dame de Chanteloue, hérétique, meurt à Chanteloue vers le mois de septembre. Son fils, le seigneur de
Besancourt, la fait enterrer sans bruit et sans pompe dans l'église de Bauchery,
et fait aussitôt recarreler sa fosse, de peur qu'on ne l'en tire la nuit. —Henri III
institue l'ordre du Saint-Esprit[2]. La cérémonie d'installation a lieu le dernier jour
de décembre, dans l'église des Augustins de Paris. Le roi prononce le serment,
comme premier chevalier, chef et grand-maître de l'ordre, et reçoit le manteau
et le collier. M. de Chiverny, chancelier, M. de Villeroy, trésorier, le prévost des
cérémonies, le greffier, le héraut et les simples chevaliers prêtent successive-
ment serment. La cérémonie se termine par le chant du *Veni Creator*.

[1] Ce fait était constaté, au dire de M. Rivot (*Hist. de Provins*, ms. t. VI, p. 356),
par une inscription qui se voyait de son
temps dans l'église de Champcenetz.

[2] Relation des cérémonies observées
aux Grands-Augustins, lors de l'institution
de l'ordre du Saint-Esprit; 1578. (Bibl.
imp. anc. fonds franç. vol. 9034, fol. 27);
— Lettre de Henri III au duc de Nemours,
pour lui annoncer qu'il est au nombre des
chevaliers; 5 décembre 1578 (*Ibid.* vol.
8846, fol. 59); — *Addit. aux Mémoires de
Castelnau*, t. I, p. 373; — *Journal du regne
de Henry III*, p. 33; — Les cérémonies
tenues et observées à l'ordre et milice du
Saint-Esprit, etc. (*Arch. curieuses de l'hist.
de France*, t. IX, p. 289); — Édit d'institution et statuts de l'ordre du Saint-Esprit,
1578, décembre. (Isambert, *Rec. des anc.
lois françaises*, t. XIV, p. 350.)

1579.

CÉRÉMONIES POUR L'INSTITUTION DES CHEVALIERS DU SAINT-ESPRIT. — MÉCONTENTEMENT
EN NORMANDIE ET EN BOURGOGNE, AU SUJET DES TAILLES. — RÈGLEMENTS POUR LA
VENTE DU SEL ET POUR LA CHASSE; CRÉATION D'OFFICES. — INCENDIES, MEURTRES,
EXÉCUTIONS, PROCÈS. — TREMBLEMENT DE TERRE. — GELÉES TARDIVES; PROCES-
SIONS POUR OBTENIR DE L'EAU. — RETOUR DU DUC D'ANJOU. — TROUBLES EN
DAUPHINÉ. — VISITE DE HENRI III AUX CHÂTEAUX DE CHENOISE ET DU PLESSIS. —
DÉCIMES DU CLERGÉ. — CHAPITRE GÉNÉRAL DES CORDELIERS À PARIS. — AFFAIRES
DE FLANDRE. — CAS EXTRAORDINAIRES. — VOL COMMIS DANS LA FORÊT DE SOURDUN.
— MEURTRE DU BAILLI DE BRAY. — RÉINTÉGRATION DE Mme DE LUZÉ DANS SES SEI-
GNEURIES. — SERMENT DE FOI ET HOMMAGE AU DUC D'ANJOU EXIGÉ DES GENS DU
BAILLIAGE DE PROVINS. — MORT DE BUSSY. — EXPLOITS DU CAPITAINE MERLE. —
GENS DE GUERRE EN BRIE. — MM. DE LA ROCHEPOT ET DE LA ROCHE-GUYON. — M. DE
MATIGNON À PROVINS. — VOLS ET MEURTRES. — ARQUEBUSIERS ET ARBALÉTRIERS DE
PROVINS. — OFFICES. — DÉMARCHE DES PROVINOIS POUR AVOIR UN JUGE DE COMMUNE.
— HISTOIRE D'UN LADRE. — ROUGEOLE ET DYSENTERIE À PROVINS.

L'an 1579, le 1er de janvier, le roi et les nouveaux chevaliers du Saint-Esprit,
après avoir revêtu le costume de l'ordre dans la maison du prévôt des marchands
de Paris, se rendent à pied à l'église des Augustins, où ils entendent la messe et
communient, dînent chez le prévôt, assistent aux vêpres des Augustins et re-
viennent à cheval au Louvre. — Costume et noms des chevaliers du Saint-Esprit.
— Le bruit courut que le roi avait envoyé le manteau de l'ordre au duc Henri de
Guise, qui l'avait refusé et qui toutefois vint à la cour; le duc passe par Nogent et Provins les 12 et 13 du mois de mars. — Le duc d'Anjou, de retour des
Pays-Bas, se rend dans ses provinces de Perche et d'Alençon; puis il va au mois
de mars visiter le roi, avec lequel il séjourne quelque temps. Fâcheuse issue
de la guerre de Flandre; le duc d'Anjou n'était plus que le serviteur et valet des
États. — Bruit du mariage de ce prince avec la reine d'Angleterre. — Beaucoup
de gens espéraient qu'il se ferait le protecteur de la France contre le roi, dans
l'affaire des tailles et gabelles. L'évêque d'Autun et quelques gentilshommes
et marchands de la Bourgogne, chargés par les états de porter au roi sur ce sujet les doléances de la province, passèrent par Provins le 1er janvier. Avant de

1579. quitter la ville, ils parlèrent aux gouverneurs et les engagèrent à embrasser leur cause, qui devait être celle de la France, et à résister comme eux aux exigences financières de la couronne. — Les gabelles avaient occasionné beaucoup de pillages et donné lieu à de graves abus. Henri III oblige les individus auxquels les nouvelles gabelles avaient été concédées, à rendre compte. Des commissaires sont chargés d'examiner les comptes de Jean de Vauhardy, fermier de la gabelle du sel, qui avait vendu les offices de regratier; il est trouvé avoir gagné plus de quatre millions de livres, et contraint à restituer les sommes qu'il s'était indûment appropriées, sauf ce qu'il avait avancé, et 2,000 l. qu'on lui assigna pour ses vacations. Les regratiers, contrôleurs et autres officiers du sel reçoivent aussi ordre de rendre compte. — Les élus sont taxés à une somme payée comptant, leurs gages sont haussés; ils sont érigés en conseillers, pour juger avec leur président les causes de leur compétence, et chargés de recevoir les comptes des fabriques et confréries. — Le parlement de Paris, appelé par le roi à délibérer sur les cahiers arrêtés aux états généraux de Blois, travaille à préparer une ordonnance réglementaire. — Henri III congédie une partie de ses gardes, Français et Suisses, dont les gages et la nourriture coûtaient fort cher, et qui opprimaient les gens des villages aux environs des logis du roi. On leur remet quelque argent, avec ordre aux Français de retourner paisiblement dans leurs maisons en vivant sur les chemins de leurs propres deniers, et avec permission aux Suisses de s'en aller par troupes pour éviter d'être dévalisés. Il passa à Provins, en huit jours, plus de cinq cents de ces Suisses. — Efforts de la reine mère pour maintenir en paix les protestants, qui parlaient de relever les armes. L'assemblée des états protestants, réunie à Montauban[1], décide que l'on conservera les places de sûreté qui, d'après le dernier édit de pacification[2], devaient être remises au roi. Henri III ayant réclamé l'exécution des articles convenus, les Bourbons s'excusent sur leur impuissance personnelle et se plaignent à leur tour de certaines infractions au traité commises envers les protestants. Conférences à Lisle-en-Jourdain, puis à Nérac, entre la reine mère, le roi de Navarre et les députés de la religion réformée. Il s'ensuit une convention signée à Nérac, le dernier jour de février 1579, et ratifiée par Henri III le 14 mars de la même année, par laquelle les protestants s'engagent à rendre les villes en litige, et obtiennent des avantages quant à la liberté du culte et à l'établissement des chambres mi-parties[3].

---

[1] J'ai transporté ici l'analyse d'un long passage qui se rapporte aux années 1578 et 1579, et que l'auteur a placé sous l'année 1580.

[2] Le traité de Bergerac fut signé le 17 septembre 1577.

[3] Articles conclus à Nérac (*Recueil des traités de paix*, t. II, p. 409.) — Les lettres

— Édit par lequel défense est faite de chasser à toutes autres personnes qu'aux 1579: gentilshommes, et à ceux-ci de chasser au chien couchant[1]. — Le meunier de la Pirouelle est tué entre Provins et Augers du 18 au 20 janvier; le meurtrier, homme sans aucune ressource, n'est pas recherché.

Il n'y a en ce monde pour le présent gens plus heureux que les meschans qui n'ont rien ; les gens de justice ne veullent mettre la main à eux, si ce n'est à requeste de partie, pour avoir de l'argent largement; et, pour toute excuse, quand on leur parle de pugnir quelque personnage qui n'a rien que son corps, et qui a faict ung murtre ou ung larcin, tout soudain respondent : « Ce n'est qu'un cocquin, que luy ferez-vous? » Mais au contraire, si ung homme d'honneur qui aye tant soit peu de quoy tombe par fragilité ou aultrement à jurer, blasphémer, bailler ung coup ou faire quelque petit cas à aultruy, si tost que mons. le justicier en sera adverty, l'envoyera querre piedz et mains liez et le claquera en prison, mettra des commissaires en sa maison, et le traitera-on comme le plus meschant homme du monde.

Au mois de janvier, Claude Pigot, de Septveilles, est tué et jeté dans la rivière par son frère Jean Pigot.

Audit moys de janvier, le 25ᵉ jour, qui est la feste de la Conversion de mons. Sᵗ-Paul, fut ung grand tremblement de terre ès villes de Chartre, d'Orléans, de Potiers, de Bloys, de Bourdeaux, de Tours et La Haye en Touraine, et spéciallement en ladite ville de Tours, où il fut plus espouventable qu'en nulle aultre des dessus nommées[2]. Et commença ledit tremblement dès les sept heures du matin et dura quasi tout le jour. Les habitans de Tours furent si grandement espoventez, qu'ilz pensoient estre au finement du monde; plusieurs femmes

ordonnant au parlement de publier ces articles et l'édit de pacification de 1577 sont du 3 mai 1580.

[1] 14 août 1578. (Fontanon, tome II, p. 330.)

[2] Voyez le Journal de Pierre Fayet, publié par M. Luzarches, p. 14, au sujet des effets de ce tremblement de terre à Bourges, Moulins, etc.

1579. enfantèrent de peur; plusieurs personnes tombèrent à terre toutes
transies, à demy mortes, froides comme marbre; des cheminées et vielz
édifices tombèrent. Les verrières des églises et maisons gringotoient
et sonnoient à merveilles, jusques à tomber par terre en plusieurs
endroictz. Le peuple de la ville s'enfuit ès églises pour estre en meilleure sûreté, si luy sembloit, et à haulte voix, avec les ecclésiastiques, crioit à Dieu miséricorde, les prebstres se confessant les ungs
aux aultres et par après le peuple à eux. On voyoit à veue d'œil les
plus grands et somptueux bastimens de laditte ville, tant les églises
qu'aultres, trembler d'une façon espovantable. Le tremblement cessé,
le peuple reprint courage, et d'une dévotion incroiable rendit graces
à Dieu, estans tous en ceste volunté de convertir leur meschante vie
en une meilleure, affin de ne tomber en l'yre de Dieu, en laquelle
ilz pensoient avoir esté avant ledit tremblement. Les ecclésiasticques,
les justiciers et tout le peuple résolurent et publièrent la procession
générale de toute la ville se debvoir faire au lendemain, pour remercier Dieu de la miséricorde dont il avoit usé envers eux. Au jour dit,
le peuple de toutes qualitez, de tous sexes, de tous âges, jusques
aux petis enfans, se rassemblèrent chascun en l'église de leurs parroisses, et par après toutes les églises et parroisses avec les monas-
tères s'assemblèrent en la grande église mons. St-Martin, et de là, avec
les relicques et ossemens des sainctz, fut faicte la procession hors la
ville, en laquelle se trouvèrent plus de trois cens personnes nues de
corps, teste, piedz et mains, n'ayant devant elles qu'un simple linceuil
ou linge pour couvrir la vergongne de nature; aulcuns, par pénitence,
portoient de grosses barres de fer sur leurs espaules, aultres de grosses
pièces de bois; les prebstres estoient tous nudz piedz et bien simplement vestuz. Le peuple, au jour du tremblement, s'estoit voué à
plusieurs pelerinages ès lieux sainctz; dès les premiers jours d'après
laditte procession, chascun se mit en chemin pour aller accomplir
lesditz pelerinages.

Si la terre n'eust tremblé qu'à Tours ou en une seulle aultre ville,
il eust semblé que le vent eust esté cause dudit tremblement. Car les

vens qui sont, ainsi que disent les philosophes, enserrez soubz la 1579.
terre, sont quelquesfois cause des tremblemens d'icelle, quand, ne
povant trouver leurs canaux ou souspiraux pour sortir, esbranlent
laditte terre qui de soy est creuse et la font trembler, jusques à ce
qu'ilz ayent retrouvé leurs souspiraux et pertuis. Mais on peult douter
que le tremblement dessus dit n'est provenu par les vens, ains par
permission de Dieu, pour tirer à pénitence le peuple de France, veu
que ledit tremblement a esté tout en ung jour et à mesme heure, en
plusieurs villes, distantes de quinze, trente, quarante, soixante et
cent cinquante lieues, et qu'audit jour le temps, dès le matin et
toute la journée, fut beau, clair et serain, sans faire grans vens, du
moings en ce pays.

D'aultant que par tout l'esté de l'an dernier passé les eaues avoient
esté fort basses ès rivières et principallement en celle de Seine, d'aultant ont-elles esté grandes en ceste année par tout l'hiver et nommément par tout le moys de febvrier, auquel, en plusieurs endroictz,
elles passoient pardessus la chaulsée de Nogent. En la ville de Paris,
elles estoient jusques à la croix de la Grève, et n'avoient esté plus
grandes en laditte rivière de Seine depuis l'an 1548. Laditte eaue
feit beaucoup de domage ès villes et villages qui sont sur le rivage
de la Seine et nommément en la ville de Melun, ès caves de laquelle
et en plusieurs maisons elle estoit en grande habondance. Laditte
eaue passoit pardessus le pont du fauxbourg St-Liène.

Le reste de l'hiver de ceste présente année, depuis le 1er jour de
janvier jusques au printemps qui se commence au moys de mars,
fut assez doulx de gelée et neiges, mais assez pluvieux, et estoient
les pluyes froides et glacialles, dont advint que les seigles de la
Champaigne et vallée de Seine, des deux costez de la rivière, furent
morfondus et devindrent jaulnes, qui les empescha de trocher et
tasser habondamment.

Le printemps en son commencement fut assez beau pour aulcuns
jours, et principallement au commencement du moys de mars, esquelz jours il faisoit bon besongner aux champs à toutes besongnes,

1579. et fut tout ledit printemps jusques à la my-may froict et sec, accompagné de grosses gelées noyres, mesmement au moys d'apvril, qui fut plus froict beaucoup que le moys de mars. Car ledit moys de mars fut par plusieurs jours si chault et serain que les arbres, comme poiriers, pruniers, abricotiers et peschers, estoient en fleur dès le 20 et 22ᵉ jour, et sur la fin dudit moys aulcuns pommiers; et pour ce chascun jugeoit que l'année seroit fort hastive. Mais les gelées qui vindrent les 17 et 18ᵉ d'apvril, qui estoient jours du grand vendredy et samedy, refroidirent le temps de telle sorte qu'il ne se peut adoulsir ni remettre au beau et doux qu'il ne fust le moys de may. Ledit 17ᵉ jour d'apvril, il gela si fort que l'eaue où le vent ne souffloit pas estoit glacée l'espaisseur de plus qu'un teston; toutesfois laditte gelée ne gasta les vignes qui estoient sorties d'un poulce, et fut le grand vent qu'il faisoit cause de les garder. Mais les gelées blanches, qui vindrent les 23, 24 et 25ᵉ jours dudit moys d'avril, portèrent grand domage aux vignes de Villenauxe et deux lieues à l'entour, de Chalaustre-la-Grand, de Provins et villages environnans, du Montois, et généralement à plus de quarante lieues à la ronde de Provins, excepté le vignoble de Sens. Et firent icelles gelées tout aultrement que celles des années passées; car dans les haults lieux où jamais n'avoient lesdittes vignes gelé, elles gelèrent en ceste-cy, et non dans les lieux bas, et fut une grande grace de Dieu que les vignes ne furent entièrement perdues. Dieu mitigea son courroux, en exhaulsant les prières du peuple, qui faisoit processions par les villes et villages, les ungs nudz piedz, aultres teste et jambes nudz, aultres simplement habillez, pour chastiement de leurs péchez.

Dans la nuit du 22 au 23 avril, le peuple de Provins, pour faire cesser la gelée qui menaçait les biens de la terre, va en procession à Nòtre-Dame-du-Château et à Notre-Dame-des-Champs. Les 23 et 24, la gelée continue. Le 24 au soir, tombe une nuée abondante d'eau froide; on fait une nouvelle procession aux Jacobins dans la nuit. Le 26, il pleut, grêle et tonne, et le temps redevient chaud. Toutefois, il gela encore cette nuit-là, et de nouveaux dommages furent causés aux bourgeons des vignes.

Ce fut chose miraculeuse de ce que les vignes reschapèrent sans 1579.
estre entièrement gastées et perdues, lesquelles jettèrent tant de
grappes qu'on en estoit esmerveillé, et n'eust esté possible de sçavoir
loger les vins qu'on eust recueilly, si laditte gelée ne fust venue. Les
vignes qui furent gelées rejettèrent encores des raisins avec les nouveaux bourgeons.

Ne fault passer soubz silence ce qui fut faict au village de Courlons, le dimanche octave de Pasques, par aulcuns parroissiens dudit
lieu à la personne de leur curé et pour le faict des processions. Faut
entendre que, ainsi qu'avons dict ci-dessus, non-seullement les villes
estoient dévotes à faire processions, mais aussi les villages, et n'y
avoit de bien paresseux que aulcuns ecclésiasticques. Or advint que
les parroissiens du bourg de Courlons, cedit jour octave de Pasques,
requirent leur curé d'aller en procession à l'yssue de vespres en
quelque église ou chappelle voisine, pour prier Dieu qu'il gardast les
biens de la terre. Ledit curé leur accorda d'aller en procession en
certain lieu qu'il leur nomma, plus près que celuy où ilz avoient dévotion d'aller, et, les vespres dictes, il commença, avec son vicaire
et les parroissiens, à faire la procession. Mais, lorsqu'on fut hors du
village, les paroissiens tournèrent et prindrent le chemin pour aller
au lieu où ilz avoient résolu, et non où le curé vouloit. Celuy-cy, se
voyant desprisé et contempné, s'arreste tout quoy, et commence à
quereller à ses paroissiens, disant qu'il ne leur estoit loisible de le
mener où bon leur sembleroit, mais qu'au contraire estoit à luy de
les mener où il vouldroit. Sur ce, y eut grand altercat et scandalle;
ledit curé estoit tout seul de son party, et n'avoit personne ou bien
peu qui fussent d'accord en ce avec luy, et après diverses parolles,
quelques paroissiens des plus éventez embrassèrent le curé au corps
et le jettèrent en la rivière d'Yonne, où il cuyda estre noyé, et l'eust
esté, si aultres desditz paroissiens ne l'eussent retiré. Cependant que
ce différend se démenoit et qu'on retiroit le curé, les aultres paroissiens avec le vicaire allèrent tousjours leur train au lieu où estoit leur
délibération d'aller. Le curé, dès au lendemain, alla à Provins pour se

1579. plaindre de l'outrage faict à sa personne, et au jour d'après parut devant MM. le bally et gens du roy, qui tenoient les assises, et qui ordonnèrent au lieutenant de courte robe de se transporter sur les lieux pour informer et amener les coupables prisonniers. Mais cette information resta sans résultats, personne ne voulant déposer au prouffit du curé, qui s'attacqua alors à son vicaire, et le fit citer pardevant mons. l'official de Sens.

Mort subite, les 3 et 5 mars, d'un boulanger et d'une autre personne de Provins. — Mort de Nicolas Privé, enquêteur au siége présidial de Provins (5 mars). — Mᵉ Nicole Nynost, avocat à Provins, convaincu d'avoir fait une fausse cédule, est suspendu de sa charge et condamné à l'amende, par sentence du présidial, confirmée au parlement de Paris. — François Fayolle, d'Ablenay, convaincu d'avoir excité plusieurs individus à porter de faux témoignages contre un nommé Claude Haton, dit *Galoche*, est puni par la justice. — Berthollet, d'Hermez, qui avait tué son oncle, N. Lhuillier, obtient sa grâce et parvient par argent à la faire entériner. — Épidémie de petite-vérole, au commencement du printemps, sur les enfants et sur les hommes et femmes jusqu'à quarante ans; elle sévit à Provins. Peu de personnes meurent de cette maladie. — Mort du maréchal de Montmorency[1]. M. de Matignon est fait, à sa place, maréchal de France[2]. M. de Bellegarde, gouverneur du Dauphiné, mécontent de n'avoir pas été nommé maréchal, se met en révolte contre le roi et saisit plusieurs villes; l'affaire est apaisée par le maréchal de Gondy. — Soulèvement des paysans du Dauphiné contre les gentilshommes, dont la tyrannie leur était devenue insupportable et qu'ils voulaient astreindre à payer, comme eux, les tailles et subsides.

Durant ce temps, le roy entendoit à ses plaisirs mondains ou au contentement de certains personnages de sa court qu'on appelloit ses mignons, qu'il vouloit marier en grandes maisons, et leur faire espouser des filles des plus nobles et des plus riches maisons du royaume. Et le mignon que, entre les aultres, vouloit S. M. eslever et agrandir, estoit ung seigneur qu'on appelloit de Sᵗ-Luc, qui n'estoit que pauvre et simple gentilhomme quand il passa en Pollogne avec

---

[1] Discours sur la maladie et derniers propos de mons. le maréchal de Montmorency. (*Arch. curieuses de l'hist. de France*, t. IX, p. 311.) François de Montmorency mourut le 6 mai 1579.

[2] Le 14 juillet 1579.

S. M. Pour lequel enrichir et luy bailler moyen de s'entretenir et estre
digne de la maison où elle le vouloit marier, saditte majesté en personne, le 3ᵉ jour du moys d'apvril, se transporta en ung coche avec
petit train ès maisons et chasteaux des seigneurs de Chenoise et du
Plaissié aux Tornelles, pour les visiter, où elle fut de chambre en
chambre hault et bas, pour veoir s'ilz estoient commodes à son gré,
pour les achepter pour ledit mignon. Toutesfois, ou qu'ilz ne fussent
à son gré ou qu'elle ne peust tomber d'accord, n'en achepta nul des
deux, ains, comme depuis l'ai entendu, achepta le chasteau de Beaulieu, ès environs de Rozay en Brie, qu'elle luy bailla. Qui fut occasion que le roy se transporta à Chenoise pour visiter le chasteau fut
que M. de Strozzi, seigneur dudit lieu, l'avoit exposé en vente, avec
la seignorie; il fut vendu à mons. de Gondy, évesque de Paris.

Audit moys d'apvril, le 8ᵉ jour, le temps s'abandonna à la pluye et
au vent, qui durèrent vingt-quatre heures, venans du costé d'amont,
vers soleil levant, la pluye si froide qu'elle sembloit neige fondue, le
vent si impétueux qu'il faisoit trembler les édifices. Et tesmoigne
quant à moy qu'environ l'heure de minuict je me réveillai de mon
somme, et n'estant plus aulcunement endormy, sentis le lict où j'estois couché, et mon logis, qui estoit bien basty, couvert et entretenu,
bransler tout ainsi que font les maisons des villes quand il passe et
court sur le pavé ung harnois fort chargé. La pluye fut si fréquente et
habondante qu'elle destrempa et perça tout oultre les parois des maisons contre lesquelles elle frappoit, et destrempit la terre desdittes
parois aussi molle qu'elle estoit le jour qu'elle fut destrempée par les
torcheurs pour la mettre en besongne. Les eaues furent si grandes
par les champs, qu'il ne fut possible vingt-quatre heures durant de
cheminer par les vallées sans le danger de se nayer. Et de faict, en
plusieurs lieux y eut gens et bestes nayez par les champs et ès maisons; et nommément, ès fauxbourgs Sᵗ-Marceau de Paris, y eut si
grand déluge d'eaue que les maisons et caves en furent toutes remplies jusques au dessus des lictz et tables des chambres basses. Il y
eut plusieurs personnes nayez audit lieu et du bien perdu inesti-

1579. mable. La plus grande perte fut sur les draps de laine, qui estoient ès maisons des drappiers, foullons et teinturiers, lesquelz furent enmenez à vau-l'eau en la grande rivière. Plusieurs bonnes et fortes maisons furent rompues, aultres entièrement abatues, et fut le déluge tel que ceux qui ne le virent ne l'eussent sceu croire. Et vint ceste eaue du costé du chasteau de Bisexte et des montaignes qui sont ès environs en tirant au Bourg-la-Royne[1]. Depuis laditte pluye, le temps se tint sans pleuvoir jusques à la fin du moys, qui fut après Pasques, que les gelées desquelles naguères avons parlé vindrent.

Un homme est pendu, le 4 mai, à Augers, pour avoir mis le feu à la maison de son voisin. — Des faux monnayeurs, pris à Barbonne, sont condamnés à mort à Sezanne, puis, en appel au parlement, au fouet et aux galères.

En ceste présente année, le roy, voyant que le don gratuit des décimes que le pape et les ecclésiasticques de France avoient accordé à ses prédécesseurs roys ayeul et père pour certain temps estoit expiré, et que les ecclésiasticques de France tenoient propos de ne le plus vouloir continuer ni payer lesditz décimes, envoya une commission et lettre patente à tous les archevesques de son royaume, par laquelle il leur mandoit qu'ilz eussent à convocquer les évesques subjectz à leurs juridictions, pour adviser entre eux à luy continuer lesditz don gratuit et décimes, ensemble à luy donner comptant une somme de trente à quarante millions pour l'ayder à payer ses debtes et pour desgager le royaume. Ce mandement receu à Sens, Me Claude Arnoul, vicaire général, en envoya la coppie aux doyens de la chrétienté du diocèse, pour assembler tous les curez, affin d'eslire ung d'entre eux pour se trouver audit Sens au 19e du moys de may, ayant charge et procuration d'accorder ou refuser au roy ce qu'il demandoit. Et furent les curez du doyenné de Provins assemblez audit Provins le 5e du moys de may en l'église de St-Quiriace. Le doyen, Me Claude Mois-

---

[1] Le désastre merveilleux et effroyable d'un déluge advenu ès fauxbourgs St-Marcel lès Paris, le 8e jour d'avril 1579, avec le nombre des mors et blessés et maisons abatues par ladicte ravine. (*Archives curieuses de l'hist. de France*, t. IX, p. 303.)

sant fut esleu par ladite assemblée. Au jour assigné, se trouvèrent à 1579.
Sens les députés des éveschez, abbayes, prieurez et églises collé-
gialles, tant du diocèse de Sens que de ceux de Paris, Meaux, Troye,
Auxerre, Nevers, Orléans et Chartres, qui s'assemblèrent au palais
de mons. l'archevesque Nicolas de Pellevé, qui pour lors estoit encores à Rome ambassadeur pour le roy à la court du pape. Auquel
palais chascun esleu montra sa procuration et le pouvoir de ceux qui
l'avoient envoyé, et le tout mis en conseil, arrestèrent qu'ilz ne povoient en ceste assemblée rien résouldre que premièrement n'eussent
eu l'opinion du reste du clergé de France. Or se trouva-il que tous
les aultres archeveschez du royaume avoient faict en leurs assemblées
pareille résolution, et par ceste raison furent esleuz de chascune province deux, trois ou quatre hommes des plus notables, pour aller
demander au roy, qui pour lors estoit à Paris, congé de s'assembler
tous les députez du clergé du royaume ensemble, pour conférer sur
le mandement de S. M. avant que de luy faire response. Les députez
se transportèrent en la ville de Paris dès les derniers jours du moys
de may, où ilz furent plus d'ung moys avant qu'ilz eussent response
du roy sur leur requeste; par laditte requeste, ilz refusoient de s'assembler en la ville de Paris, requéroient S. M. de leur accorder l'une
des villes qu'ilz luy nommoient, Meaux, Poissi, Chartres, Etampes,
Melun ou Sens, et déclaroient ne vouloir point recevoir aulcuns cardinaux et archevesques, à cause de l'administration qu'ilz avoient eue
des deniers levez sur l'église au nom de S. M., et dans laquelle ilz
avoient commis de graves abuz.

S. M. ayant accordé la ville de Melun, les députés du clergé de
France s'assemblèrent en cette ville jusques au nombre de cent personnes[1]. En laquelle assemblée fut faict recerche du nombre des deniers que les roys de France avoient levés sur les ecclésiasticques

---

[1] Voy. sur les actes de l'assemblée de Melun, collect. Dupuy (à la Bibl. imp.), vol. 87, fol. 103 r°; collect. Baluze (*ibid.*), vol. 5675, E. — Voy. aussi Édit sur les plaintes et remontrances de l'assemblée de Melun (février 1580), dans Isambert, *Re-cueil des anciennes lois françaises*, t. XIV, p. 564.

1579. depuis vingt ans au précédent, qui se trouva monster à une somme
quasi inestimable. Desquelz deniers les députés requirent S. M. que
recerche en fust faicte sur ceux qui les avoient maniez; et se trouva
que les syndics du clergé avoient abusé de leur charge et povoir au
domage du roy et des ecclésiasticques. Ilz se plaignirent fort de ce que
S. M. n'avoit volu permettre que eux-mesmes ou aulcuns d'entre eux
par eux esleuz eussent faict la recepte desditz deniers sans fraiz. Ilz
firent entendre qu'ilz sçavoient bien que les deniers comptans que
S. M. prétendoit de lever sur eux estoient pour payer une despense
trop légèrement par luy faicte et pour les employer à dons immenses
à personnes sans mérite, et non au payement de ses debtes et du
royaume. Firent response, sur l'article que S. M. leur présenta, qui
tendoit à ce que les deniers des décimes retenus et prins par les rebelles aux pays de Poitou, Anjou, Provence et Languedoc luy fussent
payés par le reste du clergé pour rembourser certains marchans de
Paris qui les luy avoient advancez, que, si ces deniers estoient empeschez ou retardez, cela ne provenoit de leur faulte, et que les faire
payer au reste du clergé seroit leur faire tort, d'aultant que, si S. M.
qui avoit la main forte et les armes ne les povoit faire payer, le reste
des ecclésiasticques n'avoit aulcun moyen de les recouvrer. Ilz députez
à ce propos firent recerche des bénéfices auxquelz le roy et ses prédécesseurs avoient pourveu de genz qui n'estoient prebstres, d'aultres
qui estoient mariez, lesquelz contre tout droict possédoient le patri-
moine de l'église et ne vouloient payer aulcun décime ni aultre denier; et en trouvèrent bien le nombre de deux cens, remarquant que
le revenu de plusieurs estoit prins et mangé par des femmes, et que
des hommes tenoient et mangeoient le revenu des abbayes et prieurez
de femmes, lesquelz abbus déclarèrent à S. M. estre intolérables.

Toutes ces remonstrances ci-dessus dittes et plusieurs aultres que
je ne puis déduire, pour ne les sçavoir à la vérité, n'estoient ce que demandoit le roy; à l'instance duquel accordèrent une somme de deniers
par an estre levée sur tout le clergé, chascun d'eux estant tenu de la
part seulement à quoy il seroit taxé selon le département qui en seroit

faict. A laquelle offre ne les volut recevoir S. M., ains insista qu'il 1579. vouloit que tout le clergé s'obligeast à luy payer par chacun an ce qu'il leur demandoit, et que tous s'obligeassent l'ung pour l'aultre *in solidùm*, et ung seul pour le tout. Les députez refusèrent, toutesfois firent offre que s'il les vouloit recepvoir chascune province à part, qu'ilz de chacune province s'obligeroient *in solidum* l'ung pour l'aultre; et pour le regard des arrérages par luy prétendus sur les pays rebelles, qu'ilz demandoient d'en estre absoulz, veu que jà l'avoient payé une fois, comme ilz en firent foy par les quittances qu'ilz exibèrent. Ce que S. M. ne leur volut accorder, et refusa le congé qu'ilz demandoient de se retirer, ains les envoya en la ville de Paris, où ilz se transportèrent, après avoir esté à Melun depuis le moys de juin jusques à la my-octobre. Plusieurs évesques, nonobstant les deffences de S. M., s'en allèrent en leurs pays assez mal contens de luy; plusieurs aultres députez morurent tant à Melun qu'à Paris de leur mort naturelle, de sorte que de toute l'assemblée n'en demoura pas la moytié audit Paris. On disoit que le roy les avoit là appelez pour attendre le retour de la royne sa mère, qui debvoit avoir lieu incontinent après la Toussainctz. La royne estant de retour, furent les conditions et requestes pires que devant, parquoy lesditz députez ne voulant accorder plus oultre que ce qu'ilz avoient jà accordé, se retirèrent à la fin du moys de novembre, sans avoir rien conclu avec S. M. Le roy, fort mal content, les rappela, et feit lever lesditz décimes sur les ecclésiasticques au terme de la St-Remy. Mais n'y eut guères que les petis bénéficiers qui payassent.

L'assemblée du clergé fut présidée par l'archevêque de Lyon, Pierre d'Espinace. Le roi fait entrer ce prélat dans son conseil privé. Des processions sont ordonnées dans les provinces pour invoquer Dieu en faveur de l'assemblée. La procession a lieu à Provins le 12 juillet.

En ceste présente année, au moys de juin, fut faict, tenu et célébré le grand chapitre général des cordeliers de toute la chrestienté au couvent des Cordeliers de la ville de Paris[1], auquel chapitre assistèrent bien le nombre de douze cens cordeliers de toutes les nations.

---

[1] Voy. *Journal du règne de Henry III*, p. 36.

1579. Ceux d'Orient, de Sicille, d'Italie, de Pollongne, d'Avignon, de Savoye, descendirent par le grand chemin de Lyon à Paris par la Charité et Gien sur Loire; les Hongres, les Bohémiens, les Saxons, les Allemans, les Suisses, prindrent leur chemin par la Picardie; les Bourguignons et Lorrains par Sens, et bien peu passèrent par Provins. Mais au retour, ilz y passèrent à grandes trouppes, les ungs sur chevaux et mullets, les aultres à pied, pendant l'espace de dix jours, au nombre de quasi cinq cens. Ceux qui se trouvoient à Provins à la disnée se logeoient ès tavernes et n'alloient au couvent; mais ceux qui arrivoient au soir, après avoir mis leurs montures esdittes tavernes, alloient coucher et soupper audit couvent. La vigille de la feste Dieu au soir, s'en trouva audit couvent bien le nombre de cinquante, qui n'en deslogèrent que le jour après disner. Entre lesquelz y estoit le gardien du couvent d'Avignon, qui fit le sermon à l'heure de midi bien doctement du St Sacrement de l'autel. Ung Piémontois l'avoit faict au matin à la procession des chanoines de N.-D.-du-Val, en l'église des Cordeliers. Ilz estoient habillez de gris de diverses coulleurs, et ne s'en trouvoit qui fussent habillez de gris blanc que ceux de la nation françoise. Ceux de Jérusalem furent logez d'aller et revenir audit Provins, où ilz séjournèrent deux ou trois jours. La pluspart n'avoient poinct de chemises, ains de petites robbes simples d'estamet gris contre leur chair, qui descendoient jusques au gras de la ratte des jambes, sur lesquelles avoient vestu une longue robbe de drap de la couleur qu'estoit laditte camisolle. Aulcuns estoient liez de grosses cordes, comme de traictz de cherrues, et n'avoient chaulses que des patins de bois, la semelle desquelz estoit pareillement de bois comme des semelles de sabotz, et qui tenoient à charnières de fer.

Il fallut que le couvent de Paris défraiast toute ceste assemblée durant le temps que dura le chapitre général, ce qu'ilz n'eussent sceu faire sans les aulmosnes des gens de bien de la ville et du royaume; et à ceste fin d'inciter le peuple à aulmosner audit couvent, N. St-Père le pape ordonna ung pardon de plenière rémission aux bienfaicteurs dudit couvent.

Texte du pardon. Les cordeliers firent leur procession générale le lendemain 1579. de la Pentecôte. Les discussions sur diverses matières de foi s'ouvrirent, à l'Ascension, pour durer jusqu'à la Trinité, et les étrangers trouvèrent pour disputer des gens instruits en leur langage. Chaque jour le sermon se faisait par les cordeliers du dehors qui savaient parler français. Un docteur italien prêcha dans sa langue naturelle devant la reine et les Italiens présents à Paris; il y eut aussi des sermons en espagnol et en allemand.

Les cordeliers des pays estranges admirèrent fort l'éloquence et sçavoir des Françoys, l'ornement des lettres de leurs nations, la décoration de l'université de Paris pour le regard des colléges, la dévotion du roy, des roynes et des princes qui suivoient S. M., ensemble la piété et religion du peuple de Paris. Le roy visita le couvent des cordeliers de Paris, où il fit une aumosne digne d'un roy très chrestien, qui fut de cent pièces de vin et de 2,000 escuz; oultre ce, il fit appareiller ung disner sumptueux audit couvent pour tous les religieux, lesquelz il fit servir chascun selon leur qualité, et print le plaisir de les visiter de salle en salle où ilz estoient assis, et devant eux se monstra fort favorable. Les grands seigneurs, présidens, conseillers et bourgeois de Paris firent de grans biens audit couvent, et si receurent en leurs maisons plusieurs religieux estrangers, qu'ilz couchèrent et nourrirent à leurs despens. Il fut novelle que une dame de la court du roy avoit aulmosné audit couvent la quantité de cent muidz de blé froment, qui ne fut la royne, encores qu'elle ne demeura ingratte. Il fut pareillement novelle que ung évesque de France leur avoit aulmosné une somme notable, que je ne puis cotter ni iceluy évesque nommer. De vingt lieues à la ronde y avoit presse par les chemins à aller à Paris pour veoir lesditz cordeliers et leur chapitre, parcequ'il n'estoit mémoire par les plus anciens ni par les cronicques que jamais telle assemblée eust esté faicte à Paris ni en France.

A ce chapitre, le ministre général de Cheffontaines ayant fini son temps, les cordeliers élurent pour le remplacer un Italien, parent de M. de Nevers, duc de Mantoue. M. de Cheffontaines fut nommé par le pape évêque et suffragant de M. de Pellevé, archevêque de Sens, qui était à Rome. Au mois de novembre,

1579. le nouveau suffragant dédia à Sens l'église des Cordeliers, et, au mois de décembre, il conféra les ordres.—Le roi, se disant indisposé, ne fait point, comme cela devait avoir lieu, la solennité du Saint-Esprit avec les chevaliers de l'ordre, le jour de la Pentecôte. C'était le jour de la procession des cordeliers. Quelque temps auparavant, à l'époque de l'institution des chevaliers du Saint-Esprit, un cordelier avait déclamé en chaire contre cette institution; le roi avait ordonné qu'il fût emprisonné; mais le prédicateur et d'autres qui se trouvaient dans le même cas furent avertis à temps et s'esquivèrent. — Le royaume de France est tranquille; cependant il court dans le public différents bruits de guerre. — Continuation de la guerre civile aux Pays-Bas et en Flandre. Les catholiques sont maltraités par les protestants et se vengent à l'occasion. Le pape, afin de faire cesser ces troubles et ces malheurs, ordonne un jubilé dans toute la chrétienté. Texte de la bulle de Grégoire XIII pour le jubilé. — Au mois de juin, dans les environs des villages de Louans, Montaiguillon et la Forestière, plusieurs personnes sont mordues par des animaux enragés.

Une chose émerveillable et difficile à croire est que le poisson d'un estan, dans lequel fut jettée une chièvre enragée après qu'elle fut tuée, devint enragé dedans l'eau, et saillissoit en l'air hors de l'eaue, et se jettoit sur les rivages en terre ferme, en se démenant jusques à la mort. Les premières personnes qui virent ce spectacle, ignorant que c'estoit, prindrent dudit poisson, qu'elles firent cuyre et mangèrent; lesquelles, avant qu'il fust ung moys, devindrent enragées et les fallut tuer et estouffer.

Des bêtes féroces et inconnues se jettent sur les gens dans la campagne et les dévorent.

En la forest de Sordun, le 15ᵉ jour du moys de juin, fut commis ung vol par quatre volleurs en la personne de trois marchans de la ville de Troye, qui estoient en ung coche avec aultres gens, auxquelz fut prins par iceux voleurs la somme de 8 à 900 escuz d'or au soleil, sans leur faire aultre mal. Et furent iceux marchans poursuivis desditz voleurs depuis la ville de Nogent jusques à la queue du petit estan qui est hors ladicte forest du costé de Provins, où là furent attainctz et ramenez par force dans le bois à couvert pour leur faire vuyder

leurs bourses. Et estoit entre les six et sept heures du matin. Ilz vo- 1579.
leurs, ayans receu la somme susditte, ne volurent s'arester à conter ni
à regarder si lesditz escuz estoient d'or et de poys, ains fuyrent en
diligence et allèrent passer la rivière de Seine à Noyen, pour s'en retourner en leur pays. Ilz ne robèrent entièrement lesditz marchans,
parcequ'ilz ne s'amusèrent à les foullier. Parquoy lesditz marchans
ne laissèrent à faire leur voyage à Paris, et estans à Provins, bien
dolens de leur perte, en advertirent le lieutenant des prévostz des mareschaux, Me Thibault Trumeau, dit *le Saulvage,* auquel ilz baillèrent
enseignes de la forme, grosseur, grandeur et couleur desditz voleurs
et de leurs chevaux, pour mieux les recognoistre, s'il des mareschaux
vouloit en faire poursuitte. Ce que voluntiers fit ledit Trumeau, qui à
son ayde, oultre ses archers, appella avec soy le lieutenant de courte
robbe... Parot et ses argoletz. Lesquelz, en moings d'une heure après
l'advertissement, furent montez à cheval jusques au nombre de huict
à dix, qui prindrent le chemin pour visiter la forest de Sordun et les
environs. Ilz s'informèrent de toutes personnes qu'ilz rencontrèrent si
on leur sçauroit donner novelles des quatre voleurs, et avant qu'ilz
fussent en laditte forest, aux enseignes qu'ilz donnèrent, sceurent qu'ilz
voleurs avoient prins le passage de Noyen-sur-Seine, pour tirer en la
Champagne du costé de Sens. Qui fut cause qu'ilz des mareschaux
prindrent le grand galop audit Noyen, où ilz pensoient trouver lesditz
voleurs au desjusner. En passant par les villages d'Ermez et le gué
aux Vaches, eurent certaines novelles que les hommes et chevaux de
la taille et couleur qu'ilz demandoient avoient passé par là et alloient
audit Noyen, qui fort les resjouit, espérant les y attrapper. Mais ilz
ne purent le faire, pour ce que les voleurs n'y arrestèrent et pour ce
qu'ilz des mareschaux chomèrent sur le passage en attendant le passager et son bac. Le passager, par eux interrogé, dist que tout à l'instant il venoit de passer quatre personnes, qui à son advis estoient
genz espoventez ou qui avoient grande haste, d'avantage les informa
du chemin qu'ilz avoient prins au partir de la rivière et de Noyen.
D'après le dire du passager, les archers picquèrent à bride avalée

1579. après les voleurs, et prindrent le train de leurs chevaux, qui estoient marcquez en la poussière du chemin, jusques à ce qu'ilz eussent veu devant eux lesditz voleurs, qu'ilz allèrent prendre en la petite ville d'Arce, assez prez d'Ays-en-Otte, où ilz se pensoient saulver en une taverne de leurs amys ou compaignons du mestier, ayant bien apperceu qu'ilz estoient poursuivis. Dans laquelle taverne arrivèrent quasi aussitost lesditz Trumeau et Parot seulz, sans leurs gens, pour ce qu'ilz estoient les mieux montez. Ilz voleurs, en entrant en ladite taverne, advertirent l'hoste de la poursuitte qu'on faisoit après eux, et luy feirent entendre que c'estoient d'aultres voleurs qui vouloient les desvaliser. Les lieutenans des mareschaux et de courte robbe ayant envahi la taverne qu'on leur avoit enseignée, l'hoste d'icelle, qui estoit à l'entrée de sa porte, refusa de la leur ouvrir, ains entra contre eux aux injures, en les appellant voleurs et larrons, et, non content de ce, frappa contre ledit Trumeau en criant : « Aux voleurs, aux voleurs ! » Ce que voyant ledit Trumeau, impatienté des injures et coups que luy avoit baillé ledit hoste, luy deslacha la pistolle qu'il avoit en sa main au travers du corps. Au son de laquelle pistolle et cry de l'hoste, sortirent les voisins avec armes sur lesditz des mareschaux, qui arrivoient à bride avalée après leurs maistres. Incontinent le bruit courut par les rues, « Au feu, aux voleurs, à l'arme, » si bien qu'en ung moment toute la ville fut esmeue, jusques à fermer les portes de la ville et à sonner le tocsin.

Les premiers habitans qui arrivèrent ruèrent à grands coups sur ledit lieutenant Trumeau, l'ung desquelz luy donna ung coup de harquebuse par une des jambes, avec deux balles ramées, qui luy rompirent l'os d'icelle, et fut de ce coup abbatu par terre, et n'en fut quitte pour cela, ains par la commune fut battu de coupz en tous endroictz de son corps, sans qu'il peust estre secouru aulcunement de ses gens, lesquelz s'estoient saulvez en une grange pour se tenir fortz en corps de garde contre la commune, qui là les tenoit assiégez de toutes partz. Ilz furent saulvez par leurdit lieutenant Trumeau, tout blessé qu'il estoit, et par le seigneur du lieu, qui survint au bruict du peuple et son de la cloche, et qui apaisa le tout, après avoir ouy

ledit Trumeau, couché tout de son long sur ung fumier au millieu de
la rue. Auquel seigneur donna à entendre comment il estoit lieutenant
des prévostz des mareschaux de France, et qu'il et ses gens estoient
là allez pour prendre quatre voleurs, qui ce jour mesme avoient volé
plusieurs marchans en la forest de Sordun, et qui estoient logez en
telle taverne dudit lieu d'Arce, et le requist de par le roy de luy
donner ayde à les prendre prisonniers, et de saulver ses gens. A
cette requeste fut le gentilhomme bien espoventé et aultres des plus
apparens de la ville qui estoient avec luy; ilz firent tout soudain cesser laditte sédition et poser les armes bas aux habitans, lesquelz,
ayans entendu la vérité du faict, furent fort dolens de laditte sédition;
pour de laquelle eschapper à leur honneur, firent emprisonner tous
les archers, ce pendant qu'aultres levèrent de terre ledit Trumeau,
et le mirent honestement sur ung lict en une taverne, pour le faire
panser. Ilz allèrent aussi en la taverne où estoient logez les voleurs,
pour les prendre prisonniers et les livrer auxditz des mareschaux; les
voleurs tindrent bon et ne se volurent rendre qu'à force qu'ilz furent
accablez de coupz, deux desquelz furent tuez en la place et les deux
aultres prins bien blessez. Ce faict, la nuict vint, qu'il fallut que chascun se retirast en sa maison. Les archers qui estoient prisonniers en la
grange furent mis en la taverne avec leur lieutenant Trumeau, pour souper et faire panser les blessez. C'estoient : Parot, lieutenant de courte
robbe, qui avoit receu ung coup de pistolle ou harquebuse d'un des
voleurs, en forçant la chambre où ilz voleurs estoient logez; Pierre Ta-
bourot, du Chasteau, qui fut blessé d'ung coup de harquebuse en une
cuisse et sur la teste; et N..... Doyen, qui fut peu blessé en ung bras.

La nuict donna conseil aux habitans dudit Arce; et pour faire leur
cause bonne, le lendemain, 16e jour de juing, feirent par les gens
de la justice du lieu informer du cas advenu, et dressèrent si bien
leur affaire que le tort tomba sur lesditz des mareschaux et leurs gens.
Ceux-ci furent tous interrogez séparément et signèrent chascun leur
déposition, excepté le lieutenant Trumeau, qui morut la nuict d'entre
le 15 et 16e, et ledit Parot, qui déclara ne povoir signer, à cause du

1579. coup qu'il avoit receu en l'espaule. L'information achevée, les habitans d'Arce dressèrent ung procès-verbal à leur adventage, et le feirent pareillement signer par les archers, qui, pour eschapper leurs bagues et vies saulves, mentionnèrent le bon debvoir que les gens du pays avoient faict en la caption des voleurs. Le mécredy 17ᵉ jour de juing, iceux archers chargèrent en trois charrettes leur lieutenant Trumeau mort, le lieutenant Parot et aultres blessez, pour s'en retourner à Provins, avec les deux voleurs, qui leur furent livrez encore vifz. Le lieutenant Parot se feit mener à Sens, pour se faire panser en la maison d'ung chanoine, nommé Mᵉ Estienne Cuissot, son parent, natif dudit Provins. Les aultres prindrent le chemin de Provins, ayans laissé à Arce le cheval et armes de Trumeau, pour gage de leurs despences et fraiz faictz pour ceste affaire. Ung d'iceux fut envoyé devant pour dire les piteuses novelles, et arriva environ les trois heures après midi.

La ville de Provins fut fort esmeue desdittes novelles et nommément de la mort du lieutenant Trumeau, lequel, combien qu'il eust esté huguenot et faict assez de mal au temps des seconds troubles, tant en la ville de Montereau qu'aultres lieux, fut fort plainct et regretté, car il s'estoit réduict à l'église catholicque de soy-mesmes, aussitost qu'ilz seconds troubles furent pacifiez, et oncques depuis ne récidiva en la religion prétendue. Il estoit dévost à servir Dieu, doux, humble, paisible et débonnaire à toutes gens, secourable à ceux qui le requéroient, bon marchand sans tromperie. En mourant, après avoir crié mercy à Dieu et au monde, il requist ses gens de remener et enterrer son corps à Provins, en la fosse de son père, en l'église Sᵗ-Pierre, en se recommandant aux curez et gens d'église des parroisses de Sᵗ-Ayoul, où il demeuroit, et de Sᵗ-Pierre, où il vouloit estre enterré, les priant d'aller au devant de son corps en procession jusques à la porte de la ville par où il entreroit, pour le conduire en sa maison avant que d'aller en terre. Le tout ayant esté affirmé et juré par l'envoyé de ses compaignons, les curez des parroisses susdittes l'alèrent recepvoir hors la porte de Sᵗ-Jehan, où il arriva sur les neuf heures du soir, accompagné des président Marchant, procureur et advocat

du roy, et plusieurs autres conseillers et gens de justice que le cor-
tége avoit rencontrez en la ville de Bray-sur-Seine. Ledit mort fut
receu par Me Claude Haton, prebstre, clerc de l'église mons. St Ayoul,
en l'absence du curé, lequel Haton interrogea lesditz archers, pour
sçavoir de l'estat du deffunct et comment il avoit clos son dernier jour.
La compagnie s'arresta pour entendre les questions et interrogations
dudit Haton, qui furent trouvées fort pertinentes, et parceque le deffunct estoit couché tout de son long en une charrette couvert de
feurre, ledit Haton requist qu'il luy feust monstré, en disant telles parolles : « Messieurs, je ne doubte poinct que ce que vous me dittes et
rapportez de la mort de mons. le lieutenant Trumeau, vostre maistre,
ne soit véritable et qu'il ne soit présent en ceste charrette, au grand
regret de moy et de toute la ville de Provins; toutesfois, à cette fin
que nostre ministère ne soit vilipendé, avant que de commencer les
prières et oraisons que l'église de J.-C. faict sur ses fidelles trespassez, faictes-moy veoir le corps dudit deffunct. » Lesquelles parolles
finies, ung d'entre eux monta en laditte charrette, qui descouvrit le
corps et le monstra audit Haton et à toute la compagnie. Sur ce, arriva le curé ou vicaire de St-Quiriace, avec la croix et l'eaue béniste,
accompagné de quelques gens d'église, qui prétendoit empescher
ledit Haton de recepvoir ce corps mort, et après avoir ouy ledit vicaire en sa harangue, ledit Haton luy feit response que le deffunct
estoit parroissien de St-Ayoul, et que comme tel le recevoit et s'en
saisissoit, selon son droict, comme estant une brebis de son bercail;
toutesfois il déclara n'empescher ledit curé ou vicaire de St-Quiriace
ni des aultres parroisses d'accompagner ledit corps et de présider sur
leurs limittes, si à ce faire estoient appellez par les parens. Ce que
ayant bien entendu, ledit vicaire de St-Quiriace se déporta du droit
prétendu, mais accompagna le corps jusques en son logis, comme
aussi feirent le curé et aydes de l'église St-Pierre. Le lendemain,
18e jour de juin, fut ledit lieutenant Trumeau enterré avec grande et
solennelle compaignie de gens d'église, de gens de justice et aultres de tous estatz, au regret d'un chascun tant pauvre que riche.

1579.   Les deux voleurs d'Arces ramenés par les archers sont condamnés à mort et
pendus devant le pilori de Provins; leurs corps sont coupés en quartiers et atta-
chés aux arbres des chemins. Le lieutenant criminel du bailliage de Sens, ayant
fait une information à Arces, trouve que le tort est aux lieutenants de Provins et
à leurs archers, comme ayant négligé de porter leur saye ou jacquette de livrée.
La veuve du lieutenant Trumeau fait faire, avant l'enterrement, le portrait de
son mari, et le porte au roi, qui ordonne que le successeur payera à cette femme
200 écus d'or. François de Gatusgarel, seigneur de la Poippe, achète l'état de
lieutenant du prévôt des maréchaux de Provins. Il est assez mal accueilli, comme
étant protestant. Un des archers blessés à Arces meurt quinze jours après.

En la ville de Bray-sur-Seine, audit 15ᵉ jour de juing, fut traîtreu-
sement et de guet appens tué et tiré à la harquebuse, par entre deux
thuilles du grenier d'une maison dudit Bray, le bally de cette ville,
environ les huict heures du matin, en allant aux plaitz, pour ouyr et
juger les causes qui se plaidoient par devant luy, et dudit coup tomba
mort en la place, au contentement de celuy qui tira ledit coup, et,
je croy, de tous les habitans de la ville de Bray.

Ledit bally de Bray s'appelloit Nicolas Janvier, et estoit filz de feu
Mᵉ Nic. Janvier, de Provins, jadis advocat du roy audit Provins,
homme bien famé et tenu sage en son temps. Il bally de Bray se faisoit appeller le seigneur de Villeseau, à cause d'une ferme qu'il avoit
en la parroisse de Jaulne ou Villenauxe-la-Petite, où la pluspart du
temps faisoit sa résidence. Il estoit de ces gentishommes que aulcuns
appellent gentishommes en fantasies, c'est-à-dire qui se disent estre
gentishommes et ne le sont pas. Ses grands pères de part et d'aultre
estoient de moyens marchans de draps et mercerie audit Provins,
gens de bien toutesfois, et de meilleure foy envers Dieu et les hommes
que le noveau gentilhomme de leur race, ledit feu bally, qui estoit
huguenot et tel s'estoit déclaré depuis l'an 1560 jusques à l'an 1572,
que l'admiral fut tué à la sédition de Paris. A cette sédition, ledit
bally, qui lors estoit conseiller à la court de parlement, fut cerché, son
logis fut pillé et saccagé, et luy-mesme eust esté meurtry, s'il eust esté
trouvé. Depuis ce temps, ayant vendu son estat de conseiller, achepta
le baillage de Bray, où il se retira et audit Villeseau, jusques au jour

de sa mort, vivant en liberté de conscience selon sa fantasie, toutesfois contrefaisant le catholicque, allant à la messe par contenance, de peur de perdre son bien, sa vie et son estat, comme il avoit esté au hasard de faire jà par deux fois. Il estoit, selon la commune renommée du pays, du nombre des genspillehommes qui monstrent leurs vertuz à faire mal et vengeance à tout le monde, qui usurpent par force le bien d'aultruy et qui en font le payement à coups de baston, et pour ce n'estoit aulcunement aymé ni bien veu des habitans de la ville de Bray. C'est ung maulvais signe quand le vulgaire a maulvais jugement d'ung personnage, car telle est aulcunes fois la voix du peuple, telle est celle de Dieu. Le pauvre homme fut tout mort en la place du coup qu'il receut. A l'instant, sa femme et ses gens eurent soubçon ce meurtre avoir esté faict par Mᵉ Claude Le Febvre, advocat et jadis prévost de Bray, ou ses enfans. Et fut ceste oppinion publicquement déclarée, et tout le peuple de Bray l'adopta, et fut coulpé le plus jeune des enfans dudit Le Febvre, maulvais garnement nommé Nicolas Le Febvre, aultrement appellé le sʳ de Columbières, qui estoit audit Bray, à cause des grands procès et altercatz que ledit feu bally avoit avec ledit Le Febvre et ses enfans. Columbières, par le conseil de ses amys, absenta la ville de Bray le jour mesme du meurtre, et son absence le déclara coupable.

Des nouvelles de ce meurtre ayant été apportées à Provins le jour même aux gens du roi, ceux-ci, qui étaient presque tous parents du défunt, montèrent aussitôt à cheval, se transportèrent à Bray pour informer, et firent emprisonner la femme de Claude Lefèvre et deux de ses enfants. Le père était absent. Colombières fut arrêté quinze jours après, à Saint-Jean-de-Nemours, où il s'était retiré; son procès fut fait en hâte, à la requête de l'héritier du bailli, le seigneur d'Albaine, riche banquier de Paris, qui n'épargna pas l'argent, et le 7 juillet il fut condamné à faire amende honorable à l'hôtel de ville de Provins, à subir la question extraordinaire dans sa prison, à faire de nouveau amende honorable devant la grande porte de l'église de Bray, et enfin à être rompu et roué devant la maison d'où il avait tiré sur le bailli. Comme on craignait que les gens de Bray ne tentassent de le délivrer, par affection pour son père, cent arquebusiers de Provins, à pied et à cheval, l'accompagnèrent jusqu'au lieu du supplice. En ap-

1579. prochant, il s'avoua coupable, et affirma en même temps que son père, sa mère et ses frères étaient innocents, et qu'ils n'avaient rien su de son projet. Un cordonnier de Bray et une servante de Claude Lefèvre se trouvèrent impliqués dans cette affaire et furent emprisonnés. La mère et les frères du condamné, qu'on avait gardés en prison après sa mort, furent, par relief d'appel, enlevés à la juridiction du présidial de Provins et transportés à Paris à la Conciergerie.

Le seigneur des Marestz veut fonder une paroisse aux Marestz et y établir un curé, en distrayant les villages de Maréchères, de Corberon, etc. des paroisses d'Augers et de Champcenetz. Cette entreprise soulève de nombreuses oppositions, spécialement de la part du prieur de la chapelle Saint-Hubert et du chapitre de la cathédrale de Sens.

La fin du printemps et le commencement de l'esté furent fort chauds et secs, jusques au 18e jour de julliet que le temps s'adonna à la pluye et à la gresle, qui gasta quelque contrée de vignes à Mons-le-Potier et Villenauxe-la-Grand, comme aussi en la parroisse de Meel-sur-Seine. La seicheresse avoit esté fort grande depuis la fin du moys de may jusques audit 18e jour de julliet, telle que les chanvres, les mars, orges, avènes, pois et febves demeurèrent à fructifier plantureusement, comme ilz en faisoient la démonstrance. Les fromens aussi demourèrent pour la pluspart au foreau, et ne furent les espis longs ni bien grenez, comme ilz eussent esté si laditte pluye fust venue vingt ou quinze jours plus tost. La Champaigne et la vallée de Seine, qu'on appelle le bas pays, eurent fort beau temps à moissonner leurs gros grains, et n'en eurent point de germez; mais les gens de la Brie eurent beaucoup de peine à moissonner et serrer leurs grains, car, quand la pluye commença, ilz commençoient leur moisson, et pour ce que cette pluye dura jusques à la St-Martin d'hiver, les grains furent germez aux champs, et parceque les laboureurs furent contrainctz de les serrer tous mouillez, il s'en gasta beaucoup dedans les tas. Toutesfois, le froment se pourta mieux que l'on n'estimoit, excepté qu'il ne rendoit en farine comme dans les années précédentes. Le tonnerre fut fort gros et impétueux en ce pays ledit 18e jour de julliet, et tomba sur une maison et grange au village de la Motte-de-Tilly-lez-Nogent, qui furent entièrement bruslées. Les pluyes longues et fréquentes qu'il

fit depuis lors reculèrent la cueillette de tous les biens de la terre,
tant grains et fruictz que vins, et fut le reste de l'esté et tout l'automne assez froict et pluvieux, et commencèrent les gelées blanches
dès la fin du moys d'aoust assez aspres et froides. Le blé et vin commencèrent à enchérir dès la my-aoust d'un tiers et plus. Il arriva à
Provins des marchans qui levèrent des bledz assez plantureusement à
46, 7 et 8 liv. le muy, qui avant la moisson n'estoit qu'à 34, 5 et 6 l.
et les aultres grains au pris le pris. Aultres marchans allèrent lever le
vin à Sens, Auxerré et Joigni à grande quantité, qui pareillement le
renchérirent quasi de la moitié, et fut rapporté qu'en la ville de Sens,
en une sepmaine, on en avoit levé le nombre de plus de 6,000 muyds
trantains, qu'on avoit mené à Paris. Il renchérit fort à Provins, à cause
que les marchans de Chaslons, de Vitry, de St-Dizier et de Reims le
veinrent querre à charroy et en allèrent charger jusques à Donnemarie en Montois, et croy qu'ilz le menoient ès pays de Flandre et
de Haynault; sans lesquelz marchans le vin n'eust valu que 10 liv. la
queue, d'aultant que les vendanges estoient en bonne espérance pour
l'abondance des raisins qui estoient aux vignes.

Mme de Luzé, femme de M. de la Noue, qui avait été obligée de faire cession
de ses terres à M. de Rancé, rentre, par arrêt du parlement de Paris, en possession de ses seigneuries de Meel-sur-Seine et de Montmittel. — Le duc d'Anjou
oblige, en toutes les terres de son apanage, les gentilshommes à lui faire foi et
hommage et à relever de lui, sous peine de saisie. La prestation d'hommage pour
le bailliage de Provins a lieu dans cette ville le 18 août, devant M. de Mauru,
seigneur de Saint-Martin-du-Boschet, commissaire du duc. Les seigneurs des Maretz et d'Aulnoy refusent de faire foi et hommage, comme ayant déjà rempli
cette formalité à l'égard du roi. — Bruits de guerre entre Henri III et le duc
d'Anjou. Rivalités, duels et assassinats parmi les gentilshommes des deux princes.
M. de Bussy, favori du duc d'Anjou, est tué aux environs d'Angers[1]. — Des
troubles s'élèvent dans les pays d'Auvergne et de Limousin. De grandes troupes
de gens de guerre parcourent les campagnes, surprennent et pillent les villes et
villages, massacrent et rançonnent les ecclésiastiques. A leur tête, le capitaine

[1] Le 19 août 1579. (Voy. *Journal du règne de Henry III*, p. 38.)

1579. Merle s'empare des villes d'Aurillac et de Mende [1]. L'assemblée des grands jours, tenue à Poitiers, travaille à réformer les abus. Des exécutions ont lieu sous la protection des compagnies royales envoyées pour pacifier le pays. — Mésintelligence entre le roi et son frère.

Sur la fin du moys d'aoust, par la permission ou commandement du roy, aulcunes compaignies de gens de cheval de ses ordonnances se meirent aux champs par les villages à manger le bon homme, soubz le nom d'aller faire monstre ès lieux où il leur seroit mandé et pour y tenir garnison; et en ce pays de Brie tindrent les champs les compaignies du grand prieur de Champaigne et celle du seigneur de la Chapelle des Ursins, qui estoient chascune de cinq cens chevaux pour le moings; lesquelles, sans faire monstre ni tenir garnison, ravagèrent tout le pays de Brie et vallée de Seine, entre les rivières de Seine et Marne, depuis les derniers jours d'aoust jusques à la fin du moys d'octobre, et tindrent, depuis Chaslons en Champaigne, les villages où n'y avoit gentishommes résidens, jusques à quatre lieues près de Paris. Après lesquelles se meinst aux champs celle de mons. le duc, qui se partit du pays de Berry, passa par Nogent au commencement d'octobre, et vint en Brie, soubz le nom de faire monstre et tenir garnison à Provins, et pour ce faire avoit mandement du roy et dudit sieur duc. Les procureurs et eschevins dudit Provins, ayant entendu que ladite compaignie, qui s'estoit logée ès paroisses de la Chapelle-St-Nicolas, Meel, Mériot, Sourdun et Léchelle, vouloit entrer en leur ville pour y tenir garnison, s'en allèrent au roy et au duc pour en estre exempts, ce qui leur fut accordé. Mons. de Rosne, lieutenant de la compaignie, pareillement s'y accorda, après que lesditz de Provins le furent trouver à Estoge chez son beau-père, et qu'ilz lui eurent présenté des fruictz du pays; mais fust à ceste condition que ladite ville de Provins fourniroit munitions pour ayder à nourrir ses gens où ilz tiendroient garnison. Et pour ce ladite com-

---

[1] Exploits de guerre faits par Mathieu Merle, baron de Salavas en Vivarais, relation donnée par le capitaine Gondin. (*Pièces fugitives* pour servir à l'histoire de France, t. I, part. II, et *Panthéon littéraire.*)

paignie n'entra audit Provins ni ès aultres villes, ains mangea les villages avec les deux compaignies dessusdittes, qui ne s'escartèrent à
plus de dix lieues l'une de l'aultre et ne tindrent depuis le commencement de septembre jusques à la Toussainctz aultre pays que celuy
de Champaigne et Brie, les ungs d'ung costé, les aultres de l'aultre de
la rivière de Seine. La compaignie de la Chapelle des Ursins tint tous
les villages des environs de Provins, deslogeant d'un pour aller en
l'aultre. De Leschelle, où ilz furent deux jours, ilz allèrent loger à
Blenay, Maulny et Sordun; de là à St-Bris, Fontaine-Riant, Fleigny et
la Bretonnière, auquel lieu de Fontaine-Riant lez les portes de Provins, en la parroisse de Ste-Croix, feirent grand domage tant aux gens
où ilz logèrent qu'aux habitans dudit Provins; car ilz feirent monter
leurs chevaux sur les tuyaux et canaux des fontaines de St-Ayoul, de
la Boucherie et des Cordeliers, qui sont audit Fontaine-Riant, et de
pleine malice ilz les crevèrent et rompirent, de telle sorte que l'eaue
ne coulla plus à Provins, et cousta beaucoup à les refaire. Les gouverneurs de Provins en informèrent et feirent reproche au lieutenant
de laditte compaignie, qui monstra semblant d'en estre bien courroucé, et promist d'en faire justice, s'il povoit cognoistre ceux qui
avoient ce faict. Toutesfois, le tout demeura là, et oncques depuis
laditte compaignie ne s'approcha si près dudit Provins.

M. de la Roche-Pot et M. de la Roche-Guyon son frère[1] tombent en disgrâce
à la cour, à l'occasion d'un différend qui s'était élevé entre eux et M. de Rosne,
gentilhomme du duc d'Anjou, et d'une tentative faite par M. de la Roche-Guyon
pour ravir une dame qu'il voulait épouser, et que le roi avait donnée à l'un de
ses mignons. M. de la Roche-Guyon quitte la cour et se retire à Commercy.
— Vers la Toussaint, le maréchal de Matignon part pour la Lorraine avec
cinq ou six mille hommes de pied, chargé d'une mission secrète. Il passe suc-
cessivement à Meaux, à la Ferté-sous-Jouarre, à Château-Thierry et dans les
villes des bords de la Marne jusqu'à Châlons, menant avec lui huit ou dix pièces

---

[1] Antoine de Silly, comte de la Rochepot, baron de Montmirail, chevalier des
ordres du roi, gouverneur d'Anjou. —
Henri de Silly, comte de la Rocheguyon,
sieur de Commercy, chevalier des ordres
du roi, né le 5 septembre 1551.

1579. de moyenne artillerie et ayant grossi son armée de trois compagnies du duc
d'Anjou, du grand-prieur et de la Chapelle, ce qui la porte à dix ou douze
mille hommes de pied et de cheval. L'entreprise confiée au maréchal de Matignon est diversement expliquée : les uns disent qu'il s'agit d'empêcher le duc
Casimir de pénétrer en France; les autres, que le roi veut faire saisir M. de la
Roche-Guyon dans Commercy; d'autres enfin qu'il a l'intention de s'emparer
de Strasbourg. M. de Matignon va de Châlons aux confins de la Lorraine et de
l'Allemagne, pousse jusqu'aux frontières de la Suisse, entre en Franche-Comté,
revient en Lorraine, puis à Châlons, où il arrive vers la St-Martin d'hiver. On
prétendit que les gens de Strasbourg ayant été prévenus et s'étant mis sur leurs
gardes, il avait paru impossible de les forcer. Après un séjour de dix ou douze
jours à Châlons, le maréchal, qui, dans son voyage, avait rompu plusieurs
bandes de gens de guerre et de voleurs, partit pour Paris, où était le roi.

Douze enseignes de gens de pied des gardes du roy furent envoyées au devant de lui. Peu après la St-Martin, elles passèrent par
la ville de Montereau-Fault-Yonne, en la Brie, et allèrent joindre
ledit sieur mareschal entre les villes de Sézanne et Chaslons, le tout
ensemble montant à quinze cens hommes. Le mareschal feit loger
une partie de ses gens aux fauxbourgs de Sézanne, mais non dans la
ville, de laquelle, suyvant le bruict commun, receut grand nombre
d'argent pour n'y loger; et de là se retira par la ville de Méry-sur-
Seine, où il fut plus de huit jours; au partir de Méry, il s'alla loger ès
villes de Pons, Marnay et Nogent-sur-Seine, qu'il emplit tellement
que plus n'y en povoit tenir, et dans les villages du costé de la Champaigne, excepté quelques compaignies qui passèrent du costé de la
Brie, ès parroisses de St-Fregel et la Chapelle-St-Nicolas. Ils deslogèrent desdittes villes le troisième jour du moys de septembre et se
rendirent à Bray-sur-Seine, Sargine et Courlons, où ilz ne couchèrent
que une nuict. Les habitans de Sargine furent en délibération de
tenir bon contre ceux qui se présenteroient, et de ne les laisser loger
dans leur ville, estans tous en armes aux portes et sur les fossez; toutesfois, après avoir ouy parler les capitaines, ilz les laissèrent entrer
et loger, et la troupe ne fit aultre insolence que de vivre assez opu-
lanment de ce qu'elle trouva et d'emporter tous les bastons des habi-

tans, comme harquebuses, espées et dagues, et ce en vengeance de 1579.
ce qu'ilz l'avoient faict songer à leurs portes.

Les gouverneurs, procureur et eschevins de la ville de Provins allèrent recognoistre ledit sieur mareschal dans la ville de Bray, et luy portèrent des conserves et roses de Provins assez largement, avec dix bouteilles de bon vin, qui tenoient ensemble vingt pintes. Ledit seigneur ne feit pas grand cas desditz habitans ni de leur présent de roses et conserves, lesquelles ne vouloit prendre, ce que toutesfois il feit, à la prière de MM. de la Valée, de Tachy et de Orvillon, qui estoient à Bray pour le saluer et luy faire la court. Il feit plus grand cas des dix bouteilles de vin, en prenant lesquelles dist auxditz de Provins telz motz : « Je sçai bien que vous me voulez demander que je n'aille pas avec mes gens loger en vostre ville de Provins; retournez-vous-en, je suis pour vous faire plaisir. » Et sur telles parolles bailla congé auxditz de Provins. Ceux-ci pensoient que le mareschal les rançonneroit et leur demanderoit de l'argent, comme il estoit bruict qu'il avoit faict en plusieurs aultres villes; mais ne leur en parla jamais, ains en furent quittes pour leur présent susdit.

Au partir de la ville de Bray, ledit sieur mareschal et ses trouppes s'allèrent loger dans Montereau et les environs, où ilz séjournèrent quelques jours, et où le camp fut rompu. Les compaignies d'ordonnances de mons. le duc, de MM. le grand prieur et de la Chapelle, passèrent la rivière de Seine audit Montereau pour aller en la Brie, et s'allèrent loger ès environs de Provins le 10e jour de septembre, et tenoient les villages et parroisses de trois à quatre lieues de large, sauf ceux qui avoient des gentishommes. Il fut novelles que le roy les envoya remercier, estant ès environs dudit Provins, de leurs services, et les renvoya en leurs maisons. Les compaignies du grand prieur et du seigneur de la Chapelle se retirèrent, mais les gens de mons. le duc tindrent tousjours les champs, logeant de village à aultre, et montèrent jusques vers Chaslons, où ilz achevèrent l'année. Au commencement du moys de janvier de l'an 1580, ilz se retirèrent ès environs de Provins, ainsi que nous dirons ci-après. Lorsque cette

1579. compagnie estoit logée ès environs de Provins, au moys de décembre
de l'an présent, le 10ᵉ jour, y en avoit ès villages de Sordun, du Meez,
de Villecendrier et au Pressoir-Dieu, où ilz furent trois nuictz et trois
jours entiers. Il y avoit là environ soixante chevaux, qui se firent
traicter rudement, et croy qu'ilz se firent achepter à leurs hostes pour
100 liv. de conserves. Ilz rançonnèrent les villages et parroisses de
Chalaustre-la-Petite, d'Ermez et de Meel, avec les petis hameaux et
métairies qui sont ès environs de Sordun, et amassèrent en tout cela
30 escuz et plus. Ilz deslogèrent dudit Sordun et parroisse le lundy
14ᵉ jour de décembre, pour s'en aller loger à Bonsac et Villegruis,
en passant par le village de Sᵗ-Martin-de-Chasnetron. La plus grosse
trouppe passa par derrière le village fort paisiblement.

Ceux qui estoient logez au Pressoir-Dieu et à Villecendrier, qui estoient environ dix ou douze chevaux, pour aller au plus court, passèrent pardevant le logis du grénetier de Provins, Jehan de Vauhardy,
et par la court dudit logis, qui n'estoit encore fermée de murailles,
sans y faire aulcune insolence ni fourragement; ce qui, toutesfois,
desplut au serviteur maistre d'hostel dudit grénetier, qui, se fiant en
l'audace et grandeur de son maistre, print sa harquebuse en main et
avec injures deschassa les guides et serviteurs des gens de guerre qui
passoient par la court, et non content de ce, tournant visage aux gentishommes et leurs principaux serviteurs qui suyvoient leur train
pour passer paisiblement sans vouloir poulailler ni chasser, les volut
empescher avec injures et menaces, en les appelant poltrons, et du
fust de sa harquebuse frappa sur les premiers chevaux et hommes qui
cheminoient, pour les faire retourner passer par aultre part. Aux injures et violences duquel meirent les serviteurs la main à l'espée, et
du plat d'icelle le frappèrent ung coup ou deux sur le dos et la teste,
et les gentishommes qui estoient derrière escourcèrent leurs chevaux droict au compaignon. Celui-ci, les voyant courir à soy, coucha
sa harquebuse en joue pour les tirer, ce qu'il ne put faire, d'aultant
qu'elle ne fit pas feu; tout soudain rebanda et couchea en joue encores une fois, et toutesfois ne volut desbander ni faire feu. Quoy

voyant, l'ung desditz gentishommes meint pied à terre, et, forcené de 1579.
fureur, tira son espée et se jetta au compaignon pour le battre ou
pour le faire fuir, ce qu'il ne volut faire, mais il compagnon tira
une dague qu'il avoit, et, se jettant au corps dudit gendarme, l'enfonça par le costé, de telle sorte qu'il la luy passa par la ratte et les
rongnons jusques à la garde. Le gentilhomme, se sentant blessé, s'é-
cria qu'il estoit mort, et à grands coups luy et ses gens se ruèrent sur
ledit compaignon et le tuèrent en la place. Le gentilhomme blessé
se feit mener en la maison de mons. Patras, à Courtioust, pour se
faire abiller et mettre à poinct, où il morut la nuict ou au lendemain, et estoit cestuy qui avoit le commandement sur la compaignie
qui deslogeoit de Sordun. Quand la trouppe qui estoit devant veirent
le faict et leur maître blessé et le serviteur du grénetier mort, picquèrent le grand galop droict à la Forestière, et ne logèrent à Bonsac
ni à Villegruys, comme ilz avoient délibéré, ains aux Essartz près Sézanne, à quatre ou cinq lieues loing. Le lacquais du grénetier, qui
estoit à St-Martin quand le murtre fut faict, courut porter ces novelles à son maistre, qui en fut fort fasché, et incontinent, avec les lieutenans de courte robbe, les prévosts des mareschaux et leurs archers,
alla audit St-Martin pour en informer, où se trouva que ledit serviteur avoit tort. Il le feit enterrer, et, de retour à Provins, il envoya
mons. l'advocat du roy, Me Jehan Retel, à Courtioust, en la maison du
seigneur Patras, pour l'excuser auprès du gentilhomme de l'outrage
que luy avoit faict son serviteur, lequel il désavoua fort et ferme;
mais ledit Retel trouva ledit gentilhomme qui se mouroit.

Vol commis sur des marchands dans la forêt de Sourdun. — Le reste de l'armée du maréchal de Matignon est mené de Montereau en garnison dans les faubourgs de Paris. M. de Matignon passa pour avoir gagné dans ce voyage plus
de cent mille livres tournois, tirées des villes par où il avait passé. — Bruit
de la prise des îles de Brouage, près de la Rochelle; ce bruit se trouva faux.
— Le prince de Condé se retire à la Fère, dans son gouvernement de Picardie. —
Les arquebusiers de Provins, après avoir institué leur roi annuel, vont au mois
d'août jouter avec ceux de Coulommiers. — Un jeune apothicaire, nommé Remy,
est tué le 20 août à Chalautre-la-Grande. — Les arbalétriers de Rosoy en Brie

1579. viennent à Provins le 22 août, pour tirer à la butte contre les arbalétriers de cette ville. — Fallet Durand, d'Ablenay, est trouvé mort dans les vignes de Montmittel, le 26 août. — Le roi oblige les personnes qui, moyennant une somme payée comptant, avaient obtenu la ferme de la vente de l'office de tavernier, à rendre compte des gains ou pertes qu'elles avaient faits. Il résulta de cette information que les vendeurs de Provins, Christ. de Boudreuille et Ant. Yver, avaient gagné une somme importante. — Un office d'audiencier est érigé par le roi dans chaque bailliage. — Au mois de septembre, Henri III, conformément aux doléances des états d'Orléans, fait proposer aux habitants de Provins un maire ou juge de commune (consul?). Les maîtres jurés de tous états, convoqués par le président du présidial, déclarent qu'ils désirent avoir, pour décider dans les causes de marchand à marchand, un juge électif, jugeant sur-le-champ, ne recevant point de gages, et devant lequel chacun soit admis à plaider soi-même. Le procès-verbal de cette délibération est envoyé au roi. — Les gouverneurs de Provins demandent, d'après l'avis des citoyens assemblés, l'autorisation de lever sur la ville et sur l'élection une taille destinée à remplacer le produit des impositions et gabelles perçues au nom du roi sur les marchandises vendues à Provins. L'affaire, portée au roi et à la dame de Nemours, à laquelle ce produit était dévolu, reste en suspens, ainsi que celle du juge de commune.

Nous avons faict mention en ceste année des saisons du printemps et de l'esté, qui ont pour la pluspart esté fort fascheux de pluyes, principallement l'esté; les pluyes ont continué quasi par toute la saison de l'automne aulcuns jours, qui empeschèrent les raisins de mûrir. La vendange ne se feit poinct ès environs de Provins ni de Sens, qu'il ne fust huict jours après la St-Remy, les raisins n'estans que demynoirs ou rouges, et quasi ung tiers estant pourri. Et si eut-on beaucoup de peine de les vendanger, à cause des pluyes froides, qui estoient si fréquentes qu'il ne se passoit quasi poinct ung jour sans pleuvoir par tout le mois d'octobre. Les vins furent en grande planté et habondance, aultant qu'il en avoit esté depuis dix ans pour une année, nonobstant les gelées de mars et d'apvril.

L'abondance des vins fut si grande à Villenauxe-la-Grande, Beton, Fontaine-Denis, Barbonne, Mons-le-Potier, Chalaustre-la-Grand, qu'on ne povoit trouver assez de tonneaux pour les loger; et furent lesditz tonneaux fort chers, comme de 40 et 50 s. la queue en muidz et tran-

tains. Il fut rapporté qu'à Sens le muyd trantain avoit esté vendu seul 1579.
5o s. et plus; bien est vray que lesditz trantains estoient neufz. Les
vignes des parroisses de Mériot, Meel et Ermez ne se portèrent guères
bien, à cause d'une gresle qui tomba sus au moys de julliet, et n'y recueillit-on pas du vin à la moytié. Celles de Goix furent belles et amples. Le vignoble de Savins et du Montois ne fut si abondant que celui
de Villenauxe et les vignobles voysins. Le vignoble de Sepveilles, Bouy,
Chalaustre-la-Petite fut à pleine année. Celuy de Provins, combien que
les vignes qui n'avoient esté gelées en apvril fussent fort belles, ne
donna guères plus de demye-année. Les vins partout se trouvèrent
de plus belle couleur qu'on ne pensoit, excepté ceux de Villenauxe.
Les vins en ce pays n'eurent guères plus de goust ni de couleur que
l'eaue, parquoy on fut contrainct de les laisser cuver davantage. Les
vins furent fort foybles et petis par tout ce pays, et n'eust-on sceu
juger quel creu estoit le meilleur. Ceux de Villenauxe furent fort
desprisez et désestimez pour ceste année, pour n'avoir poinct de
goust ni de couleur, et si sentoient fort le pourry. Le bally dudit lieu
leur porta grand domage, pour les avoir empesché de vendanger huict
jours plus tost qu'ilz ne feirent. Les marchans de Paris, après en avoir
eu gousté, se retirèrent sans en achepter, qui fut ung grand domage
auxditz de Villenauxe. Ilz taschoient à vendre leur vin noveau 12 l. t.
la queue, mais fallut bien rabattre, et ayant qu'il fust la feste de Noël,
se trouvoient bien heureux de le bailler à 7 l. 1o s. et 8 l. Le vin
des vignobles de Provins, Chalaustre-la-Petite, Sepveilles, Goix, Meel
et Mériot se vendoient mieux, pour l'oppinion que le peuple avoit
qu'ilz se garderoient mieux. Les vins blancz se trouvèrent meilleurs
que les rouges quasi de la moitié. Le vin vieil se vendoit le moindre
2 s. et 6 d. la pinte, et le meilleur d'au-dessus 3 s. et 3 s. 6 d. et
le meilleur noveau, de quelque creu qu'il peust estre, 1o et 12 d.

Durant le temps de la vendenge susditte, et dès le 20e jour du
moys d'octobre, les raisins pendus aux vignes, commença la gelée
assez forte et à glace, qui dura jusques au 22e jour, auquel il neigea
assez compétamment, et fut de la neige sur la terre l'espesseur de

1579. deux doictz pour le moings; mais elle ne dura pas vingt-quatre heures qu'elle ne fust fondue. Plusieurs personnes pensoient que les raisins et le vin qu'on feroit de ceux qui estoient aux vignes durant lesdittes gelées seroit beaucoup moindre que ceux qu'on avoit vendangé devant, mais ne valurent guères moings de goust ni de couleur.

Le pays entre Troyes et Paris est infesté de voleurs, qui commettent de nombreux vols et assassinats. Leur chef, le capitaine Michery, échappe aux recherches des gens de justice et aux poursuites du prévôt de l'hôtel de Paris, s'étant réfugié dans un château fort près de Guignes. Le maître de ce château et le seigneur de Maurevel, son oncle, ont querelle l'un avec l'autre, et des troupes de mauvais garnements qu'ils rassemblaient se combattent pendant plusieurs mois aux dépens des gens des villages.

En la ville de Provins y avoit ung riche marchant tanneur, nommé Symon Lecourt, de Changy (filz de feu Nicolas Lecourt, jadis lieutenant des prévostz des mareschaux), qui fut soubçonné, et finablement, au moys d'octobre de ceste présente année, accusé d'estre malade de lèpre. Avant que de l'accuser à justice, plusieurs défuyoient sa compaignie et ne se vouloient plus trouver à boire, manger ni fréquenter avec luy audit Provins; parquoy se transportoit ès marchez des villes de Nogent-sur-Seine, Villenauxe, Corgivost, Nangis, Donnemarie et aultres lieux, et surtout au village de Meel, dont il avoit tenu la seignorie à ferme, soubz le seigneur de Rancé-Corcelle. Ledit Symon Lecourt, voyant qu'il estoit odieux au peuple de Provins et défuy de chascun, se feit secrettement toucher par quelques cirurgiens de la ville de Sens, en la présence d'un cirurgien de Provins, nommé Nicolas Doury, qu'il avoit mené avec soy. Quel rapport luy firent lesditz cirurgiens de Sens, je n'en ai rien sceu; toutesfois, ai bien sceu que ledit Lecourt usa de quelques remèdes pour empescher la maladie de lèpre de s'apparoistre sur luy. Il estoit malade aux piedz et jambes si fort qu'il ne povoit plus cheminer à son ayse; il estoit galeux par le corps fort et quelque peu au visage; et feit courir le bruict qu'il avoit la maladie dont mons. St Crépaix est requis, et entreprint de faire le voyage audit St Crépaix. Et d'aultant que les bonnes femmes

dient que ce voyage, comme celuy de mons. St Main, se doibt faire 1579.
par aulmosnes, quelque riche que soit ung personnage, cestuy-cy Lecourt se feit recommander aux églises de Provins aux aulmosnes des
gens de bien, et feit quester par ung personnage par luy atiltré, sans
qu'on le désignast par son nom. Après qu'il eust faict ce voyage, il se
représenta audit Provins, et assista en l'église de St-Ayoul, qui estoit
sa parroisse, parmy les gens, encores que les marguilliers, par l'advis
des paroissiens, luy eussent signifié qu'il ne s'y trouvast plus, principallement aux heures de la grande messe et de vespres des festes et
dimanches, à cause qu'à telz jours et heures l'église de St-Ayoul est
pleine de gens qui touchent les ungs aux aultres. Nonobstant cette
signification, il ne laissa d'y assister encores quelque temps; il alla,
comme fut le commung bruict, aux bains chaux d'Allemagne, affin
de trouver meilleure guarison, et sembla, après son retour desditz
baings, qu'il eust plus cler et beau visage que devant. Toutesfois, pour
tout cela, l'oppinion qu'on avoit de sa maladie ne fut cessée; et luy,
voyant que le peuple continuoit en son opinion, dist et déclara n'estre
malade de lèpre, mais de la vérolle, et que ceste maladie, que jadix
on appelloit la gréne de Naple, l'avoit ainsi gasté, parcequ'il ne s'estoit faict panser, et qu'il ne l'avoit osé dire ni s'en descouvrir à personne. Cependant l'oppinion se continuant qu'il estoit ladre, il fut
accusé aux juges de la pollice pour se veoir estre mis à l'esprouve;
à ces fins, fut adjourné par devant lesditz juges de pollice, devant lesquelz comparut, et après avoir luy-mesme débatu sa cause, fut ordonné
qu'il seroit visité et éprouvé par les cirurgiens de la ville, ce qui
finablement fut faict, et fut rapporté par lesditz cirurgiens qu'il estoit
ladre. En attendant la présentation du rapport, Lecourt, qui n'arrestoit guères à Provins, alla, suyvant sa coustume, de lieu à aultre et
de marché en marché, et fut ordonné par le prévost qu'il seroit rap-
pelé pour ouyr ledit rapport et pour procéder contre luy, ainsi que
le cas le requéreroit. Le 8e jour du moys d'octobre, le sergent chargé
de l'adjourner estant à son huys et ayant demandé à parler à luy
pour faire son exploict, luy fut respondu par une servante qu'il ne se

1579. soucioit guères de tout ce qui se faisoit contre luy et qu'il estoit mort. Laquelle response, insérée par ledit sergent en son rapport, fut divulguée et déclarée de l'ung à l'aultre par la ville, et fut à l'instant mis en avant que toutes les bestes à quatre piedz qui avoient le pied fendu, comme vaches, porceaux, brebis et moutons, qui appartenoient aux habitans de laditte ville, estoient confisquées au roy et perdues pour ceux à qui elles estoient, d'aultant que ledit Lecourt estoit mort avant d'avoir esté rendu ladre. Ceux à qui appartenoient lesdittes bestes au pied fendu les destournèrent et ne les laissèrent retourner en leurs maisons pour la première et la seconde nuict, en intention de les céler et les envoyer au loing nourrir ou vendre, jusques à ce qu'on eust veu le moyen d'en eschapper. Plusieurs tuèrent et firent tuer leurs pourceaux tout hastivement, et en fut tué à Provins en vingt-quatre heures ung cent pour le moings. Toutesfois, ledit Lecourt n'avoit aultre mal, et estoit au village de Liours ou Fregu, parroisse de St-Fregel lez Nogent-sur-Seine.

Si le dire commung que les bestes des villages et villes où y a ung personage soubçonné ladre ou déclaré tel, mourant avant qu'estre séparé des aultres, doibvent estre confisquées et acquises au roy ou aux seigneurs des lieux est véritable, je n'en sçai rien ; et si n'ai jamais ouy dire qu'il y aye loy escripte en droict civil et canon ni édictz royaux qui en face mention, et croy, quant à moy, que ceux qui mettent telz propos en avant et qui les croyent sont plus bestes que les bestes qui ont le pied fendu. Combien que les plus anciens disoient avoir ouy dire à leurs pères telle estre la coustume de tout temps, que lesdittes bestes estoient subjectes à confiscation, n'ai ouy personne, tant vieil fust-il, qui dist l'avoir veu praticquer, sinon ung boulanger de Provins, nommé Michel Rousseau, lequel fut desmenty par vingt personnes dignes de foy.

En la parroisse de Leschelle lez Provins cuyda praticquer ceste coustume le gentilhomme et seigneur haut justicier du lieu, nommé mons. Patras, d'aultant que une femme estoit morte ladresse en sa maison, sans avoir esté rendue telle ni séparée des aultres, sinon ce

qu'elle-mesme se sépara, se voyant desfuye de tout le monde. Mais ne
fut le faict mené à fin par rigueur de justice, ains les gens de la parroisse, ne voulant plaider contre leur seigneur, à cause des guerres qui
couroient et de peur que le gentilhomme ne se vengeast sur eux en les
faisant manger de gens d'armes, composèrent à luy et luy donnèrent
argent chascune maison à bien petit pris, si bien que celuy qui avoit
cinq ou six vaches ne luy paya pas demy-veau de laict, qui avoit une
douzaine de brebis pas ung agneau, et ne les cassa ledit gentilhomme
en ceste affaire, sçachant bien avoir plus de proffit à prendre amiablement de ses subjectz ce que voluntairement luy offrirent que de
plaider contre eux.

Revenons audit Symon Lecourt de Changy, qui, sçachant le bruict
de sa mort et du recellement des bestes de Provins, en estoit bien
ayse et se bailloit du plaisir. Toutesfois, fut poursuyvi contre luy par
le prévost et juges de la pollice de Provins, à la diligence des marguilliers de la parroisse de St-Ayoul, et fut déclaré estre ladre, et
par la sentence fut dict que commandement luy seroit faict de se retirer du monde et de ne se plus trouver ès compaignies et assemblées
de gens sains, tant en l'église, marchez, foires, que aultres assemblées. De laquelle sentence et exécution d'icelle se pourta pour appellant ledit Lecourt à la court de parlement, comme d'abus et de
juges incompétens, et releva ledit appel. La sentence dudit prévost
et juges de pollice portoit que le curé de St-Ayoul prononceroit à
son prosne ladite sentence; Lecourt feit signifier audit curé son appel,
pour empescher cette publication, prétendant de le prendre à partie
en son propre et privé nom et de le poursuivre à la court de parlement en matière d'injures. Le curé, en conséquence de cette signification, n'ayant voulu passer oultre, les prévost et juges de pollice,
sur la demande des marguilliers, rendirent une nouvelle sentence,
portant que celle rendue contre ledit Lecourt seroit publiée par ledit
curé à peine d'amende, nonobstant toutes oppositions, appellations
et significations, ce que voyant, ledit curé publia ladite sentence,
après que les marguilliers lui eurent promis de le desdommager pour

1579. cela envers et contre tous. Iceux marguilliers, voyant que ledit Lecourt se desfendoit de telle sorte qu'il ne vouloit obéir à la sentence du prévost et que véritablement il eust eu bonnes raisons à la court de parlement, car il n'appartient qu'aux évesques et à leurs officiaux de cognoistre de telles matières de séparer les ladres d'avec les gens sains, l'accusèrent au promoteur de mons. de Sens, lequel promoteur citta ledit Lecourt et sa femme devant mons. l'official de Sens, pour estre eux deux visitez, touchez et éprouvez sur ce que la commune renommée disoit qu'ilz estoient malades de la maladie de lèpre, et, par mesme moyen, feit donner assignation aux marguilliers susditz audit Sens, pour estre présens à laditte visitation.

A laquelle assignation comparurent ledit Symon Lecourt et Fiacre Gaulthier, marguillier, et là fut ledit Lecourt mis entre les mains des cirurgiens et barbiers à ce déléguez, lesquelz ne volurent faire rapport diffinitif, ains le renvoyèrent jusques aux premiers jours du moys de may prochain venant; parquoy cesserons ce propos pour ceste année en attendant le moys de may de l'an qui vient pour en parler, si nous y sommes tous.

La femme dudit Lecourt ne comparut à Sens à son assignation, d'aultant qu'on luy promist de ne faire aulcune poursuitte contre elle, pour ce qu'elle somma et interpella ledit promoteur de luy dénoncer et déclarer ceux qui l'accusoient de ceste maladie, pour les prendre à partie, et en faulte de ce faire protesta de le prendre luy-mesme à partie en son propre et privé nom. Parquoy, partie par les menaces de ceste femme, partie par l'amytié qu'on luy portoit, fut sa cause délaissée pour ceste année, encores qu'elle fust plus marquée et taschée au visage de tasches rouges non accoustumées que son mary; et estoit icelle femme aagée de quatre-vins ans ou bien peu s'en falloit. Elle ne laissa d'aller à l'église, toute marquée qu'elle estoit au visage, mais peu de gens aultres que ses filles se tiroient près d'elle. Nonobstant les macules de son visage, qui n'estoient que grandes places rouges en divers lieux, se tenoit forte qu'elle n'estoit ladresse comme son mary, et croy que, pour en sçavoir la vérité, elle s'estoit faict

sonder et visiter par des barbiers, ce qui la rendoit beaucoup plus
hardie d'aller et venir avec les gens. Ce néantmoings, elle estoit si sage
qu'elle ne s'arrestoit avec personne pour deviser ni praticquer, si les
personnes ne l'appelloient les premières, et n'alloit plus en aultres
lieux qu'en sa maison et à l'église.

Son mary ne se tint plus à Provins depuis que la sentence susditte
luy fut signifiée, ains se retira en sa maison et métairie de Frégu,
et se tint là, allant et venant aux marchez à Villenauxe et Nogent, jusques à ce qu'il veit que les personnes, mesmement les taverniers et
hosteliers, ne le volurent plus souffrir en leurs maisons. Sur la fin de
ceste année, au moys de décembre, il Lecourt tomba en une grosse
maladie, où il cuyda mourir; et par son testament avoit légué une
somme de deniers comptans à l'église de St-Ayoul, à la charge que les
curé et parroissiens souffriroient qu'il feust enterré en leur église en
la fosse de feu son père, ou pour le moings au cymetière de laditte
église. Or advint que de ceste maladie il se releva et ne morut, et
estant relevé d'icelle, feit assavoir auxditz curé et parroissiens le legz
par luy faict à leur église, aux charges portées par sondit testament,
les requérant de luy déclarer leur intention, affin de tenir ou révocquer ledit legz, qu'il entendoit, en cas de refus, faire en faveur du lieu
où il seroit enterré. Il n'avoit nulz enfans et estoit bien riche; il donna
par testament son bien aux enfans de sa femme. Les parroissiens dudit
St-Ayoul ne luy volurent accorder laditte sépulture par luy requise en
leur église ni en leur cymetière, et aymèrent mieux perdre ledit legz
que de l'escouter en sa requeste; chose qui me sembla estre barbare.
Car depuis que ung corps est mort atteinct de telle maladie, il ne
peult plus infecter, joinct aussi que ledit supliant n'avoit volunté de
s'aller rendre en la maladerie de Crolebarbe, ains de se bastir plustost une maison en lieu escarté du monde ou de mourir en une de
ses fermes et métairies. On ne doibt jamais refuser la sépulture à ung
fidelle qui a catholicquement vescu et qui n'est excommunié, de quelque maladie qu'il soit attainct, moyennant que son corps ne puisse
infecter les personnes.

1579. Dès le mois de septembre, commença à Provins une maladie de la rougerolle, qui touchea plusieurs personnages grands et petis. Peu de grandes personnes en morurent, mais morut quelque peu davantage de petis enfans. Avec laditte maladie de rougerolle, furent plusieurs atteinctz d'une dissenterie de ventre, pareille à celle de l'an passé, mais non si cruelle ni contagieuse. Ceux qui eurent laditte rougerolle et le mal de ventre tout ensemble morurent, et ceux qui n'eurent que l'ung seul reschappèrent. Et eut cours ceste maladie jusques au moys de décembre avant qu'elle cessast.

Le nouveau président des élus, Antoine Yver, en vertu de l'édit royal qui marquait parmi les fonctions des présidents d'élection l'audition des comptes des paroisses, veut examiner les comptes de la fabrique de Saint-Ayoul et réclame du comptable le serment qui se prêtait auparavant entre les mains du curé. Les marguilliers et paroissiens de Saint-Ayoul s'opposent aux prétentions d'Antoine Yver, font appel au parlement, sont renvoyés devant les généraux des finances, et obtiennent de ceux-ci une sentence portant que le président et élus, en faisant leurs tournées, pourront, si bon leur semble, assister dans les villages à la reddition des comptes des fabriques, au lieu accoutumé, en la présence des paroissiens, sans rien prendre ni demander pour leur salaire. Le président, après de nouvelles difficultés, finit par céder. Ce procès lui fit perdre cent écus de revenu par an; il s'en vengea en haussant les tailles de la paroisse de Saint-Ayoul en l'année 1580, plus que celles des autres paroisses, ce qui fit naître de nouveaux procès. Les comptes des fabriques furent aussi l'occasion de procès entre lui et plusieurs paroisses de l'élection de Provins. — Antoine Yver, quoique fils de marchands, prend le titre de noble et veut se faire considérer comme tel.

Il est possible qu'il y ait ici une lacune.

1580.

Le commencement de l'année manque. Le manuscrit reprend à l'article 311 de l'ordonnance faite par Henri III sur les doléances des états de Blois, au mois de mai 1579[1].

En considérant le temps qui s'écoula entre la tenue des états de Blois et la publication de l'ordonnance de mai 1579, et l'oppression qui fut exercée sur le peuple par tailles, subsides, impôts de tout genre, création de nouveaux offices, on peut croire que le roi n'avait pas intention de faire droit aux doléances des états de Blois; il y fut contraint par les réclamations des provinces de Normandie et de Bourgogne et par la crainte de nouveaux troubles dans le royaume.

Détails sur la tenue des états de Blois en 1576, d'après la relation qui en a été donnée en 1580. Ordre de la séance royale du 6 décembre. Noms et nombre des députés aux états. Suite de la relation de ce qui s'est passé à la première séance de l'assemblée.

Deux cents hommes environ des gardes du roi, venant de Paris, passent à la fin de mars aux environs de Provins et par Nogent pour se rendre aux alentours de Troyes. Le bruit courut qu'ils étaient envoyés pour mettre fin à une querelle sanglante entre M. de Saint-Phalle et un autre grand seigneur; d'autres disaient

---

[1] Isambert, *Recueil des anciennes lois françaises*, t. XIV, p. 380. Voyez aussi des déclarations du 6 mai 1581 et du 7 septembre 1582.

1580. qu'ils étaient allés pour dissiper une troupe de bandits. Ils repassèrent le 4 avril, menant des prisonniers.

Le 6ᵉ jour du moys d'apvril, advint ung grand et espoventable tremblement de terre dans les villes de Chasteau-Thierry, de Soissons et de Laon, en ung village près la Fère en Picardie, à Rouen, Pontoise, Poissy, Sᵗ-Germain-en-Laye lez Paris, Beauvais, Calais, et en quelques endroictz de la ville de Paris, tout en ung mesme soir[1] et mesme heure dudit 6ᵉ jour d'apvril, le tout bien vérifié par les habitans desdittes villes et lieux et aultres qui y estoient logez, ainsi que nous en avons sceu par eux le discours. Nous parlerons premièrement de la ville de Chasteau-Thierry-sur-Marne, qui est la plus proche de la ville de Provins, en laquelle commença ledit tremblement de terre, dès les six à sept heures du soir, dans le chasteau, qui est assis au pied d'une montaigne et rocher fort ferme. Duquel chasteau tremblèrent les logis si rudement, que les chiennetz ou landiers qui estoient soubz les cheminées tombèrent à terre, tant ceux des chambres basses que des haultes, comme aussi firent-ilz en plusieurs maisons de la ville, où furent cassez plusieurs potz de terre et verre, qui estoient sur les dressoirs, planches et buffetz desdittes maisons. Les verrières des églises et maisons sonnoient et retentissoient à merveilles et en telle sorte que les habitans habandonnoient leurs logis, de peur qu'ilz tombant ne les accablassent dessoubz. Et dura ledit tremblement deux nuictz l'une après l'aultre, et non de jour. Le fauxbourg Sᵗ-Nicolas, qui est oultre la rivière, du costé de la Brie, ne trembla aulcunement, et n'y eut que la ville et chasteau. Les habitans coururent à l'église pour prier Dieu de les conserver, et firent, pour apaiser l'yre de Dieu, des processions par chascun soir jusques au jour de l'octave de Pasques, en jeusnant et confessant leurs peschez.

A Rouen, les maisons tremblèrent depuis quatre heures du soir jusqu'à minuit; les verrières des églises et des maisons furent brisées, quelques parties des voûtes de la cathédrale s'écroulèrent. A Calais, une portion des murailles de la ville et plusieurs maisons tombèrent, la terre s'ouvrit et laissa voir des hommmes

[1] Voyez le Journal de Fayet, publié par M. Luzarches, p. 18.

armés se combattant avec un bruit effroyable. Il fut rapporté que le tremble- 1580.
ment s'était fait sentir en plusieurs endroits de la ville de Paris, et nommément
à l'hôtel de Nesle, où logeait madame de Nemours; mais le fait n'a pas été suffisamment constaté. Ce fléau, avec plusieurs autres, guerres, maladies, etc. est
un signe de l'approche de la fin du monde.

Dedans la ville de Paris, au moys de febvrier, commença à avoir
cours une maladie qu'on appella la coqueluche[1], qui fort tormenta
les personnes qui en furent attainctes, dont la plus grand partie morut
par ung cours de ventre, qui les saisit durant ladicte maladie. Dès la
fin du moys de febvrier, s'apperçut-on qu'elle estoit contagieuse et une
peste couverte, et avant qu'il fust la my-mars, fùt cogneue estre une
peste patente et descouverte, avec tous les signes et accidens qui la
suyvent; et commencèrent dès lors les Parisiens à desfuyr ceux qui
en estoient frappez et à se contregarder de hanter les lieux où elle
avoit cours. Elle se respandit et print son cours par les quatre coings
et le milieu de ladicte ville et des fauxbourgs d'icelle, avant qu'il fust
là St-Jehan-Baptiste, à la fin de juing, et se continua de plus en plus
jusques à la fin de décembre, à la fin duquel n'estoit encore cessée.
Les mors de ceste maladie, en ladicte ville et fauxbourgs de Paris,
furent estimez excéder le nombre de soixante mille personnes. Aucuns ont tenu pour certain qu'il en estoit bien mort, tant d'une maladie que de l'aultre, le nombre de cent mille, qui me semble estre
quelque peu trop, encores que la ville soit fort grande. Ilz de la ville
de Paris estimoient d'ung jour à l'aultre ladicte maladie debvoir cesser,
et pour ce ne partoient les malades de peste hors de leurs maisons,
c'est assavoir ceux qui avoient quelque bien et moyen de se faire
panser. Ceux qui n'avoient aucun ou peu de bien s'alloient rendre
dedans l'Hostel-Dieu. Toutesfois ladicte maladie ayant son cours de

[1] Copie d'une missive envoyée de Paris
à Lyon par un quidam à son bon amy,
contenant novelle de la santé et du nombre
des morts de la contagion audit lieu et cité
de Paris, etc. (*Archives curieuses de l'his-*
toire de France, t. IX, p. 321.) — Voyez

aussi le Mémorial d'Eust. Piedmont, t. I;
— le Registre contenant plusieurs choses
mémorables et non vulgaires (Bibl. imp.
collect. Dupuy, vol. 301); — et le Journal
de Fayet, p. 19.

1580. plus en plus, furent les habitans et gouverneurs contrainctz de faire dresser des tentes et pavillons, à la mode d'ung camp, hors la ville et fauxbourg St-Germain, en tirant droict aux Chartreux, pour y faire mener les malades, par faulte de maison commune destinée à cest effect.

Tous estrangers, comme escolliers des collèges, clercs de justice, serviteurs des marchans, absentèrent laditte ville pour s'en retourner en leurs pays ou aultre part, et ne voyoit-on par chascun jour de l'esté de ceste ditte année aultres gens passer à grandes trouppes par les chemins que clercs, escolliers et aultres gens, et estoient telz jours que par la ville de Provins en passoit plus de deux cens, quasi trois moys durant. Une partie des présidens, conseillers, advocatz, procureurs, notaires, sergens, gentishommes, bourgeois, marchans et artisans de Paris, qui avoient fermes, métairies et maisons aux champs pour se retirer, ou parens, amys ou alliez qui les volussent recevoir, s'absenta aussi, et ne demeura audit Paris que gens qui n'avoient moyen de se retirer aultre part.

La fuitte des habitans de Paris fut cause de mettre la peste en plusieurs villes et villages à vingt lieues à la ronde, où ilz logèrent en passant chemin et où ilz demeurèrent, comme à Corbeil, Melun, Sens, Lagni, Chasteau-Thierry, Montmirail, Provins, Nogent-sur-Seine, La Ferté-Gaulcher, Villenauxe-la-Grand et aultres lieux. Et qui estoit une chose fort à déplorer estoit que plusieurs mouroient sur les chemins, sans aulcunement estre secouruz en leurs nécessitez, et à grand peine trouvoit-on qui les volust enterrer, encores qu'ilz fussent bien habillez et fournis d'argent sur eux.

Le roy, qui n'absentoit la ville de Paris, au commencement de ceste maladie pestilencieuse, plus loing que St-Germain-en-Laye, le bois de Vincenne, St-Maur-des-Fossez et Fontenoy-lez-Meaux, volut contraindre par édict comminatoire les présidens, conseillers et bourgeois de Paris de retourner en leurs maisons dans laditte ville, ou en faulte de ce faire, promettoit d'y mettre des gens de guerre en garnison. Toutesfois à ces menaces n'obéirent tous les Parisiens. S. M.

fut en propre personne à diverses fois audit Paris, durant l'esté de 1580. ceste année, et fut jusques au Palais, en la grand chambre dorée, tenir le siége de justice, pour homologuer certains édictz qu'il avoit faictz, et disoit-on qu'il ne craignoit aucunement laditte maladie contagieuse, à laquelle n'estoit subject, à cause de certains cautères ou playes qui estoient en son corps, qui couloient et jettoient humeurs ordinairement pour certaines maladies qu'il avoit. Toutesfois à la fin s'absenta à Fontaine-Bleaue, voyant laditte maladie de plus en plus continuer audit Paris et les environs, et ne parla plus d'y retourner ne d'y faire retourner les habitans [1].

Après la St-Martin d'hiver que les vacations de justice furent faillies, plusieurs personnes, comme advocatz, procureurs, clercs et aultres, retournèrent audit Paris, espérant que, à cause de la saison de l'hiver, la maladie cesseroit; la plus grande partie desquelz furent frappez de laditte maladie et peu en reschappèrent. Moult de barbiers et cirurgiens, qui de leur volunté ou par justice furent commis à panser les malades, morurent; la plus grande partie d'entre eux estoient compagnons de l'estat, lesquelz se hazardèrent au danger pour soulager les maistres, qui leur promettoient de les recevoir maistres s'ilz en eschappoient.

Entre les habitans de Paris qui se retirèrent à Provins, fut la femme de Me Nicole Vigner, natif de Provins, demourant audit Paris, ung des plus savans hommes en toutes sciences et principallement en la grecque, qui fussent audit Paris [2], en la maison duquel (qui estoit en l'université), morut quelqu'un de ses pensionnaires de laditte maladie.

[1] Instructions données au maréchal de Schomberg, pour prendre des informations sur la sûreté d'un voyage que le roi voulait faire à Plombières, faire patienter les princes d'Allemagne quant à l'argent qui leur était dû, etc. 1580, 7 avril. (Bibl. imp. Baluze, n° 8476, fol. 18 r°.)

[2] S'agit-il de Nicolas Vignier, historiographe de France, médecin de Henri III, auteur de divers écrits d'histoire et d'éru-dition ? De Thou dit que ce savant était de Bar-sur-Seine. Rigoley de Juvigny, dans ses notes sur la Bibliothèque française de la Croix du Maine, nomme même sa mère et son père, avocat du roi à Bar. Je pense donc que notre Vignier est celui qui, dans un acte de 1554 (appartenant à M. le Dr Michelin), figure comme *maître ès arts, régent de l'Université de Paris au collége de Bourgogne.*

1580. Pour éviter cette maladie, laditte femme, qui estoit fort bossue et contrefaicte en nature, volut sortir de sa maison et de la ville de Paris, et pour prendre bon ayr, par la permission de son mary, elle se fit mener à Provins et s'alla arrester en la maison de Jacques Gigot, chapelier de son estat, estably en la rue de l'Estappe-au-Vin, nepveu, à cause de sa femme, dudit Vigner; elle avoit avec elle l'ung des filz dudit Gigot, demourant à Paris en la maison d'iceluy Vigner. Ilz furent bien receuz par le chapelier, sa femme et toute sa famille, et pour les festoier à leur bienvenue, qui fut environ le 13 ou 14e du moys de julliet, furent mandez à bancqueter les parens, voysins et amys dudit Gigot, bien au nombre d'une douzaine et plus, lesquelz tous ensemble firent bonne chère et se resjouirent les ungs avec les aultres. Laditte femme par après fut mandée ès maisons des parens et amys pour la festoier et luy faire passer mélencolie. Mais ce ne dura longtemps; car laditte femme, devenant en malaise trois ou quatre jours après son arrivée, morut le 18e jour dudit moys de juillet, environ les sept à huict heures du soir, en la présence du prebstre qui fut appellé pour la confesser et de tous les voisins et voisines.

Si tost qu'elle fut morte, entrèrent en soubçon de la maladie contagieuse les habitans de Provins, qui furent advertis de sa mort si soudaine par le son des cloches, que l'on sonna en l'église de M. St Ayoul, à la requeste dudit Gigot, pour la faire enterrer au lendemain honorablement et catholicquement. Mais soudain, par l'advis des gouverneurs et habitans de la ville, fut mandé qu'on cessast de sonner les cloches, de peur d'éventer laditte mort aux gens des villages et passans par la ville, et que le bruict feust semé par le pays que la peste estoit à Provins. Il fut ordonné à Mes Nicolas Doury et Jehan Lelong, barbiers et cirurgiens dudit Provins, d'aller visiter ceste femme morte et de faire leur rapport si elle estoit morte de la maladie contagieuse ou non. Ce qu'ilz firent, et rapportèrent qu'ilz n'avoient veu sur elle aucune apparence de peste ni aultre maladie contagieuse, en se faisant payer dudit Gigot la somme de 20 à 24 testons, tant pour leur prouffit que pour la despense faicte en la taverne. Depuis qu'ilz furent payez dudit Gigot, auquel ilz assurèrent n'y avoir aucun danger, dirent à plusieurs personnes qu'ilz ne sçavoient que dire à la vérité de laditte mort, et qu'il estoit bon de se donner garde de hanter en la maison et avec les personnes où elle estoit morte. Qui causoit ung soubçon de danger sur laditte mort, estoit, avec le bruict de la maladie de Paris, la mort de six personnes qui estoit intervenue audit Provins en quatre maisons, il y avoit quelque moys et six sepmaines auparavant, en deux desquelles maisons en estoient mortes deux en chascune. La première maison où avoit commencé la maladie à Provins, de laquelle on doubtoit avant la mort de la Parisienne, fut celle de Jacques Privé, filz d'Anthoine, tanneur, demourant près le gué des Bourdes, dans laquelle morurent à huict et neuf jours l'une de l'aultre la femme et la servante dudit J. Privé, ayans esté toutes deux assez peu de temps malades. Avec ces femmes, morurent la femme de Thomas Bazou, mère de la femme dudit J. Privé; la femme de Claude Pesloë, belle-sœur de laditte femme Bazou et tante de celle dudit J. Privé, ayans toutes, comme l'on estimoit, prins la maladie à visiter l'une l'autre; Thobie Richard et Péronne sa femme, à huict jours l'ung de l'aultre. Thomas Bazou fut malade à l'instant de la mort de sa femme, comme aussi fut la femme de Gabriel ou Gaspard Billot, sœur de la deffuncte femme dudit Bazou. La mort et la maladie de tous lesquelz, intervenue en six sepmaines, donnoit quelque soubçon de maladie contagieuse, avec la mort de laditte Parisienne.

Après la mort et visitation de celle-ci, fut faict commandement audit Gigot de fermer sa boticque et de ne hanter le peuple; lequel n'en volut rien faire à cause du rapport des barbiers, et ne cessa d'aller et venir par la ville et tenir sa maison ouverte, faisant son estat de chapellier comme de coustume. Et n'avoit ledit Gigot appréhension aucune de laditte maladie, jusques après la mort d'ung de ses enfans, qui morut environ quatre ou cinq jours pour le plus après le trespas de laditte Parisienne; et parceque ledit enfant, aagé de huict ans ou environ, avoit quasi la moytié de l'année esté ma-

1580. lade, ne sembloit estre mort de ceste maladie contagieuse, joinct aussi qu'il n'y en avoit sur luy aucune apparence, non plus que sur la Parisienne, laquelle avoit esté toutesfois enterrée de nuict, mais ledit enfant le fut de jour. Dès le jour mesme de l'enterrement de leur frère, furent malades deux aultres enfans dudit Gigot, aagez de dix et douze ans ou environ, qui y avoient assisté en santé; pour la maladie desquelz commença ledit Gigot à avoir craincte et appréhention d'estre maladie contagieuse, lequel, pour en estre préservé et pour prendre bon ayr, partit de sa maison avec son filz qui estoit revenu de Paris, et s'en alla à mons. St Gond en pélerinage et de là mena sondit filz en la maison de sa mère à Montmirail en Brie. Avant qu'il fust de retour, morurent encores les deux enfans malades tous en ung jour et à deux heures l'ung de l'aultre, dont advint grand trouble en la ville, car c'estoient jà quatre personnes mortes en ceste maison en moings de treize jours. Plus grand trouble fut à la mère, qui estoit seule à gouverner ses gens et serviteurs, à laquelle et auxquelz, par ordonnance de justice, fut deffendu de ne plus sortir de la maison, sinon avec une verge blanche en leur main, pour estre cognus des aultres peuples, et de n'aller parmy la foulle, comme aussi leur fut commandé d'enterrer lesditz enfans de nuict. Ce qui ne fut faict, car Me Claude Haton, prebstre et clerc de l'église mons. St Ayoul, à la prière et pleurs de la pauvre femme si désolée, les alla querre sur les six à sept heures du soir, qui estoit encores plain jour, le soleil non couché, et plus de trois cens personnes par les rues à veoir que l'on en feroit, les mena en terre au cymetière dudit St-Ayoul, cheminant non trop loing desditz enfans mortz et de celuy qui les portoit, qui estoit ung jeune filz, aagé de vingt ans ou environ, serviteur de la maison, qui les porta à deux voyages l'ung après l'aultre. Lequel déclara audit Haton n'y avoir, sur lesditz enfans mortz, aucun signe de pestilence, non plus qu'il y avoit sur sa main, disant les avoir veu en leur maladie et en les ensevelissant tous nudz par tout leur corps.

Ce néantmoins, ne fut plus permis à tous ceux de laditte maison de hanter le monde, joinct aussi que chascun les défuyoit et ne vouloit plus approcher la maison dans laquelle travailloient les serviteurs, jusques au dimanche 7e jour d'aoust, que la servante tomba malade, à laquelle s'apparut le signe de peste en l'aine, près le ventre. Le mardy ensuyvant, qui fut le 9e jour dudit moys, fut pareillement frappée de laditte maladie la femme dudit Gigot en mesme lieu que sa servante, laquelle ne céla son mal, non plus que celuy de sa servante. Les novelles reportées aux gouverneurs de la ville, fallut travailler et chercher où l'on mèneroit ces deux personnes malades, pour les faire panser; et furent lesditz gouverneurs deux jours entiers avant que d'en résouldre et s'en accorder. Aucuns estoient d'avis qu'on les menast sur les murailles de la ville attenant du cymetière de St-Nicolas, en la maison jadix destinée aux malades de peste, laquelle toutesfois estoit toute desbastie, sans huys, fenestres, terre ni boucheure. Ce qui fut empesché par les capitaines de la ville et le lieutenant général pour le bally, lesquelz remonstrèrent que, encores que laditte maison eust esté autresfois destinée aux malades de ceste maladie, pour lors elle n'y povoit servir, à cause des troubles de guerre qui estoient en France, et que nuict et jour il falloit faire guet sur les murailles, sur lesquelles estoit assise ceste maison jà ruynée, qui seroit ung trop grand danger à toute la ville et principallement aux habitans du cartier de la porte de St-Jehan, qui sont subjectz à y faire le guet. Le tout ouy et débatu, fut advisé que, auprès de St-Bris et la chapelle N.-D.-des-Champs, y avoit une maison seulle, loing des aultres, au lieu dit Garlat, appartenant à Ayoul de St-Jehan, messager de Sens, en laquelle demeuroit ung pauvre homme qui n'avoit grand train, et qu'en attendant mieux falloit y mener lesditz pestiférez; ce qui fut faict, le 11e jour dudit moys d'aoust.

Les gouverneurs de la ville furent aussi empeschez à trouver des barbiers qui volussent saigner et médicamenter lesditz pestiférez qu'à trouver une maison pour les mettre, combien que les barbiers dudit Provins firent élection de deux d'entre eux pour y aller.

1580. Mais les esleuz n'y volurent aller, l'ung desquelz s'absenta, et l'aultre fut mis en prison, qui fut ung nommé Tabu, demourant au Chasteau. Celuy qui se cacha fut Jehan Guillemin le jeune. Lesquelz s'opposèrent à leur élection, disant que nulz aultres barbiers debvoient estre envoyez panser les malades susditz que les deux qui avoient esté visiter la Parisienne et qui s'estoient faict payer de leur rapport, non contenant vérité, comme il apparoissoit, et qu'ilz debvoient les premiers estre exposez au danger, comme ilz estoient à cause de laditte visitation, et que eux, après avoir faict la faction et le service l'espace de six sepmaines, s'offroient aller prendre leur place pour pareil terme et non aultrement; et se soustenoient en procès les ungs contre les aultres sur ces articles-là, durant lequel temps les pauvres femmes malades souffroient grand mal, faulte d'estre seignées. Pour lesquelles soulager, alla à Villenauxe-la-Grand ledit Gigot, qui s'estoit approché de Provins, sçachant les novelles de sa femme qui estoit preste à accoucher, et trouva ung barbier, nommé Me Thibault, bon compagnon, tout jeune homme, auquel il donna six escuz pour aller saigner sa femme et sa servante audit lieu de Garlat, ce qui fut fait. Dès le lendemain de la saignée, la femme escouchea d'un enfant, qui fut baptisé par ledit barbier, et environ trois heures après morut la pauvre femme, au grand regret de toute la ville de Provins, tant elle estoit honeste et bien volue de tout le monde. Elle est enterrée derrière la chapelle de N.-D.-des-Champs. Le mary fut fort dolent; au lendemain de son enterrement, chargea encores ung jeune filz qu'il avoit, aagé de neuf à dix ans, qui avoit tousjours esté avec la mère en leur maison et jusques à ce qu'elle fut menée à Garlat, et l'enmena avec soy en la maison de sa mère, lequel environ six jours après morut de ceste maladie entre les bras du père, qui toutesfois n'eut aucun mal. La servante reschappa, mais avec grande difficulté, car la peste la reprint par deux fois avant qu'en estre guarie. Le serviteur qui avoit enterré les deux enfans susditz fut plus que serviteur fidelle, parceque en ce danger oncques ne volut habandonner sa maistresse, qu'il pansa aussi bien et doulcement que si elle eust esté sa mère; au traitement

de laquelle fut frappé de peste et morut quelque cinq ou six jours 1580.
après saditte maistresse.

Au lendemain que lesditz malades furent audit Garlat, les gouverneurs de la ville leur procurèrent une garde, qui fut une femme
abandonnée, bonne commère, native de Goix, de la race des Paule-
vez, demourant à Provins, nommée la Bicquetière, avec laquelle ilz
composèrent de son salaire par chascun mois, pour les aller panser;
ce qu'elle fit avec ung sien jeune garçon aagé de neuf ou dix ans,
qu'elle mena avec elle, lequel pareillement morut audit Garlat de laditte maladie. Après sa mort, laditte Bicquetière feit aller vers elle
une petite fille qu'elle avoit, aagée de cinq ou six ans, pour luy faire
compagnie, qui avec sa mère en reschappa. Les barbiers de Provins,
estans avec les gouverneurs de la ville en la difficulté de procès
qu'avons dict, se retirèrent à ce maistre Thibault, barbier de Villenauxe, auquel ilz composèrent de certain gage par moys pour se
tenir audit Garlat, pour panser les malades, et en oultre luy fut faict
promesse, après le danger passé, qu'il seroit receu maistre barbier et
cyrurgien à Provins sans rien payer. Mais nul ne fut en peine de ce
faire; car il morut à l'entour de la St-Michel ensuyvant audit Garlat,
estant frappé de la mesme maladie. Il estoit estimé fort lubricque et
paillard, et feit-on courir le bruict qu'il estoit cause de sa mort,
ayant paillardé avec laditte Bicquetière ou aultre.

Durant le temps qu'il barbier fut audit Garlat, morurent au Chasteau de Provins deux personnes en une maison, assez près l'ung de
l'aultre. Pour le premier, on ne se donna garde, encores que sa maladie ne fust que de quatre jours; mais, quand le second morut, on
doubta que ce fust de laditte maladie, et pour en sçavoir fut envoyé
ledit Me Thibault pour le visiter, qui rapporta qu'il estoit mort de
peste. Toutesfois, personne de ceux qui avoient hanté en laditte
maison et visité et pansé lesditz malades n'eurent aucun mal; et n'y
eut en toute la ville de Provins maison où on morust de peste que
celle dudit Gigot et ceste-cy du Chasteau. Les voisins dudit Gigot,
qui avoient esté au trespassement de la Parisienne et de son premier

1580. enfant mort n'eurent aucun mal, ni aultres de ceux qui hantèrent avec luy.

Ne fault icy oublier à dire ce qui fut faict d'ung petit enfant qu'avoit ledit Gigot, aagé de vingt mois ou environ, luy estant absent et ung peu avant que sa femme devînt malade en sa maison. Laquelle, par le conseil de ses voysins qui l'aymoient fort, aussi bien que son mary, rasa les cheveux de son petit enfant le plus près de la teste qu'elle put, le lava tout nud en belle eaue chaulde, et puis après en du vinaigre par toutes les parties du corps; et ce faict, fut le pauvre enfant porté par la chambrière au millieu de la rue sur une planche que les voysins y avoient mise, sur laquelle l'alla prendre une pauvre femme de la rue des Boulançois, pour l'emporter dans sa maison, le revestir des habitz que les voysins luy donnèrent aultres que les siens et le nourrir avec elle. Lequel en reschappa et n'eut aulcun mal. Ledit Gigot, de six enfans qu'il avoit à la venue de sa tante la Parisienne, n'en conserva que deux, le plus viel et le plus jeune. Au bout de trois mois, et six sepmaines après le décès de sa femme, il pensa retourner en sa maison; mais fut contrainct d'y renoncer par la clameur des habitans; sa maison ne fut ouverte qu'au commencement de décembre par la Bicquetière dessusdite, à laquelle il marchanda de la parfumer et nettoyer, et il y rentra à la fin dudit moys de décembre.

La peste pénètre à Nogent-sur-Seine apportée par les passants qui venaient de Paris, et commence au faubourg de la Trinité, dans l'hôtellerie des Trois-Rois, dont elle enlève tous les habitants. A Villenauxe-la-Grande, il y eut une ou deux maisons infectées par les hardes qu'un habitant de cette ville avait prises à un individu mort sur les chemins. La maladie règne aussi à Montmirail, la Ferté-Gaucher et Melun. — Chapitre général des jacobins tenu à Rome. — Le bourg de Moulin-d'Ocle lez Bray, pour être à l'abri des gens de guerre, s'entoure de fossés et se ferme de murailles, avec quatre tourelles et une porte fortifiée. — Procès au parlement entre M. du Tillet, greffier de cette cour, seigneur de Gouaix, et les habitants de Gouaix, au sujet des usages dont ils jouissaient et dont M. du Tillet voulait s'emparer. Ces usages avaient été cédés à la commune par Mme de Sainte-Colombe, à charge de 5 d. t. par an pour chaque ménage. —

Mort subite de Samson Marois, de Maulny, paroisse de Meel-sur-Seine (18 juin). 1580.
— Un homme de Bray-sur-Seine est pendu à Provins, le 11 juin, comme
faux monnayeur. — Un meunier de Villiers-Saint-Georges, chez lequel on
avait trouvé de la fausse monnaie, est condamné à être fouetté et banni du bailliage de Provins. — Mort, vers le 15 juin, de Me Nicole de Chantereine, chantre
de N.-D.-du-Val, ancien aumônier du duc François de Guise. — Procès entre
Jean de Ville, avocat, jadis procureur du roi à Provins, et le bailli de Villenauxe, second mari de sa belle-fille.— Jean de Ville reçoit en grâce sa fille, veuve
du grand maire de Donnemarie, qui l'avait chassée à cause de sa mauvaise conduite. — Malgré les conventions de Nérac, les protestants du midi fortifient
leurs places de sûreté et s'emparent de plusieurs autres villes, où ils mettent garnison. Dès le 29 novembre 1579, le prince de Condé s'était enfermé dans la
ville de la Fère en Picardie. Les princes de Bourbon font un manifeste pour
expliquer la levée des armes et rallier les populations à leur cause[1]. Déclaration du roi en réponse à ce manifeste, pour exprimer son désir de la paix, se
plaindre de l'inexécution des conventions, et promettre aux protestants la stricte
observation des traités[2]. Plusieurs gentilshommes, à la suite de cette déclaration,
abandonnent le parti des rebelles.

Le roy despescha capitaines et chefz de guerre pour lever gens au
son du tabourin, qu'il commanda estre levez en diligence et menez
ès lieux qui leur furent ordonnez, et ne s'arrestèrent les capitaines
longtemps en ung lieu ni leurs soldatz aussi, et sembla y avoir ung
meilleur ordre et gouvernement à la levée et conduitte desditz soldatz que ès années passées. Mons. de la Valette, gouverneur de Metz
en Lorraine, feit sonner le tabourin au balliage de Provins et dedans
la ville pour lever gens, le 14e jour dudit moys de juin, pour les mener
au camp qui s'assembla près de Soissons; duquel camp fut gouverneur pour le roy mons. le mareschal de Mastignon, auquel S. M. envoya plusieurs pièces d'artillerie, qu'on chargea à Paris pour assiéger
la ville de la Fère. Le siége fut mis environ la feste de mons. St
Jehan-Baptiste, auquel fut envoyée partie des capitaines et soldatz

---

[1] Déclaration et protestation du roy de
Navarre sur les justes occasions qui l'ont
meu de prendre les armes pour la défense
et tuition des églises réformées de France.

1580. (*Archives curieuses de l'histoire de
France*, t. X, p. 1.)
[2] 3 juin 1580. (Isambert, *Recueil des
anciennes lois françaises*, t. XIV, p. 478.)

1580. des gardes du roy, entre aultres MM. de Tachy et de Lours, lez Provins, avec leur régiment. Les chevaux de l'artillerie furent fournis par ung marchand de Paris, tous enharnachez et estelez à ses despens, pour lequel rembourser furent envoyez commissions de par le roy aux élections qui ne fourniroient castadours, pour faire taille sur les villes et villages, qui fut une chose bien faicte au prouffit des pauvres gens. Ceux de l'élection de Sens fournirent cent cinquante pionniers, qui passèrent par la ville de Provins, tous habillez de toille, le 25e jour de julliet; lesquelz, à l'instant qu'ilz furent arrivez, furent bien foudroiez et battus par les ennemys huguenotz qui estoient dedans la ville, comme aussi furent plusieurs pionniers des aultres élections; et croy que de ces cent cinquante n'en reschappa jamais trente en santé.

En moings de quinze jours après qu'ilz passèrent par Provins, en rapassa quelque douzaine les ungs après les aultres, si navrez qu'à peine se povoient-ilz soutenir. Ce siége feit moult de mal à toutes personnes du camp du roy; car pour battre laditte ville, qui n'estoit close que de fossez et rempars de terre sans aucune muraille, fallut dresser deux ou trois boullevers de terre pour y monter l'artillerie, et la tirer aux maisons et habitans qui cheminoient par les rues. Ceux qui tenoient bon dedans estoient tous bons guerriers, entre lesquelz estoit le seigneur de Mouy; lesquelz, à couvert de leursditz rempars pour tirer leur artillerie, endommagèrent fort le camp du roy, sans que les gens dudit camp les peussent que peu endommager jusques à ce que les boulevers ou ravelins de terre fusssent dressez. Ilz de dedans firent plusieurs salves sur le camp du roy, qu'ilz forcèrent par plusieurs fois avec grand murtre et effusion de sang. On feit courir le bruict qu'ilz avoient pour une saillie prins et enmené plus de trois cens pionniers du camp du roy, qu'ilz menèrent dans la ville, pour réparer ce que l'artillerie povoit gaster en leurs rempars. Le roy, sur le bruict que les huguenotz avoient surprins la ville d'Esparnay, commanda aux villes de dessus la rivière de Marne de se bien garder, si elles ne vouloient qu'il y mint garnison, les menaçant d'un rigoreux chastiment

si elles se laissoient surprendre par l'ennemy. Et pour empescher que
les assiégez ne fussent secourus par aultres huguenotz, S. M. feit
dresser trois camps vollans ès environs dudit lieu de la Fère, qui
occupoient les passages des rivières d'Aisne et Oyse; le camp de la
Fère fut enforsi de quatre mille lansquenetz, lesquelz, aussitost qu'ilz
furent arrivez, ne cerchoient qu'à donner assault. S. M. ordonna aux
gens de guerre de ses ordonnances qu'ilz eussent à se rendre au camp
au 25e jour du moys de julliet, et il feit proclamer l'arrière-ban des
nobles de son royaume, pour les faire aller au camp ou contribuer
aux fraiz de la guerre.

La compagnie de mons. le duc frère du roy se meint aux champs
dès le commencement du moys d'aoust, pour s'assembler ès environs
de Provins; ilz se rendirent à la fin dudit moys ès villages des parroisses de Chalaustre-la-Grand, de la Chapelle-St-Nicolas, de Mériot,
de Meel, d'Ermez, de Sordun, de Leschelle, de St-Martin de Chasnetron., de Bonsac, de Voulton, de St-Bris, de Gymbrois, de Rouilly et
Mortery, où ilz furent l'espace de douze jours à tourner de parroisse
en parroisse, en attendant leur capitaine, M. de Rosne, gendre de
M. d'Estoge. On les avoit mis aux champs afin de tascher de se rendre
maistres du chasteau d'Anglure, pour et au nom dudit seigneur
d'Estoge, nommé Jacques d'Anglure[1]. Ce chasteau est une des plus
belles baronneries de France, qui a moult de seigneuries qui relièvent
de luy, lequel lors appartenoit à ung riche marchand de la ville de
Troye, qui l'avoit achepté par décret, il y avoit environ deux ou trois
moys. Dont estoit marry ledit sieur d'Estoge, qui voluntiers injuste-
ment s'en feust emparé, à cause de son nom d'Anglure, encores que
auparavant que le marchand l'achetast n'y avoit aucun droict. Mais le
marchand, ayant esté adverty de ceste entreprinse, ferma les portes et
leva les pons, ayant mis dedans quelques soldatz pour le deffendre.
Les hommes de guerre de ceste compagnie de mons. le duc les

---

[1] Jacques d'Anglure, vicomte d'Estoge, sieur de Bray-sur-Aisne, d'Arci, etc.
chevalier de l'ordre du roi, gouverneur
d'Auxerre, capitaine de cinquante hommes
d'armes, fut député de la province de
Champagne aux états de Blois.

1580. plus habilles et mieux montez, avec leur capitaine, ledit sieur de
Rosne, partirent des paroisses d'Ermez, Meel, Mériot et Chalaustre-
la-Grand à ung soir, ayans laissé leurs serviteurs et bagages ès logis,
et cheminèrent toute nuict, jusques à ce qu'ilz fussent contre les
portes du bourg d'Anglure, qu'ilz trouvèrent fermées, et ès environs
se serrèrent en embuscade. Au matin, à l'ouverture de la porte, sans
estre descouvers, pénétrèrent dans le bourg, où ilz furent trois jours à
faire bonne chère aux despens des bonnes gens, cerchans tous moyens
pour entrer audit chasteau, ce qu'ilz ne purent faire, parquoy furent
contrainctz d'en desloger.

Sur ces entrefaictes, furent semées les novelles de la reddition de
la ville de la Fère, laquelle fut rendue le 10ᵉ jour du moys de septembre par composition, après avoir soustenu deux ou trois gros assaultz, dont l'ung fut baillé le jour de la feste mons. Sᵗ Bartholomy,
où plusieurs de nos gens furent rudement escarmouchez. La composition fut telle, que ceux de dedans sortiroient leur vie et bagues saulves
et s'en yroient la part qu'ilz vouldroient, les tabourins sonnans, les
enseignes desployées et la harquebuse sur l'espaule, chargée et le feu
en la main; ce qu'ilz firent. Ilz ne se fussent rendus, si les vivres ne
leur eussent défailly, principallement de vin et de chairs, lesquelz
s'estoient gastez et tournez au bruict et tonnère des canons que le
camp du roy et eux tirèrent, joinct aussi que nos gens à diverses fois
trouvèrent moyen de faire entrer l'eaue à oultrance en laditte ville, et
que, les maisons rompues des coups de canon, les hommes estoient
tuez par les rues. Les habitans qui s'estoient absentez avant le siége
incontinent rentrèrent en leurs maisons, pour veoir ce qui leur estoit
demeuré de reste. Mons. le prince de Condé n'estoit plus dans la ville
dès auparavant qu'elle fut assiégée, ains s'en estoit party pour aller,
comme il disoit, querre des reistres en Allemagne pour leur venir au
secours; mais, au-lieu d'aller en Allemagne, tourna bride pour prendre
le chemin, avec bien petite compagnie, en Poitou et de là en Guyenne,
trouver le roy de Navarre, qui remuoit mesnage audit pays. Le bruict
commung fut que mons. le duc fut occasion qu'ilz de la Fère furent

prins, et que luy-mesme en avoit faict les conditions, ce que, tou- 1580.
tesfoiz, je ne peux croire, mais plus tost fut la novelle qu'ilz eurent
plus tost que nos gens d'une bataille perdue par le roy de Navarre
contre le roy auprès de la ville de Bergerac, ainsi que nous dirons
incontinent.

Le siége de la Fère dura plus de deux moys et demy, et durant ce
temps fut par M. le mareschal de Mastignon mis si bon ordre que
les laboureurs de cinq à six lieues à l'entour du camp eurent moyen
de faire leur moisson en paix; car à peine de la hart estoit deffendu
à toutes gens de guerre de ne les empescher aucunement ni leurs
bestes aussi. Lesditz gens de guerre estans audit siége furent payés de
moys en moys, et leur furent menez vivres en si grande habondance
qu'ilz en eurent compétamment à bon marché. Les vivandiers qui
suyvirent ce camp n'eurent moyen de butiner à leur prouffit en recé-
lant et en acheptant aucun meuble ou beste des soldatz, qui n'eussent
osé desrober aucune chose sur les paysans, sous peine d'estre pendus
sur le champ à la plaincte desditz paysans.

Rupture du camp, après la prise de la Fère.

Plusieurs soldatz furent laissez en garnison à la Fère, aultres mis
ès villes frontières de Piccardie, et les aultres menez à Metz. Les
gardes du roy se retirèrent par Soissons à Meaux pour aller trouver
le roy; les lansquenetz pareillement furent conduictz par auprès de
Meaux, pour les envoyer au camp de Guienne contre le roy de Navarre et ses huguenotz. Le pays, depuis la rivière de Marne jusques à
la Fère, fut fort mangé de gens de guerre, tant à l'aller qu'au retourner; mais la Brie peu s'en sentit, et n'eust esté aucunement endo-
magée, n'eust esté ceste compagnie de mons. le duc, laquelle y fut
l'espace de cinq sepmaines.

Henri III envoie une armée en Guyenne contre le roi de Navarre, sous la conduite du maréchal de Biron, auquel se joignent M. de Danville, dont les protestants tenaient le château d'Alais, et M. de Joyeuse, dont ils tenaient le château

de Cornavel. Cette armée reprend plusieurs places et met en déroute les troupes protestantes près de Bergerac, où périssent quatre mille hommes et leur chef, M. de Lavardin, lieutenant du roi de Navarre, qui, au mois de mai précédent, s'était emparé par surprise de la ville de la Trinité-en-Cahors. Treize enseignes des protestants, prises à la bataille de Bergerac, sont apportées au roi, qui les envoie à Notre-Dame de Paris, et ordonne une procession générale pour le succès de cette journée[1] et pour la prise de la Fère. — Une armée royale, envoyée en Dauphiné sous le commandement du duc de Mayenne, reprend la ville de la Mure le jour de la Toussaint. — Le duc d'Anjou reste neutre entre son frère et le roi de Navarre; il s'occupe de continuer son entreprise sur les Pays-Bas. M. de la Noue, son envoyé, est fait prisonnier par les Espagnols. M. de Rochepot, qui succède à la Noue, entre à Cambrai, dont les Espagnols font le siége, et demande secours au duc d'Anjou.

Pour le regard des affaires de Flandre, le duc d'Anjou donna commissions à plusieurs capitaines pour lever hommes, au nom du roy. Entre aultres qui levèrent soldatz soubz son autorité en ce pays, fut ung qui se faisoit nommer le capitaine Beaulieu, seigneur de Fay, enfant d'un hostelier de taverne de la ville de Nogent, nommé Virelois; lequel, dès la fin du moys d'aoust, leva une compagnie d'hommes entre les villes de Troye, Sens et Nogent, qui ne feit que tourner le pays à dix lieues à l'entour desdittes villes, sans passer la rivière de Seine en la Brie, qu'il ne fust le 15 ou 18e jour du moys de novembre de ceste présente année. Avec luy, environ la fin du moys d'octobre, se joygnirent audit pays de Champaigne sept ou huict aultres capitaines, avec chascun leur compagnie de voleurs, et du tout firent ung régiment qui montoit à quelque quinze cens hommes ou environ, assez bien équippez, duquel fut coronal et chef ledit Virelois, surnommé le capitaine Beaulieu. S'estant rassemblés ès environs de Troye, ès pays d'Aix-en-

---

[1] Il me paraît y avoir, dans ce passage, erreur ou confusion. Je ne trouve, dans les historiens contemporains, aucune mention d'une bataille de Bergerac sous la date de 1580; de plus, le seigneur de Lavardin, qu'on sait par d'autres indications avoir été au service du roi de Navarre et avoir pris part aux événements de cette époque, est mort, non en 1580, mais en 1614. Enfin, le roi de Navarre en personne se rendit maître de Cahors, qui semble être désigné par Haton sous le nom de la Trinité en Cahors.

Othe, Arce, Tonnerre et pays voysin, ilz prindrent leur chemin par auprès de laditte ville de Troye, tirèrent à Méry-sur-Seine et de là s'a-valèrent par le rivage de laditte rivière, tenant quatre ou cinq lieues de large jusques à Montereau-Fault-Yonne, à mener tous les villages à tire, sans en laisser que ceux qui estoient à gentishommes de grand crédit, lesquelz encores ilz rançonnoient pour n'y loger, comme aussi faisoient ceux où ilz logeoient, chascun son hoste et bien rudement, avec grosse chère et despense excessive. Après avoir mangé, pillé et rançonné tous les villages d'entre les rivières de Seine et d'Yonne depuis les lieux où ilz s'assemblèrent, passèrent la Seine à Egligni et aultres lieux voisins à gué, environ le 16 ou 18e jour dudit moys de novembre, et se logèrent ès villages des environs dudit passage. Ilz se présentèrent pour loger au bourg de Luysetaine, mais en furent chassez, parcequ'il n'y eut que ung capitaine avec sa compagnie qui s'y présentast. Ilz lo-gèrent de là à Savins, St-Saulveur, Moy, Pugni, Neufvry et les vil-lages voysins. Le bourg de Costure se rançonna à eux de 61 escuz, affin qu'ilz n'y allassent loger. De là, ilz allèrent loger à Sordun et parroisses d'Ermez, Meel, Mériot, Voulton et Gymbrois, où ilz se firent traicter à leur volunté plus que le saoul, et rançonnèrent leurs hostes à leur dévotion, taxant chascun d'eux son logis à ung, deux, trois et jusqu'à huict escuz, sans compter leur despens. Non contens d'avoir leur part, les maistres voleurs contraignoient encores leurs hostes d'en donner à leurs gougeatz et porte-besaces, et falloit que le bon homme passast par là. Ilz ne furent pas moings de deux jours et demy esdittes parroisses, et au desloger, s'en logea d'aultres en leur place, auxquelz il fallut recommencer à donner rançon et faire grosse chère. Le maistre brigand Virelois s'alla loger au village du Plaissié-de-Mériot, au logis de Claude Risse, où il feit une despense et rançon qui excéda la somme de 35 escuz, et sembloit que ce vo-leur et les gens de sa compagnie eussent juré de ruiner les habitans de ce village, qui oncques ne luy avoient faict aucun desplaisir.

Estans tous les voleurs de ce régiment logez ès parroisses sus-dittes, eurent advertissement que le roy avoit mandé à mons. de Tin-

1580. teville, lieutenant du gouvernement de Champaigne et Brie, qu'il eust à se ruer sur eux pour les prendre prisonniers ou les tailler en pièces, en se servant de l'ayde des gentishommes et des villageois du pays rassemblez au son du tocsin. Sur cet advertissement, le 26ᵉ jour de novembre repassèrent tous par le village de Meel-sur-Seine, pour aller gangner la rivière, qu'ilz passèrent à la Motte, retournèrent en Champaigne et se retirèrent dans les boys de Vauluysant, et de là à la tesnière brigantine d'Aix-en-Othe, d'Arce, de Sᵗ-Florentin et de Tonnere, d'où la plus part estoient sortis.

Ce pendant qu'ilz fuyoient, les gentishommes de la Brie s'amassoient pour s'aller ruer sur eux, et eut charge mons. d'Esternay et de la Motte de les faire assembler par un mandement de mons. de Tinteville, son parent. Ilz se trouvèrent jusques au nombre de soixante, bien accompagnez de plusieurs paysans leurs subjectz, au lieu de la Motte-de-Tilly, lez Nogent, au logis dudit d'Esternay. Lesquelz allèrent soubz sa conduitte, encores qu'il feust le plus jeune de tous, après iceux voleurs jusques au delà de Sens, et leur donnèrent la fuitte jusques en la vallée d'Aillant, parmy les bois, à l'ayde des paysans du pays, où firent grand butin des rançons qu'ilz voleurs avoient faict par les villages; et par ce moyen fut rompue cette trouppe brigantine. Les prévostz des mareschaux et lieutenans de courte robbe avec leurs archers allèrent après et cerchèrent aux escartz, où en trouvèrent quelques-ungs qu'ilz firent prisonniers. Mais ne fut novelle qu'on en exécutast ung seul par justice. Ceux de Provins en amenèrent prisonniers dix ou douze, lesquelz, pour le grand nombre d'or et d'argent qu'ilz avoient, furent, après avoir esté huict jours en prison, mis en liberté par le commandement des juges à onze heures du soir et réputez les plus gens de bien du monde, excepté ung porte-besace, qui eut le fouet pour avoir rançonné le bon homme.

Une ou deux compagnies, se voyans enfermez et poursuivis par les gens des mareschaux et paysans des villages, estans entre Bray-sur-Seine et Montereau, se saulvèrent dedans le chasteau ou maison forte d'Égligny-lez-Chastenay; pour lesquelz prendre, fut mandé au

bally de Provins mons. de Potières, qu'il, avec main-forte, se trans- 1580.
portast audit lieu pour les avoir. Ce mandement receu, se trouva le
dernier jour de novembre dans la ville de Provins, où fit faire le ban
par les carrefours que tous soldatz et habitans de laditte ville qui le
vouldroient suyvre, pour aller à Chastenay et Égligny prendre prisonniers ou tailler en pièces les soldatz voleurs qui s'estoient retirez au
chasteau desditz lieux, ilz auroient part au butin qui en viendroit,
et si leur feroit-on bonne chère. Ce ban faict, plusieurs jeunes gens
furent en délibération d'y aller; mais, après qu'ilz eurent entendu que
les gentishommes estoient jà par les champs avec ledit bally, ne se
volurent mettre aux champs, sçachant bien que lesditz bally, gentishommes et gens de justice desvaliseroient ou prendroient argent des
brigans, et par après les lascheroient et renvoyeroient lesditz habitans payez en ung « retirez-vous. » Ce qui advint à quelques-ungs qui
y furent avec ledit bally. Quand on fut arrivé, le bally somma les capitaines de se rendre, parlementa avec eux une heure et plus, pendant
que la populace des paysans se morfondoit ès environs du chasteau,
puis il ressortit pour remercier lesditz paysans et habitans des villes
de leur compaignie, leur donnant à entendre que lesditz capitaines
et soldatz estoient advouez de s'estre mis aux champs et qu'ilz avoient
commission de mons. le duc, et pour ces causes que nul n'eust à
leur mal faire; et, en sa présence et de toute la compaignie, sortirent lesditz capitaines et soldatz l'enseigne desployée, le tabourin
sonnant, la harquebuse sur l'espaulle et le feu en main, pour s'en
aller loger par étiquettes ès villages voysins. Les gentishommes et justiciers partirent de là tous ensemble et payèrent les bonnes gens qui
les avoient suyvis en ung « adieu » et « retirez-vous, mes amys, ce n'est
pas ce que nous pensions. » Dès au lendemain avant jour, lesditz capitaines et soldatz se saulvèrent chascun en leurs maisons, ayant bien
payé lesditz bally, gentishommes et justiciers pour eschapper de
leurs mains. Dieu sçait ceux qui furent les plus honestes voleurs.

Auparavant ceste venue de voleurs ès environs de Provins, mons.
de Sautour, lieutenant de mons. le duc ès villes de Champaigne et

1580. Brie[1] qui estoient de son appanage, se trouva audit Provins la vueille de la feste de mons. St Michel, qui sont les derniers jours du moys de septembre, se présenta à l'hostel de la ville aux procureur et eschevins, et là monstra une lettre signée de la main de mondit seigneur le duc, par laquelle S. A. mandoit qu'il avoit envoyé ledit de Sautour audit lieu, comme aussi il avoit faict ès villes de Meaux, Chasteau-Thierry, Esparnay et Sézanne, pour donner à entendre aux habitans desdittes villes son intention, qui estoit telle que ledit de Sautour leur diroit. Or, il de Sautour feit entendre, par une longue harangue qu'il fit aux gens dessusditz, que mons. le duc estoit affairé en grandes affaires, lesquelles il ne povoit bonnement parachever, si ce n'estoit par le moyen de l'ayde des habitans des villes de son appanage, auxquelz il s'adressoit pour estre secouru de deniers, n'entendant toutesfois que lesditz deniers fussent levez sur le pauvre peuple par forme de taille ni emprunt, mais seullement fussent prins sur les receptes des deniers commungs des villes, s'il y en avoit, ou bien qu'il plust aux riches habitans, comme gens de justice, bourgeois, marchans et aultres qui avoient le moyen, de les fournir, et en ce faisant obligeroient ledit seigneur à jamais pour les recognoistre ses vrays amys et loyaux subjectz.

Ceste harangue ouye par les gens du roy, procureur et eschevins, furent d'avis d'assembler tout le corps de la ville au lendemain jour de St-Michel, pour leur déclarer par ledit de Sautour la requeste de mons. le duc. Assignation fut baillée aux plus riches et apparens pour comparoir, au jour St-Michel et dix heures du matin, à l'hostel de la ville, comme aussi fut faict le ban au son de la trompette pour tous les manans et habitans, à peine d'amende. Et pour occasionner ung

---

[1] François des Essarts, sieur de Sautour, Sormery, etc. écuyer d'écurie du roi, lieutenant de roi en Champagne, fut tué à Troyes le 17 décembre 1590. On trouve, dans le catalogue des archives de Joursanvault, l'indication de deux pièces concernant la nomination de Sautour comme gouverneur de Champagne sous le duc de Guise, en 1580 (t. I, p. 360, n° 2011), et l'octroi d'une pension qui lui est fait par François d'Anjou, en 1583 (t. I, page 360, n° 2012).

chascun à aller ouyr ledit seigneur, les quatre capitaines n'ouvrirent les portes qu'il ne fust l'heure de midy, et faisoient entendre au peuple que ledit de Sautour en avoit les clefz; qui fut une occasion de le faire maudire par une infinité de gens tant de la ville que d'alentour, parceque tous estrangers et viateurs qui avoient couché en icelle ville ne sceurent partir qu'après laditte heure de midy. Les habitans de Provins, pour la pluspart, ne luy sceurent meilleur gré, d'aultant qu'ilz pensoient aller à la foire à Villenauxe, qui se tient ce jour-là. Les taverniers de Villenauxe luy en sceurent aussi peu de gré, d'aultant que la viande qu'ilz avoient appareillée leur demeura, faulte de mangeurs. Toutesfois, il n'estoit vray que ledit seigneur eust les clefz, ains les capitaines, d'aultant que, si les portes eussent esté ouvertes, les plus riches marchans et habitans fussent sortis de la ville sous le nom de la foire. Il de Sautour se représenta à l'assemblée, et devant icelle répéta sa harangue, exortant à son possible les habitans d'accorder audit seigneur duc quelque somme notable, puis se retira.

Mᵉ Jehan Retel, advocat du roy, print alors la parolle et persuada à l'assemblée de se cotter ung chascun pour faire une somme notable pour présenter audit seigneur. Mais, après que ung chascun eut entendu que ceste requeste n'estoit que de grâce, et qu'il n'y avoit ni taxe faicte ni commandement du roy pour lever les deniers, oncques ne volurent accorder de rien donner, et s'excusoit ung estat sur l'aultre. Le populaire, qui ordinairement est le plus foullé de tailles, déclara qu'il ne povoit rien accorder, disant que telle requeste ne s'adressoit à luy, ains aux gens du roy et de justice, qui ne payoient des tailles du roy. Les gens de justice s'excusèrent et dirent qu'ilz estoient contens de contribuer selon leur offre qu'ilz feroient, et que les bourgeois et marchans se cottassent avec tout l'aultre peuple. Et à ce jour ne fut aultre chose arrestée, sinon que l'on feroit offre audit seigneur, pour le corps de la ville de Provins, de la somme de 1,200 escuz pour une fois; et furent les gens du roy et de justice qui accordèrent et firent ceste offre audit sieur de Sautour, sans avoir

1580. résolu où et sur qui on prendroit l'argent. Ceste offre faicte, M. de
Sautour se retira de la ville et s'en alla à ses affaires. Quelques jours
après son partement, il escripvit aux gens du roy et gouverneurs qu'ilz
eussent à lever laditte somme et la tenir preste pour la mettre en ses
mains, ou bien à la porter eux-mesmes au seigneur duc, qui estoit à
Bloys, pendant ung jour préfix qu'il leur donna. Pour auquel mandement satisfaire, fut le corps de la ville rassemblé à l'hostel d'icelle, et
fut ung chascun requis de faire son offre en particulier; mais l'offre
des plus riches fut si petite que à peine eust-on sceu amasser en toute
la ville 150 escuz, et n'y eust homme, quelque riche qu'il fust estimé,
qui offrist plus de 6 escuz.

Sur ces difficultez, arriva à Provins mons. de Rosne, capitaine de
la compaignie dudit sieur duc, auquel l'on feit entendre la requeste
dudit de Sautour, faicte au nom dudit sieur duc; lequel dist que les
deniers demandez n'estoient pour son altesse, et qu'il n'avoit donné
charge de les demander, ains que c'estoit pour le particulier prouffit
dudit de Sautour, et pour payer ses debtes; qui estoient plus grandes
qu'il n'avoit vaillant, et que, pour subvenir au payement d'icelles, il
par importunité avoit tiré de mondit seigneur duc la lettre qu'il leur
avoit monstrée, à laquelle quand ilz n'y satisferoient, n'auroient pour
cela la malegrâce dudit seigneur, car il avoit de l'argent et du revenu
assez pour satisfaire à ses entreprinses, et, encores qu'il n'en eust,
n'en vouldroit demander à aultre que au roy son frère et non à ses
subjectz. Ce que ceux dudit Provins creurent estre vray, et oncques
depuis, pour le reste de ceste année, ne parla-on plus de trouver ni
donner laditte somme de 1,200 escuz ni aultre. Il de Sautour avoit
faict pareilles requestes aux habitans des villes de Meaux, Chasteau-
Thierry, Esparnay et Sézane, desquelz, comme l'entendis, n'en peut
tirer non plus que des habitans de Provins.

Aucuns eurent ce jugement en eux et tindrent pour certain que
ledit de Sautour, nonobstant le dire du seigneur de Rosne, n'eust
osé entreprendre de demander argent en tant de villes pour soy, et
que ledit seigneur duc ne luy eust baillé sa signature si légèrement,

s'il n'eust eu volunté de prendre l'argent offert par lesdittes villes, si elles luy-en eussent baillé, et que cest argent estoit pour subvenir aux fraiz de la guerre de Flandre, et pour payer ses soldatz, auxquelz, faulte d'argent, permist le pillage et le rançonnement qu'ilz firent. Car ilz soldatz nullement se cachoient pour demander et contraindre de donner les rançons qu'ilz faisoient sur leurs hostes ès villages par où ilz passoient.

Ceux de Provins, voyans les trouppes du régiment susdit loger ès environs de la ville, eurent oppinion qu'ilz vouloient les assaillir et tascher à les surprendre, et pour s'en donner de garde redoublèrent le guet de nuict et de jour, firent corps de gardes par les rues, rondes sur les murailles, et mirent l'eaue dedans leurs fossez. Ilz disoient qu'ilz gens de guerre vouloient entrer en leur ville pour la piller, à cause du refus qu'ilz avoient faict audit de Sautour ou à mons. le duc de l'argent par eux promis, et qu'en vengeance de ce lesditz seigneurs les y envoyoient, chose à quoy jamais ne pensèrent. Lesditz de Provins ne furent asseurez qu'ils n'eussent sceu le mandement du roy ou du gouverneur de la province pour leur courre sus.

Environ le 15ᵉ jour du moys de juin de ceste année, survint une maladie qui eut cours en ce pays de Champaigne et Brie, comme je croy qu'elle eut quasi par toute la France, que l'on nomma la coqueluche. Ceste maladie prenoit les personnes par une manière de frissons de fiebvre qui duroient ung quart d'heure, puis après on entroit en la chaulde qui duroit ung autre quart d'heure, puis on retournoit au frisson, par après à la chaulde, et avoient les accez ceux qui en furent atteinctz trois et quatre fois en moings d'une heure, et de ce mal estoient-ilz si tormentez qu'ilz estoient contrainctz de se coucher et garder le lict, ayant l'appétit du tout perdu. Par après, entroient en une toux si grande que rien plus, jusques à rendre le sang par le nez à force de tousser, et demeuroient si rocques et enrouez qu'on ne les ouyoit quasi parler. Et dura ceste maladie aux personnes qui en furent atteinctes quinze jours. La quatriesme partie du peuple, nommément de Provins et de plusieurs villages d'alentour, en furent ma-

1580. lades et plusieurs en moururent. Toutesfois ne fut maladie contagieuse [1].

Jubilé ordonné par le pape Grégoire XIII, à l'occasion des troubles survenus
dans le royaume de Portugal. On le célèbre le 10 juillet dans le diocèse de Sens.
— Une compagnie d'arquebusiers se forme à Villenauxe et obtient du roi des
lettres d'institution à l'instar de celles des arquebusiers de Provins. Les arquebusiers de Provins vont, à la fin de juillet, tirer à la butte à Villenauxe, et
ceux-ci viennent tirer à Provins à la mi-août. — Procession générale à Paris,
le jour de saint Roch, pour faire cesser la peste qui régnait dans cette ville. —
M⁰ Berson, cordelier, prédicateur du roi, docteur en théologie, quitte Paris à
cause de la maladie contagieuse, se retire à Provins, où il passe plus de quatre
mois dans le couvent des cordeliers, et fait plusieurs sermons excellents.

Environ le 15ᵉ jour du moys de septembre, fut veue au ciel avec
les estoilles une comette, qui estoit environnée de plusieurs rayons
en manière de cheveux, avec une queue qui remonstoit droict à l'o-
rient des petis jours de l'année; et n'estoit ladjtte comette si grande
ne si enflammée de couleur qu'estoit celle de l'an 1577, qui s'apparut au moys de novembre, combien qu'elle sembla estre située
non loing de l'endroict qu'estoit celle de ladjtte année. Elle fut veue
par l'espace de trois moys, jusques à ce que le ciel et l'endroict où
elle estoit fixée fussent tournés au soleil couchant des grands jours,
pour se manifester aux antipodes. La veue d'icelle bailla jugement aux
humains de quelque futur mal à advenir à la France [2].

Dès au moys de juillet, par l'espace de huict jours et plus, fut le
soleil veu par chascun jour diminuer de sa clarté et splendeur ordinaire incontinent après son lever, comme sur les six heures du matin,
jusques à dix, et quelques aultres jours toute la journée; et combien
qu'il donnast sa clarté sur la terre, si est-ce que des yeux on le povoit
contempler et regarder aussi fermement ou bien peu moins que la

[1] Voy. sur la coqueluche de 1580, les
Mémoires d'Eust. Piémont, t. I; le Registre
contenant mémoyre de plusieurs choses
mémorables, etc. (Bibl. imp. Dupuy, vol.

301), et de Thou, *Hist. univ.* l. LXXII.
[2] Voy. dans la Bibliographie astronomique de Lalande l'indication de plusieurs
écrits relatifs à la comète de 1580.

lune; et disoit-on ce corps céleste pâtir ou endurer quelque passion,
ou bien que Dieu démonstroit aux humains, par son signe solaire,
quelque passion leur devoir advenir en brief. Et par deux ou trois diverses fois l'a-on apperceu audit esté faire son cours en tel estat. Aultant en apperceut-on au soleil, au moys de juillet 1567, que les seconds
troubles et guerres civilles de France recommencèrent. Dieu sçait qu'il
adviendra des signes qui se sont apparus en ceste présente année. En
oultre, par quatre nuictz, en divers moys, la lune n'ayant poinct son
cours, les estoilles ne donnant poinct de clarté ou bien peu, s'appa-
roissoient au ciel des flambeaux ou tourbes, rouges comme flammes
ou charbons de feu, lesquelles incontinent estoient recouvertes d'aultres tourbes noires et obscures, et nonobstant la clarté ne diminuoit
poinct ou bien peu. Et fut veu ce signe ès moys de septembre, de
novembre et de décembre, en chascun d'eux une ou deux nuictz.

L'esté de ceste présente année fut beau, sec et serain, incontinent
après son commencement jusques à la fin. En son commencement
fut pluvieux par l'espace de dix ou douze jours du moys de julliet,
qui donna beaucoup de fascherie aux moissonneurs et laboureurs de
Champaigne et vallée de Seine, lesquelz eurent peine à serrer le reste
de leurs grains, métaux et fromens, et ne purent si bien faire qu'ilz
n'en eussent une partie de germé aux champs; mais depuis là, le
temps s'adonna à une grande challeur, qui dura jusques à la vueille
de la Ste-Croix, sans avoir pleu que deux ou trois fois, pendant cinq
ou six heures au plus. Depuis lors jusques à la St-Mathieu, le
temps devint plus froict que de coustume, et fut l'espace de six
jours nébuleux, qui estoit le commencement des vendanges, et par
ung jour cheut de la pluye assez froide; laquelle tombée, retourna
le temps à la chaleur assez modérée, qui dura jusques au jour de
mons. St Michel, que la pluye recommença dès après minuict et
dura jusques à huict heures du matin. Après les neuf heures, le soleil
donna sa clarté assez modérément, qui reseicha la terre aussi seiche
qu'elle estoit auparavant, et dès au lendemain, dernier jour du moys
de septembre, le temps s'adonna à une froidure seiche et hasleuse,

1580. qui dura trois sepmaines entières, accompagnée d'une gelée quelques jours blanche, quelques jours noire, telle que l'eaue, qui estoit coye à la vigeur du vent d'amont qu'il faisoit, estoit glacée l'espesseur du dos d'ung gros cousteau; Lesquelles geléés, dès la première sepmaine d'octobre, bruslèrent les feuilles des arbres et des vignes, comme si le feu eust couru au long pour les roustir, et demeurèrent telles sur les arbres, noyers et vignes jusques après la Toussainctz, et fault croyre que, si la terre eust esté moulliée, elle eust gelé ung pied avant en fond, le temps demourant sec, beau et serain. Et dura ce hasle jusques à la feste de Mme Ste Katherine, non si froict ordinairement que les trois premières sepmaines, excepté les 4, 5, 6, 7, 8 et 9e jours de novembre, qu'il feit ung froict noir comme en plain yver, mais sec. Et en tous les jours susditz, ne fut veu le soleil que le 7e jour, depuis dix heures du matin jusques à deux heures après midi, qu'il rabsconsa sa clarté jusques au jour de la St-Martin d'hiver, 11e jour dudit moys. La terre fut aussi seiche et haslée que homme du monde l'avoit oncques veue en telle saison, et n'y trouvoit-on humeur en foulliant, qu'on n'eust creusé en plusieurs lieux jusqu'à six pieds. Les grains qui furent faictz et semez depuis la St-Denis ne levèrent entièrement qu'il ne fust la St-André, et pensèrent plusieurs laboureurs avoir perdu leurs temps et semences, et, où ilz avoient faict des métaux, relabourèrent leurs terres et y semèrent du blé froment. Les eaux, ès grandes rivières de Seine, d'Yonne et de Marne, estoient aussi basses qu'en plain esté et plus, et par tous endroictz les passoit-on à gué.

Après que les pluyes, qui commencèrent à la Ste-Katherine, qui est le commencement de l'hiver, furent venues, et qu'elles eurent destrempé et arrousé la terre, les bledz fromens levèrent après la St-André bien gaillardement, et ne sembloit qu'il y eust ung grain de perdu. Les métaux, qui estoient levez assez pauvrement et à demy, commencèrent à se monstrer et espanouir, qui causa une resjouissance au simple peuple, qui entroit jà en chagrin de peur de la charté, et à vray dire les laboureurs n'en disoient pas à chascun ce qui leur en

sembloit, et en estoit tenu le grain, principallement le froment, 1580.
plus cher de 12 et 18 den. sur le boisseau, mesure de Provins.

Environ le 15 ou 16ᵉ jour du moys de décembre, cessèrent les
pluyes, et fut quelque trois ou quatre jours sans pleuvoir, qui seicha
ou essuia la terre; puis après vint une petite gelée seiche, qui dura
sept jours, que le temps s'en retourna à la pluie, où il continua le
reste du moys de décembre, fin de ceste présente année. De ceste
seconde pluye enflèrent les rivières et commencèrent à desriver,
pour se respandre par leur cours ordinaire yvernal, qui fut ung grand
avantage à la ville de Paris; car, outre la difficulté qu'on faisoit
d'y aller pour la maladie, aussi faisoient difficulté les marchans
d'y mener marchandises par les rivières, faulte d'eaue esdittes rivières.

Quatre hommes de Courlons sont pendus en effigie à Provins, le 22 octobre,
pour avoir assassiné un nommé Edme Vion. — Les charges de clercs des greffes
sont érigées en offices[1]. Un conseiller au parlement de Paris vient à Provins au
mois d'octobre, pour y procéder à la vente de ces offices. Le roi, au lieu de
supprimer, comme il s'y était engagé dans son édit sur la réforme de la justice,
les offices qui foulaient le peuple, en crée de nouveaux. Il oblige les juges
présidiaux, les présidents, les lieutenants généraux, à lui payer chacun une certaine somme d'argent, et, en retour, il augmente leurs gages et leurs attribu-
tions[2]. — Aignan Martin, moine et chantre de Saint-Ayoul, après avoir eu pendant plusieurs années pour maîtresse Jeanne Farel, femme de Jean Camus,
l'abandonne, en lui enlevant de l'argent et des bijoux, et prend une nouvelle
maîtresse. Jeanne cherche plusieurs fois querelle à celle-ci, et se dispute avec
elle dans l'église même du prieuré; le moine, irrité de ce scandale, pénètre la
nuit chez elle, la lie à un banc et la fouette de la manière la plus violente.
Jeanne porte plainte à la justice; Martin est mis en prison, puis, par faveur,
renvoyé devant l'official et élargi en attendant la sentence.

*Ici il y a une lacune dans le manuscrit. Toute la fin de l'année 1580
et le commencement de l'année 1581 manquent.*

---

[1] 1580, mars. (Fontanon, t. I, p. 483.)
[2] 1580, juillet. (*Id. ibid.* p. 355.)

1581.

GUERRES CIVILES EN GUYENNE ET EN LANGUEDOC. — TRAITÉS ENTRE LA COUR ET LES PROTESTANTS. — AFFAIRES DE FLANDRE. — RAVAGES OPÉRÉS DANS LA BRIE PAR LES GENS DE GUERRE REVENANT DE FLANDRE. — SURPRISE DU BOURG D'ANGLURE. — DISPERSION DES BANDES DE PILLARDS AU SERVICE DU DUC D'ANJOU PAR LES GARDES DU ROI. — OCCUPATION DE MONTEREAU ET DE CHÂTEAU-THIERRY PAR LES RÉGIMENTS DE L'ARMÉE DE FLANDRE. — DÉPUTATION ENVOYÉE PAR LES PROVINOIS AUPRÈS DU DUC D'ANJOU. — SÉJOUR DE L'ARMÉE DE FLANDRE AUX ENVIRONS DE PROVINS, OÙ ELLE CAUSE DE GRANDS RAVAGES. — VENUE DU DUC D'ANJOU À PROVINS. — RÈGLEMENT PROMULGUÉ PAR CE PRINCE CONTRE LES DÉSORDRES DES GENS DE GUERRE. — ARRIVÉE D'UNE DÉPUTATION VENANT DE CAMBRAI POUR PRIER LE DUC DE HÂTER LA MARCHE DE SON ARMÉE. — RAVITAILLEMENT DE CAMBRAI ET PRISE DU CATEAU-CAMBRÉSIS PAR LES FRANÇAIS. — EXÉCUTIONS, CRÉATION D'OFFICES, INSTITUTION D'IMPÔTS, ORDONNANCES DE RÉFORME. — MORT DE M. D'ARÈNES. — MARIAGE DU DUC DE JOYEUSE. — PRIÈRES ORDONNÉES PAR LE ROI POUR QU'IL LUI NAISSE UN FILS. — UN ÉVÊQUE D'ARABIE À PROVINS.

Guerre soutenue par les troupes de Henri III contre le roi de Navarre et les protestants de Guyenne et de Languedoc[1]. — Édit de pacification donné à Blois au mois de décembre 1580, contenant approbation des articles convenus, à la conférence de Fleix, entre le duc d'Anjou et le roi de Navarre. — Articles arrêtés à Fleix, le 26 novembre 1580, avec des modifications arrêtées à Coutras, le 7 décembre, et la ratification octroyée par Henri III, le 26 décembre[2]. — Les protestants retiennent les villes que, d'après les traités, ils s'étaient engagés à remettre entre les mains du roi, et la guerre recommence. Au mois de mai, le duc de Mayenne assiége la ville de Livron, sur les confins du Dauphiné et du Languedoc. En juin, des troupes de renfort sont envoyées à l'armée assiégeante; on lève pour ce siége des gens de pied à Provins, et une taille pour payer

[1] Tous les feuillets où il est question de la guerre de Guyenne et où sont transcrits les conventions et édits indiqués ici sont en partie déchirés.

[2] *Recueil des traités*, t. II, p. 443. —

A la suite de l'acte du 26 décembre, se trouvent dans le manuscrit les articles de la conférence de Nérac (février 1579) et la ratification de Henri III. Je les ai indiqués à leur date.

les soldats est imposée sur la ville et l'élection; la ville de Provins donne à elle   1581.
seule 800 écus au mois de juillet. Les élections de Sens et de Troyes fournissent
des chevaux d'artillerie et des castadours. — Continuation de la guerre de Flandre.

Or advint-il, au moys de janvier de ceste présente année, que deux
ou trois régimens, tant de pied que de cheval, revenant dudit pays de
Flandre, où on leur avoit baillé la chasse assez rudement, et se retirant chascun en son pays, s'allèrent loger ès environs de Sézane, où
ilz se rafreschirent quelques jours, et se mirent à ravager le bon
homme par volleries, pilleries, batures, rançons et aultres inhumanitez. Les villages des environs de Provins, en estans advertis, serrèrent en diligence leurs meubles ès villes. Entre les gens de guerre
susditz qui tenoient les champs, estoit la compaignie de monseigneur
le duc, conduitte par le seigneur de Rosne, qui n'estoit pour lors
moindre de douze cens chevaux. Ceste compaignie, pour faire place
aux aultres régimens qui se disoient venir de Flandre, passa la rivière
de Seine à Méry, et s'alla loger en la Champaigne, en tirant à Troye
et Marigni, où ilz séjournèrent quelque quinze jours, en tirant à Sens
et à la rivière d'Yonne. Ung aultre régiment print son chemin par la
rivière d'Aulbe, s'alla présenter devant le bourg d'Anglure, qui est
fermé de fossez et de murailles, et, au refus que ceux de la ville lui
firent d'ouvrir la porte, l'assiégea, après avoir mandé quelques aultres
régimens, en sorte qu'ilz s'y trouvèrent le nombre de trois à quatre
mille hommes. Des coups de harquebuses et de mousquetz furent
tirez, jusques à tuer et mettre par terre des gens de part et d'aultre.
Ung capitaine des assaillans, estimé vaillant homme, la rudace au
poing, gangna la muraille et monta sus pour bailler courage à ses
soldatz, mais n'y arresta guères qu'il ne tombast mort ès fossez des
coups que luy donnèrent les habitans. Ce capitaine mort ne fit perdre
courage aux assaillans, ains les fit opiniastrer, en telle sorte qu'ilz redoublèrent leur fureur pour assaillir, combien que ung aultre capitaine y feust encores depuis tué, avec une vingtaine des plus vaillans
guerriers qui fussent en la trouppe, et ne volurent pour ce habandonner la place, qu'ilz tindrent assiégée trois jours avant que y en-

131

1581. trer; et furent contrainctz les habitans de quitter la ville, pour se retirer dedans le chasteau, qui est bien fort, et laisser leurs maisons à la miséricorde des voleurs, desquelles toutesfois ilz avoient tiré tous les meilleurs meubles et serré audit chasteau durant le siége.

Les voleurs entrez léans massacrèrent toutes personnes qu'ilz trouvèrent à la rencontre, mais bien peu, parceque chascun qui avoit volu se saulver dedans le chasteau y avoit esté receu. Tout ce qu'ilz trouvèrent ès maisons de quoy ilz purent faire prouffit fut par eux desrobbé, et après l'espace de deux jours, mirent le feu dedans la ville, et par après s'en partirent, estimans avoir faict aussi grand exploict que s'ilz eussent prins la plus forte place de Flandre. Ilz y entrèrent le 18e jour du moys de janvier.

L'ung des capitaines qui fut tué audit Anglure fut par ses gens retiré des fossez et par ses serviteurs chargé en la charrette de son bagage et mené en son pays pour l'enterrer. Ilz passèrent par Provins, où ilz le firent vuyder, saller et saupouldrer, de peur qu'il ne s'enpuantist, et furent ses entrailles et freschure enterrez aux Jacobins dudit Provins, en l'église desquelz fut posé le corps une nuict et demy-jour, durant qu'on luy fit ung service bien solemnel, car, par le rapport de ses gens, il estoit fort catholicque et bon chrestien. Messieurs les gentishommes, de quelque religion qu'ilz soient, ne se peuvent vanter d'estre gens de bien à commettre en leur personne ou laisser commettre par leurs gens les rançons, volleries, pillages, batures, excès et aultres inhumanitez qu'ilz commettent et laissent commettre en leur présence sur le pauvre paysan qui ne leur doibt rien; et ne se peuvent excuser soubz le manteau de la guerre, principallement de ceste-cy, qui n'est justement entreprinse ni démenée, et qui est mise sus sans l'auctorité du prince souverain, qui est le roy de France.

M. de Rosne avait, comme on l'a vu, assailli précédemment le bourg d'Anglure pour remettre entre les mains de M. d'Estoge, son beau-père, le château qu'avait acheté un marchand de Troyes. Cette nouvelle attaque eut lieu dans le même but. — Sur la plainte du propriétaire du château d'Anglure, qui s'était fait anoblir par le roi, le prévôt de l'hôtel fut envoyé pour informer des excès qui s'y étaient commis; plusieurs des coupables furent emprisonnés et exécutés.

Au partir d'Anglure, les compaignies se retirèrent ès environs de Provins, où elles furent quasi huict jours. Avec elles se joignirent d'aultres régimens, entre aultres ung qui estoit conduict soubz le nom du seigneur de la Ferté, et qui avoit pour capitaines Virelois, de Nogent, dit *le capitaine Beaulieu*, et le capitaine Fay. Et se trouva, environ les 20, 21, 22, 23 et 24ᵉ jours de janvier, que les villages à l'entour de Provins estoient pour la pluspart pleins de ceste racaille. Ilz séjournèrent plus longtemps ès environs de Donnemarie en Montois qu'ilz ne firent ès environs de Provins. Quelques régimens, entre aultres celuy de la Ferté, passèrent à Bray et retournèrent en Champaigne, où on leur donna congé à la fin du moys de janvier; les aultres passèrent la rivière de Seine à Égligni ou à Montereau-Fault-Yonne, et prindrent le chemin à Orléans, pour aller trouver mons. le duc, frère du roy, qui estoit à Angers.

Virelois, soy disant le capitaine Beaulieu, fut fort remercqué pour les insolences, volleries, rançonnemens et excès qu'il et les friquerelles qu'il conduisoit firent ès villages où ilz logèrent. Desquelz fut accusé à justice et jusques à la personne du roy, qui commanda aux prévostz des mareschaux, lieutenans de courte robbe et leurs archers, aux baillifz de Provins, Troye et Sens de le cercher et de l'appréhender au corps vif ou mort. Je ne sçai quel debvoir firent les justiciers des bailliages de Sens et Troye; mais bien sçai que, depuis le moys d'apvril jusques au jour Sᵗ-Jehan-Baptiste, le bally de Provins une fois, le président une aultre fois et le lieutenant de courte robbe deux fois, avec les sergens et archers, l'allèrent cercher en sa maison ès environs de Trinel, mais ne le purent attrapper, quinze à vingt hommes de sa qualité qu'il entretenoit chez luy tirant furieusement à coups de mousquetz et d'arquebuses sur ceux qui le cerchoient. Oncques depuis n'osa ledit Virelois aller par champs sûrement, qu'il ne feust le moys de julliet ensuyvant, que la vollerie se

1581. remist sur les villages de ce pays et de la France, encores soubz le nom de mons. le duc.

Les aultres régimens que nous avons dict estre allez passer à Montereau et les environs s'avancèrent jusqu'au delà d'Orléans, accompagnez de la compaignie dudit sieur duc, qui estoit des ordonnances du roy, sous les ordres du sieur de Rosne, et gastèrent le pays par les excès qu'ilz commettoient; ils furent, par le commandement du roy, qui en ouyt les plainctes, chargez et mis en vau de routte par les gardes de S. M., conduictz par mons. de Beauvais, capitaine d'icelles gardes, assisté des gens de justice dudit Orléans et des paysans du plat pays des environs, assemblez au son du tocsin. Plusieurs desditz voleurs furent tuez sur le champ, les aultres estropiez, les aultres prins prisonniers et le reste mis en fuitte, estans desvalisez de leur bagage et armes. Ilz avoient arresté près d'un moys ès environs d'Orléans.

Le bruit courut que ces troupes devaient faire partie d'une armée que le duc d'Anjou voulait assembler pour reprendre les seigneurs de la Noue et de Chamois, faits prisonniers par les Espagnols. — Il courut aussi des bruits de mésintelligence et de guerre entre le roi et son frère.

Les chefz desdittes trouppes et aultres de leurs gens qui restèrent sains et saulves de la compaignie d'ordonnance dudit sieur se rallièrent par le commandement de luy et se remirent en trouppe, estans fortiffiez d'aultres compaignies que son excellence avoit faict lever ès pays d'Anjou, Poytou, Touraine, Vendosmois et Berry; il les feit assembler en forme de camp et les envoya passer la rivière de Seine à Meulan, Mante-sur-Seine et les environs, pour aller deffendre Cambray et Mons, qui estoient tenus en grand destroict et sur le poinct de se rendre aux Espagnolz.

Pour lors que lesdittes trouppes ducalles retournèrent en Flandre et passèrent la rivière de Seine aux lieux susditz, le roy estoit à St-Germain-en-Laye avec bien petit train, et n'estoit sa court avec luy, mais à Bloys, et estoit renversé le proverbe commun qui dict que la

court est avec le roy et le roy avec la court. Estant donc S. M. audit
St-Germain, luy fut persuadé que les trouppes de son frère qui estoient logeez ès environs du passage de laditte rivière, à plus d'une
demye journée de St-Germain, estoient là assembleez pour luy mal
faire et le prendre prisonnier ou bien le tuer, si mieux ne povoient.
Et, estant de ce persuadé, s'enserra audit St-Germain et manda ses
gardes de se retirer audit lieu et les environs, au plus près de sa personne que faire se pourroit, et n'eust esté le danger de la maladie
pestilencieuse qui avoit encores cours à Paris, se feust retiré, pour
se mettre en plus grande sûreté. Et pour ce faux rapport, redoubla
le bruict de la guerre entre saditte majesté et ledit sieur duc, qui
se continua jusques au moys de julliet, que l'on apperceut du contraire.

Nous avons laissé à dire, quand les troupes ducales estoient ès environs de Provins au moys de janvier, ce qui advint audit Provins par
quelques-uns desdites troupes qui avoient obtenu la permission d'entrer dedans la ville pour achepter leurs nécessitez ou aultrement.
Entre aultres fut ung Cambrésien ou Flamand, qui s'estoit rendu au
service de M. le duc, ainsi qu'il disoit; lequel, après avoir disné en
l'hostellerie de l'Escu de France et avoir bien beu du meilleur vin qui
y feust, s'en trouva aulcunement surprins et yvre, l'ayant trouvé meilleur que la bière de son pays. Qui estant remonté sur son cheval bel
et bon, luy fit faire mille ruades au milieu de la rue, telles que chascun se serra dedans les maisons, de peur d'estre par luy blessé. Et
pour mieux faire du vaillant, desgaina ung coutelas qu'il portoit à sa
cynture, et s'escarmouchoit seul à son umbre et aux ruades de son
cheval. Ores advint que plusieurs personnes, assemblées au lendemain
d'une feste de nopces, cheminoient dansant par la rue à la trinée, qui
passèrent par l'endroict où estoit ce braguart guerrier. Lequel, irrité
en soy de la danse de ces personnes, s'approcha pour les frapper et
faire cheminer son cheval au travers d'icelles. Ce qu'elles ne volurent
souffrir patiemment. Toutesfois, de peur de scandalle, se destournèrent, affin de n'estre par luy blesseez et de peur aussi de le frapper. Qui

1581. fut cause de luy faire haulser son orgueil et de le rendre plus audacieux, faisant mine de vouloir frapper toutes personnes qui estoient
à sa rencontre. Entre aultres passa le président Marchant, allant à l'assemblée des présidiaux, qui se faict après midi, qui cuyda estre taillé
en pièces, et fut contrainct de se saulver en une maison. De quoy
irrité, ledit président envoya ung messager aux gardes des portes de
la ville, pour leur commander de fermer lesdittes portes, jusques à ce
qu'on eust mis ordre dedans la ville; puis il commanda aux sergens
qui se rencontrèrent, comme aussi aux archers et aultres, de appréhender au corps et faire prisonnier ce vaillant chevalier et tous aultres
gens de guerre qui estoient audit Provins. Ce qui fut faict. Aucuns
desditz gens de guerre s'apperceurent qu'on leur vouloit courir sus,
et pour ce, sans sonner mot, tout doulcement gangnèrent la porte de
St-Jehan, qu'ilz trouvèrent fermée; lesquelz, sans faire effort, tournèrent bride pour gangner celle de Jouy, qu'ilz pareillement trouvèrent
fermée; parquoy leur convint filler doux et se rendre prisonniers au
premier commandement qui leur fut faict. Ce que ne volut faire le
chevalier flamand, ains, courant par les rues çà et là pour se saulver,
donna beaucoup de peine à ceux qui le poursuivoient. Toutesfois,
estant serré à ung destroict, fut son cheval frappé par les flancs d'ung
coup de harquebuse.

Le gallant desmonté fut conduict et enfermé ès prisons du roy.
Ses compagnons furent tenus prisonniers en l'hostellerie de l'Escu de
France, et leurs armes et chevaux saisis, jusques à ce qu'ilz eussent
fait apparoir de leur commission du roy pour aller par les champs
manger le bon homme. Le chevalier mutin fut mis en une fosse ès
prisons, où il s'endormit jusques après son vin cuvé. Ses compagnons,
qui estoient en arrest à l'Escu de France, prièrent les sieurs de justice
que liberté fust donnée à une partie d'entre eux, pour s'en aller aux
villages où estoient logées les trouppes advertir leurs capitaines et
apporter la commission qu'ilz avoient; ce qui leur fut accordé; et n'en
demeura que deux pour ostages, qui furent menez ès prisons du roy
avec leur compaignon mutin. Au lendemain, leurs capitaines les al-

lèrent retirer, ayant contenté les sieurs de justice de parolles, d'argent ou aultrement, et promis de punir le Flamand selon les loix de la guerre, lequel n'estoit aulcunement souvenant du scandalle qu'il avoit faict le jour précédent. Son cheval morut le jour mesme qu'il fut blessé, de quoy il feit de grands regretz, pour la bonté qu'il disoit estre audit cheval. Les sieurs de justice, comme aussi les procureur et eschevins de Provins, firent ung procès-verbal de tout ce que dessus et de la mort du cheval, qui fut visité par les mareschaux de la ville, lesquelz déclarèrent qu'il n'estoit mort du coup d'arquebuse qu'on luy avoit porté, ains de l'échaufiture qu'il avoit eue au travail que son maistre luy avoit donné. Et ce fut faict pour éviter aux reproches de mons. le duc, soubz le nom duquel ces gens de guerre tenoient les champs, et oncques depuis n'en fut parlé.

Le roi laisse le soin des affaires publiques à sa mère, et, pendant que Catherine de Médicis reste à Blois, il se retire à Saint-Germain-en-Laye, suivant les uns pour se faire guérir de maladies honteuses dont il est atteint, suivant d'autres, pour attendre l'exécution des conventions arrêtées récemment entre les catholiques et les protestants du midi. Au mois de mai, il reprend la conduite des affaires.

Durant le séjour d'Henri III à Saint-Germain, des commissions furent données à divers capitaines pour amasser des gens de guerre qui devaient être conduits en Piémont par le maréchal de Brissac, gouverneur de ce pays au nom du roi. Le capitaine Gay fit battre à cet effet le tambour à Provins le 15 février.

Mort du duc de Savoie Emmanuel-Philibert [1]; son fils, Charles-Emmanuel, lui succède.

Antoine, roi de Portugal, dépossédé de ses états, demande à Henri III des secours d'hommes et d'argent. — Henri III, sur la réclamation de l'ambassadeur d'Espagne, défend à ses sujets de se mettre en armes pour la guerre de Flandre. Le mandement du roi est publié à Provins le 6 juin. Quelques compagnies déjà formées se dispersent, entre autres celle de M. de Giresme. M. de Montormel, gentilhomme de la troupe de M. de Giresme, est arrêté comme pillard et comme ayant fait passer son cheval sur le corps d'une femme enceinte; il se tire d'affaire avec de l'argent. — Apparence de désunion entre le roi et le duc d'Anjou; on

---

[1] Emmanuel-Philibert, duc de Savoie, né le 8 juillet 1528, mourut le 30 août 1580.

1581. voulait, à ce qu'il semble, faire croire au roi d'Espagne que Henri III était impuissant à arrêter son frère dans son entreprise des Pays-Bas. Ces difficultés durèrent jusqu'à l'époque de la St-Jean-Baptiste, que le mouvement des troupes ducales recommença. Les villageois abandonnent encore une fois leurs maisons; les villes de Montereau, Provins et Château-Thierry sont menacées. Un capitaine, aux ordres du duc d'Anjou, entre dans Montereau, et, pour assurer le passage des gens de guerre, y met garnison, sans cependant molester les habitants. M. de Sautour, lieutenant du duc, se rend ensuite maître de Château-Thierry et y établit sa résidence.

La ville de Provins, qui est entre ces deux villes, éprouva plus de crainte que les autres, à raison des mille écus que le duc d'Anjou lui avait fait demander l'an précédent, qu'elle avait promis et qu'elle avait refusé de payer à plusieurs reprises, malgré les réclamations et les menaces de M. de Sautour. Les gouverneurs, pensant que l'argent qu'on voulait tirer d'eux n'était pas pour le duc, mais pour M. de Sautour lui-même, s'étaient résolus à résister à toute personne qui en exigerait le payement, autre que le roi ou quelqu'un chargé d'une commission de lui.

Pour ce faire, ilz renforcèrent les gardes de leur ville de nuict et de jour, et posèrent ung guet par chascun jour sur la grosse tour du Chasteau, qui, descouvrant de toutes partz à une lieue à l'entour, contoit les gens de pied ou de cheval qui s'approchoient des murailles, et du costé qu'il les appercevoit posoit une enseigne ou estendart d'une nappe ou linge, et sonnoit la cloche aultant de coupz qu'il povoit conter d'hommes; et si d'advanture leur nombre estoit si grand qu'il ne les eust sceu conter, il sonnoit à l'effroy, et à ce son les gardes des portes regardoient de quel costé estoit son estandart posé, et fermoient la porte de ce costé. Mais tout cela ne les exempta de trouver la somme promise, et de la porter audit seigneur duc.

Qui espoventa davantage les gouverneurs et habitans dudit Provins, furent plusieurs compaignies de gens de guerre qui passèrent par les villages des environs, et les menaces qu'on disoit qu'ilz faisoient d'entrer dans la ville pour la piller et y trouver dix telles sommes de deniers que celle promise qu'ilz refusoient de donner. Chose que n'avoient volunté de faire lesditz gens de guerre, encores que le sieur de Sautour eust mandé aux habitans de Provins qu'ilz s'abusoient de

refuser la somme promise, et que de la donner en seroient contrainctz de bon gré ou de force.

La cause du délay de fournir laditte somme par lesditz de Provins
estoit qu'ilz n'avoient commission d'en faire taille sur les habitans, ce
que mons. le duc ne vouloit estre faict, ains entendoit que les plus
riches de la ville et qui payoient le moins de taille au roy fournissent laditte somme, sans en rien demander aux pauvres artisans et
gens de mestier. Le corps de ville s'assembla plusieurs fois à ce sujet;
aulcuns estoient d'avis qu'il falloit fournir la somme, aultres non, et
disoient ce pouvoir tourner en conséquence, et que le roy, estant adverty de la levée desditz deniers, en pourroit faire ressentir toute la
ville. A une assemblée, l'on demanda aux plus riches qu'ilz vouloient
donner chascun; l'offre la plus haulte qui fut faicte fut de 100 l. t.
que offrit Girard Janvier, homme riche de 20 à 25,000 liv. de rente.
L'offre la plus haulte d'après, qui fut faicte par mons. Retel, advocat
du roy, fut de 10 escuz. Toutes les aultres, et des plus riches justiciers, marchans et bourgeois, furent de 2, 3, 4, 5 et 6 escuz. Toutes
telles offres assemblées ne se trouvèrent monter à 400 escuz; le reste
ne volut offrir ne promettre aucun denier. Parquoy demeura la levée
en arrière jusques au 15 et 16e jour de julliet, que les gens de guerre
qui tenoient les champs estoient logez ès environs de Provins, et mons.
le duc avec son armée ès environs d'Estampes, qui, comme estoit le
commung bruict, tiroit audit Provins pour exterminer la ville. Les
habitans, intimidez par les menaces de M. de Sautour, trouvèrent
laditte somme, qu'ilz portèrent audit seigneur duc, avec de grands
présens de roses et conserves, jusques à St-Jehan de Nemours. Ce
ne fut sans en advertir ledit sieur de Sautour, qui estoit pour lors à
Chasteau-Thierry, qui ne fut pas joyeux quand il sceut que lesditz
de Provins portoient eux-mesmes laditte somme audit sieur duc, et
pour ce empescher, courut à bride avalée de Chasteau-Thierry à
Provins et de Provins à Montereau, pour rattrapper lesditz de Provins, devant qu'ilz fussent audit seigneur duc pour luy présenter leur
argent.

1581.   Les gouverneurs et les députez de Provins, après avoir trouvé le
duc à Nemours ou les environs, luy firent la révérence et offrirent à
S. A. leurs présens de roses et conserves, sans luy offrir aucun argent. Lequel sieur receut lesditz présens bien favorablement et
monstra fort bon visage auxditz de Provins, qu'il remercia grandement. Lorsqu'ilz le saluèrent, il estoit sur son partement pour aller
à Monstereau, où il arriva le 20e jour dudit moys de julliet. Lesditz
de Provins le suyvirent jusques audit Montereau, car c'estoit leur chemin pour s'en retourner. Là trouvèrent M. de Sautour, qui pareillement estoit allé au-devant dudit seigneur, et les regarda d'un fort
maulvais œil, toutesfois ne leur dist aultre chose; ilz pensèrent qu'il
les auroit mis en la male grâce dudit seigneur, duquel ilz prindrent
congé et se retirèrent à Provins, avec assurance qu'ilz ne logeroient
en leur ville aultres que luy et les gens du train de sa maison.

Ledit seigneur séjourna audit Montereau jusques au 23e jour de
julliet, donnant ordre au passage de son armée, qui estoit au delà
pour la pluspart. Les habitans firent des pontz de bateaux sur la rivière
pour passer partie de laditte armée; une aultre partie passa par le
pont de Samoys, et l'aultre par dedans la ville ou attenant de Bray-
sur-Seine. Laditte armée estoit de plus de 50,000 hommes, tant de
pied que de cheval[1], partagée en deux campz qui avoient faict la
guerre l'ung contre l'aultre en Guyenne et Languedoc l'an dernier
passé, et estoient meslez les ungs parmy les aultres, tant huguenotz
que catholicques, ayant tous esté ramassez par ledit sieur duc, qui
avoit faict establir par le roy son frère une paix à l'advantage desditz
huguenotz, affin de s'en servir pour sa guerre de Flandre.

Durant ce temps que ledit sieur estoit à Montereau, et dès auparavant il y avoit plus de quinze jours, les pays de Brie et valée de Seine
estoient tous plains de compagnies de guerre, qui tenoient les champs
sous son auctorité et logeoient par les villages où bon leur sembloit,

---

[1] De Thou dit (*Hist. univ.* l. LXXIV)
que l'armée du duc d'Anjou était d'environ
dix mille hommes d'infanterie et quatre
mille de cavalerie, tous de la première
noblesse.

sans porter grand respect à plusieurs gentishommes, entre aultres une compagnie qui estoit conduitte par ung capitaine nommé Tournebon, qui tourna quasi tous les villages du balliage de Provins et aultres, à dix lieues loing. Lequel, au moys de julliet, logea par deux fois en quinze jours dedans le village et parroisse de St-Yllier, malgré le gentilhomme du lieu, mons. de Quincy. Au partir, la première fois, allèrent loger au village de Savins; de là firent une tournée à cinq ou six lieues et retournèrent audit St-Yllier, où ilz furent quasi une sepmaine entière à y faire beaucoup de mal, et signamment au petit village de Villars, appartenant audit sieur de Quincy. Ilz mirent le feu en une belle grange, bien bastie et couverte de thuille, audit St-Yllier, assez prez de l'église, appartenant à....... Saulsoy, apoticaire de Provins. Le capitaine Tournebon, voyant laditte grange brusler, pour sa descharge et faire du bon compagnon, arresta prisonnier ung portebesace aagé de dix-huit ans environ, manda audit Saulsoy qu'il l'envoyast querre ès prisons de Provins pour en faire la justice, et le remit entre les mains du lieutenant de courte robbe.

Le régiment de la Ferté tenoit le pays et avoit passé la rivière de Seine à Noyen, pour se mettre en la Brie, qui à sa manière accoustumée rançonnoit les gens des villages aussi rudement qu'il est possible. Avec lequel estoit le capitaine Beaulieu, duquel nous avons parlé cy-devant, qui n'avoit plus peur que les prévostz des mareschaux de Provins l'allassent cercher pour le prendre. Il n'avoit plus charge de capitaine à ceste fois, pour les grandes plainctes qu'en avoit eu ledit de la Ferté.

Passa en ce temps ung aultre régiment par auprès de Montereau, de gens de guerre bien mal renommez et tous huguenotz, conduictz par le capitaine Merle, homme insigne en toute meschanceté, et estoit celuy qui print la ville de Mende la nuict de Noël en l'an 1579, où il fit un carnage de prebstres et de gens catholicques incroiable. Il fut novelle que ledit régiment avoit entré par force dedans le bourg de Cheroy, non loing de Montereau, où ilz firent ung grand désastre de biens et carnage de personnes, et signamment des prebstres. Ilz

1581. pilloient les églises et rompoient les ymages par où ilz passoient,
comme si on eust esté encores au temps des troubles et guerres pour
la religion. Ilz allèrent gangner la rivière de Marne par au dessus de
Nangis et n'approchèrent de la ville de Provins de plus près.

Une compagnie de cinquante hommes de pied, gens bien en ordre
et bien morionnez, audit moys de julliet, trois jours avant que mondit
seigneur arrivast à Montereau, allèrent surprendre la novelle cyta-
delle de Goix, où ilz entrèrent sans grande résistance, et s'y logèrent
à leur ayse, après avoir tué ung pauvre maçon lymosin, qui beson-
gnoit sur les murailles dudit Goix. Ilz furent huict ou neuf jours audit
Goix à manger de toutes leurs dents, à piller et à rançonner tout à
leur ayse. Ilz pillèrent les biens et meubles de l'église, comme aussi
les meilleurs des habitans. Ilz emportèrent les harquebuses et aultres
bastons, forcèrent et viollèrent plusieurs filles et femmes, et emportèrent de l'or et argent de rançon de chascun son hoste une somme
incroiable. Tel homme n'en eschappa pour 10 escuz. Ilz firent grande
largesse des biens dudit Goix et spécialement du vin aux aultres compagnies qui estoient logez en la parroisse de Challemaison. Ilz demeurèrent audit Goix jusques après l'arrivée de mons. le duc à Provins, qui les en fit desloger, après avoir receu les plainctes qui luy
en furent faictes par les habitans dudit Goix, que luy présenta nostre
maistre Ferré, jacobin, docteur et confesseur dudit sieur duc, sans
toutesfois faire aucune punition des excez par eux commis audit
Goix.

La compagnie d'hommes d'armes de mondit seigneur duc, que luy
entretenoit le roy soubz la conduitte du seigneur de Rosne, se logea
ès environs de Provins, à Chalaustre-la-Petite, et de là ès parroisses
d'Ermez et de Meel-sur-Seine, où ilz furent une sepmaine entière à
faire une despense excessive, à laquelle ne povoient satisfaire les
pauvres gens des villages. Sçachant l'approche du duc leur maître,
ilz s'esloignèrent de luy et montèrent le chemin de Chaslons, tenant
les villages, sans rester en garnison ni aller à la guerre, au grand
préjudice des habitans.

Mons. le duc, estant à Montereau, receut novelles des habitans de 1581.
Cambray par deux messagers, qui arrivèrent en poste pour le prier
de se haster et son armée d'aller au secours de leur ville, qui ne pouvoit plus tenir contre le camp espagnol, ou, en faulte de ce faire, seroient contrainctz de la livrer. Ces novelles firent haster l'armée dudit
seigneur duc, qui estoit encores au delà de Montereau, par le mandement que leur en fit S. A., et luy-mesme, partie pour faire haster de
cheminer laditte armée, partie aussi pour contenter les messagers
qui estoient venus à luy, se partit de Monstereau le 23e jour de julliet, et alla coucher dedans la ville de Provins, où il arriva après sept
heures du soir, ayant disné et souppé à Donnemarie. Il fut novelle
que ledit seigneur avoit party le jour de dimanche contre sa coustume, ce qu'il n'eust faict sans le mandement que luy apportèrent
lesditz messagers de Cambray, car, selon le dire de ses gens, jamais
il ne cheminoit le dimanche.

Les habitans de Provins furent advertis de sa venue dès le samedy
au soir par les fouriers, qui allèrent marquer les maisons et retenir
les logis pour son train. Le logis de S. A. fut dedans l'abbaye de St-
Jacques, l'abbé de laquelle s'en estoit party trois jours devant, faisant
feincte d'avoir nécessairement affaire à Paris. Les plus riches gens dudit Provins craignoient sa venue, pour le faux bruict qu'avoit semé le
seigneur de Sautour de l'ire de S. A., aulcuns desquelz absentèrent
la ville, comme avoit faict ledit abbé. Les aultres cachèrent leurs trésors en terre et aultres lieux; on cacha aussi les trésors des églises, calices, croix d'or et d'argent, orfévrerie des sainctes relicques, de peur
que ledit seigneur ne s'en saisist, comme on avoit dict qu'il vouloit
faire. Les quatre capitaines de la ville firent sonner le tabourin et
faire le ban dès le samedy, que chascun habitant povant porter armes
eust à se tenir prest au dimanche, sept heures du matin, pour aller en
armes au devant dudit seigneur. La grande messe se chanta en toutes
les églises plus matin que de coustume. Puis les tabourins sonnèrent
pour assembler le peuple de chascun quartier au lieu assigné pour le
rendez-vous, où chascun capitaine fit la revue de ses gens; les mieux

1581. armez furent conduictz au Pré-aux-clercz, et là fut faicte une reveue
générale des quatre quartiers, lesquelz ensemble se trouvèrent monter
au nombre de plus de cinq cens harquebusiers, tous bien en ordre et
la pluspart morionnez. Lesquelz, estans dressez par rans de sept à sept,
montèrent au chasteau de Provins, les enseignes desployées, les tabourins sonnans, et les quatre capitaines cheminans les premiers, et
sortirent hors de la ville sur les dix à onze heures du matin. Mais
comme on eut novelles que mons. le duc n'arriveroit que sur les trois
à quatre heures, les harquebusiers rentrèrent à la ville pour prendre
à manger, ainsi que les présidens et conseillers du siége présidial,
les procureur et eschevins, et les riches bourgeois, qui estoient
sortis à cheval, conduictz par mons. de Potières, bally. Sur les six
heures du soir, lorsqu'on eut certaines novelles du partement de
mons. le duc de Donnemarie, ilz sortirent de nouveau hors la ville,
allèrent l'attendre jusques à demye lieue loing, le receurent fort humblement, et furent par S. A. bien venus et courtoisement caressez.
Les clefz de la ville luy furent présenteez, lesquelles il print fort gracieusement, et les ayant baiseez, les rendit aux gouverneurs, en disant
à la compaignie qu'ilz gardassent tousjours leur ville au roy comme
ilz avoient faict de tout temps.

Les harquebusiers et gens de pied, par une grande alégresse, se
fendirent en deux rangs, et le duc passa par le milieu de eux, auxquelz il deffendit de ne tirer qu'il ne feust entré dedans la ville. Mais
oncques ne s'en peurent garder, et firent une escopéterie et son terrible de leurs harquebuses, pour monstrer la joye qu'ilz avoient de
la venue de leur prince et seigneur. Lesquelz il print de bonne
part, et dist que oncques en ville de France on ne luy avoit faict
meilleur acueil ni plus belle entrée, comme aussi le dirent tous les
seigneurs qui estoient présens avec luy.

L'artillerie du camp arriva à Provins dès les neuf à dix heures du
matin, qui fut logée en la rue de Culoison; elle estoit de quatre
pièces moyennes, qui ne portoient boulletz que de la grosseur du
poin, de quatre charettes, qui portoient chascune six canons de la

grosseur de harquebuses à crocq, posez en icelles comme tuyaux
d'orgues, et d'une grande charette chargée de grosses harquebuses
à crocq, jusques au nombre d'une douzaine. Quatre-vingtz Suisses
furent commis à la garde de laditte artillerie avec les canoniers, et
furent logez, tant les ungs que les aultres ès rues de Troyes et de
Culoyson; les pouldres et boulletz furent logez dedans la grange du
prieur de St-Ayoul. Il n'y avoit que six ou huict pionniers à la suitte
de laditte artillerie, que menoient plus de quarante beaux et gros
chevaux.

Ce pendant que le train dudit seigneur arrivoit audit Provins, les
commissaires et maistres du camp prenoient les quartiers pour loger
l'armée ès villages des environs, à dix lieues en longueur et en largeur. Dieu sçait combien il y eut de requestes par les gentishommes
desditz villages pour exempter leurs subjectz; mais peu s'en saulvèrent. Le sieur de Besancourt exempta la parroisse de Bauchery et
mons. de Maupertuis le village de Villiers-St-George, pour la grande
cognoissance qu'ilz avoient auxditz commissaires et maistres de camp.

Dès le jour de la Magdalène, le camp dudit seigneur commença à
s'approcher de la rivière de Seine par tous les endroictz qui luy estoient ordonnés pour passage, comme Bray, Montereau, le pont de
Samoys, et dès le dimanche, à passer la rivière pour tirer en la Brie.
Mondit seigneur bailla ordonnance aux habitans dudit Bray de laisser
passer par leur ville ou par bateaux le nombre de cinquante-cinq enseignes de gens de pied, lesquelz pour la pluspart estoient montez sur
chevaux desrobez. Depuis ledit jour de dimanche jusques au jeudy
ensuyvant, ne cessa de passer gens de guerre de ladite armée, qui
furent estimez monter au nombre de soixante mille hommes. Ceste
armée tenoit de long depuis la Seine jusques à la Ferté-Gaucher et
les environs, et de large depuis le pont de Samoys jusques à la Villeneufve-au-Chastelot et Potangis, et de là en fendant amont droict
à la Seine. Tous les bourgs fermez depuis quarante ans logèrent de
laditte armée en leurs maisons, excepté Nangis, pour l'honneur de
M. de Beauvais. Mons en Montois, Thénisi, Songnolles, Luysetaine,

1581. Costure, Molin d'Ocle, Savins, Goix, Chalaustre-la-Grande, la Villeneufve-au-Chastelot, furent remplis desditz gens de guerre. Villenauxe-la-Grand fut exempt, non par faveur, mais pour la maladie de peste qui avoit cours dedans la ville. Vimpelles n'en logea aucuns, malgré eux, par le moyen de la damoyselle du lieu et ses amys, qui obtindrent de mons. le duc une saulvegarde, pour de laquelle s'ayder requirent une compagnie de cinquante hommes de laditte armée qui estoient de cognoissance, pour s'y aller loger. Nonobstant laditte saulvegarde, des compagnies du régiment de mons. de la Rochepot, passant par auprès, demandèrent logis audit Vimpelles, qui leur fut refusé et les portes fermées. Parquoy se mirent en debvoir d'y entrer avec force d'armes et l'assaillirent, mais en vain, à cause de la résistance des habitans, qui se deffendirent aussi courageusement que furieusement furent assaillis, à la perte de la vie d'ung capitaine et d'une douzaine de ses soldatz, qui furent tuez mortz en la place ; bien quarante aultres soldatz furent fort blessez, et si bien firent lesditz de Vimpelles qu'ilz demeurèrent maistres de leur bourg. Le prévost du camp, qui estoit logé à Provins, se transporta audit Vimpelles pour informer du faict ; mais mons. le duc, se souvenant de l'exemption qu'il avoit donnée auxditz de Vimpelles, et estant rendu certain que ce n'estoit le quartier des gentishommes et soldatz qui y estoient allez, dist que lesditz de Vimpelles avoient bien faict d'estre les plus fortz et de les avoir tuez, et aultre chose n'en fut.

MM. les ecclésiasticques de la ville ne furent processionnellement au devant de mons. le duc, le jour qu'il arriva ; mais allèrent saluer S. A. le lundy en sa chambre, avant qu'il en sortist pour aller à la messe, et là harangua à sadite altesse Me Cl. Moissant, prebstre, chanoine de St-Quiriace et doyen de la chrestienté de Provins, assisté des sieurs Nic. Rayer, doyen de St-Quiriace, Jehan Pagniot, trésorier de laditte église, Ayoul du Pas, chantre, et André Truffé, prévost de N.-D.-du-Val, pour tout le clergé, qui furent ouys fort humainement par sadite altesse, qui respondit aussi promptement et proprement à laditte harangue qu'elle fut bien ditte par ledit Moissant, prenant tout le clergé de Provins en sa protection et saulvegarde. Et ce dict, leur bailla congé et s'en alla à la messe. On apperceut par sa response qu'il avoit estudié ès lettres, et qu'il avoit bien retenu ce qu'il avoit veu et leu.

Je ne dis rien de la salutation que les gouverneurs de la ville firent à S. A. au lendemain de son arrivée, et comment ilz l'alèrent recognoistre en son logis, pour luy faire noveaux et aultres présens que ceux qu'ilz avoient porté au devant de luy jusques à Nemours ou les environs. Entre ces présens, furent le pain et le vin, du meilleur qui se pust trouver audit Provins, avec la pâtisserie de tartes, plafornés, popélins, succrins et toute espèce de tartinneries de four, qui luy fut continué pour le regard de la tartinnerie à chascun repas, deux fois le jour, aultant de temps qu'il séjourna audit Provins[1].

D'après les motz que mons. le duc avoit prononcez en leur rendant les clefz, les gouverneurs de la ville continuèrent d'envoyer gens de laditte ville à la garde d'icelle jour et nuict, comme auparavant l'arrivée dudit seigneur duc, qui en fut dès au lendemain adverty; lequel commanda de faire retirer les gardes des portes en leurs maisons et de ne retourner à la garde ni jour ni nuict durant le temps qu'il séjourneroit audit Provins. Les habitans, sçachans ce, redoublèrent la craincte qu'ilz avoient eue de l'arrivée dudit seigneur en leur ville, et se doubtoient qu'il leur volust faire quelque maulvais traictement et remplir leurs maisons de gens de guerre, pour le refus qu'on avoit faict de donner l'argent demandé en son nom par le sieur de Sautour. Mais se trouva tout le contraire. Car ledit seigneur duc ne volut permettre à aucune compagnie d'entrer dans la ville en trouppe entière, et permit seulement aux soldatz de son armée d'y entrer dix à dix, vingt à vingt et jusques à cinquante, pour achepter à leur argent leurs nécessitez, et n'y eut logez ès maisons marchandes et bourgeoises que les gentishommes, serviteurs et officiers du train

---

[1] Pour l'entrée et le séjour du duc d'Anjou à Provins (23 juillet 1581), voy. le Journal de Cl. Joubert et de M. Girard, dans les mss. de M. Rivot (t. VI, p. 359) et de M. Ythier (*Anecdotes*, t. II, p. 69), à la bibliothèque de la ville de Provins.

1581. de S. A. et quelques gens de son artillerie et des Suÿsses de sa suicte,
lesquelz ne forcèrent aulcune personne de leur donner que ce que
voluntairement on leur offroit.

Mons. le duc séjourna audit Provins depuis le dimanche jusques
au jeudy ensuyvant, en attendant que son armée feust entièrement
passée la rivière de Seine, pour la mettre en train de marcher le
chemin de la rivière de Marne. Tous les seigneurs et gouverneurs de
saditte armée l'allèrent là saluer, pour sçavoir le rendez-vous d'un
chascun et le deslogement de S. A. Entre aultres y comparurent les
sieurs d'Andelot et de Laval, enfans de feu le sieur d'Andelot, ennemy de Dieu, de la religion et du roy, les enfans de feu Gaspard
de Colligni, jadix admiral de France, et ceux du feu comte de Mongomery, dict le capitaine Lorge, les sieurs de Fervacques, de la Rochepot, de St-Luc, de Lansac, de la Chastre, de Trapes et aultres.
Par chascun jour, S. A. alloit ouyr la messe en l'église dudit St-Jacques, que luy chantoit son aulmosnier entre onze heures et midy; le
jeudy, jour qu'il deslogea de Provins, ouyt ladite messe entre huict
et neuf heures. Les seigneurs susditz l'accompagnoient depuis sa
chambre jusques dedans l'église dudit St-Jacques et entroient dedans
icelle; mais les huguenotz enfans des feuz admiral, d'Andelot et Mongomery n'y arrestoient que bien peu, et s'en retournoient se pourmener dedans le cloistre des moynes, en attendant que S. A. en re-
sortist. Les aultres sieurs qui se disoient catholicques demouroient à
ladite messe tout au long, comme faisoit S. A., mais avec peu de révérence et, croy, moings de dévotion. Le peuple catholicque qui assis-
toit à ladite messe se scandalisoit de l'irrévérence desditz sieurs,
comme aussi de la petite dévotion extérieure qui estoit en S. A.,
laquelle ne mettoit ung genoil en terre et ne cessoit de cacqueter
ores à l'ung puis à l'aultre, excepté ce peu de temps que le prebstre
estoit à monstrer Dieu. A l'élévation duquel comme du calice, faisoit
sadite altesse le signe de la croix devant soy avec sa main et d'icelle
frappoit sa poytrine, qui furent les plus grands signes de sa foy et de
sa dévotion. Auprès de sadite altesse, estoit à deux genoux ung doc-

teur jacobin, gros et en bon poinct, que l'on disoit estre son confesseur, nommé maistre Ferré, qui luy présentoit ses heures et oraisons;
mais les seigneurs qui l'environnoient par derrière et aux costez ne
luy laissoient le loysir d'en beaucoup dire, pour l'envie qu'ilz avoient
de parler et cacqueter avec luy; chose scandaleuse en ung prince,
car les roys, princes et grands seigneurs doibvent estre la lumière de
leur peuple, pour le bien édifier en la religion, piété et bonnes
mœurs. Il fault excuser le tout par le maulvais temps qui court et par
la jeunesse des personnes.

Au sortir de la messe, ledit seigneur alloit disner en son logis, où
assistoient toutes personnes qui avoient le moyen d'approcher S. A.,
pour estre ouyes sur les placetz qu'elles luy avoient présentez et en
avoir leurs despesches. Aulcuns jours, saditte altesse descendoit sur le
vespres en la valée de Provins, pour prendre esbatement au jeu de
paulme, et se retiroit au tripot couvert qui est en la rue des Bons-
Hommes, et après avoir joué quelque deux heures, s'en retournoit en
son logis. Il se comporta audit Provins, comme aussi firent tous les
gens de sa suitte, si modestement, que nulle personne n'eut occasion
de s'en plaindre, sans paillarder, frapper, batre ni oultrager aulcune
personne.

Il receut plusieurs plainctes estant à Provins des gens de guerre de
son armée et des paysans où ilz de guerre estoient logez. Les gens de
guerre se plaignoient contre gens des villages, qui avoient habandonné
leurs maisons et serré leurs biens ès villes et fortz chasteaux des gentishommes du pays, qui estoit cause qu'ilz mouroient de faim, et
manquoient de pain, vin, viande et mesme d'eau; ilz tendoient aux
fins que S. A. fist commandement aux gens des villages de s'en retourner en leurs maisons, pour les traicter de vivres le plus doulcement que faire se pourroit.

Les gens des villages au contraire se plaignoient de la viollence, de
l'oppression et du mal que leur faisoient et avoient jà faict de si
longtemps les gens de guerre, tant ceux de S. A. que aultres, de la
violence faicte à l'honneur et pudicité de leurs femmes et filles, des

1581. battures et meurtres commis en leurs personnes, des vols et larcins faictz en leurs biens, meubles, chevaux et bestial, des rançons d'or et d'argent exigées d'eux, de l'excessive dépense faicte en leurs maisons, des pillages et saccagemens commis dans les églises, du feu mis en aulcuns lieux, et aultres maux indicibles et incroiables; qui estoit là cause qu'ilz des villages avoient habandonné leurs maisons et serré ce peu de biens qui leur estoit resté des aultres guerres, le pays estant en oultre fort angarié de tailles, gabelles et subsides insuportables; partant qu'il pleust à S. A. de leur pardonner et de mettre bon ordre et pollice aux gens de guerre de son armée; et qu'en faulte de ce n'oseroient sortir hors des villes et lieux où ilz s'estoient retirez, pour éviter la violence d'iceux, qui prenoient plaisir à tout gaster, non seullement ès maisons, mais aussi les grains qui estoient aux champs, prenoient les moissonneurs et soyeurs, comme aussi les chevaux et harnois, en sorte que les grains périssoient faulte d'estre serrez, soyez et engrangez.

Les plainctes et doléances ci-dessus données à S. A. de part et d'aultre furent ouyes et mises en conseil par ledit seigneur estant audit Provins, et fut advisé de l'ordre et pollice qui estoit nécessaire d'y estre mis, pour le soulagement, tant des gens de guerre que des paysans des villages. Et fut faicte une ordonnance en forme de édict de la police qui debvoit estre gardée par les gens de guerre de son armée marchant et séjournant par les villages, qui fut publiée à son de trompe et leue par les archers et greffier du grand prévost du camp par les carrefours de Provins, le mécredy 26e jour de julliet.

Texte incomplet de cette ordonnance, portant défense aux gens de guerre d'attenter à la personne et aux biens des villageois, injonction aux paysans de rentrer chez eux avec leur bétail, et défense aux gentilshommes et aux gouverneurs des villes de les recevoir dans leurs villes et châteaux.

Les gens des villages qui estoient et leur bestial à Provins, Nogent, Bray et Montereau n'obéyrent auxdittes ordonnances, et n'en partit ung pour retourner en sa maison traicter ses hostes, et eurent lesditz

gens de guerre faulte de pain et vin en plusieurs villages où n'allèrent 1581.
les vivendiers qui les suyvoient. Dieu sçait quel dégast ilz firent des
aultres biens qu'ilz trouvèrent ès maisons habandonnées.

Plusieurs gens de guerre allèrent jusques aux portes des villes de
Bray et Nogent demander les habitans des villages qui y estoient logez avec leur bestial, menaçant d'efforcer icelles villes, si on ne les
deschassoit, et requérant les baillifz de faire faire le ban que lesditz
paysans eussent à se retirer en leurs maisons sous peine de punition
corporelle. Mais n'en firent rien lesditz villageois, et n'y furent aultrement contrainctz par iceux baillifz, qui seullement les firent destourner ès rues couvertes et non fréquentées, affin de n'estre veuz
desditz gens de guerre.

Nous avons dict ci-dessus que Monsieur estant encores à Montereau, passèrent deux postes l'ung après l'aultre par la ville de Provins
en vingt-quatre heures pour aller trouver S. A. et luy faire entendre
le danger et la nécessité où estoient les habitans de Cambray et la
garnison des François qui estoient dedans assiégez dès longtemps
par les Espagnolz, affin qu'il diligentast son armée pour les aller secourir. Oultre lesquelz deux postes, furent despeschez par lesditz de
Cambray quatre hommes sages et graves, l'ung d'église, ung gentilhomme, ung bourgeois et ung de la justice, qui furent avec toute
difficulté mis hors la ville, pour aller trouver S. A. la part qu'elle
seroit, pour mieux luy faire entendre l'estat misérable où estoient les
habitans de Cambray, qui n'avoient volu se rendre que premièrement
n'eussent adverty saditte altesse.

Lesditz députez arrivèrent à Provins le mardy 25e jour de julliet,
et le lendemain matin, au lever dudit seigneur, se présentèrent pour
luy parler et le haranguer de bouche, d'aultant qu'ilz n'apportoient
rien par escript, qui leur bailla audience fort amyablement. L'advocat ou conseiller porta la parolle, et en peu de propos bien et sagement ditz, ramentut à S. A. l'amytié que ses subjectz de la ville de
Cambray luy portoient, l'ayant entre tant de princes et seigneurs
choisy pour leur seigneur et pour luy rendre obéissance; en quoy

1581. faisant avoient encouru l'indignation du roy d'Espagne, qui les avoit
faict assiéger, avec volunté de ne partir que premièrement il n'eust
regangné leur ville.

« Pour empescher ce malheur, disoit-il, la ville de Cambray a faict
tout ce qu'elle a pu, en attendant le secours que V. A. est tenue de nous
donner par une armée assez grande et puissante pour faire desplacer
l'Espagnol nostre ennemy mortel. Il nous a réduits en si grande famine par les vivres qu'il nous a couppez, qu'il n'est plus possible de
conserver Cambray à V. A. si vostre armée que nous voyons en ce pays
n'est diligentée en la plus grande vitesse que faire se pourra, laquelle,
si elle n'arrive au pays pendant dix jours, sera cas d'avanture si la
ville ne se rend à l'ennemy. Il y a ung moys qu'on pensoit veoir laditte
armée sur le camp dudit ennemy, et l'atend-on du jour à l'aultre, qui
a esté ung courage aux nostres tant que le vivre leur a duré; mais
maintenant que le pain, la bière, la chair, le sel et toute aultre vic-
tuaille leur sont fallyz, il y a quinze jours, excepté encores ung reste
de chevaux assez maigres, de quoy ilz vivent, avec les ratz et souris,
qu'ilz mangent quand ilz en peuvent avoir, leur faict prendre le courage d'estre de V. A. secourus. Souvienne-vous, monseigneur, des con-
tractz qui sont passez entre vous et vos subjectz de Cambray. Souvienne-vous de voz promesses; ayez pitié de nous, de nos femmes et
de nos petis enfans, qui passeront par la violence des armes espa-
gnolles, comme nous en sommes dignes, si nous tombons en leurs
mains et sommes frustrez de vostre espérance. Que la pauvre vostre
ville de Cambray se puisse esjouyr maintenant et à jamais de vous
avoir prins pour son protecteur et choisy pour seigneur de sa liberté.
Partant, monseigneur, vos subjectz de tous estatz de la ville et pays
de Cambray vous présentent par nous leurs humbles recommenda-
tions, et baisent les mains ensemble les piedz de V. A., avec toute
humilité de prières que, suyvant vos promesses, vous diligentiez
vostre armée pour leur secours et la conservation de vostre ville. »
Et en disant ces motz, se jettèrent les genoux en terre tous quatre,
et d'une voix en plorant dirent à S. A. : « Monseigneur, souvienne-

vous de vos promesses, ayez pitié de nous et saulvez la vie et
l'honneur de nos femmes et de nos enfans par la diligence de vostre
armée. »

Ces motz finis, monseigneur le duc, quasi la larme à l'œil, comme
avoient les escoutans, les releva; les fit loger à la ville ès maisons
bourgeoises, les desfraya à ses despens et leur promist faire diligenter son armée. Les bonnes gens ne se tenoient satisfaictz de cela,
voyant le peu d'ordre qu'il y avoit de haster laditte armée et le petit
appareil d'artillerie qui y estoit, et se pourmenant par la ville, estoient fort tristes, et avoient la larme à l'œil, en disant que la ville
de Cambray ne fauldroit de se rendre à l'Espagnol, faulte de vivres
et aultres munitions de guerre, avant que l'armée ducalle fust en
leur pays; et passant oultre, dirent que, si le roy d'Espagne ou ses
gouverneurs eust volu prendre à mercy les habitans dudit Cambray,
qu'ilz se fussent rendus à luy il y avoit plus de deux moys, mais que
oncques ne leur a volu promettre grâce ne mercy, ains les a tousjours menacé de les exterminer et toute leur race.

C'estoit chose espoventable d'ouyr parler ces députez de l'estat où
estoit réduitte laditte ville de Cambray, et la misère où ilz tomberoient
si l'Espagnol en estoit le vainqueur, et avoit-on grande compassion de
eux et de leur misère. Mais, le tout estant bien considéré, il falloit
avoir aultant de compassion de la désolation et perte du pays de
France, par lequel passoit l'armée ducalle qui les alloit secourir, et je
dis plus, que d'eux-mesmes Cambrésiens, lesquelz, comme il me
semble, estoient dignes d'estre rigoureusement chastiez, comme estant cause de leur ruyne et de celle de la France par leur rébellion
qu'ilz avoient faicte à leur roy espagnol.

Mons. le duc, après avoir entendu les remonstrances et prières
cambrésiennes par les députez dessus dictz, partye pour les contenter,
partye aussi pour se conserver laditte ville, commanda que l'on fist
marcher son camp à la rivière de Marne, pour prendre le passage à
Chasteau-Thierry. Luy-mesme partit de Provins le jeudy, 27e jour du
moys de julliet, et alla loger à la Ferté-Gaucher, et n'y coucha que

1581. une nuict, comme aussi ne fit son armée ès villages d'alentour[1]. Son artillerie partit dès les cinq heures du matin, et luy sur les dix heures. Tout le train passa par la porte de Culoyson, où on avoit équippé des pièces d'artillerie, pour les tirer en l'honneur du duc, et où cent harquebusiers avoient esté posez en bon ordre pour la décoration du passage. Mais S. A. fut conduitte par la porte de Jouy, pour prendre le chemin de Monglat, où il estoit novelle qu'il alloit disner. Sa personne et tout son train furent deffraiez aux despens de la ville, et ne payèrent les gens de sa suitte à leurs hostes que ce qu'ilz volurent pour les espingles des filles et servantes, et ne volut-on prendre argent de leurs despens, pour l'honneur de mons. le duc, qui s'estoit si doulcement et courtoisement comporté envers les habitans, comme aussi avoient faict ses gens.

S. A. fut conduitte hors la ville par les gouverneurs et justiciers jusques à une petite lieue loing, lesquelz, prenant congé d'icelle, s'excusèrent de ne l'avoir receu tant honorablement qu'il luy appartenoit, et le prièrent d'estre le protecteur à jamais de ladite ville et qu'elle luy feust tousjours recommandée; ce qu'il promist faire, et remercia les habitans de l'honneur et traictement qu'on luy avoit faict et à ses gens, telz qu'on ne luy avoit encores faict en ville de France par où il avoit passé, chose qui ne demoureroit sans récompense. Toutesfois, avec parolles amyables, taxa lesditz de Provins de s'estre excusez de quelque somme de deniers qu'il leur avoit faict demander pour ayder aux fraiz de l'entreténement de son armée. Il luy fut respondu que 800 escuz que le roy avoit faict lever sur la ville avoient refroidy le courage des habitans, qui entendirent que lesditz 800 escuz fussent pour l'entreténement de son armée; et toutesfois, si S. A. vouloit que la ville luy fournist quelque ayde d'argent, qu'ilz en estoient pretz, moyennant qu'il leur donnast une contraincte pour lever lesditz deniers, sans laquelle il estoit fort difficile d'en lever. Sur ces excuses, se partit ledit seigneur, qui respondit que, s'il en demandoit, il en-

---

[1] *Discours du voyage de M. d'Anjou pour secourir Cambrai, avec la disposition et ordre* *de son armée.* 1581. (Bibl. imp. Baluze, 8476, fol. 238 r°.)

voyeroit une commission et contraincte du roy son frère pour les lever. Lesditz de Provins avoient sur eux les 1,000 escuz promis, pour les luy bailler s'ilz eussent veu qu'il s'en fust allé mal content de eux; lesquelz, se voyant en sa bonne grâce, les rapportèrent et dès le lendemain les rendirent à ceux qui les avoient fournis par forme d'avance pour le corps de la ville.

Le prévôt du camp, en quittant Provins, emmène prisonniers un soldat qui avoit dérobé le cheval d'un laboureur, et un manouvrier de la paroisse de Mortery, coupable de meurtre.

Le jour que mons. le duc deslogea de Provins, fut le bourg de Broye-lez-Sézanne ruyné et quasi tout despeuplé par la fureur des gens de l'armée dudit seigneur. Estans lesditz gens de guerre devant ledit bourg, demandèrent que ouverture leur fust faicte pour y loger, ce que refusèrent de faire les habitans, qui respondirent qu'ilz n'y logeroient pas. A laquelle response demandèrent iceux gens de guerre de parler à celuy ou ceux qui avoient commendement en iceluy bourg, pour les y faire loger ou leur bailler des vivres; et porta la parolle le principal chef de la trouppe, qui estoit l'ung des principaux chefs de l'armée ducalle, que l'on nommoit mons. de Tévalle, lequel, en parlementant, fut tué d'ung coup de harquebuse que luy tira ung barbier dudit bourg. Cette mort eschauffa tellement le courage desditz gens de guerre, qu'ilz par force se rendirent maistres du bourg et y massacrèrent tous hommes et femmes qu'ilz eurent à la rencontre, sans pardonner à personne qu'à la baronne et sa servante, qui furent menées prisonnières au chasteau d'Esternay. Ilz de guerre, non contens d'avoir massacré et pillé ledit bourg, y allumèrent le feu ès quatre coings et au milieu, qui brusla le chasteau, les églises et les maisons, dont il ne resta entières que quatorze. Le barbier qui avoit faict le coup fut par eux tout vif jetté dedans le feu, où il finit ses jours à grand destresse, et, ce faict, l'abandonnèrent et allèrent aultant avant.

Les habitans de Provins, si tost que mons. le duc fust hors de leur

1581. ville, reprindrent les armes ès mains, pour eux garder nuict et jour
d'estre surprins de quelques compagnies et régimentz que l'on disoit
estre encores au delà de Montereau, au nombre de dix mille hommes;
toutesfois, on n'en vit nul ès environs de Provins, qu'il ne fust le
10 aoust. Mondit seigneur, à l'adieu que luy donnèrent lesditz de
Provins quand ilz prindrent congé de S. A., leur dist qu'ilz gardassent
encores leur ville et qu'ilz n'y laissassent entrer nulz gens de guerre
pour y loger et vivre à discrétion, et qu'ilz fissent tant que la force
leur en démourast. Plusieurs chevaux et harnois, prins à Provins pour
mener son bagage et celuy de son train, et les charretiers eurent
congé à Chasteau-Thierry, et furent renvoyez en leurs maisons avec
sauf-conduit.

Plusieurs compagnies passèrent par les environs de Provins, qui
alloient après le camp et personne dudit sieur duc, aucunes en diligence, aultres tout à loysir; et fut-on plus de quinze jours ès pays
pruvinois qu'on ne voyoit que gens de guerre passer. Entre aultres
passèrent les 6 et 7e jours d'aoust les régimens du comte de Genissac,
qui montoient au nombre de cinq à six mille hommes, gens fort meschans et mal conditionnez, larrons et volleurs aultant que oncques
en avoit esté. Ilz passèrent la rivière de Yonne ès environs de Sens et
Pons en divers lieux, et firent ung giste entre ladite rivière et celle
de Seine. Quelques compagnies desditz régimens allèrent assiéger le
bourg de Sargines, pour y penser entrer par force et y piller à leur
volonté; ce qu'ilz ne sceurent faire, car les habitans dudit lieu se
portèrent si vaillantz contre ceste trouppe de brigans, qui n'estoient
moings de quinze à seize cents hommes, qu'ilz demeurèrent maistres
de leurs maisons et de leurs biens. Lesditz brigans firent aller à leur
secours encores quelque cinq cents hommes de leurs compagnies qui
estoient logez ès villages des environs dudit Sargines, mais y gangnèrent
aultant les derniers que les premiers. Il en fut tué en la place quelque
trentaine, et il y en eut bien ung cent de fort blessez, qui ne vescurent
pour la pluspart longtemps après. Les trouppes qui ne volurent aller
audit Sargines passèrent la rivière de Seine à Jaulne, au dessus de

Bray, les 4 et 5ᵉ jours d'aoust, et s'allèrent loger ès paroisses des Ormes, 1581. Charlemaison, Goix, Ermez et Chalaustre-la-Petite, où elles séjournèrent deux nuictz, en attendant leurs compagnons, qui tenoient assiégé ledit bourg de Sargines; ceux-ci passèrent la Seine le 6ᵉ jour dudit moys d'aoust et s'allèrent loger ès paroisses de Meel et Mériot, où ilz furent deux nuictz à faire grosse despense et achever de voller ce que les gens de guerre du camp ducal y avoient laissé les jours précédens. Il en mourut plusieurs audit Meel des coups qu'ilz avoient eu à Sargines, l'ung desquelz estoit plus estimé que les aultres, d'aultant que ses compagnons l'enterrèrent dans l'église dudit Meel. Mais n'y demoura longtemps; car, incontinent qu'ilz en furent deslogez, il fut par aucuns habitans desterré et traîné en la rivière pour estre viande aux poissons, en haine du mal que ses compagnons avoient faict. Ilz pillèrent les ornemens et corporaux de l'église dudit Meel, dedans laquelle s'enlogea une partie et leurs chevaux.

Ilz allèrent forcer le prieuré de la Fontaine-aux-Bois, et y entrèrent, ce que n'avoient faict toutes les trouppes des gens de guerre qui avoient passé par le pays depuis l'an 1567. Le prieuré et plusieurs personnes de la parroisse eurent domage de plus de 4,000 liv. t. et de meubles et coffres que les paysans y avoient retirés et qui furent pillez; les voleurs enlevèrent douze pièces de bestes chevalines aux fermiers de la maison, qui les poursuivirent jusques au passage de la Marne, et n'en purent recouvrer que deux ou trois, qui ne valloient les coups que lesditz voleurs baillèrent ausditz fermiers et à leurs femmes. Ilz emmenèrent liez et garrotez trois hommes de laditte parroisse de Meel, pour avoir des escuz pour leur rançon, et les batirent oultrageusement avant que les délivrer. On ne vouldroit croire le mal et la tyrannie que faisoient ces brigans aux pauvres gens des villages. Des parroisses de Meel et aultres, allèrent loger d'une traicte à Monceaux-en-Brie et les villages plus loing, en tirant au passage de la rivière de Marne.

Partie des gentilzhommes des environs de Provins partirent, depuis que lesdittes trouppes furent passées pour aller audit camp, entre

1581.   aultres les sieurs de Besancourt, avec cinq ou six chevaux; d'Esternay,
avec de douze à quinze chevaux; de Ablenay, avec deux chevaux; de
Chalaustre-la-Grand, de la maison de Maulien, avec deux chevaux;
avec lesquelz et soubz leur nom allèrent Nicolas Taluet, de la Motte-
de-Tilly-lez-Nogent-sur-Seine, soy disant le capitaine Beaulieu, avec
deux gros chevaux d'armes; Montauban, de St Martin de Chasnetron,
avec ung bon cheval d'armes, et encores quelques aultres, tant gentilzhommes que soldatz fricquerelles que je n'ai congnu par leurs
noms. Et s'estimoient toutes telles gens bien heureux d'aller à ceste
assemblée, et jugeoit-on à les veoir qu'ilz allassent conquester tous
les pays de Flandre, d'Artois, de Liége, de Frise et aultres pays
estranges.

L'armée ducale, après s'être formée à Château-Thierry et Soissons, pénètre
dans le Cambrésis. Quelques escarmouches ont lieu avec les Espagnols, dans
l'une desquelles le vicomte de Turenne est fait prisonnier. Le duc d'Anjou entre
à Cambrai le 18 août. Le Cateau-Cambrésis se rend aux Français; on prétendit
que cette place avait été vendue au duc d'Anjou par le gouverneur espagnol,
moyennant douze cent mille écus. — Découragement survenu dans l'armée française; les paysans refusent des vivres aux soldats, les maltraitent et les massacrent
comme des loups enragés. Plusieurs gentilshommes quittent l'armée et retournent
dans leurs maisons, entre autres ceux de Besancourt, d'Esternay et d'Ablenay.
Une partie des troupes se débande. Quelques compagnies seulement passent par
la Champagne à la fin de septembre et au commencement d'octobre; l'une
d'elles, la compagnie de mons. de Luxembourg, qui logea à Sourdun, se comporta avec une modération remarquable. — Le duc d'Anjou se rend en Angleterre, pour hâter la conclusion de son mariage avec la reine Élisabeth. — Le
marquis d'Elbeuf, qui l'avait suivi en Flandre, va en Lorraine après la prise
du Cateau-Cambrésis, puis à Paris. Il passe par Provins le 18 octobre, suivi
d'un train considérable.

Au desloger dudit Provins, ledit sieur duc, en passant devant la
maison d'un espinglier nommé Mouillot, qui demeuroit entre le couvent des Jacobins et la faulse porte du Chasteau, vit ung gros rat en
une cage tout vif, que ledit Mouillot nourrissoit pour son plaisir; qui
fut cause de le faire arrester devant laditte maison, et, après l'avoir

contemplé, demanda si cest oyseau estoit à vendre et combien il 1581.
cousteroit. Ledit Mouillot, homme facessieux, luy fit response que
ouy, et qu'il en vouldroit tenir ung teston de sa bourse, entendant
de vendre le rat et la cage, qui estoit de fil d'archet. A la parolle,
duquel, ledit seigneur commanda à ung de ses hommes de donner
ung teston audit Mouillot, qui, l'ayant receu, minst le rat et la cage ès
mains de celuy qui luy avoit donné le teston. Aussitost, ledit seigneur
demanda à ses gens une daigue ou cousteau, lesquelz n'en ayant
poinct, il demanda audit Mouillot s'il en avoit poinct ou aultre ferre-
ment; lequel luy fit response que non, synon une lime ronde qu'il
tenoit en sa main. Ledit seigneur, prenant laditte lime, tua le rat en
sa cage, par entre deux fuschaux, et, après l'avoir tué, rendit la cage
audit Mouillot, en luy disant, « Adieu, mon petit père; trouve-m'en
ung aultre pour quand je repasserai; » et ce dit, s'en alla son train
sans aultre parolle, et demourèrent audit Mouillot la cage, le rat tout
mort et le teston, sans que oncques on sceut à quelle intention ce
prince avoit faict cela, sinon pour son plaisir.

Mons. du Clou, du village d'Escardes, qui avait pris part aux excès commis à
Broye par les troupes ducales et au meurtre du seigneur de ce lieu, est poursuivi par la veuve, arrêté au moment où il formait une nouvelle compagnie,
contrairement aux édits du roi, et pendu à Provins l'avant-dernier jour d'octobre. — Les greffes des présentations avaient été érigés en offices l'année précédente; le greffe de Provins est vendu le 23 février, moyennant 14 ou 15 écus.

Le jour de Pasques de ceste année, qui estoit le 26e jour du moys
de mars, les vens donnèrent leurs souffleures oultre le cours commun
par toute la journée et signamment ès heures de dix, onze et midi,
que les catholicques estoient ès temples et églises. Avec le vent, survint ung gros nuage noir plein de pluye et gresle, une obscurité si
grande et ung bruict tel, qu'il sembloit quasi qu'on retournoit aux
ténèbres de la nuict et que les bastimens des églises tomboient par
terre. Les verrières de plusieurs églises furent rompues, signamment
en celles de St-Pierre et St-Ayoul de Provins. Ce vent et fouldre furent

1581. universelz par la France; le domage fut fort grand., et plus qu'ès aultres lieux en la ville de Reyms en Champagne, et particulièrement en la grande église N.-D., qui fut estimé monter à plus de 4,000 liv. t. Ès forestz de la Forestière, de la Traconne et du Gaux, furent plus de deux mille piedz d'arbres arrachez. Les vens et tempeste se modérèrent sur le soir, si bien que au lendemain n'y avoit plus d'apparence d'iceux, sinon ès ruynes qui en portoient le tesmoignage [1].

Le bruit courut qu'une assemblée de députés protestants étant réunie secrètement à Paris, le jour de Pâques, pour aviser aux moyens de relever les armes, le roi les avait fait surprendre; que quatorze personnes avaient péri, entre autres M. d'Arènes, seigneur de Gymbrois, homme très-expérimenté dans les affaires et entreprises des réformés, et que les cadavres avaient été rendus aux femmes et enfants des défunts pour leur donner la sépulture. Il est certain que M. d'Arènes, mort au temps de Pâques, à Paris, fut enterré en la chapelle du petit châtel de Nangis, par les ordres du baron de Poulçay, son frère. — Le roi surcharge son peuple de tailles, et met en avant des inventions sataniques pour se procurer de l'argent. Taxe imposée sur chaque arpent de terre.

Ici manque un feuillet, qui a été arraché.

Gabelle imposée par le roi sur les vins, et pouvoir donné aux commissaires ou fermiers de visiter les celliers, caves et maisons, et de constater la quantité de vin recueillie par chaque particulier [2]. Les procureur et échevins de Provins prennent cet impôt à ferme au nom de la ville, moyennant 15 ou 1,600 livres, et le donnent eux-mêmes à ferme. Il excite de grandes plaintes; les habitants de Provins plaident contre les fermiers et adressent une supplique au roi; dans plusieurs villes, les commissaires et fermiers sont massacrés. — Édit du roi, suivant lequel les grains entrant dans les villes sont soumis à une taxe d'un écu par muid; le parlement en ayant refusé plusieurs fois l'entérinement, il reste sans exécution cette année. — Le prix du sel est élevé à 7 livres 8 sous le minot. — Ces impôts sont principalement onéreux pour les pauvres gens. On maudit le roi, et l'on se demande ce qu'il fait de tout l'argent qu'il lève sur ses sujets.

Ceux qui s'estimoient les plus clairvoyans respondoient que S. M.

---

[1] Voy. à ce sujet le Journal de Martin Girard, cité dans les manuscrits de M. Rivot, t. VI, p. 339, et le Journal de Fayet, p. 21.

[2] Édit qui établit pour six ans un impôt de 20 sous sur chaque muid de vin. 1581. (Fontanon, t. II, p. 1124.)

en enrichissoit masqueraux et bredasches, gens de basse condition,   1581.
qui luy servoient de mignons en choses illicites, que je ne veux mettre
par escript, estimant que sadicte majesté en moindres choses du
monde ne s'y eust volu maculer, ni seullement y penser. Le péché
de sodomie a tousjours esté en horreur à tous bons chrestiens et
naturelz Françoys. Le roy avoit la renommée d'estre excessivement
prodigue envers aulcuns que l'on disoit estre de ses mignons, comme
à ung sieur de Quéluz, qui fut tué à ung combat par luy requis, à ung
aultre appellé le sieur d'Aulx, à ung aultre appellé le sieur d'Arcque,
à présent duc de Joyeuse, et à plusieurs aultres desquels je n'ai sceu
les noms.

Henri III marie le sieur d'Arques avec Marguerite de Lorraine, sœur de sa
femme, le fait duc de Joyeuse et lui donne des sommes d'argent considérables.
Magnificence excessive du mariage et du banquet de noces [1]. Les seigneurs lorrains y assistent, entre autres le duc de Vaudémont, père de l'épousée, qui
passa à Provins le 10 septembre, et le duc de Lorraine, qui y passa le 12,
accompagné de plus de quatre cents chevaux. — M. de Lavargne, conseiller au
parlement, commissaire du roi envoyé à Provins pour établir la gabelle de l'entrée du vin et vendre le greffe des présentations, réforme l'état de la justice et
fait cesser certaines exactions. — Il informe contre Jean de Vauhardy, grènetier,
et Jean Graillet, marchand de sel, qui sont mis en prison à la Conciergerie.
Graillet est convaincu d'avoir frustré le fisc et d'avoir commis de grands abus et
larcins dans les années 1573 et 1574, où la rareté du sel était extrême; condamné à mort, il parvient à sortir de prison par le crédit de Mme de Nemours,
moyennant une somme de 12,000 livres payée au roi. Jean de Vauhardy, faute
de preuves, se tire d'affaire à meilleur marché. — Dans les villes de Montereau et de Nogent, les officiers du grenier à sel font faire estimation de la
consommation du sel par paroisse et par individu, et forcent chaque personne
à prendre pour trois mois la quantité de sel qui a été jugée lui être nécessaire.
A Provins, liberté entière fut laissée aux consommateurs. — Le roi requiert son
peuple de faire des prières et processions pour qu'il plaise à Dieu de lui donner
un fils; les curés, ayant reçu à cet égard un ordre du pape, annoncent en chaire
la demande du roi et engagent leurs paroissiens à y faire droit.

  Il y a ici une lacune.

[1] Voy. le Journal du règne de Henry III, p. 45.

1581. L'évêque de Césarée, suffragant de l'archevêque de Sens, ancien général des cordeliers, étant à Provins, bénit, le 25 septembre, les nouveaux autels de l'église Sainte-Croix. — Jean Leclerc, curé, et Cl. Haton, clerc de Saint-Ayoul, prient l'évêque de Césarée de faire la dédicace de leur église, ce à quoi il se refuse pour cette fois. — Le 24 septembre, arrive à Provins un personnage qu'on disait être un évêque d'Arabie; il était à cheval, coiffé d'un turban, et suivi de deux hommes de pied. Il fut logé aux Cordeliers et y passa deux nuits. Il ne put s'entendre avec des seigneurs grecs ou turcs qui arrivèrent à Provins presque en même temps que lui, ni avec l'évêque de Césarée.

L'esté de ceste présente année se porta assez bien en ce pays de Champaigne et Brie, et furent les chaleurs modérées et non trop grandes; les pluyes furent assez fréquentes pour la saison, sans orage. Les biens de la terre eurent bon temps, et fut la moisson meilleure qu'on ne pensoit. Les vendanges furent assez copieuses et recueillit-on du vin quelque peu plus de demye année, et furent les vins médiocrement bons.

L'automne fut une partie assez froict et singulièrement le moys d'octobre, auquel les 3, 4 et 5ᵉ jours la gelée blanche fut si forte qu'il n'estoit possible de labourer à la cherrue ni au bras qu'avec toute difficulté, et fit par ces trois jours-là un froict si piccant et noir qu'il estoit besoin de se chauffer comme en plein yver. Les feuilles des vignes et des noyers furent toutes bruslées, comme si le feu eust passé par-dessus. C'estoit la force de la vendange à Provins en ceste sepmaine-là. Les raisins noyrs et blancs qui estoient aux vignes furent si gelez, qu'ilz dès le premier jour furent flestris, demy-cuytz et ne eurent plus de bonne saveur comme devant. Les vins qu'on en fit furent bien amortis; toutesfois se portèrent mieux tout l'hiver qu'on ne pensoit. Les vignerons en meslèrent la plus grande partie parmy leur vin et vendange faictz avant laditte gelée, qui les rendit quelque peu meilleurs. Les pays et vignerons qui avoient vendangé devant lesdittes gelées firent de meilleur vin que ceux qui vendangèrent après. Et fut vendu le vin de Villenauxe, prins sur le lieu, la somme de 16, 17 et 18 l. t. le meilleur; celuy de Mons-le-Potier, Chalaustre-la-Grand, la Saussotte, 12 l. celuy des parroisses de Meel, Ermez et

Goix 10 et 11 l. de Chalaustre-la-Petite, Sepveilles, Provins, St-Brie 1581. et les environs, 9 et 10 l. et se tint à ce pris jusques à la Toussainctz, et depuis la Toussainctz jusques au moys de janvier ensuyvant et plus loing, ramanda de 40 s. sur la queue en tous les vignobles de quatre et cinq lieues des environs de Provins. Au pays de Montois, la cueillette des vendanges fut plus copieuse qu'ès aultres vignobles de Provins et les environs, et fut leur vin assez bon.

Quiriace Prieur, teinturier, dit le capitaine Boytout, étant logé dans le château d'Hiéble-lès-Guigne-Putain, est assailli la nuit et battu par des diables ou esprits qui hantaient ce château, et meurt le 19 octobre des coups qu'il avait reçus. D'abord protestant, puis converti au catholicisme en 1564 ou 1565, il avait, pendant les troubles de 1567, eu charge de gens de pied en la ville de Pons, sous le capitaine Valentin Poullet. Un jour, il fit crier par les rues au son du tambourin : « De l'ordonnance du capitaine Boytout, il est commandé à tous coupeaux de Pons de prendre chascun d'eux un balay et de nestoier devant leurs huys. » Les habitants indignés prirent les armes; mais, ne se croyant pas assez forts pour attaquer Boytout, ils se contentèrent de fouetter furieusement le porteur de tambourin. — Un roulier de Troyes est écrasé par son charroi entre Troyes et Sourdun. — Mort, le 7 octobre, de Gaspard Billot, marchand de Provins, laissant de grosses dettes. — Mort de Gilles Domanchin, élu, fils d'un laboureur de Villiers-Saint-Georges. — Pierre Rayer, pourvu par la dame de Nemours, puis par le duc d'Anjou, de la charge d'élu vacante, ne peut se faire recevoir, par suite de l'opposition de l'échevinage de Provins et du procureur du roi. — Le dernier de novembre, un jeune homme de Provins, en s'exerçant aux armes avec son frère, le perce d'un coup de dague et le tue; le père obtient la grâce du meurtrier. — Édit du roi par lequel les offices de greffier sont rendus vénaux [1].

Depuis la gelée des 3, 4 et 5e jours d'octobre, le temps s'adonna à la pluye pour la pluspart du temps, jusques aux 17 et 18e jours de novembre, que la gelée recommença assez forte et froide, qui ne dura que lesditz jours, puis retourna à la pluye, qui dura le reste de l'automne.

L'hiver se continua en pluyes fréquentes, jusques à la vigille St-

[1] Déclaration portant que les greffes des tailles et geôles sont compris dans l'édit qui réunit au domaine de la couronne tous les greffes et tabellionages du royaume. 1581, 16 janvier. (Fontanon, t. IV, p. 707.)

1581. Thomas, que la gelée commença à faire son effect fort rudement, en sorte que les rivières, mesme de Seine, furent glacées du premier jour suffisamment pour soustenir une personne. Icelle gelée ne dura que trois jours, jusques à la vigille de Noël, durant lesquelz il fit assez froict. Il tomba un peu de neige en une nuict, qui ne fut sur la terre l'espaisseur d'ung petit doigt. Le reste du moys se passa en pluye, jusques au 1er jour de janvier de l'an prochainement venant. Il appert que l'automne et partie de ceste présente année se passèrent plus en pluye qu'en beau temps, et furent les eaux fort grandes ès rivières et valées par diverses fois.

1582.

L'an 1582, au moys de janvier, l'hiver se continua en doux temps, médiocrement froict, plus pluvieux que sec, qui fut cause de faire desborder les rivières oultre leurs rives et cours naturel, au désavantage des emblaveures qu'on avoit semées ès lieux bas, proches desdittes rivières.

Le 21e jour dudit moys, tomba après la pluye de la neige assez compétamment, comme l'espesseur d'un petit demy-pied, la terre toute mouillée dessoubz, qui toutesfois ne la peut fondre, à cause de la gelée qui advint la nuict ensuyvant, qui gela et endurcist laditte neige; et demoura sans fondre jusques au 28e dudit moys, durant lequel temps il gela assez passablement sans porter domage aux biens de la terre, qui estoient couvertz de laditte neige. La terre, soubz la neige, estoit aussi molle et destrempée ès garetz fraiz labourez et aultres qui n'avoient esté trippés, comme s'il n'eust poinct gelé, et n'y avoit que les chemins qui fussent rudes et endurcis de laditte gelée. Les eaues ès rivières et estans furent glacées et la glace forte et espesse en suffisance pour soustenir un homme. Les grandes rivières butinèrent de laditte gelée; et feit froict quatre ou cinq jours plus que les aultres. L'on ne craignoit que quelque geuvre blanche n'ad-

1582. vînt en ces nuictz-là, d'aultant qu'en icelles le temps estoit serain et bien clair, comme aussi estoit les jours le soleil luysant, qui toutesfois ne faisoit fondre laditte neige aux champs, pour l'empeschement que luy en donnoit un froict vent d'amont bien hasleux.

Audit 28ᵉ jour de janvier et les subséquens, fondit laditte neige et cessa la gelée par la pluye qui tomba du ciel assez compétamment, qui renfla les fleuves et rivières comme devant, et continua la pluye jusques au 4ᵉ jour de février, qu'elle cessa, le temps se disposant encores à la gelée, qui commença le 11ᵉ et se continua jusques au 24ᵉ dudit moys. Ceste gelée fut bien seiche, sans neige et sans grande froidure, et ne cessèrent les artisans de besongner aux champs durant icelle. Les laboureurs chérioient comme en plain esté. És terres courtes et pierreuses, on labouroit, moyennant que le laboureur eust de bons chevaux et cherrue. Il desgela sans pleuvoir et fut la terre toute résoulte de laditte gelée, avant que la pluye recommençast; elle reprint son cours dès le 1ᵉʳ jour de mars et dura quasi continuellement jusqu'au 12 ou 13ᵉ jour ensuyvant, que commença le printemps, qui depuis fut fort sec, par un hasle froict plusieurs jours, qui seicha les terres où estoient semées les avènes d'une si grande façon qu'elles ne purent lever commodément. Les terres qu'on avoit labourées et semées avant les dernières pluyes levèrent bien, d'aultant qu'elles estoient toutes rassises aux jours desdittes pluyes.

Le reste du moys de mars se passa sans guères pleuvoir, et avec peu de gelées blanches ni noyres; mais ne se passa sans brouillardz, qui advinrent les 1ᵉʳ, 10, 19, 20 et 25ᵉ jours assez troubles et espez, aulcuns desquelz tombèrent par petites rousées de pluye les mesmes jours, les aultres remonstèrent en l'air et se évacuèrent avec les nuées sans pluye. Ces brouillards espouventèrent quelquement les simples personnes, à cause de la prophétie d'expérience des anciens, qui dict que, aultant de fois et de jours qu'il faict broulliard au moys de mars, à telz jours et aultant de fois il gèle en apvril ou il pleut. Au 1ᵉʳ jour d'apvril, qui estoit le dimanche qu'on appelle de la Passion ou le dimanche perdu, il feit une froide gelée blanche, qui respondoit au broulliard du 1ᵉʳ jour de mars; mais, d'aultant que le temps estoit au hasle et à la seicheresse, elle ne fit aucun domage. Il gela quasi par chascun jour de la première sepmaine dudit moys d'apvril, comme le 1ᵉʳ jour sans faire mal.

Le hasle et la seicheresse qu'il faisoit par un vent d'amont médiocre, qui n'estoit ni trop froict ni trop chault, empescha les orges de lever, les seigles et mestaux de trocher et tasser, qui fut cause d'une grande perte en plusieurs lieux et signamment en la valée de Seine, et d'en avoir petite moisson. Ceste seicheresse et hasle durèrent depuis la my-mars jusqu'au 22ᵉ jour d'apvril, que le temps avec difficulté retourna à la pluye, qui dura jusques au 26ᵉ jour dudit moys, qu'il retourna au beau temps, qui fut ung grand bien pour les vignes, lesquelles se portoient fort mal, pour les pluyes, gresles et froidure qu'il feit en quatre jours seullement. L'on doubtoit fort la gelée, après laditte gresle; toutesfois il ne gela aucunement, dont bien en advint. Les vignerons eurent bon temps à labourer, tailler et ployer les vignes, et gangna dedans la ville de Provins la somme de 9 s. t. par jour chascun homme à labourer esdittes vignes, avec le vin qu'on leur donnoit, ensemble la viande et potaiges à leur disner et gouster. La prinse des vignes en ceste année ne fut plantureuse comme l'on espéroit, et se trouva que plusieurs yeux ou bourgeons ne gettèrent boys aulcunement, ains une feuille ou deux qui demeurèrent en arrière, comme si lesditz yeux eussent esté gelez. Aucuns vignerons avoient en leur oppinion que telz yeux avoient esté gelez en une nuict d'hiver qui fut plus froide et aspre de gelée que les aultres. Aultres vignerons jugèrent que ce qui se trouvoit de faulte au boys desdittes vignes provenoit de gelées blanches et noyres qui estoient advenues au moys de septembre sur la fin, en l'an dernier passé. Les arbres fruitiers de toutes sortes furent floris au possible, et chargèrent de fruictz fort habondamment.

La chair à la feste de Pasques et par après fut à meilleur marché qu'elle n'avoit esté en l'an dernier passé; et au commencement de ceste présente, jusques au jour de karesme-prenant, les œufz se ven-

1582. dirent à un double la pièce et pour le plus à trois œufz pour ung denier; le beurre fraiz se vendit bien cher jusques au moys de may à 6 et 7 s. la livre, voyre encores depuis la feste de Pasques. Le grain commença à enchérir de quelque douzain ou 2 s. dès la fin du moys de mars sur le bichet, et fut vendu le muyd de froment, à la mesure de Provins, la somme de 48 liv. t. Il se vendoit à plus hault pris en la ville de Paris, où les marchans de Provins le menoient. Le vin demoura à pris plus raisonnable et n'enchérit de rien à l'estappe ni ès caves, et le bailloit-on à moindre pris qu'aux moys d'octobre et de novembre de l'an dernier passé qu'avoit esté la vendange. Durant le temps de karesme, les poix et les febves se vendirent bien, comme aussi les pruneaux, à cause de la difficulté qu'on trouva dedans le haren. Le reste du printemps, depuis le moys de may jusques à la fin, se passa en temps modéré et fort propre pour l'augmentation des biens de la terre.

L'édit du roi ordonnant que tous les contrats et baux à ferme soient, sous peine de nullité, contrôlés et enregistrés par des contrôleurs spéciaux établis à cet effet, est mis à exécution à Provins à partir du 1er janvier [1]. Cette mesure occasionne des frais dont le peuple se plaint, et détruit tout secret dans les affaires privées. — Le crime de blasphème du nom de Dieu était devenu très-commun en France depuis l'année 1567, même parmi les gentilshommes et les prêtres; Henri III rend contre les blasphémateurs un édit rigoureux [2], qui est publié à Provins le 5 janvier. — Édit par lequel le roi défend à toutes personnes la chasse à l'arquebuse, arbalète et chiens couchants, en permettant seulement aux gentilshommes de chasser sur leurs terres à l'arquebuse avec des lévriers [3]. — Une louve enragée mord et blesse, au commencement de février, plusieurs personnes du village de Pigy et du hameau des Fontaines-sous-Richebourg. — Un homme de Barbez en Brie est blessé par un loup au mois d'avril. — Sur les plaintes vives et nombreuses qu'il avait reçues, le roi rend au mois de janvier un édit par lequel les droits d'entrée du vin dans les villes et bourgs du royaume sont réduits de moitié. — Le prévôt de Provins, pendant le carême, suspend la vente des harengs, où l'on croit reconnaître des vers, et les marchands inten-

---

[1] Édit rendu au mois de juin 1581. (Fontanon, t. I, p. 721.)

[2] 4 décembre 1581. (*Idem*, t. IV, p. 241.)

[3] 10 décembre 1581. (Isambert, *Rec. des anc. lois françaises*, t. XIV, p. 506.)

tent un procès à ceux de qui ils les avaient reçus[1]; puis des informations ayant 1582.
été prises, après un voyage du prévôt à Paris, la vente est permise, mais elle a
lieu à plus bas prix qu'auparavant. Le même fait avait été remarqué en Champagne et en Bourgogne; à Troyes la vente du hareng fut interdite par autorité
de justice.

Au moys de mars de ceste année, au 8e jour, dès les huit heures
du soir, fut veu du costé du septentrion le ciel en feu, rouge, verd,
inde et de diverses couleurs, qui rendoit une clarté fort grande sur
la terre et sembloit, selon le récit de ceux qui le virent, que le ciel
s'ouvrist à diverses fois, plus grandement beaucoup qu'il ne feit oncques
aux plus grands esclairs. Je ne puis bonnement descrire ce faict ne le
réciter à la vérité, d'aultant que je n'en vis rien, pour ma paresse,
pour ce qu'à telle heure j'estois jà couché au lict. Mais, par le rapport de ceux qui le virent, ce spectacle fut assez espoventable. A l'op-
posite de ces exalations célestes, au lieu de l'arrest du midy des
grands jours, se demonstra une tourbe ou nuée de diverses couleurs,
grosse moyennement, faicte en manière et forme d'un gros dragon,
qui tendoit sa gueulle à ceste clarté céleste, comme s'il eust prins
plaisir à la dévorer. Et durèrent ces choses jusques après les dix heures
du soir, qu'elles se évanouyrent en fumée et vapeurs célestes, et cessa
ceste clarté extraordinaire.

Au moys de may ensuyvant, environ le 10e jour, au ciel, du costé
mesme de septentrion et au lieu où ceste clarté de feu s'estoit appa-
rue, fut veue une comette qui, à cause de la grandeur des jours, se
absconsoit entre les neuf et dix heures du soir, et n'estoit pas fort
apparente en ce pays. Que pouvoient signifier ces deux signes célestes?
Nul n'en peut que dire.

L'avant-dernier jour d'avril, une jeune fille de Sézanne, âgée d'environ
quinze ans, tue une petite fille de cinq ou six ans, pour lui ravir une ceinture
d'argent. Les juges de Sézanne la condamnent à mort. Sur appel de son père
au parlement de Paris, elle est condamnée à être pendue sous les bras une heure

[1] Le Journal de Cl. Joubert cité par M. Billate (papiers appartenant à M. le Dʳ Michelin), contient des détails sur ce point.

1582. ou deux, puis fouettée pendant trois jours par la ville. — La femme d'un tail-
leur de Sens, âgée de soixante-huit ans, meurt le 16 mai, enceinte d'un enfant
qu'elle portait depuis vingt-huit ans dans son sein, sans avoir pu accoucher.
Copie d'une lettre adressée par Me Simon de Provenchères, médecin à Sens, à
M. Arnoul, doyen de Sens et grand vicaire du cardinal de Pellevé, dans laquelle
l'auteur décrit la dissection de la femme, la découverte d'un fœtus conservé dans
sa matrice, la nature de ce fœtus, les circonstances de la gestation, etc.[1] — Le
roi et la reine, affligés de ne point avoir d'enfants, font un pèlerinage de Paris à
Notre-Dame de Chartres pour en demander au ciel. Des processions à cet effet
avaient été commencées dès le mois de décembre précédent dans les églises du
royaume; mais Henri III s'était rendu si odieux, par les tailles, gabelles, mal-
tôtes, créations d'offices à gages dont il avait chargé le royaume, que le peuple
était plus porté à le maudire qu'à prier Dieu pour lui, et qu'on désirait plutôt
l'entière extermination de lui et de sa parenté que la conservation de sa race.
Le pape Grégoire XIII ordonne un grand jubilé en sa faveur (texte du pardon).
— Le roi érige au mois de mars, à Provins, un cinquième élu des tailles.

Le moys de may de ceste année fut fort beau et sec pour la pluspart du temps. Il pleut le 1er jour au soir, qui fut grand prouffit pour
les biens de la terre; mais dès au lendemain le temps retourna à la
challeur et au hasle fort grand, qui dura jusques au 18e jour dudit
moys, que la grande challeur en divers endroictz de ce pays esmeut
des tonnerres et esclairs assez impétueux, avec gresles moyennes et
grosses pluyes, qui portèrent domage aux biens de la terre et aux
édifices, et signamment en la parroisse de Savins, lez Thénisi-en-
Montois, sur les grains et les vignes, et sur l'église et molin à vent
dudit lieu. Depuis ce jour 18e, le temps fut une sepmaine à la pluye
assez froide, mais au bout de huit et neuf jours, le temps retourna
au beau.

Condamnation et dégradation de Me Jean Poisle, conseiller au parlement de
Paris, comme coupable de malversations[2]. — Au commencement d'avril, sur-

---

[1] Voy. dans la Biographie universelle
une notice sur Simon de Provenchères et
la liste des ouvrages de ce médecin. De
Thou (liv. LXXVI) parle du phénomène
dont il est ici question, et des écrits qu'ont

donnés à son occasion Provenchères et
Jean d'Alibour, d'Autun, qui fut depuis
premier médecin de Henri IV.

[2] Voy. le Journal du règne de Henry III,
p. 60, et de Thou, *Hist. univ.* liv. LXXVI.

vient à Provins et dans divers autres endroits une maladie dont meurent plu- 1582.
sieurs personnes, les unes au bout de vingt-quatre heures, les autres au bout
de quarante-huit heures. — Certains individus sont atteints d'un mal qui trouble
leur esprit, les agite de façon qu'ils ne savent ce qu'ils disent et font, et les rend
idiots et insensés; il en meurt un petit nombre.

Si tost que les maladies susdittes furent cessées, la maladie contagieuse de peste commença à se monstrer en divers lieux du pays
pruvinois et premièrement au village des Chayses-de-Chalaustre-la-
Grand lez Nogent-sur-Seine, où quasi la moytié des personnes se morurent.

Environ huit jours après, vers le 8ᵉ jour dudit moys d'apvril, elle
print cours au village de Sepveilles, en la parroisse de Sᵗᵉ-Columbe,
fort asprement et rigoreusement, au grand domage des habitans, qui
furent habandonnez et délaissez des peuples des aultres villes et villages d'alentour. Des gardes furent mises aux portes des villes de Nogent, Bray et Provins, pour empescher que les habitans desditz lieux
n'y entrassent. Mais ceux de Provins ne sceurent faire si bonne garde
à leurs portes que la maladie n'entrast[1]. Le premier qui en fut atteint
fut un boulanger dudit Provins, nommé Pierre Farouet, demourant
en la parroisse de mons. Sᵗ Ayoul, tout auprès de la grande porte de
l'église et la porte du prieuré; lequel ne volut, ni sa femme aussi, révéler son mal ou, pour le moins, dire quel mal il avoit, de peur d'estre
défuis de l'aultre peuple, et se laissa mourir sans se faire panser, et
pendant quelque quatre jours depuis qu'il fut attainct, il ne cessa de
fréquenter toutes personnes, d'aller à l'église, de boyre aux fontaines.
Pour excuse et couverture de la grande altération qu'il avoit, il disoit
s'estre grevé à rager un poinsson trantant de vin qui se perdoit en sa

---

[1] Des prières furent ordonnées au mois
de juin pour faire cesser la contagion.
(Ythier, *Anecdotes,* t. II, p. 88, manuscrit
conservé à la bibliothèque de Provins.) —
On voit dans les Mémoires historiques
pour servir aux antiquités de la ville de
Mantes, par Chrétien (Bibl. de l'Arsenal,
in-fol. n° 311), p. 457, que les habitants
de Mantes allèrent en 1583, à cause de la
contagion, en procession à Houdan, distant de cinq lieues, à Meulan, etc. et que
ceux de Pontoise vinrent à Mantes.

1582. cave, qu'il avoit mis seul sur le bout faulte d'ayde, et disoit que la
douleur qu'il avoit ès aynes près le ventre ne luy prouvenoit que de
ce. Sur son dire, nul ne faisoit difficulté de le hanter, boire et manger
avec luy et entrer en sa maison. Il ne cessa d'aller et venir, jusques à
environ une heure avant qu'il morust, et se troubla en son esprit deux
jours auparavant, ne sçachant plus qu'il disoit, et jugeoit-on qu'il fust
malade de la maladie dont nous avons parlé ci-dessus. Il morut le
9e jour du moys de may, tout chaulsé et vestu, seullement couché
sur son lict, estant entre les mains du prebstre qu'on avoit appellé
pour le confesser. Cest homme mort, fut sa maladie contagieuse celée
par sa femme et sa mort excusée soubz le dire d'avoir seul, sans ayde,
ragé le trantain de vin en sa cave, où il s'estoit rompu les veines,
comme elle disoit, en telle sorte que, un jour ou deux avant sa mort,
il ne pissoit aultre chose que du sang. Il fut enterré honorablement
au cymetière de St-Ayoul, avec grande compagnie de ses parens, voysins, boulangers et aultres, qui le portèrent à l'église et en la fosse,
assistez des prebstres de la parroisse et des religieux des couvens des
cordeliers et jacobins. Les services faictz, les curé, vicaire et prebstres
de St-Ayoul, le notaire, le sergent priseur et les tesmoings chargés
de faire l'inventaire des biens du deffunct pour ses nepveux héritiers,
ne laissèrent de boire et manger en sa maison, estimans qu'il n'y eust
poinct de danger. Cependant, le clerc de l'église St-Ayoul, nommé
Me Claude Haton, et Augustin Pelé, ayde d'icelle église, prebstres,
n'allèrent disner avec les aultres prebstres et parens en laditte maison,
sur le soupçon qu'ilz eurent de la contagion, d'aultant qu'ilz cognoissoient ledit Farouet adventureux et qui faisoit son prouffit partout,
et aussi que, suivant le commun bruict, ès environs de la feste mons.
St Ayoul, il estoit allé vendre des oublies en la parroisse de Chalaustre-la-Grand et qu'il avoit esté en une maison des Chaises dudit
Chalaustre, où les personnes estoient mortes de ceste contagion.
Toutesfois, toutes aultres personnes ne cessèrent de hanter la maison,
la femme et les héritiers, jusques ad ce que la femme devint malade
dix jours après et morut le cinquième jour de sa maladie.

Ores au 20ᵉ jour dudit moys de may, ceste maladie contagieuse frappa ung conseiller dudit Provins, jeune homme âgé de vingt-huit à trente ans, nommé Mᵉ...... Barenjon, filz du feu esleu Barenjon, et sur luy fut descouverte la contagion, par le feu et l'apostume pestilencieuse qui s'apparut sur son corps, comme en firent rapport le médecin Mᵉ Jehan Saulsoy, et Nicolas Doury, cyrurgien, demourans audit Provins, pour lequel Barenjon panser, médicamenter et saigner, eurent lesditz cyrurgien et médecin chascun 20 escus comptans et plus, avant qu'ilz y volussent besongner, combien que jà, par quelques jours auparavant et depuis qu'il estoit tombé malade, ilz l'avoient visité. Ce fut une pauvre charité à telz frères de religion huguenoticque, telz qu'ilz avoient esté et estoit encores ledit Doury, de ne vouloir ayder au frère en J.-C., sinon à hault pris d'argent. Le patient, qui avoit, aux despens et de la volonté de feu son père, esté nourry en sa jeunesse, instruict et cathéchisé à Genefve, sembloit estre converty à l'Église catholicque, comme aussi ledit médecin Saulsoy; car ilz alloient ès églises catholicques ouyr la saincte messe et le service divin, et monstroient extérieurement signes de bons chrestiens catholicques. Mais ledit Doury, après plusieurs fois s'estre retiré à l'Église catholicque, s'en estoit finablement départy, pour se rendre huguenot tel qu'il estoit et en faisoit profession. Le 22ᵉ jour du moys de may, ledit Barenjon morut et fut enterré en son jardin par quelques femmes et servantes qui y demeurèrent de celles qui l'avoient pansé en sa maladie, lesquelles n'eurent la force de le porter au cymetière de Sᵗ-Pierre, sa parroisse, encores qu'il en feust bien proche.

La mort et contagion de ce personage espoventa plus fort les habitans de la ville que la mort de Farouet, d'aultant que les plus riches pour la pluspart l'avoient esté visiter en sa maladie et avant que la contagion se feust monstrée. Si tost qu'il fut mort, sa femme, qui estoit fille de la femme de Jehan Roy le jeune, tabellion de Provins, fut par sa mère et ledit Jehan Roy tirée de la maison et menée ès maisons de Garlat, où demeuroit une pauvre femme nommée la Bicquetière, qui jà par diverses années avoit, tant à Sens, Bray, Provins,

1582. que aultres lieux, pansé les malades de peste, où elle fut quelque
peu de jours, en attendant que les gouverneurs de la ville eussent
mis quelque pollice pour le remède des malades, laquelle fut attaincte
de ceste maladie.

Un advocat nommé mons. Regnard, natif de Sézane, qui avoit
espousé la sœur dudit Barenjon, s'en alla avec sa femme hors la ville,
en une mettairie à eux appartenant, nommée Phareux, ès environs
de Bannost, où ilz ne furent pas dix jours que la femme morut de
ceste maladie. Plusieurs aultres riches gens, qui avoient esté visiter
ledit conseiller Barenjon, s'absentèrent de leurs maisons dudit Provins et s'en allèrent en leurs fermes ès villages pour prendre l'air,
dont ilz se trouvèrent bien.

On s'esmerveilloit où ledit conseiller Barenjon avoit prins ce mal,
veu qu'il ne alloit ni venoit hors de sa maison et de la ville; les aulcuns disoient qu'il avoit esté à Melun, à l'enterrement de la vefve feu
Est. Bourdier, en son vivant lieutenant criminel de Provins, aultres
que ce mal avoit esté apporté en sa maison par un homme de la parroisse de Chalaustre-la-Grand, son vigneron, qui estoit venu vers luy
à l'argent, ce qui me semble estre le plus véritable.

Trois jours après la mort dudit Barenjon, morut la femme dudit
P. Farouet, en sa maison, habandonnée de toutes personnes, excepté
de Pierre Broyon l'ancien et de sa femme, sœur dudit Farouet.
Laquelle fut de loing visitée hors de sa maison en pleine rue, où
elle fut apportée toute morte devant les médecins et cyrurgiens,
qui ne volurent s'approcher de trop près, et, après l'avoir veue toute
nue, apperceurent quelques pustules sur ses reins ou hanches, qu'ilz
dirent estre contagion, et sans en dire aultre chose devant le peuple,
qui estoit là présent excédant le nombre de cent, ordonnèrent qu'on
l'enterrast tout promptement, ce qui fut faict. Dès au lendemain,
furent attainctz de ceste maladie deux des héritiers dudit feu Farouet, avec Edme Ledoyen, son voisin, qui en morurent. Quasi
tous les héritiers dudit Farouet, qui estoient neuf, furent frappez
et en morut trois en moings de huict jours. Ceste contagion fut en

moings de dix jours respandue par la ville de Provins, en telle sorte
que six maisons pour le moings en furent fort infectées et mesme le
prieuré de St-Ayoul, dedans lequel morut frère Agnian Martin, frère
dudit prieuré.

Les gouverneurs de la ville, voyant le danger commun, firent toute
diligence de pourveoir [la maison de Garlat] de toutes choses nécessaires pour le soulagement des malades qui y estoient et pouvoient
survenir. Ilz composèrent à Nic. Doury, cyrurgien et barbier, à 60 escus
par moys, pour faire le service, et contract fut passé de ceste composition; depuis que la convention fut faicte, Doury ne volut visiter
et panser les malades de la contagion que lesditz gouverneurs ne
l'eussent fourny d'ung aultre maistre barbier pour son compaignon,
ce qu'ilz furent contrainctz de faire à mesmes gaiges, et luy fut baillé
Me..... Tabeu, demourant au Chasteau, que justice contraignit d'y
aller par force. Ce faict, volurent ledit Doury et son compaignon
toucher d'avance l'argent de deux moys, au bout desquelz, et pour
ung service total de trois moys, ilz entendoient en recepvoir aultant;
à quoy il se fallut accorder.

Durant cet altercat, il advint que le moyne dessus dict du prieuré
de St-Ayoul fut frappé de ce mal; lequel, ayant entendu que ledit
Doury estoit commis pour panser les malades, alla devant son logis,
le vendredy 1er jour de juin, luy dire le mal qu'il avoit, et le prier
de le saigner et médicamenter au lieu où il luy plairoit de se trouver. Lequel, après l'avoir ouy parler, se mocqua de luy et luy dit
telz motz : « Allez, monsieur, allez chanter vostre messe, et faictes
provision de foin et d'avoine, si vous n'en avez, pour nourrir et
panser vos poullains. » Et n'eust aultre response de luy ledit moyne,
lequel morut en son jardin, en ung petit tugurion qui y estoit au
prieuré de St-Ayoul, le lundy au soir, 4e jour de juin; de quoy fut
fort mesprisé le huguenot Doury, lequel disoit à ceux qui luy en
donnoient reproches qu'il eust bien volu que tous les moynes,
prebstres et papistes de Provins en eussent aultant que ledit moyne.
Toutèsfois, après avoir receu l'argent de la ville pour deux moys,

1582. alla avec son compaignon sur les lieux désignez, où il y avoit jà quelques malades, qui attendoient la miséricorde de Dieu et l'ayde du charitable huguenot. Lequel n'y fut que dix jours sans estre payé de mesme monoye et avoir de telz poullains qu'il avoit dict que le moyne avoit. Dieu, prenant vengeance de ceste injure, ne permist pas qu'il vesquist davantage, et fist qu'il morut de pareille mort qu'avoient faict ledit moyne et aultres gens ausquelz il n'avoit pas volu mettre la main. Il Doury, depuis qu'il fut malade, ne peut prendre aulcun des médicamens que son frère en religion le médecin luy avoit composés, et morut huguenot et obstiné en sa faulse religion, le 20 ou 21e jour de juin, ayant sur son corps en divers endroictz huict bosses et feuz pestilencieux des plus incurables, ainsi que son compaignon Tabu le récita. Et morut ce pauvre misérable au contentement de toute la ville de Provins, qui fut ainsi repurgée de huguenotz obstinez et telz déclarez, et a-t-on creu audit Provins que sa mort estoit plus en pugnition de Dieu que aultrement, veu l'expérience qu'il avoit de se sçavoir garder de telle maladie contagieuse. Après la mort dudit Doury, cessa incontinent la peste audit Provins pour l'espace de deux moys et plus, et pensoient les habitans en estre quittes, et partant baillèrent congé au barbier Tabu, après qu'il eust faict ses trois moys, durant lesquelz ne furent mortz ni malades de laditte maladie douze personnes, Dieu mercy. Et se feust laditte ville bien portée, si l'avarice de aucuns habitans n'eust esté si grande, lesquelz, par convoytise de gangner et avoir des denrées à bon marché, trafficquèrent avec les habitans de Sepveilles, Courton, Cessoy, Montereau-fault-Yonne et aultres lieux où laditte maladie contagieuse avoit cours.

A cause de quoy, recommença icelle maladie audit Provins environ la my-aoust et y dura jusques au commencement du moys de febvrier de l'an ensuyvant assez fort. Toutefois, n'en morut en tout qu'environ cent dix, deux desquelz furent Me Jehan Nicolas et Pierre. . . . . . . cyrurgiens et barbiers, à chascun desquelz la ville bailloit 50 escus par moys. Ledit Jehan Nicolas se porta assez mal en sa charge et usa de peu de miséricorde envers les malades. Car il fut rapporté de luy 1582. qu'il ne les vouloit saigner ni médicamenter, s'ilz ne luy bailloient argent et bien largement, et fut taxé de concussion, dont il se feust mal trouvé, s'il en feust reschappé. Son compaignon Me Pierre, qui estoit venu de Nangis, demeura seul pour quelque temps, en attendant que les maistres barbiers en eussent esleu un aultre, qui fut Me Jehan Lelong. Celui-cy, pour se exempter, alla à Paris en trouver ung, qu'il ramena avec luy et présenta ausditz de la ville, qui le receurent aux mesmes gages que les deffunctz avoient eu. Il se nommoit Me Jacques . . . . . . jeune filz non marié, comme l'on disoit, âgé d'environ vingt-quatre ou vingt-cinq ans, lequel ne fut plus tost au service des malades, que ledit Me Pierre . . . . morut, parquoy demoura seul. Il maistre Jacques se porta si courtoysement envers toutes gens, tant malades que sains, qu'il acquist bon bruict et renommée audit Provins. Il fut fort estimé en son art. Il donna conseil aux malades qui avoient moyen d'estre pansez en leurs maisons de y demeurer et de ne poinct aller au lieu ordonné où estoient les aultres malades, disant l'ayr y estre trop corrompu, ce qui estoit vray, et de gayeté de cœur alloit deux fois par chascun jour visiter et médicamenter lesditz malades en leurs maisons, et si ne demandoit que la bonne grâce de ceux qui le mettoient en besongne. Il fut quasi l'espace d'ung moys seul, sans compaignon ne maistre de son estat pour luy ayder, et n'en eust poinct demandé, s'il ne fust tombé en maladie, de laquelle, par la grâce de Dieu et la prière de toutes gens dudit Provins, fut gary et retrouva santé tout incontinent. Un barbier ou cyrurgien de Meaux, qui se présenta, luy fut baillé pour coadjuteur aux despens de la ville, duquel on ne fit pas beaucoup d'estime, parce que, grâce à Dieu, la maladie cessa tout incontinent qu'il fut mis en la charge.

Pour fournir aux fraiz qu'il convint faire pour laditte contagion, fut faicte taille par commission du roy, obtenue par les procureur et eschevins dudit Provins, sur les habitans de la ville, en laquelle taille furent cottez exempts et non exempts, les gens d'église y compris en général et non en particulier, excepté ceux qui avoient leur bien hors

1582. de communaulté. Cette taille se montoit à 1,000 escuz[1]. Laditte contagion dura audit Provins jusques au moys de febvrier de l'an suyvant 1583, avant qu'entièrement elle fust appaisée, combien qu'il en morust assez peu de laditte maladie, depuis le 1er jour de novembre de ceste présente année jusques au mois de février de l'an d'après.

Les habitans de Sepveilles, parroisse de Ste-Colombe-lez-Provins, ne furent quittes à si bon marché; car audit village, tant hault que bas, morurent dix-huict vingts personnes, depuis le commencement du moys d'apvril jusques à la feste mons. St André, et n'y demoura des hommes qu'environ quarante-cinq. Il reschappa beaucoup plus de femmes qui furent attainctes de ceste maladie que d'hommes. Ilz n'eurent barbiers ni cyrurgiens pour les panser, ains se médicamentèrent eux-mesmes, comme ilz pouvoient. Aulcuns se mirent ès mains d'une femme de Goix, qu'on appeloit Marion Paulevée, et par surnom la Bicquetière, laquelle les pansa comme elle l'entendoit et en guarit quelques-ungs. Elle avoit, comme on l'a vu, esté commise à panser les malades de pareille maladie à Sens, Bray, Provins, où elle avoit appris les remèdes. Elle s'entremettoit de saigner les malades qui se rendoient à elle, leur faisoit des ongans qu'elle appliquoit sur leurs playes, qu'elle crevoit avec lancettes, canivetz et aultres ferremens. Elle eschappa de ce danger sans avoir aucun mal. Elle estoit pauvre, et si avoit forligné en son honneur; mais pour cela ne laissa de trouver son party de mariage, et espousa un foullon qu'elle avoit pansé durant sa maladie. Pour le maulvais traitement et payement qu'elle avoit receu à Provins en la précédente année, ne volut secourir ceux qui y furent malades en ceste-cy.

Le curé de Sepveilles et Ste-Colombe, voyant la maladie continuer,

---

[1] On trouve dans les manuscrits de M. Ythier, conservés à la bibliothèque de Provins (*Anecdotes*, p. 368), le détail des sommes que le clergé de Provins a fournies lors de la contagion, qui commença au mois de janvier 1582. — D'après le journal de Martin Girard, cité par M. Billate (manuscrits appartenant à M. le docteur Michelin), il est dit que le roi autorisa la levée sur les habitants de Provins d'une somme de 1,000 écus, pour faire construire une maison de santé où l'on pût loger et traiter les malades, et que le clergé donna 200 écus.

composa à Me Hyérosme Sageot, son vicaire, pour faire le service de 1582.
la parroisse, permuta sa cure avec Me Anthoine Nannot, chanoine de
St-Quiriace, et se retira à Paris, où il avoit une prébende en l'église
de Ste-Opportune. Me H. Sageot cuyda quitter la parroisse ; mais le
nouveau curé n'ayant voulu prendre possession de la cure durant la
maladie, il continua le service, et, prenant courage en Dieu, administra la confession aux malades, de quoy il fut grandement loué, et
n'eut aucun mal.

Le désastre fut si grand audit Sepveilles de la contagion, que les
vignes, qui estoient fort belles, demeurèrent pour la pluspart à vendanger, comme aussi au village de Cessoy, parroisse de Mons-lez-
Donnemarie, où la maladie eut pareil ou pire cours.

Le 24 juin, le général des cordeliers passe à Provins, se rendant à Paris. Il
pénètre subitement dans le couvent des cordeliers de cette ville, visite toutes les
chambres et entre autres celles du prédicateur du roi Me Berson, où il trouve des
portraits peints d'hommes et de femmes, qu'il perce d'un couteau. On prétendit
qu'il avait surpris chez Berson des femmes déguisées en cordeliers et une correspondance avec Théodore de Bèze. Plusieurs moines furent mis en prison. Berson
était absent ; on lui fit son procès et il fut renvoyé absous[1]. — Arrêt rendu par
le parlement de Paris, le 26 juin 1582, confirmant une sentence du juge de
Laval, du 9 septembre, par laquelle un cessionnaire de biens est obligé à porter
toute sa vie un bonnet ou chapeau vert, à peine, s'il y manque, d'être remis
en prison. — Le président au présidial de Provins, Nicolas Marchant, meurt au
mois de juillet ; le bruit courut qu'il avait été empoisonné par sa femme. — Une
nouvelle taxe de 30 s. t. est mise par le roi sur chaque drap de laine, pour
droit de sceau. Le commissaire envoyé à Provins accorde aux habitants la remise
d'une portion du droit, et exempte d'amendes les drapiers qui avaient contrevenu à l'édit royal. Les tiretainiers, astreints à faire sceller leurs pièces moyennant un droit de 10 s. font opposition, au conseil du roi. — Au mois de juillet,
la femme du baron de la Noue, dame du Plessis-aux-Tournelles, s'étant endettée
pour soutenir la cause des protestants et pour délivrer son mari, prisonnier des
Espagnols, vend, moyennant 28 ou 29,000 liv. t. les seigneuries de Meel-sur-
Seine et de Montmittel au seigneur Nicolas de Lyon, sieur de Grosangre. Les

[1] Voyez le récit de l'affaire des cordeliers de Paris dans le Journal du règne du roy
Henry III, p. 52.

137

1582. châteaux de ces seigneuries avaient été ruinés pendant les guerres du xiv° et du
xv° siècle. — N... Hervy, dit Grand-Bois, de Champcouelles, laboureur, et
homme d'armes de mons. de la Chapelle des Ursins, est assassiné dans sa maison. Les seigneurs de Charmoy et de Sancy sont pendus en effigie, comme coupables de ce meurtre. — Un gentilhomme, seigneur de Metz-Saint-Espoin, près
Sézanne, étant sorti sous caution de la Conciergerie de Paris où il était enfermé,
se cache en sa maison et dans le monastère voisin du Bricot-aux-Nonnains. Sa
caution, appelée à le représenter, le fait chercher par Jean Larcher, lieutenant
des prévôts des maréchaux de Provins, qui le surprend au monastère couché avec
l'abbesse, et l'arrête. Mené en prison à Paris, il s'empoisonne. J. Larcher, d'a-
bord cardeur et ouvrier en laine, avait succédé au sieur de la Poipe dans la
charge de lieutenant des prévôts des maréchaux, malgré les difficultés que les
gens de justice de Provins avaient faites pour le recevoir, à cause de son premier
état.

La saison de l'esté en ceste année se porta assez modérément, et
eut-on assez beau temps à serrer les moissons, combien qu'il fît de la
pluye deux jours de la sepmaine. Mais les pluyes estoient plus chauldes que froides, et tout aussi tost que la pluye estoit passée le temps
rentroit à la chaleur. Quelques grains germèrent estans en javelle sur
la terre, mais si peu que personne n'eut occasion de s'en plaindre.
La cueillette des seigles, métaux et fromens fut assez petite, tant
en Brie qu'en Champaigne, et ne raportèrent le plus de grain les
meilleures terres, ains les plus froides et les plus meschantes. L'arpent,
l'ung portant l'aultre, ne raporta pas plus de 20 à 24 bichetz, et si
n'y avoit grenaison, qui fut cause de renchérir les grains plus que de
coustume. Le froment, qui, avant la moisson, ne valoit que 8 s. t. le
boisseau, mesure de Provins, monta à 10 et 11, et le métail et le
seigle au pris le pris. On recueillit grande habondance d'orges et
d'avènes et en feit-on bons tas. Toutesfois, le boisseau d'orge de
ladite mesure cousta tout le reste de l'année 5 s. et l'avoine 3 et 4 d.
et 6 pour le plus. Le grain fut dès ceste moisson et devant à hault
pris à Paris, et firent gros faict les marchans d'y en mener et si en
passa l'on plus loing. Il survint un nuage de gresle au moys de julliet,
qui endommagea fort les grains en la parroisse de Bauchery.

Les chanvres, qui sembloient beaux, ne valurent rien ou bien peu 1582. pour faire bonne fillace et bonnes cordes, pour l'abondance d'eaue qui tomboit par pluye. Il fut habondance de cheneveux. Le beurre par tout l'esté, combien qu'il feust des herbes sur la terre, cousta 5 et 6 s. la livre en la ville de Provins, qui sembla estre grande charté pour la saison. Les brigans qui tenoient les champs par grandes trouppes, soubz le nom de la guerre de Flandre, et qui passèrent par le bailliage de Provins, en furent cause.

Sur la fin du moys d'aoust, les pluyes furent plus fréquentes que de coustume et ne cessèrent tout le reste de l'année, et ne fut pas quatre jours entiers sans pleuvoir pendant le reste de l'automne, cause que les laboureurs eurent de la peine infiniment à faire les grains. Les eaues devinrent si grandes ès rivières, qu'elles, estans deshourdées, se respandirent par les prairies et vallées, enmenèrent les foins tout fanez, nayèrent et pourrirent les grains qu'on avoit semez. Elles passèrent en divers lieux, au moys de novembre, par-dessus la chaulsée de Nogent-sur-Seine, et abatirent trois ou quatre des arches qui estoient en icelle, que anciennement on appelloit le Pont-aux-Ladres. Les habitans de la ville de Paris, signamment ceux qui demouroient sur les pons N.-D., au Change et St-Michel, vuydèrent les meubles de leurs maisons et boticques, pour la craincte qu'ilz eurent que lesdittes eaues n'abatissent leurs logis, et si eurent faulte de vivres, pour l'excessive grandeur d'icelles eaues, qui empeschoient qu'on ne leur en pût mener. Plusieurs villages situez sur la rivière de Seine furent environnez tout à l'entour et endommagez desdittes eaues, comme le Mériot, Meel, Villers, Noyen, Pugny, Neufvry, Mouy, St-Saulveur, Vimpelles, etc. Plusieurs personnes, tant de pied que de cheval, furent noyées ès passages des chemins, comme aux Fontaines, entre Provins et Mortery, au pont de Chigneux, entre Guignes et Gobert, sur le chemin de Paris.

Les raisins manquèrent de couleur; cependant le vin fut moins mauvais que la fréquence des pluies ne l'avait fait craindre. — Le roi renouvelle l'impôt de 6 s. 8 d. t. sur chaque queue de vin entrant dans les villes, qui existait de-

137.

1582. puis 1561, sans supprimer celui de 26 s. 8 d. qu'il avait établi en 1581. —
L'édit appelé des Consignations, qui avait été promulgué, puis retiré par
Charles IX, et qui obligeait les plaideurs à consigner, pour avoir jugement, une
somme d'argent proportionnelle à celle qui faisait l'objet de leur procès, est
renouvelé par Henri III[1]. Le parlement de Paris ne l'entérine que contraint et
forcé. On disait que le roi avait pris cette mesure pour avoir de quoi payer
les sommes dues aux troupes suisses qu'il employait et pour en engager de
nouvelles. — Des seigneurs suisses, avec une suite nombreuse, viennent en
ambassade à la cour de Henri III[2]. Une partie d'entre eux passe par Provins
en allant à Paris, au mois d'octobre, puis en revenant. — Sur la fin du mois
d'octobre, un dragon de feu apparaît dans le ciel.....

Ici s'arrête le manuscrit des Mémoires de Claude Haton.

---

[1] Édit du rétablissement de celui de
1565, qui soumet à la consignation d'a-
mende ceux qui intentent un procès pour
somme déterminée. 1580, juillet. (Fontanon, t. IV, p. 705.) Voy. à ce sujet le
Journal du règne de Henry III, p. 61.

[2] On trouve des détails sur l'arrivée à
Paris, le 28 novembre, des députés des
cantons suisses, et sur la réception qui
leur fut faite par le roi et par l'échevinage de Paris, dans le Journal du règne
de Henry III, p. 62.

APPENDICE.

APPENDICE.

I.

NICOLAS DURAND DE VILLEGAGNON.

Michel Durand est nommé dans le cartulaire de la ville [de Provins], ès années 1310 et 1314.

Guillaume Durand, garde du scel de la prévôté de Provins, en 1484.

Jean Durand, marchand bourgeois de Provins, échevin de cette ville en 1483, receveur des tailles de l'élection en 1484. Il avait épousé Jeanne Fourny. Il mourut le 6 mars 1503, et sa femme le 26 avril 1505; inhumés l'un et l'autre à Saint-Pierre, où ils sont représentés sur leur tombe avec six enfants, trois garçons et trois filles [1].

Paul Durand, contrôleur pour le roi au grenier à sel de Provins, confrère et deux fois roi de l'arbalète, à laquelle il fait présent, en 1493, de la médaille que portait le roi. Il était receveur des tailles et procureur de ville en 1496. Il avait épousé Rencarde Thierry.

Louis DURAND, procureur du roi au bailliage de Provins, assiste, le 2 juin 1504, à la dédicace de Saint-Quiriace, et, en 1509, au procès-verbal touchant la réforme de la coutume de Meaux; marguillier de Saint-Pierre en 1513; prend, le 2 mars 1516, la qualité de « conseiller du roy en ses conseils d'état et privé, seigneur de Villegagnon, lieutenant ordinaire du bailly de Meaux au siége de Provins; » épouse Jeanne de Fresnoy, morte le 30 août 1564; meurt le 25 août 1521; inhumés l'un et l'autre à Saint-Pierre, où ils sont représentés sur leur tombe avec treize enfants, huit garçons et cinq filles [2].

---

[1] Voyez dans les *Miscellanea* de M. Ythier, à la bibliothèque de Provins, page 290, le texte du testament de Jean Durand, de son épitaphe et de celle de sa femme Jeanne Fourny. — [2] Voy. l'épitaphe de Louis Durand et de Jeanne de Fresnoy, *ibid,* p. 292.

Paul Durand, avocat et praticien à Provins, assiste, en 1509, à la réforme de la coutume de Meaux. — *Louis Durand,* avocat à Provins en 1513. [Paul et Louis Durand sont-ils frères ou enfants de Louis? On manque de renseignements pour décider.] — *Clémence Durand,* sœur de Louis Durand, procureur du roi, épouse Denis Le Court, marchand à Provins. — [Les enfants connus de Louis Durand, procureur du roi, sont :]

Ph. Durand, qui suit; — *Nicolas Durand de V.* [vice-amiral de Bretagne], chev. de Malte en 1535, ambassadeur de son ordre en France en 1570, possesseur de la commanderie de Beauvais en Gâtinais, où il mourut le 9 janvier 1571 [1].

Philippe Durand, sieur de Villegagnon, prévôt de Provins en 1534, achète la charge de bailli rétablie en avril 1544, et devient président du présidial après la création, en 1557. Il épousa en premières noces Jacqueline Galope, et, en deuxièmes noces, Marie Le Court, dont il eut :

[*Anne*] *Durand,* mariée à Jean Alleaume [bailli de Provins]; — *Louis Durand,* qui suit; — *Marie Durand,* mariée [le 24 février 1570] à François Allegrain [sieur de Dian], conseiller au parlement de Paris en 1569.

Louis Durand, chevalier, sieur de Villegagnon et de Ronceaux en 1573, conseiller du roi en son grand conseil, en 1582, maître des requêtes ordinaires de son hôtel, en 1596, épouse Marie Bruslart; prête foi et hommage au roi pour la terre de Villegagnon, le 16 juin 1565, devant Jean de Beaufort, notaire, et, le 20 juillet 1599, devant Abraham Quillet [notaire. — Ses enfants furent :]

Pierre Durand de V. qui suit; — *Pierre Durand de V.* chev. de Malte en 1584, ambassadeur de son ordre en France en 1623; — *Jean-Louis Durand de V.* capucin, gardien du couvent de Provins, en 1620; — *Pierre Durand de V.* reçu chevalier de Malte le 7 juin 1631; — *Charles Durand de V.* sieur de Chamforets [conseiller au parlement (1612), maître des requêtes, démissionnaire en 1626; il eut pour enfants : *Marie,* femme de François Le Boulanger; *Noël Durand de Villegagnon-Chamforets,* reçu chevalier de Malte le 30 mars 1632, capitaine d'une galère de la religion en 1644; *Madeleine* et *Claude,* religieuses].

Pierre Durand *de Villegagnon,* chevalier, seigneur dudit lieu, gentilhomme ordinaire de la chambre du roi, épouse Élisabeth Courtin, qui fit son testament le 4 septembre 1633. [Ses enfants furent : *Nic. Durand,* qui suit; — *François,* religieux; — *René;* — *Catherine*] [2].

---

[1] Une inscription gravée dans la chapelle de la commanderie de Beauvais, et rapportée dans les *Miscellanea* de M. Ythier, p. 293, porte : « Cygist noble et religieuse personne frère Nicolas Durand, en son vivant seigneur de Villegagnon, chevalier de l'ordre de St-Jehan de Hiérusalem, commandeur de Beauvais, lequel décéda le 9e jour de janvier 1571. » — Voy. aussi l'*Histoire du Gastinois* de D. Morin.

[2] Tout en reproduisant le texte de M. Ythier,

Nicolas Durand *de Villegagnon*, sieur d'Esnon, épouse Élizabeth Maujean, dont il a : *Nicolas Durand*, qui suit; — *Élisabeth Durand;* — *Hubert Durand,* chevalier, sieur de Villegagnon, baron d'Esnon, vicomte de Prémartin, aide de camp du maréchal de Luxembourg, capitaine dans le régiment de Bezons, cavalerie; — *François Durand;* — *Marguerite;* — *Charlotte;* — *Éléonore.*

Nicolas Durand, chevalier, sieur de Villegagnon, acquiert du cardinal de Retz, abbé de Saint-Denis, la moitié de la terre et seigneurie de Jouy-le-Châtel, moyennant 23,500 livres. Il épouse Éléonor de Grevell, dont il a :

Nicolas Durand, chevalier, sieur de Villegagnon et de Jouy-le-Châtel. Il se trouve, en 1664, à la bataille de Raab, contre les Turcs, où il a la main gauche percée d'une flèche. Il épouse Élisabeth Pithou, dont il a : *Nicolas-François Durand;* — *François-Vincent Durand;* — *Élisabeth Durand;* — *Marguerite Durand,* mariée à François Leblanc, marquis de Roullet en 1701.

Nicolas Durand, sieur de Villegagnon, enseigne des gendarmes du duc d'Orléans sous le maréchal de la Ferté-Imbault, obtient, en 1702, une commission du roi pour lever un régiment de dragons; gouverneur de Provins en 1723, mort le 9 juin 1731, épouse ..... de Pierrelait, dont il a :

Nicolas-François Durand, sieur de Villegagnon, enseigne de la deuxième compagnie des mousquetaires de la garde du roi, mort le 29 mars 1757, à vingt-six ans, sans enfants de ..... Bataille de Francé.

Durand porte d'azur à trois chevrons d'or brodés, accompagnés de trois besans d'or, deux en pointe, un en chef.

(Ythier, *Nobiliaire de Provins*, à la biblioth. de la ville, p. 288.)

TÉMOIGNAGES CONTEMPORAINS SUR VILLEGAGNON.

La gloire de ces gens (Christophe Colomb, Cortès, Magellan, etc.) esmeut quelques esprits des François à les contrefaire. Entre ceux-là, Villegagnon, chevalier de Malthe, qui, défavorisé en France par la querelle qu'il eut avec le capitaine de Brest, s'y ennuya et s'adressa à l'admiral, luy exposant son désir d'aller faire peuplade en l'Amérique, se couvrant du zèle d'y planter la religion réformée, de retirer des persécutions de France, qui lors s'alumoient, plusieurs

j'ai cherché à le compléter au moyen des généalogies qui se trouvent au cabinet généalogique de la Bibliothèque impériale. Pour les derniers noms, les données de l'un et celles des autres étant inconciliables, j'ai, faute de titres, suivi mon ms. Les additions sont entre crochets.

familles désolées. Sous ce langage, il obtint deux bons navires et somme d'argent. Villegagnon alla au Brésil faire un fort en la rivière de Ganabaras, qu'il nomma le fort de Colligni; l'ayant accommodé, renvoia ses navires chargez de brésil, et de là dépescha à Genève, d'où, par mesme langage, il retira deux ministres et plusieurs personnes de là qui vindrent en Normandie se rallier à une plus grande trouppe, et mesmement des femmes, sous la charge de Bois-le-Comte, neveu de Villegagnon, qui, passant au cap de St-Vincent, dégraissa plusieurs navires espagnols et portugais; et, après les incommoditez qui se trouvent à passer la zone torride, cette flotte arriva le 10e de mars 1557 au fort de Colligni, lequel fut bien tost mis en défence, et où la religion fut establie avec protestations nécessaires, que fist mesmes avec luy Hector, docteur de la Sorbonne. Peu de temps dura cette faveur de la religion, que Villegagnon, suscité par Hector, ne changeast au faict de la cène et du baptesme, et peu à peu les forçast à rentrer aux coustumes de Rome; d'ailleurs il avoit commencé à envahir les François qu'il avoit mené de bonne volonté, dont il s'ensuivit un mescontentement général, qui contraignit la plupart de se retirer vers les sauvages, entre ceux-là Léry. Cettuy-ci et plusieurs autres, ayant prattiqué quelque navire du Havre, demandent un congé à Villegagnon, leur vice-roy, qui leur octroya, en leur donnant un pacquet aux juges des lieux où ils descendoient, par lequel il envoioit leur procès pour les faire brusler comme héréticques; cette troupe, après avoir mangé tout ce qui estoit dans leur navire, jusques au cuir, descendirent demi-morts en Bretagne, et recevoient aumosne et secours des juges auxquels ils présentoient leur procès. Quant à Villegagnon, après avoir changé de religion pour se rendre plus recommandable, voulut contraindre tout ce qu'il avoit de resté de changer comme luy, en chassa les uns, qui furent nourris par les sauvages, en fit mourir les autres par diverses sortes de morts, la pluspart précipitez des rochers qui regardoient vers la France dans la mer; il y en a histoire particulière. Toutes choses commencèrent à luy succéder mal, et puis, se voyant les Portugais sur les bras, qui, joints aux Margajats, les venoient attaquer, il quitta sa conqueste sans embarquer l'artillerie, laissant parmi les sauvages ceux des siens qui avoient eschappé la persécution, desquels ceux qui purent endurer une rude nourriture se retirèrent enfin en France par le secours de quelque navire marchand de la Chine.

(D'Aubigné, Histoire universelle, liv. I, ch. XVI, édit. in-fol. de 1616, p. 41 et 42 [1].)

[1] D'Aubigné, t. II, ch. VIII, p. 79, cite parmi les noms des martyrs protestants, sous l'année 1557, ceux des individus que Villegagnon fit mourir en Amérique : Jean Bourdeol, Matthieu Vermeil, Pierre Bourdon et Pierre de la Fonds.

Depuis l'an 1555, je feis un autre voyage et accompagnay le sr de Villegagnon, avec lequel je demouray quelques années. Je sçay bien que ce menteur Léry s'est persuadé que je retournay en France la mesme année que j'arrivay là, et par son propre tesmoignage et pour plus illustrer sa bourde et menterie, il con- fesse en un autre endroit, feuillet 101, que je party de ce pays-là et pris congé de la compagnie pour retourner en France, l'an 1558. Depuis, estant ce galand adverty par quelques-uns de mes amis de la faute par luy faite, à la seconde édi- tion imprimée à Genève, pour se justifier s'est contredit. Or, pour n'oublier rien du ratier ou rocher auquel il dit que nous estions logés [à l'embouchure du Rio- Janeiro; fº 105 vº], je fais juge le liseur, si le nombre d'hommes que nous estions, comme dit est [600; id.], avec l'équipage de trois grands navires, meubles, artille- rie, munitions de guerre et autres hardes, le tout eust peu ranger sur un rocher [de 40 à 50 p. de tour; id.] haut élevé d'une toise et demie en façon de pyramide au mitan, et qui ne peut contenir que ce que j'ay dit par cy-devant. Tant s'en faut, nul de nous ne mit le pied en terre, sinon quelque trois ou quatre mois en après, que le capitaine feit mettre deux petites pièces d'artillerie pour garder l'en- trée de la rivière. Mais la mer estant desbordée traisna ces deux pièces au fond d'icelle. Considérés, je vous prie, si cet élément inconstant n'en eust pas autant peu faire de nous, sy y fussions esté logés, et par la violence des ondes ne fussions pas esté tous perdus. Or, passé que avés le ratier, la rivière va en s'eslargissant et fait un cours de plus de trente lieues. Une demie lieue loing de ce ratier, nous trouvasmes une petite isle, pour lors dépeuplée; c'est celle dans laquelle quelque deux mois suivans commençasmes à fortifier, après avoir pensé à nos affaires et avoir fait descente en terre continente, pour tirer l'amitié de ces barbares; en- cores qu'elle ne sçauroit avoir que quelque demie lieue de tour, ne laissasmes pourtant à la fortifier et fut nommée l'isle aux François. Ce fut en ce lieu où nous feismes bastir un fort composé de cinq boulevers garnis de grosses et moyennes artilleries, pour nous prévaloir tant contre les Portugais que contre les Margajas, noz ennemis. Et poursuivant la fortification en plus grande diligence que faire nous estoit possible, y faisions travailler bon nombre de sauvages, mesmes les principaux d'entre nous ne s'i espargnoient, pour donner exemple aux autres, monstrant chacun de nous l'affection que nous avions de faire service au roy en une entreprise si grande et périlleuse. Ce fort véritablement fut nommé par Villegagnon le fort de Colligny, en mesmoire de l'admiral de France, suffi- sant pour tenir le païs sauvage en bride. Quelques années après, il y eut plusieurs de la compagnie séditieux, qui conspirèrent contre la vie de Villegagnon, d'autres, qui practiquóient les sauvages pour les faire courir sus et se rendre maistres tant

des vaisseaux que de la richesse qui y pouroit estre. Mais cecy estant découvert, avéré et prouvé par deux Flamens et par un Escossois, qui confessèrent la trahison en la question qui leur fut donnée, et complot fait avec quelques Portugais que nous avions recous des mains de ce peuple barbare, les choses avérées, information faite, Villegagnon en fit faire la justice très rigoureuse, ce qui advint quelques mois après mon département de ce païs-là. Les conspirateurs estoient quatre artisans : sçavoir Jean Bourdel, coustelier de son estat, Mathieu Vermeil, menuisier, Pierre Bourdon, tourneur, et Jean Léry, cordonnier. Villegagnon les nomme ainsy par la sentence et jugement qu'il leur donna, ainsy qu'ont attesté plusieurs gentilshommes et autres qui assistèrent à la mort de trois de ces artisans. Et quant au quatriesme, qui estoit Léry, fin et accort, fit tant qu'il se déferra les deux jambes et se sauva de nuit dans un bateau avec d'autres, et gaigna le cap de Frie, quelques trente lieues distant du fort de Coligny, où, par cas fortuit, ilz trouvèrent quelques vaisseaux de Normandie qui s'en venoient en France, accompagnés de ce docte vieillard Richer, qui ne voulut oncque se soubzmettre et entendre à la conspiration, comme j'ay sceu depuis. Le seigneur de Bresay, gentilhomme honnorable, les seigneurs de Bois-le-Conte et de Lespine, qui demourèrent douze ans en ces païs-là, ensemble Nicolas Barré, que les Espagnols depuis ont fait mourir en la Floride, des plus signalés personnages pour la pilotage et art de naviguer qui fust de nostre aage, et autres me l'ont ainsy rapporté fidèlement. Lesquels propos j'ay trouvé estre correspondans et véritables à ce que Villegagnon en a mis par escrit. Au reste, il estoit si habil homme qu'il avoit escrit un dictionaire et colloque en la langue brésilienne, qu'il a communiqués à plusieurs personnages notables, comme à feu monsieur le chancelier de l'Hospital et à feu monsieur Bourdin, procureur général du roy en sa cour de parlement à Paris, à chacun desquels il en donna une coppie. Au retour du siége de Sancerre, auquel Léry estoit, un personnage qui gouvernoit le feu chancelier, nommé Ode, sur bonne foy presta ladite coppie à ce Léry, lequel depuis l'a fait imprimer en son nom, comme il a aussy fait l'histoire de Sancerre, laquelle il a friponnée et desrobée de,...
..... comme luy-mesme m'a récité. Je ne parle point ici d'affection, ny ne me veux autrement estommaquer tant à l'encontre de Léry que ceux de sa religion, ce que jamais je n'ay fait dans tous mes livres que j'ay mis en lumière, attendu que ce n'est ma profession et que je laisse tels différends aux scholastiques, et aussy que ce n'est à un philosophe, non plus qu'à un artisan, de traiter des points dont les plus accorts en sont les premiers trompés et déceus. Mais ce que j'en ay dit et prétends dire n'est que pour réfuter les bourdes et niaiseries de cet apprentif cordonnier Léry. Quant à ceux que le capitaine Villegagnon feit exécuter et

jetter au profond de la mer, il est assés notoire qu'ils l'avoient bien mérité, attendu la trahison par eux conspirée, toutefois non exécutée, sans avoir esgard que Villegagnon estoit personnage vertueux, qui avoit fait longtemps auparavant tant de prouesses à l'encontre des Turcs ennemis de son ordre malthoise, et qui avoit pareillement fait parler de luy en Piedmont et aux guerres ouvertes à l'encontre des Anglois, comme assés tesmoignent les histoires escossoises, angloises et françoises, et lequel eut l'honneur d'amener en France dans ses vaisseaux la fille du roy d'Escosse, qui depuis fut royne de France, grand amy de feu monsieur le connestable et de l'admiral de Chastillon, lequel le feit visadmiral de Bretagne, et tant d'autres honneurs qu'il a eu en France. Ce n'est pas tout. C'estoit l'homme le mieux parlant latin et françois que gentilhomme de France, et qui a escrit et composé des livres autant que gentilhomme de robe courte de nostre eage. Le cathalogue desquels vous trouverés en la bibliothèque de Gesnerus. Tantost ce courdonnier Léry, ou d'autres pour luy, luy donnent le nom de Nicolas Durant, voulans par là conclure qu'il n'estoit pas gentilhomme, l'appellans perfide, bourreau, ressemblant entièrement à une énorme statue, et naturel sanguinaire, ou cyclope Polyphême, traistre de sa patrie, entre autres de ceux de l'église réformée, et mille villenies qu'ils disent de ce bon personnage, luy reprochans les letres qu'il envoya estant de par delà à Calvin, et la réponse que Calvin luy feit. Desquelles calomnies il s'en est très bien purgé, comme il a bien monstré par plusieurs responses aux libelles d'injures à l'encontre de ses ennemis, imprimées à Lyon et par deux fois à Paris l'an 1561 et 62, etc. [1]

(Histoire d'André Thevet, Angoumoisin, cosmographe du roy, de deux voyages par luy faits aux Indes australes et occidentales. — Bibl. imp. fonds Saint-Germ. franç. n° 656, fol. 106 v°.)

LETTRES DE VILLEGAGNON.

Monseigneur, vostre bonté et humanité me contreignent de mectre toute mon espérance en vous à mon partement de la court. Je layssé une lectre au doyen vostre home, pour vous donner en recommandation du bien que m'havez pourchassé. De là je m'en allé en Hongrie, pour veoyr le camp des Imperiaulx, où je n'ay ausé demeurer, pour la défence que m'en havoit fayct monseigneur de Langey. Je vous envoye ung mémoyre des nóvelles dudict camp. Il vous pleut

Au cardinal du Bellay.

[1] Voy. fol. 108 r°, une *Response aux libelles d'injures publiées contre le chevalier de Villega-gnon.* Voy. aussi fol. 101 r°, 105 v°, et *Singularitez de la France antarctique,* c. 1er.

ung jour me vouloyr donner à monseigneur d'Orléans, qui me semble très gentil prince; s'il vous semble, monseigneur, que ce soyt mon bien, je vous prie achever ce que vous havez commencé et me fayre donner quelque honeste degré de servitude en sa maison, affin d'havoyr adveu en France. Je commence à me lasser de tant pérégriner. Il me semble estre temps d'en cueillir quelque fruict. J'escrips audit seigneur que vous luy conterez des novelles dudit camp, affin d'havoyr entrée et occasion de lui parler de moy. Je suis à Venise, attendant novelles de monseigneur de Langey, pour fayre ce qu'il me commandera. Je n'ay loysir de vous fayre plus longue lectre, qui sera cause que je me recommanderé très humblement à vostre bonne grâce, priant Dieu, monseigneur, vous donner, en très perfaycte santé et longue vie, l'accomplissement de voz nobles désirs.

De Venise, ce xv juillet 1542.

Vostre très humble serviteur,

VILLEGAIGNON.

A monseigneur monseigneur révérendissime cardinal du Bellay, en court[1].

(Bibl. imp. anc. fonds franç. Delamarre, 8593.)

Au cardinal de Lorraine. Monseigneur, ce n'est que pour ne faillir à ma coustume de vous escripre toutes les sepmaines que je vous fays ce mot de lettre; car il n'est survenu aulcune occasion d'escripre depuis mes dernières lettres, nous estans attendens que le Turc commence à désarmer et se retirer pour fayre le semblable, et lui, ce semble, estant touché de ceste mesme considération, nous fayct ici fayre séjour. L'on me dit hier chez l'empereur que ledit sieur Turc a fayct construire grand nombre d'escuries pour chevaulx et cameaulx à Bude, et qu'il a feit renforcer la guarnison de Strigonia, qui est aulx ungs signe de retraytte, aulx aultres de vouloyr hybverner à Bude, aulx quelz je n'adhère, par ce qu'il est novelle de tumulte

---

[1] Deux lettres de Villegagnon au cardinal de Granvelle ont été publiées dans les Papiers d'État de ce ministre (édit. de M. Ch. Weiss, t. VII, p. 660 et 663). Dans la première (Plombières, 25 mai 1564), le chevalier déclare « avoir quitté tous les estatz et pensions qu'il avoit du roy, et avoir dit tout haut à la reyne qu'il ne porteroit pas les armes au service de Charles IX avant que ce prince se fût formellement déclaré l'ennemi des huguenots. » Il parle d'une blessure qu'il aurait reçue au siége de Rouen, et annonce l'intention de se rendre en Italie ou en Allemagne. Dans la seconde (Plombières, 27 mai 1564), Villegagnon revient sur son projet de voyage. Il raconte le synode de la Ferté-sous-Jouarre, et, attaquant vivement les protestants et Coligny, il dit qu'il a fait tous ses efforts pour détacher d'eux Catherine de Médicis, « dont un mot luy donne quelque froyde espérance qu'elle s'ennuisera bientost de ces gens-là. »

des Cymariotes, c'est à dire Albanoys de l'Epiro, qui se sont rebellez; pour aulx quelz obvier est à croyre que le Turc yra hyberner à Andrinopoli. Monseigneur vostre nepveu ce porte très bien, come aussi font tous les aultres. Il vouldroyt que l'on ne partyst d'ici de tout l'hyver, tant il se fasche peu. Je n'ay à dire aultre chose, sinon, monseigneur, que je supplie le Créateur vous donner en heureuse et longue vie, l'accomplissement de voz très nobles désirs. Du camp soubz Javarin, le xi octobre 1566.

Vostre très humble et très obéissant serviteur,

VILLEGAIGNON.

A monseigneur le cardinal de Lorraine.

(Bibl. imp. collect. Dupuy, vol. 549, fol. 33 r°.)

Monseigneur, nous avons eu lettres que le Turc s'est retiré, ayant disposé ses guarnisons par tous les lieux de ses novelles conquestes et aultres nécessayres, ce qui est cause que l'empereur face de son costé diligence de bien armer ses frontières, s'aprestant à sa retraycte à Viene. Voyant cella, j'ay trouvé nécessayre de vous fayre ce paquet, pour vous advertir de noz affayres. Et vous diré que monseigneur vostre nepveu s'est faiz fort grand et beau, et qu'il commence à voler sur sa foy en délibération d'aller de Bavières en Italie, selon vostre ordonnance, avec monsieur son oncle, qui l'ayme come son filz. Mays mondit sieur vostre nepveu, piqué de sa sensualité et galliardise de son âge, et insité par gens de sa compagnie qui plus approchent de son humeur, fayct délibéracion d'aller à Venise, Rome, Naple et toute l'Italie avant son retour, et Dieu sçayct les belles entreprinses que l'on mesle parmi ces conseilz. Les plus vieulx, come Tranchelion et moy Crévefosse, n'avons n'ayilles ne jambes assez bones pour le suivre, et les aultres de sondit conseil ne le surpassent guayres d'age. Je croy que le plus viel n'attingt l'âge de 22 ans, qui me fayct prévoyr ce que je ne vouldroye veoyr, et pour y remédier vous supplie de despescher ung home à Ferrara incontinent, pour supplier mons. son oncle de ne lui bailler argent pour telz voyages, et que de vostre part et autorité le rappelliez en France, lui disant que le roy le veult employer en choses d'importance, come seroyt pour la guerre de Flandre ou aultre que mieulx sçaurez adviser, lui promectant que l'année qui vient le roy le renvoyera à Rome avec charge honorable; car, sans ces stratagèmes, je croy que l'ardeur de son âge et la sensualité ne le layrront retourner sans s'en aller promener. Il est sur le point de prandre pli bon ou maulvais, âge

Au cardinal
de Lorraine.

le plus périlleux de sa vie; j'en ay communiqué à monseigneur de Ferrara, qui trouve bon ce conseil, ainsi que il vous playra veoyr par ses lettres. Mons. de Tranchelion a esté si malade qu'il a esté forcé de se retirer à Viene; mons. de Carné veult aller à sa mayson de Bavière : le Fossé de Ferrara, et Brouilli par vostre commandement s'en va à la route du camp; et vous sçavez, monseigneur, que mon eage ne ma disposition en la force de l'hyver ne me souffrent vagabonder par les montagnes ne voler avec gens de l'âge de cest animeux et ardent prince. Mons. de Ferrara vous escripra ce qu'il a fayct avec l'empereur de l'affayre que sçavez; il en a parlé come de soy, en ayant eu telle response qu'il vous sçaura dire. Je ne suy encores résolu du lieu de mon hyver, non sçachant quand nous retirerons et quand je pourray laisser nostre jeune prince. Je sohayte avoyr quelque lieu près de vous qui fust commode et aysé de vivre pour fayre ma retraycte, fust-il Deynse ou aultre, car je n'en veulx pour plus que pour ma vie, affin que, quand il me playra demeurer en France, j'en aye le moyen. J'ay eu envie de St-Honorat en Provence, laquelle ne m'est passée, mays je ne sçay coment négocier cella avec l'abbé; je vouldroye avoyr assigné aultant de revenu à Paris que vault cellui de ladite abbaye et en avoyr la réserve. C'est, monseigneur, ce que je vous peulx escripre pour le présent, attendant la routte du camp, qui doibt estre, ainsi que l'on dict, dedans huict jours que j'espère vous despescher Brouilli, selon vostre commandement.

Monseigneur, je supplie le Créateur vous donner, en heureuse et longue vie, l'accomplissement de voz très nobles désirs. Du camp soubz Javarin, le XIII octobre 1566.

> Vostre très humble et très obéissant serviteur,
>
> VILLEGAIGNON.
>
> (Bibl. imp. collect. Dupuy, vol. 549, fol. 35 r°.)

A
la reine mère.

Madame, vous entendrés par se pourteur, lequel vous connesés, l'arivée de mons. de Guyse, qui a esté à se soyr en sette ville de Sans, et des tropes qu'il a avecque luy; il faict estat de bientout alé truvé le roy et vostre majesté. Et pour se, madame, que vous m'avés commandé vous tenyr avertie de ce qui conserne le servyse du roy et vostre, atandant que jà se bien et onneur nous soye por plus emplement vous faire antandre se discours, je vous diré avoir laisé mons. le cardinar et d'austres bien faschés du commandeman que vous leur faicttes d'aller truver mons. le marichar à Mès, et quant audit sieur cardinar, il m'a asuré qui n'iera poynt, comme je panse qui vous l'a escript; quant à l'autre, il dit qu'il iera, mès qui ne veut estre commandé dudit s^r marichar, pour estre trop plus vieus cappittaine que luy, mès qui fera le voyage. Or, madame, pour se qui me sanble, sauf vostre bon avis, que en toutte ses disputtes il n'y a rien de l'avansemant du servyse du roy et vostre, et que le tans n'et propre à débatre sela, il me sanble, si vostre majesté l'a agréablé, sans toutte foys que je soys sy vous plaict alégué, que vous ferés bien leur en faire unne bonne despêche et mêmes audit s^r cardinar. Car, pour vous parlé librement, j'é bien connu que, sy vous ne le repattriés, que sa bourse et crédit n'aura plus de vigueur et ne se voudra mêlé de rien, qui ne vyendret pour le présan à propos, car jusque isy il n'a rien épargné; mès me[n]tenan il let faurt fret [*sic.* il est fort froid?], comme je vous discouré quant il vous plaira me commandé vous alé truvé, ce que j'use faict sans des aucasions que me commandastes au party de demuré ici et atandre le passage dudit sieur de Guyse, se que j'é fais, dont je espère vous randre bon conte de tout. Et en settandret je prie Dieu, madame, vous donner en santez bonne et longue vie.

De Sans, se xviiie au soyr de novambre 1567.

Quant à l'Alemaigne, pour le présan je ne vous em puy randre bien serttène, pour n'estre mon homme de rettour; bien é-je entandu que le conte de Mansefaict a déjà troys myle bons restre pour le roy son maistre, qui sont déjà à la duché de Lussambourg. Quant à seuls des ennemys, à présant je ne vous en diré rien, si se n'est quy n'y a rien de pressé qui puisse estre dans vostre reaume de tout se moys ny du disyème de l'autre, à se que m'a asuré le segrétaire du duc X. estans à Troys[1].

A la royne.

(Bibl. imp. collect. Harlay, n° 318, fol. 36 r°.)

Sire, incontinent que j'eu receu voz lettres, je fey partir le capitaine Bérat, A Charles IX. jà s'en estant allé le capitaine Rancé au camp, y estant appelé par monseigneur, ainsi que jà je vous ay fayct entendre, par quoy je passeré à la response de la fin de voz lettres.

Les ennemis laissez à la guarde de Nogant en ayant esté chassez, se sont retirez à Auxerre, où ilz sont encores; oultre ceulx-là, s'en trouve quelque nombre, tant de pied que de cheval ez chasteaulx et maysons fortes de ce pays, qui le

---

[1] Cette lettre n'est point signée. Le sommaire manuscrit, qui se trouve en tête, la donne comme étant de Villegagnon. L'écriture et l'orthographe sont différentes de celles des lettres signées de ce personnage et écrites de la même main que la signature.

pillent et achèvent de saquager tous les jours, sans que nous y puissions donner ordre, non ayantz le moyen ; pour à quoy obvier seroyt bon d'avoyr ici cinquante chevaulx ; et deux ou troys centz arquebousiers, mays il fauldroyt qu'ilz fussent payez, affin de les fayre vivre en discipline, payantz leur hoste de gré à gré affin de les povoyr souffrir. Car aultrement n'i a plus d'ordre de les soubstenir, se mectans à fayre come les propres ennemis ; et, pour ma part, je ne sçauroye plus ouir les plainctes que j'ay eu à ouir ces jours passez par faulte de payment.

Le sr de Clayrmont s'est retiré à Préci, disant avoyr saulve-guarde de vostre majesté et pardon de ses faultes, auprès duquel toutesfoys se retirent les ennemis, come s'il estoyt non repentant de l'intelligence des Collignis. Il vous playra, Sire, me fère entendre comme j'auray à me maintenir avec lui. Il a prins, come j'entens, en sa protection le sr de Choinot et son chasteau, retraycte des brigans. Ceulx de Courtenay, de Chastillon et Chasteau-Renard n'ont moindre commerce avec eulx qu'avec ung de voz principaulx ennemis. D'aultre costé, nous avons Valeri, Dolot, Chevri, chasteaulx occupez par le prince de Condé, pleins de brigans qui sont continuellement à batre et espier les chemins pour voler les passans, disantz estre en saulve-guarde de vostre majesté ; et pour endormir voz pauvres subjectz portent croyx blanches en leur manteaulx, jusques à l'approcher de leur proye qu'ilz se descouvrent et monstrent leur casaque de huguenotz. Nous pourrions remédier à ces inconvéniens, si avions de bons souldars bien payez et bien vivans.

Nous eusmes novelles conformes venans de divers lieux la vueille de Noël que tous les brigans des lieux susditz s'estoyent assemblez à Auxerre pour nous venir donner une camisade, la nuict que l'on seroyt à matines au son de noz grosses cloches, à ce attirez par quelques maulvays esperitz de nostre ville ; mays grâce à Dieu nous n'en avons rien veu, nous estantz cependant tenuz sur noz guardes.

J'ay envoyé à Auxerre pour sçavoyr toutes nouvelles, dont j'advertiré vostre majesté incontinent, Dieu aydant, la suppliant, si lui semble, de m'envoyer ici quelques gens m'en advertir, affin de provoyr à leur vivres et logis de bone heure.

Sire, je supplye le Créateur vous donner, en très heureuse et longue vie, l'accomplissement de voz très nobles et sublimes desirs. De Sens, le xxvie décembre 1567.

Vostre très humble et très obéïssant serviteur et subject,

VILLEGAIGNON.

(Bibl. imp. coll. Harlay, n° 318, fol. 179 r°.)

Monseigneur, je fuz hier à Joigni pour accomplir voz commendemens, mays je trouvay ung peuple si r[ude?] et si bestial qu'il n'i a espérance de l'amener à rayson, sinon par force; il n'i a sur eulx home qui commande. Les vignerons et menu peuple se mectent ensemble et crient tous ensemble, et l'ung veult, l'aultre non, de sorte qu'il n'en fault attendre que confusion. Ilz ont chassé leur gouverneur et n'obéissent à leur eschevins, non plus que s'il n'i en avoyt. Ilz ne veullent aulcune guarnison, disantz qu'ilz se gouverneront et défendront bien d'eulxmesmes, jà çoyt qu'ilz n'ayent armes que de fourches de fer et vieulz rançons. Leur ville est commendée de montagne et en ung endroyt est batue en courtine par dedans, de sorte que, la breche estant faycte, ne sera possible de la défendre sans y fayre des traverses; leur muraille n'est flanquée, et je entray dans le fossé tout à cheval et vins au pied d'une tour près d'une porte, sans que je peust ne voyr n'offenser, et se peult icelle tour et le pan du mur mesme desroquer sans dangier, de façon que je tien la ville pour perdue, s'elle est assaillie. Il y a ung pont de boys que l'on peult rompre en demi-jour, si les villains le permectoyent; mays ilz n'en fayront rien sans forces, et ne sont délibérez d'ouvrir leur porte. Je ne sçay, si la révérence qu'ilz doibvent à leur seigneur les pourroyt fleschir. Le sr de Longueron m'a dict vous en avoyr escript; Blosset, l'ung des capitaines des ennemis, les est venu recognoystre avec cinquante chevaulx et les soma; il est nécessayre d'i provoyr promptement, car ceste ville estant perdue, vous amènera beaucop de difficultés. Au moyns est-il nécessayre de rompre le pont, je ne di de le discouvrir seulement, mays de cousper les palz qui sont plantés dans l'eaue, sur lesquelz est assis le pont, de sorte qu'il n'i ayt moyen de le refayre sans y planter noveaulx arbres, qui ne sont aysés à trouver. J'en ay ainsi faict à la ville de Pont. Quant à la Villeneufve-le-Roy, c'est la plus belle et la plus forte qui soyt sur la rivière. Il n'i a rien qui la commende; elle se peult fort bien guarder et le pont avec elle; mays il se fault saysir d'une demie douzaine de mutins, ainsi que je vous ay escript, pour fayre vostre playsir de laditte ville. J'espère, avec l'aide des soldatz qu'il vous a pleu nous envoyer, vous rendre bon compte de la ville de Sens et amener tousjours le peuple à faire et obéir à vostre voulonté, ce que je fayray aussi dudit lieu de Villeneufve, estant purgée de ces mutins. Ils ne m'avoyent voulu recepvoyr avant hier, mays hier, en rapaisant, les principaulx vindrent au devant de moy pour me fayre entrer, parcequ'ilz voyoyent que je m'avoye compagnie de souldars. Il vous playra nous envoyer incontinent ung provost du camp, pour se saysir de ces mutins suspectz de leur foy; puis vous jouirez de la ville à vostre playsir. J'envoye troys homes pour vous dire novelles des Provensaulx ennemis, car je ne me veulz fier au raport d'ung seul, de paour qu'il ne m'aporte des novelles de taverne, faysant acroyre qu'il soyt allé bien loing et qu'il se soyt arresté bien près. Du temps que j'estoye au service du roy vostre grand-père, mon souverain seigneur, en Piedmont, je souloye tenir des souldatz au camp de l'empereur, auquelz je donnoye bon estat par moys plus que ne povoyt monter leur paye, et ung venoyt tous jours à moy, estant les aultres au camp des ennemis, qui estoyt cause que j'estoye fort bien adverty. Je sohaycte que vous, monseigneur, ou quelque capitaine des vostres, en usast ainsi. Feu monseigneur de Langey, lieutenent du roy en ce temps-là, faysoit plus; car par force d'argent et de promesses avoit guaigné les secrétaires du marquis de Gousto, ce que sçayt très bien Gaspar de Colingni, et Dieu vueille qu'il ne se serve de ces moyens.

Monseigneur, je supplie le Créateur vous donner, en très heureuse et longue vie, l'accomplissement de vos sublimes désirs. De Sens, le 1ᵉʳ de febvrier 1568.

Vostre très humble et très obéissant serviteur,

VILLEGAIGNON.

A monseigneur, au camp.

(Bibl. imp. collect. Harlay, n° 320, fol. 192 r°. Original.)

Au
duc d'Aumale.

Monseigneur, ayant eu commandement du roy par lectres expresses de venir accompagner mons. le conte de Languillara et fayre résidence auprès de lui pour voyr ce qu'il me vouldroyt ordonner pour le service dudit seigneur, je n'y ay voulu fayre faulte, encores que je n'aye eu nulle provision pour ce fayre, et estant arrivé, je vous ay voulu fayre la présente, pour vous dire que onques ne fut mieulx venu home que a esté le conte. Le pape lui envoya son capitaine des guardes, avecq plus de deux centz souldars au devant plus de deux mil, et sans cella il y vint plus de troys centz chevaulx des gentilzhomes romains et capitaines. Il y a une merveilleuse suitte et affection de tout le monde et de grands moyens de fayre service par dessà; et je vous peulx bien asseurer qu'il y a une voulonté incroyable de s'employer, et fusse à ses despens, pour fayre cognoistre à tout le monde qu'il est aultre que ses ennemis ne l'ont voulu fayre trouver, et que s'a esté grand domage de lui havoyr fayct perdre tant de temps. Le roy ne povoyt fayre mieulx pour havoyr le ceur des gentilzhomes et seigneurs d'Italie que le traycter si honestement. Il va, en toutes les grandes compagnies où il se trove, preschant la bonté et grandeur dudit seigneur, et enflamble tout le monde à le servir. Je fayré mon debvoyr de l'entretenir en ceste bone volunté et préparer les voulontez de toutz ceulx qui me sembleront ydoynes au service du roy, de sorte que l'on pourra dire que je n'auré perdu temps. Monseigneur, pour l'incroyable affection que j'ay à vous fayre service, je vous veulx supplier me fayre cest honeur que m'employer et me commander en tout ce que je pourré fayre pour vous, vous asseurant que ne troverez jamays plus loyal ne plus affectioné serviteur. Qui est l'endroyt, monseigneur, où je priré le Créateur vous donner, en très-heureuse et longue vie, l'accomplissement de voz nobles désirs. De Rome, le vii⁰ janvier.

> Vostre très humble, très obéissant serviteur,
>
> VILLEGAIGNON.

Monseigneur d'Aumalle.

(Bibl. imp. Mélanges Clérambault, vol. 56, fol. 10271.)

Madame, après que monseigneur votre népveu eût entendu la prinse du chas- ⌐A la duchesse teau de Dian, se résolut de faire effort de le reprendre, et craignant que ce fust ᵈᵉ Ferrare. une entreprinse qui regardast de plus loing, luy a pleu m'envoier en ce lieu de Montereau, pour y prandre garde et aux villes circonvoisines de ceste rivière, puis entendre à l'expugnacion dudict lieu, dont j'espère bonne yssue, s'il ne leur vient aultre force que celle du chasteau, dont ilz ont espérance, par le moien de leurs confrères qui sont tant en vostre ville que aultres lieux qui sont en vostre obéissance, chose que n'entendez, ne vouldriez contre le roy favoriser telles entreprinses, ainsi que j'ay assuré mondict seigneur et son conseil, ayant de si long temps congnoissance de vostre vertu et zèle inestimable au bien de la couronne. Je ne vous useray d'aultre langaige persuasif de destourner si sinistres desseings, qui sont ceulx de ces pauvres incensez, saichant que ce seroient parolles perdues et que de vous-mesmes les aborrez et blasmez aultant que le roy pourroit souhaiter. C'est l'endroict, madame, où je supplieray le Créateur vous donner très longue et heureuse vye. De Montereau-Fault-Yonne, le iiii⁰ jour de mars 1569.

> Vostre très humble et très obéissant serviteur,
>
> VILLEGAIGNON.

A madame la duchesse de Ferrare, à Montargis.

(Bibl. imp. anc. fonds français, n° 8735, fol. 30 r°.)

II.

CATHERINE DE MÉDICIS.

COMPARAISON.

Pour bien sçavoir la consonance
De Catherine et Jhésabel,
L'une, ruyne d'Israel,
L'autre, ruyne de la France :

Jésabel maintenoit l'idolle
Contraire à la saincte parolle,
L'aultre maintient la papaulté
Par trahison et cruaulté;

Par l'une furent massacrez
Les prophètes à Dieu sacrez,
Et l'aultre a faict mourir cent mille
De ceulx qui suyvent l'Évangille;

L'une, pour se ayder du bien,
Fist mourir ung homme de bien,
L'aultre n'est pas assouvie
S'elle n'a les biens et la vie;

Enfin le jugement fut tel
Que les chiens mengent Jhésabel
Par une vangeance divine;
Mais la charongne de Catherine
Sera différente en ce point,
Car les chiens ne la vouldront point.

(Bibl. imp. fonds Saint-Victor, n° 359, fol. 54 r°.)

LETTRE ADRESSÉE A CATHERINE DE MÉDICIS.

Madame, il y a quelque temps que mons. de Veauvillé, revenant de vers voz majestez, me pressa fort de dire le nom de ceulx qui m'avoyent dict, dernièrement que j'estois à Lyon, que vostre majesté me faisoit garder une corde pour me donner l'ordre à mon arrivée à la court, me disant que nommément vous le voulliez sçavoir. Or, puisqu'ainsy est que j'ay esté adverty de ce qui m'estoit propre et nécessaire de sçavoir pour la conservation de la chose de ce monde que je tiens la plus chère, je ne nommeray jamais de qui j'ay receu un si fidelle advertissement; seullement je diray que ce sont des chrestiens catholicques qui sçavent de voz nouvelles et de l'estat tragicque de la court, plus que ne font tous les huguenotz de France. Aussy, madame, j'ay receu depuis une lettre et un passeport par l'ambassadeur des Ligues, envoyés d'Avignon par mons. Bruslart, secrétaire d'estat; que votre majesté me faisoit escrire pour l'aller trouver à Lyon, pour l'envye qu'aviez de parler à moy et m'employer à vostre service. Mais, ayant auparavant entendu par les susditz catholiques des choses non moings esmerveillables et détestables à tous ceulx qui font profession de la vérité, qu'il ne peult entrer en mon courage de les vous mectre par escript, toutesfois, sachant de longtemps qu'estes curieuse de sçavoir et aprendre les choses qui se passent en vostre absence, seullement je vous discourray les moindres et les plus supportables de celles que j'ay entendues par les susditz catholiques, qui m'espouvantent si extresmement, que depuis j'en ay gardé l'ung des principaulx cantons du Rosne. Et sur ce, vtre majesté sera advertye qu'ayant faict une si heureuse rencontre de deulx hommes sçavans catholiques, l'ung me congnoissant il y a environ 21 an, l'aultre depuis la journée de la trahison, car il y a 29 ans que j'ay esté courtizan sans courtisanner ou suivre l'art militaire, et après leur avoir faict entendre mon voyage et le peu de contentement et mauvaise espérance que j'en avoye, et voyans qu'il estoyt aisé de me faire rebrosser chemin, nous nous mismes tous trois en une chambre, où ilz commencèrent premièrement à me dire plusieurs choses. Et comment, dirent-ilz, vous pourriez vous fier à la reine mère, veu les tragédies que ung chascung de nous sçavons qu'elle a joué, voyre entre nous et entre vous? Il ne fault poinct que les ungs ny les aultres pensent que ce soyt pour aulcune cause de religion, car la bonne dame n'en croyt nulle, combien qu'elle craigne Dieu comme font les diables, et au reste il fault croire certainement qu'elle est cause de tous les malheurs qui sont advenuz en nostre pauvre monarchie, pour la hayne irréconciliable qu'elle porte à nostre nation, de laquelle entièrement elle se veult venger à quelque prix que ce soyt, et tousjours soubz prétexte de religion. Or, nous sçavons que de vostre costé elle a commis plusieurs sortes de trahisons : premièrement, elle feist empoisonner le feu sʳ d'Andelot, et depuis son frère le cardinal de Chastillon, la feu royne de Navarre, puis elle seulle fust cause du massacre si horrible de toutte la France; puis elle feist empoisonner son filz mons. le duc, qui toutesfois en fut quicte pour en avoir eu seullement le pourpre; puis le duc de Longueville, depuis le duc de Bouillon, dont son médecin en fut pendu à Sedan, et, auparavant toutes ces choses, avoit faict empoisonner le prince Portien par le grand Duville. Aussy faut-il que vous entendiez une chose, me di-rent-ilz, que peu de gens sçavent, ou pour le moings plusieurs l'ignorent. Car, du temps que le roy qui est aujourd'huy estoit devant la Rochelle, le feu roy Charles, qui estoit affectionné à la chasse comme ung chascun sçayt, ung jour se cour-rouçant à ses chiens et à ses veneurs, vous, madame, estant présente luy distes : « Hé, mon filz, il vauldroit mieux vous courroucer contre ceulx qui font mourir tant de vos fidelles serviteurs devant la Rochelle, non pas à voz veneurs ni à voz chiens. » Dont le roy respondit à vostre majesté : « Hé, mort Dieu! madame, qui en est cause que vous? Par le sang Dieu! vous estes cause de tout. » Là dessus et s'en allant vous laissa, dont vostre majesté fust fort courroucée, et en gémissant et pleurant vous en allastes en vostre chambre, et en voyant quelques unes de voz femmes des plus familières, vous prinstes à dire : « J'ay tousjours bien dict que j'avois affaire à ung fol, duquel je ne viendrois jamais à bout. » Et depuis ce temps-là vous, madame, cherchastes tous les moyens dont vous peustes adviser pour le faire empoisonner. Ainsy me disoyent ces deux catholicques. De façon que, au temps que S. M. debvoyt aller conduire le roy de Pollongne, son frère, jusques à Metz, il fut adverty de la part de trois grandz personnages qu'ilz ne nommèrent, que, si sadite majesté y alloyt, qu'elle n'en reviendroit jamais, et que l'on luy avoyt desjà préparé le morceau italiénnizé; ce qu'il creust facile-ment à cause que le roy son frère différoyt tousjours son partement, dont S. M. craignoyt tant plus fort, de façon qu'il luy manda résolument qu'il failloyt que l'ung d'eux deux allast en Pollongne, car ainsy l'avoyent-il promis. Or, le roy de Pollongne estant résolu de partir, vous, madame, luy distes : « Allez, mon filz, allez hardiment et vous tenez tousjours prest et me laissez faire, car vous n'y demeu-rerez guère. » Et depuis, vostre majesté feist si bien qu'elle gaigna le sʳ de la Tour, luy faisant entendre ou aultre pour vous que le feu roy vostre filz estoit en vo-lonté de le faire mourir, affin que plus aisément il joyst de sa femme, de façon que ledit de la Tour le creust aisément, d'aultant qu'il sçavoyt bien que le roy son maistre aymoit fort sa femme; qui feust cause que promptement il accorda de donner le poison à S. M., et tout aussy tost prinst son chemin en Anjou, affin de n'estre en rien soupçonné; aussy que sadite majesté languist assez longtemps après la prise de ladite médecine. Et depuis vous, madame, feites empoisonner ledit s^r de la Tour, tant pour faire justice de son inhumanité que pour empescher qu'il ne peust riens descouvrir d'une telle lascheté commise contre tout droict de nature. Voire, madame, si ainsy est. Touttesfois, les deulx catholicques me le disoyent ainsy : « Et comment [pouvez-vous] vous fier à celle qui n'a espargné ses propres enfans ny ceulx qui de si longtemps luy ont faict tant de service? Ayez souvenance de la tragédie qu'elle a joué au duc de Mont[morency] et au m^{al} de Cossé, lesquelz eux et leur maison ont tant faict de services à la couronne. Pensssez-vous, me disoient-ilz, estre respectez, puisqu'eulx ny leurs maisons, qui sont [des mieux] alliées de France, ne l'ont sceu estre? Tenez-vous asseurez qu'elle ne demande que la ruyne de toutte la monarchie; soit en général ou en particulier, tesmoing ce qu'elle respondit à deulx dames duchesses, qui luy disoyent ung jour : Certainement, madame, c'est grande pitié d'ainsy ruyner la noblesse de France et tant d'aultre peuple, comme on le veoit journellement, car vous ne pouvez faire tuer 15 huguenotz qu'il ne meuré 10 catholicques, tellement que ce sont tousjours 25 François. Dont vostre majesté respondit : Ha, ma cousine! ne vous souciez pas de cela, car il y a assez de gens en Espagne et Itallie pour peupler la France, quant il n'y auroit personne; car aussy bien est-ce une meschante race que les Françoys. Or mettez-là vostre argent, je vous prie, me disoient-ilz. Aussy ne sçavez-vous pas bien que, quelque temps auparavant que le feu roy Charles mourust, qu'elle envoya une grande somme de deniers à don Joan d'Auxtria pour faire approcher son armée de mer à la Provence, affin que, si le roy Henry ne pouvoyt revenir de Pollongne, que ledit don Joan d'Auxtria demourast vice-roy de France, promectant que, si S. M. venoit à mourir, de faire tomber la monarchie entre les mains du roy d'Espagne, voulant par ce moyen frustrer mons. le duc son filz, monstrant par cela sa très bonne et très loyalle nature. Au reste, me dirent-ilz, qui est celuy d'entre vous et d'entre nous qui ne croye que, si ceste bonne dame eust sceu tant faire par ces menées que de faire attrapper le prince de Condé et le m^{al} Danville, qu'elle n'eust faict mourir mons. le duc, le roy de Navarre et tous les princes du sang, de quelque aage ou religion qu'ilz eussent estez, avec tous ceulx de la maison de Montmorency, jusques à leurs parens et alliez? Car elle a délibéré de ruyner entièrement tous ceulx qu'elle congnoist vrayement estre affectionnez à la coronne de France, qui vrayement ne sont que bastardz de se laisser mener par le nez comme des buffles contre tout ordre divin et humain. » Or, madame, entendant telles parolles, voyre de beaucoup plus esnormes sans comparaison, je ne sçavois que respondre, sinon que je ne le croyois pas. Mais encores commencèrent à me dire : « N'avez-vous pas entendu la récompense que ceste preude femme feist faire à ung pauvre malheureux par lequel, avec le moyen du feu seigneur de l'Aubespine, elle feist tuer le s^r de St-Brisson, soy disant bastard du roy de Navarre, auquel, après avoir faict le coup et l'avoir bien remercyé, vous distes qu'il feist tout ce que luy diroyt ledit de l'Aubespine, lequel luy donna ung mandement adressant au lieutenant du prévost de l'hostel, pour recevoir deulx mil escus pour se mectre en équipage, en attendant ung gouvernement sur la frontière pour la seureté de sa personne; comme pensant desjà estre jusqu'au tiers ciel, pour n'avoir jamais eu vaillant deux mille solz, s'adressa audit lieutenant, lequel, ayant eu le mot du guet auparavant, le feist estrangler en sa garderobbe, et, le soir venu, le feict mectre en ung sac en l'eau. Voilà la récompense qu'elle faict à ses pauvres serviteurs. Aussy, madame, ilz me dirent que vous envoyastes quérir, il y a environ 15 ou 16 moys, ung magicien fort renommé jusques en Itallie, duquel, après avoir entendu plusieurs choses qui ne vous pleurent guères, luy baillastes congé et luy feistes présent de deux mil escus et d'une belle haquenée des vostres, affin qu'il s'en allast plus à son aise, et luy baillastes ung guide à deulx chevaulx, qui avoyt charge de vostre majesté de le mener passer par le boys de Monceaulx pour luy montrer vostre maison, et que là il le dépeschast tout oultre et qu'il auroit 500 escus pour sa peine; ce que le galland feist vollontiers, d'aultant qu'il estoit coustumier d'exécuter telles ou pareilles entreprinses; et, 4 ou 5 jours après que le bruict vint à la court que le philosophe dont est question avoit esté tué et vollé par les brigandz, vous, madame, vous prinstes à rire, disant : « Par ma foy! c'estoit un grand fol; car il a prédict ce qui debvoyt advenir aux aultres, et n'a sceu congnoistre ce qui debvoit advenir à luy-mesme. » Et aussy ilz me dirent que vostre majesté avoyt marchandé avec un nommé le s^r Camille et au s^r d'Escars et à plusieurs aultres pour faire empoisonner et tuer le prince de Condé, et aussy que d'aultre costé vous aviez employé plusieurs de touttes qualitez pour faire empoisonner où tuer mons. le m^{al} Damville. Aussy, madame, ilz me dirent que vous faisiez souffrir prescher l'athéisme en plusieurs endroictz de la cour, et que, lorsque l'aveugle qui estoit prebstre fut bruslé à Paris, il confessa devant des principaulx de ceux qui l'interroguoyent que vous estiez, madame, la première au rolle de toutte sa légion, voire de celle de laquelle il estoit le colonel général en l'absence de Sathan. Ainsy me disoyent-ilz, et aultres choses si exécrables que je perdz tout cœur et courage d'entrer jamais en la France, jusques à ce qu'il plaira à Dieu de me rendre si heureulx de me faire estre une fois en ma vye l'ung des cappitaines de vos gardes, et lors vous vous pourrez asseurer, madame, que si jamais princesse fut bien gardée, et fust-ce la royne d'Escosse, vostre majesté le sera; car j'ay tousjours esté, suis et seray très fidelle, avec la grâce de mon Dieu, à tous ceulx et celles à qui je le prometz. Et en attendant le siècle d'or de ceste heureuse journée, je prieray le Dieu lequel j'ay servy, lequel je sers et serviray pour jamais, que, par sa grâce et bonté, madame, il vous veuille amander. Escript à Lozanne en Suisse, le 11ᵉ ou 12ᵉ mois de la quatriesme année après la journée de la trahison.

Vostre très humble et très obéissant serviteur,

Emille Dardani.

Laditte lettre a esté trouvée sur le lict de la royne, le viii novembre[1].

(Bibl. imp. Dupuy, vol. 844, p. 278 r°.)

---

[1] Cette pièce a été publiée par Le Laboureur dans ses Additions aux Mémoires de Castelnau, t. II, p. 462. Je l'ai donnée de nouveau ici, 1° parce qu'elle m'a paru des plus curieuses, bien qu'on n'en doive pas accepter toutes les assertions; 2° parce que la copie dont je me suis servi diffère en plusieurs points du texte publié par Le Laboureur; 3° parce que ce texte est signé *Grandchamp*, et qu'un autre nom figure au bas de la copie de Dupuy. Grand-champ serait, selon Le Laboureur, Guillaume de Grand-Rye, seigneur de Grandchamp, sieur de la Montagne et de Monceau, capitaine des bandes françaises, ambassadeur à Constantinople, qui, n'obtenant pas de Catherine de Médicis ce qu'il espérait, passa au service du duc d'Alençon, dont il devint chambellan, adopta la religion réformée, prit part à la conspiration de la Môle et parvint à sortir de France, où il n'osa plus rentrer. Le commentateur ajoute : «J'ay pourtant peine à croire que ce seigneur ait esté l'auteur d'une lettre adressée à la reyne et qui courut sous le nom de Grand-champ, que peut-être on emprunta, comme celui du plus irréconciliable de tous ses ennemis, pour luy imposer les plus grands crimes dont l'esprit humain puisse être capable.» Dans la version de Le Laboureur, après la mention d'une tentative d'empoisonnement faite par Catherine sur son fils et le duc de Longueville (p. 1112, l. 8), on lit : «et avec eux le duc d'Usez, tous trois ayans esté festoyez en un banquet à Poitiers, au retour du siége de La Rochelle, et quand on luy apporta la mort du duc d'Usez, soupçonné estre advenue par prise de poison, tout le service qu'elle a fait à son chevalier d'honneur, ce fut de dire : «Et qui eût voulu empoisonner ce bon homme là?» — La somme envoyée par la reine à D. Juan d'Autriche (p. 1113, l. 22, est marquée comme s'élevant à 1,500,000 écus; — le bâtard du roi est appelé, non pas Saint-Brisson (p. 1114, l. 2), mais Chavigny; — aux instructions données pour l'assassinat du magicien (p. 1114, l. 18), on trouve ajoutée la recommandation de rapporter les 2000 écus et de ramener la haquenée; — enfin les dernières lignes manquent.

III.

MARIAGE DES FILLE ET SŒUR DE HENRI II.

QUITTANCE DE L'ARGENTIER DU ROY POUR ÉTOFFES D'OR ET D'ARGENT FOURNIES POUR LA SOLEMNITÉ DES MARIAGES DE LA RÉYNE D'ESPAGNE ET DE MADAME DE SAVOYE.

Je Estienne Johenne, conseiller et argentier du roy, confesse avoir eu et receu comptant de Me Jehan de Baillon, aussy conseiller dudit s^r et trésorier de son espargne, la somme de quatre mil deux cens trente livres tournois; en testons à xii s. pièce, ii^Mclx l. realles à iiii^s ii^d pièce, vi^c l. et le reste xii^{nins}, à moy ordonné par ledit s^r pour convertir et emploier au faict de mondit office, mesmes pour icelles délivrer à Scipion Sardini, marchand lucquois, pour partie de la marchandise de fil d'or et d'argent par luy fournie en l'année mv^c cinquante-neuf pour servir aux mariages de la royne d'Espagne et madame de Savoye. De laquelle somme de iiii^Mii^cxxx l. j'avois esté par cy-devant assigné par mandement de monsieur le trésorier de l'espargne Me Raoul Moreau, en datte du xxvie jour de janvier mil cinq cens cinquante-neuf, sur les deniers provenans de la vente extraordinaire des bois que ledit seigneur avoit ordonné estre faicte en la généralité de Bourges durant la dite année, et mesmes de ceux paiables au jour St Jehan-Baptiste prochain ensuivant, lequel mandement n'a sorty son effect. De laquelle somme de iiii^Mii^cxxx l. tournois je me tiens pour content et bien payé et en ai quicté et quicte ledit Baillon, trésorier susdit et tous autres, tesmoing mon seing manuel cy mis le seiziesme jour de juing l'an mil cinq cens soixante ung. Signé JOHENNE, avec paraphe [1].

(Bibl. imp. portefeuilles Fontanieu, vol. 298.)

[1] Il existe une autre quittance d'Ét. Johenne, argentier du roi, de 243 liv. 11 s. 3 d. reçus de Jean de Baillon, pour le remboursement du prix de 27 aunes 3/4 et demi de drap noir, destinées au deuil qui fut porté à la mort de Henri II (1er juin 1561. — Fontanieu, vol. 298).

IV.

TAXE DES DENRÉES.

L'an mil cinq cents soixante et trois, le 13ᵉ jour de février, nous, Jehan Al-leaume, conseiller du roy nostre sire, bailly de Provins, commissaire en cette par-tie, furent apportées certaines lettres de commission du roy, en datte du 28ᵉ jour de janvier 1563, signées par le roy, Bourdin, et scellées du grand scel, par lesquelles nous estoit mandé faire lire certaine ordonnance et la publier, icelle faire garder et entretenir en tous ses points et articles, sur les peines y contenues, laditte or-donnance expédiée pour le réglement des hosteliers, taverniers, cabaretiers de ce royaume, du prix des vivres en chacune saison de l'année[1] ; pour procéder à l'exé-cution desquelles lettres le procureur du roy en ce bailliage nous auroit requis commission pour faire commandement aux procureur et eschevins dudit Provins d'élire quatre bons notables personages de la qualité mentionnez en laditte or-donnance, affin d'assister par eulx à la publication d'icelle, et ce fait, procéder à l'exécution, et semblablement pour faire mandement aux procureur et eschevins des villes de Monstereau, Bray, Jouy-le-Chastel, Chalautre-la-Grande, de procé-der par eux respectivement à l'élection d'un bon personage qui assistât à la publication et exécution que dessus, lesquelles lettres de commission nous luy aurions octroyé le 18ᵉ jour de février audit an, en vertu desquelles, assignation auroit esté baillée aux susdits procureur et eschevins au vendredy 25ᵉ jour desdits mois et an, auquel jour seroient comparu en jugement devant nous les procu-reur et eschevins de cette ville de Provins et ceulx par eulx dénomez, sçavoir est : Anthoine Rayer, prévôt de Sourdun ; Edme Perrot, Anthoine Le Blanc et Pierre Flammant, marchands et bourgeois de Provins.

[1] Réglement pour les taverniers et cabare-tiers et prix des vivres en chacune saison de l'année, et quelle modestie et frugalité doit estre gardée ès festins, nopces et banquets. 1563, 20 janvier (Fontanon, t. I, p. 939). — Voyez les autres ordonnances rendues au XVIᵉ siècle sur les hôteliers et cabaretiers et sur la taxe des vivres dans le tome I de Fonta-non, p. 925 et suiv. — Voy. aussi Isambert, *Recueil des anciennes lois françaises,* t. XIV, p. 117, etc. — Le 5 juillet 1564, Charles IX rendit à Lyon une ordonnance pour l'exécution de celle du 20 janvier 1563. — Voy. Lebeuf, *Histoire de la prise d'Auxerre,* p. III, note d.

De la part des habitans de Montereau, seroit comparu Pierre Barbin, contrôleur des deniers communs de laditte ville, eslu et envoyé exprès pour cette affaire.

De la ville de Bray, Guilleaume Faulchon, procureur des sieurs habitans.

De la part de Chalautre-la-Grand, seroit comparu Nicolas Duval, leur procureur et syndic.

Quant aux habitans de Jouy-le-Chastel, ne seroint comparuz, et à l'encontre d'eulx auroit ledit sieur procureur du roy requis deffaut, qui luy auroit esté octroyé sauf l'audiance. Et ce fait, en présence des susdits, des conseillers, magistrats, advocats, procureurs et aultres qui assistoint à laditte plaidoirie dudit jour, a esté fait lecture et publication dudit eedit à haulte et intelligible voix, et pour procéder à l'exécution d'iceluy, assignation auroit esté baillée aux advocat et procureur du roy illec présens et auxdits sieurs députés à comparoir en nostre hostel, deux heures de relevée, à laquelle heure seroint comparu les dessus ditz. Mais, comme voulions commencer l'exécution de laditte ordonnance, auroit, le sⁱ Faulchon, remontré qu'ayant receu nos lettres de commission, les auroit communiquées au bailly de Bray, qui auroit fait assemblez de ville pour sur icelle délibérer, ce que après avoir ouy, les habitans dudit lieu auroint ordonné que luy-mesme procéderoit à la taxe des vivres et réformation des hostelleryes, au moyen de quoy n'auroit esté convenu d'aulcunes personnes pour venir devant nous affin de procéder à l'exécution dudit eedit, et que la comparution qu'il avoit fait estoit pour empescher le deffaut et nous faire remonstrance des choses susdites pour sa décharge; pour la vérité de quoy, auroit mis en nos mains le procès-verbal dudit bailly de Bray, en datte du 24 février. Ayant lequel veu, le procureur du roy auroit dit que ledit bailly ne se pouvoit excuser qu'il n'eust grandement failly, voulant entreprendre l'exécution d'un édit du roy qui nous estoit renvoyé, et oultre, pour le refus d'avoir par luy envoyé ung homme, ainsy qui luy estoit mandé, l'exécution de laditte ordonnance se retarderoit, contre la volonté et exprès commandement du roy; que ce qui avoit esté fait par iceluy bailly de Bray étoit une rébellion et trop grande désobéissance, pour quoy il requéroit commission luy estre octroyée, affin de le faire adjourner à comparoir en personne; laquelle luy aurions octroyé, après avoir veu ledit procès-verbal, et néantmoins aurions sommé ledit Faulchon de déclarer s'il entendoit assister avec nous à l'exécution dudit eedit; qui a fait response qu'il n'estoit envoyé pour cette affaire, touteffois que, si luy ordonnions d'y assister, il estoit prest d'obéir; et lors auroit requis le procureur du roy qu'eussions à passer oultre avec ledit Faulchon et aultres qui illec estoient présens, à bailler deffaut à l'encontre des habitans de Jouy-le-Chastel qui n'estoint comparus, par vertu duquel ilz fussent adjournés à comparoir en personne pour entendre sur les conclusions qu'il entendoit contre eux prendre, et de tout ce que dessus ensuivra à faire un procès-verbal, lequel deffaut et commission luy aurions octroyé; après avoir mandé Girard Janvier, marchant et bourgeois de Provins, pour faire la huitième personne, pour l'absence desdits habitans de Jouy, aurions avec les dessusdits passé oultre, ainsi que nous estoit mandé, après toutesfois que leurs aurions fait faire le serment de bien et loyaument s'acquitter en cette affaire, sans respect de particuliers intéressés ni aultre que l'utilité commune, qu'ils auroint juré et promis de faire.

Estat des taxes qui ont esté mises à toutes sortes de vivres et danrées desquelz on use le plus communément aux hostelleryes et cabaretz de la ville de Provins, bourgs et villages qui en dépendent, lesdittes taxes faites selon le plus commun prix que peuvent et pourront avoir lesdits vivres et danrées jusqu'au premier jour de septembre prochainement venant.

Et premièrement :

Le pain blanc, pezant 14 onces en paste et 12 onces cuit, a esté estimé . . 4 d.
Le melieur vin blanc et clairet du crû de Villenauxe, Beton, Barbonne, Sézanne, Monstreau, Donnemarie, Bray et leurs environs, les charges déduittes que les hosteliers et cabaretiers sont tenus fournir, a esté estimé, la pinte . . 14 d.
Le vin moyen desdits lieux et le melieur de Goix, Chalautre-la-Grand, Savins, S‑Loup, Songnolles et leurs environs, a esté estimé, la pinte . . . . 12 d.
Le bon vin du crû de Provins et le petit des lieux cy-dessus nommés a esté estimé, la pinte . . . . 8 d.
La botte du melieur foing, pesant de 12 à 13 livres, a esté estimée, jusqu'au 1er jour de juillet . . . . 12 d.
Et de là jusqu'au 1er jour de septembre . . . . 10 d.
Le botteau de foing pezant de 6 à 7 livres, jusqu'au 1er jour de juillet . . 6 d.
Et de là jusqu'au 1er septembre . . . . 6 d.
Le boisseau d'avoine, estimé à . . . . 4 s.
Le picotin faisant la quatrième partie . . . . 12 d.
Le demy-picotin faisant la huictième partie dudit boisseau . . . . 6 d.
La botte de paille, du poids de 9 à 10 livres . . . . 3 d.
La livre de veau bon de tous endroits, l'un portant l'autre . . . . 13 d.
La livre de bon mouton . . . . 16 d.
La livre de bon bœuf . . . . 12 d.
La livre de porc frais . . . . 16 d.
La livre de porc salé . . . . 16 d.

La livre de lard.. 3 s. 4 d.

La carpe de dix à douze poulces entre la teste et la queue, laquelle les hosteliers seront tenus de servir entière...................... 3 s.

La carpe de 11 à 12 poulces entre teste et queue.............. 5 s.

Et seront tenus les hosteliers, pour la commodité des passans, en faire troys
tronssons seullement.

La carpe de 14 à 15 poulces................................ 7 s.

De laquelle sera aussy fait trois tronssons seullement; seront tenus les hosteliers les servir en tiers.

Le brochet de 14 à 18 poulces, duquel l'hostelier fera troys tronssons seullement, estimé...................................... 8 s.

Le brochet de 18 à 23 poulces, duquel seront faitz six tronssons
seullement... 22 s.

La perche de 8 poulces.................................. 2 s. 6 d.

La perche de 10 à 12 poulces............................. 4 s. 6 d.

Le barbillon de 10 à 12 poulces, que les hosteliers serviront en entier. 3 s.

Le barbeau de 15 à 18 poulces, duquel seront faicts trois tronssons. 8 s.

La tanche de 6 à 8 poulces .... 15 d.

Le cent de grosses écrevisses............................ 9 s.

Le cent de moyennes .... 7 s.

L'anguille commune.................................... 2 s. 6 d.

Le harang blanc cuyt................................... 6 d.

La livre de bonne molue, jusqu'à Pasques.................. 22 d.

Et depuis Pasques..................................... 20 d.

La livre de saulmon, garni d'huile d'olif et vinaigre.......... 3 s.

La livre de bœure frais, jusqu'à Pasques.................. 3 s. 6 d.

Et depuis Pasques jusqu'en septembre..................... 2 s.

La livre de beure salé, jusqu'à Pasques.................... 3 s.

Et depuis Pasques..................................... 20 d.

Les œufs.. 3 d. les deux.

Le plat de salade...................................... 6 d.

Le harang sors.. 6 d.

La livre de fromage de Brie coldré........................ 2 s.

La livre d'autre fromage dur............................. 20 d.

Le fagot ordinaire..................................... 4 d.

La bûche de trois pieds de long et ung demi de lais.......... 10 d.

Le boisseau de charbon................................. 2 s.

La pinte de verjus..................................... 8 d.

La pinte de vinaigre .... 10 d.

La moustarde n'a esté estimée, pour ce qu'elle se vend sans mesure.

La livre d'huille d'olif. .... 5 s.

La pinte d'huille de noix. .... 4 s.

Le boisseau des melieurs poix. .... 14 s.

Les moyens poix. .... 12 s.

Les petits poix. .... 10 s.

Le boisseau de bonnes febves. .... 1 l. 2 s.

Toutes lesquelles choses l'hostellier sera tenu bailler et fournir à l'hoste bien et duement appareillé, tant en cuisson, saulces convenables que aultrement, selon la qualité desdittes choses.

Et a esté trouvé, par l'advis des dessus dits, n'estre besoing faire estimation d'aultres choses pour le regard des vivres commungs de laditte ville.

MONSTEREAU.

Estat des taxes qui ont esté mises à touttes sortes de vivres et danrées desquelles on use le plus communément aux hostelleryes et cabarets de la ville de Monstereau, bourgs et villages qui en dépendent, etc.

Et premièrement :

Le pain blanc pesant neuf onces en paste et huit onces cuyt. . . . 3 d.

La pinte de bon vin du crû de Monstereau, Auxerre, Sens et environs. 14 d.

Le vin moyen desdits lieux. .... 12 d.

La botte de foing pezant de 12 à 13 livres, jusqu'au 1er jour de juillet. 14 d.

Et de là en avant ... . 10 d.

La botte de foing de 6 à 7 livres, à la raison et concurance que dessus.

Le grand bichet d'avoine, qui contiendra 12 picotins. .... 11 s.

qui seroit pour picotin .... 9 d.

et pour le demy-picotin, à l'aiquipolent.

La botte de paille pezant de 9 à 10 livres. .... 3 d.

La livre de bon veau de tous endroicts, l'un portant l'autre. ... 13 d.

La livre de mouton. .... 16 d.

La livre de bœuf. .... 12 d.

La livre de porc frais .... 16 d.

La livre de porc salé. .... 16 d.

La livre de lard. .... 3 s. 6 d.

La carpe et aultre poisson sont estimés à mêmes prix qu'au règlement de Provins.

La livre de fromage fin.. 2 s.

La livre d'autre fromage.. 20 d.

Le fagot ordinaire.. 4 d.

La busche de mosle... 12 d.

Le costeret.. 4 d.

La pinte de verjus... 8 d.

La pinte de vinaigre... 10 d.

La livre d'huille d'olif jusqu'à Pasque........................... 5 s.

Et depuis Pasque... 4 s.

La pinte d'huille de noix.. 4 s.

Le bichet de poix communs.. 30 s.

Le bichet de febves.. 30 s.

Les œufs... 3 d. les deux.

Le plat de salade.. 6 d.

BRAY.

Estat des taxes qui ont esté mises à touttes sortes de vivres et danrées desquels on use le plus communément aux hostelleryes et cabaretz de la ville de Bray, etc.

Et premièrement :

Le pain blanc pezant 10 et 11 onces cuyt...................... 3 d.

La pinte de bon vin, crû du pays, Sens, Bethon, Monstereau et les environs. 12 d.

L'autre.. 10 d.

La botte de bon foing pezant de 12 à 13 livres, jusqu'au 1er juillet. 12 d.

Et de là jusqu'au 1er septembre............................... 10 d.

Le botteau de foing de 6 à 7 livres se payera pour le temps et à raison que dessus.

Le boisseau d'avoine.. 4 s.

Duquel seront faits quatre picotins seulement, chacun estimé à.... 12 d.

Le demy-picotin, estimé....................................... 6 d.

La botte de paille pezant de 9 à 10 livres.................... 3 d.

La livre de bon veau de tous endroits, l'un portant l'autre....... 13 d.

La livre de bon mouton.. 16 d.

La livre de bon bœuf.. 12 d.

La livre de porc frais.. 16 d.

La livre de porc salé... 16 d.

La livre de lard.. 3 s. 6 d.

Le poisson a esté estimé à mesme prix que fait a esté en la ville de Provins.

La livre de bœure frais jusqu'à Pasques....................... 3 s. 6 d.

Et depuis Pasques. . . . . 2 s.
La livre de bœure salé jusqu'à Pasques . . . . 3 s.
Et depuis Pasques . . . . 20 d.
Les œufs . . . . 3 d. les deux.
Le plat de salade . . . . 6 d.
Le fromage fin, la livre . . . . 2 s.
L'autre . . . . 20 d.
Le fagot de rivière . . . . 5 d.
Le petit fagot de haut boys . . . . 3 d.
La busche de mosle . . . . 15 d.
La pinte de verjus . . . . 8 d.
La pinte de vinaigre . . . . 10 d.
La livre d'huile d'olif . . . . 5 s.
Le boisseau de bons pois . . . . 14 s.
Le boisseau de febves . . . . 22 s.
La pinte d'huile de noix . . . . 4 s.

CHALAUTRE-LA-GRAND.

Estat des taxes qui ont esté mises à touttes sortes de vivres et danrées desquels on use le plus communément aux hostelleryes et cabaretz de la ville de Chalautre-la-Grand; etc.

Et premièrement :

Le pain blanc du poix que dessus . . . . 4 d.
La pinte du melieur vin blanc et clairet, crû du pays et ez environs . 14 d.
Le moyen . . . . 10 d.
La botte de foing du poix que dessus, jusqu'au 1er juillet . . . . 12 d.
Et de là jusqu'au 1er septembre . . . . 10 d.
Le botteau de foing pezant de 6 à 7 livres, estimé jusqu'au 1er juillet. 6 d.
Et par après . . . . 5 d.
Le boisseau d'avoine . . . . 4 s.
Le boisseau d'avoine, duquel sera fait 4 mesures, chacune . . . . . . 12 d.

Les autres choses ont esté estimées au mesme prix que porté a esté par le réglement de Provins.

S'ensuit la forme que tiendra l'hostelier au traitement d'un homme seul, à son disné et à son soupé, combien pour homme et pour cheval, et combien estant lay sixiesme il doit despendre, tant en la ville de Provins, Monstereau, Bray, Chalautre-la-Grand, que bourgs et villages qui en despendent.

141.

Premièrement :

Pour la disnée, l'hostelier sera tenu fournir au passant qui seroit seul : ung potaige de poix ou aultre; ung fagot; une pinte du melieur vin; ung pain; ung harang blanc ou sors; ung tronsson de carpe, de celle qui est estimée à 5 s. ou un tronsson de brochet, de celuy qui est estimé à 8 s. ou aultres poissons frais ou salés, revenant à l'estimation des choses susdittes et selon le prix qui leur a esté baillé; ung plat de desserte, qui seroict de deux onces de bon fromage ou de deux onces de raisins, ou deux onces de figues ou aultres choses semblables, et moyennant ce, ledit passant sera tenu payer, considérant ce qui est à considérer, pour la nappe, serviete blanche et aultres frais de l'hostelier . . . . . 5 s.

En temps de charnaige, ledit hostelier baillera pour disner au passant seul : ung bon potaige; demi-livre de bœuf bouilly; une livre de mouton ou veau rôty ou de porc frais ou salé; ung plat de desserte, qui sera d'une pomme et une poire, ou deux onces de fromage ou d'autres choses convenables en la saison; ung pain; une pinte de vin; un fagot. Payera, moyennant ce, le passant. 4 s. 10 d.

Et s'il veut les viandes estre lardées, payera le lard à la raison qui a esté cy-devant estimé.

La disnée du cheval se payera à la raison du foin et avoine qu'il aura, en suivant la taxe qui en a esté cy-devant faicte; sera néanmoins l'hostelier tenu de laisser la vieille lithière.

Et où se trouveroient six hostes passans qui voulsisent disner ensemble, l'hostelier leur baillera deux ou trois plats de potaige; un brochetton ou une carpe rôtie de l'eschantillon qui a esté prisé à 3 s. avec deux tronssons de brochets de 8 s. et un bon de celuy de 22 s. ou deux tronssons de la carpe prisée 7 s. avec une perche ou tel autre poisson; une couple de harangs blancs ou spretes; une salade; demi-livre de saulmon; une livre de molue, le tout bien et duement appareillez; trois plats de desserte de diverses sortes, comme cerizes, amandes, pruneaux et aultres; deux fagots, six pintes de vin et six pains; et moyennant ce, payera chacun d'eulx audit hostelier . . . . 4 s. 8 d.

Sy c'est en charnaige, les hosteliers bailleront à leurs hostes, qui disneront six ensemble : deux ou trois plats de potaige; une pièce de bœuf de deux livres; un morceau de salé ou quelque fricassée; une pièce de mouton ou veau bouilly du poids de deux livres; ung membre de mouton ou une poitrinne ou longe de veau ou autre pièce rôtye du poix de 4 livres; trois plats de desserte des choses qui se trouveront en saison, avec le pain, vin et boys susdit, et, moyennant ce, payeront chacun d'eulx . . . . 4 s. 6 d.

Pour chacun de leurs chevaux payeront à raison du foin et avoine qui leur seront donnez, suivant le taulx qui y a esté mis.

. Pour le soupé d'un homme seul, aux jours maigres, l'hostelier baillera : ung harang blanc ou sors; ung tronsson de brochet, de celuy de 8 s. ou deux tronssons de carpes de 5 s. ung plat de desserte; ung pain; une pinte de bon vin; deux fagots; le couchera-blanchement, luy deuxiesme en ung lit pour le plus, et moyennant ce, luy payera.............................. 6 s. 6 d.

Le cheval aura tant et si peu de foing et avoyne que vouldra l'hoste passant, qui payera le taux qui y a esté mis.

Pour la lithière blanche, payera au prix qui y a esté mis, qui est de 3 d. pour botte, sans que l'hostelier puisse oster la vielle lithière.

Et s'ilz se trouvent six hommes passans qu'ils voulissent souper ensemble, l'hostelier les traitera, au temps de caresme ou aultres jours maigres, asçavoir : de deux harangs blancs ou une aûmelette de quatre œufz; deux harangs sorets; une salade et une livre de saulmon; deux tronssons de carpe, de celle prisée 7 s. deux tronssons de brochet du prix de 8 s. d'une perche ou anguille ou autre poisson semblable; d'une carpe ou brochet rôty du prix de 3 s. ou aultres poissons de même valleur, en sorte qu'ilz donnent occasion à leurs hostes d'en estre contens; trois plats de desserte, avec le pain, vin que dessus; quatre fagots et une busche dont les hostes s'accommoderont à leur volunté; deux chandelles du poids de deux onces. Seront fournis de linges blancs, tant à table que au lit, et ne seront couchés plus de deux ensemble. Aussy bailleront-ilz chascun pour leur souppé.. 6 s. 4 d.

Les chevaux à la soupée seront traitez à la volonté de leurs messieurs, au prix qu'il a esté cy-devant ordonné.

Et en temps de charnaige, l'homme seul pour son soupper aura : un potaige; une demy-livre de mouton, veau ou porc bouilly; une livre de mouton, veau ou porc rôty; une salade; ung plat d'issus; ung fagot; une pinte de vin; ung pain; une chandelle; et sera couché comme dict est. Et moyennant ce, payera 6 s. 3 d.

Pour le souper de son cheval, payera selon la despense qu'il aura faitte.

Et pour six hommes qui vouldroient souper ensemble, l'hostellier leurs baillera : deux livres de mouton ou veau bouilly; deux plats de potaige; ung bon plat de salade; ung bon membre de mouton rôty du poids de quatre livres; une poictrinne de veau rôtye du poids de trois livres et demye ou environ, ou une longe de quatre livres, ou une pièce de porc de trois livres; trois plats d'issus, selon la saison; six pintes de vin; six pains; deux chandelles de deux onces pièce; quatre fagots; une busche; le coucher comme dit est cy-dessus. Payeront, moyennant ce, chacun d'eulx.. 6 s.

Pour le souper de leurs chevaux, payeront à la raison que dessus a esté ordonné.

Et où lesdits hostes passans vouldront avoir pain, vin, boys, chandelle ou
autres choses en plus grande quantité qu'il n'a esté cy-devant déclaré, ou du
vin à moindre pris, seront tenus les hostelliers leur en fournir, s'ils sont de la
qualité des choses cy-dessus déclarées et selon le prix qui y a esté mis.

Et néanmoins, s'ils vouloient manger du gibier, volaille ou aultre chair ou
viandes que ce qui a esté déclaré cy-devant, pouroint en achepter des rôtisseurs,
poulaillers, revendeurs, et sera tenu l'hostellier leur appareiller et faire cuire,
en se payant raisonnablement de la cuisson.

Item, pour ce qu'il advient quelquefois que les hostes ne veullent souper, boire
ou manger, ains seulement coucher en l'hostellerye; en ce cas, s'ils sont seuls,
bailleront. . . . . 12 d.
Pour le giste, s'ils sont deux ensemble, chacun d'eux baillera. . . . . 6 d.

Aussy, si l'hoste passant ne veut bailler foing ou avoine à son cheval, en ce
cas baillera 2 d. pour l'establage du midy, et 4 d. pour l'establage de la nuict,
et ne pourra l'hostelier oster la vielle lithière.

Pour l'exécution desquelles choses feront faire lesdits hostelliers pendant troys
jours ung picotin et demy-picotin de boys, qui seront ferrez et estalonez à l'estalon antien des villes où ils demeurent, puis marquez à mesme marque que
lesdits estalons, sy marque y a, sinon d'une fleur de lys, et lequel estalon de-
mourera en la maison de la ville principalle, pour y avoir recours quand besoing
sera.

Feront faire aussy leurs pains, bottes et botteaux, tant de foing que paille,
du poix qu'il a esté ordonné; le tout sur les peines contenues en laditte ordonnance, et, affin qu'il soit cognu, auront des balances pendues en la cuisine et
en l'estable.

Mais pour ce que [si] ce réglement n'estoit donné aux vivres, tant de chair et
poisson que aultres, pourroit advenir grande perte auxdits hostelliers, et demeu-
roint lesdits habitans des villes au surplus incommodé, taulx y a esté mis par
l'advis des dessus dits, ainsy qu'il s'ensuit :

La carpe de l'eschantillon de 9 à 10 poulces entre la teste et la queue. 2 s. 6 d.
La carpe de l'eschantillon de 11 à 13 poulces. . . . . 4 s.
La carpe de 14 à 15 poulces. . . . . 6 s.
Le brocheton de 11 à 13 poulces entre la teste et la queue. . . . . . . 2 s. 6 d.
Le brochet de 14 à 18 poulces. . . . . 7 s. 6 d.
Le brochet de 18 à 23 poulces. . . . . 20 s.
La perche de 6 à 8 poulces. . . . . 2 s.
La perche de 10 à 12 poulces. . . . . 4 s.

Le barbillon de 10 à 12 poulces .... 2 s. 6 d.

Le barbeau de 15 à 18 poulces .... 7 s. 6 d.

La tanche de 6 à 8 poulces.............................. 12 d.

Le cent de grosses escrevisses.......................... 8 s.

Le cent de moyennes .... 6 s.

L'anguille commune.................................... 2 s.

Le haren blanc.. 5 d.

La livre de bonne molue, jusqu'à Pasques.................. 20 d.

Et depuis Pasques..................................... 18 d.

La livre de saulmon.................................... 2 s. 8 d.

La livre de bœure frais, jusqu'à Pasques.................. 3 s. 6 d.

Et depuis Pasques..................................... 2 s.

Le haren sors... 6 d.

L'œuf.. 1 d.

Pour le temps de charnaige :

La livre de bon veau de tous endroits..................... 12 d.

La livre de mouton.................................... 15 d.

La livre de bon bœuf................................... 11 d.

La livre de porc frais.................................. 15 d.

La livre de porc salé................................... 15 d.

Le gros chapon.. 6 s.

Le moyen chapon...................................... 5 s.

La melieure poulle..................................... 4 s. 6 d.

La moindre poulle .... 4 s.

Le gros poullet.. 20 d.

Le moindre poullet..................................... 15 d.

Le pigeon ou pigeonneau .... 12 d.

Le connin de garenne, pour le regard de la ville de Provins et ce qui en dé-
pend.. 5 s.

Pour le regard de Monstereau et Bray.................... 4 s. 6 d.

La perdrix .... 4 s.

Le connin glapier...................................... 3 s.

La bécasse.. 3 s.

Le bécassin... 15 d.

La caille.. 15 d.

Le gros ramier .... 3 s.

Le moyen... 2 s. 6 d.

Le biset...   15 d.

La grive...   12 d.

La douzaine d'alouettes................................... 4 s.

Le pluvier.. 3 s.

La sarcelle... 3 s.

Le canard sauvage... 4 s.

Le canard paillis.. 3 s.

Oultre et par dessus lesquelz taux et prix ne pourront les marchands desdittes danrées demander ny prendre quelque chose que ce soit, sur les peinnes de ladite ordonnance, ny pareillement ceulx qui les vouldront achepter, en offrir ou bailler davantage.

Et affin que de ce ne peust estre prinse quelque cause d'ignorance par les hostelliers, marchans et autres habitans des villes de Monstereau, Bray, Jouy-le-Chastel, Chalautre-la-Grand et leurs environs, a esté advisé et ordonné que extraict particulier seroit faict de ce qui concerne le réglement de chascune de ces dittes villes, tant pour le regard des hostelliers, taverniers et cabaretiers, que pour le regard des bouchers, poissoniers, poulaillers et revandeurs, et que, estant le tout publié, seroint faits tableaux séparez qui seront mis, à sçavoir :

Celuy desdits hostelliers, taverniers et cabaretiers, à la porte de leurs hostellerye et cabaretz;

Celuy des bouchers, au coin le plus éminent de la boucherie publique;

Celuy des poulaillers, revendeurs et rôtisseurs, aux carrefours et lieux publiques desdittes villes;

Et celuy des poissonniers, au lieu où l'on a accoutumé faire la vente et délivrance desdittes choses.

Et que le semblable seroit faict en cette ville de Provins, avec ordonnance et injonction à tous de garder lesdits réglemens, sur les peinnes contenues en l'édict du roy sur ce faict, lesquels seroint plus particulièrement déclarez esdits extraits.

JOUY-LE-CHASTEL.

Estat des taxes qui ont esté mises à touttes sortes de vivres et danrées desquels l'on use le plus communément aux hostelleryes, cabaretz de Jouy-le-Chastel, etc.

Et le mardy dernier jour dudit mois, seroint comparus les habitans de la ville de Jouy-le-Chastel, par Denys de Joncheries, eslu et envoyé pour cette affaire, lequel, ayant eu communication des ordonnances et taxes cy-dessus faittes, a déclaré et affirmé en sa conscience le tout estre bien et deuement faict, et que,

pour le réglement de la ville de Jouy et vilages qui en dépendent, ne fault au-
cune chose innover, sinon que la pinte de bon vin dudict lieu, Bannost, Frétoy
et ès environs, doit estre estimée à.......................:...   10 d.
Le vin moyen...   9 d.
La livre de lard... 3 s.   6 d.
Le boisseau de poix.. 12 s. 6 d.
Le boisseau de febves...................................... 12 s. 6 d.

Au moyen de quoy, par l'advis de tous les dessus dicts, lesdits taulx ont esté
confirmés, et en tesmoing de ce, tous avec nous ont signé ces présentes, le dimanche cinquiesme jour de mars audit an.

    Ainsy signé : ALEAUME; LE GRAND; DE VILLE; PERROT; JANVIER; RAYER;
        LE BLANC; FLAMANT; BARBIN; FAULCHON; DUVAL et DE JONCHERIES,
        avec paraphes.

(Bibliothèque de Provins; Rivot, *Histoire de Provins* (manuscrite), t. VII, p. 219 et suiv. d'après
    une expédition faite en 1619 et qui était déposée au coffre du bailliage et siége présidial de
    Provins[1].)

[1] Voy. aussi Ythier, *Anecdotes*, t. I, p. 299, et t. IV, p. 292.

V.

POLICE DE LA VILLE DE PARIS.

C'est ce qui a, ce matin 29 janvier 1563, esté ordonné à mons. le premier président, pour la conservation du repos de la ville de Paris.

Premièrement, de députer quatre bons et notables personages qui aient charge d'aller revisiter tous les libraires et imprimeurs de ladite ville, pour garder et empescher que l'on ne vende plus ni imprime livres, figures, peintures ni pourtraicts qui soient pour émouvoir le peuple à sédition et pour renouveler la mémoire et l'aigreur des choses passées, et faire brusler tout ce qui s'en trouvera, et surtout empescher que l'on n'imprime plus rien aux faulxbourgs, desquelz ils feront lever et oster toutes les impressions.

Fera mettre au prioré de St-Martin-Postel, pour y estre nourry et gardé, sans le laisser partir dudit prioré jusques à ce que par le roi autrement en ait esté ordonné, et ce suivant la lettre que S. M. en escrit audit prieur.

Fera renvoier à Gisors celuy qui se nomme le roi des Gallois, pour y estre semblablement gardé, jusques à ce que sadite majesté en ait autrement ordonné, et ce suivant la lettre que S. M. en escrit à ceux de ladite ville.

Fera faire aussi commandement à l'advocat Ruzé, suivant la lettre que sadite majesté escript à sa cour de parlement, de sortir de la ville de Paris, et de n'y retourner ni en aprocher de dix lieues, sur peine de prison, jusques à ce que par S. M. en ait esté ordonné.

S. M. entend que Artus Désiré soit banny du roiaume; et, s'il y retourne, qu'il soit bien vivement chastié.

Faict à St-Maur-des-Fossez, le 29 janvier 1563.

Signé CHARLES.

Et plus bas : BOURDIN.

(Bibl. imp. collect. Dupuy, vol. 548, fol. 20 r°.)

VI.

BAPTÊME FORCÉ D'UN ENFANT PROTESTANT, A PROVINS, EN 1567.

Le 18 décembre 1567, ung enfant d'un huguenot, surnommez Teste de Veau, de ceste ville, fut baptisé, ayant l'aage de six sepmaines, et se nomme Marie.....
Ledit enffant fut prins entre les bras de sa mère près la fonteine, et fut apporté baptiser en nostre église de Sainct-Ayoul. Son père fut délaissez entre les mains des soldars passantz. La mère fut admenée à ouyr messe, et luy donna-t-on tenir la torche à l'élévation du Sacrement, puis fut emmenée avec sa fille, par gens d'ordonnance, et n'en ay depuis ouy nouvelles.

Maugé.

(Registre des baptêmes de la paroisse St-Ayoul (1564-1584), fol. 73 v°, aux archives de la mairie de Provins.)

VII.

TROUBLES CIVILS.

6 octobre 1569.

Mon frère,

Charles IX
au duc d'Anjou.

J'ay veu un mesmoir que m'a anvoyé le capitaine Hels de la part du capitayne Fresnoy, qui dit que ils y a des reistres en voullonté de m'amener les chefs de mes rebelles, comm Gaspart de Couligni, qui fust amiral de Franse, et tous les autre chefs. Pour [ce], je vous ay bien voulu escrire sete lestre de ma main, assele fin qu'elle serve de tesmoignage que tout se que vous leur proumestrés pour set aifait je le leur tiendray. Guardé seste lestre et la monstré au capitaine Hells. Du Plais les Tours, le sixhiesme jour d'octobre 1569.

Vostre bien bon frère et amy,

Charles.

A mon frère le duc d'Anjou.

(Bibl. imp. Cinq-cents de Colbert, n° 24, fol. 211 r°.)

————————

Monseigneur,

Le duc
d'Alençon
à Henri III.

Je m'asseure que vous trouverez aussy estrange l'entreprise qui a esté faicte contre ma personne, pour estre du tout contraire à vostre volonté, comme j'ay occasion de me plaindre de ce que, soubz ombre de trefve et pourparler de paix, l'on recherche telz moyens de se deffaire de moy, que les plus tirans et barbares ne vouldroyent imaginer et moings exécuter; et affin que soyez adverty de la façon que l'on y a voulu procéder, je n'ay voulu faillir de vous dépescher le sʳ de Marivault, présent porteur, pour vous asseurer qu'hyer au soir l'on me présenta du vin à ma collacion si bien mixtionné, que tout aussy tost que j'en euz

tasté et faict boyre au s^r de Thoré et aultres, nous fusmes surprins d'ung tel
vomissement que, sans la bonté de Dieu et les bons remèdes qui nous furent
appliquez, le poison eust à présent faict son effect sur nous, et vous auroit privé
du plus affectionné et fidelle sugect que vous aurez jamais. Ce qui ne peult avoir
esté inventé sinon que par ceulx qui sont indignement constituez et eslevez aulx
dignitez et charges de ce royaume, lesquelz ne demandent qu'à tenir cet Estat
en trouble et division, pour conserver leurs aucthoritez illégitimes, ce dispensans
à tous actes meschans et tiraniques, dont la pugnition doibt suivre le maléfice.
Qui me faict vous supplier très humblement vouloir de vostre part faire faire si
exacte recherche et perquisition comme je feray de mon costé, affin que, par
la vérification qui en sera faicte, le blasme que les estrangers pourroyent im-
puter à toutte ceste nation françoise puisse estre osté. En quoy, oultre que vous
ferez acte digne de vostre grandeur et qui regarde le plus proche qui vous appar-
tienne de sang, vous m'obligerez de tant plus à exposer la vye qui m'a esté mi-
raculeusement conservée pour vous faire très humble service, comme j'ay tousjours eu volonté, et qui me demeurera, quelque impression que l'on vous en
puisse donner au contraire.. En cest endroict, après m'estre très humblement
recommandé à vostre bonne grâce, je supplie le Créateur,

Monseigneur, vous donner en très bonne santé très heureuse et très longue
vye. De Charroulx, ce xxviie de décembre 1575.

Vostre très humble, très obéissant frère et sugect,

FRANÇOYS.

Au roy mon seigneur et frère.

(Bibl. imp. collect. Dupuy, vol. 844, intitulé : *Mémoires de Henry III*, fol. 280 r°.)

Madame,

Le duc
d'Alençon
à Catherine
de Médicis.

J'é descouvert miraquleuzemant unne des plus grandes conjurations qu'il étoit
posible, pour laquelle avérer entièremant et en voir le fons, il est nésésayre
d'avoir un oume que je sé loger à Paris. Je vous supplie trouver bon qui me soit
amené par le capitène Espié, enseigne de mes gardes, et tenir la min que le roy
m'i soit ausi favorable que je l'é tousjours espéré de sa bonté en chouse sanblable.
La hâte que j'é pour donner hordre à beaucoup de chozes sur se fet m'anpes-
chera de vous en dire davantage pour sète heure. Je vous bayze les mins, en

priant Dieu, madame, qui vous doint entier aconplisemant de vos dessirs. De Chateautieri, se xxiiii⁰ dessanbre.

Vostre très humble et très obéissant filz et serviteur,

Françoys.

A la royne madame et mère.

(Bibl. imp. Suppl. franç. n° 1946, fol. 27 r°.)

PLACCARTZ TROUVEZ AFFICHEZ LE JOUR NOSTRE DAME DE DÉCEMBRE EN LA VILLE DE PARIS, EN CHAQUES COINGS DES RUES.

Paris, en ce temps froidureux
Que les nuictz sont longues et fresches;
Tu doy bien vueiller sur tous ceulx
Qui font auprès de toy des presches.
Si de brief tu ne les dépesches,
Jamais paix n'auront les chrestiens;
Car ceulx que tu souffres et tiens
Te causeront tant de courroux,
Que tu diras, toy et les tiens :
Montaignes, tombez dessus nous.

Tu sçay bien que ceulx qui te font
Commandement de par le roy,
Des plus parfaictz ennemis sont
De nostre catholicque foy.
Par quoy suis d'avis, quant à moy,
Pour avoir paix que tu les coupes,
Et qu'avec leurs chausses d'estouppes
Tu les face brusler, à fin
Que d'eulx et de toutes leurs trouppes
Ayons vengeance et puys la fin.

Leur vollerie tant nous blesse,
Qu'il ne fault avoir nul égard
Non plus qu'au diable à leur noblesse,
Mais les tuer sans nul égard,
Et comme villains, d'une hard

Les faire pendre et estrangler,
Que la mort les puisse sangler,
Et confondre au centre de terre,
Puysqu'ilz n'ont vouloir se régler
Selon l'église de S' Pierre.

AU PEUPLE DE PARIS.

Peuple, tu es par trop paoureux,
Comme t'ay dict par plusieurs foys.
Puisque garder tu ne te veulx,
Adieu te dy, car je m'en voys,
Et t'adverty à haulte voix
Que quelzques uns de ta régence
Ont aux meschans inteligence,
Dont Dieu est si fort courroucé
De ta paresse et négligence,
Qu'en bref temps tu seras troussé.

Grand douleur en mon cueur j'emporte,
Car je sçay que tes ennemys
S'approchent fort près de ta porte
Avec plusieurs de leurs commis,
Et ont desjà leurs prescheurs mys
Vers S' Germain de l'Auxerrois,
Qui font presches en quelquendroictz,
Dont tant de douleurs on te forge,
Que les ennemis de la croix
Sont prestz de te coupper la gorge.

A l'apétit de trois ou quatre
Groz pendartz, villains, routuriers,
Veulx-tu laisser rompre et abbatre
L'église à leurs avanturiers ?
Non non, car les larrons putiers,
Plains de toute desloyaulté,
Ont commis si grand cruaulté,
Qu'en eulx n'y a plus de noblesse,
De vertu et principaulté,
Mais toute ordure qui nous blesse.

Nonobstant les grandz sacrilléges
Qu'ilz ont perpétré et commis,
En leurs honneurs et priviléges
Tu les veoy restabliz et mis
Et en leurs grands estatz remys,
Te commandant au nom du roy.
Et pour ce, Paris, pense à toy;
Car si leur sang trouble et espays
N'est respendu par ton octroy,
Jamais en France n'aurons la paix.

Paris, je m'en vay de ce lieu,
Tout mélancolique et fasché
De ce que tu as contre Dieu
Aux meschans le glaive lasché.
Tant comme j'ay peu j'ay tasché
De ne te faire consentir;
Mais Dieu le te [faict] bien sentir,
Car c'est trop tard se repentir,
Vivement et desus bon gaige
Quant il te fault trousser bagage.

(Bibl. imp. collect. Dupuy, vol. 844, fol. 90 r° [1].)

[1] Ces poésies paraissent se rapporter à l'an 1567.

VIII.

ÉTATS-GÉNÉRAUX.

———

REMONTRANCES DU TIERS ÉTAT DU BAILLIAGE DE PROVINS (1561).

Le tiers estat du bailliage de Provins et ressortz d'ice[luy estant] assemblé en la généralle assemblée tenue en ceste ville de Provins [en l'hostel commun] ce jourd'huy neufiesme mars mil cinq centz soixante, afin de [donner et] bailler advis sur le contenu ès lettres envoyées de par le roy nostre sire à m[onsieur le bailly] de Provins, dactées du xviie febvrier dernier, desquelles, en l'assemblée tenue [à Provins le] xxviie du moys passé, lecture fut publicquement faicte, et pareillement sur les déclarations et remonstrances de ceulx qui ci-devant ont esté depputtez pour aller en la ville d'Orléans devers ledit seigneur roy tenant ses estatz généraulx, entend en toute humilité estre dict et remonstré au roy ce qui est cy escript :

Qu'ilz rendent graces très humblement au roy de ce qu'il luy plaist en ses afaires si grandz et urgens soy servir de l'advis de ses moindres et plus humbles subgectz, bien congnoissans combien sa bonté désire avoir tost les moyens et occasion de les supporter et faire vivre en paix, union, tranquilité et bonne police.

Et estans certains de l'urgente nécessité dudit seigneur, les grandes debtes qu'il a encourues, tant pour la longueur des guerres que aultrement, considèrent que sa majesté ne peult facilement suporter ses subjectz selon qu'il le désire, sans que préalablement ses debtes soient acquictées, son domaine, aydes et tailles alliénez retirez et réuniz.

Pourquoy est raisonnable que ledit seigneur lième deniers le plus promptement que faire se pourra, et toutesfoys supplient les gens dudit tiers-estat que ce soit à la moindre foulle du pauvre peuple que faire se pourra.

Car il est en ce bailliage, qui est de petite extendue, si pauvre et si atténué de tous biens et moyens, que la pluspart est, à l'occasion des grandes tailles, subsides, gabelles, stérilité de temps, des gens de guerre, qui ont et ont eu cours, que grande partie d'icelluy est mandiant, prest à tomber en extrême misère, si par la bonté et pityé dudit seigneur il n'est secouru.

Tellement qu'il est nécessaire, pour maintenir le tiers estat de ce bailliage, le supporter de tailles, subsides et gabelles ordinaires et extraordinaires, sans imposition d'aultres nouveaulx aydes, tailles et subsides.

Et pour plus commode, prompt, facile et aysé moyen de recouvrer deniers, ilz dient que les gens d'église de ce bailliage tiennent des immeubles et revenu dudict bailliage et ressortz les trois partz, les cinq faisans le tout ou plus.

Qu'il y a plusieurs bénéfices qui sont abbayes, prieurez, tant conventuelz que aultres, de grand revenu excédant ce qu'il convient pour l'entreténement des églises, ministres et habituez.

Pourtant sont lesditz du tiers-estat d'advis que ledit seigneur roy doibt, pris et levé, du revenu desditz bénéfices et de tous aultres qui sont de mil livres tournois et au dessus, ce qu'il convient pour entretenir les églises et habituez, du surplus prendre une bonne partie telle que par ses officiers des lieux sera sainement advisé, aussi le tiers du revenu des commanderies dudit bailliage, et ce jusques à certain temps.

En quoy faisant, il trouvera grans deniers et supportera par l'ayde desdictz gens d'église son pauvre peuple, envers lequel lesditz d'église feront en cest endroict grande aulmosne, le supportant d'acquicter ledit seigneur, ce qu'il feroit, si possible luy estoit.

Que, s'il plaist audit s^r, il peult par aultre moyen facilement avoir deniers, en faisant et ordonnant, tant pour la décoration des villes de son royaume que pour maintenir grande partye de son pauvre peuple, ordonner que les amphitéoses d'église et de mainmorte, tant viagères que annuelles, fors des hospitaulx et maladeries, soient perpétuelles; en ce faisant que les rentes et charges ausquelles les choses sont baillées seront perpétuellement payez ausditz d'église et mainmorte, prenant par ledit s^r desdites choses ce qui sera offert et payé ou ce qui pourra estre offert et payé, sans que pour ce faire ilz puissent estre contrainctz pour les avoir à tousjours, ce qui se peult faire sans appauvrir l'église, dont sortiront grans et promptz deniers.

Et mieulx vault audit s^r user des moyens cy-dessus que sur le vin qui se vend, transporte et amène en ce bailliage, lever aucuns deniers; car sur le vin est en cedict bailliage levée grande imposition.

Quant au sel, il est grandement cher, n'est bon ne loyal comme il est requis, et sont sur la vente d'yceluy assiz plusieurs deniers pour les entretennemens des villes (sic) et officiers dudit seigneur levez. Néantmoings, ou cas que les moyens cy-dessus ne seroient trouvez sufisans, lesditz du tiers estat ont esté d'advis que plustost deubst estre mis impost nouvel du surplus sur le sel que sur le vin et sans imposer nouvelles tailles ou subsides, à la charge néantmoings que ce seroit pour ung temps brief et pour peu d'années, et de promesse royalle que cela cessera ledict temps passé, sans riens tirer en conséquence par ledit s^r ou ses successeurs à l'advenir.

Supplient lesditz du tiers estat la majesté du roy, avant que par luy prendre, lever ou imposer par quelque moyen que ce soit, deniers pour acquicter sesdictes debtes, avoir égard, considérer et bien faire congnoistre de quelles debtes légitimes et royalles il est chargé, en faire faire ung vray arrest et ne plus imposer et lever qu'il conviendra, préalablement pris l'espargne des deniers des guerres depuis qu'elles ont cessé, des tailles, décimes et aultres premièrement employez en son acquict, pour le descharger desdites debtes.

Aussi supplient lesditz sieurs faire rendre compte à ceulx qui ont eu maniment de ses deniers et les faire sans délay contraindre au paiement du reliqua et ordonner que les deniers qui seront levez pour l'acquicter soient maniez par les officiers de ses villes, sans salaires ou gaiges, et par eulx-mesmes employez audict acquict, afin que lesditz deniers ne soient diminuez par les gaiges des officiers et en passant par diverses mains.

Et pour ce que leur principal désir est de vivre soubz l'obéissance du roy, comme vrays, fidelles et observateurs des commandemens de Dieu et saincte église catholicque, chrestienne et romaine, comme ilz et leurs anciens ont faict ci-devant, supplient très humblement et instamment la majesté du roy tenir la main que tout trouble, division, scisme et mauvaise oppinion touchant la foy et religion chrestienne soyent tost ostez, destruictz et aboliz, faisant renouveler les édictz de ses feux ayeul et père, sur la punition des hérétiques et mal sentans de la foy, et iceulx estroictement garder par ses courtz de parlement et juges retirant à eulx la congnoissance de telles matières.

Aussy, pour le bien public, support et tranquilité de ses subjectz, supplient S. M. de sans plus différer faire joyr sesdictz subjectz du bien qu'il leur a octroyé et accordé par les responses qu'il luy a pleu faire aux doléances à luy présentées en ses derniers estatz généraulx tenuz en sa ville d'Orléans, ordonner que ce qui a esté en iceulx par S. M. accordé, conclud et promis, sera du tout gardé et observé entre ses subjectz, royaume et pays, pour et à ce que en bonnes paix, loix, union et police ilz puissent soubz son obéissance vivre.

CHAPPUIS, secrétaire.

(Copie du temps, appartenant à M. le docteur Maximilien Michelin, à Provins.)

REMONSTRANCÉS TRÈS HUMBLES DES VILLES DE TROYES, REINS, CHAALONS, LAON,
GUISE, LANGRÈS, CHAULMONT ET BAR-SUR-AULBE (1575).

Au roy.

Sire, voz très humbles et obéissans subjectz les bourgeois, manans et habitans·
de voz villes de Troyes, Reims, Chaalons, Laon, Guise, Langres, Chaulmont et
Bar-sur-Aulbe, faisans partie des villes de la générallité de Champaigne, en toute
deue révérance et humilité se présentent aujourd'huy par leurs députez devant
vostre majesté et vous font d'une commune voix et délibération plainctes et doléances, qu'ilz supplient à vostre majesté recepvoir selon sa naturelle bonté avec
la clémence que le bon et fidel subject peult espérer de son roy et croire que ce
qu'ilz ont advisé de proposer et desduire ne procède sinon d'ung bon et singulier
désir qu'ilz ont tousjours eu et auront à jamais d'eux maintenir soubz vostre
obéissance et procurer par tous moyens à eux possibles la conservation de l'honneur de Dieu et manutention de vostre estat.

En premier lieu, sire, ilz vous remonstrent que le pays estant de la généralité dudit Champaigne est assiz au plus infertil, sec et stérille territoire de toute
la France, où il n'y a aucunes rivières commodes à la navigation pour y appor-
ter·marchandises et autres commoditez estrangères ny moyens desquelz les habitans se puissent prévalloir pour la commodité des régions voisines.

Au moyen de quoy, les habitans du plat pays et bonne part de ceux desdites
villes ont esté cy-devant contrainctz avoir leur refuge au labourage de la terre
tant peu fertille qu'elle fust, pour d'icelluy labourage et de ce qu'ilz en pouvoient recueillir avec ung grand et ennuieux travail pourvoir à la norriture d'eux
et de leur famille.

Que si par fois advienne quelques années moings fructueuses que de l'ordinaire, le pauvre peuple tombe en des nécessitez extrêmes, ainsy qu'il s'est veu
ces années dernières, esquelles la pluspart d'icelluy a esté contrainct de vendre
ce qu'il avoyt pour vivre, voire jusques à estre aucuns réduictz à ce poinct, ce
qui ne se peult dire sans grande commisération, que d'estre nécessitez de paistre
les herbes par les champs comme les bestes brutes.

Et ce qui a finallement causé une entière désolacion audit pays, a esté qu'il a
tousjours soustenu, depuis quinze ans en çà que ces malheureuses guerres civilles
règnent en cestuy vostre royaulme, les passages, secours et retours des camps et
armées, voire par longue espace à chacune fois.

Ce que mesmes est advenu tout récentement par le passage et séjour que y ont faict trois grosses armées, par lesquelles le pauvre pays a esté incroiablement travaillé, molesté et oppressé par l'espace de six moys, comme encores à présent, par plusieurs compagnies de gens de guerre, de cheval et de pied, tant estrangères que françoises, qui y passent journellement ou séjournent, tournoyans çà et là au lieu d'aller droict en l'armée de vostre majesté.

Lesquelles armées auroient, comme il est tout notoire, vescu et vivent encores de présent celles desdites compagnies qui sont audit pays, insolemment, à discrétion, sans aucung ordre ny police militaire, abusans extraordinairement du bien qu'il avoyt pleu à Dieu envoyer ceste présente année ung peu plus largement que ès précédantes, et jusques à faire boire et manger les chevaulx avec les hommes, rençonnant les bonnes gens du plat païs, les pillant et spoliant violemment du peu de meubles, chevaulx et bestial qui leur estoyent resté, et, qui pis est, oultragent de faict voz pauvres subjectz, ravissent leurs filles, prennent par force leurs femmes, voire en présence des mariz, que plusieurs desditz gens de guerre ont contrainctz mesmes d'assister à leurs actes détestables devant Dieu et les hommes, et se sont trouvez plusieurs d'iceux avoir meurdry et massacré leurs hostes et hostesses, enfans et serviteurs, voire les brusler tous vifz et jecter dedans les puys, mis et faict mectre le feu ès maisons et granges de plusieurs bourgs et villages dudit plat pays.

Bref, ne délaissent aulcune espèce de mal ou cruauté à commectre contre vosdits subjectz pour les contraindre de satisfaire à leurs cupiditez désordonnées, faisans de grands maulx et estant cestuy d'entre eulx estimé le meilleur et vaillant soldat qui mieulx, avec blasphêmes et reniemens exécrables du nom de Dieu, peult inventer quelque nouvelle forme de tourment et cruauté pour forcer son hoste de luy fornir ce qu'il veult extorquer de luy, sans que desdits forfaictz il s'en face aucune justice.

A raison de quoy, ce pauvre peuple du plat pays, ne pouvant plus soustenir le faiz, est de jour à autre contrainct habandonner sa maison, délaisser son labouraige, à l'entière ruyne de tous les estatz dudit pays, et soy retirer ailleurs où il peult mieulx, cherchant et mandiant sa vye pour la pluspart par les villes dudit pays.

De façon que ès plus gros et mieulx peuplez villages de ladite Champaigne, esquelz soulloit avoir n'a pas longtemps deux, trois, quatre et cinq cens feux, n'y en a pas pour le présent dix, quinze ou vingt, mesmes en aulcuns poinct du tout.

Ce qui est cause, sire, que les villes dudit pays s'en ressentent aujourd'huy bien fort, ne recevans plus les commoditez qu'elles soulloyent dudit plat pays,

leur vray père nourricier, et entre autres vosdites villes de Troyes, Reims, Chaalons, Laon, Guise, Langres, Chaulmont et Bar-sur-Aulbe.

Lesquelles, pour le regard de ceulx que vostredite majesté a voulu estre com-
prins en la taxe des 52800 liv. qu'elle a ordonné estre levez sur les villes de la
généralité de Champagne par vos lettres patentes, pour le contenu desquelles
les présentes remonstrances vous sont faictes, et par lesquelles le clergé desdites villes, qui tient et possède la pluspart des héritages d'icelles villes et plat
pays, en est déclaré exempt, sont composées des officiers de vostredite majesté
et de quelque petit nombre de bourgeois vivans cy-devant de leurs rentes et
petit revenu, et des marchans et artisans.

Qui tous ensemble, à cause desdites guerres civilles, se trouvent réduictz en
telle extrémité qu'il n'est possible de la dire plus grande.

Quant à voz officiers, sire, ilz sont aujourd'huy multipliez en sy grand nombre,
soyt en la justice ordinaire ou extraordinaire, soyt sur le faict de vos finances,
que, au meilleur tamps que l'on poroit désirer, leurs estatz leur demoureroyent
quasy du tout inutilz. Tant s'en fault que, en la calamité du temps présent, auquel la justice est ensevelye et ne s'en faict aucun exercice entre les armes, ilz
en puissent tirer aulcun proffict pour subvenir au sousténement des charges de
leurs maisons et familles, joinct que les gaiges d'iceulx officiers sont retranchez
de toutes partz.

Et au regard de ceulx desdites villes, qui soulloient cy-devant jouir de quelques
petites rentes et fermes, ils sont cejourd'huy réduictz à ceste extrémité de n'avoir
aucun moyen d'eulx faire payer de leurditz rentes et fermages des précédentes
années, obstant la stérillité notoire d'icelles et pauvreté de leurs fermiers, tant à
ceste occasion qu'à cause desdites guerres, ne pouvant aussy aujourd'huy tirer
aulcune chose de leurdit revenu, et voians leurs héritages assiz audit plat païs
estre sans culture et délaissez par leurs fermiers pour la pluspart, ils sont quasy
au désespoir prestz d'abandonner lesdites villes, comme jà plusieurs d'entre eulx
ont faict.

Quant aux marchans, ilz sont réduictz au mesme poinct de nécessité que les
aultres, car ne ayant eu jamais esdictes villes grand train et trafic à faulte de la
commodité des rivières et à cause de la stérilité du pays, ilz sont contrainctz à
présent le laisser du tout, encores que par ci-devant voz prédécesseurs roys de
très heureuse mémoire, pour attirer ausdites villes multitude de peuple, leur
ayent octroyé certains priviléges, de sorte que à présent le faict de marchandise
n'y a plus de cours, à cause desdites longues guerres et pour le peu de seureté
qu'il y a, tant sur terre que sur mer, dont seroyt advenu que plusieurs faisans
faict de marchandise et ayans perdu tous leurs biens, ont esté enfin contrainctz

avoir recours au dernier et misérable refuge de cession de biens. Des aultres ont délaissé du tout ladite marchandise ; pour se veoir surchargez d'une infinité de subsides, gabelles et impositions qui se y mectent sus journellement, à la très grande foulle du peuple, sur toute sorte de marchandise, comme entre autres sur les draps, entrée et issue des vins (*l'écriture manque*) . . . . . et ceulx encores qui en p . . . . . [sont, n'ayant plus] de moyen, prestz de délaisser lesdites villes pour les charges insuportables qu'ilz sont contrainctz soustenir, et ce que jà aulcuns des plus apparens ont faict.

Pour le regard des artisans, qui cy-devant avoient acoustumé de gaigner leurs vyes esdites villes soubz ceulx des autres qualitez et estatz cy-dessus déclarez, ont esté contrainctz pour la pluspart, n'estans employez à cause de la ruyne de ceulx de l'ung et l'autre desditz estatz, eulx retirer hors d'icelles villes, les aulcuns à la guerre, les autres ailleurs, et ce qui en reste se mendye aujourd'huy pour la pluspart, ayans consommé sy peu de bien qu'ilz avoyent auparavant acquis à la sueur de leurs bras.

Et voilà comme lesdites villes sont sur le poinct de demourer désertes et inhabitées, mesmes celles dessus déclarées ; esquelles néantmoings, pour estre sur la frontière de vostre royaulme du costé de Flandres, Luxembourg, Allemangne et comté de Bourgongne, consiste pour bonne part la seurté d'icelluy.

Par ce bref discours, qui est la moindre partie de noz désolations, sire, vostre majesté peult congnoistre les misères et pauvretez du peuple dudit pays. C'est pourquoy voz très humbles subjectz habitans desditz pays vous les reportent devant les yeux, [vous assurant] qu'elles sont avec la simple et pure [et entière] vérité, et vous supplient en toute humillité qu'il vous plaise, usant de la justice qu'ilz attendent de vostre naturelle bonté et clémence, les exempter du tout et tenir pour excusez du payement desdits cinquante deux mil huict cent livres ordonnez estre levez sur les villes de ladicte quallité, pour l'entreténement de six compagnies de gens de guerre à pied durant quatre moys de la présente année. Car à la vérité, sire, il leur est impossible de toute impossibilité d'en fournir aucune chose, voires quant on vendroyt tous les biens meubles qui leur restent et sy se trouvassent achepteurs ;

Et ce, tant pour les raisons susdictes, que aussy à cause des grandes et insupportables sommes de deniers qu'ilz ont cy-devant et puis le commancement des guerres civilles paiées et lesquelles sont entrées en voz finances, mesmes que puis deux moys ilz ont esté contrainctz, et ce qu'ilz ont faict avec une extrême difficulté pour le peu de moyen qui leur restoyt, faire payement des sommes excessives auxquelles ont esté imposez pour la solde de cinquante mil hommes de pied pour la présente année ; oultre et pardessus les tailles, taillons, équivallentz ;

gabelles et autres subsides qui se lèvent ordinairement pour le paiement et entreténement des gens de guerre tant à cheval qu'à pied, artillerye, munitions
d'icelle et autres fraiz de la guerre, et néantmoings voz armées ne laissent pour
cela à vivre à discrétion et faire les maulx cy-dessus déclarez, soubz prétexte
qu'ilz dyent ne recevoir ung seul denier de leur solde, dont......... subjectz
habitans desdits lieux sont....... privez de leurs moyens et faculté.........
.....r... chascune de leurs petites commoditez............. et encores en
pouvans moings recevoir à l'advenir pour les raisons susdictes, et ne leur est possible de fornir en une mesme année trois payemens pour une mesme et seulle
chose, ce qu'ilz feroyent volontiers sy la puissance pouvoit respondre à leur bonne
volonté. Toutesfoys, sire, le pauvre peuple de vosdites villes supplie humblement
vostre majesté de croire que, tant qu'ilz auront l'ame dedans le corps, ilz s'efforce-
ront en toute manière de se conserver soubz vostredite authorité et obéissance, et
y employeront ce qu'il leur reste de plus, qui est leurs corps et leurs vyes, ayans
jà cy-devant consommé tous leurs biens en ce à cause de ce que dessus, comme
aussy à la garde et deffence desdites villes soubz vostre obéissance, réparations et
fortefications d'icelles, et vous font très humble instance et requeste de vouloir
donner ordre à leurs misères et callamitez, reiglement de la gendarmerye, et
réconcilier les cœurs de voz naturelz subjectz, qu'ils puissent vivre en une bonne
et assurée paix, et au surplus soyt vostredit royaulme bien florissant comme il
souloyt estre auparavant lesdites guerres civilles, à l'honneur de Dieu, bien et
soulagement de tout vostre peuple.

(Bibl. imp. collect. Dupuy, vol. 87, fol. 39 r°.)

DOLÉANCES DU CLERGÉ DE PROVINS AU ROI (1578).

Les soussignés du clergé de Provins supplient vénérable et discrète personne
Mᵉ Claude Moyssant, doyen de la chrétienté dudit Provins, par eux élu à cet
effet, de faire, au nom dudit clergé, les doléances, plaintes et remontrances qui
ensuivent, au roy et à sa majesté :

Que depuis quatre mois il est passé par le bailliage dudit Provins et ès environs des villes de Montereau, Bray et Nogent sur Seine, plusieurs compagnies
de gens de guerre, tant de cheval que de pied, lesquels ont commis une infinité
de voleries, pilleries, rançonnemens, violemens des femmes et filles et saccagemens, ont assailli par voye d'hostilité plusieurs bourgs et petites villes, en

aucunes desquelles ils sont entrés par force, ont volés, pillés, violés, saccagés, pris et enmenés entièrement les meubles, bestial et chevaux et tué plusieurs personnes; assailli et assiégé par assaut aucuns desdits bourgs, en sorte que le plat pays est totalement ruiné, les laboureurs hors d'espérance de pouvoir semer les bleds, les vignerons de faire leurs vendanges; — que les compagnies qui suivent de jour en jour continuent à faire pareils efforts; — le bourg de Vodoy a esté pillé, volé, saccagé; — le bourg de Chalautre-la-Grande assiégé et assailli par assaut; — les bourgs de Courlon et Rampillon pareillement pris par force, volés et pillés; — tous les hommes et femmes qui ont esté pris par lesdits gens de guerre mis à rançon comme prisonniers de bonne guerre; — les chevaux enmenés, et les rançonnemens faits en la personne des gentilshommes des lieux esquels lesdits gens de guerre auroient logés, nonobstant les remontrances desdits gentilshommes, qui ne les en auroient pu empêcher; — en aucuns lieux, sont entrés durant le divin service ès églises et illec dépouillés partie des habitans de leurs propres habits, et contraints tous ceux qui y estoient, hommes et femmes, de vuider leurs bourses, et pillés ce qu'ils avoient d'argent, tués les prêtres esdites églises, et en effet commis toutes les cruautés et tirannies qui se peuvent commettre et exercer sur les plus cruels ennemis; — à raison desquelles cruautés les paysans, laboureurs et autres ont esté contraints de vuider et abandonner leurs maisons, les terres demeurans sans labour et culture, parcequ'ils courent par force les laboureurs estans au labour, et leur pillent et volent leurs chevaux.

Et pour supplier très humblement S. M. de remédier à tant de maux, pour raison desquels son service seroit altéré, ses tailles retardés, le peuple réduit sans moyen de les pouvoir payer, n'estoit que sa bonté et justice y voulsist pourveoir, présenter requête contenant les doléances susdites, ainsi et en la forme qu'il sera advisé par ledit sieur doyen, de quoy faire les soussignés luy ont par cette présente donné et donnent charge et mandement, promettants avoir pour agréable tout ce qui sera fait en cet égard par ledit sieur doyen; fait le 6 septembre 1578. — Et encore de faire entendre à S. M. que la noblesse et le commun peuple seront par nécessité contraints, pour la conservation de leurs personnes, maisons, biens, femmes, enfans et famille, mettre les armes au poing, au cas que lesdittes cruautés et tyrannies fussent, contre les édits et mandemens de S. M. continuées, par protestation toutefois que ce qui se fera sera pour la conservation du service de S. M., et pour tenir la main forte à la justice et non à autre intention, et au surplus assurer S. M. de l'obéissance et très humble service qui luy sont offerts par lesdits soussignés, luy en rendant toujours témoignage par toutes leurs actions. Fait les an et jours susdits.

(Bibl. de Provins, Ythier, *Miscellanea*, p. 263.)

AFFICHE TROUVÉE À LA PORTE DE L'HOSTEL DE LA VILLE DE BLOIS, OÙ S'ASSEMBLENT
LES GENS DU TIERS ESTAT, LE XXIe JANVIER 1577.

Conseil sacré pour acquitter le roy en temps de paix et lever une puissante
armée en temps de guerre, sans grever le pauvre peuple, est d'esteindre et saisir
trois millions CL liv. de rente qu'on prend par chacun an en la ville de Paris
qu'il faut tirer du sang du pauvre peuple. Tous les autres moyens sont impos-
sibles ou d'exécution difficile, ou avec procès, ou injustes. Mais cetuy cy est très
utile en paix et nécessaire en temps de guerre, et prompt et sans procès et très
juste, attendu que ceux qui ont prins les intérestz sur le roy ont eu quatre fois
le sort et plusieurs cinq fois contre tout droit divin, civil et canon, et que ceux
de Paris ont incessamment soufflé les feux de guerre et embrasé tout le royaume
sans desfrayer un escu au roy qu'il ne leur ait payé l'intérest tel qu'il leur a
pleu, et néantmoins, s'il se trouve quelques pauvres veufves et orphelins ou
autres qui n'ayent autre bien que lesdites rentes, qu'ils en soyent payez.

(Bibl. imp. Saint-Germ. franç. n° 988, fol. 48 r°.)

IX.

QUERELLE ENTRE MM. D'ESTERNAY ET DE FOISSY; 1568.

Sire,

La ruze de tous ceulx qui, depuis dix ans, ont dressé les séditions en vostre royaulme pour le partager, a esté telle qu'ilz ont cuydé couvrir leurs faultes irré- missibles de paroles envenimées, et par mensonges imputant leurs mesmes crimes à ceulx qu'ilz avoient offencés ou vouloient exterminer. Pour ceste cause, et sachant comme je suis odieux à ceste gent, je vous supplyay, en prenant congé de voz magestés, que s'ilz m'accusoyent (comme jà Theligny avoit volu com- mencer), il vous pleust me faire cest honneur de n'en rien croire, jusques à ce que je fusse ouy en mes justifications, vous asseurant que je vouloy estre si di- ligent exécuteur de voz éédictz, que, s'il se trouvoit que j'y eusse contrevenu, je représenteroy tousjours ma teste devant voz piedz, comme vostre très humble et très obéissant subject, pour en souffrir rigoureuse punition, sans vous en de- mander aulcung pardon. Puisque donc il vous a pleu, sire, me faire cest hon- neur de me mander la plainte que le sieur d'Esternay a faict faire à voz majes- tez, il me semble que vous désirez en sçavoir la vérité par ma bouche, et vous supplie très humblement ne trouver movais que je vous en discoure le faict au vray. Qui est tel : que Foissy partit de Paris en poste avec cinq chevaulx tant seulement, et arriva fort malade à Bray; que le s^r d'Esternay, en estant adverti, dépescha de tous costez vers ses amys, les priant (en ces termes et par lectres) de le venir trouver avec leurs armes le samedi au giste ou dimanche à disner, pour ce qu'il désiroit d'estre assisté de ses bons amys, pour attrapper en chemin Foissy, son bon voisin, qui faisoit le malade à Bray et machinoit quelque chose. Foissy, ayant recouvert trois ou quatre lectres de mesme substance envoyées par ledict Esternay à divers gentilzhommes ses amys, se délibère de prévenir le jour du combat prémédité, et le jeudi au soir, depuis les portes fermées, faict cher- cher tous les chevaux de selle de la ville de Bray, et, à faulte de chevaulx de selle, des jumentz et des bastz, et faict tant qu'il monte qui à cheval, qui à jument, sur selles ou sur bastz, vingt et quatre ou vingt et cinq soldatz avecques luy; part le vendredi matin à la porte ouvrant, cuydant passer son chemin d'emblée et sans estre descouvert. Toutesfois, le s^r d'Esternay estoit desjà aux aguetz avec vingt et trois bons chevaulx de service armez de cuirasses, harquebuz et pistoles, faignant de chasser et l'attendant derrière une vigne proche de son parc, où il estoit embusqué, et failloit que Foissy passast par nécessité. Foissy, adverti assez tart de l'embusche, envoye six soldatz devant pour la recognoistre de près, et veoyant que cest esquadron de xxiii chevaux branloit pour charger les six soldatz, et mesmes qu'ilz avoient desjà tiré harquebuzades, Foissy met chevaux et jumens en bataille et donne droit là; s'apparcevant au mesme instant que le seigneur avoit tellement inspiré les frères, qu'ilz prindrent le chemin de la Mothe aussy viste que s'ilz eussent tiré droit à Aubervillers, et plus viste, ce luy semble, pour ce que les lévriers ne pouvoyent suivre leurs chevaux. Veés là, sire, tout le mal que Foissy a faict pour saulver sa vie et empescher que, alant à vostre service, il ne fust assassiné. Mais ce n'est pas celuy qu'il eust peu faire; car à l'heure mesme Esternay, trouvant la porte fermée, s'alla cacher dedans sa garenne avec cinq ou six, et quittarent les aultres leurs chevaulx pour se cacher dedans les meulles de foing, où il eust esté facile audit Foissy de les tailler en pièces, s'il n'eust pensé offenser voz magestés. Mais il ne se trouvera que l'on ayt à rien touché que à deux lévriers, qui furent pris en laisse par ung lacquais, et une faulconnière où l'on prit deux perdreaux. Foissy arriva cependant à Nogent, et, après avoir donné ordre aux affaires qu'il y avoit pour vostre service, partit le landemain pour aler à Pontz et à Méry, s'employant à faire rompre les guez guéyables, donner ordre aux pontz depuis Troyes en çà et mettre les bacz et bateaux en lieu de seureté, sans estre acompagné, oultre son train ordinaire, de plus de 7 ou 8 soldatz, ne que l'on puisse dire qu'il ayt eu avec luy plus grand nombre que de 18 chevaulx. Esternay, de son costé, a continué ses amas durant huit jours, a assemblé toutes les églises de Champagne, Brie et Auxerrois, et a mis ensemble 300 chevaux ou environ, qu'il a départiz en cinq ou six trouppes pour chercher ledit Foissy, et commandoyent à icelles, à ce qu'il a ouy dire, le cappitaine archevesque d'Arles, le cappittaine abbé de St-Michel sus Tonnerre, et le cappitaine abbé St-Martin soubz Molesme, et les sires chevalier de Bestune, Bricquemault et Bezancourt, conduisans chascung une trouppe de 50 à 60 chevaulx, cherchans ledit Foissy partout où ilz savoyent qu'il n'estoyt pas, intimidant ce pendant le peuple et cherchant ceulx qui avoyent faict service à vostre magesté soubz la charge dudit Foissy, pour les assassiner, comme vingt et cinq ou trente que ledit Esternay a desjà faict cruelement mourir depuis la paix. Ceste rumeur a duré huict jours, et sembloit au pauvre peuple que mons. d'Arles et les trouppes qui estoient ainsi assemblées alassent encores ung coup à la

chasse aux loups. Foissy a tousjours malgré eulx passé son chemin sans s'esmouvoir ny mouvoir le peuple aulcunement, pour ce qu'ilz ne parloyent que de luy
et ne faisoyent semblant de toucher le public; combien que par mesme moyen
ilz ayent vollé plusieurs passans et ayent vengé aulcunes de leurs particulières
quereles contre de pauvres gens. Véez là (sire) tout le faict; c'est le trouble que
Foissy a faict à Esternay, ce sont tous les empeschemens et molestes qu'il luy a
donnez; mais aussy ce sont les dévotes et bien affectionnées actions que Esternay
porte à vostre service. C'est ainsi qu'il vous craint; et comme ayant tant de fois
impunément failly, il s'asseure qu'il luy sera tousjours permis de mal faire et qu'il
en sera quitte comme les aultres de sa faction sont pour crier les premiers et
charger leurs ennemis des crimes qu'ilz ont commis. Je ne vous avoy point encores adverti de ce que dessus, pour ce que le faict me touche en particulier et
que je vouloy vous en présenter les informations avec la plainte, de peur qu'il
semblast que la passion me transportast et que je vous voulusse payer de paroles, comme les aultres font. Les informations faictes, j'en envoyeray ung
double à Monsieur, et si les feray ce pendant décréter, et ayant les décretz, les
feray exécuter, et, suivant la forme de justice, vous rendray le plus fort, si je
n'en suis empesché par défense de voz magestés ou de mondit sieur. Au reste,
pour ce que j'ay faict rompre tous les guez de la rivière de Seine depuis Troyes,
fors celuy de la Mothe, et que j'ay faict avaler ou monter tous les bacz soubz les
pontz gardez, excepté celuy qu'Esternay a faict faire audit lieu de la Mothe depuis voz deffences et la paix faicte, que je luy ay tolléré de tendre une chesne la
nuyt, pour empescher les bateaux avalans et montans qu'il areste quant ilz
passent, combien qu'il n'ayt aulcung droit de baac ny de péage, je supplie très
humblement voz magestés me mander vostre volunté, si j'ay troublé, molesté et
empesché ledit d'Esternay, comme j'en ay le commandement, lequel j'exécute-
ray, vous faisant obéir là comme ailleurs, s'il vous plaist le me commander.

Sire, je supplie le Créateur vous donner, en très perfaicte santé, très heureuse
et très longue vie. A Nogent sur Seine, ce jourd'huy xx aoust 1568.

Vostre très humble et très obéissant subject et serviteur,

FOISSY.

(Bibl. imp. collect. Harlay, n° 320, fol. 317 r°.)

X.

SÉJOUR DE HENRI III EN POLOGNE; 1573.

L'ADIEU DE POLOGNE.

Adieu, Poulogne, adieu, plaines désertes,
D'eau, ondes, neige ou de glaces couvertes,
Adieu, païs, d'un éternel adieu.
Ton aer, tes meurs m'ont si fort sceu desplaire,
Qu'il fauldra bien que tout me soit contraire,
Si jamais plus je retourne en ce lieu.

Adieu, maisons d'admirable structure;
Poisles, adieu, qui dans vostre closture
Mille animaux pesle-mesle entassez,
Filles, garsons, veaux et bœufz tout ensemble :
Ung tel mesnaige à l'aage d'or resemble,
Tant regretté par les siècles passez.

Quoy qu'on me dict de voz mœurs incivilles,
De voz habitz, de voz meschantes villes,
De voz espritz plains de légèreté,
Sarmates fiers, je n'en voullois rien croire
Ny ne pensois que vous puissiez tant boire;
Mais de mes yeux j'é veu la vérité.

Barbare peuple, arrogant et volaige,
Menteur, causeur, n'ayant rien que langaige,
Qui jour et nuict dans ung poisle enfermé,
Pour tout plaisir s'exerce avec ung verre,
S'endort à table ou chet dessus la terre,
Puis comme ung Mars veult estre renommé.

Ce ne sont pas voz grands lances croisées,
Voz peaux de loups, voz armes desguisées,
Ou maint plumaige et maint aisle s'espend,
Voz bras charnuz ny voz traitz redoutables,
Lours Poulongnois, qui vous font indomptables;
La pauvreté seulement vous deffend.

Si vostre terre estoit myeux cultivée,
Que l'aer fust doux, qu'elle fust abruvée
De clers ruisseaux, riche en bonnes citez
Ou marchandise, en profondes rivières,
Qu'elle eust des vins, des portz et des minières,
Vous ne seriez si longtemps indomptez.

Les Othomans, dont l'âme est si hardie,
Ayment myeux Cipre et la belle Candie
Que voz désertz presque tousjours glassez;
Et l'Alement, qui les guérés demande,
Vous dédaignant court la terre flamande,
Où ses labeurs sont mieux récompensez.

Neuf mois entiers, pour complaire à mon maistre,
Le grand Henry, que le ciel a fait naistre
Comme ung bel astre aux humains flamboyant,
Pour ses désertz j'ay la France laissée,
Y consumant ma pauvre âme blessée,
Sans nul confort, synon en le voyant.

Face le ciel que ce valleureux prince,
Soit bien tost roy de quelque aultre province
Riche de gens, de citez et d'avoir;
Que quelque jour à l'empire il parvienne,
Et que jamais joye il ne me revienne,
Bien que mon cœur soit bruslant de le veoir[1].

(Bibl. imp. fonds Saint-Victor, n° 359, fol. 68 r°.)

---

[1] En tête de la pièce on lit : *Par P. D. Dor.*

XI.

SAINTE LIGUE.

———

SERMENS DES ASSOCIEZ DE LA LIGUE CHRESTIENNE ET ROIALE.

Nous soubzsignez, désirans, pour nostre devoir et vocation chrestienne, maintenir la vraie église de Dieu catholique et romaine, en laquelle nous avons esté baptisez selon les traditions antiennes, depuis les apostres jusques à présent, désirans aussi, selon la fidélité que nous avons à la couronne de France, maintenir icelle couronne à la maison de Valois, pour les obligations que nous et nos prédécesseurs avons et tenons de ladite maison, pareillement qu'en toute seureté et liberté nous puissions faire et accomplir le deub de nos charges en ce qui concerne le service de Dieu et de son église, tant en l'administration de sa parole, saints sacremens, prières, qu'autres functions esquelles nous sommes appellez et tenus; aussi que moiennant ce qu'il a pleu à monseign. le lieut. pour la majesté du roi en ses païs de Champagne et Brie, nous associer à la société et ligue royale de la noblesse et estatz de ce gouvernement, cy-dessus insérée, pour en jouir selon sa forme et teneur, par laquelle ledit s^r lieutenant avec mesditz sieurs de la noblesse de cedit gouvernement et autres associez promettent eux emploier, leurs personnes, vies et biens, pour la manutention de ladite église et couronne, tant et si longuement qu'il plaira à Dieu que nous serons par eux régis en nostredicte religion apostolique et romaine, de nous secourir et ayder tant de conseil, personnes que forces et de leur pouvoir pour la conservation et manutention de nos vies, libertez et biens contre toutes personnes, sans nul excepter, fors les personnes dudit sieur roy, nosseigneurs ses enfans et frères, et la reine leur mère, et ce sans acception d'aucun parentage ou alliance, quelque prochaine qu'elle puisse estre, pour lesquelz parentage ou aliance ne délairons de nous secourir et ayder contre les autres alliez, et compris en cette société de quelque estat et condition qu'ilz soient, en toutes nos affaires et pleintes procédantes pour raison de ladite association ou entreprise qui pourroit estre faicte sur nous ou nos biens par les contraires ennemis et adversaires de la présente société et de nostredicte religion catholique et romaine, et ce incessamment et sans demeure, nous avons juré et promis, jurons et promettons par le s¹ et incompréhensible nom de Dieu, Père, Filz et S¹ Esprit, auquel nom nous avons esté baptisez, que, pour ayder à l'entreténement et manutention de la présente ligue, société et fraternité, nous cottiser (*sic*), chascun selon nos puissances, pour ayder à ladite compagnie et société de nos biens, toutes fois et quantes qu'entreprise sera faicte pour la manutention de la présente alliance et société. En ce faisant, nous sera promise et entretenue la société, amitié et fraternité de tous les dénommez en la s^te ligue présente, tant de la noblesse qu'autres, pour nous ayder et défendre contre tous ceux de party contraire qui nous voudroient faire tort, à nous ou à nos biens et en toutes affaires où nous pourrions tomber. Lequel ayde et secours se fera aux despens de ceux de la présente société qui portent les armes par ordonnance et commandement dudit s^r lieutenant; le tout soubz le bon plaisir dudit sieur roy nostre souverain seigneur et de messieurs ses lieutenans. En foy de ce, nous avons signé cestes de nos seings manuelz le 25e jour de juin 1568. Signé : de la Rochette; Cl. de Bauffremont, év. de Troyes; J. Guillemet, doyen de Troyes; de Langhac, abbé de S¹ Antoine; N. Tartrier, official; de Gyé, grand archidiacre de Brie; N. Hennequin, doyen de S¹ Urbain; I. Tartrier, doyen de S¹ Estiene; G. de Taix, chanoine de Troyes; C. Hevrar, chantre de Troyes; d'Amoncourt, abbé de Boullancourt; Royer, soubz-doyen de S¹ Estienne; G. Miletz, scholastique; Frotey, chan. de Sr Estienne; Joly, archidiacre de Brienne; F. Perrard, chan. de S¹ Estienne de Troyes; Charles, chan. de Troyes; Juvenis, chan. de Troyes; Villain, prieur de Ste Maure; C. Molé, curé de Villy-le-Mareschal; J. Degrand, Guillemet, chan. de Troyes; Moleron, chan. de Troyes; Brodart, prieur de N. D. en l'Isle; Pélieux, trésorier de l'église S¹ Estienne; Flodey, chan. de Troyes; Prieux, chan. de Troyes; le Mersons, chan. de S¹ Estienne de Troyes.

(Bibl. imp. collect. Dupuy, vol. 86, p. 186 r°.)

LETTRES DE HENRI III POUR LE FAIT DE L'ASSOCIATION DU ROY.

Mon beau frère,

Estant catholicque et zelateur du bien de ce royaume, comme vous vous estes tousjours monstré, j'ay bien voullu vous envoyer par escript ce que je désire estre

A M. de
Montmorency.

effectué pour l'establissement du repos dont je désire rendre mes subjectz jouissans, vous priant vouloir de vostre part embrasser vivement l'acheminement et conduitte de l'affaire avec la dextérité et dilligence que vous y saurez bien employer selon l'entière fience que j'ay de vostre fidélité et sincère dévotion à mon service, à la conservation de ceste couronne et tranquilité publique de mesdictz subjectz. Sur ce, je prie Dieu..... etc. A Blois, le... jour de décembre 1576.

(Bibl. imp. collect. Dupuy, vol. 87, fol. 92 r°.)

Mon cousin,

Aux gouverneurs des provinces. Je vous envoye les articles que j'ay faict dresser touchant les associations que j'ay mandé faire par toutes les provinces de mon royaume, desquelz vous ferez faire des doubles pour les faire signer ou en bailler, si besoing est, là où vous adviserez, retenant l'original devers vous pour vostre descharge et seureté. Je désire, au reste, qu'il y soyt usé de dilligence telle que les choses soient du tout arrestées et signées et les roolles apportez et renduz entre mes mains dedans ung moys ou six sepmaines au plus tard, auparavant la fin et conclusion des estatz. Priant Dieu vous avoir, mon cousin, en sa s^{te} garde. Escript à Bloys, le 11e jour de décembre 1576. Signé HENRY, et, plus bas, FIZES.

(Bibl. imp. ancien fonds français, n° 8826, fol. 160 r° [1].)

ASSOCIATION FAICTE ENTRE LES PRINCES, SEIGNEURS, GENTILSHOMMES ET AULTRES, TANT DE L'ESTAT ECCLÉSIASTIQUE, DE LA NOBLESSE ET DU TIERS ESTAT, SUBJECTZ ET HABITANS DU PAYS ET COMTÉ DE CHAMPAGNE AU BAILLIAGE DE TROYES, PARTICULIÈREMENT FAICTE AUDICT TROYES PAR L'ÉVESQUE ET CHAPITTRES DUDICT TROYES.

Au nom de la saincte Trinité et de la communication du précieux corps de J. C., nous, évesque et chapittres de la ville dudict Troyes, avons promis et juré

---

[1] On trouve dans le même volume 8826, fol. 161 r°, une formule d'association, en date du 2 décembre, qui fut envoyée au nom du roi dans toutes les provinces de France. Cette formule contient à la fois des menaces pour les catholiques qui feront difficulté d'entrer dans l'association, et quelques réserves en faveur des protestants tranquilles.

sur les sainctes Évangilles de garder inviolablement les choses par nous icy accordées soubz-signées.

Premièrement, considéré nostre profession et la foy que nous avons promise et jurée à nostre Dieu et à nostre roy, nous voulons vivre et mourir en la saincte religion catholicque, apostolicque et romainne.

Aussy promectons et jurons toute obéissance, honneur et très humble service au roy Henry, à présent régnant, que Dieu nous a donné pour nostre souverain seigneur, et qui est légitimement appellé à la succession de ses prédécesseurs par la loy du royaume.

Et d'aultant que la présente association se faict principallement pour la manutention et entreténement de laditte religion, nous avons estimé estre chose très nécessaire et salutaire d'entrer en icelle avec MM. de la noblesse et tiers estat, tant pour la considération de l'article susdict qu'aussy pour la conservation de l'estat du roy, ensemble du repos publicq de toute ceste Champagne.

Et ne se pouvant ladicte association maintenir ny parvenir à l'effect qu'elle désire sans le secours de Dieu premièrement et puys l'ayde humain, qui deppend de quelques gens de guerre qui soient prestz à toutes occasions de s'opposer à la violence des ennemys de Dieu, de son église, du roy et du bien publicq,

Nous summes prestz à employer nos armes spirituelles, de jour et de nuict, à implorer de sa divine bonté le secours susdict, et consentons que, suivant le commandement du roy qui nous a esté déclaré par Mr de Guise, gouverneur de ladicte province, trois cens hommes de pied et soixante chevaulx soient levez et entretenuz en ce bailliage, pourveu toutesfois que les aultres bailliages de ladite province prestent semblable consentement de levées d'hommes, selon leurs facultez et ordonnance dudit seigneur;

Offrans, pour nostre part de l'entreténement desditz gens de cheval et de pied, contribuer aultant que monte une demie décime du bien que nous tenons en l'église, en quelque part qu'il soit, attendant que le clergé dudict baillage soit assemblé par l'ordonnance dudit seigneur pour luy faire, par l'advis dudit clergé, plus grande offre, si la nécessité du temps le requiert.

N'entendons que ès compagnies, tant de cheval que de pied, soient esleuz capitainnes ny soldatz qui ne soient bien catholicques et non suspectz de la nouvelle opinion, et qui ne logent aucunement ès maisons ecclésiasticques et qu'ilz payent leurs hostes où ilz logeront, de sorte qu'il n'en adviennne aucune plaincte;

Que moiennant l'offre susdict lesdictz sieurs de la noblesse et tiers estat ne nous puissent appeller ny contraindre aux contributions qu'ilz feront en leur part;

Que l'argent provenant de l'offre susdict ne soit receu ny employé par aultre

que par ung député par nous de l'advis de nostre clergé, et que les cápitainnes et
soldatz ne puissent contraindre de payer en aultre monnoie que celle qui aura
cours en ladite Champagne.

Et pour plus facille exécution des choses susdictes, summes bien d'advis que
monseigneur de Guyse, gouverneur, ou monseigneur de Barbézieux, lieutenant
audict gouvernement, appelle six des principaulx de la province pour, avec leurs
advis, pourveoir aulx choses nécessaires pour ladite association, desquelz six
nous entendons en nommer deux.

Summes bien d'advis aussy et entendons que les susdictz sieurs ayent intelligence avec les provinces voisines, pour, par une correspondance mutuelle, s'en-
tre-secourir l'un l'aultre toutes et quantesfois que la nécessité et le besoingt le
requerront.

Faict le xxiie mars 1577; signé enfin Cl. de Bauffremont, év. de Troyes; et
plus bas G. de Taix, doyen de Troyes, pour le chapittre dudit Troies, avec
paraffe; et plus bas, J. Flodey, avec paraffe; et au bout, Somerien, pour le chapittre de l'église St Estienne.

(Bibl. imp. collect. Dupuy, vol. 87, fol. 99 r°. — *Mémoires de Nevers*, t. I, p. 114.)

TABLEAU DES PHÉNOMÈNES MÉTÉOROLOGIQUES, ASTRONOMIQUES, ETC. MENTIONNÉS DANS LES MÉMOIRES DE CLAUDE HATON.

ANNÉES.	JANVIER.	FÉVRIER.	MARS.	AVRIL.	MAI.	JUIN.	JUILLET.	AOÛT.	SEPTEMBRE.	OCTOBRE.	NOVEMBRE.	DÉCEMBRE.
1554												
1555												
1556												
1557												
1558												
1559												
1560												
1561												
1562												
1563												
1564												
1565												
1566												
1567												
1568												
1569												
1570												
1571												
1572												
1573												
1574												
1575												
1576												
1577												
1578												
1579												
1580												
1581												
1582												

TABLE

DES NOMS DE LIEUX, DE PERSONNES, ETC.

CONTENUS

DANS LES MÉMOIRES DE CLAUDE HATON.

A

D

E

F

G

H

I

J

L

M

N

O

Q

R

U

V

Z

LISTE DES PIÈCES

CONTENUES DANS L'APPENDICE.

INDEX GÉNÉRAL.

FIN.

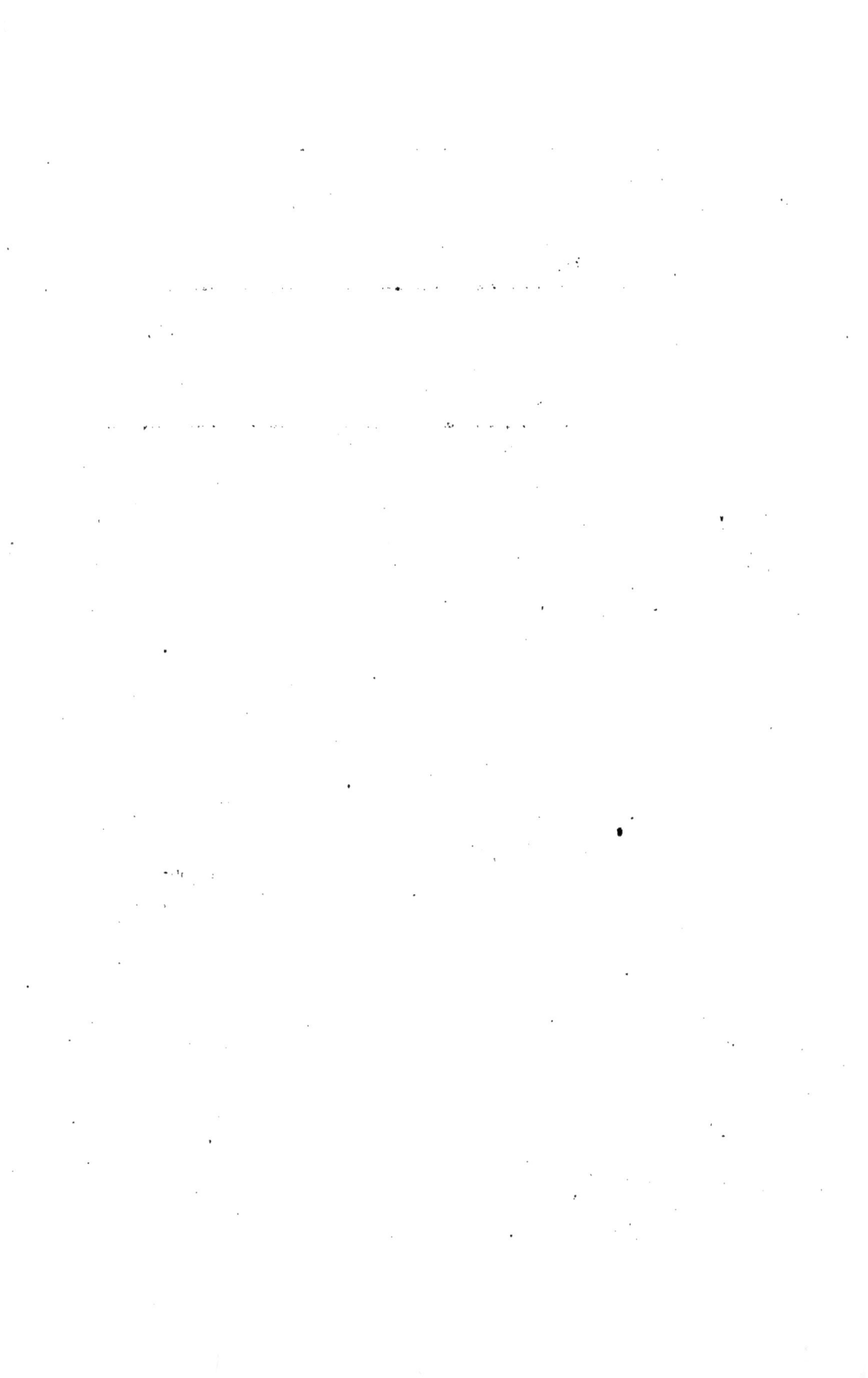

www.ingramcontent.com/pod-product-compliance
Lightning Source LLC
Chambersburg PA
CBHW071132270326
41929CB00012B/1721